Eugen Kusch

NÜRNBERG / LEBENSBILD EINER STADT

EUGEN KUSCH

NÜRNBERG

Lebensbild einer Stadt

Mit einem neuen Kapitel „1945 – 1989“
von Christian Köster

1989

VERLAG NÜRNBERGER PRESSE, DRUCKHAUS NÜRNBERG
GMBH & CO. NÜRNBERG

Verlag Nürnberger Presse
Druckhaus Nürnberg GmbH & Co.
Fünfte, durchgesehene und aktualisierte Auflage 1989
Druck: Druckhaus Nürnberg
ISBN 3-920701-79-8

INHALT

Vorwort zur ersten Auflage

Geschichte ist in den Augen des heutigen Menschen der Versuch, versunkenes Leben durch die Kraft der geistigen Vorstellung wieder heraufzubeschwören. Die Vergangenheit wäre tot und leer, sähen wir nicht uns selbst in ihr enthalten — sie steht mit dem, was zahllose Geschlechter einst erlitten und erstritten, fern und nah zugleich vor uns oder, um ein bekanntes Bild Goethes zu gebrauchen, wie ein Stück Stoff, das noch mit dem arbeitenden Webstuhl verbunden ist und wo das Werdende unablässig in das Fertige, Abgeschlossene übergeht.

Darum messen wir das, was früher war, immer nur an uns selber, und je mehr dies gelingt, desto stärker wird die Geschichte zur Gegenwart, weil wir ihr unseren warmen Atem einhauchen. So soll das Gewesene für uns eine „Zusammenschau" werden, ein Sammeln sämtlicher Strahlen in dem Brennpunkt unseres eigenen Erdendaseins. Dazu sind die Voraussetzungen dadurch besonders günstig, daß dank der vielseitigen Werkzeuge, mit denen heute die Wissenschaft das riesige Material aufbereitet, sich das Vergangene so bestechend unmittelbar an den einzelnen wenden kann, daß es zu einer Spielart unserer persönlichen Existenz wird als eine der vielen Möglichkeiten, die jeder von uns in seiner Brust trägt.

Unter diesem Gedanken wurde der nachfolgende Versuch unternommen, Nürnbergs Geschichte aus Anlaß seines neunhundertsten „Geburtstages" neu zu erzählen, die Denkwürdigkeiten jener Stadt, die wie kaum eine andere in Deutschland alle nur mögliche Auszeichnung, aber auch schwerste Heimsuchungen durch das Schicksal erfahren hat; einer Stadt zudem, die, gleich Florenz oder Venedig, über ein halbes Jahrtausend hinweg so viel Einfluß und abendländischen Ruf besaß, daß sie bis auf diesen Tag als ein Schulbeispiel deutscher Kulturgeschichte gilt. Man braucht nur ein beliebiges einschlägiges Werk daraufhin zu durchblättern, immer wieder wird man auf Nürnberg stoßen als eine Art Muster gewisser kennzeichnender Eigenschaften bürgerlichen Lebens zwischen Mittelalter und Neuzeit. Dazu gesellen sich die vielen Lobpreisungen Nürnbergs von Dichtern und Denkern seit den Minnesängern bis zur Romantik und bis zu uns, von Diplomaten und Reisenden aller Nationen, denen immer wieder das Einmalige, Besondere dieser Ansiedlung aufgefallen war. Schon deshalb ist die Beschäftigung mit Nürnberg stets anregend — jede Zeit und jedes Teilgebiet stecken so sehr voll allgemein ansprechender Züge, daß sie niemals nur ein Anliegen der Heimatkunde bleiben werden.

Unsere Darstellung möchte dabei nicht das reiche und oft gesiebte Tatsachenmaterial mehren und auch keine neuen Hypothesen bieten, sondern nur unter Berücksichtigung letzter Forschungsergebnisse die Vergangenheit Nürnbergs in ihren verschiedenen Äußerungen so weit verlebendigen, daß sich der interessierte Leser rasch und vielseitig unterrichten kann, ohne daß ihn die Einzelheiten ermüden. Ein in dieser Auswahl vielleicht bisher kaum gezeigtes Bildmaterial, zeitgenössische Stiche sowohl als moderne Photographien, sollen besonders dort sprechen, wo Worte nicht ausreichen.

Dieses Lebendigmachen aber war geradezu ein Gebot der Stunde, denn unendlich vieles, das noch vor einigen Jahren das großartige Stadtbild wortlos durch sich selbst ausdrückte, ist nun unwiederbringlich verloren. Stolze Bauten, um deren Werden einst weltliche und geistliche Macht so fruchtbar wie niemals wieder in Wettstreit lagen, die Zeugnisse eines vormals unerhörten Reichtums, sind verschwunden oder verstümmelt. Augenblicke haben genügt, um mit dem Rüstzeug der gleichen Technik, die uns letztmögliche Freiheit bringen sollte, alles das zu zerstören, woran Kunstsinn und Fleiß vieler Jahrhunderte geschafft haben, und schon wächst ein Geschlecht heran, dem es selbstverständlich scheinen mag, daß sich der einstige Ruhm einer alten Stadt nur in Trümmerhaufen und Fragmenten offenbart. So, wie unsere fränkischen Bauern mißtrauisch zuhören, wenn ihnen bettelarme Leute, die der letzte Krieg aus ihrer Heimat im Osten vertrieb, berichten, zu

Hause hätten sie große und stattliche Höfe besessen — genauso neigen jetzt viele unserer Nachkommen zum Unglauben, wenn man ihnen den einstigen Glanz Nürnbergs schildern will und sagt, daß wir selbst noch daran teilhatten, wenn Fremde aus allen Erdteilen jene Schätze bewundern kamen. Weil sie nicht mehr vorhanden sind und wir mit leeren Händen auf den Überresten stehen, um uns Hütten zu erbauen, dort, wo zuvor Paläste standen — darum gilt auch die Sprache von ehedem nicht mehr, und wir müssen auf neue Mittel sinnen, damit alles, was in unserer Erinnerung groß und schön ist, der Jugend zum Geschenk und nicht zum Ballast wird. Wir sollen ihr ja dazu verhelfen, daß sie den auf den ersten Blick so grellen Unterschied zwischen Gestern und Heute als notwendigen Ausdruck ein und desselben Lebens empfindet. Erst wenn uns dies gelingt, dürfen wir hoffen, mit ihr gemeinsam den Grundstein zu einem Werk zu legen, das auf seine Art den verlorenen Gütern ebenbürtig sein wird. Fachleute mögen innerhalb des riesigen Fragenbereiches von Nürnbergs Geschichte manches vermissen oder unvollständig empfinden — sie wollen bedenken, daß dies Buch vermitteln soll zwischen ihrer meist dornigen Arbeit und einem unbefangenen, aber begeisterungsfähigen Leser, dem berufenen Sachwalter aller wissenschaftlichen und künstlerischen Bemühung.

Nürnberg, zum 16. Juli 1950 — Eugen Kusch

Zur fünften Auflage

Über zwanzig Jahre sind seit der vierten Auflage des bewährten „Kusch“ vergangen — Jahre, in denen sich die Stadt entscheidend fortentwickelt hat. Räumliche Erweiterung, nicht zuletzt durch die Gebietsreform 1972/75, Wandel der Bauformen, Änderung in den Bevölkerungs- und Wirtschaftsstrukturen, neue Wege der Verkehrserschließung, Ausbau sozialer Einrichtungen und des Bildungswesens, kulturelle Entfaltung, Festigung der Demokratie und des bürgerlichen Selbstverständnisses — dieses alles führt in die komplexe Erscheinung des gegenwärtigen Nürnberg. Das „Lebensbild einer Stadt“, wie es Eugen Kusch erstmals 1950 zeichnete, ist dadurch andererseits nicht überholt. Die bildkräftige Erzählung der Stadtgeschichte von den Anfängen her ist reizvoll wie eh und je, ihr Charme hat sich nicht vermindert. Erforderlich war nur, für die fünfte Auflage das Schlußkapitel neu zu erarbeiten und den Bericht in die Gegenwart zu führen. Reiches Material war auszuwerten und zu ordnen, Zeitzeugen waren zu befragen. Dr. Christian Köster hat dankenswerterweise diese Aufgabe übernommen und damit die aktuelle Herausgabe des Standardwerkes ermöglicht.

Nürnberg, im Herbst 1989 — Der Verlag

Die Burg mit Sinwellturm, vom Vestnertorgraben her

2. Palas der Kaiserburg, von Südw

ünfeckiger Turm, Teil des ältesten erhaltenen Baubestandes

4. Fazuni-Bastion mit Vestnertorbr

Älteste gedruckte Ansicht Nürnbergs, Schedelsche Weltchronik, 1493

1. KAPITEL

DIE ZEIT DER SAGEN / UM 1050

Wie man sich nicht ohne Rührung vorstellt, daß auch die Größten aller Erdenbürger einst hilflos in der Wiege lagen, bevor ihre besonderen Gaben offenbar wurden, so ergeht es einem ähnlich mit berühmten Städten alten Ursprunges: Man möchte gerne von ihnen wissen, welch ein Zufall oder gar Wunder sie entstehen ließ und wie auf jeden Fall ihr Beginn unscheinbar war. Hierin wirkte länger als tausend Jahre das alte Rom dem gesamten Abendland vorbildlich: Zwei Knäblein werden von einer Wölfin aufgezogen, deren rauhe Muttermilch sie zu künftigen Großtaten stärkt; welch ein Gegensatz zu Glanz und Üppigkeit des späteren Weltreiches, dessen Urheber die beiden sein sollen! Dieses so mundgerechte Beispiel geht als nachahmenswert durch die Geschichte und hat zahllose Gründungsmythen hervorgebracht. Doch nicht zufällig, denn diesem Bestreben liegt im Mittelalter eine wichtige religiöse Vorstellung zugrunde: Das Römische Imperium galt als das letzte der vom Propheten Daniel geweissagten Erdenreiche, nach dessen Erlöschen man den Weltuntergang erwartete. So war es nur verständlich, daß man an jenem Romgedanken unter allen Umständen festhalten wollte und ihn zu jeder Zeit und zu jedem Lebensgebiet in Beziehung brachte.

Da man aber früher in diesen Dingen nicht von konkreten, sondern von symbolischen Vorstellungen ausging und daher für unsere Begriffe ziemlich ungefähr dachte, ließ es sich niemand einfallen, solche Gründungsgeschichten auf ihren Wahrheitsgehalt hin zu untersuchen — man erzählte sie von Geschlecht zu Geschlecht weiter, freute sich an ihrer Eingängigkeit und tröstete sich damit, daß, wenn es sich so verhielt, das Weltenende immerhin noch weit war. Zufolge dieses Denkens soll das italienische Siena von Remus, dem Bruder des Romulus, errichtet worden sein; Forchheim, die fränkische Kaiserpfalz, nimmt den Hauptmann Longinus für sich in Anspruch, denselben, der unter Christi Kreuz stand, und ein Nürnberger Chronist findet bei der Stadt Trier, daß ihre wirkliche Gründung durch die Römer nicht ausreichend sei, denn er bringt ihren Ursprung gar mit dem Erzvater Abraham in Verbindung, sowie Augsburg mit den Helden von des Odysseus Irrfahrten.

Auch Nürnberg, das nachmalige Schatzkästlein des Heiligen Römischen Reiches Deutscher Nation, besitzt genügend solcher Überlieferungen, allein sie haben keine Beziehung zum wahren Ursprung der Stadt, sondern sind Gebilde einer munteren Erfindung in dem uns auf Grund des vorher Gesagten begreiflichen Willen, um jeden Preis eine Brücke zu schlagen von dem als golden erachteten Altertum zu dem damals undurchdringlichen Grau der fränkischen Frühgeschichte. Es handelt sich nicht etwa nur um einen entlaufenen Klosterschüler, dessen Meinung wir da zum ersten Male vernehmen, sondern um den sozusagen amtlich durch den Nürnberger Rat beauftragten bayerischen Geschichtsschreiber Johannes Thurmayr-Aventinus (1477—1534), dessen Ansichten seinen Zeitgenossen durchaus verbindlich erschienen. Er ist ein Mann, der auch ein Stückchen Welt gesehen hat und dem zumindest das große Verdienst bleibt, das am Ende des 15. Jahrhunderts erreichbare Material über Nürnbergs Vergangenheit erstmalig gesichtet zu haben; ohne ihn wäre wohl unser Wissen noch geringer als es dies ohnehin schon ist.

Aventinus nun vertritt die Auffassung, die er einer alten Handschrift entnommen haben will und die in Wirklichkeit aus der Meisterlinschen Chronik von 1488 stammt, daß Nürnberg um die Zeit des Trojanischen Krieges von Norix, einem Sohn des Herkules, gegründet worden sei. Andere Chronisten begnügen sich damit, den Beinamen des Kaisers Tiberius, Nero, mit der Entstehung Nürnbergs in Zusammenhang zu bringen. Genauso erklärt es denn auch der Teufel seinem mit ihm auf dem Zaubermantel durch die Lüfte fliegenden Begleiter in dem 1587 zuerst gedruckten Volksbuch vom Doktor Faust, wobei auch Mephisto sogleich mit allerlei einschlägigen Ziffern über diesen Ort aufwarten kann und die Zahl der Stadttürme mit 380 anzugeben weiß — wohl weil sie damals als eine Höchstleistung ihrer Art galten.*) All denen nun, die so oder ähnlich meinten, es sei von Rom als dem alten Mittelpunkt der bevölkerten Erde und dem letzten Weltreich der Verheißung nur ein historischer Katzensprung bis zu Nürnbergs Felsenburg ob der Pegnitz, können wir also keinen Vorwurf machen, denn ihre geschichtliche Denkweise beruhte auf grundsätzlich anderen Voraussetzungen als die unsere; sie entsprach teilweise etwa der eines Arztes, der den menschlichen Körper nur aus überlieferten Beschreibungen und nicht aus eigener, genauer Beobachtung kennt. Und die Leser solcher Urteile waren zu einer Zeit, da die Bildung erst langsam aus der Hand der Kirche in die der weltlichen Stände überging, etwa mit Kindern zu vergleichen, deren Wissensdurst gerade erwacht und die schon zufrieden sind, wenn sie auf ihre vielen Fragen nach dem Woher und Warum ihrer Umwelt von den Eltern nur irgendeine handfeste Antwort erhalten. An greifbaren Ergebnissen bleibt hier aber so gut wie nichts übrig, ja, nicht allein dies: Nürnberg erweist sich im Licht der Forschung als eine verhältnismäßig junge Stadt; es steht hierin einer

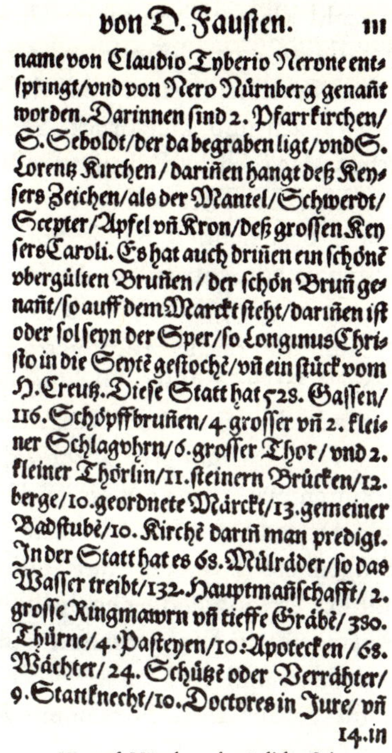
von D. Fausten. 111
name von Claudio Tyberio Nerone entspringt/vnd von Nero Nürnberg genañt worden. Darinnen sind 2. Pfarrkirchen/ S. Seboldt/der da begraben ligt/vnd S. Lorentz Kirchen / dariñen hangt deß Keysers Zeichen/als der Mantel/Schwerdt/ Scepter/Apfel vñ Kron/deß grossen Keysers Caroli. Es hat auch driñen ein schön vbergülten Bruñen / der schön Bruñ genañt/so auff dem Marckt steht/dariñen ist oder sol seyn der Sper/so Longinus Christo in die Seytē gestochē/vñ ein stück vom H. Creutz. Diese Statt hat 528. Gassen/ 116. Schöpffbruñen/4. grosser vñ 2. kleiner Schlagvhrn/6. grosser Thor/vnd 2. kleiner Thörlin/11. steinern Brücken/12. berge/10. geordnete Märckt/13. gemeiner Badstubē/10. Kirchē dariñ man predigt. In der Statt hat es 68. Mülräder/so das Wasser treibt/132. Hauptmañschafft/ 2. grosse Ringmawrn vñ tieffe Gräbē/ 380. Thürne/4. Pasteyen/10. Apotecken/ 68. Wächter/24. Schütz oder Verrähter/ 9. Stattknecht/10. Doctores in Jure/ vñ
14. in

Die auf Nürnberg bezügliche Seite im ältesten Faustbuch. (Johann Spieß, Frankfurt am Main, 1587)

*) Es ist interessant, daß die Anfänge der Faustgeschichte gerade nach Nürnberg weisen. Jener Mann, der mit der Hölle ein Bündnis eingegangen haben soll, hat sich in dieser Stadt vorübergehend aufgehalten, und mindestens 12 Jahre vor der Veröffentlichung des Frankfurter Volksbuches zeichnete der Nürnberger Schuldiener Christoph Roßhirt ein paar Zauberanekdoten über ihn auf, die dann in die späteren Erzählungen eingingen.

Anzahl kleiner Orte seiner Umgebung nach, obwohl auch diese nicht gerade an einer Römerstraße zu liegen brauchen: Der alten Kaiserpfalz Forchheim etwa oder dem benachbarten Fürth, Roßtal sodann, Schwabach und Hersbruck. Sogar Mögeldorf mit seinem später gotischen, das östliche Pegnitzufer beherrschenden Kirchlein wird ein ganzes Menschenalter eher genannt und ist Außenstelle des damals schon lange bestehenden Königshofes Altdorf, welchem im Westen Herzogenaurach entspricht. Es ist, wie wenn all jene Orte einmal als Knospen am gleichen Strauch gestanden, eine davon aber später nur geblüht und reiche Frucht getragen hätte.

Über Zeit und Voraussetzungen von Nürnbergs Entstehen erfahren wir aus den dürftigen Nachrichten, die uns der Zufall aus der Mitte des 11. Jahrhunderts aufbewahrt hat, nicht das mindeste, sondern konnten bisher nur aus ein paar spärlich erhaltenen Bruchstücken einen ungefähren Sachverhalt ertasten. Heute nun versucht man, den ganzen Fragenbereich mit grundsätzlich anderen Methoden anzugehen — ähnlich etwa, wie die gerichtliche Wissenschaft einen Vorfall auch ohne Aussagen aus Zeugenmund durch das Sammeln von Beweisstücken umreißen und als Ganzes richtig beurteilen kann. So hat die moderne landesgeschichtliche Forschungsweise der Universitäten dadurch ein wesentlich weiteres Gesichtsfeld gewonnen, daß sie in neuartiger Weise mit Hilfe verschiedenster Nachbarwissenschaften, wie Archäologie und Geologie, Sprach- und Rechtskunde, Botanik und Flurnamenforschung, arbeitet. Unter Mithilfe dieser Bemühungen ergibt sich jetzt etwa folgendes Bild:

Im zweiten Viertel des 11. Jahrhunderts ist es den deutschen Kaisern klar geworden, daß die bisherigen großzügigen Vergabungen von Grundbesitz an die Kirche, welche diese zu einem wesentlichen Faktor der Reichspolitik machten, eingeschränkt werden mußten. Besonders Konrad II. (1025—1039) begann, das vorher verschenkte Königsgut für das Reich zurückzugewinnen, zu revindizieren, wie man es damals ausdrückte. Sein Nachfolger, Heinrich III., hat dann diese Maßnahme mit großem Geschick fortgesetzt, nunmehr darin wirksam durch seine Dienstmannen unterstützt. Als besonders notwendig erwies sich diese Wiederherstellung des ehemaligen königlichen Besitzverhältnisses im fränkischen Raume, denn hier hatte Heinrich II. anläßlich der Gründung der Bamberger Bischofskirche im Jahre 1007 so gut wie alles Reichsgut dem neuen Bistum zugedacht. Übriggeblieben waren davon nur geringe Reste, hauptsächlich in den Waldungen südlich der Pegnitz, die demnach auch die einzige Möglichkeit boten, dem Reich einen größeren Ort als politische Mitte und wirksamen Hebelpunkt gegen Bamberg zu schaffen. Dazu kam noch nach 1030 eine zunehmende Unsicherheit im Osten durch verschiedene böhmische Aufstände unter Herzog Bretislaw II., die eine Deckung des rückwärtigen Gebietes ratsam machten. Das sind die Voraussetzungen für die Entstehung einer wichtigen Ansiedlung gerade an dieser Stelle; ein massiver Felsen, der sich weit über flaches, waldiges Land erhob, machte den Platz von vorneherein für die Anlage einer Burg als Trägerin einer militärischen Besatzung geeignet. Die äußere Gelegenheit hierzu und gleichzeitig zu der erwünschten Schmälerung des Bamberger Besitzes scheint sich ge-

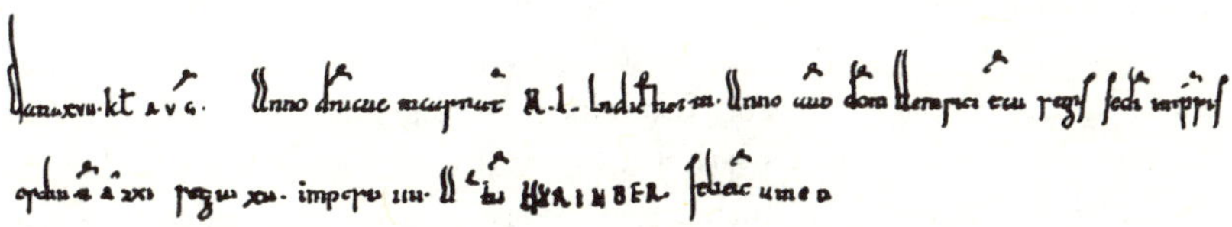

Nürnbergs Eintritt in die Geschichte: Zwei Zeilen aus der von Kaiser Heinrich III. ausgestellten „Sigena"-Urkunde vom 16. Juli 1050. Die unterste Zeile enthält erstmalig den Namen des Ortes

rade um 1040 geboten zu haben, weil jetzt der erste bambergische Bischof Eberhard gestorben war und Heinrich III. die Stelle mit einem ihm willfährigen Mann besetzte, dem Kaplan Suidger, den er später als Clemens II. zum Papst erhob. Die Annahme jenes Beweggrundes liegt um so näher, als sich kurz zuvor im Bistum Eichstätt ähnliches zugetragen hatte: Als sich der äußerst tatkräftige Bischof Megingoz dem Begehren Heinrichs II. widersetzte, ein Grenzgebiet an Bamberg abzutreten, mußte der Kaiser bis nach seinem Tod warten und konnte nun erst seinen Willen mit der Berufung des ihm gefügigen Gundekar durchsetzen.

Bis kurz vor 1050 aber muß Nürnberg immer noch eine Art kolonisatorischer Leerraum gewesen sein, was aus Folgendem zu schließen ist: Konrad II. nimmt auf seinem Königsritt 1025 und dann nochmals 1030 in Mögeldorf Aufenthalt und stellt hier Urkunden aus; er wäre wohl sicher die Viertelstunde des Weges bis nach Nürnberg weitergezogen, wenn ihn hier schon eine Burg oder ein Gutshof auf königlichem Besitz zur Rast eingeladen hätte. Auch sein Sohn, Heinrich III., muß in der Zeit vor 1050 mehrmals über Nürnberg gekommen sein, wie es Beginn und Ziel einiger Fahrten durch Franken mehr als wahrscheinlich machen, so 1043 ein Ritt zwischen Regensburg und Mainz oder im März 1045 eine andere Reise zwischen Neuburg an der Donau und Bamberg, wobei aber unser Ort niemals erwähnt wird*). So kann noch nicht einmal ein Menschenalter nach seiner Gründung vergangen sein, als Nürnberg erstmalig in die Geschichte tritt und dieser Augenblick schließt eine symbolische Handlung in sich, die uns ungemein freundlich berührt — nicht anders, als wäre sie samt ihrem festlichen Rahmen ein gutes Vorzeichen künftigen Gedeihens: Im Sommer des Jahres 1050 hält Heinrich III. einen Hoftag zu Nürnberg ab, bei welchem ein Feldzug gegen die Ungarn beschlossen wird; die Tatsache, daß sich die bayerischen Fürsten hier zu einer solch bedeutsamen Tagung treffen, beweist, daß der Ort schon damals eine wichtige und repräsentative Ansiedlung gewesen sein muß. Bei dieser Gelegenheit schenkt der Kaiser am 16. Juli einer leibeigenen Frau mit Namen Sigena die Freiheit. Die hierbei ausgestellte Urkunde besagt, daß die Betreffende neben ihrem bisherigen Herrn Richolf gestanden und dem König — dem einzigen, der nach altem Brauch ein solches Hörigkeitsverhältnis lösen konnte — die Hand entgegengestreckt habe, aus welcher er ihr nach allgemeinem Brauch eine Silbermünze schlug. Damit darf sie, die ehemalige Magd, gehen, wohin sie will, zu ihrem Glück oder Leid. So taucht sie einen Augenblick lang vor uns auf und während sie sogleich für immer in das Dunkel zurückkehrt, aus dem sie gekommen, mag es scheinen, als verkörpere sie selbst den noch schlummernden Genius dieses Ortes, der überdies später einmal eine Jungfrau im Wappen führen wird**).

Und nochmals begegnet uns in Nürnbergs verhangener Frühzeit eine Gestalt — als menschliche Erscheinung schon fester umrissen als Sigena,

---

*) Die Klärung ist nunmehr nahezu geglückt. Es dürfte heute endgültig feststehen, daß Nürnberg im Jahre 1040 unter Einbeziehung der Altdorfer Reichsforstverwaltung und von Bamberg rückgenommener Gebiete durch die Reichsgewalt und Einsatz mehrerer Reichsministerialensippen als militärischer und verwaltungsmäßiger Stützpunkt angelegt wurde. Um 1060 erhielt diese neue Reichsdomäne auch ihre politische und gerichtliche Organisation. Nach 1138 wurde neben dem (ältesten) Königshof von St. Jakob eine planmäßige Marktsiedlung geschaffen, die sich bis zu dem Platz bei St. Lorenz erstreckte, wo sich allem Anschein nach schon vor 1050 eine kleine Siedlung befunden hatte. Durch alle Stufen ihrer Entwicklung bis zur reichsstädtischen Selbstverwaltung blieb Nürnberg untrennbar mit dem Reiche verbunden, dem es seine Entstehung und einzigartige Ausbildung verdankt. (Werner Schultheiß und Hanns Hubert Hofmann.)

**) Allerdings nur als mißverstandene Nachbildung des ältesten Siegels, eines gekrönten Männerkopfes, als Abzeichen der königlichen Gewalt.

Ältestes Nürnberger Ratssiegel, seit dem 13. Jahrhundert gebräuchlich. Es zeigt einen Königskopf, wie ihn die Majestätssiegel trugen, und wurde erst später in den Jungfrauenadler umgewandelt

dafür aber geschichtlich weniger genau belegt. Es ist Sebaldus, der der Legende nach als Königssohn aus dem fernen Dänemark gekommen sein und dort neben der väterlichen Krone die Hand einer liebenden Braut ausgeschlagen haben soll, um sich ganz einem gottgefälligen Leben zu widmen. Als er nach langen Jahren entbehrungsvoller Wanderung die dichten Wälder bei Nürnberg erreicht, um hier seine Erdentage zu beschließen, ist er wohl schon etwas wunderlich geworden durch hohes Alter und langes Einsiedlertum, doch die kindliche Lauterkeit seines Wesens trägt ihm alsbald die Zuneigung des hier wohnenden Volkes ein*). Es ist nicht lange her, daß Sigena freigelassen wurde, leicht möglich also, daß sie ihn, der durch seine abgeklärte Güte auf härteste Sünder Eindruck zu machen wußte, noch gekannt hat. Schon bald nach seinem Tode genießt er den Ruf eines Heiligen und einige auswärtige Chroniken erwähnen ihn. Aber seine Taten scheinen so ausschließlich an die Stätte seines letzten Wirkens gebunden, daß er immer nur ein Lokalheiliger bleibt. Bodenständig sind daher die Er-

*) Dies ist besonders ergötzlich nachzulesen bei Truckenbrot, Nachrichten zur Geschichte der Stadt Nürnberg, 1785, 1. Band, S. 288: „Seine Aeltern gaben ihm eine wunderschöne Prinzessin aus Frankreich zur Gemahlin, aber siehe, da die Nacht des Beilagers erschien, fand diese an ihm nicht einen Gemahl, sondern einen vollkommenen Behüter und Beschirmer ihrer jungfräulichen Reinigkeit. Er hielt ihr eine sehr auferbauliche Standrede, von den Vorzügen des ehelosen und geistlichen Standes vor dem Ehestande, und endigte damit, daß er noch in derselben Nacht davon und in einen Wald lief. Hier lebte er denn als Einsiedler, zerfastete und zerbetete sich jämmerlich und hatte auch manches Abenteuer mit dem Teufel zu bestehen.“ Ähnliches wird freilich auch von einem anderen zeitgenössischen Heiligen, dem 1066 gestorbenen Sankt Theobald, berichtet.

Früheste graphische Darstellung des Heiligen Sebald in der Schedelschen Weltchronik, 1493

zählungen über ihn selbst dann noch, wenn sie anderswo spielen, und lassen in ihrem Hintergrunde das damalige Nürnberg ahnen: Die Ansiedlung von der Größe etwa eines Marktfleckens mit den düsteren, burgartigen Wohnsitzen der königlichen Beamten und ein paar Zeilen armseliger Wohnhäuser sonstigen Volkes, wo ähnlich wie auf Dürers Blatt vom verlorenen Sohn der Misthaufen und die munter sich tummelnden Ferkel das Bild mitbestimmen. Es wohnen dort vorwiegend Krämer und Handwerker, die nebenher ein wenig Landwirtschaft auf dem ihnen verpachteten Boden betreiben, bescheidene Leute jedenfalls mit derben Sitten, die Sebald belehrt und bessert, wo immer sich ihm Gelegenheit dazu bietet. Am stärksten aber wirkt er durch das Beispiel seiner leiblichen Anspruchslosigkeit, denn in ihr fühlen sich ihm gerade die Ärmsten der Armen verwandt: Verzicht und Mangel begegnen einander auf der gleichen Ebene.

In den Legenden über ihn, die noch viele Jahrhunderte lang lebendig bleiben, ist wohl ein Körnlein Wahrheit üppig blühend aufgegangen; im übrigen mögen sie eine Art Projektion von Wunschträumen auf die farblose Decke des Alltags sein: Da die untersten Stände in der Welt des Wirklichen keine Aussicht auf jemalige Besserung ihrer Lage haben, vollziehen sie diese auf dem Weg über das Wunderbare. Darum vermitteln diese Sagen außer ihrem frommen Inhalt auch manchen sozialen Aufschluß: Der Eremit schafft einem Bauern zwei entlaufene Ochsen wieder herbei, einem anderen setzt er die Trümmer eines seinetwillen zerbrochenen Trinkglases nahtlos zusammen — also muß dies alles damals einen außergewöhnlichen Wert besessen haben. Er heilt viele Leiden und Gebrechen — solche aber gehen stets mit Not einher, mit Unterernährung und körperlicher Überbürdung. Einem Manne gibt er das Augenlicht wieder, als er von den Schergen des Nürnberger

Vogtes geblendet worden war; der Bedauernswerte hatte nichts weiter getan, als daß er einen Wunsch des Heiligen erfüllen und ihm ein Gericht Fische kaufen wollte, was aber nicht statthaft war, bevor der Burgherr seinen jeweiligen Bedarf gedeckt hatte. Diese Maßnahme steht weder vereinzelt da noch wurde sie als übermäßig hart empfunden, denn sie leitete sich wie viele derartige Bestimmungen aus den Ansprüchen des Adels gegenüber ehemaligen Leibeigenen ab, unter denen wir uns allerdings nicht nur lauter Sklaven vorzustellen haben.
Endlich spricht aus der gutmütigen Derbheit, mit welcher Sebaldus manchen Zweifler bedacht haben soll, neben mönchischer Fabulierlust auch ein wenig die seelische Verfassung der damaligen Nürnberger: Einem Manne, der nicht an seine Taten glaubt, erfüllt er seinen höhnisch geäußerten Wunsch und läßt ihn von der Erde verschlingen; als der Sünder nur noch mit dem Hals aus dem Boden schaut, erkennt er seinen Irrtum und findet Vergebung. Ähnlich bestraft er vorübergehend ein Weib mit Blindheit, verwandelt die Gabe eines unredlich Opfernden, einen Käse, in Stein oder schlägt einem ihn verspottenden Klosterbruder noch vom Grabe her ein Auge aus, heilt aber auch diesen Schaden wieder, als der solcherart Gemaßregelte ehrliche Zerknirschung an den Tag legt. Eine andere Geschichte berichtet, daß Sebald beim Herannahen seines Todes befohlen habe, man möge nach seinem Sterben den Leichnam auf einen Ochsenwagen legen und die Tiere ihres Weges ziehen lassen — wo sie dann stehen blieben, solle man ihn bestatten. Ein von Nürnberger Nonnen um 1420 gefertigter, der Sebalduskirche gehörender Wirkteppich stellt diesen Vorgang anschaulich dar: Man sieht das Gespann auf der Fahrt vom nahen Poppenreuth durch einen lustig stilisierten Wald zum Bereich der Nürnberger Burg, zu jenem Platz, an dem vormals eine Peterskapelle gestanden haben soll. Jener letzte Wille Sebalds aber wird den Nürnbergern ein beinah noch köstlicheres Vermächtnis, als seine früheren Wohltaten es waren: Seine Grabstätte, über der sich ein bescheidenes Gotteshaus wölbte, lockte bald — schon für das Jahr 1072 ist dies belegt — zahlreiche Wallfahrer von nah und fern an, deren gewichtige Gaben um himmlischen Lohnes willen nach und nach den Ausbau der Kirche zu überragender Größe und eine entsprechend kostbare Ausstattung ermöglichten; dieser Bau wird fortan die eine Hälfte der Stadt beherrschen, kein sonstiges Dach darf sich ihm an Höhe auch nur ungefähr nähern und den nach Italien ziehenden Kaufleuten mochte es als Ver-

messenheit erscheinen, daß dort die weltlichen Türme mit den geistlichen in kühnsten Ausmaßen wetteiferten.
Doch kommt, wie man sagt, der Tod, wenn das Haus fertig ist: Als die Sebalduskirche ihre Krönung erhält, jenen köstlichen Silberschrein über dem Grab des Heiligen als gemeinsame Arbeit dreier Generationen der Gießerfamilie Vischer, ein Werk, das den Ruhm der Stätte bis in die Gegenwart hinein ungeschmälert rechtfertigt, steht Nürnberg kurz vor der Reformation und damit am Ende dieses frommen Kultes.

Den eigentlichen, geschichtlichen Sebaldus hat in unseren Tagen Wilhelm Kraft durch folgende kritische Erwägungen näher zu umreißen versucht: Da der Einsiedler offenkundig in seiner eigenen Kirche begraben liegt, war er ihr Gründer, weshalb er auch auf allen Bildern mit dem Kirchenmodell in der Hand dargestellt wird. Stifter waren indessen nur reiche Grundbesitzer hohen Standes, weltliche oder geistliche. Ersteres kommt wohl für Sebaldus als Eremiten, wie er stets geschildert wird, nicht in Frage: obwohl er als Heiliger früh verehrt wird, erfolgt seine Kanonisation erst 1425 durch den Papst Martin V. So bliebe als Grund nur sein priesterlicher Stand übrig. Da der Name des Heiligen zu Ende des 11. Jahrhunderts gerade im Nordgau öfter als Sigibald (Sigipold) vorkommt, liegt die Vermutung nahe, daß er zudem ein Einheimischer war, was auch verschiedene Chroniken von ihm behaupten. Wir haben trotz dieser modernen Deutung, die ganz andere Konturen des Heiligen vermittelt, die Sage nicht geschmälert, denn sie wird im Lauf der Jahrhunderte auf ihre Weise zu einem festen Bestandteil geschichtlicher Stätten und Persönlichkeiten. Uns würde etwas fehlen, wollten wir die rührenden Erzählungen um Sebaldus endgültig von seiner Gestalt lösen; nur dürfen wir dabei nicht außer acht lassen, daß sie zu verschiedensten Zeiten entstanden sind, größtenteils in ganz bestimmter lehrhafter Absicht, wodurch sie nur sehr bedingt historische Rückschlüsse zulassen.

Nürnbergs Wachstum aus dem Reichswald:
Ansicht der Stadt nach einem Blatt von 1516 (Germanisches Museum)

2. KAPITEL

GRUNDLAGEN UND ANFÄNGE / 1050—1150

Der äußere Anreiz für das Entstehen der Stadt war der die Landschaft auffällig überragende rote Sandsteinfelsen nahe des Pegnitzflusses, eines trägen Wassers in karger Ebene, das hier nur mehr wenig Ähnlichkeit mit seinem hellen und munteren Oberlauf zwischen den Jurabergen der Fränkischen Schweiz besitzt. Das Gelände war sumpfig und von jenem dichten Föhrenwald bedeckt, wie er bis heute für Nürnbergs weitere Umgebung kennzeichnend ist; gegen beide Gegebenheiten hatte man schwer zu kämpfen, bis man ihrer Herr wurde. Die „Füll" genannte Gasse erinnert uns daran, daß hier einmal grundloser Boden aufgefüllt wurde, und die jetzige Augustinerstraße hieß ehemals sicher nicht zufällig „Fröschau". Eine Reihe der ältesten Häuser soll auf Pfahlrosten stehen, wie auch ein Teil der Sebalduskirche, und als im 14. Jahrhundert mit dem Bau des Heiliggeist-Spitals sich beide Stadthälften vereinigten, war das hierzu von Konrad Groß gestiftete Grundstück eine morastige Wiese; schier uferlos muß auch um jene Zeit noch die Gegend um den heutigen Hauptmarkt gewesen sein. Hierfür spricht etwa ein Eintrag in dem Salbuch der Frauenkirche um 1440, worin es heißt, daß damals noch vom Zotenberg (Theresienplatz) herunter ein *„rinnend Wasser"* über den Markt geflossen sei. Auf dies morastige Gelände stieß man auch 1957, als das Haus Martin Behaims am Hauptmarkt wieder aufgebaut wurde.

Der Wald reichte erstaunlich lange bis dicht vor die Tore; man holzte ihn nicht nur nach Bedarf ab, sondern pflegte ihn auch schon frühzeitig auf eine sicher für ganz Deutschland vorbildliche Art: Wie uns Ulman Stromer in seiner Familienchronik berichtet, hat sein Stiefbruder Peter im Jahre 1368 begonnen, bei Lichtenhof *„Wald zu säen"*, also Schonungen mit Samen anzupflanzen. 1523 wird urkundlich eine *„Fürreut"* bei Steinbühl erwähnt, ein Waldschlag dicht vor der Stadt, von dem auch noch einige bei der Ziegelgasse aufgefundene Waldsteine zeugen. Als um 1500 der Raubritter Kunz Schott an der damaligen Brücke des Laufer Tores nach dem Torwächter schoß, hatte er, wie er später erklärte und Müllner es überliefert, sein Pferd *„vorn am Wald"* halten lassen. Dem allem entspricht neben mancher Schilderung eine farbige Ansicht Nürnbergs um 1516 im Germanischen Museum, die aus einer wirkungsvoll erdachten Höhensicht das Weichbild der Zinnen und Türme gleichsam nur ausgespart aus dem dichten Gespinst des tiefgrünen Forstes zeigt. Am meisten wurde gegen Süden und Westen gerodet, woran noch Ortsbezeichnungen mit der Endung „Reuth" erinnern oder der Name des Dorfes Thon, welcher Tann bedeutet; im Norden dagegen blieb der Wald bis in die neuere Zeit hinein der Stadt nahe. Am Judenbühl, dem jetzigen Maxfeld, gab es noch im 17. Jahrhundert dichten Baumbestand, von dem der heutige Stadtpark ein bescheidener, freilich auch längst gewandelter Rest ist. In Anknüpfung an alles das schildert der einst viel gelesene Georg Ebers in seinem heute vergessenen Roman *„Die Gred"* noch für die Zeit des Dreißigjährigen Krieges einen Ritt vom Laufer Tor durch den (damals sicher längst verschwundenen) Reichswald zum Schoppershof. Es ist das nunmehrige Tucherschloß in der Elbinger Straße, einer der vielen stattlichen Herrensitze, der mit seiner alten Einfriedung und dem herrlichen Garten wie eine stille Insel im brandenden Häusermeer der Großstadt stehen blieb. Wegen dieser dichten Wälder haben auch verschiedene Forscher den Namen Nürnbergs von Norungsberg abzuleiten versucht, was etwa Rodung bei dem Berge hieße. Da es aber dafür keine schlüssigen Beweise gibt, können wir nichts weiter tun, als diese Möglichkeit zusammen mit zwei anderen Annahmen zur Auswahl anbieten. Demnach bedeute Nürnberg soviel wie Neuburg, nachdem in Schriftstücken der Stauferzeit auch verschiedene andere Orte mit diesem Namen belegt werden, darunter mehrfach Neuburg an der Donau (Wilhelm Kraft). Eine letzte, offenbar zutreffende Deutung ist die Erklärung des Wortes als Felsenberg; der diesbezügliche Ausdruck *„ze dem nuorin berg"* kommt gerade im Fränkischen immer wieder vor (Hermann Schreibmüller).

So wurde also diese Ansiedlung langsam ihrem unwirtlichen Urgrund abgetrotzt. Daß sie dabei ausschließlich dem naturgegebenen Gefälle der Felsenburg gefolgt und also wie ein Ei aus kleinstem nährendem Keim zu selbständigem Leben herangewachsen sei, läßt die heutige Wissenschaft nur mehr teilweise gelten. Es ist nämlich so gut wie erwiesen, daß sich der Ort aus zwei verschiedenen Zellkernen gebildet hat, die dann später bei der Überbrückung des Flusses durch das erwähnte Heiliggeist-Spital miteinander verschmolzen. Nördlich des Wassers war es die Veste, zum Schutz der umliegenden Reichsgüter angelegt, und wie wir sahen, auch als Sicherung gegen Osten; zudem diente diese Burg auch repräsentativen Zwecken. Südlich des Flusses aber befand sich an einer noch nicht einwandfrei ermittelten Stelle der Königshof, eine Art Meierei, wie dergleichen seit der fränkischen Landnahme des 8. Jahrhunderts zahlreich in allen Gauen verstreut lagen mit der Bestimmung, dem Herrscher möglichst viele Plätze gastlicher Einkehr zu sichern, wenn er auf den end- und grundlosen Straßen dünn besiedelter Gegenden unterwegs war. Auf diesem Hof saß ein Beamter des Königs, der die fiskalische, militärische und gerichtliche Gewalt in Händen hielt; über ihm stand dann später in Nürnberg nur noch der sogenannte Butigler als oberster Aufseher aller Reichsgüter eines größeren Bezirkes. Die Lage dieses ersten Königshofes wird bei der Jakobskirche angenommen, weil das dortige Gotteshaus im Jahre 1209 von Kaiser Otto IV. dem Deutschen Orden geschenkt wurde, was in dieser Form nur bei reichseigenem Grund und Boden möglich war. Ein anderer königlicher Wirtschaftshof habe im Bereich des späteren Egidienklosters bestanden, welchen Konrad III. 1140 den Schottenmönchen überließ. Ihm kam gleiche Bedeutung für die Burg wie dem Hof bei St. Jakob für das südliche Reichsgebiet zu; beide stellten für den weiteren Umkreis eine Art Hauptsammelplatz für an den König regelmäßig zu leistende Abgaben in Naturalien aller Gattungen dar.

Königshof und Burg mochten, da sie ja beide ausschließlich dem Herrn des Reiches zu dienen hatten, eine gewisse Beziehung zueinander haben. Darüber hinaus aber erwuchs aus jedem von ihnen unabhängig eine eigene Pfarrgemeinde, Sankt Sebald und Sankt Lorenz, die auch in den Urkunden vor 1350 verschiedenartig bezeichnet werden, nämlich jene als *oppidum* und diese als *civitas*. Jedes Wort bedeutet im mittelalterlichen Sprachgebrauch soviel wie Stadt, wobei aber unter ersterem ein Burgort zu verstehen ist, der in Tagen der Gefahr auch der umliegenden Bevölkerung Zuflucht gewähren kann, während letzteres eine Ansiedlung freier Bürger meint, die sich um einen Markt gruppiert mit selbständigem Gericht und eigener Verwaltung. Hierfür war also das Stadtrecht typisch mit all seinen kennzeichnenden Privilegien, dort saßen in einem sogenannten „*suburbium*" größtenteils Hörige der Königsbeamten und standen in sozialem Gegensatz zueinander, der sich erst langsam verwischte. Drückt schon diese Unterscheidung aus, daß beide Stadthälften ursprünglich keine wirkliche Einheit bildeten, so kommt hierzu noch die Tatsache, daß der Sebalder Sprengel anfänglich eine Tochterkirche von Poppenreuth war (worauf ja auch der erwähnte Teppich in seiner Darstellung der Überführung von Sebalds Leiche nach Nürnberg anspielt), während Sankt Lorenz anfangs zu Fürth gehörte. Wie eine Erinnerung an alles dies erscheinen noch Jahrhunderte danach auf dem Nürnberger Goldgeld die beiden Stadtpatrone: Auf dem älteren, gewichtigeren Gulden St. Sebald, auf dem späteren, leichteren Landwährungsgulden St. Lorenz.

Beide aber lockten sie frühzeitig mannigfaches Volk an; die Burg tat es wohl zunächst in größerem Maße, weil ihre geräumige Anlage es so erheischte und weil der direkte oder indirekte Dienst am Waffenhandwerk für unterschiedlichste Berufe Verwendung hatte. Noch vor den Reitern und Pferdeknechten etwa fanden hier natürlich solche Männer ihr festes Brot, die gut mit Hammer, Amboß oder Beil umzugehen verstanden, Leute also, welche die erforderlichen Bauten und Verteidigungsanlagen errichteten. Nach ihnen kamen dann erst all die anderen, die, wie Händler, Schneider und Schuhmacher, für die dringendsten leiblichen Bedürfnisse der Insassen sorgten. Nicht grundlos heißen gerade die ältesten Häuserzeilen unterhalb der Burg bis heute Schmied- und Krämersgasse, während die diesbezügliche Herleitung für Söllners-(Söldners-)Gasse umstritten ist. Erst in einiger Entfernung, entsprechend ihrem späteren Auftreten, gesellen sich die Namen all der übrigen

Berufsgruppen bei, die in jeder Stadt mit mittelalterlichem Kern auftreten. Sie erinnern daran, daß einst die Vertreter der hauptsächlichsten Handwerkerstände mit Vorliebe straßenweise zusammengeschlossen waren, wie dies heute noch auf dem Balkan und im Orient anzutreffen ist, wobei sich Gemeinschaftssinn und gegenseitige Überwachung der Arbeitsweise und -leistung die Waage halten mögen.

Nürnbergs Entwicklung aus zwei selbständigen Stadthälften im Spiegel seiner Münzen: Dritter Sebalder (15. Jahrh.) und zehnter Lorenzer Goldgulden (1525)

Bei uns aber wird das wichtigste gewesen sein, daß den Handwerkern in Kriegszeiten gassenweise die Überwachung und Abwehr des Feindes an den Schlüsselstellungen des Ortes oblag. Hieran erinnern uns in Nürnberg noch ein ehemaliges Moler-(Müller-)Tor beim nunmehrigen Spitalplatz, die Färberstraße oder die Irrerstraße vor dem Hallertor, welche einst von den Weißgerbern, den *„Irhern"*, ihren Namen erhielt. So mochte in den Tagen von Nürnbergs Stadtwerdung der Sebalder Ort durch Handwerk und Handel ausgezeichnet sein, indessen die Burg als eine Art politisches Kraftfeld wirkte. Der umfangreiche Komplex gilt auch heute noch, nach den schweren Beschädigungen des 2. Januar 1945, als Wahrzeichen der darunter wohnenden Bürgerschaft; so sehr Einheimische und Fremde diese Burg als eine in sich gerundete und geschlossene Einheit empfinden mögen, so wenig ist sie es in Wirklichkeit, sei es in geschichtlicher oder politischer Hinsicht. Innerhalb dieser Anlage sind eigentlich drei Burgen zu unterscheiden, unter mehreren Herren zu verschiedenen Zeiten errichtet: Die „Reichsveste", die Burggrafenburg und die städtischen Bauten im östlichen Bereich der Burg. Den Kern stellt die kaiserliche Burg dar, welche sich ursprünglich um den sogenannten Fünfeckigen Turm als den mutmaßlich ältesten Bauteil gruppierte; dies wird derjenige Trakt gewesen sein, auf dem die ersten Hoftage unter den salischen Kaisern stattgefunden haben. In dieser ältesten Veste saß als Kommandant des Reichsherrn der Burggraf, seit etwa 1190 aus dem schwäbischen Geschlecht von Zollern, den Vorfahren des letzten deutschen Kaiserhauses, die den Nürnbergern noch viel zu schaffen machten, als sie zu selbstherrlichen Besitzern dieser Burg wurden.

Seit um 1060 der Raum um Nürnberg aus dem bisherigen Grafschaftsverband des Nordgaues herausgelöst worden war, lagen seine Hoheitsrechte in der Hand des Befehlshabers der Nürnberger Reichsburg, des Burggrafen. Im Verfolg einer Entwicklung, welche die Lehen erblich werden ließ, setzt sich der Burggraf in diesen Baulichkeiten fest und der Kaiser errichtet sich eine neue Wohnung neben der alten. Diese und andere herrschaftsbildenden Rechte, so besonders auf dem Weg von Erbschaften, verliehen den Burggrafen im Laufe der Zeit jene Macht, die sie als schärfste Gegner von Nürnbergs zunehmender Selbständigkeit sozusagen prädestinierte.

Daraus wird ungefähr die Entstehung jenes westlichen Komplexes verständlich, der dann später als die eigentliche Kaiserburg gilt. Man betritt sie von der „Freiung“ aus, jenem geräumigen Platze, der während des Mittelalters eine wichtige Rolle als Asylort für Verfolgte spielte: Wer sich hierher flüchtete, durfte von den Gerichtsschergen nicht ergriffen werden. Vor dem Eingang zur Veste steht wie ein riesiger Wächter auf felsigem Grund der Vestnerturm, auch *„Sinwell“* genannt, der runde, im Gegensatz zu den sonst durchwegs eckigen Wehrtürmen Nürnbergs vor dem 16. Jahrhundert. Der Sinwell ist der höchste Punkt der ganzen Stadt und so versteht es sich von selbst, daß er als Auslug stets eine wichtige Rolle spielte — in friedlichen Tagen als Feuerwache, in Kriegszeiten zur Beobachtung des heranziehenden Feindes.

Neben dem Vestnerturm liegt noch der vielbesuchte Tiefe Brunnen. Er maß einst an die hundert Meter und sollte in etwa halber Höhe des Wasserspiegels mit dem *„unterirdischen Nürnberg“* in Verbindung stehen, einer Reihe von schmalen Gängen, die früher Stoff zu allerlei Schauergeschichten boten: Sie hätten bis zum Dutzendteich und der etwa fünf Kilometer weiten Kirchenburg von Kraftshof geführt, um den Burggrafen bei etwaigen Belagerungen einen letzten Weg ins Freie zu sichern; außerdem seien sie Stätten grausamer Rechtsprechung

5. *Äußerer Burghof, beherrscht vom Sinwellturm*

6. Untere Burgkapelle mit Adlerkapitell (links)

7. Lichte obere Kapelle, im Vordergrund Verbindungsschacht nach unten

8. *Margaretenturm, auch Heidenturm genannt*

gewesen. In Wirklichkeit aber handelte es sich, wie Ernst Mummenhoff nachgewiesen hat, um eine Nische zur Brunnenreinigung. Dagegen führt vom Rathaus zur Tiergärtnertorbastei ein Gang, welcher strategischen Zwecken diente.

Das erste Bauwerk der Kaiserburg sodann ist, noch vor dem innersten Tor, der Margareten- oder Heidenturm, so genannt nach einer früher falsch gedeuteten, weil verwitterten Bildgruppe, die in der Humanistenzeit als vorchristliches Symbol erachtet wurde, während sie tatsächlich Kaiser Heinrich den Heiligen und seine Gemahlin Kunigunde darstellte. An dieses fürstliche Paar erinnerte bis vor wenigen Jahren vor allem die „tausendjährige“ Linde im inneren Hof, von der es hieß, ein Lindenzweig habe den Kaiser auf der Jagd vor einem tödlichen Sturz bewahrt und ein Reis, das er dankbar von der Stelle seiner wunderbaren Rettung gepflückt, sei von seiner Gattin hier zur Erinnerung eingepflanzt worden. Die Untersuchung der Jahresringe des seit einiger Zeit abgestorbenen Baumes hat aber mit dieser rührenden Sage gründlich aufgeräumt: Der Stamm erwies sich als reichlich halb so alt, wie vom Volksmund angenommen; immerhin hat er im Mittelalter bei den Nürnbergern einen Ehrenplatz eingenommen, manches Fest fand unter seiner gewaltigen Krone statt und Albrecht Dürer berichtet in seiner Familienchronik, daß sein Vater, als er 1455 aus Ungarn nach Nürnberg kam, zur Sommersonnenwende an der Hochzeit des Philipp Pirckheimer teilnahm, deren Höhepunkt ein froher Tanz *„unter der großen linden“* war.

Unmittelbar an den Heidenturm schließt sich ein Bauwerk an, das für uns arme Erben von Nürnbergs einst unermeßlichem Kunstreichtum von besonderem Wert ist, weil es sich ebenso stilrein wie unbeschädigt erhalten hat: Die Burgkirche vom Ende des 12. Jahrhunderts. Sie stellt eine sogenannte Doppelkapelle dar, eine Eigentümlichkeit, die sich bei den Residenzen jener Zeit öfters vorfindet, so bei der Kaiserpfalz zu Eger, die mit der unseren auch sonst manch gemeinsamen Zug aufweist. Diese Doppelkapelle besteht aus einem über zwei Stockwerke reichenden Andachtsraum, der in seinem unteren Teil auf schweren, mit ihren blockigen Kapitellen das Prinzip des Lastens betonenden, im Obergeschoß aber auf hohen und schmalen Säulen von geradezu federnder Leichtigkeit ruht. Mit dieser eigenartigen Anlage wurde eine standesmäßige Scheidung der am Gottesdienst teilnehmenden Personen vollzogen: Wie in den Ordenskirchen das Volk durch Chorschranken von der Geistlichkeit getrennt war, so blieb hier der obere Teil dem Fürsten und seinem erwählten Kreis vorbehalten, während unten die Mannen und Knechte der Messe beiwohnten. Beide Räume sind durch eine quadratische Öffnung miteinander verbunden, so daß die gleichzeitige Teilnahme an ein und derselben Andacht auch dem gesamten Gefolge möglich war, wobei dann allerdings die Dienstleute den Priester nur hören und nicht sehen konnten. Die wundervoll schlanken Säulen haben, weitaus mehr als das kostbare Inventar, schon in alten Zeiten die Phantasie des Volkes beschäftigt: Zufolge der Sage seien diese eleganten Stützen des oberen Raumes während einer einzigen Messe vom Teufel aus Rom hergeschafft worden auf Grund einer Wette, die der Böse mit dem hier amtierenden Geistlichen abgeschlossen, aber doch verloren habe.*)

Von der Burgkapelle aus besteht ein direkter Zugang in den „Palas" mit den beiden Rittersälen; im unteren von ihnen wurde früher Hofgericht gehalten. Dieser Haupttrakt der Burg fiel der Vernichtung des 2. Januar 1945 zum Opfer, wurde aber bald nach Kriegsende durch den bayerischen Staat maß- und stilgerecht wieder aufgebaut.

Auf der dem kaiserlichen Trakt entgegengesetzten Seite liegen dann die städtischen Anbauten, zu denen man am Vestnerturm und dem Tiefen Brunnen vorbei durch eine Art Hohlweg gelangt. Unter seinen seitlichen Aufschüttungen liegen die Reste der Burggrafenburg, welche im Zug einer Fehde durch den in Lauf amtierenden bayerisch-pfälzischen Landpfleger Christoph Leiminger 1420 niedergebrannt wurde, womit die Herren von Zollern so gut wie alle Freude an ihrem Nürnberger Besitz verloren. Von diesem Hohlweg aus verläßt man den inneren Burgbereich durch das östliche Tor, über dem der wunderlich verschachtelte Bau der Burgamtmannswohnung liegt. Vor ihr weist eine beschädigte Brüstung nach Norden, an welcher zwei Hufspuren verblassen als die sagenhaften Beweisstücke jenes waghalsigen Sprunges, mit dem von dieser Stelle aus der zum Tode verurteilte Raubritter Eppelein von Gailingen sein Pferd über den weiten Wallgraben getrieben haben soll. Die östlich dieser Brustwehr gelegenen städtischen Bauten hatten unter dem Bombenregen an Neujahr 1945 die schwer-

*) Gerhard Pfeiffer bezweifelt allerdings die Echtheit dieser Doppelkapelle mit dem Hinweis darauf, daß die verbindende quadratische Öffnung erst 1892/93 durch August von Essenwein angelegt worden sei. Umgekehrt aber berechtigt die typische Form des Bauwerks zu der Annahme, daß Essenwein nur den einstigen Zustand wiederhergestellt habe.

sten Schäden innerhalb der ganzen Burg erlitten. Besonders schmerzlich war die Einbuße hinsichtlich der Kaiserstallung, jenes langgezogenen Hauses, das der Stadtarchitekt Hans Behaim der Ältere 1494/95 in großartigem Formempfinden zwischen den Fünfeckigen Turm und den Luginsland einfügte. Auf dem bekannten Holzschnitt der Schedelschen Weltchronik von 1493 ist daher dieser Raum noch frei, doch soll er auch vorher schon einmal mit einer Art Ballhaus bebaut gewesen sein, das im 13. Jahrhundert bei einem großen Fest eingestürzt sei und viele Menschen unter sich begraben habe. Die Kaiserstallung, die ihren Namen daher hat, daß sie bei fürstlichen Besuchen als Marstall diente, war als einer von vielen städtischen Getreidespeichern errichtet worden — daher besaß und besitzt sie wieder ein gewaltiges Steildach mit sechsfach unterteilten Lagerböden; über dem Rückgrat der hohen Säulenhalle, auf dem die drei geborstenen Stockwerke ruhten, führte Julius Lincke 1950/52 die Ergänzung durch, die einem völligen Neubau gleichkam.

Neben der Kaiserstallung erhob sich, bevor die zum Maxtor führende Stadtmauer beginnt, der ebenfalls durch einen Bombenvolltreffer zerborstene, 1954/55 in etwas veränderter Gestalt wieder aufgerichtete *„Luginsland"*; er schließt ein Stück wehrhafter Geschichte in sich, der sich die Stadt zu allen späteren Zeiten mit großem Stolz erinnerte: Er verdankt sein Entstehen einer hellen Empörung gegen den Burggrafen, der zwar als des Kaisers Statthalter hier saß, zugleich aber selbstherrlich gegen die Stadt auftrat und dem sich die Nürnberger in stets höherem Maße ebenbürtig fühlten, je mehr ihre Bedeutung vor der Welt zunahm. Von der Mitte des 14. Jahrhunderts an wogt hier ein bald heimlicher, bald offener Kampf, der seinen Niederschlag in verschiedenen baulichen Daten findet: 1362 haben die Nürnberger vor der Einfahrt zum burggräflichen Bereich eine Art Palisade mit Tor und Fallgitter gesetzt, 1367 die Stadt durch eine hohe Mauer gegen die Veste abgeschlossen, um damit dem Burggrafen den direkten Zugang nach unten zu verwehren (der dann erst später wieder in dem sogenannten „Himmelstürlein" hergestellt wurde), und in dem sehr kalten Winter 1377 bauten sie ihm den massigen Turm des Luginsland buchstäblich vor die Nase — *„auf daß man in des Burggrafen Burg möchte sehen"*, wie es in der Chronik unmißverständlich heißt, also zu einer Beaufsichtigung, der er sich fortan trotz heftigen Einspruches beim Kaiser nicht mehr erwehren konnte.

Ein grundsätzlicher Unterschied zwischen Stadt und Burg ist auch heute noch augenfällig, trotz der schweren Verluste, die beide im vergangenen Krieg erlitten haben — der Ort stand im Zeichen eines behaglich-schlichten Wohnens, die Veste diente in erster Linie der Verteidigung und dann erst der Repräsentation. Daher beansprucht die Burg überall ein Vielfaches an Raum als die unter ihr liegenden Gassen, deren Häuser sich oft so eng zueinander drängen wie frierende Vögel auf der Stange. Im Sebalder Viertel haben manche Fassaden mitunter nur eine Breite von wenigen Schritten; auf dem Platz zwischen Freiung und Burgamtmannswohnung aber hätte sich allein ein ganzer Markt errichten lassen und der lange Stollen des Vestnertores ist derart geräumig, daß durch ihn ein geschlossener Heereszug mit Troß und all seinem fahrbaren Kampfgerät bequem ausziehen konnte. Diesen grellen Unterschied zwischen Herrschen und Dienen, zwischen fürstlichem Machtanspruch und der raumbedingten Bescheidenheit der bürgerlichen Untertanen drücken freilich auf ihre Weise alle Städte aus, deren Häuser zu einer Burg emporschauen, doch in Nürnberg wirkte er besonders auffällig durch die Größe und Geschlossenheit des mittelalterlichen Gefüges als Abbild der ungewöhnlichen Freiheit, die sich dieser Ort im Laufe der Zeit errungen hat.

Bevor wir endgültig nach unten zurückkehren, um uns dem wechselvollen Schicksal der Ansiedlung zu widmen, wollen wir noch einen abschließenden Blick von der Freiung aus hinunterwerfen, denn es ist ein Bild von wehmütig stimmender Schönheit, wie es sich derart in sich gerundet nirgendwo sonst bietet. Wohl zeigt diese Stadt, wie sie uns jetzt zu Füßen liegt, noch die Narben des letzten Krieges, aber ihr Grundriß war beharrlicher, als die giebelgezierten Dächer und Häuserfronten — in diesem Grundriß können wir auch heute noch lesen, wie in einer zwar vergilbten, doch immer noch deutlichen Handschrift. Da sind die eckigen Stadttürme der vorletzten und die runden der letzten Ummauerung, dort die Züge der Hauptstraßen, die einander über den Fluß hinweg begegnen: Die Adern und Nerven dieses steinernen Körpers mit ihren Kernpunkten, dem breiten Karree von Markt und Rathaus. Am übelsten wurden die gegen Südosten gelegenen Stadtviertel mitgenommen — hier wirkten Gassen und Plätze geradezu zermalmt, als wäre eine riesige Walze über sie hinweggeglitten; tot und leer erhob sich das einst so zierliche Gotteshaus von Sankt Egidien, Nürnbergs einziger Barockkirche, über den Trümmerhalden, auf denen jahrelang langstengeliges Unkraut wuchs, Weiderich und Kreuzkraut und vieles andere mehr, eine in dieser Umgebung und Gesetzmäßigkeit neuartige Flora. Die zerborstenen und zerblasenen Häuser wirkten aus der Entfernung bereits so bröckelig braun, wie wenn sie im Begriffe wären, sich wieder in jene Erde zurückzuverwandeln, aus der fleißige Menschenhände sie einstmals geformt haben. Neue Häuserzeilen, ebenso den Lebensbedingungen unserer Tage wie ihrer Umgebung angepaßt, decken seit 1953 diese Felder der Verwüstung.

Die Sicht nach Süden und Westen dagegen hatte eine tröstlich anmutende Geschlossenheit bewahrt. Hinter dem einst so stimmungsvollen „Ölberg" unterhalb des Burgfelsens, wo zwischen ein paar notdürftig zusammengeflickten Hütten nur noch ein altes Haus in rührender Einsamkeit stand, reckt sich das nun wieder eingedeckte Schiff von Sankt Sebald empor. Vorher konnten Sonnenlicht und Himmelsblau die Spitzbogen der hohen Fenster erfüllen und der Ostchor nahm sich von weitem kaum mehr wie ein Kirchenraum aus, sondern glich eher einem reich durchbrochenen Gitter übermenschlicher Ausmaße. Je weiter das Auge in die Ferne dringt, desto mehr scheinen die Stadtteile zu beiden Seiten des Flusses unverletzt, und die Lorenzkirche bietet sich in den gleichen kraftvollen Umrissen dar, wie in alten Tagen.

Damit haben wir einen Teil vom Schauplatz Nürnbergs früher Geschichte skizziert. Wenn, wie erwähnt, die Burg heute auch nicht mehr als eigentlicher Zellkern der Stadt gilt, so hat sie doch deren Mehrung in jeder Hinsicht begünstigt — sowohl in der stets einträglichen Freundschaft von Kaisern und Königen als in der Feindschaft zu den Burggrafen, die fruchtbare Kräfte der Abwehr bei der Bürgerschaft entwickeln half. Die Lebensfäden, die von jeher die Burg mit der Stadt verbanden, haben bis auf diesen Tag ihren sinnfälligsten Niederschlag in der Ringmauer, welche auch dank ihrer kompakten Masse im letzten Krieg verhältnismäßig glimpflich davongekommen ist.

Wenn Sebalder und Lorenzer Ort jeweils für sich dem Fluß entgegenwuchsen, so ist es einleuchtend, daß auch jede dieser beiden Stadthälften ursprünglich ihre eigene Verteidigungsanlage besaß. Von der Mitte des 12. Jahrhunderts an war diese Wehr aus ortsüblichem Sandstein und hat sich darum seitdem soweit erhalten, daß sie sich unschwer in den jeweiligen Bauabschnitten verfolgen läßt. Wie man an den abgestreiften Hüllen des Seidenspinners die Stufen seiner geheimnisvollen körperlichen Wandlungen ermessen kann, so zeigen Nürnbergs verschiedene Umwallungen die allmähliche Ausweitung der Ansiedlung in einer für das gesamte Reich einzigartigen Weise.

Die früheste, noch palisadenhafte Umwallung der Sebalder Seite ist nur ungefähr aus den Straßenzügen zu ermitteln — sie soll sich von der Burg aus etwa über den Paniersplatz, die Tetzelgasse und den einst der Sebalduskirche vorgelagerten Friedhof gegen Westen über den Weinmarkt bis zur Irrerstraße, also bis kurz vor das Neutor, erstreckt haben. Erst von der nächsten Ummauerung seit 1140 besitzen wir handgreifliche Reste; besonders in der Grübelstraße zwischen dem ehemaligen Schießhaus an der Ecke des „Sand“ und dem Hochbunker tritt sie wirkungsvoll zutage. Ihre Anlage mochte mit dem erwähnten Wirtschaftshof des Schottenklosters, das sich auf dem Boden der jetzigen Egidienkirche und des von Melanchthon gegründeten Gymnasiums befand, in Zusammenhang stehen; dieser im Sinne der großen missionierenden Orden ebenso zur Bekehrung wie zur Kolonisation angelegte Gutshof wurde neben der Burg und dem Königshof bei Sankt Jakob also in gewissem Sinne ein dritter Faktor für Nürnbergs Entwicklung.

Die auf diese Weise entstandene zweite Wehr kam aus der Richtung des heutigen Maxtores zum nachmaligen Laufer Schlagturm, näherte sich am „Sand“ der Pegnitz und verlief dann in Richtung Neue Gasse, Hans-Sachs-Gasse über den späteren Marktplatz, um wieder zu ihrem Ausgangspunkt, der Veste, zurückzukehren — möglicherweise über die Lammsgasse, wo sich Nummer 6, ein auffallend schmales Haus, befindet, welches vorher ein Stadtmauerturm gewesen sein soll, wie auch eine in den 90er Jahren des vorigen Jahrhunderts abgebrochene turmhohe Patrizierburg in der Theresienstraße.

Um etwa dieselbe Zeit war auch bereits die Lorenzer Seite gleichermaßen befestigt. Ihr Mauergürtel bewegte sich zwischen der späteren Peter-Vischer-Straße, wo sie heute noch (am ehemaligen Marstall) als gut erhaltenes Grabenstück mit Bruchsteinmauerwerk zutage tritt, über das alte Schauspielhaus, dessen Fundamente in diesem Graben stehen, gegen die Königstraße zur Mauthalle. Auch deren Keller ist in den alten Graben eingebaut, wie es dies gleichfalls die beiden Hallen des Kornmarktes sind, nach deren Zerstörung die Fundamente besonders aufschlußreich für den Mauerverlauf bloßlagen. Weiter verlief dann der Graben über den sogenannten Tuchmacherszwinger westlich der Färberstraße über den Weißen Turm zum Unschlittplatz, über die Obere Wörth- und Kaiserstraße nach Osten. Erstaunlicherweise erreichte er damals auf beiden Stadtseiten noch nicht den Fluß, obwohl doch dies für die gesamte Bevölkerung geradezu lebensnotwendig sein mochte. Bei der Lorenzer Hälfte ist dieser fehlende Zugang zur Pegnitz noch am ehesten verständlich, da sie eine gewisse Entschädigung in dem aus Südosten (über die heutige Peterskirche und Tafelhofstraße) kommenden Fischbach besaß. Diesen hatte man seit 1496 zur Mehrung seiner Wasserkraft durch den Dutzendteich geleitet; er verlief noch bis zum vorigen Jahrhundert, vermittels einer Holzgalerie am Sterntor*) über den Graben geführt, in zwei Armen offen durch die Stadt, von der Stern- und Pfannenschmiedsgasse aus über die Karolinenstraße gegen das Weizenbrauhaus, um bald nach seiner Wiedervereinigung in die Pegnitz zu münden. Er betrieb einige Mühlen und war verschiedenen Gewerben, besonders den Gerbern, von hohem Nutzen.

Ansicht des durch die Lorenzer Stadt laufenden Fischbachs, heutige Karolinenstraße. Ausschnitt nach Joh. Al. Böner, 1701

Nach 1320 wurde dann der Zusammenschluß beider Stadtteile verteidigungsmäßig vollzogen — wohl zum Zeichen dessen, daß die politische Vereinigung dringend notwendig und daher unaufhaltsam

*) Hier trieb er zugleich ein Pumpwerk, welches die vielen Springbrunnen des Lorenzer Viertels speiste. Ähnlich wie den Fischbach, hat man später auch den Röthenbach gegen Ende des 15. Jahrhunderts quer durch die Stadt führen wollen, was den Handwerkern sehr willkommen gewesen wäre. Der Plan scheiterte aber schließlich an den hohen Kosten und den langwierigen Auseinandersetzungen beim Grundstückserwerb (Ernst Mummenhoff).

war. Der Rat ließ den Fluß an zwei Stellen mit einer bollwerkartigen Brücke verbinden, im Osten an dem späteren Schuldturm im Bereich der Insel Schütt, ein Bau, der noch die Jahreszahl seiner Errichtung, 1323, aufweist, und im Westen an der malerischen Gebäudegruppe des Henkersteges. Um an diesen Punkten des Pegnitzein- und -auslaufes, zwischen denen sich jetzt die Stadt ausbreitete, einem möglichen Angreifer den Zugang vom Wasser her zu versperren, wurden sie mit ähnlichen Fallgittern versehen, wie sie das Blatt der Schedelschen Weltchronik an einer anderen Stelle zeigt. Um die Mitte des 14. Jahrhunderts wurde auch die übrige Mauer gründlich überholt, wobei die Ausfalltore jene kantige Gestalt erhielten, wie sie uns heute noch am Weißen Turm und dem Laufer Schlagturm vertraut sind.
Mit Nürnbergs wachsender wirtschaftlicher Bedeutung reichte dieser fest umzirkte Raum schon bald nicht mehr für die ständig zunehmende Bevölkerung aus. Neue Anwohner errichteten sich ihre bescheidenen Häuser draußen vor den Toren, wo sie zwar billiger, dafür aber gefahrvoller lebten; dort gab es ferner begüterte Klöster mit Kirchen, wie die Nonnenhöfe von Sankt Katharinen, der späteren Meistersingerkirche, von Sankt Klaren (Königstraße) oder die Kartause im Bereich des heutigen Germanischen Museums — alles Plätze, deren Sicherheit der Stadt nicht gleichgültig sein konnte. Darum entstand, kaum daß beide Flußseiten miteinander verbunden waren, in weiteren rund 100 Jahren (von um 1350 bis 1452) die letzte und stärkste Umwallung, die für die Zukunft bis zum Anbruch des industriellen Zeitalters ausreichen sollte und die darum Nürnbergs endgültiges Aussehen mitbestimmte. Unter riesigem Einsatz an Geldmitteln und Arbeitskraft wurde hier ein Werk erstellt, das schon im ausgehenden Mittelalter überall Bewunderung erweckte. Eine Ratsverordnung von 1427 wirft ein bezeichnendes Licht auf die notwendigen Opfer, die dabei der Gesamtheit auferlegt wurden: Fortan mußten alle Hausbesitzer jeglichen Berufes und beiderlei Geschlechtes mit allen halbwüchsigen Kindern und dem ganzen Gesinde jährlich einen Tag lang Schanzarbeiten leisten; wer dazu außerstande war, hatte einen Ersatzmann zu stellen oder einen Betrag zu erlegen. Daß die Allgemeinheit schon vor dieser Verordnung stark in Anspruch genommen worden war, ist ohne weiteres einleuchtend — alle großen Bauvorhaben jener Zeit, von Stadtbefestigungen bis zu den gotischen Domen, deren Größe in einem uns erstaunlich anmutenden Verhältnis zu der Bevölkerungszahl

stand, ließen sich ja nur durch entsprechende Teilnahme aller ortsansässigen Menschen durchführen. Dazu kam in diesem Falle, daß in den Tagen des genannten Erlasses die Hussiten bei Außig und Mies zwei entscheidende Siege über die kaiserlichen Truppen errungen hatten und ihnen plötzlich der Weg nach Westen offenstand, in die Oberpfalz und nach Franken, wo nun alle Städte von panischem Schrecken ergriffen wurden.

Die dergestalt in Kürze aufgerichtete Mauer, die durchschnittlich einen Meter stark und sieben bis acht Meter hoch war sowie vor dem bis zu zwölf Meter tiefen, trockenen Graben durch einen breiten Zwinger in eine innere und äußere Wehr geteilt wurde, zwischen welcher sich ein kleiner Wagen bewegen konnte — diese Mauer hat bis zum Erlöschen von Nürnbergs Reichsfreiheit ihren hohen Aufwand an Schweiß und Geld glänzend gerechtfertigt: Keinem Feind der Stadt gelang es jemals, sie zu erstürmen. Die vielen Türme im Abstand jeweils eines kleinen Steinwurfes, denen ein klug erdachtes, umfangreiches Verteidigungssystem entsprach, werden in verschiedenen einschlägigen Darstellungen beinahe wie Weltwunder genannt; beim Abschreiben voneinander sind die Autoren sehr großzügig verfahren, so daß es gelegentlich bis vierhundert solcher Türme wurden. Merkwürdigerweise nahm an dieser Übertreibung auch jemand mit geschlossenen Augen teil, der sich als Sohn dieser Stadt leicht von der Wahrheit hätte überzeugen können: Der Nürnberger Stadtarzt Hartmann Schedel gibt in seiner Weltchronik die Zahl der Türme mit 365 an, für jeden Tag einen, wie die Reliquien des ungetreuen Losungers Niklas Muffel; von Schedel bezog wohl als nächster der Verfasser des erwähnten Faustbuches seine Weisheit, die dann jahrhundertelang unbedenklich von allen möglichen Stadtbeschreibungen übernommen wurde, so etwa auch von der wegen ihrer schönen Stiche einst ungemein geschätzten Merianschen Topographie, wo der Irrtum durch die beigegebene Abbildung ins Auge springend ist: Beim Nachzählen kommt man höchstens auf etwa 110 solcher steinernen Wächter. Die Mühe einer Überprüfung an Ort und Stelle machte man sich aber erst im Zeitalter der Aufklärung — ein Berliner Bildungsreisender, der Buchhändler und Verleger Friedrich Nicolai, war es, der 1781 auf den Irrtum hinwies, auf die Anzahl der wehrhaften Türme, die wohl im Höchstfalle einmal 120 betrug.

Wollen wir nun sehen, was alles diese Mauern im Laufe der Zeit an bemerkenswertem Inhalt erfüllte. Da ist zunächst der Nürnberger

Mensch selbst. Man hat früher versucht, seine besondere Wesensart durch die Frage nach seiner Stammesherkunft zu erklären, aber dadurch war nie eine befriedigende Lösung zu erzielen. Selbst wenn wir genau wüßten, welch eine Mischung mittelfränkischen, schwäbischen und Oberpfälzer Blutes hier vorliegt, so würde dies trotzdem keine hinreichende Auskunft darüber geben, warum der Nürnberger gerade so wurde, wie er sich rund vierhundert Jahre lang vor der Welt darstellte: der Patrizier als Verfechter einer zwar irgendwie überzüchteten, jedenfalls aber immer erfolgreichen Politik, der Kaufmann und Handwerker als ebenso vorbildlicher wie gefürchteter Wettbewerber auf dem gesamten abendländischen Markt. Es ist hier wie mit der Rassenkunde, die uns zwar formal das Zustandekommen gewisser körperlicher Eigenarten vermittelt, aber keine verbindlichen Rückschlüsse auf die bewegenden Kräfte in Charakter und Schicksal des einzelnen zuläßt. Zudem sind alle Stammesmerkmale fluktuierend wie das tausendfältige Leben selbst und halten stets nur einer allgemeinen Prüfung stand.

Unter diesem Vorbehalt läßt sich über den Nürnberger sagen, daß ihm eine gewisse Schwerblütigkeit eigen ist und als Folge davon jene Beharrlichkeit, die sich in seiner Sprache, Denkweise und Arbeit ausdrückt. Das erste Urteil dieser Art stammt — ein wenig verklärend, wie es das Bildungsideal jener Zeit erheischt — aus der Feder des fränkischen Humanisten Konrad Celtis, welcher in seinem 1502 erschienenen Büchlein über Nürnberg im Abschnitt *„vom Ursprung, der Lage, den Sitten und Einrichtungen der Stadt“* folgende Worte findet: *„— das nürnbergische Volk ist daher, wie sein Boden und Klima und der Natur der Deutschen entsprechend, von gesundem Körper, abgehärtet gegen Hitze und Kälte, von festen Sehnen und Knochen, elegantem Leibesbau, freien Blickes und gesunden Befindens, heiteren und fröhlichen Gemütes und, was seine größte Zierde ist, in verschiedenen Sprachen kundig und sicher. Begierig in bezug auf Neuigkeiten und Gerüchte, schlau und geschickt, auf Gewinn bedacht, stolz und ruhmredig, bewegten aber leicht wieder abfallenden Gemütes nach Art des Sandbodens, der vom Winde rasch aufgewirbelt und verstreut wird. An Feinheit der Sitten und bürgerlichen Tugenden sonst ausgezeichnet.“* Weiter wird gesagt, daß die Nürnberger Frauen überaus mild und lieblich seien; dagegen würden sie, wenn sie verheiratet seien, herrschsüchtig und rechte Andromeden, weshalb der Volksmund den

Reichsadler im Stadtsiegel zu einem Jungfrauenkopf umgestaltet habe. Es ist offenkundig, daß der gekrönte Dichter seinen Tacitus gut gelesen und verwertet hat! Sebastian Frank, der in seiner „Weltbeschreibung" zu einem ähnlichen Urteil gelangt, fügt hinzu: *„Ein spitzig Volk, in allen Händeln geschwind."*

Der nürnbergische Mensch: Porträtstudie eines jungen Mädchens nach Albrecht Dürer

In der Folgezeit wurde zwar viel Lob und Tadel über Nürnberg ausgeschüttet, selten dagegen etwas über seine Menschen gesagt. Erst Goethes Freund, Karl Ludwig von Knebel, liefert uns in einem Briefe von 1797 eine halbwegs bündige Beurteilung, zu welcher er übrigens auch einige Erfahrung besaß, da er vom Vater her einem alten und angesehenen Nürnberger Geschlecht entstammt*). Er wiegt das Für und Wider folgendermaßen ab: *„Die Nürnberger sind überhaupt Chinesen; sie nehmen nichts leicht auf, was ihre Ideen verändert und lieben Tausch und Wechsel der Gedanken nicht. Bei ihren alten Backfischen finden sie sich wohl, — doch gibt es sehr brave und wirklich aufgeklärte Leute auch hier."* Und an anderer Stelle ergänzt er seine Beobachtung: *„Es ist noch Bürgerkraft hier und etwas inneres Leben. Die Bürger sind gut und klug."*

Umfassende Kennzeichnungen sind allerdings beide nicht. Es wäre vor allem die Gründlichkeit zu nennen, mit welcher der Nürnberger an jede ihm gestellte Aufgabe herantritt — man kann dies bis heute, wo der ursprüngliche Typus längst durch die Industriezuwanderung des vorigen Jahrhunderts überlagert und verwaschen ist, wohltuend in den Fabriken, Werkstätten und überall dort verspüren, wo sich fleißige Hände regen: Seine rührende Treue zu den Menschen und Dingen des

*) Sein Vater war der ansbachische Geheime Regierungsrat Georg Friedrich von Knebel; dieser verlor noch in jungen Jahren seine Stellung als Gesandter des fränkischen Kaisers, weil er sich 1756 geweigert hatte, an den Maßnahmen teilzunehmen, mit denen Friedrich der Große in die Reichsacht erklärt werden sollte.

Albrecht Dürer: Nürnberger Bäuerin.
Aus den Randzeichnungen
zum Gebetbuch Kaiser Maximilians I.,
1515

eigenen Wirkungskreises. Andererseits hängt hiermit seine Zurückhaltung zusammen und seine bald scheue, bald kritische Einstellung allem Fremden gegenüber, die schon dem lebhafteren Unterfranken auffällt und um so mehr natürlich dem Schwaben oder Rheinländer — all jenen, deren Wesen durch den Wein und eine heitere Landschaft beschwingt wird, während Nürnbergs einförmiger, ertragsarmer Boden seinen Bewohnern etwas Dumpfheit ins Herz legt. So kommt zu dieser geringen Aufschließbarkeit, die der Romane „refraktär" nennt — hartnäckig und schwer schmelzbar —, in den unteren Schichten leicht ein gewisser Mißklang des Temperamentes, etwas Muffiges, das sich schon in den Gesichtern von Wolgemuts Altären spiegelt, und in den gehobeneren Kreisen eine Umständlichkeit, bei welcher sich mitunter der Verstand selbst im Wege zu sein scheint und die man gemeinhin als „Betulichkeit" bezeichnet. Dies fiel bereits Friedrich Nicolai während seiner Frankenreise im Jahre 1781 auf, als er von den Nürnbergern sagte, man müsse ihnen gegenüber jede Einladung dreimal wiederholen, bis sie glaubten, ihr ernstlich Folge leisten zu dürfen. Johann Kaspar Lavater aus Zürich, der als erster das menschliche Gesicht sah, beschrieb und auf seine innere Fruchtbarkeit beurteilte, wie Hügel, Wälder und Wiesengrund in der Natur, hat ein eigenes Wort *„vernürnbergern"* geprägt, worunter er soviel wie verpfuschen verstand. Ihm, der ein offenes Auge für alle bemerkenswerten Erscheinungen hatte, mochte auf seiner Deutschlandreise 1763/64 aufgefallen sein, wie sehr die Entartung ein Merkmal gerade dieser seltsamen, viel gerühmten Stadt war, wie sie bei äußerem Bienenfleiß doch längst innerlich erstarrt war. Jene dumpf lastende Stimmung eines immer unfruchtbarer werdenden Kleinstadtlebens hat wohl in der heimischen

Dichtung niemand besser eingefangen und plastischer gestaltet als Jakob Wassermann in seinen beiden an Lokalkolorit so reichen Romanen *„Kaspar Hauser"* und *„Das Gänsemännchen"*; hier ist es ein schöpferischer Musiker, dort das *„Kind Europas"*, der geheimnisvolle Findling des Jahres 1828, die in dieser modrigen Luft zugrunde gehen müssen.

Bliebe noch der Humor des Nürnbergers, der trocken ist und von scharfer Umweltsbeobachtung zeugt, wobei ihm aber auch wieder die heimischen Gepflogenheiten zur Richtschnur werden; die Nürnberger Mundartdichtung, die diesen Humor am besten verkörpert, bevorzugt das örtliche Idyll, das Lob des Bodens, auf dem man mit beiden Füßen steht. Ein vortrefflicher Blick für alle Regungen der Natur und besonders der sich aus ihnen ergebenden praktischen Vorteile haben in ihm von jeher die Gabe des Tüftlers begünstigt, des kleinen und großen Erfinders, von dem noch ausführlicher die Rede sein soll. Hierbei aber verbinden sich auf urtümliche Weise zwei Eigenschaften, die wir mit der doppelten Bedeutung des Wortes „Witz" schon in einem alten, verschieden abgewandelten Spruch vorfinden:

Hätt ich Venedigs Macht
Und Augsburgs Pracht,
Nürnberger Witz,
Straßburger Geschütz
Und Ulmer Geld,
So wär ich der Reichste in der Welt.

Von diesem Menschen erfahren wir nun bald nach den Tagen des Heiligen Sebald und der Rodung des sumpfigen Geländes zu beiden Seiten des Flusses, daß er zuerst geringer Knecht seines Heimatbodens war, rasch aber sein Herr werden möchte. Dementsprechend wechselt er in den geschichtlichen Belegen verhältnismäßig schnell aus der Rolle des Zuschauers in die des Handelnden.

In jener Zeit, als Heinrich IV. seinen demütigenden Gang nach Canossa tat, war unser Ort noch kein ständiger Schauplatz größerer politischer Ereignisse. Daß er aber entsprechend dem Nachdruck, mit dem er von Reiches wegen gegründet wurde, in dem Menschenalter seines Bestehens überaus rasch gewachsen ist, wird aus einem Tafelgüterverzeichnis des Jahres 1064 deutlich, einer Liste der Versorgungsposten und ihrer Naturalienabgaben im Falle eines Heerzuges über die Alpen, in welcher Nürnberg das stärkste Lieferungspotential von ganz Bayern aufweist. Bezeichnenderweise wird es darin zweimal aufgeführt — als Königshof ebenso wie als Burg: also auch hierin sind die beiden „Keimzellen“ der nachmaligen Stadt schon zu erkennen.

Der Kaiser weilt jetzt mehrmals hier und weil er dabei verschiedentlich urkundete, haben wir auch nähere Kenntnis seiner Besuche. Das erste auf ihn zurückgehende Schriftstück stammt aus dem Jahre 1062. Er gibt darin dem benachbarten Fürth das Markt- und Münzrecht zurück, das sein Vater den Fürthern zugunsten von Nürnberg genommen hatte. In diesem Jahre ist aber Heinrich IV. erst sechs Jahre alt und kann also noch keine derartige Entscheidung aus eigenem Antrieb gefällt haben. Sie ist vielmehr das Werk der kirchlichen Partei, die angesichts des noch unmündigen Königs wieder stärker zu ihren Gunsten in die Reichspolitik eingreifen kann und die nun die eingangs geschilderte Revindikation, die Rückgliederung von einstmals der Kirche geschenktem Reichsgut in die Krone, wieder aufhebt. Es sind ja die gleichen Tage von Kaiserswerth, in denen das königliche Kind sich seinem aufgezwungenen Vormund durch einen Sprung in den Rhein zu entziehen sucht.

Anläßlich eines Hoftages zu Nürnberg im Jahr 1073 wird der junge Fürst von einem Adeligen seines näheren Gefolges, dem Niedersachsen Reginger, bezichtigt, Heinrich habe ihn angeleitet, neben verschiedenen anderen Persönlichkeiten von hohem Rang und Einfluß die Herzöge Rudolf von Schwaben und Berthold von Kärnten zu beseitigen — ein Verdacht, der gewaltiges Aufsehen unter den Versammelten erregt und der damit endet, daß Reginger, kurz bevor er die Wahrheit seiner Beschuldigung in einem Zweikampf erhärten soll, den Tod durch Wahnsinn erleidet, was sogleich vom ganzen Hofe als ein Gottesurteil angesehen wird.

Etwas später, nach Ostern 1074, empfängt hier der aus Bamberg kommende Heinrich zwei päpstliche Gesandte, die ihm bereits jetzt, drei Jahre vor der berühmten Unterwerfung unter Gregor VII., seine Abhängigkeit von Rom empfindlich spüren lassen: Der Kaiser muß vor ihnen seine Sünden bekennen und es wird ihm außerdem bedeutet, daß jede künftige Verhandlung mit dem Papst von der Lösung des Bannes abhänge, mit welchem ihn dieser belegt hat. Der in der Dürerzeit lebende Chronist Heinrich Meisterlin wendet, sozusagen rückwirkend, die stets geschmeidige Haltung des Nürnberger Rates zugunsten von

Heinrich IV. an, indem er über folgende Entscheidung bezüglich des Zwistes zwischen Kaiser und Papst berichtet: Man habe nach langem Beraten den Entschluß gefaßt, *„beyder Parteien halber stille zu sitzen, jedoch die dem Kayser geleistete Pflicht nicht zu brechen, sondern Leib und Gut bei ihm aufzusetzen, bis er ordentlicherweis von den Churfürsten und nicht allein vom Papst abgesetzt würde"*. Nochmals besteht zwischen Heinrich IV. und Nürnberg eine denkwürdige Beziehung: Als der durch eine Reihe von Fehlschlägen verbitterte Kaiser von seinem jüngeren Sohne Heinrich um der Krone willen befehdet wird und dieser im Juli 1105 nach der Einnahme von Würzburg zwei Monate lang auch Nürnberg belagert, legt sein Vater den vom Hunger bereits geschwächten Verteidigern nahe, sich zu ergeben, da er ihnen doch keinen Entsatz bringen könne. Nach Meisterlin sei der Ort aber erst durch Verrat der damals hier schon zahlreich ansässigen Juden gefallen und bis auf den Grund zerstört worden, woraus das Fehlen von historischen Belegen aus dieser Zeit erklärt werden müsse. Ein derartiger Vorgang entspricht jedoch kaum den Tatsachen, denn die Übergabe geschah nachweisbar durch einen Vertrag, den der junge Heinrich bestimmt nicht so gröblich gebrochen haben wird. Dies Abkommen hat auch insofern weitere Bedeutung, als der Geschichtsschreiber, der es erwähnt, in diesem Zusammenhang zum ersten Male das Wort *„oppidum"* gebraucht, woraus zu schließen ist, daß Nürnberg mittlerweile zur Stadt erhoben worden war. Diese Annahme wird weiter unterbaut durch ein Schriftstück von 1112, in welchem Heinrich V., der unterdessen die Abdankung seines Vaters erzwungen hatte, den Bürgern

Kaiser Heinrich IV.
Zeichnung aus einer zeitgenössischen Weltchronik

von Worms in sieben seiner Botmäßigkeit unterstehenden Plätzen, wie Frankfurt am Main, Goslar, Nürnberg und Dortmund, volle Zollfreiheit gewährt; unsere Stadt nahm also damals schon einen nicht geringen Anteil am süd- und westdeutschen Binnenhandel.

Seite eines Wachstafelbüchleins mit der frühesten Darstellung eines Teiles der Nürnberger Burg und der dahinterliegenden Gärten. Zugleich ein Abrechnungsbuch des burggräflichen Beamten, um 1425 (Staatsarchiv, Nürnberg)

9. Haus Albrecht Dürers, heute städtisches Museum

10. Neutormauer, stille Passage mit Wehrgang

11. Kaiserstallung mit Turm Luginsland, heute Jugendherberge

12. Burggarten, auf der Bastion am Tiergärtnertor

„ — diese mechtige und reiche Statt ligt gantz und gar auff einem ungeschlachten und sandichten Boden / aber hat dester sinnreichere Werckmeister und Bauherren —"
Kosmographie von Sebastian Münster, 1541

3. KAPITEL

DIE KÖNIGSSTADT / 1150—1250

Trotz dieser anfangs so günstigen Entwicklung bricht allerdings für die junge Stadt zunächst eine sehr unruhige Zeit an. In den nun folgenden politischen Wirren, die mit den Auseinandersetzungen zwischen Staufern und Welfen einsetzen, ist sie eines unter vielen Streitobjekten und wechselt verschiedentlich ihren Herrn; öfter ist von neuen Belagerungen die Rede, doch wissen wir nicht, wie weit Nürnberg ernstlich unter ihnen gelitten hat. 1127 wird ein Staufer als Konrad III. zum König ausgerufen, zehn Jahre später läßt der Welfe Heinrich der Stolze die Reichskleinodien für den umstrittenen Rechtsnachfolger Lothars von Supplinburg in Nürnberg aufbewahren — erste Beziehung jener schicksalsbeladenen Abzeichen der deutschen Macht zu dieser Stadt, in welcher sie später einmal jahrhundertelang beheimatet sein werden. Im Frühjahr 1142 findet zu Nürnberg ein Hoftag statt, auf welchem der böhmische Herzog Wladislav bei Konrad Waffenhilfe gegen seinen aufständischen Vetter gleichen Namens sucht und findet — es ist jener Zug von Prag her, den uns Adalbert Stifter in seinem „*Witiko*" lebendig geschildert hat.

Auf dem Weg nach Osten hatte sich 1139 Bernhard von Clairvaux in Nürnberg aufgehalten, der geistige Urheber des zweiten Kreuzzuges. Zu diesem trifft dann Konrad III. hier acht Jahre später die Vorbereitungen — zu einer weiteren ebenso von frommer Begeisterung wie weltlicher Abenteuersucht getragenen Fahrt ins Heilige Land, die aber diesmal mit einer völligen Niederlage der abendländischen Ritterheere enden wird. Welche Bedeutung jetzt Nürnberg als wohlbewehrtem und bevorzugtem Ort zukommt, geht etwa daraus hervor, daß Konrad seinen Knaben Heinrich vorsorglich auf der Burg zurückläßt und ihm diese auch, falls er selbst sterben sollte, als künftige Residenz bestimmt. Konrads Nachfolger wird aber sein Neffe, Friedrich I. Barbarossa, derjenige Herrscher, der schon seiner Zeit als ein ritterliches Vorbild galt und dessen Gestalt das Volk später mit einem goldenen Kranz verherrlichender Sagen umwob. Friedrich hat mindestens viermal einen Fürstentag zu Nürnberg abgehalten. Im Jahre 1163 stellt er hier eine Urkunde aus, in welcher den Kaufleuten von Bamberg und Amberg innerhalb seiner gesamten Lande die gleichen Vorrechte und Freiheiten eingeräumt werden, deren sich schon die Nürnberger erfreuen. Ungestört sollen sie gleich diesen überall Handel treiben dürfen und wo diese Zoll- oder Abgabenfreiheit genössen, stünde ihnen fortan das gleiche zu. Nürnberg bildete also bereits jetzt eine Richtschnur für das, was zumindest in Franken an wirtschaftlichen Vergünstigungen im höchsten Maße erstrebenswert erscheint.
Was ein kaiserlicher Aufenthalt, deren aber Nürnberg im Lauf der Zeit Hunderte erlebt hat, an Glanz und politischer Bedeutung darstellen konnte, mag in Kürze der große Reichstag veranschaulichen, den Friedrich Barbarossa hier 1189 — völlig im Zeichen eines neuen Kreuzzuges — abhielt. Es traf ein Abgesandter des Sultans von Ikonium ein mit 1000 Personen und 500 Pferden, mit wilden Tieren und anderen kostbaren Geschenken, um den Kaiser in orientalischer Weitläufigkeit der Freundschaft und Hilfsbereitschaft seines Herrn Kilidsch Arslan II. zu versichern. Als nächste erschienen Vertreter des Großzupan von Serbien mit der Botschaft, daß dieser den deutschen Herrscher zu festlichem Empfang in seiner Hauptstadt erwarte. Dann kam der Postmeister des griechischen Kaisers Isak Angelos und ließ Bürgschaften wegen des Durchzuges abendländischer Truppen durch sein Reich fordern, weil er bei mangelnder Vorsicht eine verheerende Überflutung mit Bewaffneten befürchtete. Friedrich tat ihm durch Eid seine

redlichen Absichten kund, worauf ihm die Griechen sogleich freien Durchgang, billigen Markt für die Verpflegung und Unterstützung bei der Fahrt über den Hellespont zusicherten. Alsbald machten sich 500 deutsche Ritter auf den Weg nach Konstantinopel, um die ordnungsgemäße Erfüllung dieses Vertrages zu überwachen. Neben Boten aus Tyrus waren dann noch solche des Sultans Saladin angelangt, die sich allerdings eines weniger ehrfurchtsvollen Auftrages entledigten: In dem von ihnen überreichten Schreiben wurden die Forderungen Barbarossas bezüglich Jerusalems bei geringschätziger Anrede (als König statt Kaiser) zurückgewiesen und heftige Drohungen ausgestoßen für den Fall, daß es zu einer feindlichen Begegnung käme.

Kaiser Friedrich I. Barbarossa und sein Sohn Heinrich (VI.)
Aus einer Miniatur um 1180

Nach Barbarossas jähem, vom gesamten Abendland beklagten Tod im Morgenland hält für kurze Zeit sein Sohn als Heinrich VI. die Zügel des Reiches in straffer Hand. Wie fortan bis auf Karl V. so gut wie jeder deutsche Herrscher länger oder kürzer zu Nürnberg Wohnung nehmen und dort wichtige Entscheidungen treffen wird, weilt auch jener Fürst mehrmals auf der Nürnberger Burg, und da über diese Aufenthalte nichts weiter bekannt ist, wurden sie durch spätere Chronisten eigenwillig mit Einzelheiten ausgeschmückt. Sicher war es eine in klingender Münze bezahlte Arbeit, wenn der Wappendeuter Georg Rüxner 1526 in seinem Turnierbuch erzählt, Heinrich VI. habe im Jahre 1197 anläßlich einer großen Festlichkeit auf dem Rathaus unserer Stadt den Nürnberger Adel wegen der ihm bewiesenen Artigkeiten

Kaiser Friedrich II. nach einer Miniatur aus seinem Buch über die Falkenbeize

in all seinen schon vorhandenen Sonderrechten bestätigt. Dieser Wortlaut, dem man schon in den Tagen von Hans Sachs nicht ganz getraut zu haben scheint, war, wenn man so sagen darf, eine Art Isidorische Fälschung im kleinen, ein frommer Betrug, den Nürnberger Geschlechtern einen recht viel Ruhmesschatten spendenden Stammbaum zu sichern in einer Zeit, da sie sich ihrer Abkunft von teilweise gewöhnlichen Kaufleuten zu schämen begannen und den Handel als ihres Standes unwürdig betrachteten.

In den Tagen des sechsten Heinrich beginnen die Burggrafen in Nürnberg eine nicht mehr zu übersehende Rolle zu spielen. Nach dem Aussterben der Familie von Raabs, welche vorher dies Amt innegehabt hatte, gelangt Friedrich I. von Hohenzollern zu diesem Lehen, mit welchem bedeutende Nutzrechte in einer Reihe umliegender Dörfer wie Wöhrd und Buch sowie Leistungen der Einwohner Nürnbergs verbunden waren. Wir erfahren darüber Näheres in einem Freibrief des Kaisers von 1273: Rechtsprechung im Landkreis Nürnberg, Sitz auf der Burg und die Torhut bei derselben, Nutzungsanteil am Nürnberger Stadtgericht, wobei ihm zwei Drittel der anfallenden Strafgelder zustehen. Aus jeder Schmiede erhält er einen Schilling jährlich, Grundzins aus jedem Hof der Lorenzer Seite und zur Erntezeit einen Schnitter. Ihm gehört im Reichswald jedes dritte Wild und jeder dritte gefällte Baum sowie vieles andere mehr, wie Anteil an dem wertvollen Honigertrag oder Mühlgerechtsame am Fluß. All diese Vergünstigungen traten nicht erst jetzt als Folge des Burgamtes ein, sondern waren im Lauf der Zeit von den Vorgängern erworben worden, als Überreste älterer Gepflogenheiten. Diese Vorrechte konnten sich aber auch weiterhin für den, auf dessen Kosten sie gingen, recht empfindlich auswirken und Anlaß zu erheblichen rechtlichen Meinungsverschiedenheiten geben. Da die Burggrafen ursprünglich die Vertreter des Königs in der Stadt waren und nach 1246 wieder Einfluß auf die Bürgerschaft gewannen, lag hierin natürlich von vorneherein reichlich Konfliktstoff beschlossen, Anlaß zu Auseinandersetzungen, an deren gütlicher Beilegung den Herren auf der Veste wenig gelegen schien. Um die Stadt selbständiger zu machen, wurde vom König seit etwa 1200 ein Reichsschultheiß bestellt als Hochrichter für das Stadtgebiet, nachdem der Burggraf von der Verwaltung des Reichslandes und der Stadt ausgeschlossen und auf sein militärisches Amt, die Burghut, beschränkt worden war.

Eine weitere wichtige Stufe seiner Entwicklung erlebt Nürnberg sodann während der Regierung von Barbarossas Enkel, Friedrich II., der vor dem Aussterben des Stauferhauses dessen staatsmännische Gaben nochmals klug und geschmeidig zusammenfaßt. Er ist der Schöpfer eines bis ins feinste durchdachten Beamtenstaates in Süditalien, wie ihn in dieser Tragfähigkeit erst wieder der Absolutismus des 18. Jahrhunderts entwickeln wird. Er ist zudem ein Mann, der sich schon allein durch seine Vielseitigkeit über die meisten gekrönten Häupter dieser Zeit erhebt: Er pflegt Wissenschaft und Künste in erlesenem Freundeskreis, wie einst ähnlich Karl der Große, er befaßt sich mit Philosophie, den Sternen und der Heilkunde mit einem Ernst, der auch den Fachleuten zur Ehre gereicht hätte, und schreibt ein Buch über die Abrichtung von Falken und anderen Jagdvögeln, das bis heute nichts an Lebendigkeit eingebüßt hat. Friedrich war in Sizilien aufgewachsen, dieser großen Völkermühle des Hochmittelalters, ein Boden, auf dem sich orientalische und nordländische Kultur auf einzigartige Weise begegneten und durchdrangen. Da er außerdem durch die unablässigen Zerwürfnisse mit dem Papsttum zeitlebens stärkste Abwehrkräfte in Italien entwickeln mußte, machte Deutschland wie etwa nachmals bei Karl V. nur einen von vielen Bestandteilen seiner weit verästelten Politik aus.

Als junger Fürst hält Friedrich, im Herbst 1219, einen Hoftag zu Nürnberg ab und stellt dabei der Stadt einen Freiheitsbrief aus, der, wie Eugen Franz sagt, Nürnbergs Stellung für die kommenden Jahrhunderte festgelegt hat: *„Alle späteren Privilegien beruhen auf diesem* *zwar nicht ersten, aber stärksten Grundstein der Nürnberger Reichsfreiheit.*" Nur Goslar und Lübeck werden von Friedrich durch ähnliche Dokumente von 1219 bzw. 1226 in noch höherem Maße ausgezeichnet, entsprechend ihrer Schlüsselstellung in dem den gesamten Ostseeraum umspannenden Verband der deutschen Hanse. Im Falle Nürnbergs kann man nun geteilter Meinung sein, ob die Stadt den Brief erhielt, weil er ihr schon bestehendes Ansehen rechtfertigen sollte oder ob das Schriftstück erst durch geschickte Auswertung seitens der Empfängerin der Anlaß zu entsprechender Mehrung ihrer politischen und wirtschaftlichen Geltung wurde. Wie dem nun auch sei — auffällig bleibt dabei immer die große Sorgfalt und Umsicht, mit welcher Friedrich in einem Lande, das er eigentlich nur aus der Ferne kannte, gerade diese Stadt bedachte.

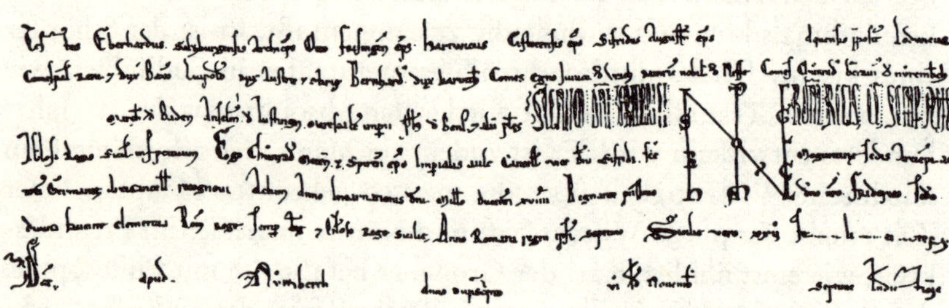

Schluß des „Großen Freiheitsbriefes", ausgestellt unter Kaiser Friedrich II. zu Nürnberg im November 1219

Das Schriftstück nimmt nämlich eingangs auf verschiedene lokale Gegebenheiten Bezug: Unter Rücksicht darauf, daß dieser Ort weder Weinberge noch Schiffahrt besitze, sondern auf einem sehr harten Boden gelegen sei, wolle der König *„zum Beweis der besonderen Gunst und Liebe, die Wir unserer sehr lieben Stadt Nürnberg entgegenbringen"* ihre altüberlieferten Rechte nicht allein bestätigen, sondern sie sogar verbessern, wofern sie unzureichend wären. Dazu gehört an erster Stelle, daß Nürnberg fürderhin keinen anderen Anwalt und Schutzherrn haben soll, als nur den Kaiser — was ein bedeutender Schritt zu seiner späteren Reichsunmittelbarkeit ist. Das alles hat auch für die allgemeine Rechtsprechung vorteilhafte Folgen: Nirgendwo im ganzen Reich darf jemand einen Nürnberger Bürger zum Kampfe fordern; für Verbrechen, die ein solcher begeht, sei er fortan nur dem landesherrlichen Schultheiß verantwortlich. Es werden Erleichterungen bezüglich Haftpflicht und Steuern gewährt. Dazu kommen noch verschiedene wirtschaftliche Vergünstigungen, wie die Erlaubnis, auf den vielbesuchten Messen zu Donauwörth und Nördlingen in ortseigener Münze zu zahlen oder sogar — wohl um den gefährlichen und umständlichen Geldtransport zu erleichtern — dortselbst durch den eigenen Münzmeister die erforderlichen Barmittel prägen zu lassen. Die Zollfreiheit wird jetzt auf die Donau bis Passau ausgedehnt. Außerdem sind die Nürnberger nunmehr in einer Reihe weiterer Städte abgabenfrei, an erster Stelle in Speyer und dem schon genannten Worms. Mit den westdeutschen Orten ist diese Vereinbarung beiderseits in jedem Jahre zu erneuern und symbolisch als Bitte durch die Überreichung von einem Pfund Pfeffer, einem Paar Handschuhen sowie einem Goldgulden für den allzeit besonders in Anspruch genommenen Zöllner auszudrücken. Dieser Brauch erhielt sich bis zum Anfang des vorigen Jahrhunderts in verschiedenen Städten, mit besonderem Gepränge in Frankfurt a. M., mit dem Nürnberg stets beste Handelsbeziehungen unterhielt. Diese Feierlichkeit, die wegen des Auftretens der Nürnberger Stadtmusikanten das Pfeifergericht genannt wurde, schildert uns Goethe sehr anschaulich zu Beginn von *„Dichtung und Wahrheit"*. Die Zeremonie fand im großen Kaisersaale des Römers als Sondersitzung des Schöffengerichtes statt. Es wurden einige Urteile verlesen, die man eigens für diesen Tag aufgespart zu haben schien: da meldete *„eine wunderliche Musik gleichsam die Ankunft voriger Jahrhunderte. Es sind drei Pfeifer, deren einer eine alte Schalmei, der andere einen Baß, der dritte einen Pommer oder Oboe bläst. Sie tragen blaue, mit Gold verbrämte Mäntel, auf den Ärmeln die Noten befestigt"*. Dann traten nacheinander die Abgesandten einer jeden der drei Städte ein, die an dem Zollabkommen beteiligt waren, von Worms, Nürnberg und Bamberg, und überreichten *„die symbolischen Gaben, welche auf das genaueste nach dem alten Herkommen gefordert wurden"*; nach einer Ansprache erhielten sie von dem Schultheiß die Versicherung, daß der Vertrag wieder ein Jahr lang Gültigkeit haben solle. Ähnliches geschah in Mainz (seit 1264), München (seit 1323), Aachen und Antwerpen. In Brüssel waren nur die vorgeschriebenen Gaben andere — dort erschien alljährlich ein Kanzleibote aus Nürnberg und überbrachte ein riesenlanges Holzschwert, einen hellgelben Ledergürtel, ein Päckchen

Nähnadeln von sechserlei Art und den Goldgulden für den Zöllner. Diesen Vorgang gibt auch ein Flachbild aus dem 14. Jahrhundert wieder, das sich im großen Rathaussaal befand: Eine Frauengestalt Norimberga, die einer anderen, der Brabantia, jene sinnbildhaften Gegenstände darbringt.

Im Sommer 1224 treffen wir anläßlich eines Hoftages, den Friedrichs Sohn, der junge König Heinrich VII., zu Nürnberg abhält, inmitten zahlreichen Gefolges auch Walther von der Vogelweide. Unter dem Vorsitz des Kölner Erzbischofs Engelbert, des Fürsten väterlichem Freund und Erzieher, fand in Anwesenheit vieler höchster Herren weltlichen wie geistlichen Standes auch ein Gericht statt, wobei verschiedene Rechtssprüche gefällt wurden. In ein paar kritischen Versen lobt der Dichter diese, verhehlt aber andererseits nicht, was ihm an diesem Tage mißfallen habe:

Zu Nürnberg war ein gut Gericht, das sag ich euch als Märe;
Fahrend Volk nach ihrer Milde fragt, das kann gut seh'n:
Es sagte mir, in seinem Ranzen wäre Leere.

Dies heißt soviel, daß hier nicht alles nach höfischem Brauch zuging: Für die armen fahrenden Leute, die sich bei solchem Anlaß immer einfanden, pflegte sonst reichlich Speis und Trank abzufallen, König, Burggraf und Adel aber habe sich dabei geizig gezeigt. Ein Jahr später scheint Walther nochmals in Nürnberg gewesen zu sein, denn hier traf zuerst die bestürzende Kunde vom jähen Tod Engelberts ein, dem Walther jetzt eine rührende Abschiedsstrophe widmet.

Auch sonst kann sich Nürnberg mehrfacher Beziehung zum Minnesang rühmen. Wolfram von Eschenbach war in Mittelfranken beheimatet, und schon darum ist es so gut wie sicher, daß er unsere Stadt mehr als einmal betreten hat, zumal die Sänger höfischer Feste bedurften, um ein wenig klingenden Lohn für ihre musischen Bemühungen zu erhalten. Ein anderer Vertreter der ritterlichen Dichtung, Heinrich von dem Türlin, war Nürnberger. Dieser, der aus dem Geschlechte *„apud portulam"*, beim Türlein, abstammte, nennt zwar seine Vaterstadt niemals namentlich, spricht aber gelegentlich von einem Ort *„auf dem Sande"*, der auch bei anderen damaligen Dichtern angeführt wird. Damit ist entweder der Sand des fränkischen Weißenburg gemeint oder aber eine Stelle in Nürnberg vor den Toren der ältesten Sebalder Stadt. Letztere Annahme hat am meisten für sich, denn hier

Der Tannhäuser.
Nach der Manessischen Handschrift,
nach 1250

befand sich Jahrhunderte hindurch ein Turnierplatz und in der Nähe hatten viele Schwertfeger, *„Saarwürker"*, das sind Panzerschmiede, und andere Hersteller von Waffen oder Rüstungen ihre Werkstätten. Dazu kommt, daß zwei weitere Dichter des 13. Jahrhunderts diese Örtlichkeit im Zusammenhang mit Nürnberg nennen, so ein kaiserlicher Dienstmann namens Bruder Werner *(„ich wollt eh reiten uf den Sand gen Nürnberg, da mich die Leute erkannt")*, und der als Schwabe angenommene Spruchverfasser Marner, der auch den Beinamen *„vom Sand"* führte *(„Was Egerland die Gülte hat und Nürnberg Leute und der Sand")*.

Ein anderer Dichter jener Zeit, der durch spätere Volkslieder und Richard Wagners Oper bekannte Liebessünder vom Hörselberg, der Tannhäuser, seufzt einmal nach überstandener Seefahrt: *„Wär ich daheim auf dem Sand"*, womit er sicher ebenfalls Nürnberg meint — entweder er hat einen Teil seines Lebens hier zugebracht oder es verknüpfen ihn zarte Bande mit der Stadt, denn er erwähnt sie des öfteren — sehnsuchtsvoll in einem Verse, der folgendermaßen beginnt:

So mir mein Ding nicht eben geht
Wenn ich ziehe durch die Lande,
So denk ich an Nürnberg,
Wie sanft mirs da wäre.

Ein anderes Mal scheint sich dort die Angebetete spröd verhalten zu haben, denn er sagt von ihr:

Bald soll der Schönen ich den Salamander bringen,
Die Rhone bald in Nürnberg strömen lassen.

Auf Grund der Forschungen von Wilhelm Kraft wäre er auch Mittelfranke gewesen, nämlich aus Thannhausen bei Weißenburg, und sei in Nürnberg gestorben. Letztere Annahme stützt sich darauf, daß in den Urkunden des Deutschen Ordens, der seit 1209 das Grundstück der späteren Jakobskirche besaß, zweimal (1259 und 1261) ein Siboto de Tanhusen genannt wird. Außerdem ist der Dichter in den Bildern der Manessischen Handschrift mit dem weißen Mantel des Deutschen Ordens dargestellt, der damals in Nürnberg seine erste fränkische *„Ballei"* unterhielt. Vielleicht mag dann bei den Meistersingern noch die Erinnerung daran lebendig gewesen sein, daß dieser namhafte Vertreter des Minneliedes in Nürnberg begraben lag, denn sie pflegten ihn als einen ihrer geistigen Ahnherren zu bezeichnen.

Doch kehren wir nun zum Gang der größeren Ereignisse zurück. Friedrich II. hielt sich erst wieder 1234 in Deutschland und zu Nürnberg auf; Heinrich hatte die ihm eingeräumten Rechte freventlich überschritten und nun rüstete sein Vater einen Strafzug gegen ihn. Der aufsässige Jüngling hatte neun Jahre zuvor auf der Nürnberger Burg mit Margarete von Österreich seine Hochzeit gehalten, die unter bösen Vorzeichen stand: Als die eigentliche Feier beginnen sollte, traf die Nachricht ein, daß der durch Walther von der Vogelweide besungene Erzbischof Engelbert von Köln, der einzige, der dem jungen König Halt zu geben verstand, auf der Reise nach Nürnberg von politischen Gegnern hinterrücks erschlagen worden war. Die blutigen Kleider, die von den Boten als Beweisstücke der Untat mitgebracht worden waren, ließen die bisher frohe Stimmung jäh ins Gegenteil umschlagen. Schon am dritten Tag, wo sonst ein derartiges Fest in vollem Gange war, wurde über den feigen Mörder Gericht gehalten, freilich in seiner Abwesenheit. Hieran knüpft sich ein weiteres mißliches Geschehen, das uns in verschiedener Fassung überliefert ist: Entweder noch beim Hochzeitstanz oder anläßlich der Verhandlung gegen den Mörder, die in einem wüsten Tumult geendet habe, sei eine Treppe eingestürzt, welche viele vornehme Personen tot unter sich begrub.

Nach dem Verlust Engelberts betrieb Heinrich eine selbständige Deutschlandpolitik und geriet damit in Gegensatz zu seinem Vater. Wie er nun die Herrschaft des in Italien weilenden Kaisers abschütteln will, besiegelt dieser sein Geschick rasch: Heinrich wird gefangengenommen und stirbt nach siebenjähriger Haft in einem Schloß Apuliens — in jenem südlichen Lande, wo bald darauf Konradin, der letzte Hohenstaufe, nach der verlorenen Schlacht von Tagliacozzo sein knabenhaft junges und unerfahrenes Haupt unter das Beil des Henkers beugen muß (1268).

Konradin hatte zuvor, wohl um die notwendigen Mittel für seinen unglücklichen Italienzug aufzubringen, verschiedene Besitztümer in Nürnbergs Nähe, wie die Vogtei Hersbruck und das Schloß Hohenstein, seinem Onkel und Erzieher, dem Bayernherzog Ludwig, gegen einen mäßigen Betrag verpfändet, woraus Ludwig später Ansprüche auf Burg und Stadt Nürnberg ableitete, mit denen er aber nicht durchdrang.

Fünfeckiger Turm, Kaiserstallung und Luginsland.
Nach einer kolorierten Zeichnung des 16. Jahrhunderts

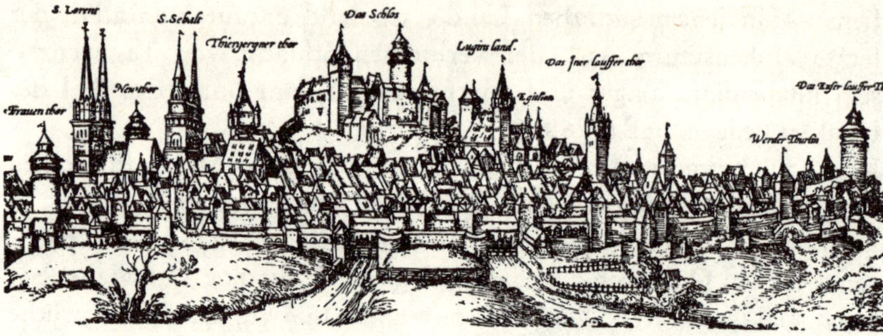

Nürnbergs Innenstadt 1579. Aus dem Kupferstich von Braun und Hogenberg

4. KAPITEL

DAS WERDEN DER SELBSTREGIERUNG / 1250-1350

Den allzu frühen Tod des Königs Konrad IV. (1254) muß bald das ganze Reich büßen. Es bricht kurz darauf jene viel beklagte Zeit heftiger Thronschwankungen an, die als Interregnum traurigen Ruhm erlangt hat: Anstatt eines zielbewußten Herrschers erwachsen dem Land nur Schattenkönige und erschöpfen ihre geringen Kräfte in gegenseitiger Befehdung; wie immer muß dabei das Volk die Zeche bezahlen. Nürnberg wird durch diese innerpolitischen Umwälzungen schwer erschüttert — es versäumt neutralen Kurs zu halten, wo dies die Stunde erheischt. Daher hat es sich auch schon vorher (1256) durch seinen Anschluß an den Rheinischen Städtebund gegen mögliche Überfälle gedeckt. Dieser Waffengemeinschaft gehörten etwa 60 namhafte Mitglieder zwischen Donau und Nordsee an. Abgesehen davon aber, daß sie nur wenige Jahre bestand, bleibt es fraglich, wieviel wirksame Hilfe Nürnberg von ihr im Falle einer plötzlichen ernsthaften Feindbedrohung erhalten hätte. Gerade damals war so mancher feste Platz gezwungen worden, sich nach erbitterter Gegenwehr zu ergeben, weil ein Ersatzheer zu langsam anrückte! Und auch der einzelne mußte in jenen Jahrhunderten, der Blütezeit des Faustrechts, stets darauf bedacht sein, sich mit allen Mitteln selber zu schützen. Während des ganzen Mittelalters und kaum anders noch im Dreißigjährigen Krieg stellte jede ausgeprägtere Stadt einen winzigen Staat für sich dar, am stärksten in Oberitalien, wo es niemals an leidenschaftlichen Führergestalten mangelte. Daß es aber bei uns grundsätzlich nicht anders war, wird etwa aus der Abfassung und Auslegung des Rechts deutlich, das von Ort zu Ort erhebliche Abweichungen aufwies, aus den aber hundert Zollschranken und aus dem Münzwesen mit der verwirrenden Fülle seiner guten und schlechten Geldsorten; es erhellt vor allem aus dem rücksichtslos-eifrigen Streben all dieser Tausende von egozentrischen Gebilden um den lebensspendenden Platz an der Sonne, um politische wie marktmäßige Sonderstellung gegenüber anderen Orten. Das Reich als krönende Zusammenfassung von Städten, Gauen und Ländern bedeutete, wenn nicht der Kaiser gerade zur Stelle war, im wesentlichen nur eine allumfassende Idee, mit der es schicksalhaft verkettet blieb. Die wirkliche Stütze, die der Staat von ehedem seinen Untertanen bieten konnte, war dagegen meist bedenklich gering. Daher kommt es auch, daß das wahre Leben des Reiches in seinen kleinen und kleinsten Zellen beschlossen lag, daß zwischen dem allerhöchsten Willen und dem bürgerlichen Tun so oft ein unüberbrückbarer Gegensatz klaffte. Unter diesen Umständen wird es erst verständlich, daß in dem gleichen Deutschland, das zum hilflosen Opfer unablässiger politischer Wirren erniedrigt wird, sich eine bisher beispiellose Blüte von Kunst und Kultur entfaltet, das seltsam vielschichtige Zeitalter der Hochgotik mit all seinen köstlichen Früchten: Den himmelstrebenden Domen im Schmuck ihrer fromm-verzückten Gestalten aus Stein und Holz, seinen wegweisenden philosophischen Strömungen zwischen der strengen Scholastik und weltweiten Mystik, und endlich mit der um jene Zeit bereits verklingenden höfischen Dichtung in Vers und Roman. Es hat kaum wieder eine Epoche gegeben wie diese, wo sich die Völker innerlich derart nahestanden, daß all denen, die an dem mannigfaltigen Schaffen tätig oder mitempfindend Anteil hatten, das Riesennetz der Grenzen von Land zu Land nicht mehr spürbar wurde.

Das Ende des 13. Jahrhunderts zeitigt eine Reihe wichtiger Ereignisse, die Nürnbergs wachsende Teilnahme an den großen Staatsfragen veranschaulichen, wie die Reichstage von 1273 und 1281 (Landfrieden!); dazu kommt, daß jeder neue Fürst die Burg des öfteren betritt und hier Zeichen seiner Wirksamkeit hinterläßt — so jetzt Rudolf von Habsburg und Adolf von Nassau. Rudolf war nicht nur in politischer

Hinsicht einer der angesehensten Herrscher Süddeutschlands, sondern erfreute sich auch als Mensch großer Volkstümlichkeit; bereits zu seinen Lebzeiten liefen über ihn allerlei wohlmeinende Geschichten um, als gute, blanke Münze zu seinen Gunsten. So heißt es unter anderem, er habe einem bestohlenen Kaufmann in Nürnberg wieder zu seinem Geld verholfen, indem er die Mütze des mutmaßlichen Diebes wie aus Unachtsamkeit zu sich nahm und sie dessen Weib ins Haus schickte mit dem Auftrage, die Börse mit den veruntreuten Goldstücken herauszugeben. Da die Frau auf Grund dieses ihr wohlbekannten Pfandes nicht anders glaubte, als daß ihr Mann den Boten abgefertigt habe, zögerte sie nicht, der Aufforderung nachzukommen. Damit ward der Schuldige überführt und er warf sich dem Kaiser, Verzeihung heischend, zu Füßen; seine einzige Strafe sei die Mahnung gewesen, es künftig mehr mit der Redlichkeit zu halten.
Rudolf von Habsburg war es auch, der einerseits die Burggrafen in ihrer günstigen Stellung über der Stadt endgültig bestätigte, andererseits aber den Reichsschultheißen in seiner Position nicht schwächte, woraus zu schließen wäre, daß sich beide Parteien vor ihrem Herrn Gehör zu schaffen wußten und dieser dem einen gefällig sein wollte, ohne doch den anderen zu benachteiligen. Diese Tatsache, die sich noch oft wiederholen wird, spricht also für eine zumindest moralische Ebenbürtigkeit Nürnbergs gegenüber den Grafen von Zollern. Dafür haben auch beide Teile dem Kaiser mit Gut und Leben gedient, wenn Tage der Not dies erheischten — so in der berühmten Schlacht auf dem Marchfelde bei Wien (1278), in welcher Rudolf seinen Gegner, den letzten Przemysliden Ottokar von Böhmen, schlug, weil dieser, der vorher die ihm angebotene Kaiserkrone ausgeschlagen hatte, jetzt bei veränderter Lage der Dinge ungeschickt nach ihr griff. In diesem Treffen trug Burggraf Friedrich das Reichsbanner, während im Heere viele Nürnberger Bürger kämpften, die Groß und Holzschuher, die Stromer, Pfinzing und Ebner — alles Namen, die künftig in der Geschichte ihrer Stadt noch eine Rolle spielen werden. In der eigentlichen Blütezeit zeigten sie dann allerdings weniger Lust zu gefährlichen Abenteuern, denn mittlerweile erschien es dem Rat vorteilhafter, das Blut seiner Söhne mit gutem Gold auszulösen: Wo es irgend anging, ließ er fremde Ritter für sich kämpfen und unterhielt für den Fall auswärtiger Kriegshandlungen ein stehendes Heer angeworbener Söldner, wie dies ja allenthalben Brauch war.

Adolf von Nassau fiel in der Schlacht bei Göllheim in der Pfalz (1298) gegen Albrecht von Österreich, dem nächsten Glied in der großen Kette der deutschen Kaiser. Unter diesem erlebte Nürnberg die neuartige Gunstbezeugung eines Volksfestes im schönsten Sinne des Wortes: Der Fürst ließ in der Sebalduskirche seine Gattin Elisabeth feierlich durch den Kölner Erzbischof Wigbold krönen. Aus diesem Anlaß sind, wie die Jahrbücher des Klosters Altaich berichten, derart viele Gäste gekommen, daß innerhalb der Mauern nicht genügend Platz war und sie teilweise trotz Winterszeit in Zelten wohnen mußten: Außer dem Kaiser zwei Könige, 12 Fürsten, 20 Bischöfe, 5 Äbte, 360 Grafen und Freiherren sowie 6500 Ritter — ein Gefolge also, von dem je eine Person auf etwa zwei Bewohner der Stadt kommen mochte und dessen Verpflegung sicher den damit Beauftragten mancherlei Kopfzerbrechen bereitet hat.

König Adolf im Kampf.
Elfenbeinschnitzerei vom Ende des 13. Jahrhunderts.
Germanisches Nationalmuseum, Nürnberg

Albrecht war es vor allem, der den damals in ganz Süddeutschland wie eine Feuersbrunst um sich greifenden Judenhetzen Einhalt zu gebieten suchte — ob aus Gründen der reinen Nächstenliebe, läßt sich heute nicht mehr sagen. Er beschützte die Verfemten, die er als eine Art nützliches Privateigentum betrachtete und die *„Knechte seiner Kammer“* genannt wurden, weil sie ihre Abgaben direkt an die Kammer des Königs zu entrichten hatten. Die folgerichtige Durchführung dieser königlichen Schutzherrschaft über die Juden gab schon manchem Zeitgenossen Anlaß zu mißbilligenden Randbemerkungen; es hieß, der Kaiser räche die an den verhaßten Fremdlingen begangenen Morde nur, um sich von den Bürgern das zu holen, was er von jenen nicht mehr haben könne. Gleichsam als hysterische Massenanfälle, wie so viele unheilvolle Bewegungen jener Zeit, brachen diese Verfolgungen plötzlich aus, geschürt durch wahnwitzige Behauptungen, wie Hostienschändung, Ritualmord und Brunnenvergiftung. Grausam räumten sie dann unter jenem Volk auf, das den Makel nicht löschen konnte, Christus dermaleinst ans Kreuz geschlagen zu haben und das sich von seiner Umgebung durch eine ihr unverständliche Muttersprache, ein anderes Bekenntnis sowie durch manche befremdende, dem Aberglauben immer nur dienliche Bräuche unterschied. Selbst in jenem Jahre 1298, als der Regent persönlich beschwichtigend auftrat, sind in Franken nach alten Schätzungen mindestens 100 000 Juden erschlagen worden, nicht wenig davon in Nürnberg, wo sie als unliebsame Gäste mitten auf dem Markte saßen.

Auch Albrecht erfreute sich keiner langen Regierungszeit — bereits 1308 wurde er auf Grund von Erbstreitigkeiten im Aargau von seinem Neffen Johann von Schwaben ermordet, demselben, der uns in Schillers „*Wilhelm Tell*" als Johann Parricida begegnet. Albrechts Nachfolger wurde ein Angehöriger des bisher unbedeutenden Hauses Luxemburg, das sich nun einige Menschenalter lang mit großer Entschlossenheit dem Reichsgedanken verbinden sollte. In den neuen Herrscher, Heinrich VII., setzte man vor allem die Hoffnung, daß er die Kronlande, die unter dem Eindruck zunehmender Ratlosigkeit auseinanderzufallen drohten, wieder innig miteinander verbinden möchte. Im Sinne dieser Erwartung zog er nach Italien, das seit einem halben Jahrhundert kein deutscher Kaiser mehr betreten hatte und darum empfindlich unter innerem Unfrieden litt — so ist es verständlich, daß Dante ihn beinahe wie einen Abgesandten des Himmels begrüßte, um freilich bald darauf seinen frühen Tod zu beklagen.

Heinrich VII. stellte 1313, vier Jahre nach seiner ersten und letzten Hofhaltung zu Nürnberg, in Pisa eine für unsere Stadt bedeutsame Urkunde aus. Ihr zufolge solle künftighin die Burg nie mehr von der Stadt getrennt werden; der Burgvogt habe dem Rat dafür einzustehen, daß in der unsicheren Zeit zwischen dem Tod eines Herrschers und erfolgter Neuwahl einzig die Stadt über die Burg wachen dürfe. Der Schultheiß könne gemeinsam mit dem Rat jedem das Bürgerrecht verleihen, der darum nachsuche. Der Schultheiß habe auch alljährlich vor dem Rat die Versicherung abzulegen, daß er gegen jedermann ohne Parteilichkeit richten und sich der Nürnberger Schöffen als Beistand bedienen wolle. Nürnberger Bürger dürften in Zivil-

13. Ansichten der Befestigung: Königstor mit Brücke zum Waffenhof

14. Passage beim Hallertor, mit Schlayerturm

15. Bastion am Schneppergraben, unterhalb der Burg

16. Partie an der Spittlertormauer

sachen vor kein anderes Gericht geladen werden, wodurch von vornherein jede etwaige Willkür ausgeschlossen wurde. Die Marktpolizei, die vorher in den Händen des Schultheißen lag, geht jetzt ganz auf den Rat über. Somit erhält dieser praktisch die gesamte Stadtverwaltung: Man ist nun wenigstens unten im Ort Herr des eigenen Hauses und wird natürlich nichts versäumen, um dies entsprechend auszubauen; die von uns bereits erwähnte Vereinigung der Sebalder mit der Lorenzer Hälfte war eine von vielen selbstverständlichen Folgen, vor allem: eine der wichtigsten.

Nach dem — vermutlich gewaltsamen — Tode Heinrichs VII. noch vor dem Ende seiner Italienunternehmung bleiben die Kurfürsten bezüglich der Nachfolge über ein Jahr lang unschlüssig und das Ergebnis ist eine unerquickliche Doppelwahl zwischen den Lagern Habsburg und Wittelsbach: Dort entscheidet man sich für Friedrich, genannt der Schöne, hier für Ludwig den Bayern. In Nürnberg scheint man die Folgen dieser Uneinigkeit vorausgesehen zu haben, denn die Stadt war im Oktober 1313 mit dem Burggrafen übereingekommen, daß man dem neu zu kürenden König gemeinsam huldigen oder, falls dies unmöglich sei, darüber jedenfalls nicht in Fehde geraten wolle. Diese Vorsorge erwies sich aber als unnötig, denn beide entschieden sich sogleich für Ludwig, der ja auch seiner Herkunft nach ihren Interessen am nächsten stehen mochte. Er kommt 1315 erstmalig nach Nürnberg und hat dabei, wie überliefert wird, bereits den Grund einer gegenseitigen Liebe von Dauer gelegt. Schon kurz darauf kann ihm die Stadt einen Dienst erweisen: Graf Kraft von Hohenlohe, der sich zu dem Österreicher hielt, hatte in dem Städtchen Herrieden bei Ansbach Ludwigs Leben gefährdet, indem er ihm die Herberge über dem Kopf anzünden ließ; der König, der diesem Anschlag mit knapper Not entkommen war, rüstete im März 1316 einen Vergeltungszug gegen den Hohenloher, wozu ihm Nürnberg ein stattliches Aufgebot stellte. Der Verfolgte entwischte zwar, aber das ihm gehörige Herrieden wurde als eine Brutstätte von Strauchdieben und Buschkleppern bis auf die Grundmauern niedergebrannt. Die Nürnberger erhielten zum Dank für ihre Teilnahme die als heiltätig geltenden Reliquien des Heiligen Deokar, eines frommen Einsiedlers aus der Zeit Karls des Großen; sie wurden aus Herrieden nach Nürnberg übergeführt, wo ihnen eine eigene Kapelle in der Lorenzkirche errichtet wurde, und haben sich bis zur Reformation eines kaum geringeren Zuspruches von Erbauung suchenden Wanderern erfreut, als auf der anderen Stadtseite die sterblichen Reste seines Bruders im Geiste, des Volksfreundes Sebaldus.

Der Streit zwischen den beiden königlichen Gegnern mußte irgendwann endgültig ausgetragen werden und dies geschah nach über einjähriger Vorbereitung in der bekannten Schlacht von Mühldorf und Ampfing am 28. September 1322. Obwohl Friedrich das zahlenmäßige Übergewicht besaß, wurde er, nicht zuletzt durch seine ungünstige Wahl des Kampfortes, von Ludwig geschlagen, gefangengenommen und auf die Burg Trausnitz im Tal (Oberpfalz) gebracht. Die für Bayern glückliche Entscheidung hatte der Nürnberger Burggraf Friedrich III. herbeigeführt, indem er mit seinen Reitern den Feind geschickt umging und im Augenblick der größten Bedrängnis als Retter erschien. Warum der Volksmund diese Tat danach dem Hauptmann Seyfried Schweppermann zuschrieb, läßt sich nicht mehr ergründen — wahrscheinlich bewirkte dies die Einprägsamkeit der berühmten, jedoch wohl später entstandenen Anekdote: Als am Abend nach dem Sieg das Essen knapp gewesen sei, habe Ludwig eine kleine Bevorzugung dieses Hauptmannes gegenüber dem Heere befohlen, indem er das nachmals geflügelte Wort aussprach: *„Jedem Mann ein Ei, dem frommen Schweppermann zwei!“* So bringt es erstmalig Meisterlin in seiner Chronik und er hat den Satz in seinem lateinischen Text auf Deutsch hervorgehoben zum Zeichen dessen, daß er so längst in aller Leute Mund war; ein späterer Spaßvogel versuchte dann, den Witz gleichsam zu verdoppeln, indem er den also Ausgezeichneten trocken erwidern ließ: *„So genügt's!“*

Die Geschichte kann aber nicht der Wahrheit entsprechen, sonst wäre in einem der erhaltenen zehn zeitgenössischen Berichte über jenes Treffen doch irgendwann von Schweppermann die Rede gewesen, was jedoch nicht der Fall ist. Sein Name erscheint erst rund 150 Jahre später bei Veit Arnpeck und Ebran von Wildenberg, die von ihm sagen, der Fürst habe ihn vor der Schlacht zu Rate gezogen. Gerade nach diesen einzigen Quellen bleibt jedoch von seinem Heldentum nichts übrig, denn in ihnen heißt es weiter: *„Und da der Ritter kam und die Feind beschaut, da zitterten ihm die Füße in den Stegreifen, daß die Sporen klungen und sich viele junge Ritter und Knechte darüber lustig machten.“* So wäre er also damals nur noch ein alter und gebrechlicher Mann gewesen! Und auch mit seiner sonst gern betonten Beziehung zu Nürnberg ist es nicht weit her: Er besaß in der Nähe des nachmals reichsstädtischen Altdorf, aber bereits auf bayerischem Boden, das später der Familie Stromer von Reichenbach gehörige Schloß Grünsberg; begraben ist er in der schönen alten Ordenskirche zu Kastl bei Amberg. Schon ein halbes Jahr nach der Mühldorfer Schlacht besuchte Ludwig der Bayer Nürnberg erneut und hat sich dann insgesamt rund siebzigmal hier aufgehalten, eine Zahl, die wohl kein anderer Herrscher je erreichte. Während Ludwigs Vorgänger ausschließlich auf der Burg Wohnung nahmen, mischt er sich mit Nachdruck unter die Bürger der Stadt, indem er oft in ihren Häusern übernachtet, so bei dem von ihm selbst schmeichelhaft als seinen *„lieben Wirt“* bezeichneten Ulrich Haller oder seinem *„getrewen“* Konrad Groß, dem uns schon bekannten Gründer des Heiliggeist-Spitals, einem der gewiegtesten Geldmänner seiner Zeit nicht allein für Nürnberg. Dieser entstammte einer angesehenen einheimischen Familie und hieß eigentlich Heinz; den Namen Groß übernahm er als ursprüngliches Eigenschaftswort, mit welchem das Volk einige seiner Vorfahren und ihn in Bewunderung ob ihrer allgemeinen Geltung und seines sagenhaften Reichtums bedacht hatte. Er wußte sich dem Kaiser beizeiten dadurch unentbehrlich zu machen, daß er in vielen zu schlichtenden Fälle als kundiger Mittelsmann auftrat und in zuverlässiger Weise Barbeträge beschaffte, die des öfteren und dann sehr rasch benötigt wurden; außerdem hielt er unverbrüchlich zu Ludwig, als dieser vom Papst mit dem Bannfluch belegt wurde. Für dies alles hatte er das Schultheißenamt, den Zoll und die Münze in Nürnberg übertragen erhalten, die wichtigsten und einträglichsten Stellen, die in der Stadt vergeben werden konnten, die aber auch unter den virtuosen Händen dieses Mannes zu einem besonders einträglichen Instrument wurden. Mit einer damals noch kaum gekannten Planmäßigkeit legte er all seine Gewinne sofort in Grund und Boden an, hauptsächlich überall dort, wo sich hohe Renten erwarten ließen. Mit allen Adelsfamilien im weiten Umkreis der Stadt unterhielt er geschäftliche Verbindungen; dank der ewigen Geldnot des Bischofs von Bamberg waren ihm ständig mehrere Orte zugleich verpfändet. Im nahen Herzogenaurach wurde in den vierziger Jahren die Stadt erweitert und da man am Ort nicht genügend flüssige Mittel hatte, sicherte er sich das lohnende Alleinrecht für die Ziegelherstellung beim Festungsbau. In Kitzingen errichtete er 1344 ein Spital, finanzierte aber zugleich den aussichtsreichen Bau eines Kaufhauses. Dies sind jedoch nur einige der hervorstechendsten Beispiele und darum läßt sich zusammenfassend über Groß sagen, daß er der Nürnberger Hofbankier Kaiser Ludwigs des Bayern und einer der ersten Finanzgewaltigen Frankens gewesen ist. Der Vergleich mit der späteren Stellung eines Jakob Fugger bei Karl V. ist naheliegend.

Da von ihm keine persönlichen Aufzeichnungen erhalten sind, lassen sich aus den öffentlichen Handlungen des Konrad Groß nur einige Rückschlüsse auf seine menschlichen Eigenschaften ziehen. Er galt seiner Zeit als besonders mildtätig und hilfsbereit, was indessen nicht hinderte, daß er zugleich ein vom Gold besessener Raffer war, der auch kleinsten Umsätzen mit Beharrlichkeit nachging. Da er dabei aber stets ehrenhaft blieb und dank seiner Lebenserfahrung in vielen Angelegenheiten als gewandter, unparteiischer Schiedsrichter auftrat, ist seine allgemeine Beliebtheit durchaus verständlich. Dazu kam seine große Frömmigkeit, die allerdings mit etwas kritischen Augen anzusehen ist. Als echter Mensch des Mittelalters lebte er in dem magischen Kreis steter Seelenangst, die besonders dadurch gemehrt wurde, daß er sich durch seine Anhänglichkeit an den Kaiser außerhalb des kirchlichen Bodens begab. Daher ließ er seine großen Gewinne zahlreichen wohltätigen Zwecken zugute kommen, unter anderem zur Stiftung der Klöster Himmelthron in Großgründlach und Pillenreuth, ersteres auf Betreiben der als *„Weiße Frau“* bekannten Gräfin Kunigunde von Orlamünde. Die Höhe dieser Stiftungen erweckte den Unwillen seiner vier Söhne, die dadurch ihr massives Erbe bedroht fühlten und deshalb auch 1349 in dieser Angelegenheit das Urteil eines Schiedsgerichtes anriefen.

Das Heiliggeist-Spital war 1331 entstanden im Bereich des sogenannten Plobenhofes auf einer sumpfigen Wiese vor dem Molertor, die Groß kurz vorher zu diesem Zweck (für ein *„Seelgerät“*, wie man damals sagte) vom Burggrafen Friedrich IV., dem Sohn des Siegers von Mühldorf, erhalten hatte. Vorher besaß Nürnberg nur das nach 1200 durch den Deutschen Orden gegründete alte Spital vor dem Weißen Turm und erhielt nun hier seine erste größere und vorzüglich eingerichtete Wohlfahrtseinrichtung, die 1487 zu ihrer nachmaligen Stattlichkeit erweitert wurde. Nach dem Willen des Konrad Groß sollten darin jeweils bis zu 200 kranke und notleidende Einwohner der Stadt aufgenommen werden, eine wirklich erstaunliche Zahl; für die finanzielle Unabhängigkeit und Leistungsfähigkeit des Unternehmens zeugt

sehr beredt die Tatsache, daß es im 18. Jahrhundert neben den Einkünften aus Kapitalvermögen usw. 691 Bauernhöfe in 157 Orten besaß.
Im Mittelalter lagen alle Siechenhäuser, gleichviel welche Art von Patienten in ihnen untergebracht werden sollten, aus Gründen der Vorbeugung außerhalb der Stadtmauern, höchstens dicht davor. Ihre vornehmste Bestimmung war die Pflege mittelloser Kranker, welche damals noch sehr geringe öffentliche Hilfe erfuhren und vorwiegend auf die christliche Nächstenliebe ihrer Mitmenschen angewiesen waren, insbesondere natürlich der geistlichen Stände und dann erst frommer Laien, wie etwa der Beginen und Begarden. Wir brauchen keine weitere Gefühlsroheit der Stadtverwaltung in der Tatsache zu sehen, daß sie sich hierum wenig kümmerte, denn nach damaliger Auffassung war die Frömmigkeit das einzig berufene Werkzeug allen sozialen Beistandes. Darum hatten nicht Bürgergemeinschaft und Obrigkeit solche Einrichtungen zu schaffen — selbst wenn der Ort dem Namen nach als Träger galt, womit aber nur seine notwendige Anteilnahme als Gesundheitspolizei gemeint war —, sondern der einzelne, dem Gotteslohn und Vergebung begangener Sünden brennend am Herzen liegen mochten.
Der eigentliche und sagen wir aktuelle Grund für das Entstehen des Heiliggeist-Spitals war aber nicht, wie die Sage will, ein wundersamer Traum des Begründers, sondern eine weit verbreitete Bewegung zur Förderung barmherziger Werktätigkeit. Bereits 1204 hatte Papst Innozenz II. in Rom den Anfang mit dem Krankenhaus Santo Spirito gemacht und nach dem Tod des Konrad Groß gab es in Europa bereits 400 solcher Spitäler zum Heiligen Geist als vorbildlich geführte Krankenhäuser. In Nürnberg wurde Groß also, nicht zuletzt dank seiner weitreichenden Beziehungen, erster Vertreter dieser Bewegung und vor allem ihr berufenster; in diesem Projekt mochten sich seine Organisationsgabe und seine Mildtätigkeit besonders fruchtbar begegnen. Seine Stiftung, in der anfangs allein sechs Geistliche amtierten, wurde später, wie ähnlich das 1388 errichtete Mendelsche Zwölfbrüder-Spital im Bereich des heutigen Germanischen Nationalmuseums, ein behagliches Altersheim für Insassen beiderlei Geschlechtes, und gehört nach seinem Wiederaufbau 1950/53 immer noch zu den stimmungsvollsten Winkeln des alten Nürnberg. Die dazugehörige, als Profanbau neuerstandene Kirche war eine kleine, dreischiffige Basilika, ein Kammer-

spiel frommer Baukunst. Den südlichen Hof, in dem sommers Konzerte stattfinden, schmückt an der Nordwand eine Kreuzigungsgruppe von Adam Kraft; in dem offenen Raum dahinter befindet sich nunmehr das Grabmal des 1356 verstorbenen Konrad Groß: ein von trauernden Gestalten getragener Marmortisch französischer Art, unter dem das erstaunlich jung wirkende (freilich modern ergänzte) Abbild des großen Stifters zu sehen ist. In dem nördlichen, vom Spitalplatz aus zugänglichen Hof steht der volkstümliche „Hanselbrunnen" mit dem Abguß eines schalmeiblasenden, ungeschlachten Burschen, vermutlich eine nicht mehr deutbare Spottfigur. Diese und eine aus dem Unschlitthaus stammende Brunnenmaske (beide Originale im Germanischen Nationalmuseum) sind, um 1350 datiert, die ältesten weltlichen Beispiele des Nürnberger Bronzegusses vor seiner großen Zeit.

Ludwig der Bayer stellte der Stadt während seiner zahlreichen Besuche eine Reihe von Zeugnissen höchstmöglichen Wohlwollens aus, Urkunden, die der also Bedachten wiederum eine bedeutsame Ausweitung ihrer gesamten innen- wie außenpolitischen Handlungsfreiheit gewährleisten. Dabei wiederholt sich allerdings der Fall einer Doppelzüngigkeit, wie sie uns schon unter Rudolf von Habsburg begegnete: Der Kaiser ist dem Burggrafen ebenso zu Dank verpflichtet wie dessen leidiger Nachbarin — daher muß bei der stets gespannten Lage dem einem wehtun, was dem andern Vorteiliges verliehen wird: Die Hohenzollern konnten es nicht aufhalten, daß Nürnbergs wirtschaftliche Verbindungen nun schon fast über ganz Europa reichten; die Stadt fühlte sich empfindlichst getroffen, als Ludwig dem Burggrafen seine bisherigen Einkünfte aus der Stadt verpfändet, dazu den nicht eben mageren „Judenzins" und das Reichsschultheißenamt mit seinen Erträgnissen. Letzteres mochte für Rat und Bürgerschaft die peinlichste Überraschung bedeuten, denn der Schultheiß war ja eigentlich deshalb eingesetzt worden, um den Einfluß des Burggrafen auf die Stadt auszuschließen und nun sollte dieser dessen Stellung geradezu in Personalunion einnehmen. Zu allem Glück ließ sich aber der Schaden rasch wieder beheben: Konrad Groß gelang es, dies Pfand bei dem ihm sicher auch nahestehenden Friedrich — sein Vater war burggräflicher Lehnsmann gewesen — einzulösen; auch diesem Herrn mochte bares Geld stets angenehm sein, dazu noch willkommener als die möglichen Vorteile aus einer gerichtlichen Beaufsichtigung seiner stets allzu nahen und wachsamen Widersacherin.

Was unsere Stadt unter Ludwig dem Bayern erreicht hatte und im Laufe des 14. Jahrhunderts weiter ausbaute, war in wenigen Worten folgendes: Die mit sonstigen kaiserlichen Vorrechten verbundene Zollfreiheit Nürnbergs erstreckt sich jetzt auf etwa 70 Städte, deren Namen schon allein den gewaltigen Umfang andeuten, welchen der Nürnberger Handel seither gewonnen hat. Er bewegt sich im Süden über Württemberg (Privileg der Grafen Eberhard und Ulrich von 1358) zur Schweiz (Bern seit 1314, Basel: 1378, Sankt Gallen: 1387) und nach Oberitalien, wo als erstes Aquileja im Jahre 1390 einen Sicherheitsbrief ausstellt, außerdem werden bei Ulman Stromer in den 80er Jahren noch Como, Genua, Mailand und sogar Neapel genannt. Die Beziehung zu Venedig gilt damals schon als selbstverständlich und hat nach 1340 bereits die ersten Trübungen erfahren. Eine Reihe anderer, viel besuchter Städte liegt den Rhein entlang bis nach Burgund, nach Belgien und bis in die Niederlande; diese Beziehung nach dem Westen läuft aber auch direkt über Köln (Privileg des Erzbischofs Walram von 1332) nach Flandern, wo 1361 Graf Ludwig ein erstes Handelsabkommen mit den Nürnbergern eingeht. Bezüglich des Nordens, das heißt jenseits von Bamberg und dem Thüringer Wald, sind wohl die alten Wirtschaftsverbindungen noch nicht derart systematisch erforscht, um ein klares Bild zu vermitteln — mit Ausnahme von Lübeck, das auch als Ostseestadt in jenem Freiheitsbrief Ludwigs des Bayern ziemlich vereinzelt dasteht. Im Osten weitet sich der Geschäftsverkehr über Sulzbach in der Oberpfalz (seit 1359), Cham (seit 1319) und Eger (1305) nach Böhmen aus, wo eine Generation später eine folgenreiche Bevorzugung der Nürnberger Kaufleute durch Karl IV. erfolgen wird (1386). Von Österreich (älteste Urkunde unter Herzog Rudolf IV. von 1363) ging die Fahrt der Handelsleute teils nach Mähren (Markgraf Jobst, 1375), in die Steiermark (1383) und nach Ungarn. Hier erschien, nach einer allgemeinen Regelung von 1336, am 29. Juli 1357 Wolfram Stromer aus Nürnberg neben einem Prager Kaufmann vor dem Magyarenkönig Ludwig und beide erhielten von ihm für ihre Städte dieselben Handelsvergünstigungen, wie sie bisher in Brünn gegolten hatten. 1370 bekommt Bertold Holzschuher als nürnbergischer Abgesandter vom gleichen Ungarnkönig unter anderem ein großzügiges Geleitsrecht eingeräumt. Neu ist unterdessen auch die durch Ludwig den Bayern geförderte Wechselbeziehung unserer Stadt zu München (1323) und Augsburg (1351).

Außerdem wird jetzt von des Kaisers Seite alles getan, um die Sicherheit der Nürnberger Warentransporte zu mehren und zu erleichtern. So verbot er durch einen Erlaß von 1316 zugunsten unserer Stadt die Unsitte der *„Grundruhr“*, der üblen Gepflogenheit, daß im Falle eines Schiffs- und teilweise auch Achsenbruches die verunglückten Güter demjenigen Herrn zufielen, auf dessen Gebiet der Schaden eintrat: was oft dazu benützt wurde, künstlich Unfälle herbeizuführen, um sich an ihnen zu bereichern. Gegen die eigentlichen Plünderungen schützte man die Planwagen mit ihrem kostbaren Inhalt, der, wenn er nicht für Nürnbergs Markt oder Werkstätten bestimmt war, hier nur umgeschlagen wurde, seit längerem durch den Brauch des Handelsgeleites, der freilich wieder ein ganzes Netz von Rechtsgepflogenheiten und Einschränkungen nach sich zog. Grundsätzlich wurde das Geleit gegen eine entsprechende Abgabe gewährt, welche die Stadt trug, zu einem Teil aber auch auf die Kaufleute umlegte. Da selbst auf kürzere Strecken verschiedenster Herren Bereich durchzogen wurde, konnten schon allein diese Abgaben die Güter empfindlich verteuern. Doch ist zu sagen, daß sie dies im allgemeinen auch vertrugen, schon allein deshalb, weil es durch die Eigenart der Beförderung eine „Vor- und Nachkalkulation“ im heutigen Sinne noch nicht gab und sich der Gestehungspreis einer derartigen Ware niemals genau im voraus bestimmen ließ. Natürlich wurde es trotzdem als große Erleichterung empfunden, als jetzt der Reichsherr bestimmte, daß überall, wo er Gewalt hatte, Nürnberg von solchen Gebühren befreit sein sollte.

Ludwigs Regierung war so lange vom Glück begünstigt, wie er sich nur den Angelegenheiten seiner eigenen Lande widmete — bis er sich zu einem völlig ergebnislosen Italienzug entschloß und dadurch mit Papst Johann XXII. in einen unheilbaren Zwist geriet. Das Zerwürfnis war auch durch Anhänger des gefangenen Friedrich heraufbeschworen und planmäßig weiterbetrieben worden, insonderheit durch dessen Bruder, Leopold von Österreich, und gipfelte in dem Bestreben, die deutsche Krone als von Ludwig unrechtmäßig erworben auf das französische Königstum übergehen zu lassen, welches die meisten Päpste während ihrer siebzigjährigen „babylonischen Gefangenschaft“ in Avignon zu willigen Werkzeugen seiner Ausweitungspolitik machte. Jener Anspruch wurde vor allem darauf gestützt, daß Ludwig sich nicht durch den Papst bestätigen lassen wollte, weil bei der Lage der Dinge eine Unterwerfung unter das Gebot der Kirche mit einer größeren Abhängigkeit von Frankreich verbunden gewesen wäre. Da er dieser Forderung widerstand, belegte ihn Johann XXII. mit dem Bann. Diese Waffe war allerdings unterdessen seitens der Kirche derart viel gebraucht worden, daß sie sich abgestumpft hatte und gegen Ludwig so gut wie wirkungslos blieb. Doch entgleiten ihm danach die Zügel der außenpolitischen Führung mehr und mehr; er wird schwankend in seinem Verhalten zu den gewichtigen Weststaaten, zu Frankreich und England, und läßt sich schließlich von einem anderen Gegner überspielen, von dem für die große Staatskunst reif gewordenen Haus Luxemburg. Ein plötzlicher Schlaganfall, dem Ludwig im Oktober 1347 auf der Jagd erliegt, überhebt beide Parteien der Gefahren und schweren Belastungen eines Endkampfes.

In jene Auseinandersetzungen zwischen Kaiser und Papst wurde gelegentlich auch Nürnberg mit einbezogen — die Stadt mußte ja mit dem Seelenzwiespalt fertig werden, den ihr das Interdikt gegen ihren geliebten Herrn auferlegte. Zufolge des kirchlichen Gebotes hätte sie nämlich jetzt keine Messen mehr lesen und keine Glocken läuten lassen dürfen, wogegen aber Ludwig in allen Orten seines Machtbereiches schärfste Maßnahmen erließ. Wer diese befolgte, lief wiederum Gefahr, von den päpstlich gesinnten Priestern der Ketzerei bezichtigt zu werden, ein Wort, mit dem man damals überhaupt leicht zur Hand war. Nicht ohne Grund freilich, denn seit dem 12. Jahrhundert durchfluteten, von Frankreich kommend, mannigfache Bestrebungen zur Erneuerung des an Haupt und Gliedern, im Blut und Geiste matter werdenden Glaubens den gesamten Erdteil. Darunter befanden sich wohlangesehene, wie die der von frühchristlicher Strenge erfüllten Cluniazenser und Zisterzienser, den zugleich größten Bauherren ihrer Zeit, doch auch andere, die nicht weniger aufrichtig dem großen Gedanken der inneren Reinigung dienten, in denen aber die Kirche eine ernste Gefahr für ihren Fortbestand sah und denen sie mit Feuer und Schwert entgegentrat, wie den volksnahen Sekten der Albigenser und Waldenser. Hundert Jahre später begann man, sich an solche Gegenbewegungen mehr zu gewöhnen und trat ihnen längst nicht mehr mit der alten Härte entgegen — dies war mit ein Grund, weshalb die durch Luther verursachte, in ihrem späteren Umfange gar nicht beabsichtigte Reformation so rasch und ungehindert um sich greifen konnte, obwohl sie doch die religiöse Einheit der christlichen Kirche weitaus mehr erschütterte als alles Vorangegangene.

In Nürnberg bemühte man sich offenkundig, all diese Gegensätze nach Möglichkeit zu verwischen; nur wenn gelegentlich ein schroffer Ankläger auftrat, mußte sich ihm auch der in diesen Dingen vorsichtige und zurückhaltende Rat beugen. So setzte im Jahre 1332 der Pfarrer von Sankt Sebald, Hermann von Stein, in seiner Eigenschaft als Ketzerrichter durch, daß etwa 90 Personen beiderlei Geschlechtes als des Irrglaubens verdächtig auf immer der Stadt verwiesen wurden. Unter den Verurteilten befanden sich aber nicht nur Leute niederen Standes, sondern auch ein Angehöriger des Patriziates, nämlich des Hauses Tucher. Ähnliches wiederholte sich 1354 sowie 1362 und 1378 bei dem etwas milderen Urteil *„Fünf Jahre (Stadtverweisung) auf fünf Meilen beim Hals"*, das heißt Galgen im Falle der Übertretung. Hierbei handelte es sich um Volk aus der Stadt, aus Wöhrd und Herpersdorf. Wegen *„zugemessener Ketzerei"* haben einige von ihnen Buße getan, andere zogen die Flucht vor, ohne ein Urteil abzuwarten. 1379 war der Höhepunkt dieses finsteren Treibens, denn nun ging man so weit, sieben Personen öffentlich zu verbrennen und dreizehn weiteren die Stadt auf Lebzeit zu verbieten, obwohl sie dem Unglauben willig abgeschworen hatten. Selbst in den späteren Tagen eines anderen Irrwahnes hat sich ein solch krasses Urteil nicht wiederholt: In Nürnberg ist kein einziger Fall einer Hexenverbrennung bekanntgeworden.

Nürnberger Rathaus des 14. Jahrhunderts vor dem Umbau von 1617.
Stich vom Beginn des 17. Jahrhunderts

5. KAPITEL

DER REIFE ENTGEGEN / 1350—1500

Der Tod Ludwigs des Bayern verursachte für das Reich einen jener tiefen Einschnitte, wie sie uns auf dem Weg durch die Zeiten immer wieder überraschend begegnen: Den Anbruch einer neuen Epoche aus der veränderten Lebensauffassung eines Fürsten. Ludwigs Nachfolger wird der fähigste Vertreter des gegnerischen Lagers, der Luxemburger Karl IV. Man hat ihn gleich nach seiner Wahl in verächtlicher Weise als „*Pfaffenkönig*" begrüßt und sein Auftreten fand zunächst auch bei den Nürnbergern wenig Anklang, bevor sie ihn selbst gesehen: Sie hatten ja Grund genug, den jähen Hingang desjenigen Kaisers zu beklagen, der bisher das meiste Verständnis für die lebenswichtigen Erfordernisse ihrer Stadt gezeigt hatte.

Folgende Stellung findet Karl IV. vor, als er seines Vorgängers Platz am Schachbrett der Reichspolitik einnimmt: Einen von den Wittelsbachern unterstützten Gegenkönig, der auch in Nürnberg viel Anhang hat. Der Papst und die italienischen Städte warten gespannt darauf, wie er die Figuren rücken wird. Er beginnt sein Spiel mit großer

Vorsicht. Seit Ludwig dem Bayern war es zwar üblich, daß jeder rechtmäßig gewählte deutsche König zugleich auch Kaiser sein soll — dennoch hielt Karl, als er später nach Rom kam, dem Papst die Steigbügel und bewies damit seine grundsätzliche Unterwerfung zumindest nach außen.

Und doch steht gerade Karl IV. in jeder Hinsicht schärfer umrissen vor uns als Ludwig der Bayer — zunächst weil er diesen an geheimem Fluidum der Persönlichkeit überragt und dann, weil seine Zeit eine viel innigere Beziehung zum einzelnen Menschen entfaltet als vorher, zu dem, was wir heute unter dem Begriff der Individualität zusammenfassen: Der italienische Humanismus, der auf diesen Herrscher stärkste Anziehung ausübt, bewirkt eine langsame, aber umwälzende Veränderung des inneren wie äußeren Weltbildes. Nicht zufällig sind gerade von Karl anschauliche Darstellungen in bisher ungewohntem Maße erhalten: gemalte und gemeißelte Ebenbilder seiner Person voll lebensechter Züge, farbige Beschreibungen von Zeitgenossen, Briefwechsel mit Gelehrten und endlich sogar eigene Aufzeichnungen — Zeugnisse, die uns in ihrer Gesamtheit neuartige Aufschlüsse vermitteln. Dieser Fürst macht sich nichts aus dem Nimbus seines hohen Standes, sondern verkehrt schlicht und zwanglos mit seinen Untergebenen, ohne doch etwas an natürlicher Würde einzubüßen. Obwohl er in seiner Jugend ritterliche Tapferkeit mehrfach unter Beweis gestellt hat, wie in der berühmten Schlacht von Crécy, schätzt er doch das schwertklirrende Heldentum gering ein, sondern zieht den Kampf mit geistigen Waffen vor, wofür ein modern anmutendes Wort aus seinem Munde zeugt: *„Alle Mittel sind früher zu versuchen als das Eisen; so wollen es die Ärzte und dies haben auch die Kaiser durch Erfahrung gelernt.“*

Neuartig ist auch an Karl sein Verstand, bei welchem Handgreifliches und Übersinnliches, Geist und Stoff erstaunlich nahe nebeneinander wohnen — der Künstler und Forscher neben dem Kaufmann, der in Demut sein Seelenheil suchende Christ neben dem verschlagenen, rücksichtslosen Staatsmann und weitblickenden Organisator. Hier feilscht er um Pfennige, dort stampft er eine neue Stadt aus dem Boden. Er betreibt das Spiel um die Hausmacht, dem schon seine Vorgänger oblagen, mit Genie und beispiellosem Erfolg. Den Erfordernissen hierfür schafft er einen festen Zellkern in seinen böhmischen Erblanden, Prag, das nach ihm das goldene heißen wird und mit dem er eindrucksvoll dem deutschen Kaisertum seine erste feste Hauptstadt gibt. Er ist ein großzügiger Bauherr und vor allem: er weiß mit unfehlbar sicherem Blick die fähigsten Fachleute dafür zu finden, wie den vielseitigen französischen Künstler Mathias von Arras oder den schwäbischen Baumeister Peter Parler, dessen Schule mitbestimmend für die gesamte Baukunst Süddeutschlands wird.

Karls Beziehung zu Nürnberg soll sich bald noch dauerhafter gestalten, als die schon innige Ludwigs des Bayern. Er mochte auf den ersten Blick erkannt haben, was diese Stadt außer ihrer ungewöhnlich günstigen Lage auch sonst vor anderen Orten auszeichnete und gewann sie bald für sein ganzes Leben lieb, ja, in gewissem Sinne noch darüber hinaus. Er kommt 1347, noch bevor er die eben erst erworbene Macht auch nur halbwegs gefestigt hat, nach Nürnberg und hält sich hier sogleich einen ganzen Monat lang auf. Natürlich bestätigt er schon am ersten Tag dieses Besuches, am 2. November, die Stadt wie üblich in all ihren Vergünstigungen und fügt ihnen auch noch verschiedene wichtige Neuerungen hinzu: Zollfreiheit auf Gegenseitigkeit im kleinen Lande seiner Herkunft, in Luxemburg, sowie in Prag samt allen Städten Böhmens, Mährens und in Polen. Er befreit die Bürger Nürnbergs vom Zwang jeder fremden Gerichtsbarkeit, was zumindest in der praktischen Anwendbarkeit eine Erweiterung bisheriger Rechte bedeutet; die Stadt erklärt er für den Fall von Zwistigkeiten und Kriegen anderer Herren untereinander für unantastbar. Er überschreibt einen Teil der Steuern, welche ihm die Juden leisten müssen, dem Rat, um dafür das der Burg gebührende Brennholz zu kaufen, anstatt es zum Schaden der Stadt aus den umliegenden Reichswaldungen schlagen zu müssen. So weiß er hier jeden, der etwas von ihm will, auszuzeichnen, in der Erwartung, damit hoch und niedrig an sich zu binden. Aber noch gelingt dies nicht; erst muß sich ein Ereignis von elementarer Wucht entladen, bis es soweit ist: Der große Handwerkeraufstand vom Frühsommer 1348, welcher durch den noch unentschiedenen Kampf Karls gegen einen anderen Kronanwärter ausgelöst oder zumindest begünstigt wurde.

Dies für Nürnbergs künftige Gesellschaftsordnung so wichtige Geschehen bedeutet keine Einzelerscheinung jener Zeit; vielmehr ist sie eine allgemeine und natürliche Folge von starken sozialen Spannungen, die in dem gleichen Maße zunehmen, wie dem Menschen die selbstlose Hingabe an eine von christlichen Wunschvorstellungen getragene Gemeinschaft nicht mehr die höchste Lebensform bedeuten konnte, sondern er sich an einem neuartigen Bild der Welt andere Begriffe von dem machte, was auf Erden erstrebenswert sei. Mit anderen Worten: Die Persönlichkeit, bisher nur einer kleinen Oberschicht vorbehalten, machte über den Weg der volkstümlicher werdenden Wissenschaften Schule. Hand in Hand damit ging die Beschäftigung mit diesseitigen Dingen, welche der Erwägung Raum gaben, daß es bis in den Himmel ein langer, zweifelhafter Weg sei und man sich's bis dahin recht gemütlich sein lassen dürfe. Vor allem aber auch, daß alle irdische Gerechtigkeit von Menschen geschaffen und gelenkt würde und es daher um sie besser bestellt sein könnte. Die Gegensätze zwischen den herrschenden und arbeitenden Ständen waren das ganze Mittelalter hindurch grell und drückend, bisher jedoch im allgemeinen als unabänderlicher, weil schicksalsgewollter Zustand hingenommen worden. Wenn es gelegentlich in den Rheinlanden vorgekommen war, daß die Menge einen ungerechten Bischof erschlug, so bedeutete dies gleichsam nur einen zufälligen Ausweg aus namenloser Not; fortan jedoch stand hinter solchen Vorgängen, die überall im Reich, in Flandern, in Frankreich und Italien als gefährliche Entladungen auftraten, ein leitender Gedanke. Ein aus England kommendes, allerorten gesungenes Lied hatte ihm diese eingängige Form verliehen:

Als Adam grub und Eva spann,
Wo war denn da der Edelmann?

Es war also eine bewußte Aufsässigkeit aller arbeitenden Schichten, die seit der Mitte des 14. Jahrhunderts rasch um sich griff und ihre natürlichen Träger in den Städten wurden die Handwerker. Durch wandernde Gesellen verständigten und stärkten sie einander in dem nun einsetzenden, bald heimlichen und bald offenen Kampf um vermehrte Selbständigkeit. Wie untragbar die sozialen Verhältnisse waren, wurde bei zunehmender Geldwirtschaft plötzlich dem gesamten Volk sinnfällig; man machte sich darum auch bewußt, daß die Handarbeit die eigentliche Quelle zu Wohlstand und Geltung war — darum müßte der, welcher sie leistete, auch gedeihliche Anerkennung dafür ernten und nicht wie ein Ackergaul am Zaum gehalten werden. Das hieß vor allem, daß jeder Schaffende, mit dessen Erträgnissen die Stadt nützliche ebenso wie unnötige Ausgaben bestritt, in öffentlichen Angelegenheiten ein Wort mitzureden hätte. Vielfach war diesen neuartigen Bestrebungen, die um 1350 bis etwa 1400 mehr oder weniger blutig in jeder größeren deutschen Stadt durchgekämpft wurden, auch Erfolg beschieden: Die Berufsverbände gewannen stärkeren Anteil an der Verwaltung ihrer Gemeinde, so in Ulm, Lindau, Speyer oder Augsburg, und in einigen Fällen, wie in Florenz, trat auf Grund dieses energischen Anspruchs eine seltsame Umkehrung der ehemaligen Lage ein: Die Patrizier mußten sich in eine Zunft aufnehmen lassen, wenn sie maßgebende Stellungen im Rat bekleiden wollten. In Nürnberg freilich nahmen die Dinge einen völlig entgegengesetzten Verlauf.

Der eine Gegenspieler dieser Auseinandersetzung, das Nürnberger Patriziertum, hatte sich im Laufe der Zeit aus den ehemaligen Dienstmannen des Hofes entwickelt, den Ministerialen, von denen es mit zunehmender Bedeutung der Burg bald sehr viele gab, darunter solche, die sich irgendwann gern unter die Bürgerschaft mischten. Sie brachten den Umgang mit Angelegenheiten der Verwaltung sozusagen als Morgengabe mit, eine Eignung für die kommunalen Geschäfte, wie sie sonst niemand am Ort besitzen mochte. Nach dem heimlichen Gesetz, daß Reichtum und Machtanspruch eine starke Anziehung aufeinander ausüben, gesellten sich zu ihnen vermögende Personen, Grundbesitzer und erfolgreiche Kaufleute, die ihren Geldbeutel gern vor einen wirkungsvollen Hintergrund stellen wollten, indem sie den Adel erstrebten. Diesem Kreis nun fiel eine beherrschende Stellung schier von allein zu, aber er tat auch seinerseits alles, um sie für seine Bedürfnisse zu unterbauen: Man gewöhnte sich frühzeitig daran, bei allen wichtigen Besetzungen nun seinesgleichen zu wählen — auf diese Weise waren die sogenannten ratsfähigen Geschlechter entstanden und es ist bezeichnend, daß ihre Zahl anfangs etwa 43 betrug und sich im Laufe der Jahrhunderte bis auf 21 verringerte, weil die übrigen ausgestorben waren und man sich (bis 1729) nicht gewillt zeigte, weitere Familien zuzulassen. Aus dieser Bevorzugung der Geschlechter untereinander entwickelte sich eine feste und schließlich sogar starre Ordnung, ein ungeschriebenes Gesetz über die Träger der Amtsgewalt. Das arbeitende Bürgertum war von alledem ausgeschlossen, auch wenn es nach dem Handwerkerstand zu den geringen auf dem Papier stehenden Rechten kurzfristig einige weitere eingeräumt erhielt.

Unter diesen Voraussetzungen stellte der Rat schon vor der Zeit Karls IV. ein ziemlich weitläufiges, im Sinne der Patrizier gut und sicher arbeitendes Getriebe dar, in mancher Hinsicht einer sinnreichen Anordnung von Filtern vergleichbar, die auf dem Wege zum Herz und Gehirn der Stadt alle als unzuträglich empfundenen Bestandteile aufhielt und entfernte. Dieses Herz und Gehirn bestand zunächst einmal aus dem kleinen oder regierenden und dem großen oder beigeordneten Rat. Der kleine Rat setzte sich aus 26 Bürgermeistern zusammen, welche wiederum in 13 Konsuln und 13 Schöffen unterteilt waren. Diese stattliche Zahl kam dadurch zustande, daß alle vier Wochen je ein Konsul und Schöffe mit der eigentlichen Geschäftsführung betraut wurden — teilweise aus Gründen der Vorsicht, nicht zuletzt aber, weil die dabei zu bewältigende Arbeit ganz erheblich war; einem alten Bericht zufolge hatten diese leitenden Bürgermeister damit zu rechnen, daß ihnen während der Amtswochen nachts nur wenig Zeit zum Schlafen blieb. Ferner wurde zwischen dem alten Bürgermeister unterschieden, dem Mann des Monats, und dem jungen als dessen engstem Mitarbeiter. Diese Einteilung hatte nichts mit dem Lebensalter der Betreffenden zu tun, denn auch sie wechselten als oberste Amtsträger untereinander ab, so daß jedes der 26 Mitglieder jährlich vier Wochen lang eigentlicher Lenker der Stadtgeschäfte war. Der alte Bürgermeister vertrat den Rat nach außen, indem er alle Gesandtschaften und sonst bedeutsamen Besuche empfing; außerdem öffnete er die eingehenden Briefschaften und wußte durch entsprechende Vorschläge notwendige Entscheidungen der gesamten Körperschaft nahezubringen. Allein konnte er natürlich in dieser Hinsicht wenig unternehmen, da nur die Gesamtheit beschlußfähig war, aber durch den eigentlichen Bau des Ratsapparates waren ja die Mitglieder so gut aufeinander eingespielt, daß deren gleiche Gesinnung selten zu größeren Meinungsverschiedenheiten führte. Die Schöffen oder Schöpfen leiteten ihren Namen von dem Worte „schaffen“ ab, weil sie überall, wo ihresgleichen in der mittelalterlichen Rechtspflege auftrat, zunächst als Ordnungsschaffer und dann im besonderen als Beisitzer des Gerichts galten. Im Nürnberger Rat, wo sie ebenfalls alter oder junger Bürgermeister sein konnten, war ihre Aufgabe, neben den Zivilgerichtssitzungen, bei allen hochnotpeinlichen, das heißt mit Folter verbundenen Befragungen zugegen zu sein und die Aussagen der Angeklagten aufschreiben zu lassen. Aus den dreizehn alten Bürgermeistern wurde dann nochmals der sogenannte Rat der Sieben gewählt, die *„Septemvirn“*, über die sich weitere wichtige Obliegenheiten verteilten. Sie bereiteten schwierige und geheime Angelegenheiten zum Vortrag für den gesamten kleinen Rat vor; zwei von ihnen bekleideten das Amt des *„Losungers“*, der

17. Winterstimmungen: Blick zur Burg, zwischen St. Sebald und Rathaus

19. Zauber des weltbekannten Christkindlesmarktes

die Stadtkasse führte, die gesamten Siegel verwahrte, diese unerläßlichen Beglaubigungszeichen auf allen ausgehenden und immer durch seine Hand laufenden Urkunden. Dieser freie Umgang mit dem rollenden Gold und die hohe Vollmacht, jedem Schriftstück letztmögliche Geltung vor der Welt zu verleihen, bewirkten im Volke, daß der Losunger beinahe noch höheres Ansehen als alle übrigen Vertreter seines Standes genoß.

Aus dem Septemvirn — der Name besagt, daß man es an Stolz mit der römischen Republik aufnahm — gingen dann auch die drei Stadthauptleute hervor, welche die Schlüssel zu den Toren verwalteten sowie dem Kriegs- und Bauwesen vorstanden. Von der Mitte des 15. Jahrhunderts an wurde die Beanspruchung von Wehr und Waffen so groß, daß dieser Posten zu einer Art „stehender Kriegsbehörde" ausgebaut werden mußte.

Der größere Rat endlich setzte sich aus den *„Genannten"* zusammen, die von Angehörigen des Bürgertums gestellt wurden. Ihre Bedeutung war gering, denn sie schuldeten dem kleinen Rat vollen Gehorsam und wurden nur dort, wo es das öffentliche Ansehen erheischen mochte, gelegentlich um ihre Meinung gefragt. Sie waren im wesentlichen *„Zuschauer, die der Bürgerschaft bestätigen konnten, daß im Rat alles mit rechten Dingen zugehe"*. Und dies blieb nahezu ein halbes Jahrtausend lang so — ein wenig bekanntes Büchlein aus dem Jahre 1780, das neuen Mitgliedern des großen Rates bei ihrer Einführung übergeben wurde, befaßt sich ausführlich mit den Pflichten der Genannten, erwähnt dagegen ihre Rechte mit keinem Wort. Sie sollten, wie es darin so verschnörkelt heißt, *„einem hochlöblichen Rath und deme, was je zu Zeiten durch Ihro Herrlichkeit beschlossen, fürgenommen und für gut angesehen wird, in alle Weege für sich selbst gehorsamlich, Folge leisten und sonsten alles ihres Vermögens befördern und darwider durch sich selbst oder andere keineswegs handeln wollen"*.

Diese Vormachtstellung des Nürnberger Rates, die in solch hartnäckiger Selbstbehauptung ihresgleichen in keiner anderen Stadt haben mochte und am ehesten mit den Dogen Venedigs oder der Signoria von Florenz vergleichbar wäre, brachte ebensoviele Vor- wie Nachteile mit sich. Man verfügte in allen diplomatischen Angelegenheiten stets über einen Stab zuverlässigster Mitarbeiter und die einheitliche Zusammensetzung der maßgeblichen Männer gewährleistete jene große Linie, auf der sich Nürnbergs erfolgreiche Politik seit den Staufern bis zum Niedergang des Reiches bewegte. Auch wenn sich der Rat in allen Fragen des Geisteslebens zunächst zurückhaltend erwies, so hatte er doch indirekten Anteil daran, indem er die äußeren Voraussetzungen dafür schaffen half, und durfte sich mit betroffen fühlen, wenn Martin Luther Nürnberg *„das Auge und Ohr Deutschlands“* nannte. Andererseits waren bei einer solch einseitigen Verteilung der Kräfte mancherlei Willkür und Überheblichkeit alle Türen geöffnet. In der gesamten Geschichte Nürnbergs finden wir genug offene und versteckte Beweise dafür, wie man das Patriziat mehr fürchtete als liebte und besonders das aufklärerische 18. Jahrhundert sah mit scharfen Blicken auf alle Mißverhältnisse zwischen Obrigkeit und Volk. So äußert sich der französische Reisende Blainville, der auch sonst manches Pikante über Nürnberg ausgesagt hat, in schonungsloser Weise darüber, daß *„34 Bürger von Nürnberg, welche sich als kleine Tyrannen über die armen Mitmenschen aufgeworfen haben, die sie nach eigenem Gefallen und ohne Rechnung abzulegen aussaugen, sich unterstehen können, den Namen der ‚Väter des Vaterlandes‘ in den Augen so vieler Unterdrückter und Leidender anzunehmen, die, wenn sie es wagen dürften, sie ohne weiteres der Lüge überführen könnten, nun jedoch verzagt und einfältig genug sind, das unerträgliche Joch ihrer Obrigkeit mit den großen Halskrausen und Spitzhüten zu ertragen“*. Besonders über diese Halskrausen macht er sich lustig — sie hätten einen derartigen Umfang, daß zwei ihrer Träger nicht nebeneinander sitzen könnten. Ein anderer fremder Beobachter, Riesbeck, nennt den Rat den schädlichen Bandwurm Nürnbergs und will bei den Bürgern gehört haben, daß sie ihre Kinder lehrten: *„Wenn ihr an der Kirche vorüber geht, so betet ein Vaterunser, vor dem Rathause aber sprecht deren zwei!“* Diese Kostproben abfälliger Urteile über den Rat ließen sich beliebig vermehren. Wenn sie auch die Stimmung einer viel späteren Zeit kurz vor dem Zusammenbruch dieses schließlich nur überalterten und verstaubten Systems wiedergeben, so mögen sie dennoch auch etwas von den Gefühlen der Handwerker in jenen Tagen enthalten, von denen uns zwar keine entsprechenden Worte, dafür aber um so aufschlußreichere Taten erhalten sind. Wir fühlten uns zu dieser Überblendung um so mehr berechtigt, als ja nach dem Grundgesetz von der Psychologie der Massen die Voraussetzungen und mechanischen Auswirkungen jeder Art von Aufruhr einander eng verwandt sind. Das niedere Volk ist der Brotteig, die Unzufriedenheit sein Gärstoff; ob der aus beider Verbindung zustande kommende Vorgang als Ergebnis genießbar wird, hängt von dem Meister ab, der das Material bearbeitet, den Anführern einer jeden Massenbewegung.

Nürnberger Ratsherr
vor dem Rathause.
Kupferstich des 18. Jahrhunderts

Zu dieser stets latent drohenden Mehrheit kommt in unserem Falle die merkwürdige Tatsache, daß die Handwerker als die Melkkühe ihrer Stadt vom Rat noch knapper gehalten wurden als sonstwo: Der Nürnberger Gewerbefleiß hat bereits damals oder nicht allzuviel später sprichwortliche Bedeutung erlangt, seine über hundert selbständige Berufe umfassenden Vertreter aber durften sich nicht zu den überall bestehenden Fachverbänden, den Zünften, zusammenschließen und ihre einschlägigen Angelegenheiten selbst ordnen — und zwar dies schon seit den ältesten Polizeivorschriften des 13. Jahrhunderts! Einer der Gründe hierfür war ein innerer Wettstreit, der sich in jeder Stadt mehr oder minder erbittert abspielte: Der Handwerker konnte zwar die Güte der Waren für sich in Anspruch nehmen, mit welcher das Vertrauen der auswärtigen Käufer gewonnen wurde, der Kaufmann aber, der zumeist dem regierenden Stand angehörte, daß er diesen Waren einen weiten Markt erschloß, wie dies den Herstellern selbst niemals möglich gewesen wäre. In dieser Richtung ist auch die Zusammenfassung Heinrich Sievekings in seiner Wirtschaftsgeschichte zu verstehen: *„Dort, wo der Fernhandel ausschlaggebende Bedeutung behält, vermögen sich die Zünfte nicht durchzusetzen. Dies gilt für die Seestädte, aber auch für Nürnberg und Lyon."* Da sie jedoch im allgemeinen in den gesamten Landen ein Machtfaktor zu werden drohten, nahmen auch beizeiten weltliche wie geistliche Fürsten oft eine zunftfeindliche Haltung ein, so besonders offenkundig Kaiser Friedrich II., der 1219 den Bürgern zu Goslar und 1232 zu Worms jede Art von Brüderschaft verbot, *„welche man zu deutsch Einung oder Gilde nenne"*.

Offenbar auf entsprechende Vorstellungen hin hatte Ludwig der Bayer einen gewissen Ausgleich für das Zunftverbot geschaffen, indem er den Nürnberger Handwerkern gestattet haben soll, ihre Feierabende in eigenen Zech- und Trinkstuben zu verbringen, wie sie vorher nur die Geschlechter besessen hatten. Da Karl IV. dem gegnerischen Lager entstammte, erwartete man sich von ihm für die mögliche Mehrung dieser Rechte so gut wie nichts; kaum daß er die Stadt wieder verlassen, brodelte es überall bedenklich und schon hoben sich aus der Menge einzelne, fester umrissene Gestalten ab als entschlossene Sachführer des umstürzlerischen Willens: Ein Mann wurde wegen seines auffälligen Bartes der *„Geißbart"* genannt, ein anderer *„Pfauentritt"*, wohl weil er sich besonders eitel in der gotischen Tracht mit Schnabelschuhen und buntem Wams wiegte. Diese einprägsamen Erscheinungen und Namen haben sicher dazu beigetragen, die erregenden Vorfälle in der allgemeinen Erinnerung zu bewahren — noch lange danach spricht eine Urkunde diesbezüglich als *„von des Geißbartes Zeit"*. Der damit Gemeinte war ein sogenannter Plattner, ein Harnischmacher, dessen Beruf den Schmieden zugerechnet wurde; diese handfesten Vertreter der Werktätigen gaben den zündenden Funken der darauf folgenden Entladung ab.

Hinsichtlich des Aufstandes sind wir auf die sicher etwas ausgeschmückte Erzählung Meisterlins angewiesen. Demnach war die Erhebung nach langer Vorbereitung für den 4. Juni 1348 angesetzt worden und sie gelang, obwohl der Rat Kenntnis erhalten hatte; ein Zeichen dafür, wie geschwächt die Stellung der Patrizier schon war. Der Auftakt bietet das typische Bild jeder Volksempörung von Spartakus bis zum Sturm der Bastille oder einer Revolte unserer Tage: Um ein Banner, das ein starker Kerl namens Mickenmockel trägt, scharen sich die Mannen der zahlreichen Stände, begleitet von allerlei blut- und beutegierigem Gesindel. In der *„Losungstube"*, der städtischen Schatzkammer, fand man reichlich Gold vor und dies bot den erhitzten Gemütern die gewünschte Ablenkung. Die Mitglieder des Rates hatten sich aus dem Staube gemacht, waren teilweise in abenteuerlichen Verkleidungen noch während des Aufstandes geflohen. Zwei Herren, die darin ungeschickt waren, hatten von den anscheinend versöhnlicher gestimmten Messerschmieden schützendes Geleit erhalten.

Über den wirklichen Hergang lassen sich die Quellen nur spärlich vernehmen. Abgesehen von den Ausschreitungen des ersten Anpralles war es ein gemäßigter Umsturz. Man wählte die Bürgermeister neu, nahm aber bezeichnenderweise Mitglieder des Patriziates unter sie auf; an der Gesetzgebung änderte sich so gut wie nichts, außer daß die Handwerker ihre Zünfte zugebilligt erhielten. Ihre politische Nichtbeteiligung blieb die gleiche wie zuvor. Der Burggraf nahm eine zweideutig abwartende Haltung ein, wohl in der Erwartung eines unausbleiblichen Rückschlages, der auch nicht lange auf sich warten ließ. Der neue Rat hatte kein Geld und wenig Kredit, darum konnte er die allgemeine Ordnung nur mit knapper Not aufrechterhalten. Und als nach einem Jahr Karl IV. als endgültiger Sieger aus dem Streit um die Krone hervorging, brach das aufständische Regiment rasch zusammen. Als düsterer Vorbote kam am 13. Juli 1349 der Befehl des Königs, alle Vertriebenen wieder in den Rat einzusetzen und schon näherte sich Karl selbst mit einem Heere der Stadt. Er kam aus Frankfurt und soll bei Mögeldorf Aufstellung genommen haben — wenig glaubhaft, denn dann wäre er erst einmal um ganz Nürnberg herumgezogen, wie um den darin Befindlichen das Aufgebot seiner Macht zu zeigen. Die Ratsherren sandten Geschenke als Zeichen ihrer Demut, welche aber zurückgewiesen wurden; man zog die Konsequenzen daraus, denn als Karl die Rädelsführer bestrafen ließ, waren nur mehr wenige davon auffindbar. Daher fiel das Gesamturteil nach damaligen Begriffen milde aus: Einige Hauptschuldige wurden hingerichtet und viele Handwerker mit ihren Angehörigen und Knechten auf Lebzeiten aus der Stadt verwiesen. Die Zünfte verschwanden wieder, doch durften als eine Art Entschädigung einige Handwerker dem engeren Rat beitreten. Trotzdem sich ihre Zahl schließlich bis auf acht erhöhte, bot dieses Zugeständnis keine greifbaren Vorteile, schon allein deshalb, weil man diesen neuen Vertretern acht weitere Patrizier gegenüberstellte und damit ihre Wirkung sogleich wieder aufhob.

Aus verschiedenen Polizeiverordnungen jener Zeit wird die Absicht deutlich, sich ein für alle Male vor Fahrlässigkeiten zu schützen, die auch nur ein politisches Lüftchen auslösen könnten. So durften die

Handwerker, die vorher nach ritterlichem Vorbild bewaffnet auszugehen pflegten, nur mehr ungefährliche Brotmesser von genau vorgeschriebener Länge tragen. Außerdem hatte zwei Stunden nach Einbruch der Dämmerung jedermann auf der Straße ein *„sichtbar brennend Licht"* in der Hand zu halten. Auch sonst wurde der arbeitende Stand für alle Zukunft von seiner Obrigkeit mit stetem Argwohn auf etwaige Gelüste zu vermehrter Selbständigkeit betrachtet. Jeder Briefwechsel mit auswärtigen Meistern oder Innungen wurde durch den Rat erledigt, der schließlich sogar einen eigenen Beamten zur Überwachung des gesamten Nürnberger Handwerks, den Pfänder, bestellt. Dieser hatte bei allen Veranstaltungen der Berufe ohne nur geselligen Zweck anwesend zu sein und etwaige Überschreitungen sofort zu bestrafen. Dazu gehörte bereits der Versuch, einschlägige Streitfragen im internen Kreis zu schlichten sowie Gelder als Beiträge oder Strafgebühr in eine Büchse zu sammeln; immer wieder werden solche Kassen durch den Pfänder beschlagnahmt, der damit seinen Namen vollauf rechtfertigte. Letzteres geschah offenkundig deshalb, weil man auch in diesen Beträgen schon ein mögliches Machtinstrument sah, das sich irgendwann gegen den Rat wenden könnte.

Es ist für diese ganze Lage bezeichnend, daß der Pfänder als Angehöriger des sogenannten Rugsamtes — einer Art städtischen Handwerkskammer — erstmalig 1498 auftritt, aber bereits ein Menschenalter vorher der bekannte Spruch im Umlauf ist, daß Nürnberger Tand durch alle Land gehe. In einer Reihe anderer Städte, wie in Köln, hatten die Zünfte gesiegt und waren alsbald maßgeblich an den öffentlichen Geschäften beteiligt; in verschiedenen Orten mußten selbst Künstler, Gelehrte oder kleine Adelige irgendeiner Zunft beitreten, wie Bismarcks Vorfahren den Tuchschneidern in Stendal, um an der Kommunalpolitik tätigen Anteil zu gewinnen, Nürnberg aber hielt seinen Nährstand ein halbes Jahrtausend lang unter schwerstem Druck. Alle wichtigen Maßnahmen, die sonst den Zünften oblagen, von der Einstellung der Lehrlinge bis zur Lossprechung der Meister, Aufsicht über die Leistungen, Festsetzung von Höchstpreisen, Bestrafung von Fälschungen, behielten sich Rat und Rugsamt vor — all die zahlreichen Äußerungen des Selbstbestimmungsrechtes, auf das sich in anderen Städten die Gilden, Zechen und Zünfte mit Stolz beriefen.

Trotz aller straffen Maßnahmen trat nach dem großen Aufstand noch lange keine wirkliche Ruhe ein. Wie den Handwerkern nach ihrer

Niederlage zumute war, erfahren wir zufällig aus der Notiz einer weiteren Stadtverweisung, die über einen Goldschmied namens Graser verhängt wurde. Dieser hatte die unvorsichtige Äußerung getan, es möchte sich doch jemand finden, *„ein Bub oder wer es wäre"*, der um einen Lohn von hundert Gulden den König im allgemeinen Gedränge *„derstechen"* wollte. Bald darauf fand dann die aufgewühlte Volksseele eine weitaus ergiebigere Ablenkung in den Juden. Wir erwähnten bereits die großen Pogrome des Jahres 1298, wobei allein in Nürnberg 628 Männer, Frauen und Kinder auf grausamste Weise erschlagen oder verbrannt worden waren. Nun flammte der Haß aufs neue verderblich auf, als um 1350 der „Schwarze Tod" alle Lande der Alten Welt mit Schrecken erfüllte und entvölkerte: Es wurde verbreitet und geglaubt, die Juden hätten das Trinkwasser mit Pestkeimen vergiftet. Will man den an und für sich weitläufigen Komplex der Judenfrage auf den einfachsten Nenner bringen, so kann man sagen, daß die verhängnisvolle Stellung dieses heimatlosen Volkes seit dem frühen Mittelalter auf zwei Voraussetzungen ruht: Die das gesamte Abendland umfassende Einheit des christlichen Bekenntnisses und all seiner Lebensäußerungen erzeugte ein stark ausgeprägtes Gemeinschaftsgefühl, das neben seinen vielen guten Eigenschaften eine geradezu infantile Unduldsamkeit in den Dingen des Glaubens zur Folge hatte. Dadurch war die Allgemeinheit außerstande, eine andersartige Gesinnung oder Gesittung in ihrer Mitte zu dulden. Wie wenig dabei das Bewußtsein eines Rassenunterschiedes im Spiele war, erhellt allein aus der Tatsache, daß man die seltenen Fälle, wo sich Israeliten taufen ließen, mit überströmender Freude aufnahm, und daß zum Christentum übergetretene Judenkinder alsbald vollwertige Glieder von Kirche und Bürgerschaft wurden. Der Kampf wurde also aus dem ehrlichen Empfinden geführt, es mit verstockten Feinden des Seelenheils zu tun zu haben. Die andere Voraussetzung ist, daß unter Kaiser Justinian ein seit Theodosius II. bestehender Erlaß mit in das Römische Recht aufgenommen wurde, welches bekanntlich die Grundlage aller späteren Gesetzgebungen bildete. Diese Verordnung war der Ausschluß der Juden von allen öffentlichen Ämtern. Damit wurde für lange Zeit eine Scheidewand aufgerichtet, die sich zwar gelegentlich durch gerechte Herrscher mit Fenstern der Duldung versehen, niemals aber ganz niederreißen ließ. Eine von vielen Folgen war der Beschluß des Laterankonziles von 1215, der die Juden auch zu einer äußeren Kennzeichnung ihrer Kleidung zwang, wodurch ihr Unterschied zu der übrigen Bevölkerung bereits auf den ersten Blick deutlich wurde. Dazu kam endlich, daß ihnen die Ausübung eines jeden handwerklichen Berufes versagt wurde — dies alles trieb die Juden in eine Zwangsstellung, aus der sie zwar dank ihrer angeborenen Klugheit das Beste zu machen suchten, die sie aber immer wieder in Lagen härtester Bedrängnis brachte. Es blieb ihnen etwa die Heilkunde, für die sie eine besondere Befähigung hatten, die ihnen aber ebenfalls aus Gründen öffentlichen Mißtrauens größtenteils wieder verwehrt wurde. So gab es für sie schließlich nur noch den Trödel und den Umgang mit dem Geld, wobei sie sich überall rasch unentbehrlich zu machen wußten — auf diese Weise beinahe gegen eigenen Willen den allgemeinen Handel und Wandel fördernd, weshalb Werner Sombart den viel zitierten Vergleich gebrauchte, die Juden seien *„das Ferment und der Katalysator der städtischen Wirtschaft im Mittelalter"* gewesen.

Die Juden liehen gegen Pfand auf Zinsen, was allen Christen durch das Kirchengesetz verboten war — eine doppelte Moral ähnlich derjenigen der Duldung von Freudenhäusern, nämlich die Angleichung strenger, einer höheren Sittlichkeit dienender Gebote an die jeweiligen praktischen Bedürfnisse. Denn ohne Geld kam man nun einmal nicht aus, und es bedurfte eines hohen Anreizes, um jemanden zu der Gewährung von Darlehen zu bewegen: Außer der Sicherheit in der Hinterlegung des Gegenwertes war der Zinssatz das eigentlich lockende Moment, der sich zwischen 15 bis über 100 Prozent bewegte; seine großen Schwankungen erklären sich aus dem geringen Geldumlauf vor dem Frühkapitalismus des 16. Jahrhunderts und nicht zuletzt aus dem damit verbundenen, teilweise sehr hohen Risiko. Da das Zurückfordern von Barmitteln stets entgegengesetzte Empfindungen auslöst als das leihweise Gewähren, da ferner der gewandte Umgang mit Silber, Gold und Edelsteinen in der Regel wesentlich rascher zu Reichtum verhalf als der emsigste Handwerkerfleiß — dem zudem auch in dieser Hinsicht bis in die Neuzeit hinein von Amts wegen enge Grenzen gesetzt waren —, wurde hierdurch gleichfalls in der Öffentlichkeit eine zwiespältige Gesinnung genährt, die Ignaz von Döllinger in die Worte zusammenfaßte: *„Das Geld war damals der Schutz- wie der Würgeengel der Juden."*

In Nürnberg gab es, wie in den meisten übrigen deutschen Städten auch, bald nach seiner ersten Festigung als Marktort, jüdische Kaufleute, also vom Ende des 11. Jahrhunderts an. In den frühesten Privilegien unter Heinrich V. sind nämlich bei den Zollfreiheiten auf Gegenseitigkeit außer den Bürgern von Worms, Nürnberg usw. auch die Juden als Mitbegünstigte aufgeführt; offenbar hatten sie dem Kaiser irgendwelche wertvolle Dienste geleistet.

Ihre eigentliche Leidenszeit begann mit den Kreuzzügen, als die endlosen Scharen friedlicher und kriegerischer Jerusalemfahrer die Feindschaft heidnischer Völker zu spüren bekamen, in welche man alsbald die Juden mit einbezog — teilweise aus sehr praktischen Erwägungen heraus. So hatten sich von ihnen viele Kreuzritter in den Rheinlanden die erheblichen Beträge zum Bestreiten der Reisekosten der Fahrt ins Heilige Land geliehen. Diese tausendfältige, drückende Abhängigkeit löste eine allgemeine Volkswut aus und führte 1146/47 in verschiedenen Städten wie Worms und Speyer zu blutigen Judenausschreitungen; wer flüchten konnte, ging nach Nürnberg, wo den Überlebenden durch kaiserliches Dekret eine Freistatt geboten wurde. Auch später nahmen sich die Fürsten ihrer immer wieder an, aber für gewöhnlich kaum anders, als es der Bauer mit besonders ertragreichem Vieh tut: Kaiser und Könige betrachteten den Juden wegen seiner Gaben, nach jeder Ausplünderung schnell wieder Schätze zu sammeln, als ureigenstes Ausbeutungsobjekt, das sie zwar gelegentlich wie einen Gegenstand verpfändeten, kaum aber gänzlich aus der Hand gaben. So war es auch unter Karl IV. bei den nun zu schildernden Vorgängen.

Es ist eine Streitfrage, ob die Juden in Nürnberg anfänglich auf der Sebalder Seite ansässig waren oder jenseits des Flusses. Man hat zwar am Weißen Turm aus dessen Erbauungszeit jüdische Grabsteine gefunden, ebenso in einer Turmtreppe der Lorenzkirche, aber diese wegen ihrer Massigkeit sicher allgemein begehrten Platten werden wohl von aufgelassenen Friedhöfen stammen. Gewichtiger ist eine von Wilhelm Kraft angeführte Urkunde aus dem Jahr 1288, worin von einem Pfad die Rede ist, der vom Gelände der Barfüßermönche (zwischen Lorenzkirche und Museumsbrücke) bei den Juden vorbei zur Pegnitz führte. Wie dem nun auch gewesen sei, wir treffen die Juden im 14. Jahrhundert auf dem Gelände um den nunmehrigen Haupt- und Obstmarkt sowie darüber hinaus bis zum früheren Dötschmannsplatz, zur Ebnersgasse und zum Spitalplatz. An der Stelle der Frauenkirche befand sich die bescheidene Synagoge mit einem Friedhof, auf allen Seiten umgeben von den ebenfalls anspruchslosen Judenhäusern, die we-

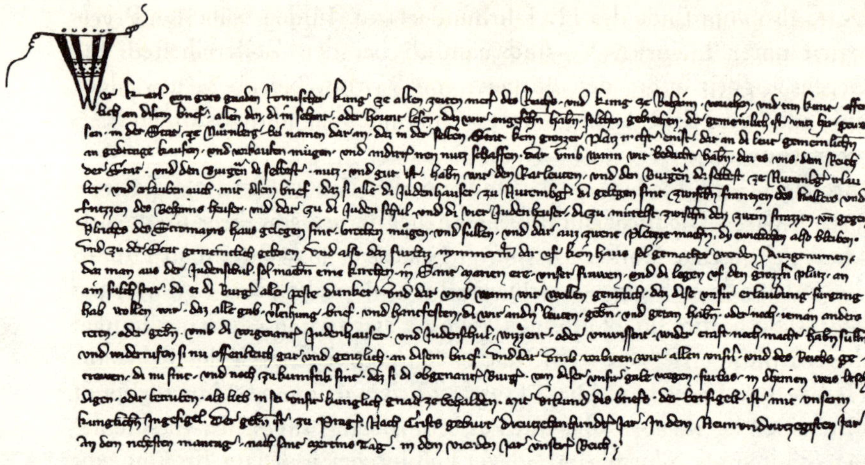

Ein folgenschweres Schriftstück: Anfang der am 16. November 1349 zu Prag ausgestellten Urkunde Karls IV., worin die Vertreibung der Nürnberger Juden angeordnet wird

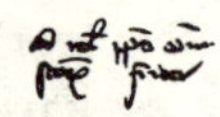

gen ihres sumpfigen Untergrundes teilweise auf Pfählen ruhten. Wie es sich aus der Dichte der israelitischen Bevölkerung und den allgemein mangelhaften Gesundheitsverhältnissen jener Zeit ergab, war das Ganze ein *„großes Gewirr und Gewinkel von Häusern und starrte von Schmutz und Unsauberkeit“*. Unmittelbar daran stieß im Westen und Norden bis gegen die Tuchgasse und die Sebalduskirche das eigentliche Nürnberger Marktviertel mit dem bunten Gewimmel seiner Buden, Kräme und Garküchen — in der ganzen Anlage ebenso eng und ungesund wie ein Getto.

Als den Kindern Israels nach der erwähnten Zuwanderung aus den Rheinlanden dies Gelände zugewiesen wurde, lag es zwischen der Sebalder und Lorenzer Stadt, also außerhalb der beiden Orte, auf einem großen sumpfigen Platz, dem schlechtesten, der unter dem Gesichtspunkt des Wohnens und Handelns zu vergeben war. Mit der Vereinigung der beiden Stadthälften nach 1320 aber wurde er ganz plötzlich in den Mittelpunkt der Ansiedlung gerückt und damit der beste. Sprunghaft stieg jetzt sein Wert, man darf wohl sagen, er wurde Spekulationsobjekt, und hätte ihn die Gemeinde als künftigen Marktplatz kaufen müssen, so wäre er für sie unerschwinglich teuer geworden. Daher fand man jetzt eine andere Lösung, die durch ihre zielbewußte Rücksichtslosigkeit überrascht: Die Juden wurden mit Gutheißen des Kaisers vertrieben, nachdem sie doch vorher gerade hier einen Ort der

Zuflucht gefunden hatten. Auch sonst schien es ihnen hier bisher verhältnismäßig glimpflich ergangen zu sein — 1315 war der Stadt das Privileg erteilt worden, auch den Juden das Bürgerrecht zu verleihen, was einerseits eine wirksamere Besteuerung ermöglichte, andererseits aber den Betroffenen größeren Rechtsschutz als sonstwo sicherte. Dies Verfahren nach Nürnberger Vorbild wurde auch anderswo angestrebt. Das Nürnberger Judenpfandrecht von 1288 war derart mustergültig abgefaßt, daß es von mehreren Städten ausgeliehen wurde, so zuerst von Weißenburg in Bayern. Dies alles änderte sich jetzt von Grund auf, als der Rat im Herbst 1349 einen gewandten Fürsprecher nach Prag sandte, Ulrich Stromer, der in Kürze mit einem folgenschweren Schriftstück zurückkehrte. Es war die sogenannte Markturkunde Karls IV., in welcher es heißt, der König habe angesehen die Gebrechen der Stadt Nürnberg, daß sie keinen großen Platz besäße, *„wo die Leute gemeiniglich ohne Gedräng kaufen und verkaufen könnten"*. Daher erlaube er den Ratsleuten und Bürgern, alle jene Judenhäuser, die *„zumittelst zwischen den zwei Straßen und gegen Ulrich des Stro-*

Verbrennung von Juden — als Abbild der Ereignisse, die sich 1349 in Nürnberg und anderen Städten abspielten. Aus der Schedelschen Weltchronik, 1493

Jüdischer Wechsler in seinem Haus.
Holzschnitt aus einem Büchlein von Hans Foltz,
Nürnberg, 1491

mairs Haus gelegen sind", abbrechen zu lassen und daraus zwei Plätze zu machen; anstelle der Judenschule solle eine Marienkirche gebaut werden. Für seine geschickte Vermittlung bei Karl, dem diese Erlaubnis gut bezahlt wurde, und der solche Maßnahmen überall begünstigte, erhielt Ulrich Stromer eines der der Vernichtung anheimgegebenen Judenhäuser am Zotenberg (Wunderburggasse).

Die Verwirklichung dieses Planes ließ nicht lange auf sich warten — bereits am 5. Dezember 1349, also mitten im Winter, mußten sämtliche Juden Nürnberg verlassen. Weitere Maßnahmen waren in dem Schriftstück nicht vorgesehen; sie stellten sich ganz von selbst ein. Die Nachricht von dem bevorstehenden Ereignis war wohl beizeiten unter das Volk gedrungen, und es gehört nicht viel Phantasie dazu, sich vorzustellen, wie der Pöbel gierig auf die festgesetzte Stunde wartete, um sich in die Häuser zu stürzen oder den Abziehenden noch im letzten Augenblick einen Teil ihrer Habe zu entreißen. Widerstand war dabei sicherlich unvermeidlich und kostete einen erschütternden Blutzoll: Gegen 600 Personen wurden bei diesem schmerzensreichen Auszug getötet, der Überlieferung zufolge auf dem sogenannten Judenbühl, der Gegend des heutigen Maxfeld, verbrannt. Erstaunlich mutet nach dieser Heimsuchung an, daß einzelne Juden noch im selben Jahre an die Stätte ihres Leidens zurückkehrten — offenbar, weil sie anderweitig nicht hatten unterkommen können oder nirgendwo einer besseren Aufnahme gewärtig sein durften. Weitere von ihnen stellten sich 1350 und 1352 ein. In diesem Jahr hatte man von Karl IV. bereits wieder ein Dekret erwirkt, wonach die Stadt ihresgleichen erneut aufnehmen und schirmen sollte; man sieht hinter dieser Urkunde förmlich das viele Gold blitzen, das es sich die Betroffenen kosten ließen vor dem gleichen Herrn, der sie kurz vorher um denselben Lohn unbedenklich dem Verderben preisgegeben hatte.

Dieser Erlaß ist auf Schloß Unterbürg ausgestellt, kaum eine halbe Wegstunde außerhalb Nürnbergs, und legt die Vermutung nahe, daß sich einige der Vertriebenen erst gar nicht von den Toren der Stadt entfernt hatten und nun hier dem durchreisenden König zu Füßen fielen. Ihre Zahl begann sich dennoch erst nach 1381 wieder wesentlich zu vergrößern; für diesen Fall hatten sie in der Nähe des Laufer Schlagturmes ein neues Quartier angewiesen erhalten, am sogenannten Alten Heumarkt, der bis heute den Namen Judengasse trägt. Und fortab verging kaum ein Jahr, in welchem sie nicht abwechselnd von Kaiser und Rat empfindlichst zur Ader gelassen wurden. Besonders hart war eine Maßnahme des Schwäbischen Bundes, bei der alle ihm angehörenden Städte gegen eine einmalige Abfindung an König Wenzel von je 40 000 Goldgulden alle privaten Schuldenforderungen der Juden übernahmen, was allein der Nürnberger Stadtkasse einen Betrag von der heutigen Kaufkraft mehrerer Millionen Mark einbrachte. Wenzel, der damit auf den Geschmack gekommen war, ließ diesen Akt vorteilhafter Willkür gleich im Jahre 1390 wiederholen. Danach erfand man alle paar Jahre etwas Neues, um die *„königlichen Kammerknechte"* weiter einzuengen. So mußten von 1451 an alle Juden zu ihrer eigenen Kleidung noch eine besondere äußere Kennzeichnung tragen, die Männer einen gelben Ring, die Frauen einen blauen Streifen auf dem Schleier. Die Liste weiterer Drangsale ist schier endlos und hat schließlich doch nicht verhindert, daß die Juden 1499 endgültig aus Nürnberg vertrieben wurden, wobei sich Rat und Bürgerschaft wieder in eine große Beute teilen konnten; wenigstens ging es diesmal ohne Blutvergießen ab. Ein Häuflein der Vertriebenen fand im nahen Neustadt an der Aisch eine neue Heimat, die Mehrzahl wurde in das Frankfurter Getto aufgenommen.

Die beiden freien Plätze, die durch den Auszug der Nürnberger Juden entstanden, wurden alsbald aufgefüllt und sorgsam planiert. Als im Jahre 1941 ein Tiefbunker am Obstmarkt gebaut wurde, stellte man bei der Ausschachtung fest, daß das Gelände, auf dem sich die

Judenhäuser befunden hatten, bis zu sechs und sieben Meter tiefer als heute gelegen war; desgleichen fand man bei Erdarbeiten auf dem Hauptmarkt Knüppeldämme, welche bis zu zwei Meter unter dem heutigen Niveau lagen. Auch aus all diesen Merkmalen läßt sich schließen, daß diese Gegend zu Beginn des 14. Jahrhunderts nicht den Mittelpunkt einer Stadt darstellte — und daß, als er dann hierher verlegt wurde, man ihn hervorragend unterbaute.

Das auf jene Weise gewonnene und verbesserte Gelände wurde bald mit ansehnlichen Steinhäusern umgeben, die nun für viele Jahrhunderte das Bild dieses Ortes bestimmten. Bemerkenswert ist, daß ihn, entgegen dem sonstigen Brauch in den deutschen Städten, kein Rathaus zierte. Dieses hatte sich in der ältesten Zeit an dem einstigen Pegnitztor befunden, in der heutigen Tuchgasse. 1332 begann man dann, befeuert durch das Beispiel des aufblühenden Frankfurt am Main, ein neues Rathaus an seiner nunmehrigen Stelle zwischen Hauptmarkt und Burgaufgang zu errichten, an der damaligen Hauptschlagader von Verkehr und Handel — nicht einen geschlossenen Komplex, wie der später so großartig geplante und teilweise auch ausgeführte Repräsentationsbau, sondern einen hübschen Treppengiebel neben sechs schmalen Bürgerhäusern, die erst nach und nach in städtischen Besitz übergingen. Der bescheidenen Fassade entsprach aber bereits eine ziemliche Tiefe an der Hofseite. Damals wurde auch schon der große Saal mit dem prachtvoll ausgewogenen Tonnengewölbe geschaffen, den man dann in der Glanzzeit Nürnbergs mit Dürers Triumphzug zu Ehren Kaiser Maximilians I. schmückte. Die Räumlichkeiten der Straßenseite waren auch jetzt nicht den Ratsgeschäften allein vorbehalten, sondern beherbergten außerdem verschiedene Läden — bis ins 17. Jahrhundert hinein war der Apparat der städtischen Verwaltung recht bescheiden, gemessen an der Weltgeltung Nürnbergs; so hatte die Stadtkasse mit den erforderlichen Büchern in einer großen Truhe Platz, und der Rat tagte für gewöhnlich in einem Raum, der seinen Namen „*Stube*" auch für unsere Begriffe vollauf verdiente. Aus diesem Rathaus nun außerhalb des Marktbereiches wird es deutlich, daß man im Jahre 1332 die umwälzenden Pläne der Stadtgestaltung in Richtung des geringsten Widerstandes, der Juden, noch nicht ins Auge gefaßt hatte.

Das wirkungsvolle Bindungsglied zwischen beiden Plätzen bildete fortan ein stattliches Gotteshaus zu Ehren der Jungfrau Maria, das jetzt in etwa sechsjähriger Bauzeit entstand — zur Sühne oder eher noch zum rascheren Vergessen des üblen Anlasses. Die nur mit einem winzigen Glockenturm versehene Hallenkirche verrät Anklänge an die schwäbische Spätgotik. Nürnberg vermittelt jetzt durch die Initiative Karls IV. die Baukunst der Parler aus Gmünd nach Böhmen (Prag und Prachatitz). Der Kaiser vollzog auch im Jahre 1361 persönlich den Akt der Einweihung der Frauenkirche, wobei er von dem Vorbau aus dem Volke in prunkvollem Festornat die Reichskleinodien und Heiltümer zeigte — eine für seine Zeit typische Vermengung von Personalpolitik, Frömmigkeit und Befriedigung billiger Schaulust. Das Innere der Frauenkirche gehört zu den zahllosen unersetzlichen Opfern des letzten Krieges. Dank der durch den Architekten Josef Fritz schon vorher angefertigten Detailpläne konnte sie aber 1947—53 maßgetreu unter Einbeziehung der stehengebliebenen Westfassade wieder aufgebaut werden. Zu letzterer gehörte auch ein Werk, das wie die Abstattung einer Dankesschuld an Karl IV. anmutete: Das etwa 100 Jahre nach seinem Tod von dem Kupferschmied Sebastian Lindenast angefertigte Männleinlaufen, das den Kaiser in vollem Ornat darstellt, um welchen die sieben Kurfürsten huldigend kreisen. Dem grauen Filigran an der Schauseite der Frauenkirche entspricht ein anderes Kunstwerk, das ebenfalls um jene Zeit entstand, als Karl IV. die Stadt so deutlich mit seiner Gnade bedachte: der Schöne Brunnen, besonders bemerkenswert als eines der frühesten Beispiele auf deutschem Boden für ein rein profanen Zwecken dienendes öffentliches Denkmal großen Ausmaßes. Leider war der weiche Sandstein hierfür nicht das günstigste Material — der Brunnen verwitterte rasch und hat seither eine Reihe von Erneuerungen erfahren, die von seiner Ursprünglichkeit wenig übrig ließen, so daß er heute nur noch die äußere Hülle seiner eigentlichen künstlerischen Absicht ausmacht: Den wundersam durchbrochenen, mit einem ganzen Programm von männlichen Gestalten — den Helden der Weltgeschichte — bedeckten Aufbau, der einen verweltlichten Domturm darzustellen scheint. Er bedeutet den Auftakt eines Gestaltungswillens, der nun über 200 Jahre lang edelste Früchte tragen wird.

Dank des Anteiles, den Karl IV. an Nürnberg nahm — er weilte etwa 45mal hier —, wurden die Jahre seiner Regierung der Stadt zu einem ununterbrochenen Fest. Freilich achtete man an berufener Stelle gleichzeitig auf das sorgsamste darauf, daß die Gunst des Fürsten in schicklichen Grenzen blieb und er die Stadt nicht sozusagen vor Liebe auffraß — nannte ihn doch einer seiner Nachfolger, Kaiser Maximilian I., seiner Hauspolitik wegen des *„Reiches Erzstiefvater"*, was schon den Nürnbergern jener Tage nicht entgehen konnte: Des Königs erkaufte und erschacherte Ländereien, die den Namen *„Neuböhmen"* und Sulzbach zur Hauptstadt erhielten, reichten bis kurz vor die Stadt, nämlich bis nach Erlenstegen; die später durch ein Kreuzigungsbild ersetzte Grenzsäule stand gleich hinter der heutigen Überführung, wo die Bayreuther Bahnstrecke und die Behringersdorfer Straße einander kreuzen. Wenn es auch unmöglich gewesen wäre, einen derart selbstbewußten Kleinstaat wie Nürnberg diesem Gefüge einzuverleiben, so bewies Karl an anderen Beispielen, wie wenig er im Verfolg seiner Interessen vor einer Rechtsbeugung zurückscheute — kam es doch vor, daß er die eine oder andere Reichsstadt verpfändete und diese mit der in Frage stehenden Summe ihre Freiheit zurückkaufen mußte. Aber der Rat bewies auch hier sein oft bewährtes Geschick, indem er, wie man so sagt, sich den Pelz waschen ließ, ohne doch dabei naß zu werden.

Im April 1355 zog Karl mit 4000 deutschen Rittern und seiner dritten Gemahlin, Anna von Schweidnitz, nach Rom, um sich die Kaiserkrone zu holen — mehr als notwendiges Übel, denn als Gottesgabe. Er hatte vorher dem Papst versprechen müssen, nur einen Tag lang in der Heiligen Stadt zu verweilen und sich nicht in italienische Angelegenheiten zu mischen, was aber dort teilweise große Enttäuschung auslöste. Auf den Krönungstag in Rom sind 15 ausführliche Bestätigungen von Privilegien datiert, die Karl oder seine Vorgänger gewährt hatten. Ein kleines Geleit von Patriziern und eine kräftige Geldzahlung für den Romzug hatten wohl das Kunststück zuwege gebracht, dieses heiße Eisen sogleich zu schmieden.

Noch im Herbst des gleichen Jahres beruft Karl in Nürnberg einen von allen Fürsten und Ständen besuchten Reichstag ein. Hierbei kommt nach langen Beratungen jenes bedeutsame Dokument zustande, das als „Goldene Bulle" allgemein bekannt ist. Es stellt das erste Verfassungsgesetz des Reiches dar, indem es vor allem die Wahl der Kaiser für alle künftige Zeit genau regelt — nur die sieben Kurfürsten sind nun endgültig dazu ausersehen, nach dem Tod eines Herrschers seinen Nachfolger zu „küren" und ihm ohne päpstliche Zustimmung die Krone aufs Haupt zu setzen. Die Ausschließlichkeit dieses Amtes

21. *Am Hauptmarkt: Schöner Brunnen, Industrie- und Handelskammer, Türme von St. Sebald*

22. *Brunnen aus der Nähe: figurenreiche, elegante Gotik*

23. Alltägliches Treiben: Gemüsemarkt vor der Frauenkirche

24. „Männleinlaufen" — kunstreiche Uhr von 1509

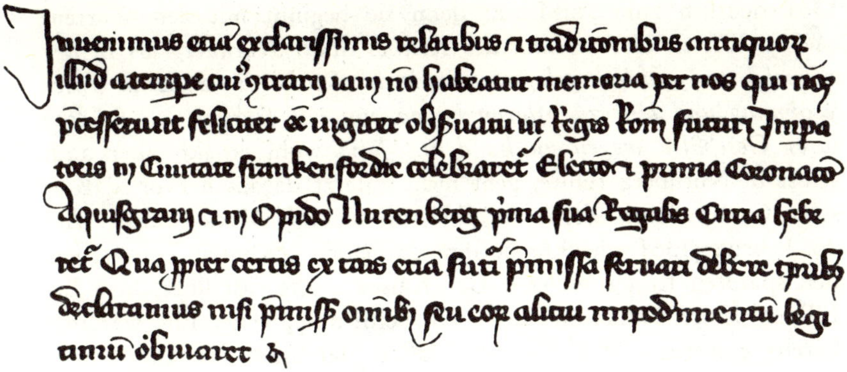

Schriftprobe aus der Goldenen Bulle Karls IV. von 1356, die besagt, daß künftig alle neugewählten römischen Könige ihren ersten Reichstag zu Nürnberg abhalten sollen

in ihren Händen und eine Reihe damit verbundener Sonderrechte haben zur Folge, daß fortan die Stellung vieler kaiserlicher Gefolgsleute erheblich gestärkt wird, was sich in dem immerwährenden kalten Krieg zwischen unserer Stadt und dem Burggrafen in Kürze empfindlich bemerkbar machen soll. Doch zunächst erhielt bei diesem Anlaß auch sie ein glänzendes Geschenk, eines zudem, das dem Fürsten keinen Heller kostete: Karl bestimmte in der Goldenen Bulle, daß künftig jeder römische König deutscher Nation nach erfolgter Wahl hier seinen ersten Reichstag abhalten sollte. Wenn auch dieses Gebot später ziemlich unverbindlich gehandhabt und nach 1543 ganz vergessen wurde, so erhöhte es jetzt doch aufs neue das Ansehen Nürnbergs vor der Welt, lockte Fremde an, mehrte dadurch den Geldumlauf — und war zudem schönste Krönung einer Entwicklung, die, so großartig sie bisher schon gewesen sein mochte, doch ihren letzten Höhepunkt noch nicht erreicht hatte.

Karls ursprünglicher Gedanke war es auch gewesen, Nürnberg zu seiner deutschen Residenz zu erheben; wir wissen nicht genau, woran dies scheiterte. Diese immer wieder auffällige Bevorzugung von seiten dieses Fürsten und all seiner Vorgänger hatte aber einen wichtigen Grund in Nürnbergs günstiger Lage als Schnittpunkt wichtiger Fernstraßen und bequeme Mitte zwischen den Hauptgauen des Reiches, zwischen Rheinland und Österreich, Schwaben und Böhmen. Dies kommt auch in einer Urkunde des Kaisers vom 20. November

1361 deutlich zum Ausdruck, denn sie beginnt mit den Worten: *„Wenn Wir in Unserer und des Reiches Stadt Nürnberg als in der vornehmsten und best gelegenen Stadt des Reiches hie zu Land Unser Wohnung und Hof zu pflegen haben, um mit Herren und Städten ihrer Geschäfte wegen zu handeln.“* Wie wohl er sich aber auch selbst in Nürnberg fühlte, geht nicht zuletzt daraus hervor, daß er seine Gattin Anna hierher brachte, als sie sich Mutter fühlte. Am 26. Februar 1361 schenkte sie ihm dann den ersehnten Thronerben, den späteren König Wenzel. Der Kaiser zeigte sich über diese Erfüllung seiner Vaterwünsche — ein Sohn aus zweiter Ehe war ihm bereits gestorben — so beglückt, daß er der Stadt für ein Jahr die Reichssteuer schenkte und außerdem die Taufe mit großem Aufwand in der Sebalduskirche feierte. Zu dieser Zeit war es auch, daß er die Frauenkirche einweihte.

Über das frohe Ereignis liefen damals sehr menschliche Anekdoten im Volksmund um: Es sei, so hieß es, gar kein Sohn, sondern eine Tochter gewesen, die Anna ihm geboren, aber man habe den Mangel durch einen geschickten Tausch mit einer soeben niedergekommenen Schustersfrau namens Stengel auszugleichen gewußt. Karl sei dies schließlich bekannt geworden und er habe dann oft bei der Familie seines wirklichen Kindes geweilt. Von Wenzel dagegen wird berichtet, er habe während der heiligen Handlung seiner Namensgebung das Weihwasser verunreinigt. *„Derselbe König beschiß sich in der Taufe“*, schreibt der Chronist ganz unverblümt. Diese Geschichten sind so wahr wie etwa ein Traum, der irgendwelche unbefriedigende Verhältnisse der Wirklichkeit auf seine Weise löst: Der Gegensatz zwischen dem klugen Kaiser und seinem unbedeutenden, mürrischen Sprößling war so unfaßbar groß, daß ihn die Leute auf ihre Art zu erklären suchten.

In jenem Jahr, 1361, erreicht Nürnberg auch als einzige Stadt Süddeutschlands, daß seine Handelsvorrechte in Flandern denjenigen der Hansamitglieder angeglichen werden. Was aber die aufblühenden Städte des Nordens von Hamburg etwa bis Reval angeht, so ist es augenfällig, daß den Nürnbergern nur in Lübeck Zollfreiheit eingeräumt wird; in all diesen Hochburgen des Ostseehandels schien man sich gern den fränkischen Kaufmann vom Leibe zu halten, welcher mit verschiedenen schlagkräftigen Waffen auf den Plan des geschäftlichen Wettbewerbs trat: Mit eigener Erzeugung unbedingt hochwertiger

Verbrauchsgüter, mit dem wendigen Vertrieb dieser und überhaupt aller gängiger Waren sowie mit dem Schild politischer Unantastbarkeit. Bald nach Wenzels Taufe spitzt sich die Beziehung zwischen Stadt und Burg bedenklich zu. Wir haben in unserer bisherigen Darstellung beide als stets ungefähr gleich starke Gegner bezeichnen können. Es war dies wie die Erhaltung des Gleichgewichtes auf einer Waage — begann sich die eine Schale infolge Zuwachses zu neigen, so erhielt auch die andere eine kleine Mehrung und das ursprüngliche Kräfteverhältnis war wieder hergestellt. So auch jetzt: Nürnberg wächst unter der Huld des Kaisers weiter, es hat die von uns schon geschilderte letzte Ummauerung begonnen, wozu sich auch sonst eine allgemein große Baufreudigkeit an Kirchen und Bürgerhäusern gesellt, alles untrügliche Zeichen zunehmenden Wohlstandes. In der gleichen Zeit begünstigt Karl auch die Zollern, die sich ihm als treue Anhänger unentbehrlich zu machen wissen. Wenzel wird noch in der Wiege mit der Tochter des Burggrafen verlobt und wenn auch die dynastische Verbindung später nicht in dieser Form zustande kam, weil Friedrich noch zwei männliche Nachkommen bekam und damit das Heiratsgut dem Luxemburger nicht mehr lohnend erscheinen mochte, so erhielt doch ein Sohn des Burggrafen, Johann, eine Kaiserstochter zur Frau. Dazu kamen mannigfache Zugeständnisse an die Zollern, wie Bestätigung ihrer alten, aber etwas vernachlässigten Geleitsrechte und wiederum Verpfändung des Schultheißenamtes, das fortan ein Enkel des reichen Konrad Groß, Heinrich Geuder, nur für den Burggrafen verwaltet. Endlich war Friedrich V., bis dahin wohl eine der ausgeprägtesten Gestalten unter den Burggrafen, 1363 vom Kaiser in den Stand eines Reichsfürsten erhoben und damit unumschränkter Herr eines großen Gebietes zwischen Ansbach und Bayreuth geworden, durch das die Nürnberger täglich mit ihren Warenlasten ziehen mußten.

Gerade über das Geleitsrecht auf burggräflichem Boden hatte der Streit begonnen und wurde nun auf verschiedenste Gegenstände ausgedehnt: Friedrich wollte das gesamte System der Abgaben Nürnbergs an ihn überholt wissen, dazu kam die zornige Klage, die Bürger der Stadt hätten ihm die Burg auf eine Art verbaut, daß er schier nicht mehr Herr seiner selbst wäre. Dies traf in der Tat auf eine die Nachwelt erheiternde Weise zu: Die Nürnberger hatten ihm, wie wir schon bei unserem ersten Gang durch den Burgbereich sahen, sozusagen schrittweise das Wasser abgegraben, indem sie erst ein Schutzgatter mit fester

Pforte am Vestnertor anlegten, mit der Begründung, daß ihnen ja die möglicherweise notwendige Verteidigung des kaiserlichen Anwesens obliege, und dann 1367 den Zugang zur Stadt vermauert, angeblich weil *die Hofbuben des Burggrafen herab in die Stadt liefen und namentlich zur Nachtzeit viel Unzucht und Mutwillen trieben*". Ermuntert durch die Nutzlosigkeit allen diesbezüglichen Einspruches beim Kaiser führten sie dann zehn Jahre später den Luginsland auf, jenen Turm, der eine für den Betroffenen beschämende Einsicht in alle Vorgänge innerhalb des burggräflichen Geländes ermöglichte. Es war wohl nicht zufällig, daß sich die Stadt gerade in jenen Tagen durch den Kandelgießer Heinrich Schütz die ersten fünf Kanonen anfertigen ließ: die Spannung war derart gewachsen, daß mehr als einmal ein Krieg unvermeidlich erschien. Aber dank der ungeheueren Geschmeidigkeit, mit welcher der Kaiser den Streit schlichtete und beide Teile beruhigte, wurde das Ärgste vermieden; es war eine der letzten Taten Karls zugunsten unserer Stadt, trotz all seiner sonstigen für unsere Begriffe haarsträubend zweischneidigen Politik; 1378 ist er im Alter von 62 Jahren zu Prag gestorben. Dem Kaiser mochte es frühzeitig aufgegangen sein, wie wenig sein ältester Sohn Wenzel geeignet war, das Erbe dauerhaft zusammenzuhalten. Gerade deswegen bemühte er sich noch zu Lebzeiten in rührender Vatersorge darum, es ihm zu sichern. Er setzte mit Schmeicheln und Bestechungen durch, daß im Jahre 1376 der erste Fünfzehnjährige gewählt und zum König gekrönt wurde. Aber kaum daß Wenzel seinen ersten Hoftag zu Nürnberg hielt, bekam er heftigsten Widerstand zu spüren: Eine Anzahl schwäbischer Städte weigerte sich, ihm zu huldigen, weil sie ihre Rechte gefährdet sah. Ein Kriegszug unter Graf Eberhard dem Greiner — dem bekannten „Rauschebart" des Uhlandschen Gedichtes — für die kaiserliche Sache mißglückte und Wenzel konnte sich weiterhin nur durch beruhigende Versprechungen halten.

Als Wenzel an seines Vaters Stelle trat, war er knapp siebzehn Jahre alt und er hätte ein staatsmännisches Genie sein müssen, um die Lage in ihrer ganzen Verworrenheit und Vielschichtigkeit zu meistern, um zu der Last der böhmischen Krone die noch schwerere des Reiches tragen zu können. Statt dessen regierte er beinahe nur widerwillig und kurzatmig, um sich desto mehr seinen Liebhabereien hinzugeben, der Jagd und feuchtfröhlicher Geselligkeit. Natürlich lief der von Karl so ausgezeichnet eingerichtete Staatsapparat in Prags Bereich zunächst von selbst weiter, wie ein geschultes Orchester auch einmal unter einem schlechten Dirigenten spielen kann. Aber gewisse Folgen der schlafferen Hand zeigten sich alsbald: Fehden aller Art überzogen die Lande und die Unsicherheit der Straßen nahm erschreckend zu; die Städte wurden mehr denn je zur Selbsthilfe gezwungen, darum machten sie jetzt ihre Mauern uneinnehmbar — in dieser Zeit beginnt man ja auch die letzte Umwallung Nürnbergs —, unterhielten stehende Heere und schlossen sich zu gegenseitigem Schutz zusammen. Die Hansa konnte es nicht nur auf dem Markt, sondern auch auf dem Schlachtfeld mit stärksten Gegnern aufnehmen; in Süddeutschland entstand der große schwäbisch-rheinische Städtebund mit über vierzig Mitgliedern, dem nach längerem Zögern auch Nürnberg beitrat.

Kaiser Karl IV. und sein Sohn Wenzel. Aus einer zeitgenössischen Miniatur

In diese Zeit fällt das abenteuerliche Leben eines Mannes, der als Mitträger der allgemeinen Wirren in die Geschichte Nürnbergs, mehr allerdings noch in seine Sage, fest eingegangen ist: Des Raubritters Eppelein oder Ekkelein von Gailingen. Seine Gestalt wird vor allem aus der Verwilderung und Verarmung des Rittertums erklärbar, aus einer gesellschaftlichen Umschichtung, die zwangsläufig nach dem Ende der Kreuzzüge einsetzte: Als nach der letzten Niederlage der abendländischen Scharen das Heilige Land unerreichbar wurde (1291), fiel damit das große Ziel gefährlicher, doch märchenhaften Lohn verheißender Fahrten für immer fort. Man konnte noch eine Weile von Ruhm und erjagtem Besitz zehren, dann hätte man sich nach der Decke strecken müssen. Dieser anfangs notwendige Berufsstand und Träger einer vielseitigen Kultur übersah aber nach Erfüllung seiner Aufgaben die Notwendigkeit, sich vom Krieg auf der Hände Arbeit umzustellen und rettete sich schließlich in die Resignation von Haß und Neid gegenüber dem für seinen Fleiß belohnten Bürgertum. Da der Kaiser meist außer Reichweite und seine Zentralgewalt ein unsicherer Begriff war, hatten es die Ritter leicht, sich mit Gewalt einen Anteil vom Überfluß der Städte zu holen, den friedlich mitzuschaffen sie wenig Willen zeigten. Bei Eppelein scheint das Vergnügen an der Beutehatz größer gewesen zu sein als die bittere Notwendigkeit, denn er entstammte einem nicht gerade unvermögenden Geschlecht aus Illesheim bei Windsheim, wodurch er außer einigen Burgen verschiedene Dörfer und Güter besaß; vielleicht allerdings war er ein schlechter Verwalter seiner Habe. Der wahre Kern aller über ihn weithin verbreiteten Schelmengeschichten — seine Fluchten vor den Häschern oder schon auf dem Weg zum Galgen, der Riesensprung von der Nürnberger Burgmauer, allerlei witzige Rache an den in seinen Augen minderwertigen *„Pfeffersäcken“* — war wohl seine große Geschicklichkeit, der Stadt zum Schaden den Spott zuzufügen. Da der Erfolgreiche stets vor der Menge als Auserwählter des Schicksals gilt, stattete sie Eppeleins Taten mit den Wundern der Zaubergabe aus und wollte wissen, daß er mühelos über das Wasser gehen, verschiedenerlei Gestalt annehmen und auf seinem geflügelten Roß beschwerlichste Strecken Weges spielend zurücklegen könne. Das übrige an Volkstümlichkeit hat dann wohl seine Tollkühnheit bewirkt, mit der er sich gelegentlich unter die Bürger des ihm verhaßten Nürnbergs mischte — so etwa um auf Grund der Wette mit einem Saufbruder eine Patrizierbraut auf ihrer Hochzeit zu küssen oder ein andermal, um aus der Wechselstube am Markt vor den Augen der hantierenden Beamten ein silbernes Vogelhaus zu stehlen, das vermutlich zur Aufbewahrung von Geld während der Geschäftszeit bestimmt war. Nach Müllner sei dieser Käfig 1525, bei der großen Zerstörung der Raubritterburgen in Franken, auf Schloß Absberg bei Schwabach wiedergefunden und der Stadt zurückgegeben worden. Aber das Leben verleiht jede hohe Gunst nur auf Widerruf: Der Gailinger wurde nach langer Fahndung im Mai 1381, fast siebzig Jahre alt, überraschend mit einigen Spießgesellen in Postbauer gefangen und in aller Eile zu Neumarkt als *„vermehrter Straßenräuber“* hingerichtet*).

*) Das geflügelte Wort, das später dem Eppelein in den Mund gelegt wurde: *„Die Nürnberger hängen keinen, sie hätten ihn denn“*, konnte ihn also nicht vor einem gewaltsamen Tod bewahren. Er soll jenen Satz ausgerufen haben, als er von der Richtstätte hinweg mit seinem Pferd glücklich über den Burggraben setzte. Ein solcher Sprung ist allerdings technisch nicht möglich, selbst wenn der Graben damals noch bedeutend schmäler war. Diese Sage entstand auch erst viel später als die sonstigen bewundernden Gerüchte, und ihr Ursprung ist etwa folgendermaßen zu erklären: Am 4. Dezember 1487 wollte sich ein Knecht des Kaisers (Friedrich III.) zum Turnier vorbereiten. Als er mit seinem Pferd zu nahe an den Graben kam, scheute es und sprang mit ihm in die Tiefe. Der Mann kam unversehrt davon, während das Roß ein Bein brach und den Tag darauf verendete. Die Kunde dieses Vorfalles, die allen Anwesenden wunderbar genug erschien, verbreitete sich rasch und wurde vom Volk entsprechend erweitert, um bald darauf mit einer der vielen Eppeleinsgeschichten zu verschmelzen.

Der Städtebund in seinem entschlossenen Willen zur Unabhängigkeit von vornehmen Ausbeutern aller Art wurde besonders von den Fürsten als maßlose Herausforderung, weil allem bisherigen Brauch zuwiderhandelnd, empfunden. Darum führten sie heftigste Klage beim König. Doch wie in allem zeigte sich Wenzel auch hier schwankend — er selbst stand ja den Städten durchaus freundlich gegenüber, die ihm immer wieder einmal einträgliche Geschäfte zu bieten hatten, insonderheit auf Kosten der Juden. Doch der Konfliktstoff mehrte sich in kurzer Zeit unerträglich und führte 1388 zum großen Städtekrieg, den Nürnberg sowohl verursacht als beendet haben soll: Der Kampf entbrannte, weil Nürnberger Warenzüge als Vergeltung für andere Maßnahmen in Altötting und bei Raitenhaslach geplündert worden waren; in der Entscheidungsschlacht bei Döffingen aber, bei welcher jetzt Graf Eberhard der Greiner auf der Gegenseite stand, seien die Nürnberger Mannschaften als erste geflohen und hätten dadurch den unglücklichen Ausgang des Treffens herbeigeführt. Interessant bei diesen Auseinandersetzungen ist der Umstand, daß gerade damals das Verhältnis zwischen Stadt und Burggrafen so gut wie seit langem nicht mehr war und man daher erst gleichsam im letzten Augenblick und bedauernd miteinander in Zwist geriet, im September 1388, als Nürnberg mit 1000 Bewaffneten der belagerten Bundesstadt Windsheim Hilfe brachte. Die Folge davon war ein gegenseitiges Brandschatzen in Burgen, Dörfern und fruchtbaren Fluren, wozu allerdings Nürnberg in höherem Maße Gelegenheit hatte, weil es im Westen keinen ungeschützten Besitz sein eigen nannte. So wurden damals Langenzenn und die Alte Veste bei Fürth zerstört. Ähnliches spielte sich in entsprechend größerem Rahmen zwischen den beiden kriegsführenden Parteien ab, die einander weidlich schwächten. Der Handel lag jetzt fern und nah darnieder, und die Fürsten konnten ihrer Ländereien nicht mehr froh werden. Nürnberg und Friedrich V. waren des Treibens als erste müde und trafen ein vorläufiges Stillstands-Abkommen. Im März 1389 folgte dann der Reichstag zu Eger, welcher allgemeinen Landfrieden gebot — zum gewaltigen Nachteil der Städte, die sich zwar gut gehalten hatten, nun aber, weil Wenzel sich gänzlich zum Sprachrohr des gegnerischen Willens machte, den Zusammenbruch ihres Schutz- und Trutzbündnisses erleben mußten. Nürnberg leistete dem Burggrafen zweimal erhebliche Zahlungen, gewann aber dafür an territorialer Selbständigkeit. Des Zollern Erträgnisse standen eben weit hinter denen der Stadt zurück und so mußte sie ihm oft aus geldlicher Verlegenheit helfen. Die mehrfache Auslösung des Schultheißenamtes war ja auf diese Weise zustande gekommen. Der Rat verfolgte hierbei schon frühzeitig mit Hartnäckigkeit einen bestimmten Plan, um sich allmählich durch Diplomatie und Geld ein möglichst weites Hinterland zu schaffen. Als ein Staat winzigster Ausmaße war ja jede mittelalterliche Stadt auf entsprechende Ausweitung ihres Gebiets bedacht, um den Einwohnern die Lebensmittelzufuhr zu sichern und Vorposten für notwendig werdenden Widerstand anzulegen. Hierauf richtete auch Nürnberg im 14. Jahrhundert sein besonderes Augenmerk, indem es nach und nach den König aus dem Reichswald dadurch vertrieb, daß es die zur Überwachung bestellten Beamten ausschaltete: 1372 wurde den Forstmeistern die Aufsicht im Lorenzer Wald samt allen dazugehörigen Gerechtsamen abgekauft, 1396 das gleiche den sogenannten Waldstromern; 1427 ließen sich die Burggrafen, nachdem sie Herren der Mark Brandenburg geworden waren, durch einen großen Betrag abfinden, und fortan war Nürnberg Herr der Burggrafenburg, der dazugehörigen Dörfer in der Umgebung sowie der beiden Forsten nördlich und südlich der Pegnitz. Damals schon achtete die Stadt sorglich darauf, daß kein Fremder im Reichswald Bauten aufführte, die irgendwann der Verteidigung dienen konnten, eine Vorsorge, die auch Karl IV. durch eine Urkunde von 1353 ausdrücklich billigte. Wollte sich ein Nürnberger draußen ein Haus errichten, so mußte er dem Rat das Recht freier Verfügung beziehungsweise Abbruches für den Kriegsfall einräumen. Mit alledem wurden die Voraussetzungen zu einem Grundbesitz von nachmals achtungheischender Größe geschaffen.

Die Waldungen, mit denen Nürnberg als einem dichten Gürtel umgeben war, haben ebenfalls das Ihrige zum späteren Wohlstand der Stadt beigetragen — durch das beinah unerschöpfliche Nutzholz, das sie boten, durch vorzügliche Steinbrüche und Lehmgruben, deren Güte für Gußformen dann Kaiser Maximilian so sehr zu rühmen wußte, und vor allem durch den Reichtum an Honig, auf den eine weltbekannte Spezialität unserer Stadt zurückzuführen ist, der Nürnberger Lebkuchen. Da man damals den aus Rohr und Rüben gewonnenen Zucker noch nicht kannte, war Honig der einzige Süßstoff für Speisen und Getränke; kaum anderswo wurde er in solchen Mengen erzeugt wie in Deutschland, und Nürnberg gehörte wohl zu seinen ältesten Herstellern, die das wertvolle Wachs gewissermaßen als Zugabe erhielten.

Besonders in den östlichen Gemarkungen war die Imkerei zur Zeit Karls IV. schon hoch entwickelt, denn der König faßt 1350 in einem umfangreichen Schriftstück auf besonderen Wunsch der Zeidler deren seit langem bestehenden Richtlinien und Vorrechte zusammen. In den Nürnberger Polizeiverordnungen des 14. Jahrhunderts finden wir das Gebot, daß niemand Honig feilbieten dürfe, der nicht durch den dazu bestellten Honigmesser geprüft sei. Mehrfach wird der Reichswald in den Urkunden als *„des Reiches Bienengarten“* bezeichnet. Die Imker stellten ein halbes Jahrtausend lang einen für sich geschlossenen Berufsstand dar mit eigener Tracht und ihrem eigenen Gericht zu Feucht, über dem für alle einschlägigen Streitfälle kein anderer Richter mehr stand als nur der Landesherr. Die Burggrafen waren mit dieser Zeidelordnung bestens vertraut und übernahmen sie nach ihrem Weggang mehrfach auf ihr neues Gebiet. Das Feuchter Imkergericht, an das noch heute Bilder mit Bienenkorb und „Zeidelmännchen“ erinnern, wurde letztmalig am 1. September 1779 mit großem Aufwand abgehalten; wir besitzen eine ausführliche Schilderung dieser an und für sich geringfügigen Amtshandlung, zu welcher die Beauftragten des Rates in fünf Kutschen angefahren kamen und bei der es Trompetengeschmetter gab, ein Schauschießen, Gottesdienst und natürlich gutes Essen, für welches die Stadt aufkommen mußte.

Das Zeidelmännchen
vom alten Imkergericht in Feucht
mit der für diesen Berufsstand
typischen Tracht.
Stich nach Lotter

Über verschiedene Ereignisse vor dem Tod Karls IV. und der Regierung des trägen Wenzel haben wir in Nürnberg erstmalig tagebuchartige Aufzeichnungen aus der Hand eines Zeitgenossen: Ulman Stromer, der Neffe des am Hauptmarktprojekt und der Judenvertreibung von 1349 beteiligten Ulrich Stromer, hat von 1371 an ein *„Püchel von meinem Geschlecht und von Abenteuer“* geführt, um seinen Nachkommen mit dem Stolz eines erfolgreichen Ratsherrn zu zeigen, *„von wan-*

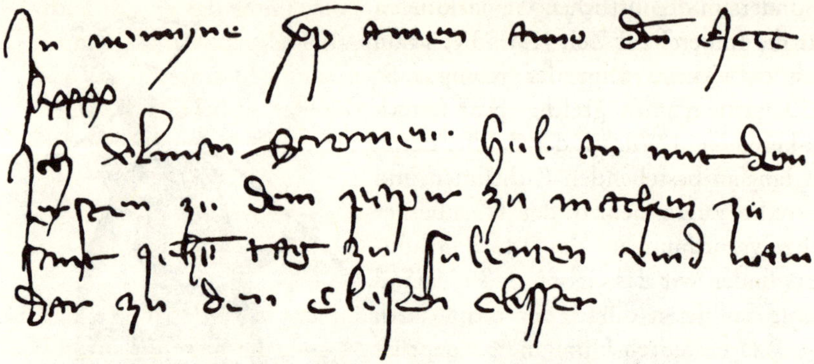

Die Urkunde über die älteste deutsche Papierfabrik.
Eintrag von Ulman Stromer in sein Geschlechterbüchlein: „In nomine Jesu Christi, amen. Anno 1390. Ich, Ulman Stromair, hub an mit dem ersten mit dem papier zu machen zu sant Johans tag zu sunbenten (Sonnwend) und nahm dazu den Claussen Obsser."

nen sie gekommen". Stromer war ein geschickter Unternehmer, dazu Kriegshauptmann und Bürgermeister seiner Stadt und öfter auch Anführer von Gesandtschaften. In dieser frühesten, nur zum Hausgebrauch bestimmten Chronik finden wir 1390 die Eintragung, daß er, Ulman Stromer, am 22. Juni begonnen habe, auf der Gleißmühle (der späteren Hadermühle an der Wöhrder Wiese) Papier zu machen. Es handelt sich dabei um die erste Papierfabrik Deutschlands; zwei Mitarbeiter und einige italienische Fachleute richteten das Werk ein, welches unter Nutzung der Wasserkraft drei Räder betrieb und mit Übersetzungen achtzehn Stampfen gleichzeitig arbeiten ließ. Mit den Italienern gab es gleich zu Anfang Streitigkeiten, und sie wurden durch einheimische Männer ersetzt, die ihrem Unternehmer feierlich die Treue schworen — wohl nicht zuletzt, um das Geheimnis der neuartigen Verwandlung von Lumpen in Schreibmaterial zu hüten. Jedenfalls sind andere Papiermühlen in und außerhalb der Stadt erst vom Ende des 15. Jahrhunderts an nachweisbar, so 1487 in Schniegling, 1501 auf der Tullnau, 1542 in Wöhrd, 1597 in Doos.

Ulman Stromer verzeichnet auch etwas später, 1394, wie übel es mit Wenzel weiterging. Er ward jetzt *„von den Landesherren gefangen und in Böhmen und Mähren viel herumgeführet, damit man nicht erfahren sollt, wohin er gekommen"*. Als eine Art degenerierter Naturbursche, den der Zufall seiner hohen Geburt für den Thron bestimmt hatte, besaß Wenzel ebensoviel Mutter- wie Trinkstubenwitz; damit fand er lebhaften Anklang im gemeinen Volk, unter das er sich auch gern in derber Verkleidung mischte, bald als Helfer, bald als Leuteschreck oder mutwilliger Zuchtmeister offenkundigen Unrechtes. Vielleicht hatte er über Italien schon etwas von der schlichten Weisheit des Märchensultans Harun al Raschid gehört, als er in seine Bibel die Worte schrieb:

Ich bin wild und zahm,
Den Guten gut, den Bösen gram.

Aber es steckte nur ein launischer Mann dahinter, nicht der starke, der er wohl gern sein wollte; dies hatten am ersten die böhmischen und deutschen Edlen seiner Umgebung erkannt, auf die mit solch laienhaften Stegreifentscheidungen kein Eindruck zu machen war. Er zog sich Unwillen und Feindschaft aller höfischen Kreise zu, um so mehr, als er sich schließlich den einfachsten Regierungspflichten nicht mehr gewachsen zeigte und seine Schrullen krankhafte Züge trugen. Auch die Nürnberger, die sich doch bisher mit all ihren Fürsten bestens gestellt und bei Wenzel manches Dienliche durchgesetzt hatten, wie die feste Erhebung des Umgeldes, einer Getränkesteuer, liebten ihn durchaus nicht. Davon zeugt unmißverständlich folgende Anekdote: Als Wenzel im Jahre 1387 in Nürnberg weilte, habe er einmal den Schlüssel des Vestnertores vom Rat gefordert und dafür die Erfüllung einer Bitte zugesagt, welche der Bürgermeister alsbald folgendermaßen vortrug: *„Allergnädigster Kaiser, so bitten wir denn nichts anderes, als daß Eure Majestät uns den Schlüssel wieder zurückgäbe.“* Wenzel sei darauf rot vor Wut geworden, habe den also Sprechenden ins Gesicht geschlagen und ihm den Schlüssel vor die Füße geworfen. Beim Weggang habe er noch durch seine Knechte die Krambuden plündern lassen, die anläßlich eines Kirchweihfestes bei der Burg aufgestellt waren. Wenzels jähem Wesen zufolge wäre dieser Vorfall durchaus möglich; da auch andere Chronisten von einer Feindschaft zwischen Wenzel und der Stadt sprechen, ist mindestens ein wahrer Kern darin zu suchen. Dagegen trifft es nicht zu, daß dies sein letzter Besuch war, denn er kommt 1397 nochmals nach Nürnberg, um ein Landfriedensbündnis zwischen den fränkischen Städten und Ständen aufzurichten, hauptsächlich mit dem Zweck, das Raubunwesen auf den Handelsstraßen einzudämmen. In den Chroniken wimmelt es gerade in der Zeit zwischen 1400 und 1450 von Berichten über Angriffe auf Nürnberger

Kaufleute mit Waren- und Freiheitsberaubung sowie von entsprechenden Gegenmaßnahmen oder Vorstellungen bei Hofe.

Was Wenzel während der zehn Wochen dieses Nürnberger Aufenthaltes sonst noch getrieben hat, ist uns nicht überliefert; dem Volksmund zufolge soll er mit großem Hallo im Reichswald gejagt haben, besonders in der Gegend bei Pillenreuth. Dann brach er gen Frankfurt auf, um sich endlich wieder einmal den Kurfürsten zu zeigen, welche ihm eine lange Liste seiner Versäumnisse vorzulegen hatten. Er gelobte feierliche Besserung, aber seine Haltung mochte der eines zerknirschten Schulknaben ähnlich sein, der aus Furcht vor Strafe alles verspricht, was man von ihm verlangt und zu seinen Gepflogenheiten zurückkehrt, sobald seine Peiniger außer Sehweite sind. So war auch nach dieser Begegnung ernstlich kein Wandel zu erwarten; die Kurfürsten verfuhren darauf strenger gegen ihn mit der Aufforderung, im August 1400 zu seiner Rechtfertigung vor ihnen zu erscheinen. Da Wenzel sich dieser Unbequemlichkeit gar nicht erst aussetzte, wurde er nun der Krone enthoben und Kurfürst Rupprecht von der Pfalz an seiner Statt gewählt. Es ist aufschlußreich, daß dieser sich zu allererst nach Nürnberg um Anerkennung der neuen Würde wandte, wo man ihm indessen eine hinhaltende Antwort erteilte, weil man erst abwarten wollte, wie sich die Krönungsstädte Aachen und Frankfurt am Main dazu äußerten. Als er bald darauf in eigener Person erschien, konnte ihm der Rat die Huldigung nicht mehr versagen, und es folgte darauf der uns von all seinen Vorgängern so vertraute Akt: Bestätigung der Stadt in ihren gesamten Privilegien unter gegenseitig hoffnungsvollsten Zusicherungen, ein Vorgang, bei dem ehrliche Absicht und Heuchelei einander die Waage halten mochten.

In der kurzen Spanne vor Rupprechts Ankunft hatte Nürnberg noch eine lästige Formalität zu erfüllen gehabt, nämlich das Treuegelöbnis gegenüber Wenzel mit einigem Anstand aufzuheben. Ob die Chroniken hier einfach in den Ton allgemein umlaufender Anekdoten verfallen oder wirklich nur die Tatsache verzeichnen, läßt sich nicht ermessen — es heißt nämlich, Wenzel habe auf ein ihm angebotenes Schmerzensgeld von ziemlicher Höhe verzichtet und die Stadt gegen ein paar Wagenladungen guten Rheinweins willig ihrer Gefolgschaft entbunden.

Rupprecht brachte zwar bessere Gaben und bedeutend mehr guten Willen zur Regentschaft mit als Wenzel, aber jedenfalls nicht ge-

Ein Totentanz. Illustration zum „großen Sterb“
aus der Schedelschen Weltchronik, 1493

nügend Eignung für das hohe Amt eines Herrschers. Vor allem waren ihm die Umstände nicht günstig: Die Wirren im Reich mehrten sich wieder beängstigend, große und kleine Heere rauften nach Herzenslust miteinander und im Osten erstarkten gefährliche Feinde. So war Polen durch seine dynastische Verbindung mit Litauen unter Wladislaus Jagiello plötzlich zu einer Großmacht geworden, was es auch bald darauf durch den entscheidenden Sieg über den Deutschen Orden bei Tannenberg bewies (1410); im Balkan bauten die Türken eine bedrohliche Wand gegen den Westen auf und hatten bereits 1396 in der Schlacht bei Nikopolis eine unmißverständliche Probe ihrer Schlagkraft geliefert. Außerdem ging erneut die Pest durch die Lande, nach Ulman Stromers sachlicher Mitteilung auch in Nürnberg fürchterlich wütend; er, der erste Chronist und Papierfabrikant seiner Stadt, ist ihr schließlich selbst zum Opfer gefallen.

Die grausame Geißel des „Schwarzen Todes“ hat, wie alle Städte des gesamten Abendlandes, auch Nürnberg über drei Jahrhunderte lang in unregelmäßigen Abständen immer wieder heimgesucht und entvölkert. Ob unter das „große Sterben“, wie es allgemein in den zeitgenössischen Nachrichten genannt wird, auch andere tödliche Seuchen zu rechnen sind, ist nicht festzustellen — wir wissen lediglich, daß sich die Menschen ihrer niemals erwehren konnten und zu aber Tausenden ins Grab sanken, oft im Zeitraum von wenigen Tagen. Gerade das völlige Versagen aller — freilich damals auch sonst unzureichenden — ärztlichen Mittel war der Anlaß der panischen Angst, welche die aus fernen Ländern eingeschleppte Krankheit jedesmal aufs neue auslöste.

In Nürnberg tritt die Pest erstmalig 1348 auf, gleichzeitig mit den erwähnten großen Judenverfolgungen. In der zweiten Hälfte des Jahres 1437 sollen ihr allein in unserer Stadt 13 000 Personen zum Opfer gefallen sein, eine Zahl, die allerdings später angezweifelt wurde, da sie etwa die Hälfte der gesamten Einwohnerschaft ausgemacht hätte. Eine Epidemie des Jahres 1449 wirkte sich besonders verheerend aus, weil sich damals anläßlich des ersten Markgräflerkrieges viele Flüchtlinge des Hinterlandes innerhalb der Mauern befanden. Ferner wütete die Pest 1491, im Geburtsjahr von Hans Sachs, in Nürnberg, sowie 1522, wo Willibald Pirckheimer vor ihr in das nahe Neunhof floh. Von den Schrecknissen des Jahres 1533 zeugt ein Grabstein auf dem Nürnberger Johannisfriedhof mit der Inschrift:

> *Ist das nicht ein jämmerlich und sehnlich Klag,*
> *Ich, Hans Tuchmacher, mit vierzehn Kindern starb auf einen Tag.*

1562 raffte die Pest in Nürnberg nochmals etwa 9000, 1585 über 5000 und 1634 über 2000 Menschen jeglichen Alters dahin; zum letzten Male trat sie 1713 auf.

Natürlich traf der Rat von jeher alle nur erdenklichen Maßnahmen, um das gefürchtete Übel einzudämmen, aber bei dem damaligen Stand der medizinischen Wissenschaft war dabei nicht allzuviel auszurichten. Man ließ die Tore sorgsam daraufhin überwachen, daß keine Toten eingeführt wurden und besah sich während der Pesttage auch die Lebenden, die Einlaß heischten, recht genau. Doch kam man merkwürdigerweise erst im 17. Jahrhundert darauf, für Krankheitsverdächtige so etwas wie eine Quarantänestation einzurichten; von einer solchen zeugt noch der Straßenname Kontumazgarten. Seit 1505 durften die

Pesttoten nur außerhalb der Mauern bestattet werden, und vor den Toren befanden sich auch die Epidemiespitäler, eines im Bereich des Rochusfriedhofes; ein anderes war das (alte) Sebastiansspital. Die Bürger wurden zu größter Reinlichkeit angehalten, sie sollten sich nicht unnötig in Sterbehäusern und auf den Friedhöfen aufhalten. Es war verboten, Kleider von Pesttoten zu erwerben oder Unrat auf die Straße zu schütten. Endlich wurde empfohlen, sich an frischer Luft aufzuhalten, die Häuser auszuräuchern und sie mit dem Duft heiltätiger Kräuter zu erfüllen*).

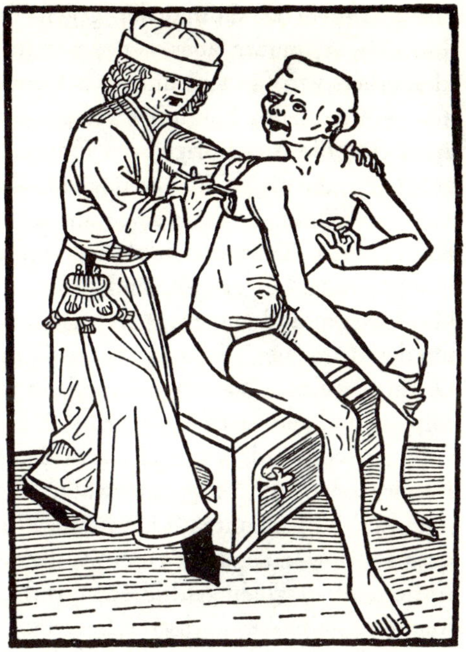

Arzt schneidet einem Pestkranken die Beulen auf. Holzschnitt aus dem Büchlein „Spruch von der Pestilenz" Hans Folz, Nürnberg 1482

Doch kehren wir zu den Ereignissen der Zeit nach 1400 zurück. Der neue König, Rupprecht, hatte bei seiner Wahl den Kurfürsten versprochen, das dem Reich verlorene Mailand wieder zu gewinnen — deshalb, und um bei dieser Gelegenheit seine Bestätigung durch den Papst wie im Vorübergehen mitzunehmen, zog er nach Italien. Bereits am Gardasee, bei Brescia, erlitt er eine Niederlage gegen die kriegsgeübten Offiziere des verschlagenen Herzogs Giangaleazzo Visconti, der seinen Feind auch mit anderen Mitteln aus dem Weg zu räumen

*) Wie sehr man mit alledem im dunkeln tappte, zeigt uns unter vielen anderen ein 1679 bei Michael Endter gedrucktes Büchlein mit allgemeinen Verhaltungsmaßregeln gegen die Seuche. So wird der Genuß von eingemachten Zitronenschalen und Schwarzwurzeln empfohlen, ferner gesalzene Butter auf Brot und mit gehackter Weinraute bestrichen. Alle süße und fette Kost sei zu meiden. Das Getränk soll klar und nicht trüb sein, der Wein nicht zu hitzig. Wermutwein dienet wohl, *„also, daß ein schon lang verstorbener Medicus, der zwei große Pest ausgestanden, auf Befragen, was er für das beste Mittel gehalten, daß er vor der Pest sey sicher geblieben, hat pflegen zu sagen: Nichts anders, als ein Trunck Wermuth-Wein und den 91. Psalm"*.

suchte, indem er Giftmörder gegen ihn dingte. Rupprecht entging ihnen zwar, mußte aber sein gesamtes Silberzeug sowie die Reichskleinodien verpfänden, um nach Deutschland zurückkehren zu können — beispiellos kläglicher Ausgang einer Krönungsfahrt! Daheim arbeiteten die Angehörigen des Hauses Luxemburg mit viel Ausdauer gegen ihn, die beiden jüngeren (Halb-)Brüder Wenzels, der selbst nicht mehr mitzählte: Er hatte zwar auf die Nachricht seiner Absetzung als Kaiser einen Tobsuchtsanfall bekommen, rührte aber über Böhmen hinaus keinen Finger mehr und verließ auch seinen Schmollwinkel Prag höchst selten und ungern. Am meisten Geschick in seinen Bestrebungen um den deutschen Thron entfaltete Sigismund, der bisherige König von Ungarn, welcher Wenzel mehrmals in sehr unbrüderlicher Weise übertölpelte und auch nach Rupprechts Tod (1410) seine eigene Wahl durchzusetzen verstand, worin er durch den neuen Nürnberger Burggrafen Friedrich VI. tatkräftig unterstützt wurde. Dessen Vater hatte Sigismund in der genannten Schlacht bei Nikopolis das Leben gerettet und auch sonst war der König den Zollern vielfach verpflichtet, in moralischer ebenso wie in geldlicher Hinsicht. So war es halb eine große Belohnung, halb aber auch eine Befreiung von drückenden Schulden, als er den Burggrafen mit der Mark Brandenburg belehnte — ein Akt, der auch nicht durch plötzlichen Entschluß zustande kam, sondern das Ergebnis verschiedener Zugeständnisse war und der dann 1415 auf dem Konzil zu Konstanz feierlich bestätigt wurde. Obwohl Friedrich VI. später nach Franken zurückkehrte und hier (in der Cadolzburg bei Fürth) sein Leben beschloß, trat mit jener Handlung doch eine politische Gewichtsverlagerung ein, die seinem Hause einen unerwarteten Aufstieg brachte und für Nürnberg zunächst die günstigsten Folgen zeitigte.

Dazu gehörte vor allem, daß der neue Markgraf, dem Sigismund sogar die Nachfolge auf die Krone zugesichert hatte, jedes Interesse und alle Freude an seinem Nürnberger Besitz verlor. Es war beinahe, als hätte man sie ihm planmäßig verleiden wollen. Er hatte schon vorher, 1414, seinen Anteil an *„der Vesten und Behausung"* samt allen dazugehörigen Dörfern, wie Wöhrd, Schniegling, Buch, Schnepfenreuth und Höfles, sowie vier Mühlen an der Pegnitz (darunter auch die mit der Stromerschen Papierfabrik) an Nürnberger Geldleute verliehen oder wohl eigentlich nur verpfändet, da 1420 die Burg wieder sein Eigentum gewesen sein muß. Denn jetzt wurde gegen sie von dritter Hand ein emp-

25. *An der Pegnitz: Blick vom Kettensteg zur Maxbrücke*

27. Beschauliche Szene am Henkersteg

Älteste Darstellung der Belehnung des Burggrafen von Nürnberg, Friedrichs VI., mit der Mark Brandenburg, 1415. Zeitgenössische Abbildung aus der Handschrift des Ulrich von Richenthal von Konstanz über das dortige Konzil

findlicher Schlag geführt, der nur ihm zugedacht sein konnte. Friedrich lag gerade mit dem Herzog von Bayern in Fehde und dessen Pfleger in Lauf, der Amtmann Christoph Leiminger, kam eines Nachts mit seinen Mannen angerückt, erstieg die burggräfliche Veste und legte sie in Asche. Der Chronik nach habe er sich vorher mit den Nürnbergern darüber verständigt — wie es heißt, sei in jener Nacht durch den Rat ein großer öffentlicher Tanz veranstaltet worden, um das allgemeine Interesse von diesem Anschlag abzulenken. An einem Wiederaufbau war Friedrich unter den übrigen Umständen nichts gelegen, und so mögen bald die Verhandlungen eingeleitet worden sein, welche am 4. Februar 1427 zum endgültigen Verkauf seiner sämtlichen Nürnberger Besitzungen und Gerechtsamen führten. Die Stadt entrichtete dafür den für damalige Begriffe erheblichen Betrag von 120 000 Gulden, die zum Teil erst durch eine öffentliche Anleihe aufgebracht werden mußten. Ihr wirtschaftlicher Gewinn war dabei sicher nicht allzu groß, um so mehr aber ein ideeller: Sie war jetzt frei in einem bisher unerhörten Maße, oder staatsrechtlich gesehen: sie trat zum ersten Male als Grundbesitzerin größeren Umfanges auf: der Boden, den sie nun mit barem Geld erwarb, war ja ursprünglich Reichsgut gewesen und der Burggraf sein oberster Verwalter; durch allmähliche Erwerbungen konnte die Stadt erst den Grundstein zu ihrem nachmals einzigartigen Territorium legen. Freilich enthielt die ellenlange Urkunde auch manches, was sich hintennach anfechten ließ, so die Frage des dem Verkäufer weiterhin verbleibenden Gerichts-, Geleit- und Jagdrechtes im Sebalder Forst, aber wer wird in der allgemeinen Freude schon an dergleichen gedacht haben! Und damals meinte man es ja durchaus ehrlich miteinander, denn beiden Teilen schien mit dem Handel bestens gedient. Doch sind wir damit dem allgemeinen Geschehen bereits ein wenig vorausgeeilt.

König Sigismund — erst 1433 wurde er zum Kaiser gekrönt —, der letzte Herrscher seines Stammes, hat die mahnenden Zeichen seines Jahrhunderts nicht zu deuten verstanden; trotz aller eindrucksvollen Gebärden und wohlgesetzten Reden stand er in ihm mehr als Werkzeug denn als Handelnder. Er galt als einer der schönsten Männer seiner Zeit und da er sich seiner angenehmen Wirkung besonders auf das zarte Geschlecht durchaus bewußt war, hat die Eitelkeit sein Wesen entscheidend mitgeformt. Doch wußte er sie mit jener Leutseligkeit zu paaren, wie sie einem Fürsten wohl ansteht; eine Geste, die er mit geradezu kindlicher Freude am ewig rollenden Golde wirksam zu unterstreichen verstand — wohltuend für alle von ihm damit Bedachten, empfindlich jedoch für seine Kämmerer. Sigismund war kein schöpferischer Geist wie sein Vater, hatte aber von Karl IV. natürliche Klugheit, Sprachtalent, diplomatisches Geschick und allerdings auch eine krankhafte Reizbarkeit geerbt, von der er gleich zu Beginn seiner Regentschaft eine bemerkenswerte Rolle ablegte: Als er 1414 auf seinem Königsritt bei den Reichsständen nicht sofort restlose Zustimmung findet, übermannt ihn in Nürnberg der Zorn und er will unter schroffem Verzicht nach Ungarn zurückkehren. Wieder einmal der ihm so ergebene Burggraf war es, der durch seine Vermittlung diesen peinlichen Schritt im letzten Augenblick verhinderte.

Angelpunkte von Sigismunds Regierung bedeuten die beiden großen Konzile: Das folgenschwere zu Konstanz und das auf Versöhnlichkeit gestimmte zu Basel. Auf ersterem waren, nach der Flucht und Absetzung des Papstes Johann XXIII., drei Nürnberger Gesandte am 6. Juli 1415 Zeugen der Verbrennung des böhmischen Reformators Johannes Hus, dem sie ein halbes Jahr vorher unter hoffnungsvollen Umständen in ihrer Vaterstadt begegnet waren.

Hus hatte, befeuert durch des Engländers Wiclif kluge Schriften zur Glaubenserneuerung, als Haupt der Prager Bethlehem-Gemeinde zuerst allgemein gegen die Laster gepredigt, die in grellem Gegensatz zur erstrebenswerten Frömmigkeit standen und die dennoch zur damaligen Menschheit gehörten, wie zu einer späteren etwa der Genuß von Kaffee und Tabak. Dann aber wurde er beharrlicher in seiner Gesellschaftskritik und wandte sich schärfstens gegen die unlauteren Würdenträger in Geistlichkeit, Adel und Beamtentum, die in seinen von Leidenschaften ungetrübten Augen die Brutstätten allen irdischen Übels waren. Manche seiner Anklagen mußten in ihrer Schonungslosigkeit geradezu staatsfeindlich wirken, da sie weder vor Fürst noch Papst haltmachten und jeder Angehörige der regierenden Stände sich betroffen fühlen konnte, wenn er das Ohr dafür besaß. So ging, ohne daß dies seinem Urheber bewußt werden mochte, der religiöse Kampf gleichzeitig in einen sozialen über — in die Auflehnung der Menge gegen jedermann, der sie unter dem falschen Deckmantel überkommenen Rechtes beherrschte. Darum verbreiteten sich Husens Lehren wie ein Lauffeuer durch das ganze römische Reich deutscher und slawischer Zunge; daher wurde er selbst überall bestens empfangen, als er sich im Oktober 1414 guten Mutes zum Konzil nach Konstanz aufmachte, um vor den Kirchenvätern die Lauterkeit seiner Anschauungen über das wahre Christenleben unter direkter Berufung auf die Heilige Schrift zu verteidigen.

Auch in Nürnberg hatte man bereits viel von ihm gehört, und er mochte an diesem Ort, wo noch die Unzufriedenheit über den seinerzeit mißglückten Handwerkeraufstand nachschwang und das arbeitende Volk sich seither doppelt geknechtet fühlte, mehr Anhänger haben, als dem Rat bekannt und lieb war. Dies alles wird Hus dankbar verspürt haben, als er von hier aus über seine soeben empfangenen Eindrücke an die Prager Freunde berichtete:

„Nun gelangten wir nach Nürnberg, wo vorausreisende Kaufleute unser Kommen schon angekündigt hatten, weshalb das Volk in den Gassen stand, um Johannes Hus zu sehen. Noch vor dem Mittagessen schickte mir der Magister Johann Helwel (von Holfeld), welcher Pfarrer bei Sankt Lorenz ist, einen Brief, worin er mir schrieb, er hätte mich schon längst gerne gesprochen. Ich lud ihn ein, zu mir zu kommen und so erschien er denn auch. Inzwischen heftete Herr Wenzel meinen Aufruf an die Türe. Als kurz nachher draußen viele Bürger und Magister zusammenliefen, um mich zu sehen und zu sprechen, stand ich sofort vom Tische auf und ging ihnen entgegen. Die Magister wollten es aber so einrichten, daß sie heimlich mit mir redeten. Ich jedoch sagte ihnen: ‚Ich predige öffentlich. Außerdem wünsche ich, daß jeder mich ungehindert höre, der Lust dazu verspürt.' Von da an haben wir in Gegenwart der Ratsherren und Bürger bis in die Nacht hinein gelehrte Wechselreden geführt. Ein Doktor und Kartäusermönch brachte dabei recht wunderliche Dinge hervor. Ich nahm wahr, daß es dem Pfarrer von Sankt Sebald, einem Magister Albert (Fleischmann), durchaus nicht gefiel, daß die Zuhörer meinen Worten beipflichteten."

So war also die — zumindest geistliche — Obrigkeit über diesen Besuch nicht sonderlich entzückt und versuchte zunächst, das Streitgespräch unter Fachleuten in der Stube abzuhalten, während Hus nichts anderes wünschte, als daß ihn hoch und niedrig uneingeschränkt hören möchte. Zu diesem Zwecke geschah es auch, daß sein Begleiter Wenzel von Duba in jeder Stadt sogleich Aufrufe in deutscher Sprache an die Pforten schlug. Niemand schien sich, nach Husens eigenen Worten, darum zu kümmern, daß er mit dem Bannfluch belegt war und darum bis zur Entscheidung seiner Sache in Konstanz hätte schweigen müssen. Die Nürnberger Disputation verlief für beide Teile höchst befriedigend —

der böhmische Gast konnte beim Aufbruch sagen: „*Wir schieden in Freundschaft voneinander.*“ Und seine Zuhörer hatten ihm versichert: „*Wahrlich, Magister, das, was wir jetzt gehört haben, ist katholisch und wir lehren, halten und glauben es seit vielen Jahren auch so. Wenn nichts anderes gegen Euch vorliegt, so werdet Ihr sicherlich mit Ehren wieder vom Konzil heimkehren.*“ Niemand konnte ja unter diesen erfreulichen Umständen sein bitteres Ende voraussehen; nur bei seinem Aufbruch von Prag hatte ihm ein polnischer Schuster ein schmerzlich-ahnungsvolles Abschiedswort zugerufen.

Nürnberg ist für Hus auch eine Art Schicksalswende gewesen, denn von hier aus sollte er erst nach Speyer reisen und sich dort dem Gefolge Sigismunds anschließen. Doch Hus schien diesen Umweg zu scheuen und setzte seine Fahrt direkt an den Bodensee fort, wobei er fest auf den ihm zugesagten Schutzbrief des Königs vertraute. Diese kleine Eigenmächtigkeit wurde schon damals als ein Fehler seinerseits empfunden, denn nach seiner Verhaftung sagte bei einem der ersten Verhöre der Zeuge Adam von Bychor zu Hus: „*Weiß Gott, Ihr hättet besser getan, wenn Ihr in Nürnberg auf den König gewartet und erst in Sigismunds Geleit zum Konzil gekommen wäret!*“ Trotzdem bleibt es fraglich, ob dann der Fürst im entscheidenden Augenblick anders gehandelt hatte, als er es tat. Er war diesem urchristlich reinen Eiferer, der überdies aus seiner Heimat stammte, anfänglich recht zugetan und hatte sich nach seiner Ankunft in Konstanz noch viel Mühe gegeben, den an seinem Schützling begangenen Geleitbruch wieder gutzumachen, um so mehr, als ja dabei auch sein eigenes Ansehen auf dem Spiele stand. Bald aber änderte sich seine Auffassung: Entweder er sah mit einem Male in Hus wirklich eine ernste Gefahr für die Kirche oder dieser wurde seinen politischen Plänen unbequem — jedenfalls ließ er ihn beinahe über Nacht fallen.

Hus ist dennoch nicht, wie früher oft von evangelischer Seite angenommen, das Opfer eines Justizmordes geworden: Das Konzil hat immer wieder versucht, ihm eine Brücke zu seiner Rettung zu bauen, indem man ihm erst riet, die Angelegenheit insgeheim beilegen zu lassen und dann, als der Fall ernst zu werden begann, ihm die Annahme einer milden Abschwörformel vorschlug. Noch auf der Richtstätte erschienen zwei Grafen und forderten ihn zum Widerruf auf, der ihm das bittere Ende erspart hätte. Hus aber fühlte jetzt die Augen seines ganzen böhmischen Volkes auf sich gerichtet, das er nicht verraten wollte,

Johannes Hus
auf dem Scheiterhaufen.
Nach einem Holzschnitt
des 16. Jahrhunderts

und wäre es nur durch laue Worte. Darum stand er felsenfest zu der Überzeugung, daß seine Kritik an verschiedenen Punkten der katholischen Kirchenpraxis der einzige Weg zur notwendigen Reinigung des Christentums sei und also seine Sätze nichts enthielten, was als Irrtum oder gar als Ketzerei anzusprechen sei. Aus dieser mit der ganzen Strenge des mittelalterlichen Denkens verfochtenen Einsicht heraus nahm er heldenhaft den schrecklichen Tod auf sich, den das geistliche Gericht für solche Fälle vorsah. Die Flammen seines Scheiterhaufens aber setzten unverzüglich das ganze Reich in verzehrenden Brand.

Sigismund hatte in Konstanz einige unvorsichtige Bemerkungen gemacht, die seine grundsätzliche Einstellung gegen die böhmische Glaubensbewegung ausdrückten, wobei er zugleich vorschlug, einen ebenfalls gefangenen Schüler von Hus, Hieronymus von Prag, auch baldigst den Flammen zu überantworten, damit die Ketzerei mit Stumpf und Stiel ausgerottet werde. Dies hörten die anwesenden Tschechen und wurden darauf zum Sprachrohr einer uferlosen Empörung, als die Nachricht nach Böhmen drang, Hus sei trotz des landesherrlichen Schutzbriefes verbrannt worden. Dazu kam, daß Wenzel in Prag den gefährlichen Barometerstand der allgemeinen Stimmung übersah. Als man von behördlicher Seite einen großen Umzug der hussisch gesinnten Menge unterdrücken wollte, drang das wütend gemachte Volk in das Rathaus ein und warf kurzerhand *„po staročesku"*, auf alttschechische Art, sieben Ratsherren zum Fenster hinaus in die Spieße der Bewaffneten. Wenzel regte sich darüber derart auf, daß ihn der Schlag traf (August 1419). Sigismund als sein Nachfolger hatte von vorneherein ganz Böhmen gegen sich und so halfen bei den ständig anwachsenden Unruhen weder seine lauen Vermittlungsversuche noch Gewaltmaßnahmen. Als dann noch von Rom aus ein Kreuzzug gegen die Abtrünnigen in Szene gesetzt wurde, griffen die Hussiten zu den Waffen. Sie waren zwar in dieser Verrichtung nicht geübt, aber die Begeisterung für eine gerechte Sache des Glaubens und der Freiheit vervielfachte ihre Kräfte. Außerdem fanden sich bei ihnen auch bald die erforderlichen

Führer ein: Johann Ziska, ein alter und erfahrener Haudegen, sowie der große und der kleine Prokop, ersterer ein ehemaliger Mönch, der für das Kriegshandwerk hervorragende Fähigkeiten entwickelte. Es handelte sich also im wesentlichen um eine rein böhmische Bewegung, wobei die Einheit von Bekenntnis und Sprache zu einer gefährlichen Macht wurde, doch dann schlossen sich ihr auch viele Deutsche an, besonders auf den Kriegszügen, die bald den Osten des Reiches verheerten. Auch Nürnberg bekam sie einschneidend zu spüren und hat dabei keinen Ruhm geerntet. Doch ist daran weniger ein Mangel an Haltung schuld, als der allgemeine panische Schrecken, den die ersten unerwarteten Siege der hussitischen Scharen überall auslösten. Sie hatten den katholischen Gegnern mancherlei voraus: Eine Idee, nämlich die Erneuerung der Kirche, einen volkstümlichen Blutzeugen, den himmelschreiendes Unrecht gemordet hatte, ein Losungswort, den Kelch, der auch einprägsam auf allen Fahnen leuchtete, und endlich sogar eine besondere Kampfesart, die Wagenburg. Diese war zwar nicht neu, Hunnen wie Germanen hatten sich ihrer schon bedient, niemand zuvor aber verstand sie derart wirksam anzuwenden wie sie: Das Beförderungsmittel für das Gefecht zur schützenden Front umzubauen und zum Kern des Heeres zu machen, indem hier Frauen und Kinder dem Wogen des Gefechtes zusahen, durch ihren Anblick den Kämpfenden Mut gaben und außerdem das geliebte Heim verkörperten, das niemals fallen durfte.

Die päpstlich-königliche Sache indessen erwies sich an allen Enden als mangelhaft geführt — die Truppen waren unbeweglich und kämpften ohne Lust, dazu mit teilweise veralteten Mitteln; es fehlte an Offizieren, und die anfeuernden Worte, die im Überfluß von den Kanzeln unter die Menge gestreut wurden, reichten allein nicht aus. Man unternahm mit viel äußerem Aufwand fünf sogenannte Kreuzzüge und einer endete immer kläglicher als der andere. Hier zeigte Sigismund seine Schwächen in erschreckender Deutlichkeit: Er hätte das Übel abwenden können oder aus den ersten Niederlagen eine Lehre ziehen müssen.

Statt dessen tat er nichts weiter, als seine schöne Gestalt zur Schau zu stellen und Werkzeug in der Hand des Papstes zu sein, der weit vom Schuß war und daher die Verhältnisse nicht überschauen konnte. Als 1422 auf einem Reichstag zu Nürnberg der römische Abgesandte Brenda die geweihte Kreuzesfahne dem König überreichte, gab sie dieser sogleich an den neuen Markgrafen von Brandenburg weiter, wie wenn er damit ausdrücken wollte, daß das Kriegführen nicht seines Amtes wäre. Die Quittung darauf waren neue Erfolge der Hussiten. Nochmals schien Sigismund eine Möglichkeit geboten, die Führung zu gewinnen, denn 1424 starb Jan Ziska, und nicht viel später wurden die Hussiten untereinander uneins, indem sie sich in die gemäßigten und radikalen Kelchner spalteten, und sich selbst bis aufs Blut befehdeten; aber im Reich fand sich niemand, der dies zu nützen verstand.

Unsere Stadt versuchte anfangs, sich von empfindlichen Opfern fernzuhalten; dies war ihr um so leichter gemacht, als auf dem erwähnten Nürnberger Reichstag von 1422 bereits die Summen festgesetzt worden waren, mit denen man sich von einer unmittelbaren Gefolgschaft loskaufen konnte: Nürnberg entrichtete 3000 Gulden und hatte damit zunächst Ruhe; andere Orte zogen sich noch billiger aus der Sache, indem sie behaupteten, den fraglichen Betrag zur Bewaffnung ihrer Soldaten verwenden zu müssen. 1426 kam es in der Nähe von Außig zu einer großen Schlacht, die hauptsächlich durch Uneinigkeit und Unfähigkeit der deutschen Führer verlorenging, und bei welcher die Unterlegenen etwa 15 000 Mann auf der Walstatt gelassen haben sollen. Beim nächsten Feldzug des Jahres 1427 stellte Nürnberg ein paar hundert Mann mit voller Ausrüstung; sie sollten an der Belagerung der böhmischen Stadt Mies teilnehmen, mußten aber statt dessen mit den übrigen Truppen um die Wette laufen: Auf die ungefähre Nachricht hin, daß Prokop der Große dem königlichen Heere entgegenrücke, wurde dieses von sinnloser Angst gepackt und zog sich in wilder Hast nach Westen zurück. Ein Mitglied des Hauses Tucher hat diesen Rückzug mitgemacht, der nach seiner eigenen Aufzeichnung *„mit Schanden“* vor sich gegangen sei.

Die Folge dieser Niederlage war, daß neben einer Reihe anderer Reichslande, wie Ungarn, Schlesien, Sachsen und die Oberpfalz, jetzt auch fränkisches Gebiet von den Hussiten eingenommen und verwüstet wurde — nachdem Hof, Bayreuth und Kulmbach fielen, war Nürnberg ebenfalls ernstlich bedroht. Tausende von Flüchtlingen suchten hier Zuflucht; die Wehranlagen wurden mit Kanonen versehen und in Eile arbeitete man daran, die an und für sich schon massiven Verteidigungsanlagen noch weiter zu verstärken. Feindliche Vorhuten tauchten schon auf und hatten in nürnbergischen Dörfern gemordet und gesengt; dorthin sandte die Stadt wochenlang Lebensmittel, um die Verstreuten vor dem Hungertod zu bewahren.

Friedrich VI. von Hohenzollern, der neue Herr der Mark Brandenburg, war nach wie vor Sigismunds rechte Hand und in den Hussitenkriegen nicht nur einer der wichtigsten, sondern auch besonnensten Männer auf der königlichen Seite. Er sah nach der bisherigen Entwicklung der Dinge klar voraus, daß dieser erbitterte und gewandte Gegner nicht mit den Waffen zum Schweigen gebracht werden konnte, sondern nur durch Zugeständnisse in den Fragen des erneuerungsbedürftigen Bekenntnisses. Er hatte daher seinem Fürsten den Vorschlag gemacht, die heikle Aufgabe erst einmal in ihre weltlichen und geistlichen Bestandteile zu zerlegen, das heißt, sich als Staatsmann in das Unabänderliche zu schicken und den konfessionellen Teil den Kirchenmännern und der Zukunft anheimzustellen. So war man 1428 mit Prokop in Preßburg zusammengekommen, um die Voraussetzungen für einen Vergleich zu umreißen, allein jede tatsächliche Verständigung wurde unmöglich gemacht durch die hartnäckige Forderung des Papstes, daß sich die Ketzer völlig zu unterwerfen hätten; Sigismund wagte es keinen Augenblick lang, aus eigenem Entschluß etwas dagegen zu unternehmen. Jetzt, 1430, war auf des Markgrafen Betreiben eine zweite Zusammenkunft mit dem böhmischen Obersten auf der Burg Zwernitz erzielt worden, dem heutigen Sanspareil zwischen Bayreuth und Bamberg, wobei letztere Stadt 12 000 Gulden für den sofortigen Abzug der Hussiten bot. Aber diesen war es vor allem um eine grundsätzliche Regelung ihrer Forderungen auf vermehrte religiöse Freiheit zu tun, und eine solche konnte ihnen von hier aus nicht gewährt werden. Damit ging der Krieg fürs nächste weiter und hatte nun Nürnberg zum Ziel. Wieder trat Friedrich als

Plünderungsszene in den Hussitenkriegen.
Nach dem Hausbuch des Fürsten
Waldburg-Wolfegg, Waldsee, um 1480.
Germ. Nationalmuseum

Vermittler auf, indem er die tschechischen Scharen gegen eine Entschädigung von 45 000 Gulden wirklich zum Abzug bewog, wobei allein auf Nürnberg 12 000 Gulden entfielen. Der Markgraf hatte allerdings die List gebraucht, Prokop diesmal ein *„ordentliches Gehör“* zuzusichern, eine Verhandlung über die Überbrückung der Glaubensunterschiede als Grundlage für einen baldigen Frieden der gegenseitigen Duldung. Als es sich aber herausstellte, daß weder Papst noch König dieser Vereinbarung nachzukommen geneigt waren, begann ein weiterer hussitischer Raubzug, diesmal hauptsächlich gegen Österreich und Ungarn gerichtet. Sigismund erwies sich unbekümmert wie stets — er hielt im Sommer 1430 einen neuen Reichstag in Nürnberg ab, zu welchem er ein paar balkanische Großherren mitbrachte; der Glanz, mit dem er selbst auftrat, stand in schreiendem Gegensatz zum Ernst der Stunde.

Begangene Fehler wird man einem Menschen oder einer Zeit um so weniger anrechnen, je mehr die Möglichkeit besteht, eine heilsame Lehre daraus zu ziehen. Anders aber, wenn sich ein Irrtum binnen kurzem ohne geringsten Erfahrungsgewinn geradezu buchstäblich wiederholt. So geschah es jetzt: Wieder wurde, im Januar 1431, ein Reichstag nach Nürnberg einberufen mit dem Zweck, einen neuen Kreuzzug zu verkünden, nunmehr den fünften. Genau wie 1422 überreichte ein päpstlicher Abgeordneter, der leidenschaftliche Kanzelredner Cesarini, dem König in der Sebalduskirche das Kreuzeszeichen als glückbringendes Kampfpanier, und in gleicher Weise wurde es danach dem Markgrafen von Brandenburg überantwortet. Wieder zog man, nun sogar gegen 100 000 Mann stark, nach Böhmen und wieder wurden die Heere des in Nürnberg verbliebenen Sigismund schon bei der Kunde, daß der zögernd operierende Feind anrücke, derart eingeschüchtert, daß sie abermals eine gewaltige Niederlage erlitten (Tauß, 14. 8. 1431). Man verstand es zwar, den Makel in den amtlichen Mitteilungen auf eine recht neuzeitlich anmutende Art zu verkleinern, allein die Zurückkehrenden führten eine beredte Sprache, und das Volk aller deutschen Lande ward von Entsetzen ergriffen. Aufs neue fielen die Hussiten, nachdem sie in Prag eine Riesenbeute hatten zur Schau stellen können, plündernd ins Reichsgebiet ein, diesmal in Brandenburg, und niemand hinderte sie daran.

Sigismund wußte jetzt nichts Besseres zu tun, als daß er noch im gleichen Monat des beschämenden Zusammenbruches nach Rom zog, um sich mit viel Gepränge zum Kaiser krönen zu lassen. Doch zeitigte seine Italienfahrt auch ein nützliches Ergebnis: Es war Sigismund gelungen, den Papst von der unbedingt notwendigen Verständigung mit Prokop zu überzeugen. Dabei gestand er allerdings nicht seine Unfähigkeit ein, der Ketzerei Halt zu gebieten, sondern machte geltend, daß er nur auf diese Weise seine Ansprüche als König von Böhmen durchsetzen könne. Daraufhin einigte man sich mit den gemäßigten Hussiten, den sogenannten „Kompaktanten", denen die Gewährung des Laienkelches als Bestandteil des Abendmahles bewilligt wurde. Durch die Annahme dieses Vergleiches, der nur einen Teil der ursprünglichen Forderungen darstellte, entzweiten sie sich vollends mit der radikalen Gruppe, den „Taboriten", und es kam zum Bruderkrieg, der schließlich mit einem blutigen Sieg über die extreme Partei bei Lipan im Mai 1434 endete. Als sich dies Unwetter einigermaßen verzogen hat, erhält Sigismund mühelos die so lange vergebens erstrebte Krone seines Mutterlandes; endgültiger Friede aber zieht hier noch lange nicht ein — die religiösen Ziele Böhmens werden im Verlauf von hundert Jahren der abendländischen Kirchenreformation den Boden bereiten helfen.

Bei der Kaiserkrönung in Rom war auch eine kleine Abordnung des Nürnberger Rates zugegen; ihre Mitglieder wurden von Sigismund bereits auf der Tiberbrücke zu Rittern geschlagen, auf dem Ponte Milvio als Endpunkt der berühmten, von Norden kommenden Via Flaminia. Die vier Herren konnten auch gleich die übliche Bestätigung der zahlreichen Vorrechte Nürnbergs mit nach Hause nehmen, die seit 1424 um ein ehrenvolles Privileg erweitert waren: Von nun an sollten für ewige Zeiten in Nürnberg die Abzeichen der deutschen Kaisermacht aufbewahrt werden, die Reichskleinodien; der Chronik zufolge habe der Ratsherr Sebald Pfinzing bei einer Gesandtschaft nach Ofen dem Fürsten diesen Gedanken nahezubringen gewußt. Freilich gingen diese Auszeichnungen nicht mehr so wohlfeil wie ehedem vor sich — Sigismund, der das runde, blanke Gold so gern rollen ließ, hatte für seine Romfahrt erhebliche Summen gebraucht, die ihm durch die Sicherheit großer Verpfändungen vorgestreckt worden waren und die jetzt schleunigst wieder eingebracht werden mußten. Darum erlegte er den Ständen und Städten für die Ausfertigung der üblichen Bestätigungen noch höhere Beträge auf, als sie sein Vater schon gelegentlich genommen hatte, die nun unter heimlichem Murren bezahlt wurden.

Die Krone Karls des Großen.
Aus der frühesten
Darstellung der Reichskleinodien.
Nürnberg, 1487

Die Reichskleinodien, die unserer Stadt zugedacht wurden, bestehen aus den eigentlichen Insignien — Krone und Zepter, Schwert und Reichsapfel als Zeichen der herrscherlichen Würde —, dem Reichsornat, nämlich den für die Krönungsfeier erforderlichen Gewändern, und endlich aus den Heiltümern, einer Anzahl von Reliquien, die seit alter Zeit als unmittelbare Zeugnisse von Christi Leiden verehrt wurden. In ihrer Gesamtheit waren sie das eigentliche Unterpfand der höchsten weltlichen Macht; erst wer sie besaß, konnte rechtmäßig und glaubwürdig vor die Welt als römischer Kaiser deutscher Nation treten. Darum wurden sie ebenso ihres stofflichen als begrifflichen Wertes wegen stets sorgfältig behütet und, wo es sein mußte, auf abenteuerliche Weise an verschiedensten Orten des Reiches verborgen. Zum Schutz vor den Hussiten waren sie zuletzt auf der Veste Plindenburg in Ungarn und Ofen verwahrt gehalten, was wiederum in deutschen Landen viel Unwillen hervorrief, weil man sich ihrer wohltätigen Wirkung nicht so lange beraubt wissen wollte. Als sie jetzt durch die Ratsherren Jörg Pfinzing und Ulrich Stromer zur Rosen nach Nürnberg geschafft wurden, wußten nur im ganzen sechs Personen davon. Der ahnungslose Fuhrmann übernahm sie als eine Last Fische auf seinen Planwagen, und als er eine halbe Stunde vor dem Bestimmungsort die wahre Beschaffenheit seiner Fracht erfuhr, fiel er verwirrt vor Freude anbetend auf die Knie.

Über eine in der abendländischen Kultur schier einzigartige Zeitspanne hinweg wurden diese Krönungsabzeichen aus einer fürstlichen Hand in die nächste weitergereicht; wie eine Art Edelrost schlugen sich auf ihnen Sagen und Schicksale heller wie düsterer Färbung nieder. So sind sie auf ihre Weise ein Inbegriff deutscher Geschichte geworden, obwohl sie Bestandteile aus verschiedensten Jahrhunderten, Gegenden und künstlerischen Handschriften in sich schließen: Die Reichslanze wurde etwa im 8. Jahrhundert aus Siegener Stahl geschmiedet; das in ihrer Mitte eingelassene eiserne Stäbchen wurde als ein Nagel vom

Kreuze Christi bezeichnet. Der schlicht gehaltene Säbel Karls des Großen war zwar noch nicht dessen eigener Besitz, ist aber bald nach seinem Tod irgendwo in Osteuropa entstanden. Im Ornament verbindet sich das Geschlinge des wikingischen Flechtstiles mit südrussischen Bestandteilen; zur Scheide wurde Rochenhaut verwendet, die wohl aus dem Indischen Ozean stammt. Das prachtvollste Stück, die rein goldene, mit ungeschliffenen Edelsteinen, Perlen und Bildplatten aus Schmelzemail eingelegte Krone, wurde um das Jahr 1000 gearbeitet und nicht viel später unter Konrad II. durch das Kreuz und einen Perlbügel bereichert. Die Gewänder stammen größtenteils aus Palermo; sie zeigen, besonders der in Gold und Rot gehaltene, mit drachenartigen Fabeltieren bestickte Mantel, die eigenartig fruchtbare Überschneidung des normannischen mit dem arabischen Kunsthandwerk. In den Tagen von Nürnbergs erster urkundlicher Erwähnung mögen der goldene Reichsapfel und das sogenannte Mauritiusschwert gearbeitet worden sein; die Scheide von letzterem kommt wieder aus Sizilien. So haben sich all diese Dinge zusammengefunden, wie es die Gelegenheit bot: Die Stefansburse und das Aachener Evangeliar, das massive Reichskreuz bis herab zu den aus kostbarem Leder geformten und mit feinster Prägearbeit versehenen Behältern, die diese Schätze sorgsam umschlossen. Manches ging frühzeitig verloren, vieles wurde durch die Fürsten des von uns hier durch-

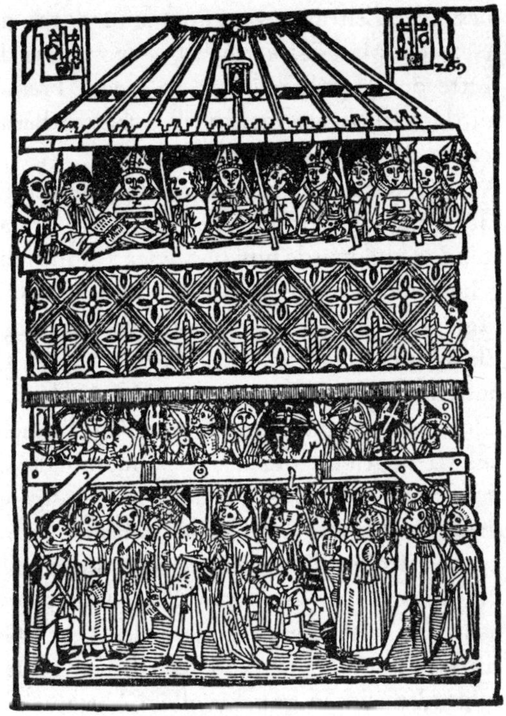

Die Weisung der Heiltümer auf dem Hauptmarkt.
Holzschnitt in einem 1487 bei
Hans Mair in Nürnberg gedruckten Büchlein

messenen Zeitraumes ergänzt und durch neue Zutaten aus stets erlesenstem Material vermehrt — von Karl dem Vierten über die lange Kette der Habsburger bis zu jenem Fremdling, der diesem ganzen, mittlerweile seines geistigen Gehaltes beraubten Kult ein Ende bereitete: Napoleon dem Ersten.

Am 22. März 1424 hatte der umsichtig getarnte Wagen mit den Reichskleinodien die beschwerliche Reise von Ungarn nach Franken gut überstanden und wurde nun mit jener kindlich überströmenden Freude eingeholt, deren wohl eigentlich nur das Mittelalter bei solchen Anlässen fähig war. Es gab einen Fest- und Feiertag allerersten Ranges — die Einwohner vom Stadtadel bis zum letzten Gemüsehöker und Lehrling hatten ihre schönsten Gewänder angelegt, stundenlang läuteten alle Glocken und eine riesige Schar von Teilnehmern fand sich ein, nicht zuletzt angelockt durch den Sonderablaß, der jetzt durch eine päpstliche Bulle verheißen wurde. Die Gefangenen, selbst schwere Verbrecher, wurden aus ihren Zellen gelassen und die Galgen ihrer traurigen Last entledigt: Der gesamte Weg der Heiltümer von außerhalb des Frauentores bis zu ihrem Bestimmungsort, der Spitalkirche, sollte heute im Zeichen einer außerordentlichen Gnade stehen. Der Rat und ein großes Aufgebot von Geistlichen bildeten das unmittelbare Gefolge, dem sich in respektvollem Abstand die endlose Menge anschloß. Das Volk, welches solche Dinge noch niemals zu Gesicht bekommen hatte, empfand ihren Glanz beinahe als überirdisch und entzündete daran seine Phantasie, besonders an den eigentlichen Reliquien, die als wundertätig galten, so daß bis zur Reformation auch viele Personen von Rang sie mit Gegenständen des eigenen Besitzes berühren ließen, um dadurch ihres heilsamen Kraftstromes teilhaftig zu werden.

So empfand man es in der Öffentlichkeit als ein Glück, daß diese Schaustellung nicht einmalig blieb — Sigismund hatte bestimmt, daß die Heiltümer in jedem Jahr um die Osterzeit der Allgemeinheit gezeigt werden sollten. Vor dem Schopperschen Hause am Hauptmarkt, in welchem später der Seefahrer Martin Behaim geboren wurde, errichtete man zu diesem Zweck ein mit Tuch ausgeschlagenes, mit einem Zeltdach versehenes Gerüst. Da sich dieser Darbietung ein mindestens vierzehntägiger Markt anschloß, aus dem sich nachmals die Nürnberger Frühjahrsmesse entwickelte, setzte um diese Zeit immer ein lebhafter Zustrom von guten wie schlechten Leuten ein, von Kaufleuten und Wallfahrern, Gauklern, Dirnen und Beutelschneidern. Es ging dann in der Stadt wie bei einer Belagerung zu, die Tore wurden sorgfältig bewacht und die Polizei hatte viel Mühe, um unvermeidliche Übergriffe einzudämmen. Besonders der Markt selbst wurde abgesperrt, der Schöne Brunnen und andere Bauwerke von Kunstwert mußten vor Beschädigungen durch Zaungäste bewahrt werden und es war eine beliebte Maßnahme, aufdringliche Personen durch einen dikken Wasserstrahl rasch und wortlos zurechtzuweisen. Die Stadt sorgte vor allem für diebessichere Aufbewahrung der Kleinodien. Eigens zu diesem Zwecke wurde die Heiliggeist-Kirche „verstärkt": sie erhielt ein mit vielen Eisenstangen und Schlössern versperrbares Gewölbe unter dem Chor und darin nahm die Krone ihren nochmals besonders gesicherten Platz ein. Damit die Reliquien bei jedem Gottesdienst wohltätige Wirkung auf das Volk üben konnten, wurden sie auf eine nicht alltägliche Weise im Kirchenraum selbst aufbewahrt: Sie ruhten in einer mit Silber beschlagenen Truhe; diese, eine Prachtarbeit der beiden einheimischen Goldschmiede Hans Scheßlitzer und Peter Ratzko, schwebte an einer Kette allgemein sichtbar, aber doch nicht zugänglich, zehn Meter hoch über dem Stiftergrab des Reichsschultheißen Konrad Groß. All diese Vorsichtsmaßnahmen kosteten dem Rat erheblich Geld und Mühe, brachten aber auch durch den damit verbundenen Fremdenzustrom mindestens ebensoviel wieder ein; man hatte also allen Grund zur Dankbarkeit für diese Auszeichnung, was denn auch in der Bereicherung des Schatzes durch ein paar wertvolle Silbermonstranzen zum Ausdruck kam. Später beteiligte sich sogar Albrecht Dürer daran, als er im Auftrage seiner Vaterstadt die bekannten Bilder Karls des Großen und Sigismunds für die Heiltumskammer des erwähnten Schopperschen Hauses zu den Reichskleinodien malte. Nur ungefähr einmal in jedem Menschenalter verließen diese Kostbarkeiten ihren sicheren Standort: Wenn in einer der herkömmlichen Krönungsstädte ein neugewählter König festlich in seine Würde eingeführt wurde, wie es in Frankfurt noch der junge Goethe erlebt hat. Die Geschichtsschreiber berichten immer wieder, mit wieviel Umsicht oder gar Ängstlichkeit dann die Nürnberger Ratsherren Krone und Zepter, Reichsapfel und Gewänder für die Dauer der Feier aus der Hand gaben und man kann ihnen den tiefen Schmerz nachfühlen, der sich ihrer bemächtigte, als all diese Abzeichen des höchsten weltlichen Ranges auf Erden im Jahre 1796 nicht mehr zu ihnen heimkehrten: Man hatte sie zum Schutz vor den anrückenden Franzosen erst nach Regensburg geschafft

und dann nach Wien, welches hoch und heilig versprach, die Stücke nach beendigter Gefahr wieder auszuliefern, was dann aber unterblieb. Dies war bekanntlich der Grund, weshalb man 1938 die Kroninsignien wieder nach Nürnberg schaffen und in der Meistersingerkirche, dem Katharinenbau, aufbewahren ließ. Diese Maßnahme löste dann eine zwiefache Enttäuschung aus: Erst bei den Wienern, als man ihr längst verjährtes Unrecht wieder heraufbeschwor, und dann bei den Nürnbergern, als sie sich nach der Kapitulation der deutschen Heere im Jahre 1946 von diesen Schätzen erneut trennen mußten.
Kaiser Sigismunds für Nürnberg so ehrenvolle Bestimmung erfüllte zugleich den weiteren Zweck, die Gemüter etwas von der heillosen Unsicherheit der Zeit abzulenken. Wie immer nach größeren Kriegen, war auch gegen das zweite Drittel des 15. Jahrhunderts das Gefüge der staatlichen Ordnung bedenklich aufgelockert und ließ reichlich Raum für Unbotmäßigkeiten aller Art. Das von uns schon gestreifte Raubunwesen nahm wieder gefährlichen Umfang an — aus diesem Grund hatte Sigismund 1423 der Stadt das alte Recht erneuert, gegen *„schädliche Leute“*, welche die Straßen unsicher machten und Kaufzüge überfielen, mit aller Strenge vorzugehen. Nicht immer handelte es sich dabei nur um Gesindel oder heruntergekommene Ritter; viele dieser Plackereien nahmen volle Rechtmäßigkeit für sich in Anspruch, wenn der Überfall von solchen Herren ausging, die der Stadt vorher Fehde angesagt hatten, für die rasch ein passender Vorwand gefunden war. Es scheint auf diese Weise kaum jemanden unter dem Landadel in Nürnbergs weiterer Umgebung gegeben zu haben, der nicht mindestens einmal einenRaubkrieg gegen die Stadt führte; zu ihren zähesten Gegnern zählte der nachmals so volkstümliche Götz von Berlichingen, dessen Familie den Nürnbergern schon 1411 vorübergehend absagte mit der Begründung, der Rat habe ihr *„wider eine Bürgerin, genannt die Spießin, nicht wollen verhelfen“*. Unter anderem war es bei Gelegenheit auch ein gewöhnlicher Bürger der Stadt Ulm, der gegen Nürnberg einen erbitterten Streit vom Zaune brach, wobei schließlich der verursachte Schaden in einem peinlich übergroßen Verhältnis zum eigentlichen Streitobjekt stand. Man könnte diesen Mann, Werner Roßhaupter, wegen seines hartnäckigen Bestehens auf dem, was ihm sein gutes Recht erschien, als einen geistigen Bruder von Kleists Michael Kohlhaas bezeichnen. Auf Grund einer ihm angeblich nicht beglichenen Schuld erklärte er nach damaligem Brauch die Stadt für haftbar

29. Heiliggeist-Spital, über den Fluß hinweg gebaut

31. Idyll zwischen Sträuchern am Pegnitzufer

und nahm zusammen mit einigen Herren von Rietheim ein paar Nürnberger Kaufleute gefangen, worauf die Stadt mit einem Feldzug gegen ihn antwortete und das Rietheimsche Schloß Kaltenburg im Württembergischen zerstörte. Sie bediente sich dabei einer Donnerbüchse mit dem damals unerhörten Gewicht von fast 57 Zentnern, die darauf stolz die *„Kaltenburgerin"* genannt wurde. Roßhaupter aber entkam und sprang noch eine Zeitlang recht ungebärdig mit allen Nürnberger Bürgern um, die zufällig in seine Hände gerieten. Obwohl der Kaiser einen hohen Betrag auf den Kopf dieses aufsässigen Mannes gesetzt und ihn in die Reichsacht, also für vogelfrei, erklärt hatte, wurde man seiner nicht habhaft und so endete dieser ganze Streit schließlich bezeichnenderweise mit einem flauen Vergleich.

Dies ist ein kleines Abbild der allgemeinen Lage, an der sich auch nach Sigismunds Tod (1437) wenig änderte. Sein Nachfolger, Albrecht II., gibt nur ein kurzes Gastspiel auf dem deutschen Thron und das Bemerkenswerteste an ihm mochte sein, daß er die lange Reichsherrschaft des Hauses Habsburg einleitete. Sein Neffe, der den Kurfürsten durch stille Zurückhaltung angenehm aufgefallen war, wird 1440 als Friedrich III. zum deutschen König gewählt; er hat von da an fast 54 Jahre lang mit einer unerfreulichen Gelassenheit regiert, die ihm von der Nachwelt die zweifelhafte Kennzeichnung als *„des Heiligen Römischen Reiches Erzschlafmütze"* eintrug. Einer seiner ersten Grundsätze war, daß gut Ding Weile haben müsse und als der geistreich-geschmeidige Italiener Äneas Silvius Piccolomini, der spätere Papst Pius II., Friedrichs Leben beschrieb, sagte er von ihm, er habe die Welt im Stillsitzen erobern wollen. Wie eine Zauberformel nahm er die fünf Vokale des Alphabetes in sein Siegel auf und verlieh ihnen die stolze, ja anmaßende Bedeutung: *Alles Erdreich Ist Oesterreich Untertan*, eine Forderung, die er sozusagen in passiver Bereitschaft ein halbes Jahrhundert hindurch verfocht. Dabei waren ihm die Umstände nicht gerade ungünstig und wenn er mit seinen Gegnern sonst nicht fertig wurde, so besiegte er sie dadurch, daß er sie überlebte. Sigismund gegenüber besaß er den Vorzug, daß er bestens zu wirtschaften verstand, so gut, daß er als knickerig galt. Dafür war er allerdings wesentlich unschlüssiger als jener und versäumte seine Staatspflichten gerne über verschiedenen Liebhabereien — dem Gartenbau, der Edelstein- und Metallkunde, der Medizin und Astrologie und endlich dem Wahrsagen aus Gesicht und Händen der Menschen.

Als Friedrich sich zwei Jahre nach seiner Wahl endlich dazu entschloß, den ersten Reichstag vorschriftsmäßig in Nürnberg abzuhalten, kamen ihm schon in Weißenburg am Sand zwei Ratsherren entgegen und versicherten ihn ihrer Mitbürger *„Untertänigkeit und Frohlocken“* über den bevorstehenden Besuch. Am 29. April 1442 wurde er dann mit geräuschvoller Feierlichkeit in die Stadt eingeholt. Man legte ihm vor der Jakobs- und Lorenzkirche die kostbar gefaßten Überreste der Ortsheiligen aufs Haupt, veranstaltete auf seinen Wunsch große, teuere Lustbarkeiten und zeigte, obwohl es außer der üblichen Zeit war, auch die Heiltümer öffentlich vor. Im übrigen hatte man besondere Vorsicht walten lassen — zunächst um dem Fest einen reibungslosen Ablauf zu sichern, dann aber auch, weil man dem hohen Herrn nicht ganz traute und ihn samt seinen achthundert Reitern eines Handstreiches durchaus für fähig hielt. Dann begann ein zäher diplomatischer Handel: Der König erhielt in zwei vergoldeten Trinkgefäßen über 1000 Gulden verehrt, die Juden mußten das Ihrige dazu beisteuern, er aber zeigte sich bezüglich der nun fälligen Gegenleistungen sehr zurückhaltend und ließ sogar durchblicken, daß doch die Reichskleinodien eigentlich bei ihm besser als hier aufbewahrt wären. Dies sprach er noch deutlicher bei seinem nächsten Besuch im August 1444 aus; zu seinen sonstigen Schrullen gehörte, daß er leidenschaftlicher Sammler von Raritäten war, wie ähnlich sein Nachfahre Rudolf II., und so bestand er in kindlichem Eigensinn auf der Erfüllung seines Wunsches. Als er damit nicht zum Ziele gelangte, holte er ein Gutachten der wegen ihrer mustergültigen Rechtsurteile berühmten Universität von Padua ein, die jedoch bei aller Spitzfindigkeit an dem Vermächtnis Sigismunds *„für alle ewigen Zeiten“* nichts abzwacken konnte. Endlich wurden noch die Kurfürsten in dieser Sache befragt, die aber gleichfalls für Nürnberg Stellung nahmen. Friedrich hat sich damit zeit seines Lebens nicht abgefunden: Er bestätigte zwar die Stadt nach und nach wie üblich in all ihren Privilegien, nur dasjenige über die Aufbewahrung der Krönungsinsignien verweigerte er ihr.

Wie dort im kleinen, erwies sich Friedrich III. auch in der Außenpolitik als zweideutig und habgierig. Das mindeste, was man ihm nachsagen muß, ist, daß er in entscheidenden Augenblicken niemals als Fürst gehandelt hat. Da war zunächst die brennende Frage der Kirchenerneuerung, zu welcher der König auf diesem Nürnberger

Reichstag von 1444 allgemeingültig Stellung nehmen sollte. Denn seit der Verbrennung von Johannes Hus und Hieronymus von Prag, seit dem folgenschweren Konzil von Konstanz und dem immer noch in Unentschlossenheit tagenden von Basel, hatten zwei scharf getrennte Lager der Beratenden wieder einmal zum Schisma geführt, zu einer doppelten Papstwahl und zu zwei gegensätzlichen Auffassungen: Die Vertreter der weltlichen Macht erkannten die Reform der Glaubensausübung als dringlichste Forderung der Zeit, die Geistlichkeit aber leugnete ihre Notwendigkeit oder wollte sie durch mildere Maßnahmen durchgeführt wissen. Friedrich stand zunächst auf der Seite der Kurfürsten, welche um dieser Reform willen die Vollmachten des Papstes einschränken wollten, verhandelte aber dann, als ein günstiges Ergebnis schon in greifbarer Nähe stand, insgeheim mit Rom, wodurch schließlich in dem Wiener Konkordat von 1448 alle bisher gewonnenen Vorteile wieder eingebüßt wurden und Friedrich eine Entschädigung von 210 000 Gulden erhielt. Jedermann im Reich hatte die Sache ernster aufgefaßt als das Oberhaupt selbst und Friedrich verlor durch seinen Gesinnungswandel das Ansehen vor der gesamten Nation.

Ferner versuchte er, verjährte Ansprüche seines Hauses in der Schweiz wieder geltend zu machen, als wegen eines Erbschaftsstreites Zürich gegen die übrigen Kantone stand. Da Friedrich selbst nicht hinreichend Soldaten für den Austrag besaß, ging er den König von Frankreich, Karl VII., um Hilfe an, der seiner Bitte mit dem Unheilsgeschenk der „Armagnaken" entsprach: Anstatt der vereinbarten 6000 Mann schickte er ihm die dreifache Anzahl von Söldnern, die ihm einerseits wegen des soeben glücklich beendeten Krieges mit England unbequem geworden waren und mit denen er außerdem linksrheinisches Gebiet zu erobern gedachte. Diese Landsknechte nahmen nun vollen Kurs auf die Schweiz, überall in ihrem Kielwasser Greuel und Vernichtung hinterlassend. Todesmutig stellten sich die Eidgenossen einer vielfachen Übermacht in der Schlacht bei Sankt Jakob, in welcher zwar die Blüte der Verteidiger hinweggerafft, zugleich aber der Anprall der mörderischen Fremdlinge aufgehalten wurde. Wie Heuschrecken fluteten nun die vom Volksmund *„arme Gecken"* genannten Scharen rückwärts durch die deutsche Westmark und suchten besonders das Elsaß schwer heim, bis sie nach einer Reihe von Kleinkriegen aufgerieben wurden.

Gerade in Nürnberg war es, daß die Fürsten Friedrich empörte Vorhaltungen machten, welch Ungeziefer er sich da in den Pelz gesetzt; als er die Sache mit ungefähren Ausflüchten abtun wollte, stellte man ihm Augenzeugen der heimgesuchten Gebiete vor und nun *„stand seine königliche Gnaden wie ein ertappter Schuljunge da"*, er ließ sich ein Menschenalter nicht mehr in Deutschland sehen, angeblich aus Scham und Ärger wegen der Peinlichkeit jenes Auftrittes.

Viele süddeutsche Städte rüsteten sich wieder einmal zu ihrer Verteidigung, auch Nürnberg, dessen Ruhe tatsächlich bald dahin sein sollte. 1446 hatte noch ein Fest stattgefunden, dessen sich die künftigen Jahrhunderte mit Stolz und Freude erinnerten: Das sogenannte Gesellenstechen, ein großes Turnier nach ritterlichem Vorbild, das die Bürgerschaft anläßlich einer Prunkhochzeit auf dem Hauptmarkt veranstaltete, und das im Jahre 1621 nach einer zeitgenössischen Darstellung auf einem Stuckrelief an der Decke des Neuen Rathauses angebracht wurde. Bereits ein Jahr später (1447) waren die Vorbereitungen zu einem Krieg im Gange, der Nürnbergs Kräfte wie niemals zuvor auf die Probe stellen sollte.

Der äußere Anlaß dazu war in Kürze folgender: Friedrich VI. hatte zwar, wie wir sahen, als Markgraf von Brandenburg kein allzu großes Interesse mehr an seinen fränkischen Besitzungen als geringem Teil eines riesigen Ganzen, allein dies änderte sich sogleich nach seinem Tode im Jahre 1440. Jetzt wurden die Länder unter seine vier Söhne aufgeteilt und der jüngste von ihnen, Albrecht, erhielt das Fürstentum Ansbach, womit Nürnberg unmittelbarer Gebietsnachbar wurde.

Albrecht, von Schmeichlern der Achilles seiner Zeit, von kühleren Beobachtern der deutsche Fuchs genannt, war ein wohlgestalteter Mann von besten Kräften des Leibes wie des Geistes; er hatte sich den Ritterschlag in Jerusalem geholt und liebte es das ganze Leben lang, seiner Vollblütigkeit auf Turnieren und in Händeln Genüge zu tun. Er war ein ebenso glänzender Gesellschafter wie rücksichtsloser Politiker; vor allem fühlte er mit Stolz das blaue Blut in seinen Adern rinnen und sah voll Verachtung auf Mindergebürtige herab, besonders wenn sie reich und mächtig waren, wie seine Nachbarstadt. Da ihm seine kleine Residenz kaum mehr als 6000 Gulden jährlich eintrug und er nichts anderes hatte, worauf er seinen Sinn richten konnte, war bereits hierdurch genügend Stoff zu Neid und Zank gegeben; er nahm grundsätzlich den Standpunkt ein, daß, wenn er

Aus einem Nürnberger Gesellenstechen.
Radierung von Philipp Walther nach dem zerstörten Relief im zweiten Stock des Neuen Rathauses von Hans und Heinrich Kuhn, 1621

schon Burggraf von Nürnberg hieße, er auch Macht über diesen Ort haben müsse.

Darum war dem Ansbacher seine Feindschaft zu Nürnberg lange Zeit schier eine Lebensaufgabe. Er ging gegen seine Widersacherin durch geschickte Einkreisung vor, indem er sich allerlei Gleichgesinnte zu Verbündeten suchte, lauter Adelige, die ebenfalls Grund hatten, den Städten zu grollen. Schon 1447 begann er für einen kommenden Krieg zu rüsten, den er dann planmäßig heraufbeschwor. Schon allein durch die verwickelten Gebietsverhältnisse jener Tage war ein Anlaß rasch zu finden. Albrecht bestritt der Stadt das Recht, seinen Lehensmann Konrad von Heideck in ihre Dienste zu nehmen, er tadelte ihr Rechtsvorgehen in dem von seinem Vater verkauften Dorf Gostenhof und fühlte sich bezüglich der ihm verbliebenen Nutzungsrechte am Reichswald beeinträchtigt; jetzt rächte es sich, daß man damals den Kaufvertrag nicht umsichtig genug abgefaßt hatte. In dieser Art gab es noch eine Reihe weiterer strittiger Punkte, die aber bei einigem guten Willen leicht zu schlichten gewesen wären. So verhandelte man lange vergebens in Cadolzburg und Bamberg; jede Partei entfaltete große Beredsamkeit — die Nürnberger wollten die letzte Entscheidung dieser Fragen dem König unterbreiten, Albrecht forderte einen Vergleich bei einer Bußeleistung an ihn von 120 000 Gulden, und als die Stadt darauf nicht einging, weil sie einsah, daß auch damit ein dauernder Friede nicht zu erkaufen war, sandte ihr der Ansbacher am 29. Juni 1449 den Fehdebrief, zum Zeichen besonderer Mißachtung mit einem Strohkränzlein umwunden. Die Folge davon war, daß es jetzt auf beiden Seiten Kampfansagen hagelte. Albrechts Bundesgenossen erwiesen sich als gewaltig groß: zwanzig Fürsten, fünfzehn Bischöfe sowie gegen *„7000 Grafen, Herren, Ritter und Knechte"* kündigten Nürnberg sogleich die Freundschaft, dazu verschiedene fränkische Städte, wie Bamberg, Kronach und Eichstätt, die durch politische Abhängigkeit vom Ansbacher zu solcher Stellungnahme gezwungen wurden. Da dieser Streit grundsätzliche Bedeutung zu haben schien, erstanden jetzt unserer Stadt überall im Reich zwischen Mecklenburg und der Steiermark namhafte Gegner.

Damit gestaltete sich Nürnbergs Lage zwar ernst, aber durchaus nicht hoffnungslos: Man hatte vorgesorgt, wie ein guter Hausvater vor den ersten Winterstürmen, hatte sich ebenso mit Lebensmitteln wie mit Waffen reichlich eingedeckt; Handel und Wandel stockten freilich so gut wie ganz. Die Verteidigung erstreckte sich jetzt nicht mehr allein auf die bestens überholte Ringmauer, sondern war auch auf den sogenannten Landgraben ausgedehnt worden. Über 100 Zimmerleute mußten einmal in jener Zeit etwa 2000 hölzerne Schranken an verschiedensten Punkten der Zufahrtsstraßen aufrichten, mit Palisaden, Wachhäusern und Schlagbäumen versehen, den *„Schneppern"*, um den Feind beim Anmarsch schon weit vor der Stadt aufzuhalten. Dieser Landgraben, der ein Gebiet von rund zwanzig Quadratkilometern umschloß und der die Ansbacher über ein Menschenalter lang als Gebietsverletzung und Herausforderung erboste, mußte später auf kaiserlichen Befehl wieder entfernt werden, bestand aber teilweise noch bis zum Ende des 17. Jahrhunderts; seinen Namen trägt heute noch eine Straße in der südlichen Vorstadt. Zu dieser Vorpostentaktik gehörte ferner, daß sämtliche Nürnberger Schlösser und feste Landsitze, wie Heideck, Eschenau bei Gräfenberg oder Lichtenau bei Ansbach, mit einer ständigen Besatzung versehen wurden.

Man hatte außerdem dreißig Städte des Schwäbischen Bundes auf seiner Seite, die dem Markgrafen an ein und demselben Tag ihre Absage schickten; ihnen gesellte sich noch der Kurfürst von Sachsen bei sowie das Bistum Würzburg, dem ein Sieg Albrechts gleichfalls gefährlich werden konnte. Endlich besaß man genügend Geld, um sich gute Offiziere und ausreichende Mannschaft zu verpflichten, Schweizer Landsknechte und böhmische Söldner. Diesen Zuwachs neben der Bürgerwehr konnte man um so eher gebrauchen, als die Hilfe der Verbündeten nur sehr spärlich floß, teils aus Säumigkeit, aber dann auch, weil sie vielfach selbst in Händel verwickelt waren. Andererseits kam es niemals bis zur höchsten Gefahr, denn der Feind ging planlos vor und ließ es sich nicht einfallen, geschlossen gegen die Stadt zu rücken, um sie zu belagern oder gar einzunehmen. Die gesamte Streitmacht auf seiten der Markgräflichen betrug auch nur 7000 Mann, denen rund 5000 Nürnberger gegenüberstanden — Zahlen, die vor uns das Bild einer für heutige Vorstellung geradezu idyllischen Kriegführung heraufbeschwören, wenn sie auch genügend Blut und Tränen gekostet haben mag.

Gleich in den ersten Tagen der erklärten Feindschaft schickten die Nürnberger ihren Hauptmann Erhard Schürstab mit einem Fähnlein hinaus, welches das ansbachische Schloß Malmsbach bei Schwaig zerstörte. Albrecht war um diese Zeit bereits mit ähnlicher Absicht unterwegs und damals verbreitete sich sein rauher Wahlspruch, daß das Brennen zum Krieg gehöre, wie das Magnifikat zur Vesper. Er ließ jetzt verschiedene der Stadt gehörige Dörfer, wie Buch, Kraftshof und Vach, danach auch Kalchreuth, Eschenau und Gräfenberg, in Flammen aufgehen und das Vieh, zu allen Zeiten der größte Schatz des Bauern, wegführen. Nach Art der beiden Kutscher in Peter Hebels Anekdote, die ihren Streit mit Peitschenhieben am Fahrgast des anderen austragen, wurde über ein Jahr lang die Landbevölkerung der beiden Widersacher auf das schwerste heimgesucht; Hunderte von Ortschaften sind dabei geplündert oder zerstört worden, besonders die dicht vor den Toren liegenden Dörfer, wie Mögeldorf, Schoppershof oder Erlenstegen, traf dies harte Los. So schädigte man einander, wo man es nur vermochte, indessen Außenstehende immer wieder den Versuch einer gütlichen Beilegung des Streites unternahmen, von dem man nicht wissen konnte, ob er auf seinen ursprünglichen Herd beschränkt bleiben würde. Aber bis es zum Frieden kam, mußten erst ein paar richtige Schlachten geliefert werden. Nachdem die Nürnberger in zwei Scharmützeln, bei Langenzenn und Gründlach, unterlegen waren, glückte ihnen am 11. März 1450 ein glänzender Sieg beim Kloster Pillenreuth, der für sie jahrhundertelang ein Gegenstand stolzester Erinnerung bleiben sollte: War er doch ein Beweis dafür, daß man wirklich genügend Kraft besaß, um seine eigene Unabhängigkeit vor jedermann zu behaupten. Und wieviel dabei auf dem Spiele stand, ging daraus hervor, daß das ganze Reich bis zum Ausgang des Streites mit Spannung auf diese Vorgänge geblickt hat.

Dies berühmte Treffen war nach Nürnberger Darstellung durch Albrecht heraufbeschworen worden: Er hatte sich am Tage zuvor mit 400 Mann aufgemacht, um den Königsweiher bei Pillenreuth abzulassen und auszufischen; bezüglich der Ausbeute ließ er die Nürnberger zu einem großen Festessen laden, und zwar in jenem höhnischen Tonfall, der seinen Worten einen ähnlichen Sinn gab, wie Götz von Berlichingens nachmals so volkstümliche Aufforderung. In der Stadt sah man in dieser Einladung eine günstige Gelegenheit zu einem „*Gestech*"; es wurde sogleich Alarm geschlagen und den Markgräflern zog ein starkes Aufgebot entgegen, wobei es dann südlich des Klosters in Richtung Herpersdorf zum Zusammenstoß kam — Waffenfunde aus unserer Zeit lassen die Stelle des Treffens ziemlich genau beschreiben. Kunz von Kaufungen, der später durch den Raub zweier sächsischer Prinzen traurige Berühmtheit erlangte, täuschte als Anführer der Vorhut die Ansbacher durch eine Scheinflucht, und als dann der oberste Kriegshauptmann Heinrich Reuß von Plauen mit den Kerntruppen aus dem Hinterhalt auftauchte, verwandelten sich die Angreifer rasch in Verfolgte und wurden bis gegen Schwabach zurückgeschlagen. Albrecht ließ ungefähr 80 Tote und 60 Pferde auf dem Kampfplatz zurück, dazu 120 Gefangene in Feindeshand; die Nürnberger, die nur zwei Tote gehabt haben sollen, brachten eine reiche Beute unter dem Jubel der Bevölkerung nach Hause; auch die Wagen mit den Netzen und den bereits gefangenen Fischen befanden sich darunter.

Albrecht Achilles fand aber bald Gelegenheit, diese Scharte wieder auszuwetzen. Schon ein paar Wochen später fing er einen Heerzug der mit Nürnberg verbündeten Städte bei Leutershausen südlich Ansbach ab und schlug ihn, noch bevor er sich zur Schlachtordnung hatte aufstellen können. Es gab an die 200 Mann Verluste und allein ein Viertel davon waren Nürnberger. Danach erlitt wiederum der Markgraf zwei Schlappen: die eine in der Hersbrucker Gegend, wo die Nürnberger den Markt Königsstein niederbrannten, die andere bei Rednitzhembach. Diese Verluste scheinen Albrecht dann gezeigt zu haben, daß ein endgültiger Sieg über seine Widersacherin nicht zu erzwingen war; man traf bald darauf ein vorläufiges Abkommen, einen Waffenstillstand, aber der eigentliche Friede ließ noch lange auf sich warten, und diese Verschleppung wirft ein kennzeichnendes Licht auf das träge Landesoberhaupt: Nürnberger und Ansbacher Räte reisten dreimal vergebens nach Wiener Neustadt, wo sich der König aufhielt; doch

Friedrich III. lagen andere Geschäfte näher am Herzen. Er stand jedesmal ziemlich rat- und kraftlos zwischen den Parteien. So kam eine endgültige Einigung erst drei Jahre später, 1453, zustande. Das Ergebnis war dürftig, wie bei den meisten Kriegen: Beide Teile hatten nur verloren, was mit Geld nicht zu bezahlen war. Die Ländereien Ansbachs und Nürnbergs vom Schwäbischen bis gegen Oberfranken waren übel zugerichtet und an vielen lebensnotwendigen Dingen herrschte jetzt empfindlicher Mangel. Albrecht selbst soll sein Bedauern ausgedrückt haben über das, was er da angerichtet. Er begnügte sich jetzt auch mit einer kleinen Abfindung, mit etwa dem vierten Teil dessen, was er vorher so herrisch gefordert hatte. Auch gab er den Nürnbergern als Gegenleistung fünf von ihm besetzte Schlösser zwischen Ansbach und dem Aischgrund wieder heraus — wir sehen daran, welche Ausweitung mittlerweile das Hinterland unserer Stadt erfahren hat. Der Markgraf mußte sich nun mit alledem abfinden und tat es sogar recht ritterlich: Er begrub mit dem Kriegsbeil auch die Urfeindschaft, indem er künftig keine Gebietsansprüche mehr stellte und sogar im März 1454 mit seiner Gattin als geehrter Gast nach Nürnberg kam, um bei einem großen Turnier auf dem Markt als Sieger hervorzugehen. Meinungsverschiedenheiten blieben auch danach nicht aus, aber sie bewegten sich, wie wir noch sehen werden, in anderer Richtung.

Unterdessen war Friedrich III. über die Alpen gezogen, um sich mit viel falschem Glanz vom Papst die Kaiserkrone aufs Haupt setzen zu lassen. Es war das letzte Mal, daß diese feierliche Handlung vollzogen wurde, denn was Karl IV. angestrebt hatte, war jetzt Wirklichkeit geworden: Die weltliche Macht des Abendlandes hatte sich für immer von der geistlichen geschieden; damit erkalteten die Beziehungen des Reiches zu Italien stets mehr und die Bezeichnung des Herrschers als römischer Kaiser wurde schließlich zur leeren Formel. Bei dieser Krönungsfahrt befand sich unter Friedrichs Begleitern auch der Nürnberger Ratsherr Niklas Muffel, der auf die Reichskleinodien zu achten hatte; als er jetzt beim päpstlichen Hochamt als Ministrant mitwirkte und sonstige ehrende Ämter versah, ahnte er nicht, welch schimpfliches Los ihm wenige Jahre später bevorstand. Er schrieb mit Stolz einen Bericht über den Verlauf der Festlichkeiten und schloß ihn mit dem Hinweis, daß in Rom keine Botschaft der Reichsstädte so sehr geehrt worden sei, wie die der Stadt Nürnberg, denn *„sie hat den größten Namen"*.

Türkische Krieger schleppen Bauern fort. Holzschnitt von Hans Guldenmund, Nürnberg, nach 1528

Kaum war Friedrich wieder zu Hause in Wiener Neustadt, wurde er von unzufriedenen Vertretern der österreichischen Stände in die Enge getrieben auf eine Art, die einer Belagerung gleichkam; er zankte sich mit ihnen in einer Haltung zwischen engstirnigem Dünkel und träger Unentschlossenheit herum, als ihm ein unerwartetes Ereignis die Tränen in die Augen trieb und die gesamte Christenheit erzittern machte: Am 29. März 1453 war das glänzende Konstantinopel, das Rom des Ostens, in die Hände der Türken gefallen und bald darauf von ihnen zur Hauptstadt erhoben worden. Byzantinische Fürsten und Adlige überschwemmten als Flüchtlinge das ganze Abendland, verbreiteten Nachrichten über die von den Osmanen angerichteten Greuel und brachten den Rest ihres ehemals sagenhaften Reichtums an fremden Residenzen durch. Doch führten sie auch wertbeständige Schätze mit sich: Die Schriften des klassischen und frühchristlichen Griechenland, die sie zu lesen verstanden und deren Kenntnis sie dem Westen vermittelten als einen Anstoß zu der großen Bewegung des Humanismus.

Gegen die Türken aber geschah auch danach noch herzlich wenig. Die Kirche hatte ein wirksames Mittel zur Füllung ihrer Kassen gefunden, das nun auch gegen den drohenden Feind im Osten ins Treffen geführt wurde: Den Ablaß, mit dem man den Leuten das Seelenheil ins Haus trug, anstatt daß sie es sich mühsam durch eine Pilgerreise erwerben mußten. Die Erlegung eines höheren und später sogar mäßigen Betrages sollte die gleiche Wirkung üben wie eine Bußfahrt nach Rom, wenn man von wahrhaftiger Reue erfüllt war und sich außerdem den vorgeschriebenen kirchlichen Übungen unterzog. Daß dies aufs große gesehen kaum mehr als ein schlaues Geschäft war, geht allein daraus hervor, daß Papst und Kaiser vorher ein Abkommen getroffen hatten, wie sie Ablaßgelder und Türkenzehnten untereinander aufteilen wollten. Dementsprechend war auch die praktische Hilfe, die der tapfere Johannes Hunyadi in Ungarn davon erhielt, recht gering; hätte man diesen kühnen Mann in seinen verschiedenen, bald siegreichen und bald unglücklichen Schlachten bei Semendria, auf dem Amselfeld oder bei Belgrad nachhaltig unterstützt, so wären dem Abendland zweihundert Jahre der Not und des Schreckens erspart geblieben.

Für den Ablaßhandel war natürlich auch das wohlhabende Nürnberg ein günstiger Boden. Erstmalig 1451 hatte hier ein Abgesandter von Petri Stuhl mit großem Erfolg gesprochen und geworben, der gelehrte Nikolaus von Cues, späterer Bischof von Brixen. Er erlöste nahezu 40000 Gulden, einen Betrag, der den Nürnberger Rechtsberater Gregor von Heimburg höchst nachdenklich stimmte, weil er ungünstige Folgen für weitere große Abwanderungen bodenständigen Geldes in die Fremde voraussah. Aufsehen erregte im nächstfolgenden Jahr der nachmals heiliggesprochene Barfüßermönch Johannes Capistranus, ein blendender und hinreißender Kanzelredner, dessen Auftreten in Nürnberg geradezu eine Volksbewegung im kleinen auslöste. Während eines ganzen Monats predigte er täglich auf offenem Markte von einem dem Heiltumsstuhl ähnlichen Gerüst herab gegen die Muselmanen, das Ketzertum der Hussiten und gegen die lasterhafte Üppigkeit der Zeit, die einst schon Johannes Hus so sehr beschäftigt hatte. Obwohl Capistranus nicht einmal der deutschen Sprache mächtig war, liefen ihm die zerknirschten Seelen in hellen Scharen zu; sie brachten ihm 3600 Spielbretter, 40000 Würfel, einen Berg von Spielkarten und 76 reichbemalte Schlitten als Bußopfer, die er dann vor ihren Augen auf einem Scheiterhaufen verbrannte. Auch wundertätige Heilungen soll er vorgenommen haben. In einer ganz realen Sache hatte er allerdings keinen Erfolg: Dreimal setzte er sich vergebens dafür ein, den damals noch nicht endgültig ausgetragenen Konflikt zwischen der Stadt und dem Ansbacher Markgrafen in Güte beizulegen.

1456 fand in Nürnberg ein Reichstag statt — wie gewöhnlich ohne den Kaiser —, der die Türkengefahr und ihre mögliche Bannung zum Gegenstande hatte. Der uns schon bekannte Äneas Silvius Piccolomini erhob als Vertreter Roms seine wohltönende Stimme für einen neuen Kreuzzug, aber ihm erstand in dieser Sache ein beharrlicher Gegner in jenem Gregor von Heimburg, welcher besonders auf der nächsten Zusammenkunft, dem Fürstenkongreß zu Mantua (1459), mit schonungsloser Deutlichkeit darauf hinwies, daß eine gemeinsame Unternehmung großen Stiles wenig Erfolg verspräche, da die inneren Voraussetzungen dafür fehlten: Man habe ja die bisher aufgebrachten Geldmittel schmählicherweise für andere Zwecke als zur Bekämpfung der Gefahr im Balkan verwandt. Er vertrat seinen Standpunkt auch dann noch kühn und erfolgreich — wobei es ihm in letzter Konsequenz um die Loslösung der deutschen Kirche vom Vatikan ging —, als sein Gegenspieler Äneas unter dem Namen Papst Pius II. die Tiara trug; er wurde diesem geradezu gefährlich und der suchte ihn dadurch unschädlich zu machen, daß er ihn mit dem Bannfluch belegte. So waren sie von Freunden zu Todfeinden geworden: 1449 hatten sie in Wien sich in behaglichem Gelehrtengespräch über den möglichen Ursprung des Nils unterhalten, und nun trachtete dieser Mann als Papst dem Franken nach Freiheit und Leben: In einem Rundschreiben befahl er allen deutschen Fürsten, Heimburg als *„Schwätzer und Teufelssohn"* sogleich gefangenzusetzen, wo immer man seiner nur habhaft werde, und seine Güter zu beschlagnahmen. Da der Verfolgte auch Besitzungen auf reichsstädtischem Boden hatte, erhielt der Nürnberger Rat ebenfalls jene Aufforderung; er erwiderte aber darauf, eingedenk der vielen guten Dienste, die Heimburg ihm bisher geleistet, sehr gelassen, daß dies eine rein geistliche Angelegenheit sei, in die er als weltliche Behörde sich nicht einmischen wolle. Gregor von Heimburg, der durch seine umfassende Bildung und seine Freundschaft zu den geistigen Vertretern unserer Stadt ein Wegbereiter des Humanismus in Nürnberg war, wurde wegen dieser unbestechlich aufrichtigen Haltung von der Kirche bis an sein Lebensende verfolgt, ging aber eigentlich doch als Sieger hervor, denn niemand setzte ihn trotz seiner Vogelfreiheit gefangen und kurz vor seinem Tode, 1472, erreichte es der ihm freundschaftlich gesinnte Kurfürst von Sachsen, daß der Bann wieder von ihm genommen wurde.

Im selben Jahr, 1456, des genannten Türkenreichstages, hatte auf dem Spitalplatz ein Kardinal zu kriegerischer Hilfe gegen die Ungläubigen aufgerufen und ein Aufgebot von etwa 1500 Freiwilligen zustande gebracht. Der Rat versah diese Männer mit Kleidern, Rüstung und Zehrung, auf daß sie sich unter dem Befehl zweier Hauptleute dem Heer der Kreuzesstreiter anschlössen. Sie kamen bis Belgrad, wo

Johannes Hunyadi den Sultan Suliman schlug, nahmen aber selbst an den Kämpfen nicht mehr teil. Dennoch erging es ihnen herzlich übel, denn nur rund ein Drittel von ihnen kehrte zum Winter in jämmerlichem Zustand wieder heim und wußte ein klägliches Lied von den nutz- und sinnlos erlittenen Mühsalen zu singen. Die Stadt ließ sich dies zur Lehre dienen und versagte künftig einer jeden Werbung für irgendeinen Kreuzzug zur Rettung christlicher Ehre ihre Unterstützung. Unterdessen war Albrecht Achilles wieder der Kamm geschwollen. Da er gegen die Nürnberger kein Glück im Streit gehabt, suchte er sich jetzt einen anderen Gegner — den Herzog Ludwig von Bayern-Landshut, gegen den ihn auch der Kaiser lebhaft unterstützte. Wieder ergreifen zahlreiche Fürsten und Städte auf beiden Seiten Partei; Papst Pius II. legt sich beschwichtigend ins Mittel, denn ihm wäre wegen des Feindes im Osten an einer allgemeinen süddeutschen Einigkeit weitaus mehr gelegen. Dies hindert aber nicht, daß nun für die Dauer von zwei Jahren wechselseitig das gleiche Sengen und Morden anhebt, wie zuvor zwischen Nürnberg und dem Markgrafen. Dieser sucht jetzt sogar die Stadt für sich zu gewinnen und geht dabei einmal recht keck zu Werke, wie es uns eine Anekdote schildert. Da er auf seine bisherigen Vorstellungen immer nur laue Antworten erhielt, kommt er unvermutet nach Nürnberg, um durch sein selbstbewußtes Auftreten mit sanfter Gewalt einen Ratsbeschluß zu seinen Gunsten zu erzwingen. Man verhandelt seinetwillen mit aller Gründlichkeit, und er muß so lange vor der Tür stehen, die er schließlich, als es ihm zu lange dauert, ungebeten öffnet. Der Bürgermeister tritt ihm sogleich entgegen und weist ihn todernst darauf hin, daß nicht einmal Kaiser und Könige unaufgefordert die Ratsstube betreten dürften und dies jedem Unbefugten bei Todesstrafe verboten sei. Unwirsch und verwirrt zugleich erwidert der Markgraf in echt fränkischem Tonfall: *„Trau mer net!"* und zieht sich zurück. Die Beratung wird fortgesetzt, und schließlich muß der Losunger Niklas Muffel dem Ansbacher die bittere Pille einflößen, daß die Stadt auch fürderhin *„stille sitzen"*, das heißt unparteiisch bleiben wolle. Da dem also Beauftragten die Worte mühsam oder gar ungeschickt von den Lippen kamen, läßt Albrecht vor dem Fortgehen ihn seinen Unmut entgelten, indem er ihm spöttisch zuruft: *„Du altes Muffelmaul, wie lang hast du nun gemuffelt, bis du's herausgemuffelt hast!"* So etwa trug es sich rund sechs Jahre vor dem plötzlichen und schimpflichen Ende dieses Ratsherrn zu. Am

28. Februar 1469 wurde Niklas Muffel, zwei Wochen zuvor noch einer der obersten Ratsherren, durch den Galgen hingerichtet. Niemals zuvor war eine auch nur annähernd ähnliche Strafe über einen hohen Beamten der Stadt verhängt worden, denn mochte auch die Bürgerschaft an der Auffassung der Ratsführung manches auszusetzen haben, so galten doch ihre Vertreter als uneigennützige Diener am allgemeinen Wohl wegen ihrer Redlichkeit als unantastbar. Aus diesem Grunde erregte es auch im ganzen Lande gewaltiges Aufsehen, daß ein Angehöriger des regierenden Standes über Nacht vom Edelmann zum gemeinen Verbrecher herabgesunken war, und unter dem Volke, das gern für die Benachteiligten Stellung ergreift, herrschte vielfach die Meinung, daß dieser jähe Sturz weniger durch eine erwiesene Schuld als durch Neid verursacht worden sei. Der Grund dieser unberechtigten Annahme war eben das zu schnell durchgeführte Verfahren.
Der nunmehr fast Siebzigjährige war dank seiner guten Abkunft, seines gewandten Auftretens und besonderer Geschicklichkeit in öffentlichen Geschäften rasch zu den höchsten Würden emporgestiegen, die seine Vaterstadt zu vergeben hatte; auf diesem beruflichen Wege entfaltete sich sein brennender Ehrgeiz wie ein Flügelpaar. So war er schon in jungen Jahren Losunger geworden, Verwalter der städtischen Gelder, und wurde außerdem mit wichtigen Gesandtschaften betraut, die ihn mit Kaiser und Papst in enge Berührung brachten — in solcher Eigenschaft begegnete er uns auch bereits bei der Krönung Friedrichs III. in Rom. Daheim ließ er es allerdings öfter an Takt und Rücksicht fehlen, denn im Rat wurde er viele Male wegen seines hochfahrenden, nörglerischen Wesens gerügt. Darum besaß er Feinde bis in die nächste Verwandtschaft hinein, Leute, denen er unbequem geworden war und die es nicht ungern sehen mochten, wenn sein Fuß irgendwann strauchelte. Er war vermögend, führte aber mit seiner zahlreichen Familie ein großes Haus und erlitt auch empfindliche Geldverluste. Zudem verschlang seine Leidenschaft für den Erwerb von Reliquien erhebliche Beträge. Sammler werden zu Narren und zu armen Sklaven ihrer Neigung immer dann, wenn sie vergessen, daß aller Besitz nur inmitten des wirklichen, durchbluteten Lebens gerechtfertigt ist. Dies hatte Muffel außer acht gelassen, und die gleichen Dinge, mit denen er sein Seelenheil sichern wollte, wurden ihm zum irdischen Verderb. Seine einseitige Frömmigkeit ließ ihn bigott werden und er scheute schließlich keinen Preis, um an jedem Tag des Kirchenjahres einen anderen irdischen Rest heiliger

Männer oder Frauen in der betenden Hand zu halten. Ein Knöchelchen von ihnen, ein Gewandteilchen oder ein Span ihres Marterwerkzeuges waren ihm die Kraftquellen, die ihm das schlagende Herz nicht mehr gewähren konnte, und so wollte er mit diesen Unterpfändern des Himmels allmorgendlich aufs neue in bußfertiger Übung die Vergebung seiner Sünden anstreben. Sein schon in den Augen der Zeitgenossen besessenes Gebaren beweist doch wohl, wie wenig er sich stets seiner Tugend sicher fühlte, und darin mag denn auch der Schlüssel seiner unglückseligen Verfehlung zu suchen sein.

Das Verhängnis war dadurch ausgelöst worden, daß man Muffel der Verletzung von Amtsgeheimnissen überführt hatte. Bei dieser Gelegenheit enthüllte sein engster Mitarbeiter Anton Tucher, was er vorher schon vertraulich dem älteren Rat gemeldet hatte: Daß dem Muffel einmal, als er aus der Losungsstube kam, einige Goldstücke aus dem Ärmel gefallen seien. Darüber war er anscheinend so verwirrt gewesen, daß er auf Befragen ohne weiteres zugab, dies Geld sei nicht sein eigenes, sondern *„gemeiner Stadt"* gewesen. Ein anderes Mal habe er sich in verdächtiger Weise mit einem Säckchen zu schaffen gemacht, das 1000 Gulden enthielt; nach den erhaltenen Protokollen gab er in beiden Fällen noch vor dem hochnotpeinlichen Verhör zu, die Beträge entwendet zu haben. Darauf wurde er in das berüchtigte Lochgefängnis unter dem Rathaus geführt, eine Woche lang der Folter unterzogen und nach umfassendem Geständnis rasch dem Henker überantwortet, trotz warmer Fürsprache verschiedener hochstehender Persönlichkeiten.

Die Schnelligkeit, mit der dieser Prozeß abgeschlossen und das unerbittliche Urteil vollstreckt wurde, gab damals schon vielfachen Anlaß zu der Vermutung, daß es dabei nicht ganz mit rechten Dingen zugegangen sei. Emil Reicke, der Nestor der modernen Nürnberger Geschichtsschreibung, hat drei schwache Punkte dieses Verfahrens hervorgehoben, nämlich die Anwendung der Folter zur Erzielung eines umfassenden Geständnisses, die Rechtsprechung hinter verschlossenen Türen und die Tatsache, daß dieselben Ratsherren, die gegen Muffel klagten, zugleich über ihn zu Gericht saßen. Nun war aber die Anwendung des peinlichen Verhörs eine allgemeine Gepflogenheit des ganzen Mittelalters und außerdem hatte Muffel den Urkunden zufolge die belastenden Aussagen schon vor der Tortur gemacht; schließlich fällt für den ganzen Fall mildernd ins Gewicht, daß zu jener Zeit auf Diebstahl, zu dem sich auch noch so etwas wie Landesverrat gesellte, stets härteste

Strafen standen. Wenn im übrigen der Angeklagte sich seitens seiner ehemaligen Amtsbrüder nicht sonderlichen Wohlwollens erfreute, so hatte es der Nürnberger Rat trotzdem nicht nötig, einen falschen Spruch zu fällen, einzig mit dem Ziel, auf bequeme Weise eine mißliebige Person loszuwerden — dazu hätte es ja allein genügt, Muffel schon vor Jahr und Tag nicht wiederzuwählen. Vielmehr mochte es der Stadt bei ihrem geradezu einzigartigen Ansehen vor der Welt darum zu tun sein, mit diesem abschreckenden Beispiel kundzutun, daß unbedingte Rechtschaffenheit eines ihrer obersten Gebote war; man zeigte sich insofern nachsichtig, als man der Witwe und den acht Kindern nicht entgelten ließ, was das Haupt der Familie verschuldet. Das Wort des russischen Dichters Leo Tolstoj, ein Alter, der lügt, sei wie ein Reicher, der stiehlt — dies Wort trifft grundsätzlich auf Niklas Muffel zu, wie kaum ein anderes, und vielleicht hat man sich damals schon unbewußt nach ihm gerichtet: Womöglich wäre man bei einem Jüngling glimpflicher verfahren, dem die Buße eine heilsame Lehre fürs künftige Leben sein konnte, während die Erdensonne des ungetreuen Patriziers sich schon gegen Abend neigte.

Zwei Jahre später, im August 1471, erlebten die Bürger ein wesentlich freundlicheres Schauspiel: Nach einem Menschenalter besuchte Friedrich III. wieder einmal Nürnberg, das ihn als Kaiser überhaupt noch nicht gesehen hatte. Da man die Wunderlichkeiten des hohen Herrn genügsam kannte, bemühte man sich ganz besonders darum, allen Ärger von früher vergessen sein zu lassen, und bewirtete ihn mit höchsten Ehren. Die Glanzpunkte dieses Empfanges waren ähnlich, wie sie uns schon von anderen Gelegenheiten her bekannt sind: Feierliches Einholen des Fürsten durch zwei Abgesandte des Rates von Neumarkt her und dann in der Gegend des heutigen Sankt Peter durch die gesamte Priesterschaft; ein Baldachin am Frauentor, festlicher Gottesdienst in der Sebalduskirche unter Vorweisung verschiedener Reliquien und endlich Überreichung eines Geschenks von 1000 Goldgulden in einem edel gefaßten Straußenei, das schon Karl der Große besessen haben soll. Der Kaiser registrierte all diese Ehrungen genau und da sie ihm ausreichend erschienen, war er äußerst gnädig. Schon 1474 kam er zu einem Reichstag wieder, diesmal von seinem Sohn Maximilian begleitet. Man verhandelte erneut darüber, wie man den Türken Einhalt gebieten könne, die jetzt schon mit Vorhuten in österreichisches Land eingefallen waren. All diese Beratungen standen aber im Zeichen der

33. Zwei Ansichten: Aufnahme von 1941 mit eng gedrängten, steilen Dächern

34. Ähnliche Blickrichtung 1968, mit großen Lücken im Wiederaufbau

35. Fischerhäuser an der Pegnitz, Idylle der fünfziger Jahre

bekümmerten Worte, die jetzt der Nürnberger Bierbrauer und Armenpfleger Heinrich Deichsler in seine Stadtchronik schrieb: *„Da reitet alsbald jedermann heim und nichts wurde ausgemacht oder beschlossen."*
Nicht allein dies: An Stelle wirksamer Abwehr im Osten kommt es im Westen zu einem anfangs nicht ungefährlichen Krieg gegen Karl den Kühnen von Burgund, einen ebenso klugen wie rücksichtslosen Eroberer. Als Feind des Erzbischofs von Köln belagert er jetzt die Stadt Neuß am Rhein — sicher schon nach der schwächsten Stelle im Gefüge des römischen Reiches tastend, das er durch ein eigenes, burgundisches Königreich ablösen wollte. Zum Entsatz der eingeschlossenen Bürger von Neuß, die über ein halbes Jahr lang jeden Angriff heldenhaft abschlagen, muß auch Nürnberg mehrmals Truppen entsenden, so im Oktober 1474 ein Aufgebot von 300 Mann unter Führung des Stadthauptmannes Gabriel Tetzel. Den Oberbefehl über das deutsche Heer hat an Stelle des stets kampfunlustigen Kaisers der Ansbacher Albrecht Achilles, welcher mittlerweile sehr gealtert ist. Bevor noch dem Burgunder eine entscheidende Schlacht geliefert wird, löst Friedrich den ganzen Zwist auf die nachmals so berühmte habsburgische Art, indem er zwischen dem schönen Jüngling Maximilian und Karls des Kühnen Tochter Maria eine Ehe anbahnt; damit gehen auf beiden Seiten stolze dynastische Pläne ihrer Erfüllung entgegen.
Sonst aber war dem Kaiser in jenen Jahren das Glück nicht hold, allerdings durch eigenes Verschulden. Friedrich hatte dem ungarischen König Mathias Corvinus die Herrschaft über Böhmen versprochen, dann aber sein Wort nicht gehalten. Dafür rächte sich Corvinus und fiel in Österreich ein; der Kaiser vermochte ihm nicht standzuhalten, er mußte aus Wien fliehen und kam mit wenigen Getreuen als Hilfesuchender ins Reich. Er selbst nahm seinen Fall gelassen hin, wie alles, was ihm auf Erden widerfuhr, aber in den Augen der Kurfürsten hatte er sein Ansehen völlig eingebüßt und wie einst bei Wenzel wurde mehrmals seine Absetzung erwogen. Schließlich drang man darauf, daß er dem Kronprinzen, welcher mehr Temperament, Beredsamkeit und Geschick offenbarte, größere Vollmachten einräume. Friedrich liebte wohl Maximilian als Sohn ebenso, wie er ihn als Nebenbuhler fürchtete — darum willigte er nur zögernd darein, daß jener im Februar 1486 in Frankfurt am Main zum römischen König gewählt wurde. An den Feierlichkeiten dieser Krönung hatte auch Albrecht Achilles tätig mitgewirkt, denn durch das Aussterben zweier Zollernscher Seitenlinien

Friedrich III.
in seinen letzten Lebensjahren
(nicht porträtgetreu).
Bild aus der Schedelschen
Weltchronik, 1493

waren ihm erst die oberfränkischen Besitzungen und dann die gesamte Mark Brandenburg zugefallen, was ihm zugleich den Kurhut eintrug. Trotz dieser Erbschaften, die ihn vielseitig beschäftigten, gab er seine Residenz in Ansbach nicht auf und blieb daher stets Nürnbergs nächster Nachbar. Der gewaltige Zuwachs seiner Lande mochte mit ein Grund dafür sein, daß sich in Albrechts letzten Jahren die Beziehungen zu der ehemaligen Todfeindin nicht mehr ernstlich trübten. Als ihn jetzt, noch während des Festaktes, zu Frankfurt der Tod ereilte, hielt der Rat zu seinen Ehren einen Trauergottesdienst in der Spitalkirche ab und entsandte die beiden ältesten Losunger zu dem Begräbnis im Kloster Heilsbronn. Laut Bestimmung des Verstorbenen wurde der Ansbacher Besitz so unter die drei ältesten Söhne aufgeteilt, wie er vorher bestanden hatte: Johann, genannt Cicero, erhielt Brandenburg mit der Kurwürde, Friedrich das Markgrafentum Ansbach und Sigismund das Bayreuth-Kulmbacher Land, welches als das Gebiet *„ob des Gebirges"* bezeichnet wurde. Damit rückte, politisch gesehen, Ansbach wieder empfindlich dicht an Nürnberg heran und da die rechtlichen Unklarheiten bezüglich Zoll und Geleitabgaben, Waldnutzung und Wildbann immer noch die gleichen wie ehedem waren, konnten neue Verwicklungen nicht ausbleiben. Der junge Markgraf Friedrich hatte den Haß gegen die immer wohlhabender sich zeigenden Bürger unserer Stadt gleichsam mit der Muttermilch eingesogen und er wurde auch ihm zum Lebensgrundsatz. Darum mutet es wie ein

Losungswort an, daß er jene immer nur verächtlich die *„Bauern von Nürnberg“* nannte. Eifrig suchte er nach neuem Zündstoff und bald war es wieder soweit, daß der Kaiser schlichtend eingreifen mußte.

Auch dessen gemächliches Leben ging langsam zur Rüste. Im Jahr 1487 kam er zum letzten Male nach Nürnberg, um hier einen seiner glänzendsten und am besten besuchten Reichstage abzuhalten. Obwohl man dabei fast ein Jahr lang eifrig redete, wurde wieder nichts ausgerichtet — nicht einmal ein brauchbarer Entschluß zur Bekämpfung des Ungarnkönigs Mathias gefaßt, der sich immer noch ungestört in Österreich herumtummelte. Dafür löste jetzt eine Lustbarkeit die andere ab und der Kaiser zeigte sich aufgeräumt wie nie zuvor. In der Stadt hatte man wieder einmal alle Hände voll zu tun, um die zahllosen hohen und niederen Gäste unterzubringen und möglichen Unruhen vorzubeugen. Neben prunkvollen Kirchenumzügen, Turnieren und Tanzvergnügen fand auch mehrmals eine feierliche Lehenserteilung durch den Kaiser auf dem Marktplatz statt, darunter an die drei Ansbacher Erben, welche im übrigen durch ihre Lebenslust und Großzügigkeit bei verschiedenen kostspieligen Einladungen viel von sich reden machten.

Friedrich III. schien wohl jetzt zur Altersrührseligkeit zu neigen, denn er gab sich volkstümlich auf eine Art, die man früher an ihm nicht gekannt hatte. So besuchte er nach einer Wallfahrt zur Egidienkirche das ihm sicher wegen seiner vorbildlichen Führung gerühmte Heiliggeist-Spital und verehrte jedem Kranken eigenhändig eine große Silbermünze. An einem schönen Maientag ließ er alle Schulkinder mit ihren Lehrern in langem Zug zu sich auf die Veste kommen. Knaben und Mädchen scharten sich um die damals schon sagenumwobene Kunigundenlinde im inneren Burghof und sangen liebliche Volkslieder; der Kaiser blickte wohlgefällig vom Fenster seines *„neuen Stübleins“* auf die fröhliche Schar herab und ließ zum Abschluß Goldstücke unter sie verteilen. Dieses Stilleben erlitt aber schon bei den Augenzeugen eine starke Einbuße dadurch, daß der Rat hintennach die blanken Gulden wieder einsammeln ließ, wahrscheinlich, weil der allezeit geizige Fürst sie nicht aus eigener Tasche, sondern aus der Losungsstube hatte bezahlen wollen. Im gleichen Monat noch lud Friedrich gegen 4000 Kinder zu sich in den Graben unter der Burg und bewirtete sie mit Lebkuchen und mit guten Getränken. Böse Zungen behaupteten hintennach, in Erinnerung an die Sache mit den Gulden, die verteilten Fladen seien dünn und armselig genug gewesen; wäre dies aber der Fall ge-

Grabbild des Humanisten Conrad Celtis.
Holzschnitt von Hans Burgkmair
aus den letzten Lebensjahren des Dichters

wesen, so hätten sie kaum noch so lange unter dem Namen *„Kaiserlein"* die Erinnerung des Volkes belebt, weshalb sie auch bis ins 18. Jahrhundert hinein von vielen Bäckern weiter hergestellt wurden. Ein weiteres, durchaus unpolitisches Ereignis jenes Reichstages war, daß der fränkische Humanist und Poet Conrad Celtis nach südlichem Vorbild auf der Burg zum Dichter gekrönt wurde. Diese Ehre, die zuvor keinem Deutschen widerfahren war, kam eigentlich mehr aus dem Stegreif zustande, als daß sie eine vorsätzliche Wertschätzung eines bodenständigen Künstlers gewesen wäre — Celtis, der trotz seiner 28 Jahre damals schon europäischen Ruf genoß, war von einer langen Wanderung aus Italien zufällig in den Trubel der Nürnberger Festlichkeiten geraten und, da es ihm an guten Freunden nicht fehlte, dem Kaiser wärmstens empfohlen worden. Er gehört zu den Wegbereitern des Humanismus in Nürnberg; von ihm stammt ja auch jene erste umfassende und gut beobachtete Schilderung zum Lob unserer Stadt, der wir eingangs eine Skizze des hiesigen Menschen entnahmen und in welcher uns ferner berichtet wird, daß Kaiser Friedrich auf der Burg sogenannte hängende Gärten habe anlegen lassen — ein Plan, der, welchen Umfang er auch immer gehabt haben mag, wohl kaum ohne das neue Bildungs- und Schönheitsideal des Südens denkbar gewesen wäre; er wollte vielleicht die hängenden Gärten der Semiramis nachahmen, von denen man über den Weg der orientalischen Märchenerzählung irgendwelche unbestimmte Vorstellungen haben mochte. Handgreiflicher, weil brauchbarer, mutet freilich das große zinnene Horn an, das Friedrich auf dem Vestnerturm anbringen ließ, eine Art riesiger Orgelpfeife, die in Ermangelung eines sonstigen zuverlässigen Zeitmessers den Bürgern und Gästen für die Dauer des ganzen Reichstages weithin vernehmlich die Stunden verkündete.

Bald darauf zog sich Friedrich ganz von den Regierungsobliegenheiten zurück und begab sich nach Linz, wo er sich nur noch seinen persönlichen Neigungen widmete in jener seltsamen Mischung von Aberglauben und Scharfblick, die ihn zwar zu einer wenig fürstlichen, doch für das ausgehende Mittelalter kennzeichnenden Erscheinung machte. Als er im August 1493 im Alter von 78 Jahren starb — sehr unkaiserlich infolge allzu reichlichen Genusses von Melonen —, war die Trauer in all seinen Landen gering und nur wenig Menschen mochten empfinden, daß mit diesem zähen Manne ein ganzes Zeitalter ins Grab gesunken war.

Der Thronfolger Maximilian verdankte seiner portugiesischen Mutter einen gesunden Schuß südländisch heißen Blutes, das sich am vorteilhaftesten in Lebhaftigkeit, Mut und gewinnendem Wesen äußerte. Obwohl er sich in vieler Hinsicht auf das angenehmste gegen seinen Vater abhob, hat auch er die in ihn gesetzten Erwartungen nicht erfüllt. Denn seinen Gaben fehlte die sammelnde Kraft, die Konzentration. Er war ein Mann rascher, doch selten ausgereifter Entschlüsse und ließ den Weitblick des geborenen Regenten vermissen. Darum sagte König Ludwig von Frankreich nicht zu Unrecht von ihm, er wisse morgen nicht mehr, was er am Vorabend versprochen, und ähnlich urteilt auch der geistige Urheber des modernen Fürsten, Machiavelli, der noch hinzufügt, Max habe sich in beständiger körperlicher und geistiger Aufregung befunden. Ihn mochte am meisten verdrossen haben, daß dieser König ein unberechenbarer Verhandlungspartner war, und zwar weniger aus Schläue als aus Wankelmütigkeit. Außerdem war er in seinen Plänen mitunter sogar maßlos — so wollte er nach dem Tod seiner zweiten Frau ernstlich Papst werden oder ein anderes Mal das Oberhaupt Europas zur Niederwerfung der Türken. Zu alledem paßte, daß er nicht zu rechnen verstand und immer in Geldnöten schwebte. Verlief seine Regierungszeit dennoch nicht ohne Erfolge, so waren sie Stückwerk des Zufalles an Stelle vom einheitlichen Stoff eines überlegenen Willens. Dennoch liebte ihn das Volk heiß, den *„letzten Rit-*

Kaiser Maximilian I.
Gedenkblatt mit dem Dürerschen Holzschnitt
von 1519

ter", der dank vieler guter Ansätze und seiner edlen Leidenschaft für die schönen Künste der erste neuzeitliche Romantiker auf dem deutschen Thron war. Zu Lebzeiten und noch lange nach dem Tode seines Vaters mußte Maximilian hart um seine Selbstbehauptung ringen. In Wien saß der ungarische Mathias und hätte es vielleicht noch ein Menschenalter lang getan, wenn er nicht 1490 gestorben wäre. In den Niederlanden wollte man ihn, seit Karl der Kühne an den Eidgenossen seinen Meister gefunden hatte und 1476 in Nancy gefallen war, nicht als Nachfolger des Herzogs von Burgund anerkennen, welcher über ein riesiges Gebiet geherrscht hatte — nicht nur das ganze Holland und Flandern waren ihm untertan gewesen, auch Luxemburg, dazu andere Teile des heutigen Belgien und Frankreich. So liebenswert Maximilian sich auch persönlich zeigte: nachdem man das Joch des Herzogs losgeworden war, fürchtete man in den freiheitshungrigen Städten ein neues durch eine enge Bindung an das Haus Habsburg. Außerdem konnte Maximilian von der ersten Stunde an nicht verbergen, wie wenig wirkliche Macht hinter ihm stand. Mit großer Mühe gewann er endlich die Hand seiner Braut, die sich nach dem unerwarteten Tod ihres Vaters von allen Seiten bedroht sah. Wenige Jahre nur währte das Eheglück, denn Maria von Burgund starb, kaum 25 Jahre alt, an den Folgen eines Sturzes bei der Jagd. Jetzt bemächtigten sich die Flamen ihres Sohnes und andere Wirren traten ein, die einen Feldzug erforderlich machten. Zur Not nur brachte Maximilian dafür Geldmittel und Soldaten auf, so 200 Mann Nürnberger unter dem Stadthauptmann Ulman Stromer. Der Kronprinz vermochte dadurch keine Vorteile zu erringen; er verlor einige Gefechte und im Jahre 1488 hielt ihn sogar die Stadt Brügge mehrere Monate lang gefangen. Beinahe in letzter Stunde befreite ihn sein Vater mit Unterstützung der deutschen Städte. In Nürnberg war man hierüber so erfreut, daß man alle Glocken läuten ließ und ein großes Fest veranstaltete.

Obwohl Maximilian also aus den Niederlanden nicht viel Ruhm mitbrachte, dachte er doch an seinen dortigen Aufenthalt bewegt zurück, denn er hatte ihm Glück und Leid einer tiefen Liebe beschert, drei Kinder, dazu ritterliche Kämpfe und mancherlei Abenteuer. Darum beauftragte er seinen Geheimschreiber Melchior Pfinzing, Propst an der Nürnberger Sebalduskirche, mit der Niederschrift dieser Eindrücke. Pfinzing hatte aber von alledem nichts empfunden und da er auch keine Vorstellungskraft besaß, wußte er das Ganze nur in steife Reime zu bringen, ohne selbständige Gedanken das längst verblichene Vorbild der höfischen Romane nachahmend. Das Ergebnis davon, der *„Teuerdank"*, wurde 1517 durch den Augsburger Verleger Johann Schönsperger in Nürnberg herausgebracht und was es an Inhalt vermissen ließ, das ersetzte die beispiellos prächtige, auf Pergament gedruckte Ausgabe.

Der junge König war am 15. August 1489 zum ersten Male in Nürnberg eingezogen und es wurde ihm gleich so herzlich gehuldigt, wie wenigen seiner Vorgänger der letzten hundert Jahre. Vielleicht geschah es deshalb, daß Maximilian nicht auf der Burg Quartier nahm, sondern wie weiland Ludwig der Bayer in einem wohleingerichteten Bürgerhaus unter der Veste bei dem gastlichen Großkaufmann Christoph Scheurl, dem Vater des nachmals berühmten Rechtsgelehrten. Schon damals gefiel es dem König in der Stadt ausgezeichnet, was natürlich den Ratsherren nicht verborgen blieb. Als er daher vor seiner Abreise einen Kreis angesehener Frauen und Männer zu Tisch geladen hatte, erlaubte sich der ebenfalls anwesende Ansbacher Markgraf ihn im Namen der *„ehrbaren Frauen"* zu bitten, er möchte doch noch etwas länger bleiben und mit ihnen ein Tänzchen machen. Es fiel auch nicht schwer, Maximilian umzustimmen; er tanzte mit denen, die ihn so zierlich darum anzugehen verstanden, den Nachmittag und noch die halbe Nacht hindurch; erst am nächsten Morgen ritt er nach Neumarkt weiter, wo

Maximilian I. und seine Braut,
Maria von Burgund.
Kopie nach einer zeitgenössischen verschollenen Handzeichnung aus dem Germanischen Museum

Pfalzgraf Otto ihn bereits einen Tag lang vergebens erwartet hatte. Man muß solche Anekdoten nacherzählen, so, wie sie überliefert sind, denn sie beleuchten die liebenswürdige Sorglosigkeit dieses Fürsten besser, als sonstige lange Beschreibungen historischer Vorgänge.
1491 berief Maximilian seinen ersten Reichstag nach Nürnberg und blieb dabei fast ein halbes Jahr in der Stadt, diesmal des offiziellen Anlasses halber auf der Burg wohnend. Es gab aber drunten keine Festlichkeit, von den vornehmen Banketten bis herab zu den Gesellenstechen und derben Maskenfesten, an denen der König nicht teilgenommen hätte. Fand gerade eine Patrizierhochzeit statt, so fehlte er dabei ebensowenig. Auf die Damenwelt machte der galante und wohlgestaltete Fürst allzeit lebhaften Eindruck; er ließ es auch niemals an Beweisen dafür fehlen, wie sehr er für solche Huld empfänglich war. So bewirtete er einmal während dieses Reichstages eine große Schar von Nürnberger Patrizierinnen auf dem Rathaus, wobei den damaligen Schilderungen zufolge 240 verschiedene Gerichte aufgetragen worden sein sollen.
Trotz all dieser ungezwungenen Fröhlichkeit war die Stadt nicht frei von Sorgen, hauptsächlich wieder in Hinblick auf Ansbach. Markgraf Friedrich verübelte es den Nürnbergern, daß sie mit den alten Feinden seines Hauses, den bayerischen Wittelsbachern, verbündet waren und verlieh diesem Unwillen allenthalben Ausdruck. Am wirksamsten schien dies durch den Umstand möglich, daß Friedrich III. im Jahre 1488 ein halb vergessenes Privileg erneuert hatte, das Landgericht des Burggrafentums Nürnberg, ohne sich wahrscheinlich weiter Gedanken

über Sinn und Folgen dieses aufgefrischten Vorrechtes zu machen. Der Ansbacher forderte nun bei jeder Gelegenheit Windsheimer und Nürnberger Bürger vor dies Gericht, um so eine Mehrung seiner Machtbefugnisse augenscheinlich zu machen, der dann bald weitere folgen würden. Doch die Stadt konnte diesen Angriff geschickt abwehren — der Kaiser befahl kurz vor seinem Tode, daß eine Reihe von Vergehen und Verbrechen, die auf den nach Nürnberg führenden Reichsstraßen verübt würden, vom Rat nach dem Recht der Stadt und nicht der Burggrafen abgeurteilt werden sollten. Damit war dem Ansbacher wieder einmal der Wind aus den Segeln genommen.

Sodann kam es im Jahre 1490 wegen der unter Nürnbergs Schutz stehenden Stadt Windsheim zu einer Auseinandersetzung, weil der Markgraf dieser vorwarf, sie habe einen Turm auf seinem Gebiet errichtet; mit solcher Begründung ließ er das Bauwerk kurzerhand wieder niederreißen. Als Nürnberg wenige Jahre später die seit den Pillenreuther Tagen verfallene Landwehr erneuerte, empfand es der Ansbacher als grobe Herausforderung und drohte mit einem Krieg, worauf der Rat ruhig entsprechende Vorkehrungen traf — man hatte ja nichts zu fürchten. Da aber eine solche Fehde genau wie 50 Jahre vorher nicht auf die beiden Widersacher beschränkt geblieben wäre, sondern sicher zu einem noch härteren Kampf zwischen Städten und Fürsten bei zweifelhaftem Ausgang und erheblichen Opfern geführt, dazu eine außenpolitische Schwächung des Reiches nach sich gezogen hätte, tat Maximilian alles, um sie im Keime zu unterdrücken — auf seine Veranlassung hin kam es zweimal zu einem Vergleich, so 1496 zu dem nach seinem Mittelsmann genannten Harras'schen Vertrag, in welchem die strittigen Punkte bezüglich Zoll, Geleit, Gerichtsbarkeit und Waldnützung behandelt und entschärft wurden. Beide Teile mußten Zugeständnisse machen — Nürnberg zum Beispiel durch Niederlegung der Landwehr —, beide waren aber offensichtlich zufrieden und feierten die Abkommen anläßlich eines glänzenden Besuches des Markgrafenpaares in Nürnberg.

Aber auch dieser erfreuliche Zustand hielt nicht lange an. Friedrich von Ansbach konnte nicht von seiner hinterhältigen Taktik lassen, jede Art von Plackern und Wegelagerern, die den nachbarlichen Pfeffersäcken Schaden zufügten, nach Kräften zu unterstützen. Was half es daher, daß Maximilian 1495 auf dem Reichstag zu Worms erneut den sogenannten ewigen Landfrieden verkündet hatte, das strenge Verbot der Selbsthilfe aller Adelsherren, Gaue und Städte? Nürnberg war, wie Emil Reicke einmal in einem Zeitungsaufsatz sagt, wegen seines ausgedehnten Handels besonders leicht verwundbar — es mußte sich also doppelt wehren, um die schweren Schädigungen, die seine Kaufleute durch die Buschklepper erlitten, auf ein erträgliches Maß zu beschränken und um nicht sogleich an Ruf einzubüßen. Die Forderung des ewigen Landfriedens, die ohnedies alle paar Jahre aufgefrischt werden mußte, um etwas Eindruck zu machen, war also kaum mehr als ein schöner Traum, gegen den sich die Wirklichkeit grell abhob. Zu den zahllosen Gelegenheitsräubern gesellten sich die planmäßigen Feinde der Stadt. Wir haben Werner Roßhaupter als eine Art Michael Kohlhaas genannt und jetzt tritt Götz von Berlichingen auf den Plan. Außerdem lebt noch im Volksmund die Erinnerung an Hans Schüttensamen fort, einen verwegenen, heimlich bewunderten Gesellen. Ebenfalls wegen angeblicher Geldforderung an verschiedene Nürnberger Bürger war er, ohne den ihm angebotenen Weg eines ordentlichen Gerichtsverfahrens einzuschlagen, zu einem rücksichtslosen Straßenräuber geworden, 1474 aber durch Verrat gefangen und auf dem Markt verbrannt worden. Jetzt ist es der Ritter Kunz Schott, Burggraf der nahen Veste Rothenberg bei Schnaittach, welcher der Stadt in ähnlicher Weise schwer zu schaffen macht.

Unter dem Vorwand, Nürnberg habe sich mit Gewalt in den Besitz des Rothenbergs setzen wollen (allerdings: es ist die Zeit der größten Gebietsausweitung und dieser Verdacht war wenigstens grundsätzlich nicht ganz von der Hand zu weisen), ließ sich Kunz Schott jahrelang eine Reihe gröbster Übergriffe zuschulden kommen. Seine Stellung wußte er dadurch zu stärken, daß er sich mit einer Anzahl Gleichgesinnter verband, die einander mit den Waffen halfen, die Beute teilten und sich gegenseitig Unterschlupf in ihren Raubnestern gewährten, wenn sie gesucht wurden*). Zu diesen Spießgesellen gehörte auch ein Christoph von Giech aus dem Bambergischen, der es der Stadt nicht verzeihen konnte, daß sie im Jahre 1490 seinen Vater als Schnapphahn gegriffen und enthauptet hatte. Der junge Herr von Giech spendete

*) Natürlich mußten sich die Städte gegenüber einer solchen Haltung energisch zur Wehr setzen, doch sollte man dabei auch die Gegenseite zu verstehen suchen: So, wie sich die Städte und Fürsten zu wehrhaften Bünden zusammenschlossen, hielten es auch die Ritter. Außerdem ist das Raubrittertum gewissermaßen eine Ausartung des Fehdewesens, welches seinerseits auf alten Rechtsvorstellungen fußt.

seiner Widersacherin später ein unfreiwilliges Lob, indem er sie in einer Schrift an den Kaiser mit der Königin des Levantehandels an der Adria verglich: Die Nürnberger würden *„täglich bedenken und ratschlagen, daß sie sich mit ihrem Gut und Handel also ausbreiten und aufrichten, damit sie, wie die Venediger getan haben, ihre umsitzenden Nachbarn und Fürsten und die vom Adel einziehen und unterdrücken und alsdann ihre Pracht behalten möchten.“* Auch daran war freilich etwas Wahres, aber schließlich glichen doch all diese Städte und Stände des ausgehenden Mittelalters einem großen Feld von Blumen, in welchem eine jede ihre Blüte voll der Sonne entgegenrecken möchte. Es sei nochmals daran erinnert, daß das Reich noch lange Zeit mehr ein gedankliches als lebendiges Gebilde war und daß zufolge eines ungeschriebenen Gesetzes in allen Ländern Europas eigentlich jeder gegen jeden stand, weil zufolge der damaligen Denkweise eine organische Verbindung der Glieder und Zellen eines Staates, ein gleichwertiges Nebeneinander-Bestehen, noch nicht möglich war.
Kunz Schott begann seiner Feindschaft dadurch unmißverständlichen Ausdruck zu verleihen, daß er Nürnberger Boten und Landsknechte — dies Wort kommt damals erstmalig in der Chronik vor — auf den Straßen überfiel, um sie zu verwunden oder zu töten. Dann folgte im April 1499 eine Untat, die weit und breit tiefste Empörung auslöste. Der Ratsherr und Bürgermeister Wilhelm Derrer wird in der Nähe seiner Besitzung Unterbürg bei Erlenstegen, also kaum eine halbe Stunde außerhalb der Stadt, von Knechten des Schott gefangengenommen, sein Diener erstochen. Der Raubritter zwingt ihn, die rechte Hand auf einen Baumstumpf zu legen, schlägt sie ab und steckt sie ihm in die Rocktasche. So schickt er den verstümmelten Derrer gen Nürnberg zurück und heißt ihm dort sagen, nicht anders würde er mit all seinen Feinden verfahren. Der Rat ergreift noch in der gleichen Nacht Schritte, um den Schott zu züchtigen und ruft die Gerechtigkeit des Königs an, der bereits eine Woche später den Frevler in die Reichsacht erklärt. Trotzdem können die Buschklepper ihr Werk noch geraume Zeit ziemlich ungestört fortsetzen — sogar nürnbergische Dörfer werden angezündet und wer in die Hände der Brandstifter fällt, wird grausam gequält. Jeder der von ihnen verwendeten Pfeile trägt eine Inschrift, daß mit ihm ein weiterer Nürnberger getroffen werden möge. Es ist kennzeichnend für jene Zeit, daß, obwohl der Rat mit dem Bischof von Bamberg ein Abkommen traf, wonach der Stadt Nürnberg fünf Jahre lang alle

„*Schlösser, Städte und Flecken*“ des Bistums offen sein sollten, um den Hauptübeltäter auszuheben, Kunz Schott niemals gefangen wurde und man am Ende sogar mit ihm und seinen Spießgesellen einen Vergleich schließen mußte, um fürderhin Ruhe vor ihnen zu bekommen. Als während des Landshuter Erbfolgekrieges im September 1505 drei Nürnberger Hauptleute wegen bewiesener Tapferkeit vor dem Feinde von Maximilian zu Rittern geschlagen wurden, widerfuhr an ihrer Seite dem Schott die gleiche Ehre, der also mit ihnen gemeinsam im Kampf stand.

Ähnlich wie mit ihm, erging es den Nürnbergern wenige Jahre nach dem ungesühnten Anschlag auf den Ratsherrn Derrer mit einem Fuhrmann — oder Fuhrunternehmer, wie wir heute sagen würden — Kunz Keltsch aus Bruck bei Erlangen, welcher der Stadt wegen der verweigerten Bezahlung eines Pferdes Fehde angesagt hatte und nun raubend und mordend in Nürnberger Gebiet einfiel, ohne daß man seiner jemals habhaft wurde. Als letzten all dieser in Wirklichkeit zahlreicheren Fälle wollen wir noch den des Nürnberger Kaufmanns Heinz Baum nennen, der wegen unredlichen Bankrottes lange im Schuldturm gesessen, dann daraus entflohen war und nun auf eigene Rechnung gegen seine Vaterstadt Krieg führte. Im September 1503 nahm er den Patrizier Hans Tucher gefangen, hielt ihn fast ein halbes Jahr hindurch in Haft und erpreßte schließlich gegen 3000 Gulden Lösegeld für seine Freilassung. In entsprechender Weise verfuhr er später mit anderen Nürnberger Bürgern, so mit Martin Löffelholz, dem Pfleger von Lichtenau, der vom Dezember 1506 an sechzig Wochen harter Gefangenschaft bei Baum verbrachte, bis endlich auch dieser üble Handel durch Vermittlung höherstehender Personen beigelegt wurde, anstatt daß man den Baum und alle anderen unerfreulichen Gestalten seines Schlages an den Galgen hängen konnte.

Doch hat die Stadt unterdessen eine Lehre aus diesen Unbotmäßigkeiten gezogen: Da es sich mit jedem Male klarer erwies, daß die zahlreichen Übergriffe in solchem Umfang nur durch kräftige Hilfe des Markgrafen möglich waren, tat sie einmal das gleiche und unterstützte einen Mann namens Kunz Beringer, als dieser unberücksichtigte Ansprüche gegen Ansbach auf dieselbe schonungslose Art verfocht. Natürlich beschwerte sich Friedrich von Zollern bitter über diese Gegenmaßnahme beim Schwäbischen Bund und sperrte den Nürnberger Kaufleuten auf seinen Straßen das Geleit zur Frankfurter Messe.

Im gleichen Jahr 1499 der Schottschen Händel wurde Maximilian in einen Krieg mit der Schweiz verwickelt, der für ihn völlig ergebnislos verlief, den Eidgenossen aber die endgültige Loslösung vom Reich eintrug. Dies armselige Unternehmen hat für Nürnberg insofern eine gewisse Bedeutung, als die über 300 Mann, welche den Zug in schmucker rotweißer Kleidung mitmachten, von dem jungen Ratsherrn und Humanisten Willibald Pirckheimer angeführt wurden. Da dieser dabei mit dem Schwert nichts auszurichten hatte, griff er zur Feder — die er wahrscheinlich auch geschickter handhabte — und schrieb seine Eindrücke in der Sprache und im Stil der alten römischen Kriegsberichter nieder. Was aus diesem Schriftchen heute noch brauchbar ist, diente neben vielem anderem kulturgeschichtlichen Material dem Arbeiterdichter Karl Bröger zu seinem an Zeit- und Ortskolorit reichen Roman „*Guldenschuh*". In diesem Buch, das warmherzig und ohne alle soziale Schärfe die Sache des einfachen Volkes vertritt, wird das Leben des Landsknechts Jörg Graff erzählt, angeblich ein Nürnberger Beutlersgeselle, der später erblindete und als trinkfester Bänkelsänger noch an vielen großen Ereignissen seiner von Glaubenskämpfen erschütterten Heimat teilhatte. Da er leicht ansprechende Verse dichtete, deren freier Ton ihm manchen Tadel des Ehrbaren Rates einbrachte, ist er auf seine Weise in die Nürnberger Geschichte eingegangen. Von ihm stammt das damals viel gesungene und gedruckte Loblied auf den Kaiser als Begründer eines neuen wehrhaften Standes, der jetzt viele rauhe Männer ernährt:

Gott gnad dem großmächtigsten Kaiser frumme,
Maximilian, bei dem ist aufkumme
Ein Orden, durchzeucht alle land
mit pfeifen und mit trummen:
Landsknecht sind sie genannt.

Unterdessen nahm der Streit mit Ansbach wieder einmal ernste Formen an. Die Stadt fahndete immer noch vergebens nach dem oben genannten Kunz Keltsch und zerstörte im Januar 1502 die festen Schlösser Buchenklingen und Bösenbrunn bei Emskirchen, die dem aufsässigen Fuhrmann Zuflucht gewährt hatten, die aber auf markgräflichem Gebiet lagen — also neue Nahrung des Konfliktstoffes! Immerhin wollte es Friedrich von Zollern nicht eben bis zum Äußersten kommen lassen; dies besorgte dafür sein hitziger Sohn Kasimir, als der Vater im Juni dieses Jahres 1502 zu einem durch den Kurfürsten von Sachsen, den durch die Reformationsgeschichte so bekannten Friedrich den Weisen, vermittelten Sühnetag nach Erfurt gereist war. Und zwar entbrannte jetzt in seiner Abwesenheit eine heiße Schlacht wegen des Kirchweihschutzes bei Affalterbach. In diesem, einem längst verschwundenen Weiler bei Burgthann, fand alljährlich am 19. Juni in dem zum Eichstätter Bistum gehörenden Kirchlein ein Wallfahrerfest statt, das auch von vielen Kaufleuten der weiteren Umgebung besucht wurde. Für die Ordnung bei dieser Kirmes sorgte seit langem unsere Stadt, wofür sie eine entsprechende Abgabe erhob. Seit 1499 nahm aber Ansbach das Recht für sich in Anspruch, ohne daß jedoch bisher das Fest gestört wurde. Heuer ging ein Gerücht, daß dies anders werden sollte; um den Schutz nach jeder Hinsicht zu unterbauen, sandte der Nürnberger Rat auf den St.-Veits-Tag 2000 Mann mit einer Anzahl von „Feldschlangen", den damals wegen ihres vorbildlichen Gusses vielbegehrten Nürnberger Kanonen, an den Kirchweihort. Kasimir, der Zollernprinz, war unterdessen mit einer etwa dreifachen Übermacht von Schwabach her aufgebrochen, zog aber nicht nach Affalterbach selbst, weil er dort hoheitsrechtlich nichts zu suchen hatte. Vielmehr nahm er nahe der Stadt im Lorenzer Wald Aufstellung, an einem Platz, wo er sich auf eigenem Gebiet befand und daher den Nürnbergern den Durchzug verweigern konnte. Außerdem durfte er annehmen, hier am leichtesten eine schwache Stelle des Gegners zu finden, solange dessen Haupthaufe weitab vom Schuß war. Eine Streife von 60 markgräflichen Reitern erkundete das Gelände und versorgte die Feldküche mit Nahrung, indem sie den Bauern das Vieh wegtrieb. In diesem Fähnlein befand sich auch der damals 22jährige Ritter Götz von Berlichingen, der das Treffen später in seiner Lebensbeschreibung ausführlich schilderte — mit den prahlerischen Worten zwar, die man unter seinesgleichen gern gebrauchte, im wesentlichen jedoch den Tatsachen entsprechend. Seinerzeit erfreute er sich noch des uneingeschränkten Besitzes beider Arme; zwei Jahre danach, im Bayerischen Erbfolgekrieg, wurde ihm durch eine Kugel aus nürnbergischem Geschütz die rechte Hand abgerissen, an deren Stelle er dann für den Rest seines Lebens jene Eisenfaust trug, die seinem Ruhm bei der Nachwelt förderlicher war als jegliche Tapferkeit.

Da man von Nürnberg aus schon am Morgen dieses 19. Juni beobachten konnte, daß eine feindliche Vorhut im nahen Lichtenhof plünderte, ließ der Rat vom Frauenturm und der Mauer herab das Feuer eröffnen, welches alsbald erwidert wurde. Dann erhielt Ulman Stromer, der uns bereits aus Maximilians niederländischem Zug bekannte Hauptmann, den Auftrag, diese Reiterschar zu vertreiben. Er rückt auch den Ansbachern erfolgreich zu Leibe, vergißt aber wohl über der Freude des anfänglichen Sieges, daß er dem Gegner nur ein Geplänkel und keine Schlacht liefern sollte. Als daher der junge Markgraf mit seiner Hauptmacht plötzlich auf dem Plan erscheint, ist Stromer ihr nicht gewachsen und die Nürnberger werden nach tapferer Gegenwehr geschlagen.

Nürnberg im Kampf gegen Raubritter und Placker: Einnahme des Schlosses Bösenbrunn bei Emskirchen im Januar 1502. Zeitgenössische Darstellung

Götz von Berlichingen berichtet, daß er die günstige Entscheidung mit herbeigeführt habe: Die Nürnberger hätten eine Wagenburg, wie sie solche seit den Hussiten bei den Kämpfen gebrauchten, zur nochmaligen Sammlung ihrer aufgelockerten Truppe bilden wollen, er jedoch habe den vordersten Fuhrmann vom Pferde gestochen, so daß die nachfolgenden Wagen nicht mehr einschwenken und den Kreis schließen konnten. Als schon Unordnung überhand nimmt und die Flucht der Reichsstädtischen allgemein wird, kommt ihnen die in Eile benachrichtigte Affalterbacher Schar zu Hilfe, wird aber bald ebenfalls in den unglücklichen Trubel hineingerissen und erleidet schwere Verluste. Alles eilt jetzt dem rettenden Frauentor zu und an der Brücke entsteht ein solch lebensgefährliches Gedränge, daß viele Personen in den Graben stürzen; zu allem Unheil schießt man irrtümlicherweise vom Turm aus auf die eigenen Leute, auf Soldaten und Zuschauer. Es wäre wohl besser gewesen, man hätte nicht noch Willibald Pirckheimer mit seinen 800 allerdings frischen Mannen hinausgeschickt, denn er konnte in diesem Wirrsal kaum etwas ausrichten, abgesehen davon, daß sich der

Ansbacher mit dem bisherigen Sieg begnügt und das Weite gesucht hatte. Da man einen Sündenbock brauchte — mehr beim Volk, denn der Rat schien einsichtig genug —, wurde Pirckheimer ein groß Teil der Schuld in die Schuhe geschoben und er konnte sich des öffentlichen Hohnes wegen tagelang nicht auf der Straße sehen lassen. Ähnlich erging es Ulman Stromer, für dessen schlechten Leumund schon allein der frohlockende Feind sorgte; allerdings hatte auch dieser seinen Sieg nicht gerade wohlfeil erkauft. Mit Ehren dagegen überhäufte man jemanden, der sich nicht mehr darüber freuen konnte: Den in letzter Stunde gefallenen Fahnenträger der Stadt, Peter Schmied aus Donauwörth, der sein Banner noch mit den Zähnen verteidigte, als er, verblutend, die Hände nicht mehr gebrauchen konnte. Das verschlissene Tuch hängt bis heute in der Rosenberger Kapelle der Schwabacher Stadtkirche, in welcher Kasimir noch am gleichen Abend einen Dankgottesdienst abhalten ließ. Nachdem dieser in jeder Hinsicht heiße Tag zu Ende gegangen war, der als *„Schlacht im Nürnberger Walde“* zu den schwärzesten der Stadtgeschichte zählt, hatte man auf beiden Seiten insgesamt gegen 500 Tote zu beklagen — und mehr noch, wenn man die Opfer des Eifers dazurechnet, vor allem die 74 Gefangenen, die am folgenden Tag von den Nürnbergern (angeblich ohne jedes Wissen des Rates) erschlagen wurden. Hier wie dort versuchte man hintennach, die Einzelheiten für sich so günstig wie möglich auszumalen; nur in der ersten Entrüstung war der Rat aufrichtig genug, seine Niederlage voll einzugestehen: Bereits am nächsten Tag berichtete er darüber an seine Gesandten nach Erfurt, wo man ja nur um des lieben Friedens willen am grünen Tisch saß. Es ist nicht überliefert, wie Markgraf Friedrich die Nachricht von der kecken Tat seines Sohnes aufnahm, und wenn er darüber jubelte, so durfte er es jedenfalls nicht im Angesicht der vermittelnden Fürsten tun; von Maximilian dagegen wissen wir, daß er über diesen Zwischenfall äußerst aufgebracht war. Der junge Kasimir soll auch noch zu einem zweiten Schlag gerüstet haben — da kam nach schwierigen Verhandlungen die Einigung zustande: Der endgültige Friede wird für den 1. Juli angesetzt, Nürnberg muß 16 000 Gulden bezahlen, eine Pille, die geschickt in den Kauf des markgräflichen Schlosses Schwarzenbruck gewickelt wird. Bis zum Vorabend jenes Tages schädigen die Gegner einander noch durch eifriges Plündern und Rauben, gleichsam, um von dieser Gepflogenheit Abschied zu nehmen; dann aber tritt wirklich Ruhe ein — nicht für ewig, doch für einige

37. *Berühmte Patrizierhäuser, im Krieg zerstört: das Pellerhaus am Egidienberg . . .*

38. . . . das Toplerhaus am Paniersplatz und . . .

39. . . . das Grolandhaus, ebenfalls am Paniersplatz

40. Lediglich das Fembohaus (hier eine alte Aufnahme) überstand einigermaßen die Luftangriffe

Zeit. Was man noch vor kurzem für unmöglich gehalten, ereignet sich im kommenden Jahr 1503: Nürnberg und Ansbach stehen in einer langwierigen Auseinandersetzung, dem Landshuter Erbfolgekrieg, auf der gleichen Seite und ihre Mannen, die sich vorher bis aufs Blut bekämpften, schlagen sich jetzt Schulter an Schulter für eine fremde, doch einträgliche Sache.

Ein Landsknecht.
Holzschnitt von Peter Flötner um 1510

In diesem Krieg mußte Nürnberg zwar allem Sträuben zum Trotz ein stattliches Aufgebot unterhalten, spielte dafür aber auch die Rolle eines lachenden Dritten. Der Streit war nach dem Tode des Herzogs von Bayern-Landshut, Georgs des Reichen, dadurch ausgebrochen, daß der Verstorbene den Münchener Vettern sein schönes Erbe nicht gegönnt und die Nachfolge durch Verheiratung seiner Tochter mit Rupprecht von der Pfalz auf diesen übergeleitet hatte, anstatt sie nach dem Wittelsbacher Hausgesetz der nächsten männlichen Seitenlinie zu überlassen. Letztere Lösung wird dann auch von den meisten Fürsten als einzig gültige anerkannt, so daß ihr Verfechter, Albrecht von Bayern-München, bald die meisten Verbündeten um sich scharen kann, darunter auch den König, der allerdings seine Rolle als unparteiischer Richter vergißt und statt dessen recht unverhohlen auf persönlichen Gewinn ausgeht. Für Albrecht hat sich auch der einflußreiche Schwäbische Bund entschieden und da Nürnberg ihm seit einiger Zeit angehört, ist seine Stellung eigentlich von vornherein festgelegt. Es weiß sich auch durch zusätzliche Abmachungen dahingehend zu sichern, daß bei einem günstigen Ausgang seine tätige Teilnahme nicht zu gering bewertet wird. Albrecht ist hierin großzügig — wie das Fell eines Bären noch vor der Erlegung, so werden im voraus die rechtsrheinischen Ländereien des Pfälzers vergeben, der teilweise, nämlich in der sogenannten oberen oder Steinpfalz, auch Nürnbergs Gebietsnachbar ist.

Nachdem die Stadt dem Pfalzgrafen Rupprecht ihre Absage geschickt und hinlänglich Söldner aus der Schweiz, vom Bodensee und aus Böhmen angeworben hat, läßt sie eine Reihe kleiner Feldzüge unternehmen, bei denen nach teilweise heftigen Kämpfen verschiedene benachbarte Städte und Schlösser eingenommen werden, wie Lauf und Hersbruck, Altdorf, Grünsberg und Kloster Gnadenberg, Gräfenberg mit dem nahen Kloster Weißenohe und Betzenstein sowie Velden an der Pegnitz; nur Neumarkt wurde 17 Tage hindurch vergebens belagert, trotzdem rund 3500 Mann davorstanden und man mit groben Geschützen hineinfeuerte, wie der *„Sebaldin"*, die als damalige Höchstleistung Steinkugeln von 263 Pfund Schwere gegen den Feind schleuderte. Dazwischen wurden auch von den Pfälzern, die sich überhaupt sehr ordentlich schlugen und nur auf die Dauer der gegnerischen Übermacht nicht gewachsen waren, Nürnberger Orte ausgebrannt, wie Pommelsbrunn und Feucht, doch waren dies nur Episoden in diesem Kriege, dessen zermürbende Langwierigkeit wohl niemand vorausgeahnt hatte und von dem ein späterer Beurteiler sagt, seit dem letzten Ungarneinfall 550 Jahre zuvor habe Bayern nicht mehr ein solches Maß an Leiden gekostet. Darum ging auch schon nach zwei Jahren allen Beteiligten der Atem aus und man begann zu verhandeln, was um so mehr gerechtfertigt war, als Rupprecht von der Pfalz, um dessentwillen man ja eigentlich stritt, das Zeitliche gesegnet hatte.

Den Nürnbergern kam es jetzt einzig darauf an, sich alle in diesen beiden Jahren eroberten Plätze als festen Besitz zu sichern; es hob darüber ein Feilschen und Lavieren an, das in den Augen des modernen Betrachters zur Not durch den schließlichen Erfolg zu rechtfertigen ist und mehr noch durch die Tatsache, daß man eben allenthalben so verfuhr. Eigentlich waren der Stadt nur einige jener Ortschaften zugesichert worden, die sie einnehmen würde, aber sie verstand geltend zu machen, daß ihre Kosten und Schäden weitaus größer gewesen waren als zuvor veranschlagt und daß sie dafür eine Vergütung haben müsse. In diesem Sinne hatte sich Maximilian bereits 1504 zur Ausstellung einer vorteilhaften Urkunde verstanden. Sodann verfocht 1507 auf dem Bundestag zu Augsburg Willibald Pirckheimer die

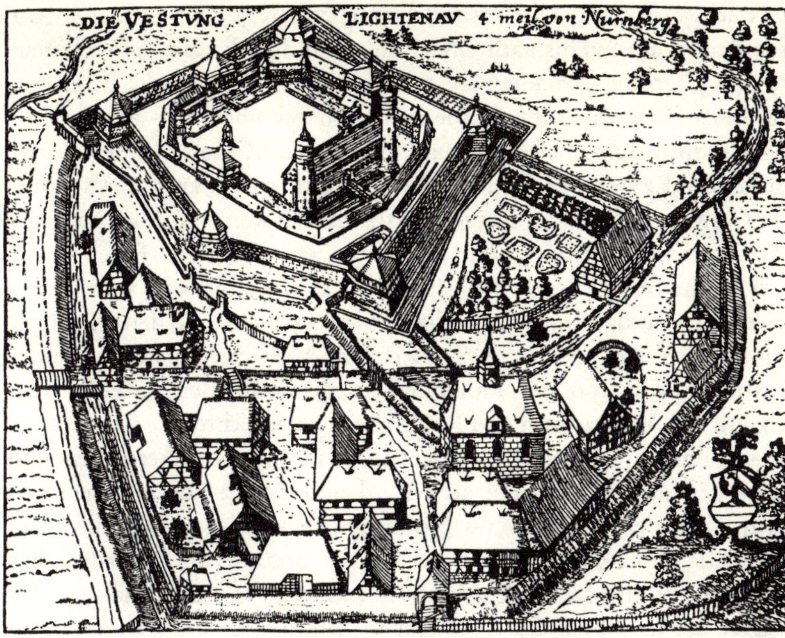

Die Veste Lichtenau bei Ansbach,
südlichster Eckpfeiler des großen Nürnberger Gebietes nach dem Landshuter Erbfolgekrieg, 1505.
Stich von Johann Alexander Böner, um 1700

Ansprüche seiner Mitbürger in glänzender Rede, die zumindest ihre moralische Wirkung nicht verfehlte. Durch Zähigkeit kam man langsam zum Ziele — mit der Pfalz zogen sich die Verhandlungen noch bis 1521 hin, dann hatte Nürnberg wirklich alles das erreicht, was es vorher angestrebt.

Der Rat sah jetzt seine kühnsten Träume erfüllt oder gar übertroffen, denn er gebot nach einigen weiteren geschickten Abrundungen zu seinen Gunsten schließlich über ein Hinterland von über 1600 Quadratkilometern, ein Gebiet, das manchen Fürsten mit Stolz erfüllt hätte und das keine andere Reichsstadt ihr eigen nennen konnte. Verschiedene Orte hatte man wegen ihrer strategischen Bedeutung schon bei sich bietender Gelegenheit durch Kauf erworben, so im Süden die Veste Lichtenau (1406), die bis heute unverkennbar nürnbergisches Gepräge zeigt, im Norden Hiltpoltstein bei Gräfenberg (1503); von den Orten, die ihm danach zufielen, waren Hersbruck, Lauf, Gräfenberg und Altdorf besonders wertvoll — letzteres als künftiger Sitz der reichsstädtischen Universität. Damit reichte jetzt Nürnbergs Arm vom Ansbachischen bis nach Oberfranken und in die Oberpfalz hinein, wo ihm allerdings Gnadenberg wieder abgezwackt wurde. Billig war ihn dieser Zuwachs nicht gerade zu stehen gekommen — er wird von den Geschichtsschreibern auf rund eine halbe Million Gulden veranschlagt, und zwar mit dem Hinweis darauf, daß man damals für so viel Geld dies alles auch bequem hätte kaufen können. Aber natürlich wäre es unter anderen Voraussetzungen den vorherigen Eigentümern auch kaum feil gewesen. Der Erwerb des Territoriums war letzten Endes notwendig, um die ständigen Streitigkeiten mit den Herzögen von Bayern und den Markgrafen von Ansbach wegen der hohen Gerichtsbarkeit und der Landeshoheit auszuschließen und die Verfolgung von Verbrechern und Raubrittern zu erleichtern.

Eine andere Frage ist dann allerdings, ob sich Nürnberg nicht mit dieser gewaltigen Mehrung an Grund und Boden übernommen hat. Zwar deckte ein solch weites Hinterland bei Kriegsgefahr die Stadt und half die Ausfallstraßen sichern; es brachte die erforderlichen Lebensmittel und laufende Abgaben, auch war es ein geschätzter Abnehmer der zahllosen Güter, mit denen Nürnberg den Weltmarkt beherrschte; dies wirkte sich besonders dann vorteilhaft aus, als überall im In- und Ausland die den Handel hemmenden Schutzzölle eingeführt wurden. Aber in das Gebiet mußte auch laufend viel Geld gesteckt werden. Mit seinen reichsstädtischen „Pflegämtern“ beanspruchte es einen umfangreichen Verwaltungsapparat und, da es stetig den Neid der Angrenzer erweckte, sorglichen Schutz durch Unterhaltung eines stehenden Heeres. Vor allem aber wäre Nürnberg dadurch gezwungen gewesen, seine gesamte Politik großzügiger und geschmeidiger zu gestalten. Das heißt, in dem Begriff Stadtstaat — wenn man den Ausdruck noch nicht kannte, so empfand man doch schon mit Genugtuung seinen Sinn — beide Teile dieses Wortes ebenbürtig miteinander zu verbinden. Das heißt ferner mit Hinblick auf die Verwaltung, Forderungen und Leistungen in ein ersprießliches Verhältnis zueinander zu bringen und die schöpferischen Antriebe von Handel und Handwerk, den goldenen Nährboden der Stadt, in allem zu fördern. Es wird sich zeigen, daß diese Voraussetzungen zwar um 1500 auf einzigartige Weise erfüllt, auf die Neuzeit zu aber immer mehr vernachlässigt wurden. Nürnberg hat wohl mit einem allmählich zum krankhaften Hochmut werdenden Stolz seine Hoheitsrechte

in jenen Gebieten vertreten und verfochten, aber die ihm daraus erwachsenen Aufgaben nicht erkannt. Es war daher nicht imstande, jenen gesunden Kreislauf der Kräfte zu bewirken, der einen solchen Besitz aus sich selbst heraus rechtfertigt und trägt, indem er der Allgemeinheit größtmöglichen Nutzen gewährt. Statt dessen trat außerdem der Fall ein, daß sich vom 17. Jahrhundert an das Haupt mehr dünkte als seine Glieder, daß man im Patriziat den Handel nur noch als notwendiges Übel betrachtete und die handwerklichen Berufe über die Grenze des Erträglichen hinaus einengte.
Allerdings: Man war reich geworden und zeigte sich dessen (insonderheit nach außen hin) auch durchaus nicht als unwürdig. Man konnte von einer solch gewaltigen Grundmasse noch jahrhundertelang zehren, doch als sie dann nicht weiter gespeist wurde, mußte sie sich einmal verbrauchen. Hierin lagen für Nürnbergs künftige Geschichte schwerwiegende Folgen beschlossen, die wir ja in der scharfen Kritik von Blainville (siehe Seite 66) und Friedrich Nicolai bereits streiften und die uns später noch eingehend beschäftigen werden. In diesen Folgen sehen wir aber auch, wie sich ein Naturgesetz erfüllt: Unsere Stadt war in den rund 500 Jahren ihres bisherigen Bestehens stetig gewachsen

Ein sprechendes Abbild aus der Zeit von Nürnbergs größter räumlicher Ausdehnung: Reichsstädtischer Pflegamtstaler von 1580, Silber und farbig emailliert. Die linke Seite zeigt die beiden Wappen der Stadt, umgeben von den Wappen der nürnbergischen Pflegeämter: Wöhrd, Hersbruck, Velden, Betzenstein, Lichtenau, Stierberg, Hauseck, Wildenfels, Pillenreuth, Engelthal, Hohenstein, Hiltpoltstein, Reicheneck, Gräfenberg, Lauf und Altdorf. Auf der rechten Seite die Wappen der Pflegamtsfamilien: Schlüsselfelder, Rieter, Imhof, Poemer, Paumgartner, Geuder und Doerrer (jeweils von links nach rechts)

und hatte dementsprechend manche inneren Wandlungen erlebt. Nun sie den Gipfel ihrer Macht und Ausdehnung gewonnen hat, tritt ein Prozeß ein, der sich mit einer Verkalkung vergleichen ließe, und sie kann wohl für eine kurze Zeit, doch nicht immer auf dieser Höhe verweilen. Darum beginnt, unmerklich erst, aber unaufhaltsam, ein Abstieg, dem noch viel Sonne beschieden war und den zu beklagen töricht wäre.

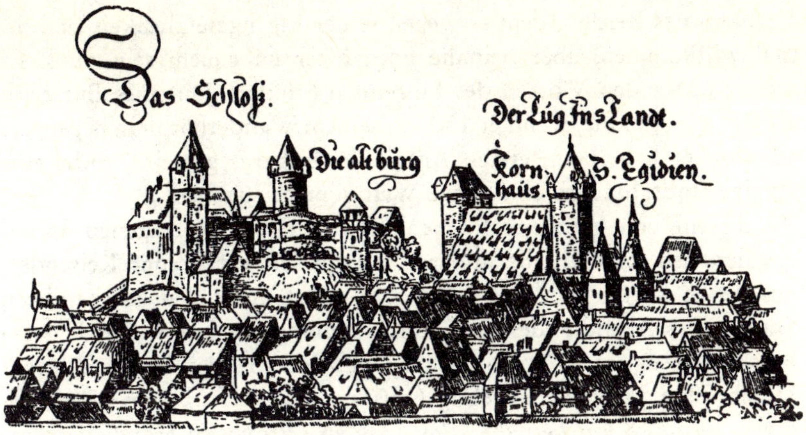

Die Nürnberger Burg zur Dürerzeit.
Radierung der Sebalder Stadtseite von Hans Sebald Lautensack, 1552

6. KAPITEL

DIE KULTUR DER DÜRERZEIT

Unter der Regierung Maximilians, welcher Augsburg und Nürnberg zu Lieblingsaufenthalten wählt, ist unsere Stadt in ihr goldenes Zeitalter getreten, in ein Jahrhundert, da die materiellen und ideellen Kräfte einander so schöpferisch durchdringen wie niemals wieder. Nürnbergs Lebenslage um 1500 läßt sich etwa derjenigen eines Mannes vergleichen, der sich nach vielen Jahren zäher Arbeit auf der Höhe seines Schaffens sieht und dem nun alles glückt, was er unternimmt. Zum äußeren Erfolg gesellen sich Wohlstand und Behaglichkeit, Erweiterung des Gesichtskreises und beflügelndes Vertrauen in die eigenen Fähigkeiten. Begünstigt durch eine Art natürlicher Schlüsselstellung für Handel und Verkehr, begünstigt aber noch mehr durch die tätige Wachheit seiner Bewohner, ist aus der einsamen Grenzwacht eines kahlen Felsblockes inmitten von sumpfigem Gelände allmählich jene blühende, dreifach ummauerte Ansiedlung geworden, die nicht allein den Kaufleuten von nah und fern, sondern auch Kaisern und Königen einen gewichtigen Verhandlungspartner bedeutet. Politisch gesehen ist sie ein Gebilde, das, ähnlich dem heutigen Island, eine Puppenstube von einem Staat darstellt, aber nicht vom Meer umbrandet, sondern wieder eingebettet in einen größeren Staat, in den

Verband des Reiches, dem es wegen seiner Eigengesetzlichkeit manchmal willkommen, aber beinahe noch öfter unbequem sein muß. Es wohnt daher den Worten des fahrenden Schülers Johannes Butzbach ein tiefer Sinn inne, wenn er 1506 in seinem Wanderbüchlein begeistert schreibt, er habe beim ersten Anblick Nürnbergs gemeint, nicht eine einzige Stadt, sondern eine ganze Welt vor sich zu sehen.

Zu diesem von geradezu knabenhaftem Staunen getragenen Urteil gesellen sich jetzt all die anderen Aussprüche erfahrener Reisender, aus denen hervorgeht, daß Nürnberg selbst unter den glänzendsten Städten des Abendlandes eine Sonderstellung einnimmt. Welch herzliche Überzeugung strömt nicht aus den beiden Sätzen des Straßburger Humanisten Jacob Wimpfeling (1507): *„Was soll ich von Nürnberg sagen, das doch mit beinahe allen Landen Europas in Handelsverbindung steht und seine wertvollen Arbeiten in Gold und Silber, Bronze, Stein und Holz in großen Mengen überallhin absetzt? Es fließt dort ein Reichtum zusammen, von dem man sich kaum einen rechten Begriff machen kann.“*

Besonders wertvoll sind dabei die Äußerungen von Italienern, da die hohe Kultur ihrer eigenen Heimat doch ein Gradmesser dafür sein kann, daß es weder Verlegenheitserzeugnisse noch allzu billige Lobsprüche von Provinzlern sind, mit denen wir es zu tun haben. Ein ungemein scharfer Beobachter war der uns schon seit dem Baseler Konzil bekannte Äneas Silvius Piccolomini, der allerdings den deutschen Städten hauptsächlich deswegen Wohlwollen bezeigte, weil sie ein Gegengewicht gegen die ihm lästige Macht der Fürsten darstellten. Es liegt daher ebenso Anerkennung wie diplomatische Glätte in den berühmten Worten, die er damals (1457) über Nürnberg schrieb:

„Wenn man aus dem unteren Franken kommt und diese herrliche Stadt von weitem erblickt, so zeigt sie sich in wahrhaft majestätischem Glanze, der sich durch die Schönheit ihrer Straßen und die Sauberkeit der Häuser bewahrheitet. Die Kirchen zu Sankt Sebald und Lorenz sind ehrwürdig und prächtig, die kaiserliche Burg blickt fest und stolz herab, und die Bürgerhäuser sehen aus, wie für Fürsten gebaut. Wahrhaftig, die Könige von Schottland könnten sich wünschen, so gut wie die mittleren Bürger von Nürnberg zu wohnen.“

Besser aber haben es auch all die anderen Gäste unserer Stadt kaum ausgedrückt, wenn sie freudig darüber erstaunten, wie sich in Nürnberg Handel und Handwerk, bewährte Regierungskunst, maßvoller

Wohlstand und vielseitige kulturelle Leistungen besonders gedeihlich für Ansässige und Fremde auswirkten. Diese glückhafte Zeit, als deren geistiger Exponent schon in früheren Tagen Albrecht Dürer angesehen wurde, verdient es durchaus, daß wir bei ihr und ihren Grundlagen länger verweilen, denn sie stellt ja in reinster Form jenes Edelmetall dar, um dessentwillen alles Schürfen im großen Bergwerk der Geschichte erst lohnenswert wird.

a) Der Handel

„Ohne Nürnberg keine Messen"
(Sprichwort um 1450)

Eine dieser Voraussetzungen für Nürnbergs Gedeihen, den Handel, haben wir bereits mehrmals gestreift. Es ist geradezu ein Sonderfall der abendländischen Soziologie, daß auf sandigem, unfruchtbarem Boden und an einem für die Schiffahrt zunächst ungeeigneten Fluß eine volkreiche Stadt entstehen, ein halbes Jahrtausend lang blühen und, dank des Erwerbsfleißes ihrer Bewohner und politischer Tüchtigkeit des Rates, einen fast beispiellosen Ruf als Handelsplatz hinzufügen konnte. Daß dies derart lange möglich war, rührt von einer Art sechstem Sinn, mit dem die Kaufleute unserer Stadt alle Möglichkeiten sowohl wie Schwankungen der Marktlage blitzschnell erfaßten und sich den jeweiligen Gegebenheiten anzupassen wußten. Nürnberg schuf damit schon im Mittelalter eine einzigartige Exportindustrie, deren zahllose Artikel eine ähnlich bekannte Weltmarke darstellten, wie heute etwa Solinger Stahlwaren, Baumwollstoff aus Lancashire, Tee aus Ceylon oder japanische Seide und Zuchtperlen. Äußere Voraussetzung für diese universelle Ausfuhr war das Verlagssystem, die Bestellung vieler Artikel auf Rechnung und Gefahr eines wagemutigen Unternehmers in preiswerter Werkstatt- und Heimarbeit, ein System, das dann allerdings in der Verfallszeit immer mehr Schatten- als Lichtseiten aufwies. Dazu kommt schließlich, daß man in Nürnberg dem reinen Warenhandel im wesentlichen auch dann noch treu blieb, als in anderen führenden Städten wie Augsburg das lohnendere, aber zugleich gewagtere Geldgeschäft überhandnahm.

Wenn der berühmte Mathematiker Regiomontanus-Müller in seinem Brief an den Erfurter Magister Roder von 1471 Nürnberg als den Mittelpunkt Europas bezeichnete, so traf dies beinahe noch mehr wörtlich als in dem gemeinten geistigen Sinne zu — diese Stadt, einst als des Reiches Zentrum entstanden und gewachsen, war zudem der Schnittpunkt beider Hauptachsen jenes Verkehrssystems, das den ganzen kontinentalen Güteraustausch in sich schloß und damit für die fehlenden natürlichen Voraussetzungen entschädigte. In die fünf Haupttore Nürnbergs mündeten zwölf große Straßen, die in alle damals bekannten Lande führten. Trotz aller ständigen Beeinträchtigungen wie Kleinkriege und Überfälle waren diese Schlagadern des Handels als weltumspannender Gedanke ein ähnlich fester Begriff, wie heutzutage Schienennetz und Kursbuch der Eisenbahn.

Die Hemmnisse, unter denen der Warenverkehr zu leiden hatte, waren in Kürze etwa folgende: Trostloser Zustand der Straßen machte nicht nur das Reisen zur Qual, sondern verzögerte die Transporte; trotz des Geleits von hohen und höchsten Herren lauerten überall die Gefahren räuberischer Angriffe, von denen die Chroniken immer wieder bei oft monotoner Gleichheit der Worte berichten. Der genau geregelte Schutz war seitens der zahllosen Gebietsherren zu einer einträglichen Geldquelle gemacht worden; darum fehlte es nicht an Mißbrauch, wie bei der erwähnten Grundruhr, bei der das gesamte Frachtgut dem betreffenden Gebietsherrn verfiel, wenn die Achse des Wagens nur den Straßenboden berührte oder ein Schiff auf dem Fluß versank. Außerdem wechselte das Geleit oft alle paar Stunden — sechsmal allein zwischen Nürnberg und Frankfurt am Main — und verteuerte die Fuhren ebenso, wie es sie unnütz aufhielt. Die Kosten des Geleits wurden außerdem zu nicht geringem Teil den Kaufleuten als sogenannte *„Freßgelder“* des Bewachungspersonals aufgebürdet. Dazu kamen dann erst die eigentlichen Abgaben und Zölle, die besonders auf den Wasserwegen zu einer wahren Plage wurden — allein 25 solcher Zölle lagen im 15. Jahrhundert auf dem Main zwischen Frankfurt und Bamberg! Wenn auch Nürnberg vielerorts all jene Vergünstigungen genoß, auf die es so stolz war, so blieben doch die geldlichen Belastungen der Frachten noch riesengroß. Ein anderes Hindernis für eine reibungslose Abwicklung des Warenversands war der Straßen- und Stapelzwang: Damit das Geleit wirksam blieb und der jeweilige Schutzherr nichts an Gebühren einbüßte, waren gewisse Fahrtstrecken vorgeschrieben, gelegentlich, wie in Erfurt, sogar die Stadttore, durch welche die Planwagen auf dem Weg nach Norden fahren mußten. Dazu kam endlich, nach 1525, daß Nürnberg zum evangelischen Glauben übergetreten war und nur unter sehr erschwerten Voraussetzungen weiterhin mit seinen katholischen Geschäftspartnern arbeiten konnte. All diesen Schwierigkeiten begegnete man dazumal unverdrossen, da man sie nun einmal nicht abschaffen konnte; ihnen zum Trotz waren Messen und Märkte in ihrer Art genauso reich beschickt, wie heute die großen Warenhäuser der Weltstädte.

Einen fesselnden Einblick in den Nürnberger Geschäftsverkehr zu Beginn des 14. Jahrhunderts gewährt uns das 1934 veröffentlichte Holzschuhersche Handlungsbuch, das älteste Dokument seiner Art auf deutschem Boden. Wir ersehen aus ihm, daß eine einzige Firma in den Jahren 1304/07 fast 7000 Ellen verschiedenster teuerer Tuche umsetzte und der Gewinn nach unserem Geld über 200 000 Mark betrug. Die Stoffe kamen aus Köln und aus vielen Orten Flanderns, wie Brügge, Brüssel, Poperinghe oder Ypern; die 400 Schuldkonten sind in echt mittelalterlicher Weise nach den Ständen geordnet, vom Adel über die Geistlichkeit bis herab zum Bürgertum.

Die älteste jener Straßen, die nach Westen, führte für gewöhnlich nach Frankfurt über Würzburg, wo Nürnberg trotz des Privilegs von Ludwig dem Bayern erst 1468 volle Handelsfreiheit erzielt. Auf dieser Strecke spielten in beiden Richtungen auch die schiffbaren Flüsse eine wichtige Rolle — Rhein, Main und Donau. Die Verbindung dieser Wasserstraßen war von Karl dem Großen an über König Ludwig I. bis in die Gegenwart betrieben worden und soll schon in wenigen Jahren den Anforderungen moderner Binnenschiffahrt gerecht werden. Im Mittelalter trennten Main und Donau eine Landstrecke von etwa 40 Wegstunden; in ihrer Mitte lag Nürnberg. Hatten die Waren kurze Zeit in den eigens dafür vorgesehenen, hochgiebligen Lagerhäusern gelegen oder waren sie schon an den Mautplätzen umgeschlagen worden, so nahmen sie in der entgegengesetzten Richtung ihren Weg weiter nach Österreich, Ungarn (Galizien), Konstantinopel bis in die europäische Türkei, von wo aus verschiedenste Gebiete Asiens beschickt wurden. In Stambul, wo schon 1511 ein Nürnberger Kaufmann Hans Kraft wohnte, setzte die sogenannte *„Nürnberger Compagnie“* noch im Jahre 1728 für 70 000 Gulden Waren heimischen und fremden Ursprungs ab.

Die natürliche Fortsetzung der Weststraße war die nach Regensburg und dem Donauraum bzw. nach Eger und dem Prager Becken. Auf der vielbefahrenen Straße über Eger kam böhmisches Metall nach

Nürnberg und wurde hier von den rund fünfzig Untergruppen des Schmiedehandwerks verarbeitet. Wegen des starken Bedarfs waren die Nürnberger Großkaufleute an allen ertragreichen Bergwerken des Reiches mehr oder weniger stark mit Geld beteiligt, so in Böhmen an den Silbergruben von Joachimsthal unter den Holzschuhern, an den Silber- und Zinnstollen von Schlackenwald unter Jakob Welser oder an den reichen Kupfervorkommen in Kuttenberg unter Hans Ebner. Umgekehrt wurde auf dieser Straße neben den übrigen zahlreichen Gütern besonders niederdeutsches Tuch von unserer Stadt aus nach Prag gebracht; hier galt (in der Altstadt) seit dem 14. Jahrhundert Nürnberger Recht, was sich natürlich auf den Handel ebenfalls günstig auswirkte. Viele Bürger Nürnbergs ließen sich, ähnlich wie in Breslau, in Prag nieder; viele Böhmen siedelten nach Nürnberg über, woraus sich das häufige Vorkommen der Namen Behaim oder Böhm erklärt. Für die stete Wechselseitigkeit dieser Beziehung spricht etwa die Tatsache, daß um 1480 ein Hans Beham aus Nürnberg königlicher Mittelsmann und Baubeauftragter an der Prager Burg wird.

Mit der Größe der deutschen Kolonie in Prag und der immer noch ersprießlichen Geschäftsverbindung selbst in kritischen Zeiten mag es wohl zusammenhängen, daß man im Jahre 1565 die Nürnberger zu einem großen Schützenfest nach Prag einlud, bei dem sie dann auch in gebührender Zahl erschienen. Von *„Trummetern mit Zinken, Posaunen und Schalmeyen“* wurden sie bestens empfangen; der Stimmführer der Nürnberger Gäste, Albrecht Wolker, wußte beim Abschied den Dank seiner Begleiter in zierliche Worte zu kleiden.

Der Beteiligung Nürnbergs an ungarischen und böhmischen Bergwerken entspricht im Süden diejenige in Tirol, vor allem aber die im Norden an den ertragreichen mitteldeutschen Gruben, den Hauptlieferanten des für die weitverzweigten Metallgewerbe unserer Stadt so unentbehrlichen Kupfers. Dieses wurde meist sogleich in Saigerhütten, die Nürnberger Unternehmern gehörten, an Ort und Stelle gereinigt oder durch Zusatz von Galmei zu Messing verarbeitet. Gabriel Doppelmayr, der Geschichtsschreiber der Nürnberger Erfindungen, hebt hervor, daß der Nürnberger Metallhändler Georg Loß letzteres Verfahren, die Anreicherung von Kupfer mit Zinkerz zur Herstellung von Messing, aus den Niederlanden mit heimgebracht habe.

Den Hauptanziehungspunkt bildeten die berühmten Kupferzechen der Grafschaft Mansfeld, bei denen nürnbergisches Kapital jahrhundertelang eine wichtige, teilweise sogar bestimmende Rolle spielte. 1502 bestand zu Arnstadt schon eine Gesellschaft des Saigerhandels der dortigen Hütte, unter deren Teilhabern nur einer kein Nürnberger war. Andere derartige Interessenverbände gab es in jener Zeit unter Jakob Welser, einem der erfolgreichsten Nürnberger Metallhändler, in der sogenannten Leutenberger Gesellschaft, unter den Fürern in der Hütte Gräfenthal oder unter den Pfinzing in Steinach; der gesamte Nürnberger Metallhandel, der in guten Tagen Riesenumsätze brachte, lag überhaupt nur in den Händen der ratsfähigen Geschlechter. Nach der Mitte des 16. Jahrhunderts waren die Mansfelder Kupfergruben durch Kriege, Schulden und Streitigkeiten so weit zurückgegangen, daß sie ihre Knappen nicht mehr beschäftigen konnten. Sie wurden daher 1586 an eine Gesellschaft Nürnberger Kaufleute, hauptsächlich wieder der Pfinzing und Fürer, verpfändet, und sie kamen dadurch nochmals zu hoher Blüte, angeblich mit einer Belegschaft bis zu 20 000 Köpfen. Diese Nürnberger Verwaltung dauerte bis 1618; danach wurde sie durch die Stadt Leipzig abgelöst, doch bestand die Beziehung zu Nürnberg noch weiterhin.

Aus diesem so regen Metallhandel in Mitteldeutschland hatte sich unter anderem auch eine lebhafte Wirtschaftsbeziehung zu Erfurt ergeben. Seit dem 15. Jahrhundert mehren sich die Zeugnisse zunehmenden Verkehrs mit dieser Stadt, vorwiegend durch die Berichte erfolgter Beraubungen von Warenzügen, die dann durch das strenge Erfurter Geleitsrecht stärker gesichert und freilich auch überwacht werden sollten. Erfurt war der große Verteilermarkt aller aus Nürnberg bezogenen Waren für ganz Thüringen; als bodenständige Besonderheit hatte es dafür das seit dem Altertum hochgeschätzte Waid zu bieten, einen dem Indigo vergleichbaren blauen Pflanzenfarbstoff von hoher Leuchtkraft und Haltbarkeit zur Behandlung von Geweben aller Art. Leipzig wird erst verhältnismäßig spät besucht; das früheste diesbezügliche Schriftstück wird 1427 von Friedrich Herzog von Sachsen an den Nürnberger Rat gerichtet, worin er diesem nahelegt, seine Kaufleute zur fleißigen Benützung der Straße über Gräfenthal anzuhalten, die dann später auch die Hauptverkehrslinie zwischen Nürnberg und Leipzig geworden ist.

Eine andere Schlagader des Verkehrs führte durch Schlesien, das im 14. Jahrhundert unter der Herrschaft der böhmischen Luxemburger stand und wo Nürnberg dank seiner Freundschaft zu Karl IV. frühzeitig die Bedingungen für einen gedeihlichen Güteraustausch eingeräumt erhielt. Darum siedelten viele angesehene Kaufleute nach Breslau über und manche von ihnen wurden dort Mitglieder des Rates, wie die Distler, Pfinzing und Scheurl. Besonders groß aber war die Zahl derer, die Breslau nur als Durchgangsort wählten, um im Deutschordensland und in Polen Handel zu treiben, wo die Nürnberger Kaufleute bereits seit Kasimir dem Großen privilegiert waren (1365). Von hier aus zog man noch weiter bis nach Südrußland, in das ehemalige Reich von Kiew etwa, von wo Fäden wiederum bis in die Kirgisischen Steppen reichten. In Posen und Krakau, Warschau und Lemberg bestanden lange Jahre hindurch ähnliche feste Verkaufsniederlagen wie in Lyon. Doch auch zu den meisten übrigen polnischen Städten wurden rege Handelsbeziehungen unterhalten, begünstigt durch den Umstand, daß viele dieser Orte von deutschen Ansiedlern zu Magdeburger Recht gegründet worden sind.

Als der Nürnberger Großkaufmann Friedrich Behaim 1553 die Berufsausbildung seines Sohnes Paulus in die Hand nimmt, schickt er ihn zuerst auf drei Jahre nach Krakau — dort soll er lernen und sich danach in Italien umtun. Darüber ist der sehr aufschlußreiche Lehrvertrag erhalten, dessen Anfang wir im Bild zeigen.

Recht interessant ist gerade in Polen der Weg eines Nürnberger Unternehmers zu verfolgen, als nahem Verwandten der größten deutschen Kaufherren seiner Zeit, der Fugger. Es handelt sich um Georg Fugger, dessen Familie im Dienste des Augsburger Hauptkontors in unsere Stadt gekommen war. Offensichtlich infolge des aufblühenden Osthandels blieb er nicht hier, sondern zog erst nach Posen und dann nach Warschau, wo er 1515 das Bürgerrecht erwarb und eines der schönsten Häuser am Marktplatz, das bis in die Neuzeit ein Schmuckstück seiner Art war und, nach seiner Zerstörung im letzten Kriege, wieder aufgebaut wurde. Noch bevor Fugger die polnische Sprache beherrschte, wurde er in den Rat gewählt und starb 1548 als einer der reichsten und angesehensten Männer des damaligen Warschau. An dieser Stelle sei auch die sonstige Beziehung der Fugger zu Nürnberg kurz aufgezeigt. Jener Georg gehörte nicht der später berühmten Hauptlinie *„zur Lilie“* an, sondern einem Seitenzweig derer *„zum Reh“*, wie auch der mit Albrecht Dürer befreundete Gastl Fugger. Das Geschlecht *„zur Lilie“* aber unterhielt in Nürnberg eine bedeutsame Handelsvertretung, die bis in die Mitte des 17. Jahrhunderts bestanden haben mag

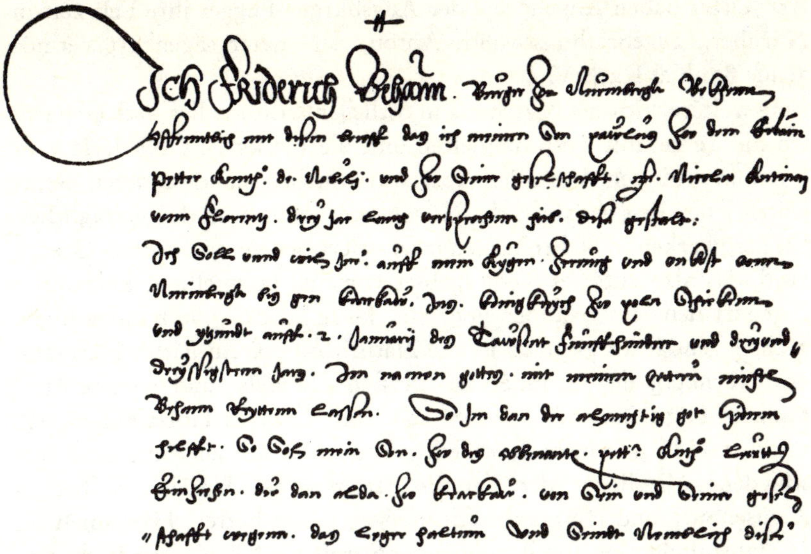

Beginn des Lehrvertrages zwischen Friedrich Behaim in Nürnberg und Peter Antonio de Nobili, Neujahr 1553. Original im Besitz des Germanischen Nationalmuseums, Nürnberg. Der hier wiedergegebene Text lautet in Übertragung: Ich, Friedrich Behaim, Bürger zu Nürnberg, bekenne öffentlich mit diesem Brief, daß ich meinen Sohn Paulus zu dem ehrbaren Peter Antonio de Nobili und zwar seiner Gesellschaft mr. Nicola Antonori von Florenz drei Jahr lang versprochen hab dieser Gestalt:

Ich soll und will ihn auf mein eigen Zehrung und Unkosten von Nürnberg bis nach Krakau ins Königreich zu Polen schicken und jetzt auf den 2. Januar 1553. Jahres im Namen Gottes mit meinem Vetter Michael Behaim reiten lassen. So ihm dann der allmächtige Gott hineinhilft, so soll mein Sohn zu des obbenannten Peter Antonii Leuten einziehen, die dann allda zu Krakau von sein und seiner Gesellschaft wegen das Lager halten und sind nämlich dieser —

und der teilweise auch erhebliche finanzpolitische Bedeutung zukam. So wurden durch sie zwischen 1522 und 1524 die heftigen Kämpfe gegen die Hanse um Sein oder Nichtsein der oberdeutschen Handelsgesellschaften ausgetragen, unter denen besonders die Ravensburger dem Ostseehandel ein steter Dorn im Auge war. Der Nürnberger Rat hatte in diesen Fuggern willkommene Vermittler bei Kaiser und Reich; gegenüber Venedig vertraten sie als Diplomaten mehrmals Nürnbergs Interessen. Der erste Leiter jener Nürnberger Niederlassung war Peter Fugger, der ältere Bruder Jakobs des Reichen; er starb 1473 und sein Grabstein an der Nordseite der Sebalduskirche, eine Schutzmantelmadonna mit Wappen, gilt als das älteste Fuggersche Denkmal dieser

Art. Öfter haben Angehörige der Augsburger Fugger ihre Lehrzeit in Nürnberg zugebracht, so auch Anton, der später sagenhaft vermögende Bankier Karls V.

Eine weitere wichtige Beziehung in östlicher Richtung lief nach Ungarn, wo die Tetzel mit Tuch handelten und die Haller eine Niederlage in Ofen unterhielten. Vor allem aber waren neben manch anderen Geldleuten jener Zeit ebenfalls die Nürnberger lebhaft an den erträglichen Erzbergwerken in Siebenbürgen interessiert, jenem ungarischen Grenzland, das als deutsches Siedlergebiet von fast beispielloser kultureller Eigenart den Mutterlanden über 800 Jahre lang eng verbunden blieb. Mehr legendär als greifbar ist die Nachricht, daß ein Ritter Hermann aus Nürnberg der Gründer des großen Handels- und Kunstmittelpunktes Hermannstadt gewesen sein soll. Lazarus Holzschuher verzeichnet 1511 in seinem Geschlechterbuch, daß sich zu seiner Zeit verschiedene Mitglieder der Familie Stromer des Handels halber in Klausenburg und Hermannstadt niedergelassen hätten. Hier spielt im 16. Jahrhundert ein abseits blühender Sproß aus Nürnberger Patriziergeschlecht, Petrus Haller von Hallerstein, eine bemerkenswerte Rolle. Er war als Gewährsmann der Fugger zur Verwaltung der Silbergruben von Rodna nach Siebenbürgen gekommen und fand in diesem Grenzland gegen die Türken seine zweite Heimat: Er wurde erst Ratsherr, dann Bürgermeister von Hermannstadt und schließlich Sachsengraf, höchste Ehrung, die man dort zu vergeben hatte. Nach seinem Tod, 1569, wurde die schöne Bronzeplatte für sein Grab eigens in Nürnberg gegossen; heute noch steht das stattliche, mit dem Hallerschen Wappen geschmückte Haus am Markt zu Hermannstadt und trägt eine Hallerwiese den Namen dieses verdienstvollen Mannes. Der Zufall will es, daß auch die Benennung der Nürnberger Hallerwiese, späteren Tummelplatz der Handwerker und naturbegeisterter Pegnitzschäfer, auf einen Petrus Haller von Hallerstein zurückgeht, einen reichen Stadthauptmann, von dessen Erben der Rat im Jahre 1434 das Anwesen erworben hat.

Eine der frühesten und bedeutendsten Straßen war die nach Norden führende. Dank der eingehenden, von Fritz Rörig angeregten Forschungen in jüngerer Zeit ist die Beziehung Nürnbergs zu Lübeck in ein überraschend neues Licht gerückt worden. Durch ihre Schlüsselstellung als „ungekrönte Königin der Hanse“ im gesamten Ostseeraume muß diese Stadt an der Trave auf die Träger des Nürnberger Handels

41. *Hervorragende Zeugnisse des 17. und 18. Jahrhunderts: Wolffsches Rathaus, südliches Portal*

42. Haus an der Karlstraße, jetzt Spielzeugmuseum

43. Fassade von St. Egidien, der einzigen Barockkirche Nürnbergs

44. Wiederhergestellte Rokokofassade an der Adlerstraße

mit Norddeutschland von jeher eine stärkere Anziehung geübt haben, als jeder andere Hafenplatz. Wenn es in einer Verordnung des dortigen Rates von 1442 heißt, man sei dessen wohl eingedenk, daß die Nürnberger Bürger und Kaufleute in altem Herkommen und länger denn jemand sich erinnern könne mit Spezerei und anderen Waren die Stadt Lübeck besucht hätten, so war dies bestimmt keine leere Redensart. Schon 1240 ließ der jagdfreudige Staufenkaiser Friedrich II. seine kostbaren Falken aus Island kommen, die dann von Lübeck aus den Landweg über Nürnberg und Venedig nach der fernen Residenz in Sizilien nahmen. Wenn man sich dabei vergegenwärtigt, welcher Wartung diese Tiere in ihren schweren Käfigen während der sicher einige Monate dauernden Reise bedurften und welche Praktiken unterwegs erforderlich waren, so kann man auch hieraus die erstaunliche Beharrlichkeit ermessen, mit der die damaligen Menschen größte Entfernungen und verkehrstechnische Schwierigkeiten meisterten. 1338 erhielt Ludwig der Bayer, 1354 Karl IV. eine Anzahl solcher Falken von den Lübeckern verehrt — auffälligerweise also gerade jene beiden Fürsten, welche in ihren Privilegien die Handelsbeziehungen zwischen Süden und Norden so sehr begünstigten. Eine Lübecker Gesellschaft, die 1378 Fische nach Nürnberg schickte, ließ bald darauf zwei größere Sendungen Falken folgen, einmal 53 Stück und dann zehn der besonders wertvollen Gerfalken, die über Nürnberg und Oberitalien nach Alexandria gingen.

All diese Nachrichten müssen aber geradezu episodenhaft genannt werden angesichts der gründlichen, ja planmäßigen Durchdringung des Lübecker Marktes von Nürnberg her, die um jene Zeit beginnt. 1324 bewirbt sich ein Ylsungus aus Nürnberg um das Bürgerrecht von Lübeck und ein eingesessener Kaufmann bürgt für ihn. Claus Nordmann, dem wir hier folgen, vermutet, daß jener zu einer kleinen Gruppe Nürnberger Handelsleute gehörte, die sich 1336 in Schonen aufhielt und von der einer die Hilfe des lübischen Vogtes zu Falsterbo in Anspruch nahm, um einen Streit mit den Dänen zu schlichten. Ein Menschenalter später finden wir neben anderen Nürnberger Lübeckfahrern den Kaufmann Fritz Pelz in der Travestadt, dessen Umsätze bedeutend gewesen sein müssen, weil er im Lübecker Niederstadtbuch als Schuldner erheblicher Beträge genannt wird. Auf Grund seiner guten Verbindungen verwendet ihn der Nürnberger Rat mehrmals als Geheimboten in politischen Missionen.

Ein Tuchhändler in seinem „Gewölbe".
Holzschnitt aus dem Büchlein H. Grammateus:
Rechnung auf Kaufmannschaft,
bei Georg Stuchs, Nürnberg, 1518

Seit dem Ende des vierzehnten Jahrhunderts reißen die Nürnberger den einträglichen italienischen Gewürzhandel an sich und beherrschen damit auch den Lübecker Markt konkurrenzlos. Eine Folge davon ist die Beschwerde der Lübecker Krämer im Jahre 1405 oder 1406 an ihren Rat, daß die Nürnberger, trotz aller den Fremden auferlegten Einschränkungen, hier viel geschickter zu verkaufen wüßten, als sie selbst. Geändert hat sich dadurch nichts, im Gegenteil: die geschäftlichen Erfolge dieser unerwünschten Gäste nehmen immer mehr zu; sie schließen sich jetzt in großen Handelsgesellschaften mit bester Geldfundierung zusammen, die dem Durchschnittshändler empfindlich zu schaffen machen. 1442 versucht man es, nach verschiedenen Erhöhungen der Zölle für Transitgüter, mit einer schärferen Maßnahme: Der Lübecker Rat ordnet an, daß die Nürnberger Kaufleute in den Kellern und auf dem Markt zu Lübeck fortan nur noch die in ihrer eigenen Vaterstadt erzeugten Waren anbieten sollten. Gegen diese Beschränkung wird sogleich schärfster Einspruch erhoben und die davon Betroffenen wissen sie dadurch zu umgehen, daß sie ihre Waren dortigen Geschäftsleuten in Kommission geben oder das Lübecker Bürgerrecht erwerben, ohne sich dabei der Stadt ihrer Herkunft zu entfremden. Auch die Aufforderung Lübecks von 1511 an den Rat von Nürnberg, Augsburg, Ulm und Leipzig, seine Bürger möchten die Beziehungen zu solchen konzernartigen Gesellschaften bis zum Jahresende abbrechen, fruchtete nichts.

In der Reihe markanter Kaufmannsgestalten aus Nürnberg, die wir nach 1400 in Lübeck treffen, wäre als erster etwa Johann Lange zu nennen, ein Mann mit großen internationalen Beziehungen. Dieser gehörte der Pirckheimer-Gesellschaft an, einer Unternehmergruppe, deren Hauptgeldgeber Vorfahren unseres Humanisten waren. Lange sandte seine Waren nach Wisby, Reval und Danzig, Plätze, in denen mancher Nürnberger von Lübeck her Niederlagen unterhielt. Diese wurden von *„Dienern"* aus der Vaterstadt geführt, Faktoren, die oft auch vermögende Teilhaber waren; im Gegensatz zu ihren Geschäftsherren brauchten sie aber niemals ihr Nürnberger Bürgerrecht aufzugeben, da sie ja als Angestellte auch keinen rechtlichen Einschränkungen unterlagen, wie sie den Besitzern oft auferlegt wurden. Die Gegenstände dieses Handels kennzeichnen den gesamten Geschäftsverkehr mit Nürnberg. Man verkaufte im Norden Spezereien, Mineralien und Drogen, italienische und Schweizer Gewebe aller Arten und Preislagen, die kostbarsten Brokate, Metalle und Waffen, Gold, Silber und Edelsteine. Dazu kommt später noch Papier in jenen feinen Sorten, die man in den Ostseegebieten nicht herzustellen verstand, kommen endlich, seit Anton Kobergers weitverzweigtem Verlagsgeschäft, Bücher, graphische Drucke und Kunstgegenstände. Dafür wurden Stockfische und gesalzene Heringe gekauft, die damals überall unentbehrliche Fastenspeise, sowie Pelzwerk und Hanf, ostpreußischer Bernstein und baltisches Wachs.

Erst um 1450 aber setzt die stärkste Zuwanderung von Nürnbergern in die Travestadt ein, hervorgerufen vor allem durch den Umstand, daß die zunehmenden Schutzmaßnahmen Lübecks gegen die Fremden nur durch persönliche Anwesenheit unwirksam gemacht werden können. Den Nürnbergern gelingt es jetzt, im Geld- und Wechselgeschäft die beweglichen Italiener aus dem Feld zu schlagen und sich dadurch mancher Hansastadt unentbehrlich zu machen. Die bedeutendsten Vertreter dieser Zeit und Art sind die beiden Geschlechter Munter und Mulich, die fast gleichzeitig, nämlich um 1436, in Lübeck auftreten. Als der erfolgreichste steht Matthias Mulich vor uns, der 1514 Lübecker Bürger wird, eine dortige Patriziertochter heiratet und bald ebenso der Stadt Lübeck wie dem dänischen Königshaus als Bankier unentbehrlich wird. Er betrieb unter anderem einen Kupferhammer und war als stiller Teilhaber an dem weitverzweigten Hüttenunternehmen des Christof Fürer beteiligt; er pflegte diesen Geschäftszweig derart geschickt, daß dadurch die bisher vorherrschende Einfuhr von schwedischen Erzen so gut wie überflüssig wurde. Mulichs Stellung am dänischen Hofe war bemerkenswert vielseitig: Er lieferte an zwei Fürsten nicht allein kostbare Waren, Edelmetalle und Waffen, sondern lieh ihnen auch erhebliche Geldbeträge und knüpfte für König Johann die ersten Fäden zu Lübeck neu, nachdem beide einen erbitterten Krieg miteinander geführt hatten (1512). Durch diesen überragenden Platz erhebt sich Martin Mulich auf eine Stufe mit den Fuggern, die übrigens um 1500 über Nürnberg ebenfalls eine Niederlage ihres Kupferhandels in Lübeck unterhielten, um dessentwillen sie dann beinahe ein Menschenalter lang einen harten, doch schließlich erfolgreichen Kampf mit der Travestadt führen mußten.

Natürlich lief die gedeihliche Beziehung zwischen beiden Städten auch in umgekehrter Richtung, konnte aber nicht die gleiche Bedeutung erlangen wie das hartnäckige Auftreten der Nürnberger Kaufleute im Norden. Ja, noch mehr als dies: Die Waagschale neigt sich nach 1500 immer mehr zugunsten der Noris — je mehr Nürnberger sich mit der Zeit in Lübeck niedergelassen hatten, desto weniger Lübecker in Nürnberg, zwei Erscheinungen, zwischen denen ein ursächlicher Zusammenhang besteht (Nordmann). Auf diese Weise konnte unsere Stadt auch großzügig sein dort, wo Lübeck sich kleinlich erwies. 1498 wird vorübergehend die Niederlassung von Nürnbergern in Lübeck verboten und 1571 kommt es nochmals zu einer bezeichnenden Auseinandersetzung zwischen den beiden Städten, wobei die Lübecker zwar für ihre Kaufleute volle Handelsfreiheit an der Pegnitz beanspruchen, selbst aber von ihren Einschränkungen den Nürnbergern gegenüber nicht abgehen wollen. Bei uns dagegen läßt man jetzt alle fremden Handelsleute während der drei großen jährlichen Messen unumschränkt hantieren — zunächst um die auswärtige Warenerzeugung stets mit der eigenen vergleichen zu können und dann um den Kaufleuten von draußen den heimischen Markt unentbehrlich zu machen, der ebenso vieles bot wie er abnahm. Schon macht sich diese Weitherzigkeit bezahlt: Nürnberg ist im Begriff, Lübeck als bisherige Beherrscherin des kontinentalen West-Ost-Handels zu überflügeln.

Bliebe noch kurz der Weg nach Süden aufzuzeigen, dessen ungemeine Bedeutung ja bereits teilweise aus der bisherigen Skizze hervorgeht.

Seit dem 15. Jahrhundert waren Augsburg und Nürnberg schlechthin die Vermittler des deutschen Handelsverkehrs mit Italien, von wo man hauptsächlich Früchte, Öl, Weizen, Weihrauch — diesen anfänglich aus Genua — und all jene märchenhaft lockenden Dinge bezog, die der Vordere Orient, die Levante, für das anspruchsvoller werdende Abendland bereithielt, wie Duft- und Würzstoffe, kostbare Gewebe, Leder von in Europa unbekannten Tieren und funkelndes Geschmeide.

Lehrjungen üben sich im kaufmännischen Rechnen. Holzschnitt aus dem Büchlein von Grammateus: Rechnung auf Kaufmannschaft. Nürnberg, 1518

Der Straße nach Norden wurde bald auch die gen Süden führende ebenbürtig. Keine Stadt jenseits der Alpen übte eine derartige Anziehung auf den deutschen Kaufmann aus wie Venedig, das für die Dauer von fast einem halben Jahrtausend als der größte Handelshafen der Welt galt und die Schlüsselgewalt zu allen damals bekannten Wasserstraßen in östlicher und südlicher Richtung eifersüchtig hütete. Darum wußte es sich auch zu jeder Zeit vor übergroßem Einfluß seiner Marktgäste zu schützen, indem es seit den Tagen der Kreuzzüge als Kauffahrerhof und Herberge den Fondaco dei Tedeschi unterhielt, ein stattliches Gebäude am Canale grande, auf das alle Deutschen ihr Wirken und Treiben an der Lagune beschränken mußten und von dem die Signoria zugab, daß es einen besten Bestandteil der Stadt ausmache. Die Nürnberger sind hier mindestens seit dem 14. Jahrhundert vertreten und spielen bald eine derartige Rolle, daß die Geschichte des Fondaco zu nicht geringem Teil ein Stück Nürnberger Auslandschronik ist. Daher mochte auch ein Urteil der venetianischen Regierung nicht gerade übertrieben sein, wenn sie einmal von den Nürnbergern behauptete, sie seien durch die Geschäfte mit Venedig *„gleichsam von nichts zu den größten Reichtümern gelangt“*.

Entsprechend der Bedeutung der stolzen Handelsrepublik für unsere Stadt wurde sie so gut wie von allen Geschlechtern Nürnbergs länger oder kürzer aufgesucht. Seit 1500 war es geradezu Mode bei den reichen Kaufmannsfamilien, daß sie ihre Söhne für etwa ein halbes Jahr nach Venedig schickten, damit sie dort die erforderlichen Spezialkenntnisse ihres künftigen Berufes erwarben: die italienische Sprache erlernten, kaufmännisches Rechnen und die damals längst berühmte italienische Buchhaltung. Von manchem Jüngling, der sich auf diese Weise seine Sporen in den betriebsamen Faktoreien nahe am Rialto und danach etwa in Breslau oder Lyon verdienen mußte, ist uns der Briefwechsel erhalten — daraus lesen wir Stolz und verstecktes Heimweh, während in den Antworten von zu Hause die guten Ermahnungen überwiegen. Christoph Scheurl, jener umsichtige Kaufmann am Burgberg, der uns schon als Gastgeber Maximilians begegnete, hatte seine Lehrzeit ebenfalls in Venedig verbracht und gab später aus seiner reichen Erfahrung einem Zögling von ihm, dem jungen Hieronymus Haller, eine gründliche Unterweisung mit auf den Weg, wie er sich als angehender Handelsmann in der Fremde verhalten solle. Fleiß und Enthaltsamkeit, Gottesfurcht und Sohnesliebe liegen ihm dabei als Haupttugenden seines Berufes besonders am Herzen. Der Ermahnte solle den Tag beizeiten beginnen, die Kirche ebensowenig wie den Rechenunterricht versäumen; er sei immer sparsam und habe stets ein offenes Auge für alle Vorgänge des dortigen Geschäftslebens, besonders für die Veränderungen auf der Börse. Diese Beobachtungen möge er gewissenhaft aufzeichnen und sie bei Gelegenheit seinem Lehrherrn in der Heimat mitteilen — in diesem Falle wohl dem eigenen Vater, sonst aber dem Prinzipal, welcher ebenfalls seine besten Knaben ins Ausland zu schicken pflegte, um die eigenen Kenntnisse von ehedem auf den Stand des Tages zu bringen.

Diese enge Fühlung zu Venedig war natürlich auch die Ursache der hervorragenden Aufnahme, die Albrecht Dürer als Sohn seiner Stadt und freilich auch als Künstler von staunenswerter Begabung dort erfuhr. Die deutsche Kolonie überhäufte ihn mit Ehren und Aufträgen, während die einheimischen Maler neidvoll auf ihn blickten und ihm das Leben sauer machen wollten — dreimal, schreibt er in einem Brief, hätten sie ihn vorgeladen und er mußte vier Gulden in ihre Innungskasse zahlen. Wir stehen nicht an, dies in unserem Kapitel des Handels zu berichten, denn auch Dürer hatte dort für seinen verehrten Freund Willibald Pirckheimer Aufträge zu erledigen, die einem Kaufmann alle Ehre gemacht hätten — er feilscht im Frühjahr 1506 bei den Juwelieren der „Riva" und urteilt über sie recht abfällig: *„Ich soll mich vor ihnen hüten, sie bescheißen Vieh und Leut; man kauft zu Frankfurt besser Ding und zu geringerem Preis."* Dennoch wird ihm das Herz schwer, als er im Oktober an die Rückreise denkt und so findet er in seinem letzten Brief die rührenden, nachmals oft zitierten Worte: *„O, wie wird mich nach der Sunnen frieren, hie bin ich ein Herr, doheim ein Schmarotzer."*

Welch häufige Gäste die Nürnberger am Fondaco waren, zeigt auch die Tatsache, daß sie dort zu Ende des 14. Jahrhunderts den Vorsitz der Tafelrunde führten, worauf sie allerdings von den Regensburger und Augsburger Kaufleuten so lange und heftig bekämpft wurden, bis sie in der Rangordnung wieder nur als ihresgleichen saßen. Das große Gebäude, das dem Rat von Venedig täglich allein an Abgaben 100 Dukaten eintrug, erfüllte außer seinen rein geschäftlichen Aufgaben auch politische und war damit geradezu eine Art Gesandtschaftsort vieler deutscher Städte. Damit mochte es wohl zusammenhängen, daß verschiedene Nürnberger, die dort kaufmännische mit diplomatischen Angelegenheiten zu verbinden hatten, daheim an ihrem Haus den Markuslöwen anbrachten, das Wahrzeichen Venedigs. Durchreisende Italiener pflegten hier einzukehren und des öfteren blieb einer von ihnen für immer in der Stadt, um sich besonders erfolgreich dem Bankgeschäft zu widmen, wie die Familie Torrigiani. Eines ihrer Mitglieder, der Seidenhändler Raffaele Torrigiani, hat 1516 von Veit Stoß jene schöne Raffael-Tobias-Gruppe schnitzen lassen, die sich heute im Germanischen Nationalmuseum befindet. Im Jahre 1574 werden in Nürnberg achtzehn italienische Firmen gezählt und nun geschieht hier das gleiche, wie einst den Nürnbergern in Lübeck: Die einheimischen Geschäftsleute fühlen sich beeinträchtigt und erheben Beschwerde beim Rat.

Aus Venedig stammte auch der 1538 geborene Bartholomäus Viatis, der in Nürnberg als verhungerter Laufbursche begann und es schließlich bis zum Großkaufmann brachte. Seine Spezialität wurde aber weniger das Geldgeschäft als der Handel mit Stoffen, die er teilweise nach neuen Verfahren selbst färbte und veredelte. Er richtete sich ein kostbares Haus an der Barfüßer-(Museums-)Brücke ein, das er im Lauf seines langen Lebens mit 15 Kindern, 31 Enkeln und 19 Urenkeln bevölkerte. Er starb 1624 als einer der reichsten Handelsherren in Deutschland; seine Hinterlassenschaft soll sich auf 16 Tonnen reinen Goldes und insgesamt eineinviertel Millionen Gulden belaufen haben. Wieviel es nun in Wirklichkeit auch war — seine Söhne bekamen nichts davon, weil sie sich bei Lebzeiten des Vaters nicht genügend um das Geschäft gekümmert hatten, was er ihnen des eigenen beschwerlichen Aufstieges halber nicht verzieh. Alleinerbin wurde seine Tochter Maria als Gattin seines ehemaligen Angestellten Martin Peller, der um dieser italienischen Beziehung willen im märchenhaft südländischen Stil das nachmals berühmte Pellerhaus am Egidienberg hatte bauen lassen.

Als die kapitalkräftigsten Träger des Italienhandels galten in Nürnberg die Familien Imhof und Hirschvogel. Diese waren es auch, die sich 1505/06 zusammen mit einigen Augsburgern und Genuesen an der ersten abendländischen Handelsfahrt nach Ostindien beteiligten. Dies Unternehmen kann sich zwar nicht mit den großen, folgenreichen Expeditionen der Fugger und Welser in die Neue Welt messen, zeugt aber doch, da es in völlig unerforschte Gebiete ging, von nicht geringem Wagemut. Jene beiden Häuser waren insgesamt mit 5000 Gulden beteiligt, die Welser dagegen mit 20 000, einige Italiener sogar mit noch höheren Beträgen; dafür allerdings kamen die Deutschen für die Ausrüstung der Schiffe auf. Man brachte eine reiche Ladung mit Pfeffer und anderen Gewürzen in die Heimat zurück. Leiter der Reise waren aber Portugiesen, deren wankelmütiger König Manuel nach der glücklichen Rückkehr der Flotte mit den fremden Teilnehmern erbittert zu feilschen begann; dennoch warf ihnen der Einsatz den beträchtlichen Gewinn von etwa 175 Prozent ab.

Eine andere Hauptstraße führte in ziemlich gerader Linie über Dinkelsbühl und Stuttgart durch die Westschweiz nach Lyon, welches seit dem 15. Jahrhundert das vorher von den Nürnbergern ebenfalls viel besuchte Genf überflügelt hatte. Lyon war seither einer der wichtigsten Plätze für den Austausch südlicher Erzeugnisse gegen solche des Nordens. Hier wurden etwa Früchte und Weine gegen Häute, Pelze und Wachs gehandelt, Gewürze gegen Kurz- und Metallwaren aller Art, darunter besonders Nadeln — natürlich nicht unter Ausschluß des guten baren Geldes, welches schon vor 1500 zum gestrengen Herrn der ganzen damaligen Welt geworden war. Welchen Umfang diese Geschäfte hatten, geht auch daraus hervor, daß die an Südfrankreich interessierte Nürnberger Kaufmannschaft, deren Führung lange Zeit hindurch die Tucher und Imhof hielten, in Lyon ihre eigenen Waren-Niederlagen besaß, Filialen also, denen jeweils ein Faktor oder Agent vorstand. Außerdem stiftete sie dort auch die sogenannte deutsche Jakobs-Bruderschaft, eine Vereinigung mit frommen und geselligen Zielen, die wohl jeder in Lyon weilende Handelsmann aus der Heimat zu besuchen pflegte.

Von Lyon aus verzweigte sich der Nürnberger Handel nach allen Seiten weiter durch Mittel- und Südfrankreich und es gab kaum einen namhaften Platz zwischen Rhone, Loire und Garonne, der nicht ständig durch die großen Handelshäuser unserer Stadt beschickt worden wäre. Lyon und einige andere französische Städte belieferten wiederum Spanien und Portugal, bis um 1400 jenseits der Pyrenäen die Kämpfe gegen die Mauren so weit abgeklungen waren, daß auch hier ein friedlicher Handel größeren Stiles gewährleistet wurde. 1383 treffen wir den ersten Nürnberger Kaufmann namens Hermann in Barcelona und Ulman Stromer, unser Papierfabrikant, zeigt in seinem Geschlechterbüchlein derart umfassende Kenntnisse der Straßen- und Zollverhältnisse auf dem Weg nach Spanien, daß anzunehmen ist, auch er habe sich irgendwann dort umgetan. Seit 1415 erhalten die Nürnberger zusammen mit anderen süddeutschen (besonders schwäbischen) Kaufleuten von den spanischen Königen Geleitbriefe und Vorrechte. Von den iberischen Ländern aus wiederum belieferte man später die gesamte Neue Welt mit Nürnberger Waren — so ist aus Reiseberichten bekannt, daß auf diesem Wege ein unverkennbares Erzeugnis unserer Stadt, nämlich Glöckchen und Schellen aus Messing, als begehrte Tauschobjekte in die Hände von Indianern gelangten. Einer der ersten Nürnberger, der sein halbes Leben in Amerika zubrachte, war Bartel Blümlein, der Mitbegründer von Santiago de Chile, der in diesem Lande vorbildliche Kolonisationsmethoden einführte. In Mexiko finden wir einen Lazarus de Norimberga, Schwiegersohn von Jakob Cromberger, der als erster Buchdrucker Amerikas bekannt ist. Ein anderer Nürnberger, Egid Arnold, erwarb in Peru ein ansehnliches Vermögen, denn als er 1609 in seiner Vaterstadt stirbt, bedenkt er aus seiner Hinterlassenschaft unter anderem eine größere Armenstiftung

Wagen mit verwässertem Wein wird zur Pegnitz gefahren. Rechts die „Alte Schau". Stich des 17. Jahrhunderts

für Handwerker. Um diese Zeit hat auch schon die Nürnberger Firma Welser Gelder in amerikanische Unternehmungen gesteckt, über deren Erträgnisse wir aber keine näheren Nachrichten haben.

Soweit der Nürnberger Außenhandel, neben dem der inwärtige nur flüchtige Erwähnung verdient. Es ist erstaunlich, aber wiederum aus der damaligen Lebensweise leicht erklärlich, daß die Einwohner unserer Stadt bei dem Weltruf, den sie genoß, bis in die neuere Zeit hinein keine diesem Ansehen entsprechende Räumlichkeiten aufzuweisen hatten, sondern daß sich die örtlichen Geschäfte nur in windigen Buden, halbdunklen und muffigen Gewölben, in den schwer zugänglichen *„Kellerhälsen"* oder den wackeligen *„Bänken"* der auf bestimmte Plätze begrenzten Verkaufsorte abspielten, von denen heute noch manche Namen erhalten sind, wie der Haupt-, Obst-, Korn-, Wein- und Trödelmarkt. Früher gab es etwa 30 solcher fester Standorte für alle Verkaufszweige, auf die der Rat stets ein wachsames Auge hatte: Mit der geforderten Güte und Frische der Lebensmittel befassen sich seit dem 13. Jahrhundert die Nürnberger Polizeivorschriften, welche

die zweitälteste Quelle dieser Art in Bayern darstellen. Je lebensnotwendiger eine Ware war, desto sorgfältiger wurde sie natürlich auf ihren Gehalt geprüft, wie Brot, Milch und Fleisch, welch letzteres der sogenannte *„Banksperrer“* beschaute. Viel zur Schadenfreude ermunterndes Aufhebens wurde mit verwässertem Wein und Bier gemacht: War der Wirt über einem Verstoß dieser Art ertappt worden, so lud man die Fässer mit dem beanstandeten Getränk auf einen großen Wagen, fuhr sie unter Trommelschlag des Stadtbüttels zur Pegnitz und schüttete den Inhalt in den Fluß. Weniger glimpflich kamen die Verfälscher der einstmals so kostbaren Gewürze davon, denn hierbei hatte man an Ruf von den auswärtigen Abnehmern einzubüßen. So wurden um die Mitte des 15. Jahrhunderts drei Männer, die Safran mit wertlosen Zutaten gestreckt hatten, verbrannt und eine Mithelferin lebendig begraben; Hans Foltz macht sich über das viel geübte Safranfälschen in einem seiner Fastnachtsspiele lustig. Nicht so rücksichtslos wie in jenen Fällen, aber kaum weniger sorgfältig überwachte man die Erzeugnisse des Kunstgewerbes und die Goldschmiedearbeiten, die wie alle zur Ausfuhr bestimmten Metallwaren mit einem N als Gütezeichen versehen wurden, dem Anfangsbuchstaben der Stadt, zu dem sich oft auch noch ihr Wappen gesellte, wie es die großen Fernwagen weithin sichtbar auf ihren Planen trugen. Dies flüchtige Bild des Nürnberger Handels, der natürlich zu allen Zeiten wiederum seine Eigenarten aufwies, wäre unvollständig ohne die Erwähnung seiner hohen kulturellen Bedeutung:
Der Kaufmann wagte sich in fremde Himmelsstriche, die er ohne den Anreiz möglichen Gewinnes sicher niemals betreten hätte, er gab den endlosen Landstraßen erst ihren wahren Sinn. Seine Tätigkeit wirkte daher oft bahnbrechend für Forschung und Wissenschaft, für alle Verständigung der Völker untereinander. Was die großen Kriege in Kürze zuschütteten, das baute er in mühsamer Kleinarbeit wieder auf, stets aufs neue die unnötige Kluft der Vorurteile einer Nation gegen die andere beseitigend. Er war es auch, der auf seinen weiten Wegen die Scharen anderer friedlicher Wanderer nach sich zog — die Handwerker seiner Heimat, deren Ruf er in der Fremde verbreitete und die daher überall lohnende Arbeit fanden. Aus Händlern und Handwerkern setzten sich seit dem 14. Jahrhundert all die vielen deutschen Kolonien im Ausland zusammen von Neapel und Rom etwa bis Stockholm, Wisby und Drontheim, vom Londoner Stahlhof bis Narwa und Nowgorod am Ilmensee; in Italien sind sie derart zahlreich, daß Pius II.

etwas summarisch von ihnen behauptete, zu seiner Zeit wären dort alle Gastwirte Deutsche gewesen: wohl ihrer vorbildlichen Sauberkeit wegen. Als zum Beispiel der Nürnberger Balthasar Paumgartner 1595 in Geschäften nach Lucca reist, wo seine Familie sei alters einen ausgedehnten Handel betrieb, übernachtet er in Bologna und Florenz bei Männern aus der Vaterstadt, weil er in die welschen Wirtshäuser wegen der vielen Wanzen nicht gehen mag.

Dazu kommt, daß der Kaufmann in alten Tagen auch Übermittler wichtiger Nachrichten war, die zunächst seinesgleichen angingen, wie z. B. Preisschwankungen, dann aber auch die gesamte Öffentlichkeit betrafen, wie Notizen über einlaufende und vermißte Schiffe, über Naturkatastrophen, Unglücksfälle oder den Verlauf von Schlachten. Auch in Nürnberg haben sich geschriebene Zettel erhalten, die man aus den Niederlanden mit aktuellen Meldungen schickte und die ebenso als Vorläufer der Kursberichte wie der gedruckten Zeitungen anzusehen sind. Endlich darf nicht außer acht gelassen werden, daß der Kaufmann auch manche Güter mit sich führte, die zwar mit Geld bezahlt wurden, deren Gehalt aber höher war, als wie er sich in klingender Münze abgelten ließ: Der Buchversand Anton Kobergers von Nürnberg aus in alle großen Handelsstädte wirkte ungemein befruchtend auf den Humanismus — ebenso, wie die Kunst im ganzen Abendlande eine Fülle von Anregungen erhielt aus dem Vertrieb von Bildern und besonders graphischer Blätter aus der Hand von Albrecht Dürer und der Nürnberger Kleinmeister.

Zu diesen geistigen Gütern zählte nicht zuletzt auch das Nürnberger Recht, das dem Kaufmann an vielen Orten ein wertvoller Bundesgenosse war. Jede Form des Handels ist von gewissen gleichbleibenden Übereinkünften abhängig und es leuchtet ein, daß die Nürnberger dank ihrer großen Erfahrung auf diesem Gebiet schon frühzeitig ihren auswärtigen Geschäftspartnern Richtlinien für die Beurteilung einschlägiger Fragen geben konnten. Daß dies aber nicht bei allen bekannten Handelszentren des Reiches so war, beweist die Tatsache, daß das lokale Recht Nürnbergs, das sich allmählich aus einer Reihe bewährter Vorschriften und Verordnungen entwickelt hatte, von höchster Bedeutung für die Bildung des deutschen Stadtrechtes um 1500 wurde. Viele Städte pflegten sich hierher um Rat zu wenden oder, seit dem Ende des 15. Jahrhunderts, für die Behandlung gewisser Fälle geradezu das Nürnberger Recht auszuleihen.

Diese Gepflogenheiten haben teilweise noch tiefere Gründe als die hier angedeuteten. Da eine Anzahl von Orten zum Dank für gute Dienste von ihren Fürsten neue Freiheiten eingeräumt erhielten, wie Nürnberg, war es naheliegend, daß man sich dann hier wegen der praktischen Handhabung dieser Privilegien erkundigte und bestehenden Gepflogenheiten anpaßte. Dazu kommt, daß in den Gebieten ehemaliger Reichsgüter die landesherrliche Gerichtsbarkeit allmählich von den königlichen Beamten auf den Rat der politisch erstarkenden Stadt überging und damit verschiedene Plätze in eine Art juristische Abhängigkeit zu Nürnberg gerieten, wie etwa Eger und sein gesamtes Hinterland. Im burggräflichen Landbuch zu Plassenburg-Kulmbach steht 1398 geschrieben: *„Die Bürger des Rates holen ihr Recht, daran sie unweise waren, zu Nürnberg."* Dies Wort ist gleichsam ein Leitmotiv dafür, daß das Nürnberger Recht zwischen dem 14. und 16. Jahrhundert in einer Reihe namhafter Städte, wie Altstadt Prag, Hof an der Saale oder zu Hermannstadt in Siebenbürgen, galt. Der Kulturgeschichtler Konrad Burdach hat darauf hingewiesen, daß in dem berühmten geistlichen Streit- und Trostgespräch des Johannes von Saaz (1400), worin eines Mannes aufrührerisch-verzweifelte Trauer um den allzu frühen Tod seiner Frau vor Gottes Ratspruch gelangt, Nürnberger Recht vorausgesetzt und angewandt wird. Dies Recht ist vorbildlich für ganz Deutschland erstmalig 1479 schriftlich fixiert und wenige Jahre später veröffentlicht worden in dem umfangreichen Werk *„Nürnberger Reformation"*, das uns noch bei der Würdigung des bodenständigen Buchdruckes begegnen wird.

b) Das Handwerk

*„Die Nürnberger arbeiten immer —
auch dann, wenn sie Feste feiern"*
Karl Bröger

Der andere Eckpfeiler von Nürnbergs Wohlstand, das Handwerk, hatte sich seit dem großen Aufstand von 1348 trotz allzeit argwöhnischer Beaufsichtigung durch die Stadtväter erstaunlich gefestigt und weit verästelt. Wir erinnern nur an das Beispiel der Metallverarbeitung, die allein in etwa 50 Untergruppen zerfiel, in all die Berufe von der ersten groben Aufbereitung des Materials bis zur letzten Glanzglätte eines kunstvollen Gegenstandes. In den Tagen von Friedrich Nicolais Deutschlandreise, also nach 1780, gab es in der Stadt noch über 200 selbständige Handwerkszweige, viel mehr als anderswo. Manche waren damals bereits am Aussterben und etwa zwei Drittel fiel den völlig veränderten Ansprüchen oder vereinfachten Herstellungsmethoden bei Beginn des Maschinenzeitalters zum Opfer, wie etwa die Erzeugnisse des *„Heftlesmachers"*, allerlei sorgfältig gebogene, teilweise recht schmucke Gewandschließen, die der nüchternen, aber durchaus zweckentsprechenden Sicherheitsnadel weichen mußten. Welche Bedeutung dem Nürnberger Handwerk seit alters zukam, geht unter anderem daraus hervor, daß eine Reihe angesehener Berufsgruppen, wie die Rotschmiede, Feilenhauer und Kammacher, ihre Hauptlade — Landesverwaltung würden wir sagen — jahrhundertelang in dieser Stadt hatten. In ihrer Gesamtheit stellten sie hier eines der merkwürdigsten soziologischen Gebilde dar, das man sich denken kann, da sie doch einerseits keine Zünfte bilden und nichts tun durften, was nach vorsätzlicher Mehrung ihrer öffentlichen Rechte aussehen konnte, andererseits aber aus Gründen der Ordnung und gediegenen Arbeitsleistung ein berufsständischer Zusammenschluß der Handwerker auf die Dauer nicht aufzuhalten war. Er erfolgte denn auch zunächst unter dem Deckmantel der Kirche in den sogenannten Bruderschaften, wie wir eine davon, die der Nürnberger Kaufleute in Lyon, bereits kennenlernten. Sie traten anfangs als Vereinigungen frommer Geselligkeit und Nächstenliebe auf, gewannen aber seit dem Ende des 15. Jahrhunderts mehr und mehr weltlichen Charakter. Um diese Zeit machte sich auch schon, allerdings nicht allein in Nürnberg, der Gegensatz zwischen Meistern und Gesellen immer schärfer bemerkbar, die sich auch in all ihrem gesellschaftlichen Auftreten streng gesondert hielten. Was sie trennte, war wohl zuerst das Empfinden, voneinander unterschieden zu sein, wie Hammer und Amboß, die unterschiedliche soziale Stellung also. Dazu kamen dann die weitaus mehr zwingenden Gründe der Aufstiegsbeschränkung: Die Meister sorgten zu ihrem Nutzen — und in hungrigen Zeiten zu ihrer Selbsterhaltung — dafür, daß ihresgleichen nicht zu zahlreich würde, wodurch sich die Gesellen um den höchsten Lohn ihres beruflichen Fleißes gebracht sahen, um ein selbständiges Schaffen, das ihnen auch oft erst die Gründung einer eigenen Familie ermöglichte.

Unter den Handwerkern gab es zwar manch feinsinnige Grübler, im allgemeinen jedoch bestanden und bestehen sie aus lebensfrohen, rauhen Gesellen, die nach einer Woche mit 12 bis 14 Stunden täglicher

Arbeit für kurze Zeit vollkommen ihre eigenen Herren sein wollen. Auch daraus ist es leicht erklärlich, wenn es in Nürnberg trotz aller Gegenmaßnahmen immer wieder einmal gärte und die Erregung von Zeit zu Zeit auch an die Oberfläche drang. So hören wir zum Beispiel aus dem Jahre 1507, daß man den Zirkelschmieden eine ihnen gemäßer erscheinende Form des Berufszusammenschlusses verweigert hatte und sie nun insgeheim eine — vielleicht als kirchliche Bruderschaft getarnte — Zunft unterhielten; als dies dem Rat bekannt wurde, bestrafte er die Urheber mit Gefängnis. Ein anderes Mal, 1524, suchten die Kandelgießer vergebens um die Mehrung ihrer Rechte nach mit dem Ergebnis, daß ein Teil der Gesellen die Stadt verließ. Diese Grundstimmung nutzloser Aufsässigkeit, die man dem Überdruck in einem gut verschlossenen Gefäß vergleichen könnte, machte die arbeitenden Schichten Nürnbergs stets für allerlei umstürzlerische Gedanken empfänglich — erinnern wir nur an die ersten Ketzergerichte von 1332 oder an die gute Aufnahme, die Johannes Hus hier erfahren hatte; daraus erklärt sich auch die Bereitschaft, mit der man Sekten wie die Wiedertäufer unterstützte oder allerlei harmlosen Aufrührern Gehör schenkte, so 1476 dem sich als Gottesboten fühlenden *„Pfeiferhänsle“* von Niklashausen im Taubertal oder 1522 dem sogenannten Bauern von Wöhrd, der in den Vororten aus den Kneipen heraus mit viel Stimmaufwand und starker Überzeugungskraft gegen die himmelschreienden Mißstände der Kirche predigte. Freilich: Zu jener Zeit witterte das ein-

Predigt des Bauern von Wöhrd, Nürnberg um 1525

fache, geknechtete Volk allerorten die Morgenluft einschneidender Veränderungen, doch in Nürnberg mochte man meinen, auf die hoffnungsvolle Wandlung von Glauben und Gesellschaftsordnung ein besonderes Anrecht zu haben.

Gliederung, Bräuche und bunte Trachten des deutschen Handwerks sind von Hans Sachs etwa bis zu Gottfried Keller immer wieder liebevoll beschrieben worden; trotz seiner vielen, ortsbedingten Schattierungen stand es überall unter dem großen Grundgedanken, daß Einigkeit stark mache, daß die Lasten des Lebens geringer und seine Freuden größer würden, wenn man sie miteinander trug. Wir haben daher nur auf einige Eigenarten und Sonderleistungen in unserer Stadt hinzuweisen.

Warum in Nürnberg alle wichtigeren Vorgänge im Handwerkerleben von der Verpflichtung eines Lehrlings bis zu seiner Freisprechung als junger Meister einzig durch den Rat erfolgten, bedarf nach dem vorher Gesagten keiner weiteren Erläuterung. Aus gleichen Gründen der Vorsicht verwahrte er auch das Briefsiegel einer jeden *„Lade"* oder gab es später nur für das jeweils anfallende Schriftstück heraus, wie auch die Gerichtsbarkeit in beruflichen Dingen niemals durch die Handwerker selbst ausgeübt werden durfte. Dennoch gab es Freiheiten genug, die auch die Nürnberger Stadtväter nicht unterbinden konnten, wenn sie nicht ihren Berufsständen den Lebensfaden abschneiden wollten: Es geschah beispielsweise auch zum Nutzen der Stadt, wenn man Rohstoffe und Werkzeuge gemeinsam und damit vorteilhaft einkaufte, um sie dann gleichmäßig unter die Meister zu verteilen; wenn die verschiedenen Arbeitszweige in gegenseitiger Überwachung sich einerseits zu besten Leistungen anspornten, andererseits darauf achteten, daß keiner über den anderen hinauswuchs, damit das Handwerk — falls es schon keinen goldenen Boden mehr hatte — doch seinen „täglichen Pfennig" brächte, wie es in einem Sprichwort heißt. Und keine sauertöpfischen Ermahnungen konnten die geradezu närrisch sich gebärdende Freude von Meistern und Gesellen eindämmen, wenn es galt, mit großem Aufwand einen Umzug oder ein Fest zu gestalten. Ebensowenig vermochte der Rat einen Handwerker aufzuhalten, wenn er, den Lockungen der schönen Jahreszeit folgend, sein Ränzel packte, denn das Wandern war nicht nur sein Recht, sondern die Pflicht vieler Berufe — zunächst, damit sie draußen selbständiges Auftreten lernten und sich weitere Fachkenntnisse aneigneten, dann aber auch, um den Meisternachwuchs

45. Kleine barocke Welt: typischer Patriziergarten in St. Johannis

46. Stuckdecke von Carlo Brentano im Fembohaus

47. Sala terrena im Hause Maxplatz 44

48. Neptunbrunnen im Stadtpark, Nachguß des Originals (Ausschnitt)

etwas zu verzögern, da die Arbeitsplätze oft nur eine beschränkte Zahl von Menschen ernähren konnten und in schlechten Zeiten unbillige Härten überhandnahmen. Doch hier gab es in Nürnberg schon wieder eine neue Einschränkung: Eine Anzahl von Handwerkszweigen galt als gesperrt, das heißt, ihnen war das Wandern verboten, und auch die ansässigen Meister, die wie die Gesellen das Bürgerrecht der Stadt haben mußten, durften sich nur mit Genehmigung des Rates zeitweilig aus Nürnberg entfernen. Der Grund dafür ist naheliegend: Man wollte seine Berufsgeheimnisse wahren bei solchen Erzeugnissen, die man besser herzustellen glaubte als anderswo. Es handelt sich dabei vielfach um Fertigkeiten, die als Nürnberger Erfindungen galten, wie die der Fingerhuter, Drahtzieher und Heftleinsmacher, um die Messing verarbeitenden Berufe, die Schellen- und Trompetenmacher oder die Schläger jener hübschen Rechenpfennige, die unter dem Namen *„Dantes“* als Rechen-, Spiel- und Lehrmünzen seit mindestens Anfang des 15. Jahrhunderts bis in die Neuzeit allgemein verbreitet waren. Diese Maßnahme mochte eine Zeitlang ihren Zweck gut erfüllen, irgendwann aber mußte sie ins Gegenteil umschlagen, denn da jene Facharbeiter nie mehr aus ihren vier Wänden herauskamen, wurden sie auch nicht mehr mit den jeweiligen technischen Neuerungen bekannt, weshalb unser scharfsinniger Gewährsmann Nicolai 1782 die Beobachtung macht, daß in Nürnberg eine Reihe von Herstellungsmethoden, wie etwa die der Spiegel, vollkommen veraltet sei.

Man war eben dem Fortschritt grundsätzlich abgeneigt, da das Alte als bewährt galt und man nicht wie im vorigen Jahrhundert der fragwürdigen Auffassung huldigte, daß es mit der Menschheit „stetig aufwärts“ gehe. Dies wird auch aus einigen Fällen deutlich, die wohl in der gesamten Handwerksgeschichte einzig dastehen: Im Jahre 1403 hatte ein Nürnberger Drahtzieher eine mechanische Vorrichtung erfunden, die ihm größere Arbeitsleistung bei geringerem Zeitaufwand ermöglichte. Sobald der Rat Kenntnis davon erhielt, verbot er diese Einrichtung und alle Meister des gleichen Berufes mußten schwören, daß sie für die Beseitigung jenes Rades, das den Draht so bequem zog, sorgen und dergleichen Kunst nie wieder ausüben wollten. 1570 war dem *„Neberschmied“* (Nabenbohrer) Heinrich Veit nach erfolgter Anzeige seiner Standesgenossen untersagt worden, sich weiterhin eines von ihm benützten Hauzeuges zur schnelleren Herstellung von Sägeblättern zu bedienen; 1572 erging es ähnlich dem Fingerhuter Georg

Endter, der ein von ihm ersonnenes Drehrad mit auffälliger Mehrleistung angewandt hatte — ein Vorteil, an dem die übrigen Meister nur sahen, daß er ihm zum Nutzen, den übrigen jedoch zum Schaden gereiche. Daher mußte Endter dieses Gerät wieder vernichten. Dazumal war eben Zeit noch nicht Geld und infolgedessen sah man keinen allgemeinen Gewinn in derartigen Neuerungen. Denn wenn man sie nur deswegen unterdrückte, weil ein einziger den Ertrag daraus hatte, so wäre es doch nach moderner Auffassung am einfachsten gewesen, diese Erfindungen sogleich zum Besitz aller daran Interessierten im Ortsbereich zu machen.

Soweit diese zeitbedingten Nöte der Werktätigen. Es ist ein menschliches Naturgesetz, daß mit der Härte der Arbeit auch die Sehnsucht nach größerem Genuß des Feierabends wächst. Hieraus erklärt es sich, wenn der Seemann nach langer Großfahrt seine sauer verdiente Löhnung in flüchtige Hafenfreuden umsetzt und daraus wird auch der oft bis zur Ausschweifung gesteigerte Überschwang verständlich, mit dem in alten Zeiten die Handwerker ihre Feste gestalteten, an denen die gesamte Bevölkerung lebhaftesten Anteil nahm. Die einzelnen Berufe suchten den Ursprung all dieser prunkvollen Umzüge und Tänze auf ein geschichtliches Ereignis zurückzuführen, bei dem sie sich besonders hervorgetan hätten. So behaupteten die Nürnberger Metzger und Messerschmiede, ihnen sei der berühmte Schembartlauf 1349 von Karl IV. verliehen worden: als Dank für die Treue, die sie beim Handwerkeraufstand den bedrängten Ratsherren bewiesen hätten. Bei diesem in Wirklichkeit später entstandenen Fest handelt es sich um einen glänzenden Maskenzug, der an Fastnacht stattfand, aber eigentlich dem bald zu erwartenden Frühling galt: Man wollte angesichts des wieder zunehmenden Sonnenlichtes, das die Fluren zu neuer Fruchtbarkeit erweckte, fröhlich sein bis zur Tollheit, wobei auch uralte Bräuche eine Rolle spielten, deren Sinn längst vergessen war. So spielte dabei auch die Erinnerung an die Vertreibung der Winterdämonen eine Rolle. Schembart bedeutet nichts anderes als das abgeschorene Wollvlies, dessen man sich zunächst als eine Art Zauber gegen böse Geister bediente. Man wollte außerdem den Patriziern zeigen, daß man auch jemand war und es ihnen gelegentlich an Auftreten und Kleidung durchaus gleichtun konnte. Indessen scheint den Veranstaltern gerade hierin schon bald der Atem ausgegangen zu sein, denn infolge der hohen Ausstattungskosten überließen die Metzger und

Fechtspiel und Schwertertanz der Nürnberger Messerschmiede.
Nach einer Federzeichnung des 16. Jahrhunderts im Germanischen Museum, Nürnberg

Messerer die Durchführung des Festes seit 1458 gegen eine geldliche Abfindung den Söhnen reicher Geschlechter. Wie es später vielfach beim Karneval üblich wurde, stand der Zug jedesmal im Zeichen einer anderen Farbe und eines Leitgedankens, nämlich der ausgelassenen Verspottung menschlicher Schwächen, wie der Torheit, der Völlerei und der Liebe oder von Vorfällen des Tages. Bunt gekleidete Narren eröffneten den Mummenschanz und schufen ihren Nachfolgern mit Pritschenhieben Platz, andere warfen Nüsse unter die Kinder oder mit Duftwasser gefüllte Eier auf die Frauen. Dann kamen die eigentlichen Schembartleute in übertrieben ausstaffierten Gewändern und betätigten sich mit allerlei lustigen Verrichtungen voll verballhornter Gleichnisse und Anspielungen auf den scheidenden Winter. Ihm mochte auch die sogenannte „Hölle" gelten, die in Form von Haus, Turm oder Fabeltier mitgeführt und hintennach öffentlich verbrannt wurde. Teufelsgestalten und knatterndes Feuerwerk sollten die Ohnmacht Satans und aller bösen, lichtscheuen Geister sinnbildlich ausdrücken.
Einmal, schon zu Beginn der Reformation, trug ein solcher Schembartmann ein Kleid, das aus lauter Ablaßbriefen zusammengesetzt war und an dem viele Siegel baumelten — ein Witzbild, das nicht allein in Nürnberg viel Aufsehen erregte. Solche politischen Verhöhnungen folgten jetzt öfter und waren es auch, die schließlich dieser Veranstaltung den Todesstoß versetzten. Als man nämlich im Jahre 1539 unter

anderem den glaubenseifrigen, aber sehr reizbaren Prediger Andreas Osiander im Schembart verspottete, wandte sich dieser empört an den Rat und erreichte, daß die Lustbarkeit ein für allemal verboten wurde.
Es blieben ihrer aber immer noch genügend übrig. So veranstalteten die Metzger den sogenannten Zämertanz, wobei sie sich mit den Händen an wurstförmigen Ringen hielten. Berühmt wurden später ihre Umzüge, bei denen sie an Stangen (mit Ausweichvorrichtungen beim Passieren enger Gassen!) Riesenbratwürste bis zur Länge von etwa 500 Metern trugen, die danach unter großem Hallo verspeist wurden. Die Messerschmiede führten alle sieben Jahre einen kunstvollen Schwertertanz auf, und so hatte beinah jede größere Berufsgattung ihre festlichen Darbietungen bis herab zu den Schiffern und Fischern an der Pegnitz, die sich auf dem Fluß in flachen Booten ergötzliche Turniere lieferten. Anheimelnd war eine Sitte der Rotschmiede, bei Frühlingsbeginn die Lichter, die sie jetzt zur Arbeit nicht mehr brauchten, in öffentlichem Umzug ins Wasser zu tragen. Eine Reihe dieser Gepflogenheiten hat sich noch erhalten bis in die Mitte des vorigen Jahrhunderts, um mit zunehmender Vermassung der Großstadt zu verschwinden. Nicht lange zuvor sind übrigens auch die Trachten der Nürnberger Bürgersfrauen ausgestorben, deren letzter Rest um 1780 ein weißes oder grünes, mit Spitzen besetztes Regentuch gewesen war.
Doch kehren wir nochmals zum Werktag der arbeitenden Stände zurück, um zu sehen, wie sie sich durch Erfindungen und Spitzenleistungen auf verschiedenen Gebieten derart lange wie kaum ein anderer Platz vor der Welt auszeichneten. Eine solche Betrachtung führt uns vom kernhaften Grund des Handwerks bis in die vergeistigten Höhen der Kunst — erstens, weil beide einander stets bedürfen wie Mutter und Kind, zweitens aber auf Grund einer weiteren örtlichen Eigentümlichkeit. Es gehörte nämlich von jeher zu der zunftfeindlichen Haltung des Rates, daß er die einzelnen Berufe so lange es nur gehen wollte nicht als, wie es damals hieß, geschworenes Handwerk anerkannte. Er beugte ihrer erstrebten Selbständigkeit damit vor, daß er sie auf das Gebiet der sogenannten freien Kunst verwies. Mit diesem ehrenvollen Namen wurden alle Verrichtungen belegt, die jedermann ungehindert, teilweise ohne Lehrzeit und Fachverband, ausüben konnte; solche freien Künste gab es überall, aber in Nürnberg machte man dabei sozusagen aus der Tugend eine Not, indem man die Berufe möglichst lange in diesem unbestimmten und damit rechtlosen Zustand

Sogenanntes „Fischerstechen“ auf der Pegnitz.
Eine der vielen Nürnberger Handwerkerbelustigungen in alter Zeit.
Holzschnitt von Johann Alexander Böner, um 1700

beließ. Bei vielen Zweigen konnten daher erst um 1500 ernsthafte Bemühungen um Zulassung als geschworenes Handwerk einsetzen und der Rat hat auch jetzt noch die Gesuche mit Vorliebe abschlägig beschieden. Ist dies etwa bei den Karten- und Briefmalern, den sogenannten *„Illuministen“*, noch verständlich, so schon kaum mehr bei den gewichtigeren Berufen der Hafner, der Messer- und Klingenschmiede oder der Zinngießer. Sie waren aber noch immer nicht die letzten — die damals bestimmt notwendigen Waffenschmiede wurden erst 1503, Steinmetzen und Zimmerleute 1510, Zirkelschmiede 1535, Schreiner und Kupferschmiede noch später als selbständiges Handwerk anerkannt. Die Buchbinder folgten erst im 17. Jahrhundert, während die Maler dies Ziel trotz aller Bemühungen niemals erreichten*). Daraus

*) Bezüglich der freien Künste aber dachte man amtlicherweise gerade entgegengesetzt, wie über das geschworene Handwerk mit all seinen peinlich genau beachteten Einengungen. Dies zeigt ein Vorfall aus dem Jahre 1481: Ein Scharfrichter, der anscheinend von seinem Beruf nicht ganz ausgefüllt war, betrieb nebenher die Briefmalerei, indem er allerlei Schriftstücke mit bunten Wappen usw. ausschmückte. Dagegen erhob die Fachgruppe der *„Illuministen“* Einspruch beim Rat, welcher aber entschied, jenem Scharfrichter könne eine solche Beschäftigung nicht verwehrt werden, denn man erachte *„das Briefmalen als eine freie Kunst, nachdem es nicht für ein Handwerk gehalten würdt, zu üben und zu treiben trotz der Kartenmaler Anfechtung“*.

erklärt sich allerdings teilweise auch die auffällig gehobene gesellschaftliche Stellung, die Albrecht Dürer einnahm, der eben durch die freie Kunst außerhalb des gewöhnlichen Handwerks stand.
Bereits um die Mitte des 16. Jahrhunderts gab es in Nürnberg Leute, die sich der Einmaligkeit dieser nun ausklingenden Zeit bewußt wurden. Der Schreib- und Rechenmeister Johann Neudörfer hat sich darüber einmal mit einem Ratsherrn, als sie des Sonntags über den Markt gingen, unterhalten und gemeint, daß es doch der Mühe wert sei, das Andenken verschiedener tüchtiger Männer, die er größeren Teils noch persönlich gekannt, in einem *„Verzeichnis“* niederzulegen. Dies Gespräch wurde ihm Anlaß, 1546 seine *„Nachrichten von den vornehmsten Künstlern und Werkleuten, so innerhalb hundert Jahren in Nürnberg gelebt haben“*, zu verfassen. Ob damals bereits das allgemeine Interesse für eine solche Schrift fehlte oder was sonst der Grund war — das Manuskript geriet in Vergessenheit und wurde erst 1828 in der Campeschen Offizin gedruckt. Dieser Zeitpunkt ist nicht ohne Bedeutung für die Sache, denn nun war Albrecht Dürer gerade 300 Jahre tot und man begann ihn zu feiern wie niemals zuvor, weil man mit verklärten Augen auf alles sah, was Mittelalter hieß. Aus diesem Geist schrieb der Verleger Friedrich Campe in seinem Vorwort den Satz: *„Diese einzige Stadt hat mehr für Erfindung, Kunst und Wissenschaft getan wie ganze Länder.“* In diesem Ausspruch, den wir zum Leitgedanken des nachfolgenden Abschnittes nehmen könnten, haben wir eine Art Notwehr Campes zu sehen: Mit jenen *„ganzen Ländern“* meinte er das Königreich Bayern, denn gerade damals ließ man Nürnberg empfindlichst spüren, daß es Provinzstadt geworden war.

c) Nürnberger Erfindungen

„Denn so mit dem Erdreich nix mögen anfangen, schlagen sie ihre spitzige Vernunft desto fleißiger auf subtile Werk und Künste.“
Mathias Quad von Kinkelbach über Nürnberg, 1609

Wie erwähnt, hat man in Nürnberg eine Anzahl wichtiger Berufe (im 18. Jahrhundert waren es ihrer 16) frühzeitig als gesperrt erklärt, teils weil man glaubte, daß sie hier entstanden seien, vor allem aber, weil ihre durch die örtliche Ausübung gewonnenen Vorteile als Geheimnis zum Nutzen der gesamten Stadt gehütet werden müßten. Dazu gehört vor allem die Fertigkeit des Drahtziehens, welche früher als eine der ältesten Nürnberger Erfindungen galt. Der Überlieferung nach sei ein Meister Rudolf um 1369 auf den glücklichen Einfall gekommen, daß man sich die bisher mühsame Arbeit des Hämmerns und Schmiedens von dünnem Rundmetall ersparen könne, wenn man das heiße Material verschiedene Male durch Platten mit Löchern zog, die immer kleiner wurden, bis der gewünschte Feinheitsgrad erreicht war. Das seit 1425 geführte Hausbuch der Mendelschen Zwölfbrüderstiftung, eine wertvolle Quelle zur Geschichte von Handwerk und Technik im ausgehenden Mittelalter, läßt einen solchen Drahtarbeiter auf einer Art Schaukel sitzen, deren Ausschwingen ihm jeweils die erforderliche Kraft des Ziehens verleiht. Dies Verfahren, ob es nun anfangs schon mit oder ohne Schaukel angewandt wurde, habe der Sohn an andere Fachleute verraten und sich damit den unauslöschlichen Haß seines Vaters zugezogen — was allein wegen der neuerungsfeindlichen Einstellung des Rates verständlich wäre. Die eigentliche Blüte der Drahtzieherei fällt ins 16. Jahrhundert, wo sie eine Anzahl weiterer einträglicher Berufe speist, wie die der Nadler und Heftleinsmacher, der Verfertiger von Brillengestellen oder von Saiten für Streich- und Zupfinstrumente, für welche Nürnberg auf Grund einer guten musikalischen Tradition ebenfalls großes Ansehen genoß. Ein nachmals berühmter

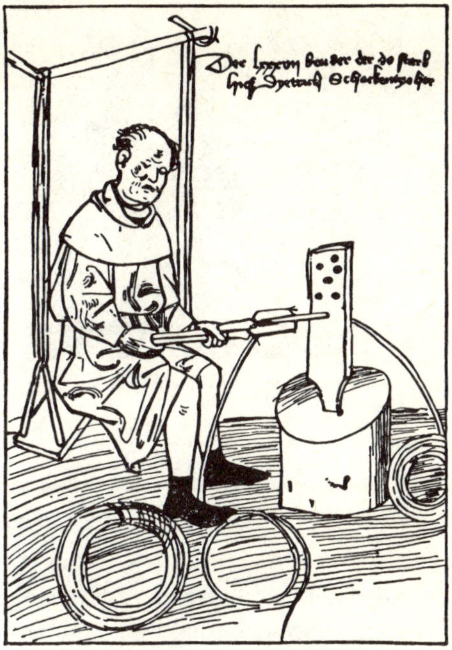

„Der 87. Bruder, der da starb, hieß Dietrich Schockenzieher.“ Bild eines Drahtmachers auf der Schaukel, aus dem Hausbuch der Mendelschen Zwölfbrüder-Stiftung. Nürnberger Stadtbibliothek

Die erste deutsche Papiermühle:
Ulman Stromers Anwesen, die Hadermühle an der Pegnitz, kurz vor deren Einfluß in die Stadt. Aus der Schedelschen Weltchronik, 1493. Das Bild ist aber wahrscheinlich nicht originalgetreu, da die Häuser um jene Zeit abbrannten

Zweig jener Gattung, das Ziehen von Gold- und Silberdraht für feine Gespinste, die sogenannte leonische Industrie, wurde erst 1569 durch den Franzosen Anton Fornier eingeführt und es ist bezeichnend für das vorher Gesagte, daß dieser Fremde erst das Nürnberger Bürgerrecht annehmen mußte, bevor er seine gewinnbringende Tätigkeit ausüben durfte, und daß der Rat es allen Scheibenziehern, welche die Werkzeuge für die Drahtherstellung lieferten, zur strengen Pflicht machte, dieses neue Verfahren nicht außerhalb der Mauern bekannt werden zu lassen.

Ferner wird behauptet, daß in Nürnberg zuerst Fingerhüte gemacht worden sein, daß er ebenfalls für eine Nürnberger Errungenschaft anbewirbt. Um die gleiche Zeit, als Ulman Stromer in der Hadermühle die erste deutsche Papierfabrik mit 18 Stampfen einrichtete, soll hier auch der Messingguß schon in derart vorbildlicher Weise betrieben worden sein, daß er ebenfalls für eine Nürnberger Errungenschaft angesehen wurde. Mit dergleichen fortschrittlichen Bemühungen hängt es sicher zusammen, wenn die Berufe der Rot- oder Gelbgießer samt all ihren Messing verarbeitenden Untergruppen einst das bedeutendste Metallhandwerk Nürnbergs waren. Die Stadt selbst unterhielt seit dem 16. Jahrhundert eine der vielen Rotschmiedmühlen mit 21 von der Pegnitz getriebenen Rädern und vielen Übersetzungen mit Drechsel-, Schleif- und Polierscheiben für die Feinbearbeitung des Messings. Die gesamte Einrichtung war strenges Geheimnis, der Zutritt jedem Fremden bei hoher Strafe verboten. Aus dieser örtlichen Spezialität entwickelte sich unter anderem der durch die Vischersche Hütte berühmt gewordene Kunstguß, eine Tradition, die durch fünf Jahrhunderte reichte und bis heute nicht ganz erloschen ist. Vom Gelbguß leitet sich auch das kulturgeschichtlich interessante Gewerbe der Nürnberger Rechenpfennigschläger ab, das lange Zeit eine Monopolstellung in vielen Ländern innehatte, vielleicht wegen der hübschen, brillant geprägten Bilder, die dies Spielgeld trug. In einzelnen Familien, wie bei den Krauwinckel, den Lauffer und Lauer, vererbte sich das Geschäft über viele Generationen, und da die Hersteller auch ihre Namen auf die Münzen setzten, waren sie buchstäblich in der ganzen Welt bekannt. Auf diesen Berufszweig ist wohl auch das geflügelte Wort *„Nürnberger Tand geht durch alle Land"* zurückzuführen, das 1414 erstmalig in der Magdeburger Schöppenchronik vorkommt. Die Rechenpfennige hießen nämlich *„Dantes" oder „Tandes"*, was vom lateinischen *„tantum"*, so vieles, abgeleitet wird. Mit diesem Ausdruck wurden dann alle Nürnberger Kurz- und Spielwaren bezeichnet, und erst viel später hat er die geringschätzige Bedeutung von wertlosem Kram erhalten.

Ältestes Nürnberger Rechengeld:
Links: Markuspfennig von Hans Schultes um 1575. (Von den Kartenspielern Venedigs bevorzugt gebraucht.) Mitte und rechts: Zwei Rechenmeisterpfennige mit dem Rechenbrett, vor 1600

In der Herstellung von Spielwaren, insonderheit der „Nürnberger Docken", jener Puppenfiguren, die zuerst aus Pfeifenton und dann aus allem möglichen Grundstoff gemacht wurden, wetteiferten die verschiedensten Berufe miteinander, wie die Papiermacher, die Holz- und Beindrechsler, die Kandelgießer, die Schreiner und Gürtler, Alabasterer und Wachsbossierer, um nur die wichtigsten zu nennen. Seit dem 17. Jahrhundert erfreuten sich die Nürnberger Zinnfiguren allgemeiner Beliebtheit, und, aus diesen entwickelt, später die Zinnsoldaten. Freilich zunächst weniger, um den Kindern Freude zu bereiten, sondern mit einer bestimmten lehrhaften Absicht: Sie bildeten das unerläßliche Anschauungsmaterial zur Unterweisung künftiger Offiziere. Durch den hohen

Geschmack, mit dem sie geformt und ausgestattet wurden, erfüllten sie bald auch dekorativen Zweck und erfreuten alte wie junge Menschen, ähnlich den Nürnberger Puppenstuben, die ja auch ursprünglich nicht als Kinderspielzeug gedacht waren. Von der Mitte des 18. Jahrhunderts an, wo Andreas Hilpert und seine Nachkommen die Nürnberger Zinnfiguren zu einer Art Weltschlager machten, bestanden sie nicht nur aus kriegerischen Gestalten, sondern umfaßten alles, was da fleugt und kreucht: Elche, Hirsche und bunte Vögel, vor allem aber den Menschen in geselliger Umgebung. So finden wir dort, liebenswert vom Hauch der Mode gestreift, die ländlichen Szenen einer Eisbahn, einer Weinlese oder des „Jägers von Kurpfalz“ mit großem Gefolge. Wo hätte sich die tändelnde Lebensfreude des Rokoko sinnvoller ausdrücken können, als gerade in diesem Spielzeug!
Zu den sonstigen Nürnberger Handwerkern, die einst in ähnlicher Weise internationalen Ruf genossen, gehörten die Plattner und Harnischmacher. Der vornehmste Leibschutz des mittelalterlichen Kriegsmannes, die Rüstung aus getriebenen Eisenplatten mit all ihrem Zubehör, wie Hauben, Schienen und Panzerhandschuhen, mußten, um den Träger nicht qualvoll zu drücken, dem Körper genauer als das beste Maßkleid angepaßt werden, falls er nicht gerade „Konfektion“ tragen konnte, sie mußte außerdem an allen Gliedern und Gelenken mühelos beweglich sein und auch das Beugen des Rumpfes ermöglichen. Dafür gab es sogenannte Geschübe, das Ineinanderpassen der Teile nach Art etwa des Krebspanzers, das natürlich viel Fingerspitzengefühl erheischte. Gerade hierin befleißigte man sich zu Nürnberg größtmöglicher Genauigkeit und konnte es daher im Wettbewerb mit den namhaftesten abendländischen Plattnern in Mailand oder Brüssel aufnehmen. Bereits in den Jahren 1362/63 gingen große Lieferungen solcher Plattenharnische an Kaiser Karl IV. nach Pilsen und Prag (W. G. Neukam). Als der spanische Ritter Peter Tafur 1438 auf dem Wege zum Baseler Konzil über Nürnberg kommt, lobt er hier besonders die Güte der Panzerhemden und Klingen. Starken Zulauf hatte nach 1480 der Meister Hans Grünewalt, der sein Handwerk erst in zwei und dann in vier eigenen Häusern — das zum „Geharnischten Mann“ am Tiergärtner Tor erinnert heute noch an ihn — ausübte, ohne daß er die von überall eintreffenden Aufträge bewältigen konnte. Er bemühte sich daher immer wieder beim Rat um den Vorzug, mehr Gesellen beschäftigen zu dürfen, als die auch in dieser Beziehung einengenden Vorschriften es er-

laubten. Die Stadt muß 1506 und 1508 Maximilian I. *„auf schriftlichen bevelch“* größere Sendungen mit Rüstungen und anderem Kriegsgerät liefern. Noch in der Niedergangszeit dieses Handwerks, 1605, bestellt Kaiser Rudolf II. 400 Halbharnische in Nürnberg, die bereits nach drei Monaten versandt werden mußten.

Nicht minder berühmt war dann das eigentliche Waffengewerbe der Schwertfeger, Geschützgießer und Büchsenmacher. Letztere haben auch viel zum Fortschritt auf ihrem weiten Arbeitsgebiet beigetragen: 1517 soll das Feuerschloß in Nürnberg erfunden worden sein, 1560 die Windbüchse durch Hans Lobsinger. Mehrfach wurde hier der Hinterlader verbessert, so durch Putz und Oswald, die dafür auch ein kaiserliches Patent erhielten (1664). Ein Büchsenmacher namens Augustin Kotzer brachte 1630 als erster Gewehrrohre mit gewundenen Zügen, wodurch das Geschoß den uns geläufigen Drall erhielt, auf den Markt; 1540 hatte der Geistliche und Mathematiker Georg Hartmann den Visierstab oder Artilleriemaßstab geschaffen, der später bei der Bedienung aller Art von Geschützen unentbehrlich wurde. Eine Chronik der wehrhaften Stadt Donauwörth vermeldet 1522 mit Stolz, man habe jetzt 12 neue *„Stücke“* in Nürnberg gießen lassen, Kanonen großer Tragweite, wie sie hier seit dem 14. Jahrhundert in viel bewunderter Güte hergestellt wurden, darunter die im Kampf gegen das Raubrittertum bereits genannte *„Kaltenburgerin“*. Von überall her erhielt die Stadt Bestellungen auf Geschütze, so 1509 durch den König von Böhmen und 1522 von der Stadt Dinkelsbühl; diese Aufträge bekommt ein Meister Endres Pegnitzer, dessen saubere Arbeiten nah und fern gelobt werden. Verschiedene kriegführende Städte, die solche Donnerbüchsen nicht kaufen konnten oder wollten, weil sie sie nur für ganz kurze Frist benötigten, erhielten sie im Bedarfsfalle von Nürnberg ausgeliehen, so Bern 1413 oder Schweinfurt 1563. Im Jahre 1532 wird auf diese Weise sogar dem Kaiser ausgeholfen, der die Stücke gegen die Türken dringend brauchte.

Der einzigartigen Güte des Metallgusses verdankten auch die Nürnberger Zirkel und Kompasse ihren Namen, denn zu ihnen wurde eine besonders dauerhafte Legierung verwendet, die man sonst nirgendwo kannte. Bezüglich des Kompasses wäre noch zu sagen, daß dem Nürnberger Meister Erhard Etzlaub die Mißweisung der Magnetnadel bereits vor Kolumbus bekannt war, deren magnetische Neigung später durch den schon genannten Georg Hartmann entdeckt wurde. Was die

Zirkelschmiede anlangt, so gab es von ihnen um 1500 schon 62, nach 1600 gar 102 Werkstätten; daß derart viele Meister ihr Auskommen dabei fanden, rührt aber nicht zuletzt daher, daß sie außerdem alle Arten metallener Gegenstände bis zu den feinsten Instrumenten herstellten, wie etwa zur Zeit des Regiomontanus astronomische Geräte. Mit einer derart dichten Besetzung dieses Berufes hängt es auch zusammen, daß Nürnberg als einzige deutsche Stadt eine Zirkelschmiedsgasse erhielt.

Wählen wir aus der Fülle all dieser Höchstleistungen aufs ungefähre eine andere Gruppe: Nachdem im 15. Jahrhundert die neue Orgel in der Sebalduskirche des Heinrich Traxdorf aus Mainz die Bewunderung aller Kenner erweckt hatte, erfreuten sich auch die Nürnberger Hersteller von Musikinstrumenten bald besonderen Ansehens. Hans Neuschel d. Ä. (fälschlich Meuschel) gewann als Posaunen- und Trompetenmacher solche Berühmtheit, daß er für verschiedene Fürsten arbeitete und 1520 von Papst Leo X. als Fachberater für das vatikanische Orchester nach Rom berufen wurde. Als Flötenbauer wie als Mitglied der städtischen Kapelle, der Stadtpfeifer, tat sich Sigmund Schnitzer (gest. 1578) rühmlichst hervor, klangvolle Saiteninstrumente bauten die Geigen- und Lautenmacher Konrad und Hans Gerle sowie die Familie Widhalm. Kurz vor 1700 treibt das Gewerbe der Blasinstrumentenmacher noch eine besondere Blüte: Johann Chr. Denner entwickelt aus der alten Schalmei die volltönige Klarinette, die der abendländischen Musik bald unentbehrlich wird. Joseph Haydn hat bekanntlich noch im Alter einige seiner frühen Symphonien, die vorher in der Mittellage der Holzbläser durch Oboen besetzt waren, auf die Klarinette erweitert.

Eine kulturgeschichtlich besonders interessante Kostprobe Nürnberger Erfindungen vermittelt uns ein von Franz Maria Feldhaus aufgefundenes Büchlein aus dem Jahre 1505, dessen Urheber der Patrizier Martin Löffelholz ist, derselbe, den zwei Jahre später der Staudenhecht Heinz Baum sechzig Wochen lang gefangenhalten wird. In dieser Schrift werden verschiedenste Werkzeuge und sinnreiche Gegenstände gezeigt, die dem Verfasser als schon vorhanden auffielen oder deren Umsetzung in die Tat ihm wünschenswert erschien und die auch teilweise später manchem Facharbeiter unentbehrlich wurden. So finden wir hier bereits den Gedanken einer Tür, die man dank besonderer Vorrichtungen im Schloß sowohl an der rechten als der

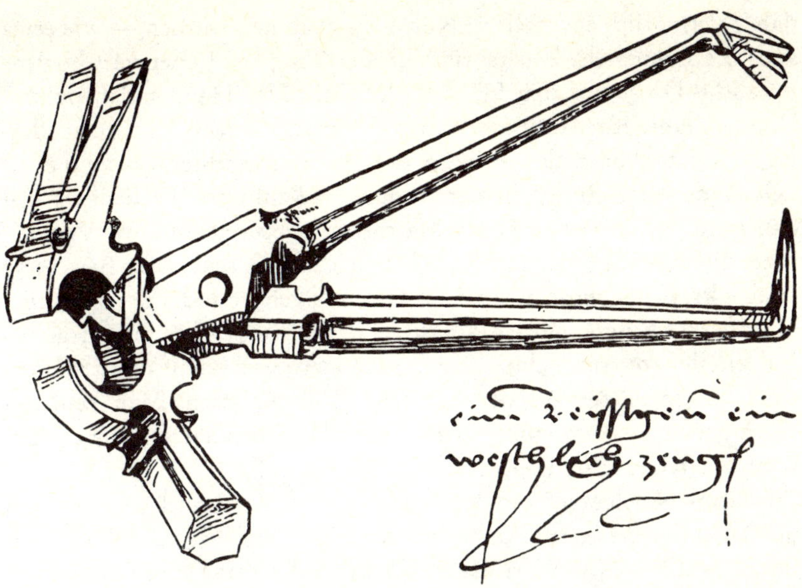

Kombination von Hammer, Zange, Greifdorn und Nagelheber,
wie sie sonst erst im 19. Jahrhundert als amerikanische Zange bekannt wurde.
Aus dem Büchlein des Martin Löffelholz von 1505

linken Seite aufklinken konnte und die 1572 als „Religionstür" im Wiener Rathaus eingebaut wurde, als man im Glaubensstreit streng darauf hielt, daß katholische und evangelische Teilnehmer den Sitzungssaal bei den gemeinsamen Verhandlungen nicht durch den gleichen Eingang betraten. Ferner ist da jener bequeme Drehsessel aufgeführt, der lange Zeit fälschlich als „Lutherstuhl" bezeichnet wurde, oder eine geistreich erdachte geheime Wendeltreppe, die in eisernen Lagern ruht und daher durch eine Bewegung mühelos vor den Augen Unbefugter verborgen werden kann. Erstaunlich modern wirkt unter den Werkzeugen ein dreifacher Bohrer, bei dem jeweils die beiden nicht benötigten Teile als Handgriff des dritten, gerade zu betätigenden dienen. In dieser Anordnung kam ein solches Gerät 1850 aus den Vereinigten Staaten nach Europa und ist seitdem als „amerikanischer Bohrer" allgemein bekannt. Ein anderes Werkzeug dieser Gattung ist an der Seite mit einem Schneidmesser versehen, welches das Herausstechen runder Platten aus einem Metallstück leicht ermöglicht. Ferner kommen hier zum ersten Male Schraubstock und Hobelbank vor, die daher vermutlich ebenfalls in Nürnberg ersonnen wurden — wie etwa auch die Löhnersche Feuerspritze großer Tragweite oder verschiedene nützliche Dinge aus den Händen der Gebrüder Hans und Leonhard Danner: eine „Brechschraube“, mit der man stärkste Mauern niederlegen konnte, oder das Prinzip der Bewegungsschraube, welche als „Gewinde ohne Ende“ in der Technik bekannt ist. Es handelt sich dabei um jene, heute an vielen Maschinen selbstverständliche Vorrichtung, die durch Spindel und Rad eine gleichmäßig senkrechte Bewegung in eine kreisende umsetzt. In diese Gattung gehört auch die sogenannte Nürnberger Schere, ein einfaches Gerät aus kreuzweise angeordneten Einzelteilen, die sich beim Öffnen verlängern und damit das Ergreifen eines Gegenstandes aus der Entfernung ermöglichen. Man benützte sie in größeren Abmessungen etwa auch als Sturmleitern, wie es zum Beispiel ein Graf von Pappenheim in Italien tat.

Zu diesen Nürnberger Einzelleistungen wäre dann noch aus der Zeit um 1680 der erste, freilich sehr bescheidene Versuch zu rechnen, mit Draht und Flaschen Worte *„einzufangen“*, also eine Art Telefon, der Glasschneider, die Entdeckung der Flußsäure zum Ätzen von Gläsern (Heinrich Schwanhardt, 1670) oder das Wiederfinden des verschollenen Rezeptes zur Herstellung von Rubingläsern durch Abraham Helmhack, welcher unter anderem reizende bunte Glasstreifen für die Laterna Magica verfertigte. Lassen wir der Kuriosität halber auch hier wieder unseren Friedrich Nicolai zu Wort kommen, dem man an Ort und Stelle als weitere Nürnberger Erfindungen ziemlich wahllos das Bücherschloß, die Lichtputzschere, die Spicknadel und den Klopfer für die Haustür als Vorläufer der Klingel genannt hat*).

Den ungemein hohen Wert vieler derartiger Neuerungen für ihre Zeit kann man heute kaum mehr ermessen, ebenso, wie auch die auffällige Beschränkung zahlloser begehrter Erzeugnisse auf einen einzigen Herstellungsort. Denn damals gab es ja noch keinen Urheberschutz und

*) Um noch ein beliebiges aus zahllosen weiteren Beispielen sogenannter oder wirklicher Nürnberger Erfindungen zu nennen, sei das bekannte Etymologische Wörterbuch der deutschen Sprache von Friedrich Kluge zitiert, das unter anderem den Ursprung der sogenannten „Mangel“, der Glättrolle für die Wäsche, erstmalig für unsere Stadt nachweist (11. Auflage 1934, Seite 374 f.): „Der Name des wesentlich aus Walzen und Brettern bestehenden Kriegsgerätes (lat. manganum, Schleudermaschine) wird im alten Nürnberg, dem Mittelpunkt der altdeutschen Kriegskunst, auf eine Appreturmaschine übertragen, welche den Geweben eine glatte und glänzende Oberfläche verleiht, so in (Endres) Tuchers Baumeisterbuch vor 1475.“ Ein derartiges Nürnberger Kriegsgerät soll vor allem der „Tribock“ gewesen sein, den die Chronisten als eine zur Zeit ihres Entstehens aufsehenerregende Belagerungsmaschine beschreiben. Für die Behauptung, daß sie Heinrich Raspe um 1255 zur Belagerung der Stadt Reutlingen aus Nürnberg habe kommen lassen, fehlt allerdings eine entsprechende dokumentarische Unterlage.

jedes Ding konnte grundsätzlich überall in beliebiger Menge nachgeahmt werden. Aber andererseits waren die Erfahrungen des Werkzeugmachers noch nicht derart universell wie heute, wo es für den Fachmann nicht leicht ein Geheimnis wegen des verwendeten Rohstoffes gibt und er jedem halbwegs normalen Gegenstand sogleich den Gang seiner zweckmäßigsten Herstellung abliest. Dazu kommt, daß trotz vielfacher, seit dem 16. Jahrhundert zunehmender Nützung der Wasserkraft in den Hammerwerken und „Schmiedmühlen“ die Hand doch stets der wichtigste Teil und eigentliche „Motor“ bei einer jeden handwerklichen Leistung war; diese aber konnte nur durch das gemehrt werden, was man heute noch in Fachkreisen „Vorteile“ nennt, kleine Verbesserungen, die den Energieaufwand vermindern und den Ertrag vermehren. Derartiges lernten wir bei der Schaukel des Drahtziehers kennen, der mit dem Schwung eines luftigen Sitzes viel Armkraft sparte, oder finden es, ebenfalls in der Abbildung des Mendelschen Stiftungsbuches, in Gestalt einer Art Flitzbogen, der durch eine abwärts streichende Bewegung eine Vorrichtung zum Drechseln treibt, jene früheste Form einer Drehbank, wie sie jetzt noch im Orient gebräuchlich ist. Wir dürfen diese Vorteile angesichts des Wunderparks unserer Maschinen mit der verwirrenden Fülle ihrer Verrichtungen niemals für gering schätzen, denn sie sind es, auf denen letzten Endes die gesamte Weiterentwicklung der Technik bis zu ihrem atemberaubenden Tempo der vergangenen hundert Jahre beruht.

Außerdem war der Käufer von ehedem viel wählerischer als der heutige und nahm sich die Güte eines Erzeugnisses zum obersten Grundsatz — erst seine Dauerhaftigkeit zusammen mit der Preiswürdigkeit waren für ihn beim Erwerb ausschlaggebend. Wir wissen dies ja noch von unseren Großeltern, deren Hausrat sich durch unbegrenzte Haltbarkeit auszeichnete. All diesen Anforderungen entsprachen die Nürnberger Waren seit jeher in höchstem Grade, auch wenn sie handelsmäßig als Massenartikel anzusprechen waren; das Vertrauen, das sie auf dem gesamten deutschen Markt genossen, äußert sich seit dem 16. Jahrhundert etwa darin, daß viele andere Städte unter die von ihnen vertriebenen Artikel Nürnberger Tand mischen mußten, wenn sie den Wettbewerb halten wollten.

Aus den feinmechanischen Gewerben ist auch eine Neuerung hervorgegangen, die das Leben des neuzeitlichen Menschen bestimmt: Die Taschenuhr. Öffentliche Zeitmesser gab es in Nürnberg, wie überall, das ganze Mittelalter hindurch — entweder durch Betätigung von Glocken durch die Türmer, woher noch der Name Laufer Schlagturm rührt, oder durch mechanisches Läutewerk. Zu ersterer Gattung gehört auch das erwähnte zinnerne Horn auf dem Vestnerturm, mit dem Friedrich III. auf dem Reichstag von 1487 die Stunden verkünden ließ, zu letzterer das früher so berühmte Männleinlaufen an der Frauenkirche, welches der Überlieferung nach auf eine Anregung Karls IV. zurückgeht. 1509 wurde das große Uhrwerk durch den Schlosser Georg Heuß erneuert und der Kupferschmied Sebastian Lindenast machte dazu die bemalten Figuren der sieben Kurfürsten, die sich jeden Mittag in huldigendem Reigen um den Kaiser bewegen. Für derartige Kunstuhren war auch der Schlossermeister Jakob Bulmann berühmt, der sie mit musizierenden Männer- und Frauengestalten versah. Noch als alten Mann ließ ihn Ferdinand II. in einer Sänfte nach Wien tragen, damit er ihm *„seine Mittel im Uhrwerk aufzeige"*.

Von Peter Henlein sodann, der wohl gleichzeitig mit Italienern die *„Sackuhr"* erfunden hat, wissen wir nicht allzuviel. Um 1480 ist er geboren. 1504 erleuchtet uns das Blitzlicht eines bösen Geschehens für einen Augenblick seine Gestalt: Er hat an einer nächtlichen Rauferei teilgenommen, bei der ein Mann namens Glaser erschlagen wurde. Der Verdacht fällt sogleich auf Henlein — wohl nicht zu Unrecht, denn er flieht schon am nächsten Morgen in den schützenden Bereich des Barfüßerklosters, um nun vier Jahre lang ein ergreifend unstetes Leben zu führen: Er ist der Gefangene seines Asyls, das er nur dann gefahrlos verlassen darf, wenn ihm der Rat einen besonderen Geleitbrief ausstellt. Allein 22mal hat er eine solch befristete Freiheit erhalten — sicher nicht zuletzt auf Grund seines sonst einwandfreien Leumundes —, bis er sich endlich mit den Angehörigen des Toten durch Zahlung einer Buße vergleicht.

Schlimmer erging es nach einem ähnlichen Vorfall seinem Bruder Hermann, einem Messerschmied, der des leichtfertigen Mordes an einem *„Bettelmaidlein"* bezichtigt wurde, sich jahrelang ruhelos in der Fremde herumtrieb, schließlich aber auf Antrag der Nürnberger Gerichtsbarkeit in Augsburg ergriffen und hingerichtet wurde.

Peter hat sich in aufopfernder Weise für die Rettung des Bruders verwendet, aber nicht nur, daß er damit keinen Erfolg hatte; er mußte obendrein für zwei Wochen in den Turm wandern, weil er den angeblichen Verräter Hermanns mit verächtlicher Rede belegt hatte.

49. Reichsstädtische Repräsentation: Rathaushof mit Putto-Brunnen

50. *Rathaus, Teil der gotischen Fassade*

51. „Welserhof“ an der Theresienstraße, nach Zerstörung wiederhergestellt

52. Pilatushaus von 1489, einer der eindrucksvollsten Fachwerkbauten

So ist sein frühes Mannesalter von Tragik umwittert und vielleicht hingen bei ihm damals Leben sowohl als bürgerliche Existenz nur an einem Faden. Aber das Geschick hat ihn vor dem öffentlichen Schimpf eines Veit Stoß bewahrt und ihm schließlich Wohlstand und unvergänglichen Ruhm beschert. Schon 1512 konnte er sich mit Stolz in einem kosmographischen Werk genannt sehen, denn da schreibt der Leiter der Pfarrschule zu Sankt Lorenz, Johannes Cochläus aus Wendelstein, daß ein noch junger Mann namens Petrus Hele Werke hervorbringe, welche selbst die gelehrtesten Mathematiker bewunderten, denn *„aus wenig Eisen verfertigt er mit viel Rädern versehene Uhren, die, wie man sie auch legen mag, ohne jedes Gewicht 40 Stunden zeigen und schlagen, selbst wenn man sie im Busen oder in der Börse trägt“*. Zu seinen Bewunderern zählte auch Martin Luther, dem im Jahre 1527 durch den Abt von Egidien, Pistorius, eine Taschenuhr gesandt wurde und der in einem begeisterten Dankschreiben sagt, nie zuvor habe er ähnliches gesehen noch beobachtet.

Peter Henlein war 1509 Schlossermeister geworden und hat wohl nicht viel später seine aufsehenerregende Verbesserung des Zeitmessers zustande gebracht: Er verkleinerte die Spiralfeder, die bisher schon an Schnappschlössern usw. Verwendung fand, und machte sie, zusammen mit der von einer Schweinsborste getriebenen Unruh, an Stelle des geräumigen Pendels zum leichten Triebwerk eines handlichen Gerätes, das durch die gut berechnete Anordnung seiner Räder eine genaue Zeitmessung ermöglichte und überallhin mühelos mitgenommen werden konnte. Ebenso wegen ihres praktischen Wertes wie als modische Bereicherung wurden diese Werklein bald allgemein begehrt. Überall machte man sie nach, teilweise in ausgefallenen Formen und kostbarer Fassung. Eine spätere Gattung waren die (erstmalig von Johannes Fischart so benannten) „Nürnberger Eier“, ein Wort, das sich aber nicht auf die ovale Form bezieht, sondern von „hora“, Stunde, abgeleitet ist.

Edelsteingespickte Taschenuhren erhielt auch Peter Henlein selbst durch den Nürnberger Rat in Auftrag, der sie gern solchen Gästen verehrte, von denen er sich etwas für das Wohl der Stadt erhoffte. Hierdurch ist wohl der Erfinder für seinen sonstigen Ausfall durch allgemeine Nachahmung halbwegs entschädigt worden, denn als er 1542 starb, galt er als nicht unvermögend und erfreute sich besten Ansehens.

Johannes Regiomontanus-Müller. Aus der Schedelschen Weltchronik, 1493

Die große Einfühlung der Nürnberger Feinschmiede und Schlosser in die Erfordernisse wissenschaftlicher Meßgeräte veranlaßte 1471 den jungen, genial begabten Mathematiker und Sternkundigen Johannes Regiomontanus-Müller dazu, seinen Wohnsitz in dieser Stadt aufzuschlagen. Seine materiellen Erwartungen wurden auch nicht enttäuscht; ein aufopfernder Freund, der vermögende Bernhard Walther, versorgte ihn mit allem, was er zu seiner Arbeit brauchte: Er errichtete ihm eine Sternwarte, eine mechanische Werkstatt und eine Druckerei, die erste wissenschaftliche Presse Deutschlands, von deren Besonderheiten noch die Rede sein soll. Allein schon 1475 erhielt Regiomontanus ein verlockendes Angebot: Papst Sixtus V. lud ihn jetzt zur Mitarbeit an der Kalenderreform nach Rom ein, wo er noch im gleichen Jahre starb, tief beklagt von der gesamten Wissenschaft.

Schüler dieses Mannes nannte sich auch der Seefahrer Martin Behaim, der als Kind einer alteingesessenen Patrizierfamilie in jenem erwähnten Haus am Hauptmarkt geboren wurde, von dem aus der Rat alljährlich die Reichskleinodien und Heiltümer öffentlich zeigen ließ. Behaims Lebenslauf ist nur in Bruchstücken bekannt; es scheint so, als legte man daheim keinen Wert auf Einzelheiten seines Schicksals, weil die Familie nur ein Sorgenkind ihres Standes in ihm sah und nicht, mit welch neuem, abenteuerlichem Geiste er das von den Vätern ererbte Kaufmannstum erfüllte. 1477 schickte man ihn zur Ausbildung nach Flandern, doch wachsen ihm dort bereits die Flügel und danach wird er nur noch als Gast in die Heimat zurückkehren. 1484 treffen wir ihn als Günstling am Hofe zu Lissabon; seine einzigartigen Kenntnisse auf dem Gebiet der Nautik sollen der Grund gewesen sein, weshalb der entdeckungsfreudige König Johann II. ihn, den unbekannten Fremdling, zum Ritter schlug. Auf das nächste Jahr fällt die zweite portugiesische Expedition zur Umschiffung Afrikas, bei der unter anderem die Mündung des Kongo gefunden wurde. Als Ergebnis dieser Reise hat er die neuen afrikanischen Gebiete auf seinem Globus eingezeichnet und einer Inselgruppe den eigenen Vornamen Martin verliehen. Er notiert sich, daß im Januar 1486 am Kap Negro im heutigen Angola und an drei anderen Orten beschriftete Steinsäulen als Zeichen der Besitzergreifung für die portugiesische Krone aufgestellt wurden; man hat sie bis auf eine in unseren Tagen wiedergefunden. Bald danach wird Behaim so seßhaft, wie sein unruhiges Blut ihm dies überhaupt gestattet: Er heiratet Johanna, die schöne Tochter des Statthalters Jobst Hurter in Fayal, und verbringt den Rest seines Lebens auf den Azoren.

Martin Behaim wird in der alten Literatur immer wieder zusammen mit den beiden größten Entdeckern fremder Erdteile erwähnt, mit Christoph Kolumbus und Ferdinand Magellan; dieser hat versichert — und Antonio Pigafetta aus Vicenza, der als Berichterstatter an seiner Weltumsegelung teilnahm, bestätigt es —, daß er die später nach ihm benannte Meerstraße im südlichen Amerika auf Grund einer Karte von Behaim gesucht habe. Dessen Volkstümlichkeit aber liegt in einer anderen Tat begründet. 1492 weilt er nochmals zur Regelung einer Erbschaft in Nürnberg, wo ihn der König stolz den am weitesten gereisten Bürger seines Reiches nennt, während er von den Verwandten wegen seines fremdartigen Auftretens in Kleidung und Sprache mit neugierig-kritischen Blicken betrachtet wird. Er versteht sich mit ihnen genauso wenig wie mit dem Rat, der ihn um 1483 wegen verbotener Teilnahme an einer jüdischen Hochzeit für drei Tage auf den Vestnerturm legen ließ. Und doch macht er gerade während des letzten Aufenthaltes seiner Vaterstadt ein besonderes Geschenk: Um seinen Bekannten ferne Länder, deren auch er ein gut Teil gesehen hat, übersichtlich zeigen zu können, läßt er nach eigenen Entwürfen eine große Landkarte verfertigen, die er nicht in der üblichen Form von Blättern anlegt, sondern in die Gestalt der Erdkugel zwingt: den Globus.

Dieser „Erdapfel“, wie ihn sein Urheber nannte, ist ein kleines Wundergebilde handwerklicher wie künstlerischer Arbeit und vor allem ein Zeugnis menschlichen Erkenntnisdranges auf einer Stufe, die uns deshalb so rührend anmutet, weil wir sie weit hinter uns gelassen haben. Er gibt in lupenfeiner, bunter Zeichnung die ganze Welt so wieder, wie sie damals bekannt war. Kolumbus befand sich gerade mit seinen gebrechlichen Karavellen auf der Suche nach neuen Erdteilen; noch war keine Kunde seines Erfolges oder Scheiterns in das Abendland gedrungen und so konnte auch Behaim noch nichts darüber aussagen. Infolgedessen bezeichnen weiße Flecken die Stellen des amerikanischen Kontinents und die meisten außereuropäischen Gebiete sind derart beschaffen, daß wir sie beim Vergleich mit ihrer wirklichen Gestalt nicht wiedererkennen. Das Ganze ist ein Gegenstück zu einem anderen Werk, das gerade damals in Nürnbergs Mauern unter der Hand des Stadtarztes Hartmann Schedel vorbereitet wird: Eine kurzweilige Weltchronik, wo gemäß dem seinerzeitigen Stand wissenschaftlichen Denkens auf amüsante Weise Tatsächliches mit Anekdotenhaftem verwoben wird. Die Inschriften bei den einzelnen Ländern haben oft die Länge und den Inhalt richtiger Geschichten, wie sie die verschiedenen Weltreisenden in Umlauf setzten; dazu sind zahllose Bildchen mit Wappen, Segelschiffen, Menschengestalten und fremdartigen Tieren eingestreut. Dieses noch begrenzte Wissen vermindert aber die Großtat Behaims nicht — er hat in beispielloser Anschaulichkeit dargetan, daß die Erde durch ihre Kugelgestalt begrenzt und damit grundsätzlich erforschbar ist. Den Nürnberger Stadtvätern muß das Ding nicht geringen Eindruck gemacht haben, denn sie bestritten seine Kosten und verwahrten es; Behaims Nachfolger brauchten nichts weiter zu tun, als dies sinnfällige Anschauungsstück mit zunehmenden Erkenntnissen über die wahre Beschaffenheit der Erdoberfläche laufend zu ergänzen. Von 1515 an stellt der Nürnberger Schulmann und Naturwissenschaftler Johannes Schöner eine Anzahl weiterer Globen her, auf denen der vierte Erdteil nicht mehr fehlt und auch allmählich ungefähr seine richtige Form erhält. (Freilich: gleich westlich davon liegt bei ihm Japan!) Als sein Entdecker wird allerdings auf Grund ungenauer Nachrichten Amerigo Vespucci genannt, nach welchem dann der neue Kontinent seinen endgültigen Namen erhielt. Ein wertvolles Seitenstück zu Behaims räumlicher Weltkarte entstand 1540 in dem achtzig Pfund schweren Modell des ganzen Planetensystems aus der Hand von Jakob Bulmann, das nach Art einer Uhr in Gang gesetzt wurde und so dem Beschauer jene Wunder des kosmischen Getriebes anschaulich machte, die den Ablauf der irdischen Jahres- und Tageszeiten bestimmten.

Was wir sonst noch über die Nürnberger Erfindungen zu erzählen haben, mündet schließlich in das Gebiet des rein Kuriosen, in jene Grenzfälle des menschlichen Witzes, deren Erzeugnisse im Augenblick ihres Entstehens viel bewundert werden, um bald danach für immer in Vergessenheit zu geraten. Teils wird mit ihnen versucht, phantasiereiche Neuerungswünsche brauchbar in die Tat umzusetzen, teils sind es nur liebenswürdige Spielereien, mitunter schon wie in Vorahnung des technischen Zeitalters. Bei einer Reihe berühmter Meister finden wir beides, weil es eben die jeweiligen Aufträge so mit sich brachten, wie bei dem Zirkelschmied Hans Hautsch aus der Ledergasse, der zu den fähigsten deutschen Mechanikern des 17. Jahrhunderts gerechnet wird. Er baute unter anderem ein Modellhaus, in welchem 72 verschiedene Handwerke ihre Kunst zeigen. Zugleich aber hat er, wohl als erster Techniker seiner Zeit, den Windkessel in Pumpwerken angebracht, jene bald allgemein verwendete Vorrichtung, die das gleichmäßige Stoßen der Kolben bei der Feuerlöschspritze gewährleistet, ein Gebiet, auf das die Stadt selbst große Stücke hielt und auf dem sich daher auch andere Nürnberger hervortaten, wie Hans Lobsinger oder der erwähnte „Brunnen- und Röhrenmeister“ Martin Löhner, dessen mit Messing gefütterte Pumpanlagen das Wasser meist höher trieben, als es bisher möglich gewesen war und der versuchsweise eine Wasserleitung durch alle Stockwerke eines Hauses an der Fleischbrücke anlegte. Neudörfer berichtet von ihm, er sei damals auch gerade im Begriff gewesen, eine *„schlagende Stundenuhr durch Trieb des Wassers zu verfertigen“.*

Hans Hautsch, der sich unter anderem auch mit Flugversuchen beschäftigte, hat ferner eine Art Personenaufzug konstruiert, einen Stuhl für Gichtkranke zur schmerzlosen Bewegung im Zimmer und 1649 einen „Selbstfahrer“, wie ihn Albrecht Dürer als Idee bereits in seinem Triumphwagen für Maximilian I. zeigte: Ein handgesteuerter Wagen, der vermittels eines Triebwerkes und verschiedener Übersetzungen mühelos durch die Straßen fährt und beinahe jedes Gelände bewältigt. Eine zeitgenössische Darstellung schildert Vorzüge und Einzelheiten des Vehikels folgendermaßen:

„Triumpfwagen — welcher also frei gehet, wie er da vor Augen steht und bedarf keiner anderen Vorspannung wie ein anderer Wagen, weder von Pferden, Ochsen oder anders, sondern wann man sich darauf setzt und nimmt den Stab mit dem Wurmskopf in die Hand, so kann man den Wagen hinlenken, wo man will, auf die recht oder link Seit, hinter sich oder vor sich, Berg oder Tal, wie er dann unterschiedlich mal zu Nürnberg die Vestung hinauff und wieder herab gefahren — und geht solcher Wagen in einer Stund 2 tausend Schritt. Man kann still halten und fortfahren wann man will, und ist doch alles von Uhrwerk gemacht. Der Wagen ist so groß als eine Landkutschen, wie Kaufleut auf die Meß fahren. Und kann der Meerdrach im Fahren Wasser unter die Leut spritzen, so im Weg stehen, kann den Kopf verdrehen, die Augen wenden. Der Meerdrach kann Wasser, Bier, Wein, Met, alles trinken, aber den Met trinkt er am liebsten. Und kann aus der Zungen allerlei wohlriechende Wasser geben, als Zimmet-, Anis- oder Rosenwasser, was man haben will. Die Engel können im Fahren die Posaunen aufheben und blasen, auch die Augen wenden.“

Diese Schilderung ist nun freilich für das schaulustige Volk geschrieben, wobei wir hoffen, daß sich der Apparat auch tatsächlich von selbst fortbewegte und nicht durch einen verborgen gehaltenen Mann.

Ein ähnliches Fahrzeug baute sich etwas später der lahme Uhrmacher Stefan Farfler aus dem reichsstädtischen Universitätssitz Altdorf, ein

Der „Kunstwagen“ von Hans Hautsch. Kupferstich nach 1650

fast zwergenhafter Mann, der es durch Selbststudium zu einer Berühmtheit seines Faches gebracht hatte und dessen Arbeiten bis nach Norddeutschland gefragt waren. Ein Stich aus seinem Todesjahr 1689 zeigt ihn, wie er die ihm fehlende Kraft der Beine gewandt durch seine Hände ersetzt, indem er mit ihnen zwei Kurbeln zur Fortbewegung seines bequemen Sitzes bedient. Da aber in beiden Fällen der Benützer des Fahrzeuges den Energieaufwand stets aus sich selbst heraus bestreiten muß, da außerdem eine Verminderung des Reibungswiderstandes wie nachmals beim Kugellager fehlt, kam die Fahrgeschwindigkeit nicht über die angegebenen 2000 Schritte in der Stunde hinaus und es führte daher von diesem freundlichen Notbehelf kein brauchbarer Weg in die Zukunft; die mitunter angewandte Bezeichnung „Vorläufer des Automobils“ hält also einer näheren Prüfung nicht stand.

Die hydraulischen Scherze, mit denen Hautsch seine Selbstfahrer ausstattete, waren die große Mode des ganzen galanten Zeitalters — ein Fürstbischof von Salzburg ließ mit ihnen verschiedene Räume seines Sommerschlosses ausstatten, des heute noch viel besuchten Hellbrunn, und die Nürnberger Mechanici leisteten auf diesem Gebiete ein Erkleckliches. Gottfried Hautsch, der Sohn jenes vielseitigen Meisters Hans, mußte 1665 für den französischen Kronprinzen „zwei kleine Armeen“ exerzierender Spielsoldaten aus Silber fertigstellen, ein Auftrag, den Ludwig XIV. durch seinen großen Festungsbauer Vauban über den Nürnberger Rat erteilen ließ: Ein Zeichen, wie wichtig man diese Sache nahm. Der uns schon als „Röhrenmeister“ bekannte Martin Löhner baute unter anderem einen ganzen Wunderpark voll kleiner Gestalten, der die Wonnen des Olymps in zappelnder Gleichförmigkeit verherrlichte, und den Höhepunkt solch „lebensechter“ Figuren schildert uns wieder einmal Friedrich Nicolai in den sogenannten Fauconsonschen Automaten, die er in Nürnberg gesehen hatte, allerdings nicht als bodenständige Erzeugnisse: Ein sitzender Flötenspieler, der zwölf verschiedene Stücke herunterbläst und eine künstliche Ente, die sich ganz wie eine richtige gebärdet, indem sie ihre Flügel bewegt, schreit, Wasser trinkt und Körner schluckt, um dann alles *„in entsprechend veränderter Form“* wieder von sich zu geben. Heute würde man dergleichen ohne viel Aufhebens in den Bereich des Kinderzimmers verweisen, aber damals haftete ihm noch ein Hauch des Zauberhaften an und nährte bei den staunenden Betrachtern die Vorstellung, daß hier für die Zukunft ein Weg läge, dem Weltenschöpfer irgendwann hinter seine Geheimnisse zu kommen.

d) Nürnberg und der Buchdruck

Ums Jahr 1444 war es Johann Gutenberg aus Mainz nach vielen Versuchen geglückt, mühelos Bücher zu drucken — das heißt nicht in der starren und langwierigen Form, jede einzelne Seite mit Bild und Text in Holz zu schneiden, sondern aus beweglichen Lettern in Metall, die beliebig gesetzt und wieder auseinander genommen werden konnten. Diese Neuerung lag in der Luft jener bewegten Zeit, da sie den rasch zunehmenden Bestrebungen geistigen Austausches ungemein entgegenkam. So breitete sie sich schon ein Menschenalter später über alle Länder Europas aus und ihrem Urheber blieben nichts als die Geldsorgen und der Ärger bei den gerichtlichen Auseinandersetzungen mit seinem einstigen Teilhaber Fust. In einem Prozeß gegen diesen war 1455 Gutenbergs Gehilfe Heinrich Kefer als Zeuge aufgetreten, der sich 1470 in Nürnberg niederließ, um hier zusammen mit Johann Sensen-

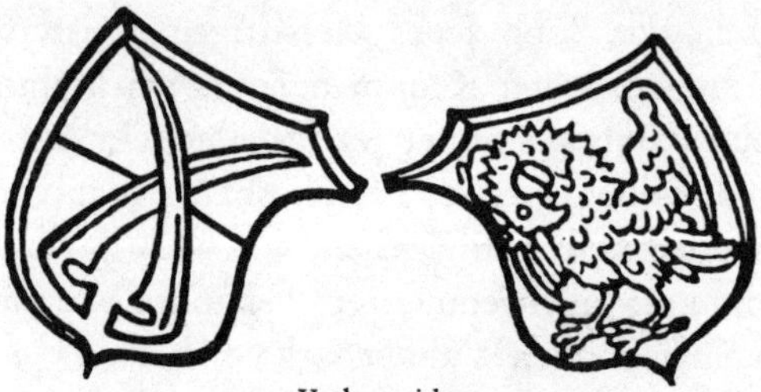

Verlagszeichen
von Johann Sensenschmidt,
Nürnberg, 1474

schmidt aus Eger die erste Druckereiwerkstätte einzurichten. Die Stadt erhielt also die Schwarze Kunst unmittelbar vom Ort ihrer Entstehung. Mancherlei Umstände waren einem derartigen Unternehmen von vorneherein günstig. Gerade Nürnbergs Erfindergeist mußte den Wert einer solchen Errungenschaft in seiner ganzen Tragweite ermessen können. Außerdem besaß das hochentwickelte Metallgewerbe die Voraussetzungen für den damals sicher noch mancherlei Wandlungen unterworfenen Typenguß. Dank der nun bald hundert Jahre alten Hadermühle im Pegnitzgrund brauchte das erforderliche Papier nicht von auswärts bezogen zu werden; daß sie bald mehr als genügend beschäftigt war, zeigt wohl am besten die Gründung von zwei weiteren Papiermühlen in den Jahren 1487 und 1501. Endlich gab es hier genügend reiche und umsichtige Kaufleute, die, wo es notwendig war, Geldmittel vorstreckten oder den Vertrieb der Bücher selbst in die Hand nehmen konnten. Dennoch scheint den beiden Wegbereitern dieses neuen Berufes der erhoffte Erfolg ihrer Zusammenarbeit nicht beschieden gewesen zu sein, denn Sensenschmidt siedelte 1481 nach Bamberg über. Mittlerweile war unter Friedrich Creußner die zweite Nürnberger Presse entstanden, die 1477 als Abwechslung zu dem sonst üblichen religiösen Schrifttum das erste Werk unterhaltender Art herausbrachte, Marco Polos vielgelesene Reisebeschreibung. Vor allem aber ist Creußners Name dadurch unvergessen geblieben, daß er eine aus der gotischen Schreibschrift entwickelte, klare Buchstabenform anwandte, die als „Schwabacher“ Type bis in die Gegenwart gebräuchlich blieb. Auf ähnliche Weise, nämlich aus einer schwungvollen reichen Zierschrift, wie sie Johann Neudörfer in seiner Eigenschaft als Schreibmeister pflegte, entstand auch unter Beteiligung Albrecht Dürers die sogenannte Fraktur. Sie hat ihren Namen daher, daß sie gegenüber den lateinischen, mit Vorzug runden Buchstaben als „gebrochen“ erscheint. Nach Neudörfers Vorlagen schnitt sie um 1520 Hieronymus Hölzel in Metall; wegen ihrer vollen und schmückenden Formen ist sie viel gebraucht worden.

Zu diesen beiden Erstdruckereien gesellten sich schon in den 80er Jahren verschiedene kleine Pressen, wie die erwähnte des Regiomontanus, des dichtenden Barbiers und Wundarztes Hans Folz oder des Augustinerklosters; auch Dürer ist unter die frühen Drucker Nürnbergs gerechnet worden, weil er die Herstellung seiner beschrifteten Holzschnitte selbst besorgte. Dagegen hatte es bisher noch niemand verstanden, den Buchdruck auf eine breitere und damit ergiebige Grundlage zu stellen — diese Gelegenheit ersah jener Mann, der Albrecht Dürer aus der Taufe gehoben hatte, vielleicht, weil er wie dessen Vater auch Goldschmied gewesen war: Anton Koberger. Sein erstes nachweisbares Erzeugnis, die Tröstungen des spätrömischen Dichterphilosophen Boethius, ist am 24. Juli 1473 fertiggeworden; ein angeblich 1472 bei ihm erschienenes Buch wurde bis heute nicht aufgefunden. Jedenfalls hat Koberger das neue Geschäft beizeiten begonnen und es nach zwanzig Jahren zu einer solchen Leistungsfähigkeit entwickelt, daß er in ganz Franken keinen ernsthaften Konkurrenten zu befürchten brauchte. Sein Anwesen am Egidienberg mußte mehrfach ausgebaut werden, um, wenn man Neudörfer glauben darf, Raum für 25 Pressen zu bieten, die täglich bis zu 100 Gesellen beschäftigt haben sollen: Ein Betrieb, der sogar unserer Zeit als nicht gering erscheint und der für damalige Verhältnisse aufsehenerregend groß war. Die Gehilfen druckten nicht allein, sondern erstellten das ganze Buch vom Letternsatz bis zum dauerhaften Einband, um es schließlich in Ballen verpackt nach den verschiedenen Orten zu versenden, in denen Koberger seine eigenen Niederlagen unterhielt: Paris, Lyon und Toulouse, Venedig und Mailand, Krakau und Lemberg oder, um zwei der am meisten entgegengesetzten zu nennen, Lübeck und Ofen. Dazu kamen noch die sonstigen Vertreter, die er in allen damals bekannten Städten des Abendlandes sitzen hatte.

Was Koberger innerhalb eines Menschenalters zum *„Fürsten der Buchdrucker“* machte, war vor allem ein unfehlbarer Blick für die Absatzmöglichkeiten seiner Erzeugnisse. Obwohl er, wie ihm sein Schweizer Kollege und Lieferant Hans Amerbach nach seinem Tode rühmend bezeugt, sich niemals für die Vervielfältigung minderwertiger Schriften hergab, ließ er doch die Stimme der kaufenden Menge nie unberücksichtigt. Als er erkannte, daß ihm der reine Vertrieb mehr einbrachte als der Druck, gab er diesen in den 90er Jahren ganz auf und beschäftigte fremde Pressen für sich, teilweise in Lyon und Basel. Damit wandte er erstmalig auf seinen Berufszweig das an, was man „Verlegerei“ nannte: Die Ausgabe von Arbeit an andere Handwerker, die sich auf diese Weise in eine mehr oder minder große Abhängigkeit zu ihrem Besteller begaben; das Wort „Verlag“ für den Buchvertrieb bei Übernahme des gesamten Risikos bürgerte sich aber erst später ein. Außerdem betätigte sich Koberger auch als „Sortimenter“, indem er zugleich mit seinen die Bücher anderer Drucker durch seine Händler verkaufen ließ.

Bei seiner aufmerksamen Beobachtung des Buchmarktes nahm Koberger wahr, daß die Kundschaft (wie sie es ja im allgemeinen auch heute tut) mit Bildern versehene Schriften bevorzugte — also stellte er sich hierauf um. Wie neuartig dies für unsere Stadt war, im Gegensatz etwa zu dem hierin so fortschrittlichen Ulm und Augsburg, zeigt uns der Weg, der dabei eingeschlagen wurde. Anfangs verfuhr Koberger ziemlich oberflächlich, indem er Holzstöcke, die vorher für andere Veröffentlichungen gedient hatten, von auswärts kommen ließ, so aus Köln für seine deutsche Bibel von 1483, die erste ihrer Art in Nürnberg und die neunte der vorreformatorischen Zeit. Allmählich aber bemühte er sich, ein mehr auf das jeweilige Werk abgestimmtes Bildmaterial zu bieten, wodurch die Verpflichtung ortsansässiger Künstler zur Notwendigkeit wurde. Besonders zwei umfangreiche Bände erheischten dies so, wenn ihre Illustrationen vom Inhalt her gerechtfertigt werden sollten: Der *„Schatzbehalter“* des Nürnberger Franziskanermönches Stephan Fridolin und die *„Weltchronik“* des Stadtarztes Dr. Hartmann Schedel, der umfangreichste Wiegendruck überhaupt, der trotz seines verhältnismäßig hohen Preises ein Verkaufsschlager erster Güte zu werden versprach, aber wegen billigerer Nachdrucke in Augsburg sich schließlich als Mißerfolg auswirkte. Zur Verwirklichung dieser Aufgaben hatte Koberger 1491 einen Lieferungsvertrag mit Dürers Lehrmeister Michael Wolgemut abgeschlossen, der damit seine Werkstatt bedeutend vergrößern mußte: Zusammen mit seinem Stiefsohn Wilhelm Pleydenwurff beschäftigte er jetzt nur hierfür eine größere Schar von Gesellen; aus der erhaltenen handschriftlichen Vorlage Schedels zu schließen, hat dieser beratend an den Abbildungen mitgewirkt. Da für die Weltchronik die ansehnliche Zahl von 645 Holzschnitten hergestellt wurde, ist es begreiflich, daß sie nicht alle einheitlich ausfielen. Hierfür hatte auch Koberger, der eben mehr Geschäftsmann als Künstler war, gar keinen Sinn. Dies geht unter anderem daraus hervor, daß er die Druckstöcke für die dreifache Zahl von Bildern verwenden ließ, so daß also verschiedenste der beschriebenen Städte das gleiche Aussehen haben oder mit den aufs ungefähre entworfenen Porträts von 44 Herrschern und 28 Päpsten insgesamt über 600 Köpfe weltlicher und geistlicher Männer von Bedeutung wiedergegeben wurden! Diese Nachlässigkeit ist teils auf die Leichtgläubigkeit des damaligen Publikums, dann aber vor allem auf die notwendige Sparsamkeit des Verlegers zurückzuführen.

In den 40 Jahren seiner vielseitigen Tätigkeit hat Koberger über 250 Verlagswerke in bester Ausstattung herausgebracht. Daß er sich der Besonderheit dieser Leistungen bewußt war, geht aus einem kurzen Nachwort hervor, das er 1483 einer Rechtssammlung des Italieners Johannes Bertachinus mit auf den Weg gab:

„Durch die Erfindungsgabe und den Fleiß des Anton Koberger und nicht ohne Kunst sowie höchste Erfahrung im Drucken ist dies Handbuch vollendet worden in der kaiserlichen Stadt Nürnberg, welche nicht allein die Ehrenhaftigkeit ihres Gemeinwesens, sondern auch der Geschmack und die Tüchtigkeit des genannten Anton im Drucken hochberühmt macht."

Er behielt mit diesem Stolz vor der Nachwelt recht: Mit seinem Tode im Jahre 1513 war auch dies erste Weltunternehmen seiner Art zum Untergang verurteilt.

1486 hatte Koberger unter anderem auch für den König von Ungarn das erste Buch in magyarischer Sprache über das Leben des heiligen Stephan gedruckt. Dies ist in doppelter Hinsicht bemerkenswert: Jener Fürst, Mathias Corvinus, war es ja, wie wir sahen, der ein Jahr zuvor Friedrich III. aus Wien vertrieb und für den Rest seines Lebens heimatlos machte — was aber nicht hinderte, daß dieser bibliophile Erzfeind des Kaisers eine Bestellung, die ihm daheim noch niemand hätte ausführen können, nach Nürnberg gab. Ferner ist diese Tatsache für Nürnbergs Anteil am Frühdruck im Ausland kennzeichnend. Als die preiswerten Erzeugnisse in die Ferne drangen, erweckten sie natürlich überall den Wunsch, dergleichen künftig an Ort und Stelle zu verfertigen und so waren jetzt überall solche deutschen Handwerker begehrt, die sich auf diese neue Kunst verstanden; da sie als Gerät kaum mehr als eine Handvoll Bleilettern mitzunehmen brauchen, wandern sie nunmehr überallhin, besonders nach dem verlockenden Süden, wo ihnen schon ihre Landsleute Pannartz und Sweinheim in der ersten Offizin des Klosters Subiaco den Boden bereitet haben, und mancher von ihnen kommt auch aus Nürnberg. Da ist etwa Peter Crafft aus Frankfurt, der in unserer Stadt mit dem Drucken begann — wenn die bei Bogeng angegebene Zahl stimmt, sogar noch vor Kefer und Sensenschmidt —, schon 1476 in Perugia und etwas später im Rom tätig, um bald darauf wieder nach Nürnberg zurückzukehren. Da ist ferner Konrad Zeninger aus Mainz, der 1480 als Nürnberger Bürger das erste deutschlateinische Wörterbuch unserer Stadt herausbringt sowie eine Reisebeschreibung Hans Tuchers aus dem Gelobten Land und der 1486 sein Glück in Venedig sucht. Da ist des weiteren Konrad Guldenmund als Begründer einer kleinen Presse in Neapel und vor allem Peter Löslein aus Cadolzburg als Teilhaber einer Druckerei wiederum in Venedig, der außerdem der Augsburger Erhard Radtolt angehört. Da ihre Bücher Initialen aufweisen, wie sie sonst nur bei Regiomontanus vorkamen, wird angenommen, daß die beiden in Nürnberg Gehilfen des Astronomen bei der Herausgabe seiner Kalender waren und nach dessen Berufung an den Vatikan in die Lagunenstadt übersiedelten. In ihren Veröffentlichungen bringen sie auch eine Neuerung, deren Tragweite ihnen wohl kaum bewußt war: Das Titelblatt, vor der ersten Seite, ohne das uns ein Buch so gut wie wertlos wäre.

Eine recht interessante Spur dieser Art führt nach Spanien. Eine Gemeinschaft deutscher Drucker, die sich Compañeros alemanes nennen, veröffentlicht in Sevilla unter anderem eine Polizeiordnung. Ihnen gehören zwei Oberdeutsche und ein Johann Pegnitzer aus Nürnberg an. Endres Pegnitzer war ein viel gerühmter Geschützgießer unserer Stadt; da die meisten Frühdrucker aus dem Gußgewerbe kamen, gehen wir kaum fehl in der Vermutung, daß jener Johann ein naher Verwandter von ihm war. Er muß der tüchtigste der *„Compañeros“* gewesen sein, denn während die Namen der anderen beiden Mitarbeiter bald verschwinden, wird er noch bis 1503 als Drucker erwähnt, zuletzt in Granada, wo er nach endgültiger Vertreibung der Mauren als erster seines Zeichens tätig gewesen ist.

Im Osten finden wir eine lebhafte Beziehung zu Böhmen und Polen. Da man in Pilsen noch um 1500 keine Abbildungen herzustellen verstand, bezog man die Druckstöcke von Hieronymus Hölzel in Nürnberg. Überhaupt ist bei den böhmischen Wiegendrucken eine starke Abhängigkeit zu Nürnberg spürbar. Viele Bücher in tschechischer Sprache werden aus Mangel an eigenen Pressen hier gedruckt, so besonders die Schriften und Briefe von Johannes Hus; erst als die stets wachsame Geistlichkeit anderer deutscher Städte daran Anstoß nimmt, muß der Rat dies untersagen. Einer der frühesten Drucker in Krakau ist Kaspar Hochfeder, der nach einigen anscheinend mißlungenen Versuchen in Nürnberg arbeitet, wo er die der damaligen Heilkunst unentbehrlichen Aphorismen des Hippokrates herausbringt und sich danach nochmals nach Krakau wendet. Zuletzt ist er in Metz nachweisbar. Das erste größere Verlagsunternehmen in Krakau gründete Johann

Leyes dela hermandad.

TANTO MOTA

Este es el quaderno de las leyes nueuas dela hermãdad del Rey ꝛ dela Reyna nr̃os señores ꝛ por su mãdado fechas enla jũta general ẽ Toro ꝛ lagũa. notificadas el año del nacimiento de nr̃o saluador Jesu xpo De mill ꝛ qtro cietos y ochenta y seys años.

Nürnberger Frühbuchdrucker in Spanien: „Leyes de la Hermandad", Gesetzsammlung der Stadt Sevilla, 1486, der süddeutschen Werkgemeinschaft „compañeros alemanes" mit Johann Pegnitzer

Haller aus Rothenburg nach dem Vorbild Kobergers, als dessen Schüler er gilt. Mit dem Druck in altslawischen Lettern hat dort der ehemalige Perlensticker Sweibold Veyl, ebenfalls ein Franke aus dem Kobergerkreis, begonnen; als des hussitischen Glaubens verdächtig, in Wirklichkeit aber wohl aus Berufsneid, wird er 1491 ins Gefängnis geworfen und muß sich nach seiner Freilassung einen anderen Wirkungskreis suchen.

Gerade die frühen Druck-Erzeugnisse einer Stadt lassen natürlich entsprechende Rückschlüsse auf ihre kulturelle Regsamkeit zu. Wir wollen darum aus der Fülle der ersten Veröffentlichungen noch einige herausgreifen, die geeignet sind, Nürnbergs Ruf auch in dieser Hinsicht zu rechtfertigen. 1477 erschien bei Koberger das *„Artzneybuch Ortolffs* *von Bayrland*", zu seiner Zeit ein medizinisches Musterwerk. 1484 folgte ein großer Band mit der Aufschrift: „*Dies ist die Reformation der Statute und Gesetze, die ein ehrbarer Rat der Stadt Nürnberg vorgenommen hat.*" Es handelt sich hierbei um die erste deutsche Sammlung eines umfassenden Zivilrechts auf der Grundlage einer erprobten örtlichen Rechtsübung, die sich bisher nur als Erfahrungsgut von einem Schöffen zum anderen überliefert hatte. Der Fortschritt einer schriftlichen Aufzeichnung gegenüber der bisherigen Gepflogenheit ist einleuchtend, dazu kommt aber noch, daß man durch Angleichung der lokalen Formgebung an das differenzierte römisch-kanonische Recht einen Apparat geschaffen hatte, der nicht allein für Nürnberg von höchstem Wert war — wir erinnern nur an das, was wir darüber unter dem Gesichtspunkt des Handels kurz ausführten. Aus alledem erklärt sich der gewaltige Erfolg dieses Werkes, das bereits 1471 durch den Rat angeregt wurde und dank der einfühlenden Mitarbeit von Johann Pirckheimer, dem Vater unseres Humanisten, 1479 fertig vorlag. Die Niederschrift machte schon damals von sich reden, denn noch vor ihrer Drucklegung wurde sie von anderen Reichsstädten, wie Weißenburg in Bayern und Dinkelsbühl, im Auszug erbeten. Bald nach ihrem Erscheinen bei Koberger war die „*Reformation*" überall im Reich verbreitet und erlebte daher noch viele Auflagen mit mancherlei Erweiterungen bis zu der endgültigen, prachtvollen Ausgabe bei Valentin Geißler im Jahre 1564.

1492 druckte der Verfertiger von Behaims Globusbildern, Jörg Glokkendon — er war nur Briefmaler und Formschneider, also kein eigentlicher Typograph —, ein Blatt des Kompaßmachers Erhard Etzlaub, worin in einem Kreis, von Nürnberg als Mittelpunkt ausgehend, auf eine Entfernung von 16 Meilen alle Orte in ihrer natürlichen Lage aufgeführt werden: Die erste deutsche Heimatkarte, bei der dem Zeichner das dichte Netz der Nürnberger Handelswege als Grundlage gedient haben mag. Von Etzlaub stammt ferner aus der gleichen Zeit eine „*Romwegkarte*", ein bequem in der Tasche mitzuführender Wegweiser für Italienpilger. Eine Erweiterung dieses Blattes ist dann die 1501 ebenfalls bei Glockendon herausgebrachte Karte aller Landstraßen, die „*durch das Römische Reich von einem Königreich zu dem anderen, die an Deutsche Lande stoßen, von Meilen zu Meilen mit Punkten verzeichnet*". So schlicht diese drei Arbeiten heute vor uns stehen, ihnen gebührt eine Sonderstellung in der Geschichte der deutschen Kartographie.

Von den mehrfach erwähnten Drucken des Regiomontanus waren seine Kalender im Volk besonders beliebt; die Wissenschaft dagegen griff sogleich begierig nach seinen *„Ephemeriden"*, die zufolge ihres Verfassers frühem Tod nicht wieder gedruckt und daher damals schon mit hohen Preisen bezahlt wurden. Es sind Tabellen, die in mustergültiger Weise täglich den jeweiligen Stand der Himmelskörper der Jahre 1475 bis 1506 angeben, Vorausberechnungen der Konstellationen also, wie sie seither für Astronomie und Schiffahrt unentbehrlich wurden. Mit diesen Tabellen versuchte Amerigo Vespucci 1499 die Mündung des Orinoco zu finden und Kolumbus führte sie mit sich, zumindest auf seiner letzten großen Seereise. Sein Sohn Hermann hat uns nämlich überliefert, daß sie im Jahre 1503 der gesamten schiffbrüchigen Mannschaft das Leben gerettet hätten: Als die Eingeborenen von Jamaika der schon gelichteten und entnervten Schar die Lebensmittelzufuhr abschnitten, habe Kolumbus die in den Ephemeriden für den 29. Februar vorausgesagte totale Mondfinsternis genützt, indem er sie dem Häuptling als Straftat seines Gottes ankündigte und damit die Indios so einschüchterte, daß sie ihm wieder zu Diensten waren. Die Absichten des Regiomontanus als wissenschaftlicher Drucker vollendete ein Menschenalter später in Nürnberg Johann Petrejus, der in Wittenberg studiert hatte und dessen Veröffentlichungen sich durch die Genauigkeit ihrer Redaktion rasch allgemeiner Wertschätzung erfreuten. Mehr berüchtigt als berühmt geworden ist er aber durch den Druck eines Buches von wahrhaft weltbewegendem Inhalt, nämlich der Schrift des geistlichen Sternforschers Nikolaus Kopernikus über die *„Umdrehungen der Himmelskörper"*. Dies Werk hat seine eigene Geschichte, deren wichtigster Teil sich in Nürnberg abspielt. Kopernikus hatte die Arbeit, in welcher er bewies, daß sich entgegen der alten ptolemäischen Lehre die Erde um die Sonne dreht, schon vor 1510 beendet gehabt, sie aber aus Besorgnis vor ihren Auswirkungen erst kurz vor seinem Tode dem Wittenberger Professor Johann Rheticus übergeben, der den Druck 1543 bei Petrejus vorbereitete. Die Überwachung der Korrekturen hatte Rheticus in die Hände des Hauptpredigers von Sankt Lorenz, Dr. Andreas Osiander, gelegt, einem empfindlichen und vorsichtigen Manne, der jetzt den Text in seiner ganzen Tragweite sich nicht zu verantworten getraute, obwohl man doch in dem mittlerweile evangelischen Nürnberg bezüglich der päpstlichen Zensur auf neutralem Boden stand. Osiander gab dem Buch eigenmächtig eine Vorrede bei, in welcher er seinen Inhalt nicht als feste Überzeugung, sondern nur als spielerische Hypothese ihres Urhebers bezeichnete, eine grobe Fälschung, die man dann zu Unrecht dem Verleger in die Schuhe schieben wollte. Es ist interessant, daß die Wirkung gerade umgekehrt ausfiel, als man erwartet hatte: Papst Paul III., dem das Buch gewidmet war, nahm keinen Anstoß daran, während Luther sich scharf dagegen wandte; erst 1616 wurde es auf den Index gesetzt und leitete damit den eigentlichen Kampf um diese neue Weltanschauung ein, der geistig durch das Auftreten von Johannes Kepler entschieden wurde.

Johann Petrejus brachte ferner 1547/48 die erste deutsche, von Johann Riff-Rivius besorgte Ausgabe des Vitruv auf den Markt, ein römisches, aber auf griechische Formideale zurückgehendes Handbuch der Baukunst, das seit der Renaissance den abendländischen Architekten unentbehrlich wurde. Mit seinen nahezu 200 Holzschnitten bekamen die noch zu würdigenden Nürnberger Kleinmeister lohnende Arbeit. Petrejus gehörte außerdem in die Schar derjenigen bodenständigen Drucker, die sich zum wirksamen Sprachrohr des Glaubenskampfes machten. Nürnberg hat nächst Wittenberg das meiste zur Verbreitung der lutherischen Lehre beigetragen (Otto Clemen). Bevor die Stadt evangelisch wurde, aber auch danach noch hielt der Rat seine Verleger in strenger Zucht, um die bestehende Kluft zu Kaiser und Reich nicht noch unnötig zu vergrößern. Es gehörte jetzt Mut dazu, religionspolitische Schriften zu drucken und manch einer wanderte deshalb ins Gefängnis, wie Wolfgang Huber, oder Hieronymus Hölzel, weil er für die ketzerischen Böhmen arbeitete und einige Flugblätter der Wiedertäufer herausgab, oder Friedrich Peypus, der 1521 einen Almanach mit Bildern in Umlauf setzte, worin das Papsttum und der geistliche Stand verunglimpft wurden. Ein schlimmes Ende nahm der beherzte Hans Hergot, der eine Schrift des Thomas Münzer unter dem verfänglichen Leitwort *„Die Gewaltigen werden erniedrigt, die Niedrigen erhöhet werden“* gedruckt hatte und dem die Veröffentlichung einer 1525 erschienenen Broschüre zugunsten des fehlgeschlagenen Bauernaufstandes zur Last gelegt wurde. In Nürnberg geschah ihm diesmal nichts, als er aber 1527 eine Geschäftsreise nach Leipzig unternahm, wurde er dort ergriffen und nach kurzem Prozeß hingerichtet. Seine Witwe Kunigunde führte den kleinen Verlag noch lange weiter mit reformatorischen und astrologischen Schriften sowie mit Flugblättern,

53. *Das bekannteste unter seinesgleichen: Chörlein am Pfarrhof St. Sebald*

54. *Typisches Nürnberger Chörlein am Fembohaus*

55. *Holzerker an der „Füll", Mitte 18. Jahrhundert*

56. Eigene Form: Dacherker mit Uhr im Industrieensemble „Hammer" (Mögeldorf)

Ältestes deutsches Flugblatt gegen die „Franzosenkrankheit“.
Gebet zum heiligen Minus, gedruckt durch den Nürnberger Formschneider Wolfgang Hamer.
Vor 1490

die zeitnahe Gedichte und Lieder nach Art des bereits genannten Landsknechtes Jörg Graff enthielten.

Daß das eifrige Drucken im Dienst der Reformation durchaus nicht immer nur der Sache zuliebe geschah, sondern öfter um des reinen Geschäftes willen, zeigt ein Vorfall aus dem Jahre 1525. Martin Luther hatte in Wittenberg die kleinere Hälfte seiner Postille herausgebracht, als das restliche Manuskript gestohlen wurde und kurz darauf in Nürnberg erschien. Luther beschwert sich in einem Schreiben vom 26. September an den Rat in einem — gemessen an dem frechen Diebstahl — milden Ton und schließt mit der gerechten Bitte: Der Nürnberger Rat möge doch künftig *„ein Einsehen auf seine Drucker"* haben, daß sie *„solch wichtige Bücher den Wittenbergern nicht so zu Schaden nachweiden und vorkommen"*, sondern jeweils sechs Wochen warten, damit neben jenen auch die Erstdrucker ihr Brot hätten.

Friedrich Peypus hatte u. a. 1513 den ersten „Bauernkalender" gedruckt, ein Büchlein, das außer der Jahreseinteilung verschiedenste nützliche Hinweise brachte der für die einzelnen Verrichtungen, wie Säen, Ernten oder auch Baden, günstigsten Zeiten. Diese Kalenderart wurde alsbald überall nachgeahmt und in großen Auflagen verbreitet; sie erfreut sich auf dem Lande bis heute allgemeiner Beliebtheit. Bei diesem rührigen Verleger erschien auch 1529 die Schrift *„Vom holtz Guaiaco gründlicher heylung"* von Theophrastus Paracelsus zu einer Kur ohne jenes tropische Holz der damals schon im ganzen Abendland wütenden Syphilis. In Nürnberg soll sie 1495 zuerst aufgetreten sein, hat aber wahrscheinlich schon eher ihre verhängnisvollen Wirkungen gezeitigt, denn noch vorher druckte hier der Formschneider Wolfgang Hamer das erste Flugblatt in Gestalt eines Gebetes gegen die *„grausamlich krankheit der blattern, in welisch genannt mala frantzosa"*. Vielleicht war dieser Zettel auch zunächst zum auswärtigen Vertrieb bestimmt. Jene Broschüre aber ist der frühest nachweisbare Druck des großen Arztes, den jetzt Freunde aus reformatorischen Kreisen nach Nürnberg zogen. Der Prediger Sebastian Franck, ebenso wie jener ein ewiger Wanderer und ihm ein wahrer Bruder im Geiste, vermerkt dies Ereignis in seiner *„Geschichtsbibel"* mit ein paar Worten, die gut zu dem Eindruck passen, wie ihn der gleichzeitige Holzschnitt von Augustin Hirschvogel vermittelt: *„Anno 1529 ist gemeldter Doktor gen Nürnberg kommen. Ein seltzam wunderbarlicher Mann, der fast alle Doktores und Skribenten in Medicinis verlacht"*.

Ähnlich wie zuvor in Straßburg und Basel, von wo ihn nach kurzem Wirken die zünftige, eifersüchtig auf ihre starre Würde bedachte Ärzteschaft vertrieb, hatte Paracelsus nun besondere Hoffnungen auf unsere Stadt gesetzt — wenn man ihm auch hier keinen Lehrstuhl der Heilkunde bieten konnte, so war doch vielseitige Gelegenheit gegeben, als Helfer aller Krankheiten in Tat, Wort und Schrift aufzutreten. Er fand gute Aufnahme in einflußreichen Häusern und verkehrte unter anderen mit dem Ratsschreiber Lazarus Spengler, dem er auch sein Werk *„Von den Frantzosen"* widmete, eine weitere Arbeit für die Heilung der Lustseuche nach eigener Methode. Paracelsus scheint sich rasch in die Nürnberger Verhältnisse eingelebt zu haben, wie gemütliche Anspielungen späterer Briefe zeigen; hier begann er auch an seinem Spitalbuch zu schreiben, dessen leidenschaftliche Gedanken allen Vertretern seines verantwortungsreichen Berufsstandes zugeeignet sind und an dessen Anfang die berühmten Worte stehen: *„Der höchste Grund der Arznei ist die Liebe."*
Danach mischt sich Paracelsus, mehr um des Spieles willen als um ernstlich Partei zu ergreifen, in die örtlichen Religionsstreitigkeiten, was ihm bald auf das empfindlichste zum Nachteil gereichen soll. Er hatte, als ihn die Unrast wieder weiter nach Osten trieb, die Früchte dieser geruhsamen Zeit zur Veröffentlichung in Nürnberg vorbereitet, aber schon in Beratzhausen an der Laaber erreichte ihn die niederschmetternde Nachricht, daß ihm durch einen Ratserlaß fortan jede Druckerlaubnis entzogen sei. Als Rache für seine eigenwilligen Betrachtungen über eine Anzahl im Nürnberger Kartäuserkloster aufgefundene Papstbilder hatten die Gegner über ihn ein Gutachten bei der medizinischen Fakultät in Leipzig einholen lassen und diese sah — neben den Händlern des Guajakholzes, für die ja seine vereinfachte Kur eine ernste Gefährdung ihres Geschäftes bedeuten mußte — darin den willkommenen Anlaß, diesen unbequemen Mann wenigstens für eine gewisse Zeit mundtot zu machen. Sein glühender Protest: *„Man drucke, auf daß die Wahrheit an den Tag komme!"* vermochte an jenem Entscheid nichts mehr zu ändern.
Ebenfalls Friedrich Peypus war es, der um die gleiche Zeit einige kleinere Schriften von Sebastian Franck verlegte — vielleicht haben er und der Hohenheimer einander wirklich bei ihrem Drucker kennengelernt, wie es E. G. Kolbenheyer in seinem großen Paracelsus-Roman schildert. Der aus Donauwörth stammende Franck hatte in Ingolstadt

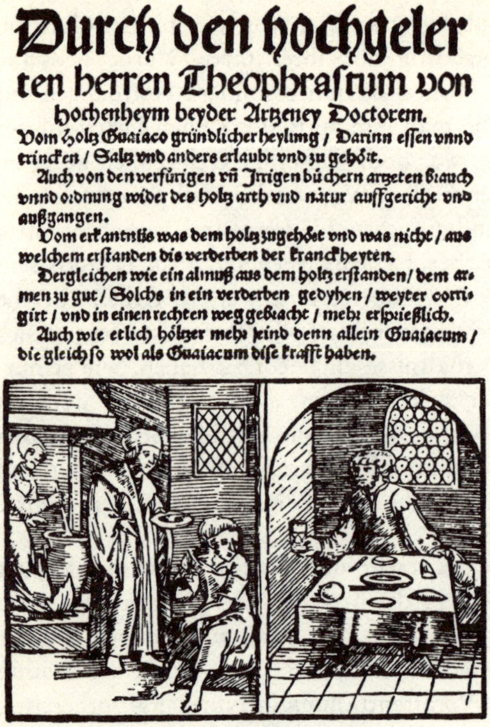

Durch den hochgeler ten herren Theophraſtum von hochenheym beyder Artzeney Doctorem.
Vom Holtz Guaiaco gründlicher heylung / Darinn eſſen vnnd trincken / Saltz vnd anders erlaubt vnd zu gehört.
Auch von den verfürigen vñ Irrigen büchern artzeten brauch vnnd ordnung wider des holtz arth vnd natur auffgericht vnd außgangen.
Vom erkantnüs was dem holtz zugehört vnd was nicht / aus welchem erſtanden dis verderben der kranckheyten.
Dergleichen wie ein almuß aus dem holtz erſtanden / dem armen zu gut / Solchs in ein verderben gedyhen / weyter corrigirt / vnd in einen rechten weg gebracht / mehr erſprießlich.
Auch wie etlich höltzer mehr ſeind denn allein Guaiacum / die gleich ſo wol als Guaiacum diſe krafft haben.

Titelblatt des Büchleins
„Vom Holtz Guaiaco gründlicher heylung"
von Paracelsus, 1529 bei Friedrich Peypus
in Nürnberg erschienen. Eine der ersten Schriften
gegen die „Franzosenkrankheit"

studiert und war 1528 als evangelischer Pfarrer nach Nürnberg berufen worden, vertrat aber mittlerweile ein gleich überkonfessionelles Christentum wie Paracelsus, mit dem er auch sonst manche Wesenszüge gemeinsam hat: Außer lebenslanger Unrast das Bewußtsein einer Sendung innerhalb der weiten Grenzen des Reiches, die Liebe zu Muttersprache und Volksbräuchen sowie eine später immer mehr zunehmende Hartnäckigkeit im Dienste der Wahrheit, die auch ihm viel Ungemach einträgt. Franck ist der erste Mystiker, der so deutsch schreibt, wie es Paracelsus als Arzt tut, und in jeder Zeile von ihm spürt man einen urwüchsigen Menschen von wahrhaft warmblütiger Klugheit, sei es in seinen Geschichtswerken, Streitschriften oder in seiner umfassenden Sammlung deutscher Sprichwörter.

Auch für Sebastian Franck war hier keine bleibende Statt. Er hatte noch Albrecht Dürer in dessen Sterbejahr 1528 kennengelernt und ihm dann einen ersten Nachruf gewidmet, worin er die universale Eigenart des größten deutschen Malers seiner Zeit bemerkenswert klar umreißt. Bald nach seiner Ankunft in Nürnberg war Franck sogar zu den schönen Künsten in verwandtschaftliche Beziehung getreten, indem er sich mit Ottilie Behaim verheiratete, der Schwester zweier Nürnberger *„Kleinmeister"*. Schon 1530 zog er mit seiner jungen Frau nach Straß-

Littera A. Num. I.

Wochentliche Ordinari Zeitungen / von unterschidlichen Orten / de dato 6. Januarij. Auff das Jahr 1663.

Mit wünschung von Gott dem Allmächtigen durch daß Newgeborne Christkindlein Jesum / eines Glückseligen / Frid- und Frewdenreichen / gesunden Newen Jahrs / zu allem / Leibs und der Seelen Wolstand: und derselben nach dem Willen Gottes vil zuerleben / Amen.

Auß Genua den 16. December 1662.

Erchtags ist der Cardinal Imperiali: drey Tag hernach der Hertzog von Cricqui / und gestern der Cardinal von Este allhero kommen / mit dem Cricqui nach Franckreich zuraisen. Zu Rom ist ein Corsischer Soldat / und ein Scherg / so deß dem Frantzösischen Ambassator bewisnen Schimpffs maiste Urheber gewest / auffgehenckt / und von Ihr Bäpstlichen Heiligkeit und dem Cricqui kein anders Breve mehr zuschicken / sondern da Er mit diser und lesten angebottnen Satisfaction nicht vergnüegt / möge Er in Gottes Namen fortziehen / man hette ohne das mehr gethan / als man zu thuen schuldig gewest

Wien vom 27 Dito.

Diser Tagen hat ein aigner Currier auß Spannia selbiger Königin Genesung einer Princessin: und zugleich den Heyrath zwischen der Infantin von Spannia und Ihr Keyserlichen Majestät mitgebracht / solchen zu publiciren. So hat auch der Span-

Erste Nürnberger und siebente deutsche Zeitung vom 6. Januar 1663, vermutlich bei W. E. Felsecker erschienen. (Germanisches Nationalmuseum)

burg, vermutlich von seinem bisherigen Wirkungskreis auf ähnliche Weise enttäuscht wie zuvor Paracelsus.

Unter die sonstigen beachtlichen Hervorbringungen des Nürnberger Buchdrucks wäre — das allererste deutsche Rechenbuch des Schreib- und Rechenmeisters Ulrich Wagner von 1482 liegt leider nur in einem Fragment vor — das erste Lehrbuch der doppelten Buchführung in deutscher Sprache zu zählen, ein Gegenstand, für den ja dieser Hauptknotenpunkt des abendländischen Handels besonders günstig sein mußte. Lorenz Meder, ein Angestellter der Firma Imhoff, veröffentlichte 1558 ein „Handelsbuch", das die kommerziellen Gepflogenheiten Europas, besonders Venedigs, zusammenfassend schilderte. Um das Bild abzurunden, wollen wir auch noch einige wichtige Veröffentlichungen der späteren Zeit anführen. Wie im 16. Jahrhundert der Holzschnitt, blühte im 17. der Kupferstich in Nürnberg und wurde zu einem wesentlichen Ausstattungsteil der Bücher, wie etwa der großen *„Teutschen Akademie"* von Joachim Sandrart, der früheste Versuch einer umfassenden deutschen Kunstgeschichte nach dem Vorbild des Florentiner Vasari.

Der wendigste Nürnberger Verleger im Zeitalter des Barock ist Wolfgang Endter; er brachte 1641 die prachtvolle Kurfürstenbibel heraus, die ihren Namen daher hat, daß sie durch den Herzog Ernst den Frommen von Sachsen-Gotha veranlaßt worden war und verschiedene Fürstenporträts enthält. Dank ihrer sauberen typographischen Ausstattung und den Sandrartschen Bildern erlebte sie viele Auflagen. In der nächsten Generation finden wir als tüchtigen Unternehmer Wolfgang E. Felsecker am Werk: Er hebt 1669 den ergreifendsten, weil beispiellos lebendig geschriebenen Roman des Dreißigjährigen Krieges aus der Taufe, den *„Abentheuerlichen Simplizissimus"* des Jakob Christoph von Grimmelshausen, des ersten modern anmutenden Erzählers. Felsecker ahnte wohl, daß die neuartige Sprache dieses gewaltigen Kultur- und Sittengemäldes die Gemüter seiner Zeitgenossen unnütz erregen könnte — daher ließ er es zunächst unter dem Decknamen *„German Schleifheim von Sulsfort"* (in verstellten Buchstaben das Wort Grimmelshausen enthaltend) erscheinen und nannte als Druckort das damals württembergische Mompelgart (Montbéliard) in Frankreich; erst bei der nächsten Auflage lüftete er die Anonymität vorsichtig. Wohl durch diese Beziehung war Grimmelshausen auch regionaler Mitarbeiter — Korrespondent würden wir heute sagen — an dem ebenfalls von Fels-

ecker herausgegebenen *„Teutschen Kriegscourier“* (nachmals *„Fränkischer Kurier“),* der ersten Nürnberger und siebenten deutschen Zeitung. Felseckers Erben brachten 1731 und 1775 ferner die „Lebensbeschreibungen“ von Nürnbergs ehemaligem Todfeind Götz von Berlichingen heraus, die heute nur noch als zeitgeschichtliche Dokumente interessant sind und durch die Tatsache, daß sie den jungen Goethe zu seinem berühmten Schauspiel *„Geschichte Gottfriedens“* befeuerten, die allerdings dem alten Haudegen und Raubritter mehr Ehre angedeihen lassen, als ihm von Rechts wegen gebührt hätte.
Um diese Zeit hat dann auch die Nürnberger Kartographie ihren Höhepunkt seit den ersten Versuchen eines Erhard Etzlaub (siehe Seite 206) erreicht; ihr Hauptvertreter war das für alle Welt arbeitende Homannsche Institut, dessen bisher wenig beachtete Vorläufer die Firmen J. Hoffmann (um 1650) und seit etwa 1700 der Weigelsche Verlag sind. Ein wirklicher Kulturverleger war vor allem Gabriel Nikolaus Raspe (1712—1785), der Linnés umfangreiches Pflanzenwerk in 27 Bänden und die 13 Folianten des wegen seiner gediegenen Ausführung berühmten Siebmacherschen Wappenbuches veröffentlichte. Er verdient vor allem besondere Erwähnung auf Grund einer hochherzigen Gesinnung, mit welcher er sich seinem Beruf widmete. Davon zeugt eine bekannte Äußerung aus seinem Munde: Als er das Wagnis einging, ein teueres Spezialwerk über Schnecken zu drucken, sagte er, er übernehme dies Buch gern, obwohl er wisse, daß 200 Stück davon ausreichen würden, um den gesamten Bedarf der Fachwelt zu decken.
Endlich wäre noch ein Zeitgenosse Raspes zu nennen, der, wie es einst die ersten Jünger der Schwarzen Kunst taten, Kulturarbeit in der Fremde leistete: Der 1722 als Sohn eines Bortenmachers in Nürnberg geborene Michael Gröll. Er ging als Buchhändler nach Dresden und von dort nach Warschau, das durch die dynastische Verbindung Augusts des Starken mit Polen viele Künstler und Handwerker anlockte. Hier war Gröll für den Rest seines Lebens als rühriger Drucker und Verleger tätig. Durch die Veröffentlichungen von Übersetzungen vieler Fachbücher aus Naturwissenschaft und Technik erwarb er sich große Verdienste um das polnische Bildungswesen jener Zeit.
In unseren Tagen sodann hat Nürnberg dem Buchdruck nochmals ein wertvolles Geschenk in Gestalt der Autotypie gemacht. Sie wurde 1881 durch den Graphiker Georg Meisenbach erfunden und eroberte sich in wenigen Jahren die ganze Welt. Vorher hatte man Photographien nicht

direkt drucken können, sondern mußte sie mühsam mit dem Stichel auf Hirnholz als Holzstich übertragen; das von einem Lichtbild hergestellte Metallklischee hätte die Tonwerte verschmiert. Meisenbach kam nun auf den Einfall, die photographische Vorlage über ein Rasternetz aufzunehmen, wodurch das Bild in zahllose Punkte zerlegt und danach auf Metall geätzt bzw. galvanisiert wurde. Auf diesem an und für sich einfachen Vorgang beruhen die meisten modernen Druckverfahren wie Offset, Tiefdruck; auch der Bildfunk und das Fernsehen gehen von ihm aus.

e) Nürnbergs Kunstschaffen

Handel und Verkehr sind nicht nur Vorbedingung, sondern geradezu eine Form des schöpferischen Lebens. Was eine stolze Stadt an Bauten und Kunstwerken besitzt, ist wie der goldene Honig im Bienenstock aus Millionen Handreichungen und kleinen Leistungen ihrer Bürger entstanden. Alle haben sie ebenso teilgehabt am schützenden Mauerring wie an den Kirchen mit ihren hohen, nicht für ein irdisches Wohnen bestimmten Räumen und dem Reichtum ihrer Altäre, an köstlich gefaßten Brunnen und jenen öffentlichen Gebäuden, in die man den Fremden als in die guten Stuben der Stadt zu führen pflegte. Alles das ist nach 1500 soweit ausgereift, daß ihm nur noch weniges hinzugefügt zu werden braucht: Nürnbergs Antlitz hat sich von da an kaum mehr verändert und in dem Weichbild, wie es uns 1552 die Radierungen von Hans Sebald Lautensack zeigen, würden auch wir uns noch mühelos zurechtfinden.
Die Stadtbefestigungen, deren Werden wir eingangs kurz schilderten, haben im 16. Jahrhundert verschiedene abschließende Zutaten erhalten, die zwar den Ringgürtel nicht weiter antasteten, dafür aber kriegstechnisch von größter Wichtigkeit waren. Bei der Bedeutung, welche die Feuerwaffen seither gewonnen hatten, waren jetzt „Streichwehren" unumgänglich notwendig, standsichere Plätze, von denen aus die Geschütze rasch beweglich das weite Vorfeld beherrschten. Seit 1538 legte der italienische Festungsbaumeister Antonio Fazuni die starken Basteien an, wie sie noch heute die Westseite der Burg wirkungsvoll einrahmen; sie waren zu ihrer Zeit das erste Beispiel ihrer Art in Deutschland, unerhört herb in der Linienführung, weil von nichts

weiter als den nüchternen Gesetzen der Ballistik bestimmt; man versteht daher, welches Aufsehen sie nach ihrer Fertigstellung hervorriefen. 1556/1559 erhielten unter dem Stadtwerkmeister Georg Unger die vier großen Türme der äußeren Wehranlage ihre massig-runde Form, in der sie dann zu einem Wahrzeichen Nürnbergs wurden. Bei einem Durchmesser von 18 und einer Höhe von 40 Metern waren es achtunggebietende Bollwerke, die sowohl der Beschießung aus groben Stücken standhalten, als auch unter ihren Dächern schwere Geschütze tragen konnten.

Die beiden Hauptkirchen, als Abbilder der doppelten Keimzelle, aus der die Stadt einst gewachsen war, hatten damals ebenfalls schon ihr heutiges Aussehen und konnten auf eine reiche Entstehungsgeschichte zurückblicken. Aus der bescheidenen, anfangs vielleicht nur hölzernen Grabkapelle des Einsiedlers Sebald war um 1230/40 eine spätromanische Pfeilerbasilika mit je einer Ost- und Westapsis entstanden, ein Gotteshaus, das stattlich genannt werden durfte im Hinblick auf die etwa fünftausend Einwohner, die dies Stadtviertel damals zählen mochte. Kennzeichen jenes ersten großen Bauabschnittes sind Krypta, Rundgewölbe und schlichter romanischer Zierat, wie er heute noch an der gegen den Weinmarkt gelegenen Seite vorherrscht. Nicht zufällig gemahnen diese Bestandteile an Bamberg, denn beide Male ist es die Handschrift der gleichen Steinmetze, die nach der Weihe der Michaelskapelle am Kloster Ebrach im Steigerwald (1207) weiter hinein nach Franken gekommen waren. Von dort her hat die Sebalduskirche *„die ganze Frische und optimistische Diesseitigkeit des zisterziensischen Kolonistenstiles“* empfangen (Friedrich Kriegbaum). Aber Nürnberg war keine Bischofsstadt — dies ist ein entscheidender Grund dafür, daß es seine Kirchen nicht einem nahtlos in sich geschlossenen Baugedanken unterstellen konnte, so daß die beiden großen Stilabschnitte an Sankt Sebald eine gewisse, freilich reizvolle Spannung verraten. Im 14. Jahrhundert faßt der Raum die von überall herzuströmenden Gläubigen nicht mehr. Daher beginnen ab 1309 die ersten Erweiterungen an den Seitenschiffen, an Querhaus und Westchor. Damals wurden auch die nunmehrigen Eingänge an der Nord- und Südfassade mit ihrem hochgotischen Figurenschmuck geschaffen: Um 1310/15 das Weltgerichtsportal mit jener fürstlichen hl. Katharina, die heute am nördlichen Vierungspfeiler des Inneren steht. Dem schloß sich um 1320 das Marienportal an, die Brauttüre und zuletzt, um 1340/50, das Drei-

Steinmetzzeichen im Ostchor der Sebalduskirche vom Ende des 14. Jahrhunderts

königsportal. 1361 beginnt eine entscheidende Bauphase, die Umgestaltung des Osttraktes von der ehemaligen Basilika in einen Hallenchor. Die neue Gliederung dieses Raumes wirkt kühn gegen den im Übergangsstil belassenen Westabschnitt: Das Auge wird steil emporgezwungen durch die schlanken Säulen, die sich erst unter dem Dach öffnen wie die Kronen hochstämmiger Bäume; dem entspricht das Äußere in seinem geistvollen Wechsel zwischen den durchlaufenden Fenstern und den mit Baldachinen und Konsolen geschmückten Pfeilern. Genau wie an den Portalen mit den scheu sich aus dem Gewände lösenden Mädchengestalten der Brauttür oder dem behelfsweise so benannten „Katharinenmeister", ist auch an der dem Hauptmarkt zugewandten Seite ein Meister von hohem Rang spürbar.

Gerne würde man eine bestimmte, möglichst festumrissene Persönlichkeit in ihm sehen: Heinrich Parler aus Gmünd als Mitglied jener großen Baumeisterfamilie, die dem damaligen deutschen Kulturgefälle gen Osten folgend von ihrer alemannischen Heimat bis nach Böhmen und Siebenbürgen tätig war. Allein diese Beziehung muß, selbst wenn sie völlig zu Recht bestünde, namenlos bleiben; Grundriß und Formen sprechen zwar für eine nahe Verwandtschaft zu jener bedeutsamen schwäbischen Schule, doch die früher dafür herangezogenen Beweise sind heute so gut wie entkräftet. 1906 wurde an der Südwand des Ostchores ein Schild gefunden mit einem Winkel über einem Kreuz, Ursprungsmarke, wie sie die Mitglieder der gotischen Bauhütten in zahllosen Abwandlungen an ihren Werkstücken anzubringen pflegten, die aber hier zu keinem bisher bekannten Zeichen in Verbindung gebracht werden konnte. Damit wird bereits die unmittelbare Tätigkeit jenes Heinrich Parler an dieser Hütte fraglich. Dazu kommt noch, daß sein Nachname zunächst nur eine Berufsbezeichnung in sich schließt, die des Werkführers oder *„Palier"*, der zwar in Gmünd zu dem bekannten Familiennamen geworden war, nicht aber in gleichem Sinne überall dort angewandt werden kann, wo er in den Rechnungsbüchern eines Kirchenbaues erscheint. Das gleiche gilt dann natürlich auch für Heinrich Parler als künstlerischen oder nur handwerklichen Urheber des Schönen Brunnens auf dem Hauptmarkt, von dessen ursprünglichem Stoff, wie wir hörten, nach einer Reihe von Erneuerungen so gut wie nichts mehr übrig geblieben ist.

Auch bei der Lorenzkirche stammen die ersten Baunachrichten aus beinahe der gleichen Zeit wie bei Sankt Sebald, und ähnlich bescheiden sind ihre Anfänge. Diesmal bilden allerdings zwei Kapellen die Ausgangspunkte der späteren Entfaltung, je eine zum Heiligen Grab und (1235 erstmalig erwähnt) zum Glaubenshelden Laurentius, an dessen Namenstag im Jahre 955 Otto I. die Ungarn auf dem Lechfeld besiegte, weshalb viele Gotteshäuser im bayerisch-fränkischen Raum nach ihm benannt wurden. Der erste entscheidende Neubau von Sankt Lorenz fällt in die Zeit zwischen 1260 und 1356, der letzte, besonders des Ostchores, zwischen 1439 und 1477.

Trotz mancher gemeinsamer Züge mit ihrer Schwester jenseits des Flusses untersteht die Lorenzkirche doch einem anderen geistigen Gesetz, denn sie ist in ihrer nunmehrigen Gestalt eine Schöpfung der Hoch- und Spätgotik. Dies rührt vor allem daher, daß die bedeutsame Erweiterung der Seitenschiffe erst von 1391 bis 1403 und nun viel durchgreifender vor sich geht als drüben. Außerdem werden jetzt auch ganz neue Vorbilder maßgebend: Straßburg und Freiburg und andere Dome des Westens, in deren Bildschmuck sich frommer Sinn mit einem Hochgefühl der Festlichkeit paart und wo die gegen Sonnenuntergang liegenden Außenseiten zu einer verschwenderisch ausgestatteten Schaufront werden. Schon allein die acht Meter hohe Fensterrose unterhalb der kubischen Türme weist auf die Beziehung zum Rhein (Straßburg, Oppenheim) als dem Mittler zwischen der großen französischen Kathedralplastik und ihrer Nachwirkung in West- und Süddeutschland hin. Nur aus stilistischen Merkmalen lassen sich ja die einstigen engen Beziehungen räumlich weit entfernter Städte durch die Bauhütten mehr erraten als erhärten. So zeigt das Hauptportal der Lorenzkirche mit seinem für Franken beispiellos reichen Figurenschmuck eine auffällige Ähnlichkeit mit dem von Sankt Theobald zu Thann im Elsaß: Die Abfolge der Bilder von Christi Menschwerdung und Leiden bis zum Jüngsten Gericht und vor allem die räumliche Aufteilung der doppelten Pforte, wo zwei Spitzbögen von einem größeren Bogen überspannt werden und das Tympanon hier wie dort zu einem weithin lesbaren biblischen Bilderbuch in gleichen Lettern wurde.

Gegen das Ende des Mittelalters kommt nochmals eine wichtige Ausweitung hinzu, in einer Zeit, als man der Überlieferung von Architektennamen schon größeren Wert beimaß. So wissen wir, daß der Rat seit 1439 den Baumeister Konrad Heinzelmann aus Rothenburg verpflichtet hat, der vorher in Ulm und auch in Nördlingen tätig war — hier wohl als Mitarbeiter an einem Werk, das ebenso letztmögliche Höhe wie künstlerischen Abschluß eines ganzen Zeitalters bedeutet: Die netzartige Auflösung des Hallengewölbes, die nun auch am Chor der Lorenzkirche Anwendung findet. Hierin liegt sicher die hauptsächliche Planung Heinzelmanns und dann in der zweigeschossigen Anordnung der Ostfenster, wodurch sich ein lebhafter Anklang an den Chor der Heiligkreuz-Kirche in Schwäbisch Gmünd ergibt, dem Ausgangsort der Parler. Nach dem frühen Tod Heinzelmanns, 1454, übernimmt Konrad Roritzer aus Regensburg die Bauleitung des Chores für etwa 12 Jahre, bis ihn die Arbeiten am Dom seiner Vaterstadt abberufen. Sein Sohn Matthäus, der ihn vertreten sollte, scheint nicht recht eingeschlagen zu haben, denn der Bau wurde ihm 1466 durch den Rat *„abgesagt"*. Letzter namhafter Meister ist sodann der einer alten Nürnberger Steinmetzfamilie entstammende Jacob Grimm, der 1451 an der Hallenkirche des (1635 zerstörten) Birgittinerklosters in Gnadenberg bei Altdorf tätig war und 1457 die erste steinerne Brücke Nürnbergs über die Pegnitz geschlagen hatte. Er, der wohl das Heinzelmannsche Projekt zum guten Ende führte, wurde bald darauf in tragischer Weise aus seiner Laufbahn geworfen: Nachdem der unter ihm durchgeführte Brückenbau am Irrertor einstürzte, wurde er 1489 seines Amtes enthoben und starb im Jahr darauf.

Dies sind die groben Umrisse des Werdens; jenes Wesen der Gotteshäuser aber, das ihre Seele ausmacht, wie der Ton eine Geige, ist damit weder zu fassen noch zu erläutern — es kann immer nur aus sich selbst heraus sprechen. Wir müssen ihm in andächtiger Versenkung Auge und Ohr leihen, um wahrzunehmen, wie unterschiedlich die Räume dieser beiden Kirchen stets wirken: Sankt Sebald mehr körperhaft durch das bezwingende Gesetz seiner Maße, Sankt Lorenz aber durch seinen Stimmungsgehalt, durch jenes sanfte Verdämmern der tragenden Pfeiler ins Unendliche, das ein moderner Betrachter als *„schwimmende Weiträumigkeit"* bezeichnet hat.

Nachdem die turmlose Frauenkirche bereits an anderer Stelle gewürdigt wurde, wollen wir weitere Sakralbauten nur deshalb dem Leser vor Augen führen, um zu zeigen, welch vielseitigen Eifer man auch auf diesem Gebiet entwickelte. Das meiste davon war freilich schon zu

Beginn des vorigen Jahrhunderts im Zuge von Nürnbergs „Verstaatlichung“ einer barbarischen Neuerungssucht zum Opfer gefallen, wie all die Gotteshäuser der verschiedenen Orden und Stiftungen, die auf den Stichen des 18. Jahrhunderts noch so schmuck vor uns stehen: Die Kirche der Barfüßer zwischen der jetzigen Museumsbrücke und Findelgasse, die der Dominikaner unterhalb der Burg, in deren Bereich früher Stadtbibliothek und -archiv lagen, oder der Karmeliterkirche (Sankt Salvator) am heutigen Josephsplatz. Der Verlust eines weiteren Gotteshauses, des Augustinerordens, ist besonders zu beklagen, denn es gehörte mit seinen reichen Netzgewölben zu den schönsten Schöpfungen dieser Art und mußte 1816 fallen, damit später auf dem Klostergrund der häßliche Block des alten Justizgebäudes (nachmals Finanzamt Augustinerstraße) gebaut werden konnte. Was sich darüber hinaus noch an alten Kirchen erhalten hatte, vernichtete oder entstellte fast ganz der Bombenhagel vom Januar 1945. Die Moritzkapelle nördlich von Sankt Sebald war ein schlichtes Beispiel Nürnberger Backsteingotik; die an Kunstwerken reiche Deutschordenskirche Sankt Jakob erstrahlt wieder im alten Glanz, während aus Konrad Großens Gotteshaus bei Heilig Geist ein Profanbau wurde. Nennen wir ferner noch die stilecht ergänzte Kartäuserkirche als geistige Mitte des Germanischen Museums oder die Katharinenkirche nahe des Pegnitzeinlaufes, die seit der Volkstümlichkeit von Richard Wagners *„Meistersingern“* von einer Mietshalle für alle möglichen Verrichtungen zu einer musikalischen Kultstätte geworden war. Dazu sind dann noch all die schmukken Kirchlein vor den Toren zu rechnen, wie Heilig Kreuz in Sankt Johannis, 1360 von Bertold Haller gestiftet, Sankt Jobst und Leonhard bis herab zu der kleinen, nun wieder aufgebauten Rochuskapelle, in deren Schatten das Grab von Peter Vischer dem Älteren liegt. Übriggeblieben war nur außer der ebenfalls beschädigten, jetzt ergänzten Marthakirche in der Königstraße, die zu Hans Sachs' Zeiten das erste Nürnberger Theater abgab und Aufenthaltsort der Meistersinger war, das schlichte Gotteshaus des Johannisfriedhofes von 1395, das einzige unserer Stadt, in dem man noch eine der einst so zahlreichen alten Orgeln hören kann. Mit Werken vom Meister des Tucheraltars in der Frauenkirche, von Veit Stoß oder dem Dürerschüler Wolf Traut, ist es bis heute ein besonderes Kleinod unter den mittelalterlichen Gotteshäusern der Vorstadt. Schwer angeschlagen und dann wiederhergestellt wurde auch Sankt Klara in der Königstraße, jene Kirche, die nach der

Reformation unter Caritas Pirckheimer von den wenigen verbliebenen Nonnen wie ein letztes Bollwerk des alten Glaubens gehalten wurde.

Gleichermaßen blühte schon vor 1500 das weltliche Bauen: Behaglich richteten sich Geschlechter und vermögende Bürger ihre Häuser ein, für deren Beurteilung uns wenigstens noch Albrecht Dürers Wohnung am Tiergärtnertor zu Gebote steht — zwar gründlich überholt nach erlittenen Schäden, doch nun wieder so stattlich wie ehemals anzusehen. In dieser Zeit, die wir jetzt ohne allzu enge Grenzziehung in all ihren bedeutsamen Lebensäußerungen durchstreifen, begegnet uns auch erstmalig ein Stadtbaumeister von Ruf, der eine Reihe großzügiger Planungen mustergültig in die Tat umsetzt, und den man in seiner Vaterstadt eine Art Vorläufer des großen Elias Holl in Augsburg nennen kann. Es ist Hans Behaim der Ältere, *„Steinmetz, gemeiner Stadt Werkmeister, Anschicker und Buchhalter auff der Peundt“*. Er war bereits 1488 Stadtbaumeister in Sulzbach in der Oberpfalz gewesen (W. Schultheiß), um dann von 1490 an als technischer Leiter des gesamten Bauwesens dem Nürnberger Rat achtundvierzig Jahre lang treu zu dienen. Von seinen Arbeiten erwähnten wir bereits bei unserem ersten Weg auf die Burg die Kaiserstallung, welche 1494/95 als Kornhaus angelegt wurde. Gleich wuchtig und edel in der Gliederung war die sich von der Königstraße bis zur Sterngasse erstreckende Mauthalle*), die 1945 völlig ausbrannte und bald wieder aufgebaut wurde, allerdings nur mehr mit einem steinernen Aufzugserker. Der hohe Maschengiebel und das Nürnberger Wappen an der Stirnseite von Adam Kraft sind die letzten Reste des ursprünglichen Baues, in dessen Größe sich seine öffentliche Wichtigkeit widerspiegelte: Er wurde 1492/94 als Getreidespeicher errichtet. Von ähnlicher Bedeutung war das stattliche Waaggebäude in der Winklerstraße, das ebenfalls unter Hans Behaim 1497/98 aufgeführt wurde. Die Waage war ja, solange immer der Nürnberger Handel blühte, eines seiner wichtigsten Geräte, war geradezu die Herzkammer des unablässigen Warenverkehrs, denn jede zu prüfende Ladung mußte hier hindurchgehen. Vielleicht machte sich

*) Auch ihre ursprüngliche Bestimmung war die eines „Getreidekastens“ als umsichtige Maßnahme des Rates, um in Notlagen die gesamte Bevölkerung mit Brot versehen zu können. Zu Anfang des 18. Jahrhunderts gab es allein elf solche, dem Gemeinwohl dienende Speicher. Die Lüftung in diesen teilweise sechsstöckigen Böden war so vorzüglich, daß man 1541 Karl V. einige Getreidehaufen zeigen konnte, die schon 180 Jahre am gleichen Ort lagerten. Auf den Kaiser machte diese Tatsache derartigen Eindruck, daß er aus solchem Korn Brot backen ließ und es als Besonderheit seinem Sohn Philipp nach Spanien sandte.

der Rat dies bewußt, als er einen begnadeten Meister wie Adam Kraft damit beauftragte, letzteren Neubau mit einem auf seine Bestimmung bezüglichen Steinbild zu schmücken — auf diese Weise entstand die berühmte, anschauliche Szene, wo gerade von einem Beamten das Gewicht eines verschnürten Ballens festgestellt wird und nun der Kaufmann, dem die Ware gehört, mit nicht eben erfreutem Gesicht die geforderte Münze aus dem Säckel zieht. Nachdem auch dieses Haus dem letzten Weltkrieg zum Opfer fiel, befindet sich das Relief seit 1947 im Lapidarium des Germanischen Nationalmuseums.

Hans Behaim hat ferner Anteil am weiteren, durch zunehmenden Wohlstand der Stadt unumgänglichen Ausbau des Alten Rathauses — von ihm stammt ein mit gotischem Maßwerk geschmückter Erker im kleinen Hof, eine Spindeltreppe und vor allem die behaglich-gediegen ausgestattete Ratsstube an der Ostseite. Er errichtete auch verschiedene Wohnhäuser, und die Allgemeinheit sah in seiner rechtschaffenen Gestalt einen Baumeister des öffentlichen Wohles: Obwohl er für den Rat mehr als genügend zu tun hatte, wandten sich viele Bürger, die ein Bauanliegen hatten, vertrauensvoll an ihn und er nahm gelegentlich auch auswärtige Aufträge an, so für den Chor der Gumbertuskirche in Ansbach. Sein Vetter Hans und sein Sohn Paulus, letzterer als Schöpfer der hübschen Rochuskapelle, erwiesen sich des Namens Behaim würdig, wiewohl über ihr Schaffen bisher noch keine genauen Forschungen veranstaltet wurden wie bei Hans d. Ä., von dem man wohl damals schon das Bewußtsein hatte, daß er für sein Fachgebiet eine neue Epoche einleitete.

Die Besucher von ehedem haben das Straßenbild Nürnbergs als anheimelnd und farbig in Erinnerung, vielleicht gefördert durch das Lob, das ihm einst die deutschen Romantiker spendeten. Die Häuser wirkten warm durch die rötlichen Sandsteinquadern und das angenehme Gleichmaß der Fassaden, doch waren sie im übrigen recht einfach gehalten. Da die Ringmauern dem Lebensraum enge Grenzen setzten, fielen die Gassen teilweise sehr schmal aus, aber doch nicht so abenteuerlich winklig wie in vielen anderen Orten. Diese Eigentümlichkeit darf dem hohen Ordnungssinn unserer Stadt zugeschrieben werden, wofür auch noch andere Tatsachen sprechen: Nürnberg besaß nicht nur die wirksamste Brandpolizei, die man sich denken kann, sondern hat auch neben Frankfurt am Main als erste deutsche Stadt mit dem Pflastern seiner Straßen begonnen, nämlich um 1350 auf dem damals neu geschaffenen Marktplatz. Auch hat man sehr früh das Eindecken der Häuser mit Ziegeln an Stelle der bisherigen Holzschindeln vorgenommen, ebenfalls ein wirksamer Schutz gegen Feuersgefahr. Aus nicht mehr feststellbaren Gründen der Zweckmäßigkeit mochte es ferner geschehen, daß ausladende Giebel für gewöhnlich nur an Eck- und Einzelbauten angebracht wurden, dann allerdings in reichen Abwandlungen, oft auch in Backstein, wodurch sich — sicher unbeabsichtigt — lebhafte Anklänge an die Bürgerbauten Norddeutschlands ergaben. Die Häuser innerhalb der Reihe aber standen für gewöhnlich nur in der Breit-(Trauf)-Seite zur Straße. Bis in das 15. Jahrhundert hinein waren die oberen Geschosse in Fachwerk gehalten, wie am Dürerhaus; danach herrschten glatte Steinwände vor, geschmückt etwa mit einer Madonnenstatue oder einem Hauszeichen. Wie als Abbild der stets konservativen Haltung des Rates herrscht dabei auffällig lange der gotische Charakter vor. Die Stelle weiteren Zierates nahm ein fensterhoher, rechteckiger Anbau im ersten Stock ein, der den Wohnraum etwas erweiterte und dem Besitzer eine bequeme Ausschau auf das Straßentreiben ermöglichte. Diese Besonderheit war auswärts als *„Nürnberger Chörlein"* allgemein bekannt. Der Name weist auf den Ursprung hin: Es handelt sich hier anfänglich um die abschließende Rundung bei den patrizischen Hauskapellen, wie heute noch an dem berühmten Chörlein des Sebalder Pfarrhofes sichtbar. Dies Durchbrechen der Außenwand — der Anfang damit war bei Burgen gemacht worden — erwies sich wohl als so vorteilhaft, daß es bald allgemeine Anwendung fand, um so mehr, als ein etwaig weiterer Gewinn an Wohnraum durch das Vorkragen der oberen Stockwerke in engen Gassen von der Baupolizei verboten wurde. Diese Erker waren zunächst aus Stein, seit dem 16. Jahrhundert baute man sie auch in zunehmender Häufigkeit aus Holz und verzierte sie später dem Zeitgeschmack entsprechend mit vergoldeten Leisten, gelegentlich auch mit Wappen, wie am Hause Füll Nr. 8.

Der engbegrenzte Raum in der Altstadt machte auch die Anlage von privaten Lagerbauten unmöglich; als Ersatz dafür waren die Dachgeschosse als geräumige Speicher eingerichtet. Was es dort hinaufzuschaffen gab, Waren oder Brennmaterial, wurde mit dem Seil an einer Rolle emporgezogen, die an einem nach unten geöffneten Erker dicht unterhalb des Firstes hing. Diese Luken als Bestandteil des Wohnhauses waren ebenfalls ein besonderes Merkmal im Nürnberger Gas-

57. *Vielgestaltige Brunnen: der „Hansel" aus dem 14. Jahrhundert*

58. Zwischen den Rathäusern: das „Gänsemännchen" von Pankraz Labenwolf

59. Der Tugendbrunnen von Benedikt Wurzelbauer

60. Brunnen zum Gedächtnis Dürers, am Maxplatz

senbild. Die oft puritanisch schlichten Außenflächen konnten den Eindruck erwecken, als habe sich das wohlhabende Bürgertum vor dem Neid seiner Mitmenschen gefürchtet, denn überraschend gediegen waren sowohl die Wohnräume als die großen Höfe ausgestattet. Diese entstanden in ihrer kennzeichnenden Form dadurch, daß der gegen die Straße gelegene Trakt vorzugsweise von zwei Seitenflügeln flankiert wurde, eine Anlage, die wohl auf das Rechteck des fränkischen, als Abart des mitteldeutschen, Bauernhauses zurückgeht. Zur bequemen Verbindung der Haupt- und Nebenräume untereinander waren die einzelnen Stockwerke von hölzernen, später steinernen Galerien umgeben, denen man durch allerlei Schnitz- und Meißelwerk ein gefälliges Aussehen verlieh; dazu kam in der Ecke oft ein schmaler polygonaler Turm, der auf raumsparende Weise die Wendeltreppe in sich barg. Diese Höfe waren die Nürnberger Verkörperung des Sprichwortes *„mein Heim ist meine Welt"*, denn sie blieben völlig dem Eigentümer und seiner Familie vorbehalten. Von ihnen haben sich nach 1945 in der Altstadt nur einige erhalten, so in den Anwesen Weinmarkt 6 (Praunscher Hof), Adlerstraße 21 und der katholische Pfarrhof in der Winklerstraße 31 aus der Hand von Hans Behaim d. Ä., dem auch der schöne, nur zum Teil erhaltene Welserhof (Theresienstraße 7) zugeschrieben wird.

Der Maler in seiner Werkstatt.
Aus der Schedelschen Weltchronik

Es ist selbstverständlich, daß bei einer derart vielseitigen Bautätigkeit auch die übrigen Künste beizeiten ihr gutes Auskommen fanden — anfangs nur, wie überall, in Kirchen und Klöstern, gegen 1500 zu immer mehr im Dienste weltlicher Auftraggeber und Gegenstände. Ein von Henry Thode angelegtes Verzeichnis der in Nürnberg zwischen 1310 und 1520 lebenden Maler führt über 140 Namen auf, worin aber die mehr handwerklich ausgerichteten Berufe der Brief-, Karten-

und Glasmaler sowie Formschneider nicht enthalten sind — eine achtunggebietende Zahl, auch wenn sie uns nichts über die Qualitäten der Betreffenden aussagen kann. Ihre Arbeiten sind größtenteils verschollen und vergessen, aber was von alledem allein in den beiden Hauptkirchen verblieb, schließt sich gemeinsam mit den Werken der Plastik zu *„einer Einheit deutscher spätmittelalterlicher Kunst zusammen, wie sie ihresgleichen sucht"*.

An der Spitze jener Liste steht, anläßlich eines Gerichtsurteils aus dem Jahre 1310, ein Cunzel Bohemus als Bruder eines Malers Nicolaus. Der Zufall, daß es sich bei diesem ersten Namen gerade um einen Mann aus Böhmen handelt, ist für unsere Stadt bedeutungsvoll, denn das allmähliche Werden einer bodenständigen Malerschule steht in engstem Zusammenhang mit Prag als Residenz Karls IV., der auf seiner Burg Karlstein im Berauntal eine ideale Freistatt für Wissenschaft und Kunst geschaffen hatte. In diese Richtung weist auch das erste als geschlossene Einheit erhaltene Werk der Nürnberger Tafelmalerei, der um 1370 datierte Hochaltar aus der Jakobskirche, eine Passionsdarstellung von packender Schlichtheit. Seine schlanken, von goldenem Untergrund umkleideten Menschen atmen noch die ikonenhafte Schwere etwa des Meisters von Hohenfurt; sie sind mehr das Ergebnis einer hochentwickelten Werkstatt-Tradition als geschaute und gestaltete Wirklichkeit. Nur etwa 10 Jahre jünger ist ein Flügelaltar Nürnberger Nonnen (Germanisches Nationalmuseum), der in freundlich naiver Sprache den Tod und die Himmelfahrt der Heiligen Klara schildert. Aus herberer Künstlerschaft kommt der zwischen 1418 und 1422 entstandene Imhoffsche Altar in der Lorenzkirche, dessen Mittelpunkt eine feinsinnige Marienkrönung bildet.

Einen besonderen Platz nicht allein in der örtlichen Kunst nimmt sodann das 1438 geschaffene Gedächtnisbild für den Pfarrer Johannes von Ehenheim bei Sankt Lorenz ein: Der neben dem Stifterpaar des Bamberger Domes, Heinrich und Kunigunde, und dem Heiligen Laurentius stehende Schmerzensmann überrascht durch die kräftige, lebensechte Zeichnung des entblößten Oberkörpers und verrät damit ein gründliches Aktstudium, wie es wohl sonst in Franken damals kaum gepflegt wurde. Rund 10 Jahre später, nämlich um 1450, ist eine dreiteilige Bildtafel entstanden, welche zum wertvollsten Besitz der Frauenkirche zählt, der ursprünglich für die Augustinerkirche bestimmte Tucheraltar. Seinen Mittelpunkt bildet eine auf engen Raum zusammengedrängte Kreuzigung Christi, flankiert von den beiden Bildern der Verkündigung und Auferstehung. Noch trägt er den üblichen Goldhintergrund und das Geschehen ist nur auf eine Art Bühne von geringster räumlicher Tiefe gestellt; gelegentlich wird ein Stück notwendiger Örtlichkeit angedeutet, wie beim Vorhang in der Begegnung Mariä mit dem Engel. Die Gestalten sind hochgereckt und voller persönlicher Züge, erfüllt von der Tragik dessen, was hier durch die Kunst eines sehr differenzierten, nun sicher an großen westlichen Vorbildern geschulten Pinsels ausgedrückt wird. Mit dieser Arbeit, die schon Georg Dehio unter die bedeutendsten Schöpfungen der deutschen Kunst dieser Zeit rechnete, schließt das erste Jahrhundert der Nürnberger Malerei ab, das der vielen namenlosen Schilderer, von denen wir nur einige grundsätzlich wichtige Werke hervorheben konnten. Danach steht unvermittelt ein Meister vor uns, von dem wir nicht allein wissen, wer er war und wie ungefähr sein Leben verlief, sondern der auch eine völlige Wandlung der Nürnberger Malerei nach 1460 bewirkt. Es ist Hans Pleydenwurff, der einzige, von dem ein direkter Weg zu Albrecht Dürer führt.

Pleydenwurff ist nach 1420 geboren, wahrscheinlich in Bamberg, und hat sich 1457 in Nürnberg niedergelassen. Aus dieser Zeit besitzen wir noch nichts von ihm, was über seine anfängliche Entwicklung Auskunft geben könnte; erst nach einer Wanderfahrt in die Niederlande, wo er wohl dem jungen Rogier van der Weyden und Dierick Bouts begegnete, den Kündern einer neuen Schönheitsauffassung diesseits der Alpen, steht er mit einer kleinen Zahl von Arbeiten vor uns, nunmehr als ausgereifter Künstler eigenen Gepräges. Sein ältestes erhaltenes Bild ist eine große Kreuzigung, die einst auf der Nürnberger Burg hing und sich seit 1872 in der Alten Pinakothek in München befindet.

Die Neuerungen dieser Darstellung gegenüber den bisherigen bodenständigen Schöpfungen fallen dem Betrachter sogleich ins Auge: Die Gestalten unter dem Kreuz sind nicht mehr eine spärliche oder — wie so oft zuvor — unvorteilhaft isolierte Gruppe, sondern bilden Glied für Glied eine umfassende und zugleich in sich gerundete Komposition. Die Gesichter sind vermenschlicht, das heißt, lauter durchgezeichnete Charaktere; die Anmut bei Frauen wie Männern trägt ebenfalls dazu bei, uns an ihren schmerzlichen Empfindungen teilnehmen zu lassen; hier ist ein vielleicht bisher nie in Worte gekleidetes Gesetz der Alten angewandt: daß Schönheit der klarste Spiegel aller Gefühlsregungen sein kann. Den Abschluß bildet eine Stadt fränkischen Gepräges; noch ist die entstofflichende Goldfolie verwendet, doch nur mehr an Stelle des Himmels, wie auch zum letzten Male in der (dem Germanischen Nationalmuseum gehörigen) Kreuzabnahme des Breslauer Altars. Hieran sind nur wenige Personen beteiligt, aber desto wärmer spricht ihre zwar lebensechte, doch zurückhaltend ausgedrückte Trauer zu uns. Endlich gefallen ist der metallene Hintergrund in der „Werktagsseite" eines Wandelaltars der Lorenzkirche, dessen Mittelpunkt die Ankunft der Heiligen Drei Könige bildet und der bisher als eines der Hauptwerke Pleydenwurffs galt; neuerlich wird er einem eigenen Meister zugeschrieben. In ungemeiner Farbigkeit und Plastik werden in beiden Seitenflügeln die Freuden Mariens erzählt, deren Höhe dann die festliche Ankunft der Fremden aus dem Morgenland bildet. Das glänzende Gefolge hat eine wohlbewehrte Stadt am Wasser durchzogen und erstreckt sich nun in weitem Bogen bis vor jene dürftige Behausung, wo die Fürsten bereits ihre Schätze vor dem Christkind ausbreiten. Maria ist schmalgliedrig und zart, selbst wenn von anderer Hand, so doch Pleydenwurffscher Typ der früheren Werke, der all seine Frauen gleichsam zu Geschwistern macht. Joseph, den Milchtopf in der Hand, kommt mit etwas griesgrämiger Miene dazu; prägen wir uns seine Züge gut ein, denn es sind genau die gleichen, wie etwa zehn Jahre später auf Wolgemuts Zwickauer Altar.

Aus Pleydenwurffs Hand stammt auch noch das vergeistigte Bildnis eines alten Mannes, das als das früheste Gemälde Nürnbergs gelten darf, bei dem ein naturwahres Porträt ohne fromme Zutat nur um seiner selbst willen gezeigt wird. Da dies ausgeprägte, fast frauenhaft feine Antlitz zugleich auf einem Stifterbild vorkommt, ließ sich der Dargestellte als Georg Graf von Löwenstein ermitteln, welcher 1464 starb. Unser Meister hat ihn nur um sieben Jahre überlebt und sein früher Tod brach auch die von ihm begonnene Entwicklung ab: Seinem Nachfolger Wolgemut bleibt zwar der Ruhm, Albrecht Dürers Lehrmeister gewesen zu sein, aber an schöpferischer Kraft ist er Pleydenwurff nicht ebenbürtig.

Von Michael Wolgemut wüßten wir heute nicht einmal seine ungefähre Geburtszeit, hätte ihn nicht Dürer auf seinem so sprechenden Porträt von 1516 als 82jährig bezeichnet. Demnach ist er also etwa 14 Jahre jünger als Pleydenwurff, was einem wegen seiner verharrenden Malweise immer wieder erstaunlich vorkommt. Er hat, nach der ersten Anleitung bei seinem Vater Valentin, in München bei Gabriel Angler d. J. oder Gabriel Mäleskircher gearbeitet und schließlich in das Haus des Meisters einheiraten wollen. Nach einer offenbar ursprünglichen Zusage wird er jedoch abgewiesen. Seiner schweren Enttäuschung macht er dadurch Luft, daß er im Juli 1471 von Nürnberg aus gegen die Tochter Magdalena des Meisters Gabriel einen Prozeß beim geistlichen Gericht des Bistums Freising anstrengt; da er keine Beweise für das gegebene Eheversprechen liefern kann, wird er abgewiesen. Hätte er sich dort niederlassen können, so wäre er sicher einer jener handwerklich gediegenen, doch sonst von späterer Zeit nicht sonderlich beachteten Maler geworden, wie es deren in Oberbayern viele gab. Nun aber kehrt er nach Nürnberg zurück und gibt damit den Anstoß zu seiner schicksalhaften Begegnung mit dem Genius Albrecht Dürer, dessen erste Schritte auf dem dornigen Pfad der Kunst er leiten und von dessen später so hellem Licht auch auf ihn ein Strahl fallen wird. Daheim geht es ihm zunächst nicht sehr gut; da er noch keinen eigenen Wirkungskreis findet, hilft er seiner Mutter, die den Betrieb des verstorbenen Valentin so gut es geht aufrechterhält. Im Jahre 1473 bietet sich ihm endlich die langgesuchte Möglichkeit: Er ehelicht Barbara, die Witwe Pleydenwurffs, und damit ist seine berufliche Zukunft gesichert, denn nun fällt ihm die sicher bestens geführte Werkstatt zu, die ihm bald reichliche Aufträge einbringt. Wolgemut ist bisher immer als ein vielbeschäftigter Mann bezeichnet worden, der in eigener Person ebenso die Malkunst wie die Bildschnitzerei mit großem Geschick übte. Dies alles wird neuerlich in Frage gestellt, besonders mit dem Hinweis darauf, daß von den zahllosen Arbeiten, die angeblich sein Haus verließen, doch nur recht wenige nachweisbar sind und daß er selbst in bescheidenen Verhältnissen gelebt haben muß, wie aus seinem Testament von 1495 hervorgeht. Vielleicht war ihm sein Stiefsohn Wilhelm Pleydenwurff, der allerdings schon 1494 starb, als Geschäftsmann überlegen. Sei dem wie immer — eine Reihe derartiger Umstände, wozu noch ein häufiger Wechsel der beschäftigten Gesellen zu rechnen ist, machen uns bei Wolgemut die Abgrenzung seiner eigenen Leistungen unmöglich. Er hat auch seine Bilder nicht namentlich gezeichnet; manche sind urkundlich gesichert, bei anderen weist die Stilkritik auf ihn. Wieviel aber davon wirklich auf ihn selbst trifft, ist nicht mehr festzustellen. Dies war auch der Hauptgrund, weshalb er im Lauf der Jahrhunderte sehr unterschiedlich eingeschätzt wurde.

Um ihm einigermaßen gerecht zu werden, muß man ihn so betrachten, wie wenn nicht der größte deutsche Maler sein unmittelbarer Nachfolger gewesen wäre. Wir dürfen auch wegen der nun einmal gegebenen Einschränkungen in der Urheberschaft kein einheitliches Werk von ihm erwarten, sondern es nur als Ergebnis gemeinsamen Bemühens verstehen wollen. Jedes der großen Altarbilder, das ihm heute zugeschrieben werden kann, enthält irgendeinen Höhepunkt, hat etwas an sich, das trotz seiner umständlichen Sprache dem Beschauer unmittelbar entgegenkommt. Und wenn nur dies die Stellen wären, an die Wolgemut eigene Hand anlegte, so bliebe ihm damit ein guter Platz unter den Zeitgenossen gesichert.
Als eine der frühesten Arbeiten Wolgemuts gelten die fünf erhaltenen Flügel des Hochaltars der Jakobskirche zu Straubing, um 1475, eine nicht ganz flüssige Erzählung des Marienlebens. Hier finden wir bereits all seine kennzeichnenden Eigenschaften, seine Sonnen- wie Schattenseiten: Eine gewisse Schwäche der Komposition, wo zwischen den Kraftfeldern glücklich aufgebauter Szenen immer wieder leere Stellen enthalten sind. Aber abgesehen von einer bemerkenswert lebhaften Naturschilderung, besitzen die dargestellten Personen eine Festigkeit des Ausdrucks, die uns angenehm berührt — sie atmen die ganze gottergebene Ehrbarkeit des damaligen Menschen; man kann darum sagen, Wolgemut faßt in ihnen nochmals, gleichsam zurückschauend an diesen Wendepunkt des abendländischen Geisteslebens, das gesamte Mittelalter im Brennspiegel seiner biederen Kunst zusammen.
Aus dem ersten gesicherten Bildwerk, dem Zwickauer Altar von 1479, erfreut sich heute die Weihnachtstafel allgemeiner Wertschätzung, weil sie als geschlossenes Ganzes einen eigentümlichen Stimmungsgehalt ausströmt. Die Szene spielt über einer kleinen fränkischen Stadt, deren von müßigem Volk belebte Hauptstraße auf das Christkind als der heimlichen Mitte des Schauplatzes weist, denn der Fluchtpunkt liegt in der linken oberen Ecke des Bildes. Alles ist hier recht und schlecht erfaßt, glaubhaft allen denen, die den gnadenbringenden Tag von Christi Geburt in einer heimatlichen Umgebung nacherleben wollten. Allzuviel Phantasie dürfen wir auch hier nicht erwarten. Die Gebärde, mit welcher Joseph die brennende Kerze vor dem Verlöschen schützt, ist genauso wie sein Gesicht mit dem greisenhaft eingefallenen Mund ein über Pleydenwurff übernommenes Zubehör der Niederländer. Etwas tölpelhaft und beziehungslos kommen die Hirten von der linken

Seite her; die drei singenden Engel in der Höhe erscheinen wie aufgeklebt und Maria zeigt sich wenig ergriffen von ihrer großen Stunde.

Ein in seiner ganzen Bedeutung für die gerechte Beurteilung Wolgemuts erst neuerlich erkanntes Erzeugnis seiner Werkstatt ist der Peringsdörfer Altar, der lange in der Heiligkreuz-Kirche stand und, nach deren Zerstörung, 1952 in der Friedenskirche in St. Johannis aufgestellt wurde. Früher wurde eine andere Arbeit dafür angesprochen, der ebenfalls von einem tüchtigen Meister geschaffene Hauptaltar der Augustinerkirche, für die auch jener 1486 von Sebald Peringsdörfer gestiftet worden war. Er verkörpert den vorreformatorischen Kirchenschmuck in letztmöglicher Entfaltung. Der geschnitzte Schrein, eine Beweinung Christi von realistischer Wucht, wird von sechs lebensgroßen, doppelseitig bemalten Flügeln umschlossen, einem ganzen Leporello frommer Fabulierkunst. Besonders nimmt uns die Begegnung Joachims mit Anna unter der Goldenen Pforte von Jerusalem gefangen, der Eltern Marias. Vor einem Kirchlein heimatlicher Bauart stehen ein gütiger alter Mann und eine verhärmte Frau in bewegter Umarmung. Sie freuen sich über ihr Wiedersehen nach längerer Trennung, aber es schwingen noch Trauer und Scham in ihnen nach, weil ihr Opfer vor dem Hohenpriester wegen ihrer unfruchtbaren Ehe zurückgewiesen worden war. Doch ist mittlerweile jedem von ihnen ein Engel erschienen mit der frohen Botschaft, daß sie bald mit einer Tochter gesegnet werden sollen. Darum blüht reiches Leben vor dem Paar — hochstengeliger Steinbrech, Mohn und Erdbeere, neuartige, weil bisher noch nie beachtete Dinge bei einem Nürnberger Maler! Ein anderer Flügel zeigt den lockigen, pagenhaften Verkündigungsengel vor der Jungfrau Maria, die von einer schlichten, in sich versunkenen Schönheit ist. Die Enge der gotischen Stube wird aufgehoben durch ein von himmlischem Glanz überstrahltes Fenster mit einer fröhlich stimmenden Flußlandschaft. Wenn man einmal Wolgemut die Verdichtung eines Vorwurfes ins Lyrische zubilligen kann, so an diesem Bilde, das beseelt und so ganz unkonventionell geschaut ist.

Aus Wolgemuts Hand kommt — nicht mehr unwidersprochen — auch das zweite erhaltene Nürnberger Porträt, das mit der Jahreszahl 1496 und einem W auf oxydgrünem Hintergrund versehene Bildnis des Apothekers Hans Perckmeister. Es zeigt einen älteren, offenbar von schwerer Krankheit gezeichneten Mann, ein nicht schönes, aber höchst einprägsames Gesicht.

Schließen wir Wolgemuts Würdigung mit der letzten großen Arbeit, die uns von ihm erhalten blieb, dem zwischen 1506/08 ausgeführten Altar der Stadtkirche im nahen Schwabach. An ihm macht sich eine gewisse Ermüdung bemerkbar, eine Erstarrung der Bildteile ins Formelhafte, weshalb die Forschung hiervon nur wenig dem Meister persönlich zuschreiben möchte. Diese Einschränkung ist aber nicht notwendig: Wolgemut war damals immerhin schon über 70 Jahre alt und wenn auch seine handwerkliche Schaffenskraft noch unvermindert anhielt, wenn er jede ihm gestellte Aufgabe innerhalb der erprobten technischen Mittel spielend löste, so hatte er doch seit seinen an die zwei Menschenalter zurückliegenden Wanderjahren keine entscheidend neuen Eindrücke mehr empfangen. Er kann also die Gemälde des Schwabacher Altars zum größeren Teil eigenhändig ausgeführt haben. Das Schönste daran stammt nun freilich nicht von Wolgemut: Die reich geschnitzte und vergoldete Marienkrönung; hier und noch mehr bei den Vorderseiten der Flügel sind lebhafte Anklänge an Veit Stoß zu verspüren, die einen ja gerade in Nürnberg nicht wundernehmen. Die dazugehörigen Gemälde schildern in einer düsteren Feierlichkeit Einzelheiten aus dem Leben Johannes des Täufers und des heiligen Martin, Vorbildes christlicher Hilfsbereitschaft. Es fehlt dem Ganzen nicht an dramatischer Bewegtheit, aber es lastet eine dumpfe Luft darüber, denn der Freude an grausamen Taten steht nicht der heiligende Zweck gegenüber. Dies drückt sich auch in den Mitwirkenden aus, die großenteils Volk ohne alle Weihe für ein dem Wunder dienendes Geschehen sind — Petrus zum Beispiel, der bei der Ergreifung Christi dem Malchus ein Ohr abschlägt, hat einen Schädel so kahl wie ein Ei und von unangenehmer Größe. Bei all diesen Leuten, die geradewegs von den Gassen Nürnbergs zur Predigt des Johannes kommen, ist die Bezeichnung „altfränkisch“ derart am Platze wie kaum sonstwo und sicher haben sich die hier in schweren Mänteln und steifen Leinenhauben Dargestellten mit höchst gemischten Empfindungen wiedererkannt, denn bei aller äußeren Bildnisähnlichkeit pflegt die Wirklichkeit des Künstlers eine andere als die des musisch unbeschwerten Menschen zu sein.

Will man sich die geradezu ängstliche Begrenztheit, das Überständige in der Auffassung des alternden Wolgemut voll bewußt machen, so braucht man nur daran zu denken, daß in der Entstehungszeit des Schwabacher Altars Albrecht Dürer in Venedig weilte, freudig durchglüht von einer wärmeren Sonne und vielseitigeren Kunst des Südens. Dort führt er jetzt das in Aufbau und Farbe von Deutschen wie Italienern bestaunte *„Rosenkranzfest“* aus und sogar die Signoria, der mit allen Wassern der Diplomatie gewaschene, mit allen Zeitwundern vertraute Rat dieser Weltstadt, zollt ihm höchstmögliche Anerkennung in dem verlockenden Angebot, gegen ein stattliches Jahresgehalt für immer in ihren Diensten zu bleiben. Zwischen diesen beiden Nürnbergern, dem wie in einem Austragsstüblein verharrenden Lehrer und seinem nun weitgereisten, gefeierten Schüler, scheinen bis zu Wolgemuts Tod die menschlichen Bande nicht abgerissen zu sein, aber was Dürer von ihm an beruflichem Rüstzeug empfangen hatte, war längst zu nebensächlicher Selbstverständlichkeit geworden, zur Feder, der man während des eifrigen Schreibens nicht mehr achtet; hier und da klingt noch gelegentlich eine kleine stilistische Beziehung auf, das stammesmäßig bedingte *Lokalkolorit,* aber der Gehalt von Dürers Schaffen wird durch ganz andere Triebkräfte bestimmt, von einer grundverschiedenen seelischen Gestimmtheit und Gemütsart, sowie durch die Wahl anderer verfeinerter Ausdrucksmittel. Die Tatsache, daß er einmal als *„Malerknabe“* in Wolgemuts Werkstatt mit dem Farbenreiben und dem Kopieren von des Meisters Gedankengut begonnen, wertet in seinem reifen Schaffen kaum mehr als ein Zufall und in der Tat sollte er ursprünglich zu Martin Schongauer nach Kolmar in die Lehre geschickt werden, der nur damals nicht erreichbar war.

Die Größe eines Künstlers liegt weniger in irgendeiner neuartigen Technik beschlossen, als in der Fähigkeit, den offenkundigen und geheimen Regungen seiner Zeit allseitigen Ausdruck zu verleihen. Dies ist Albrecht Dürer gelungen, wie keinem andern Maler seines an guten wie bösen Strömungen so reichen Jahrhunderts. Hans Holbein der Jüngere gab die Menschen glänzender, bestechender wieder als er, aber zugleich kühl wie ein Arzt, und zöge man von seinem Lebenswerk das Porträt ab, so bliebe nicht allzuviel übrig. Albrecht Altdorfer hatte für Schönheit und Eigenart der heimatlichen Natur ein gleich empfängliches Herz wie Dürer, allein er bevorzugte in ihr das seltsam Versponnene, er ist der erste Schöpfer dessen, was man später *„Idyll“* genannt hat und damit ein Vorläufer der Romantik; außerdem mußte er seinen Beruf als Maler mit dem eines Stadtbaumeisters teilen und konnte sich nicht ohne weiteres an jede beliebig gestellte Aufgabe wagen. Mathis Gothardt Neithardt endlich ist zwar in seiner Sprache leidenschaftlicher als Dürer, doch zugleich von einer besessenen Einseitigkeit — ein Wort, das seine Größe als tiefsinniger Ergründer von Lust und Leid der um Klarheit ringenden Christenseele nicht antasten, sondern nur darauf hinweisen möchte, daß auch er genau wie Altdorfer ein genialer Sonderling war. Dürer dagegen steht genau in der Mitte dessen, was der Künstler an trefflichen Eigenschaften haben soll, ein Abbild des Ebenmaßes, wie es einst dem Rittertum vorschwebte — er war wohlgestalt an Leib und Seele, vereinte in sich scharfen Verstand mit weichem Gemüt und sein klares Auge sah unverzerrt die Welt in ihrer ganzen bunten Vielfältigkeit. Alles, was damals des Schauens und Nacherzählens wert war, drückt er so echt und wahr aus, daß es bis heute nichts an Lebensfrische eingebüßt hat — ist es nicht, als spürte man noch jetzt den morgendlichen Tau auf seiner Akelei und den erdigen Duft auf dem kleinen Rasenstück? Sein Geist ist ebenso kühn, wie seine Seele demütig; er verfügt über eine Bildung, die weit über seine eigentlichen Berufsinteressen hinausgeht; Phantasie und Wirklichkeitssinn halten sich bei ihm befruchtend die Waage. So, wie er jede Technik spielend beherrscht, den Pinsel sowohl wie den Grabstichel, die Feder wie die Ätzsäure, ist sein künstlerisches Anliegen nicht allein auf den bildlichen Ausdruck begrenzt, sondern weiß sich auch des geschriebenen Wortes zu bedienen — ein wenig spröde noch, wenn man es an unserer heutigen, mit wachem Wissen überladenen Sprache mißt, aber doch wirksam auf das große Ziel gerichtet, einem neuen Schaffensideal zu dienen. Damit gibt er auch als erster seines Standes gewissenhaft Rechenschaft über sich selbst und versucht außerdem die Praxis durch eine umfassende Theorie zu ergänzen. Dies ist schon allein deshalb umwälzend, weil doch vor ihm das Malen noch eine Art Geheimlehre war, sorgsam von den Eingeweihten gehütet und nur jeweils vom Meister auf den Schüler überliefert; nun aber macht er es öffentlich all denen bekannt, die danach Verlangen tragen. Gelegentlich gelingt es ihm hierbei, den Sinn seiner musischen Bemühungen thesenhaft knapp auszudrücken. *„Je genauer dein Werk dem Leben gemäß ist in seiner Gestalt, je besser dein Werk erscheint — denn so es der Natur entgegen ist, so ist es bös“*, heißt es einmal in seiner Proportionslehre und diese Verbindung einer kosmisch gerichteten Forderung (die freilich in solcher Form auch eine Frucht hohen sittlichen Bewußtseins ist) mit der vom Gefühl unbeeinflußten Beobachtung realer Vorgänge ist wohl in ihrer Art einzig. Aber Dürer dringt noch weiter in den bisher unbekannten Bereich des Erforschbaren vor und kommt zu dem Schluß: *„Denn wahrhaftig steckt die Kunst in der Natur — wer sie heraus kann reißen, der hat sie.“* Vielleicht meinte er mit dem Wort *„reißen“* das Zeichnen, doch in dieser mundartlich gefärbten Form wirkt es noch ursprünglicher, indem es an den ewigen Kampf des Künstlers mit dem Stoff gemahnt. Daß aber die Natur der Mittelpunkt und Sinn allen schöpferischen Strebens ist, wird durch sein Vorbild und seine Formulierung vielen Generationen höchste Wahrheit bleiben.

Albrecht Dürer: Federzeichnung seiner Gattin Agnes, um 1495. Albertina, Wien

Dank seines neuartigen biographischen Bewußtseins kennen wir auch Dürers Leben besser als das der meisten Standesgenossen vor und neben ihm. Wir erfahren durch seine Aufzeichnungen, daß sein Vater, der fleißige Goldschmied, einst aus der ungarischen Stadt Gyula gekommen ist, wo seine Vorfahren im heutigen Ajtos-falva wohnten; dies heißt soviel wie Türdorf und hat vielleicht auf seinen Namen Bezug. Wir hören, daß dieser Albrecht Dürer der Ältere sich 1455 in Nürnberg niederließ und seinem Meister Hieronymus Holper in alttestamentlicher Treue etwa elf Jahre diente, bis er dessen Tochter Barbara, eine *„hübsche, gerade Jungfrau“*, heimführen konnte. Sie hat ihrem Mann 18 Kinder geboren, darunter als zweites ihn, der nach Weihnachten 1524 sorgsam alles Erreichbare zusammentrug aus seines Vaters Schriften, *„von wannen er gewesen sei, wie er herkummen und blieben und geendet seliglich“*.

Nur drei dieser Kinder wuchsen zu Männern heran, denen die Mutter allezeit ihre eigene, tiefe Frömmigkeit nahelegte, bis sie, die *„oft die Pestilenz gehabt, viele andere schwere Krankheit, die große Armut erlitten, Verspottung, Verachtung, höhnische Worte, Schrecken und große Widerwärtigkeit“*, mit 63 Jahren starb, ausgezehrt wie ein Gerippe. Wir kennen ihr Aussehen aus der letzten Zeit ebenfalls durch seine Hand: ein vom Leiden gezeichnetes Gesicht mit stark hervortretenden Wangenknochen und unvergeßlich großen, sprechenden Augen (Tafel 128). Man spürt daran sogleich, daß die größere Last der Ehe auf den Schultern dieser frühzeitig verbrauchten Frau geruht haben muß, obwohl der Vater ein pflichtbewußter Mann war und auch er den Eindruck erweckt, wie wenn ihm zeit seines Lebens viel Schweres widerfahren wäre. Wir wissen endlich, daß des Sohnes Ausbildung ohne alle Rücksicht auf seine sicher früh erkannte Begabung verlief, indem er von Wolgemuts Knechten viel erdulden mußte, bis er seine drei Jahre abgedient hatte. Aber er scheint dies als unabänderlich hingenommen zu haben, da es doch damals überall so war, daß die Gesellen die Lehrlinge entgelten ließen, was sie selbst einmal ausstehen mußten. Er hat uns schließlich davon berichtet, wie er nach der Rückkehr von seiner Wanderschaft sich im Juli 1494 mit Agnes Frey vermählte, die ihm den stattlichen Betrag von 200 Gulden mit in die Ehe brachte, eine Morgengabe, die wenn wir ihre jeweilige Kaufkraft als Maßstab nehmen, heute mit etwa 15 000 DM angesetzt werden darf. Mag auch Frau Agnes von Pirckheimer als eine böse Sieben angesehen worden sein — sie war ihrem Mann eine brave, fleißige Schaffnerin und unterließ nichts, um ihm jenes Geld zu erhalten oder gar noch zu mehren. Aus diesem Grunde etwa saß sie dann im Winter in Marktbuden, um des Meisters Bilderbogen feilzuhalten oder half ihm, auf der Reise in die Niederlande alles das wieder einsparen, was er um des Ansehens willen ausgeben mußte. Inzwischen aber begann sein Werk für sich zu sprechen, weitaus deutlicher, als seine Worte es je vermöchten. Er ist dadurch noch in jungen Jahren ein gefeierter Mann geworden, aber er ruhte auf seiner Berühmtheit nicht aus, wie wenn er ahnte, daß seine Zeit kurz bemessen sein würde: 57 Jahre sind für einen großen Künstler mit seinen Plänen viel zu wenig; dabei war er sicher schon länger leidend und in seiner Arbeitskraft sehr beeinträchtigt, als er im April 1528 starb.

Wählen wir auch aus diesem Werk nur ein paar anschauliche Beispiele — an Stelle einer halbwegs umfassenden Würdigung, die schon im Ansatz den Rahmen dieses Versuches weit überschreiten müßte. Da ist als erstes Blatt von seiner Hand die in Wien aufbewahrte Silberstiftzeichnung von 1484, die ihn im Alter von 13 Jahren zeigt, also zu einer Zeit, als er noch nicht einmal Lehrling war und sein Vater vielleicht noch meinte, auch aus ihm einst einen guten Goldschmied zu machen. Es ist ein knospenhaft geschlossenes Gesicht, fast mädchenhaft zart durch das feine, lange Haar, die Rundung der Wange und den weich schwingenden Mund. Der Maler vom Fach könnte ihm daran ein paar technische Mängel nachweisen, aber das nähme dem Bildchen nichts von seinem Zauber, von der unvergleichlichen Art, mit der er den Schmelz seiner frühen Jugend eingefangen hat. Vor allem jedoch wohnt dieser Skizze grundsätzlicher Wert inne: Sie ist die früheste Selbstdarstellung der gesamten nordischen Kunst, denn vorher brachte sich hier und da ein Meister wie etwa Dierick Bouts nur in der „Assistenz“ auf einem Bild unter, das heißt in der Rolle eines Statisten innerhalb eines größeren Vorganges, und erst seit Dürer wird es allgemein, daß der Maler auch mit der eigenen Person eine ganze Leinwand ausfüllt.

Da ist ferner die Fülle seiner graphischen Arbeiten, die alsbald im Volke nicht anders als gute bare Münze kursierten und die auf zahlreiche Künstler in höchstem Maße anregend wirkten; bis nach Polen und Spanien ist ihr Einfluß zu spüren. Um sich Dürers wirklich einzigartige Entwicklung auf diesem Gebiete zu vergegenwärtigen, genügt die Gegenüberstellung zweier Holzschnitte: Der *„Heilige Hieronymus“* von 1492 und irgendeines aus den 15 großen Blättern der *„Apokalypse“* von 1498 (Tafel 119 und 120). Bei diesem Vergleich möchte man kaum glauben, daß es sich um ein und denselben jugendlichen Urheber handelt, der innerhalb von sechs Jahren eine derartige Ausweitung seiner Intuition und seines Könnens erfährt. Hieronymus, der in seinem Gehäuse sitzt und gerade der Legende entsprechend dem in das Kloster eingedrungenen Löwen einen Dorn aus der dargereichten Pranke zieht, ist noch so bieder gesehen, wie manche der Wolgemutschen Gestalten. Der Heilige scheint gerade von einem Spaziergang heimgekehrt zu sein, denn er trägt noch den Hut und einen Mantel, dessen Faltenstege nicht nach der Natur beobachtet, sondern dem Formenschatz der spätgotischen Illustration entnommen sind. Mit einer gewissen Lehrhaftigkeit wird dargetan, daß der Kirchenvater soeben die Bibel übersetzt: das Alte Testament mit dem ersten Satz der Schöpfungsgeschichte liegt dreisprachig, das hebräische Manuskript gleich unterm Waschtisch, vor dem Betrachter aufgeschlagen, wie es in dieser Dinghaftigkeit später noch einmal in Marias Wochenstube wiederkehren wird, und daneben sieht man durch ein spitzbogiges Fenster auf eine etwas kulissenhaft wirkende Straße. Die Anwendung perspektivischer Mittel ist so gut wie vermieden. Dürer wird sie sich erst in Italien völlig aneignen; dies und die einfache Anordnung der Strichlagen erinnern noch an jene Ulmer Meister, die kaum 20 Jahre vorher den Holzschnitt überhaupt erst der Buchabbildung dienstbar machten.

Und nun — welch ein Unterschied dagegen in der *„Offenbarung Johannis"!* Wir bringen in unserem Bilderteil das unter dem Namen *„Der Sternenfall"* bekannte Blatt, und zwar als Ausschnitt im Maßstab des Originals, damit die gänzlich anders geartete, heftigere Linienführung voll zur Geltung kommt. Wir blicken hier in eine Weltuntergangsstimmung, wie sie uns seit dem letzten Krieg beklemmend vertraut ist: Vom Himmel fallen die Sterne gleich feurigen Geschossen, und jedermann auf der bevölkerten Erde zittert vor ihnen; das Angstgefühl ist so echt wie aus ureigenem Erleben geschildert und deswegen derartig zeitlos ansprechend. Dürer bewältigt die Aufgabe nicht mehr vom feinen Schneidmesser aus, welches das Holz in der Längsrichtung bearbeitet und seine natürliche Struktur berücksichtigt, sondern läßt reine Federzeichnungen auf den Druckstock übertragen; sicher haben die damit betrauten Handwerker nicht weniger über eine unerhörte Beanspruchung geklagt, als 400 Jahre später bei Adolf Menzel. Neuartig ist hier vor allem die seltsam gesteigerte Sprache, die schon auf die damaligen Menschen ungemein suggestiv wirkte, ferner die freie Beherrschung des Figürlichen wie der großflächigen Komposition und jene geschickte Nutzung von Schwarz und Weiß, die keinen Zoll des Bildes jemals als leer empfinden läßt. Dürer hat die Folge aus eigenem Antrieb geschaffen, nicht als Bestellung — sie ist ein Ergebnis seines harten Ringens um die Wahrheit im Glauben; diese mit Herzblut bezahlte Auseinandersetzung aber war für ihn ein Moment des künstlerischen Antriebes, wie es klingender Lohn niemals hätte sein können — daran ändert die Tatsache nichts, daß er die Blätter später im Selbstverlag gedruckt und vertrieben hat.

Da wir uns schon vorher mit einem Weihnachtsbild von Wolgemut befaßten, läßt sich auch an diesem Stoff Dürers Wesensunterschied mit ein paar Worten aufzeigen. Was an seiner *„Geburt Christi"* aus dem

Albrecht Dürer: Mariä Geburt.
Holzschnitt aus dem Marienleben. Um 1502/05

sogenannten Paumgartner-Altar sogleich ins Auge springt, ist das Obwalten einer anderen Gesetzmäßigkeit: Der Schauplatz, ein zwar verfallendes, doch bühnenhaft symmetrisch und sauber gefügtes Gemäuer, führt in rascher Verjüngung in die Tiefe, zu einer Bachlandschaft, von der aus zwei Hirten in eifrigem Gespräch auf das heilige Paar zuschreiten. Auffälligerweise machen sie und nicht das Christkind die genaue Bildmitte aus — und dennoch wird gerade durch sie das von Engeln umspielte Knäblein in den Blickpunkt gerückt, nur nicht mehr so mathematisch genau, so „gekläubelt", wie in der alten Schule. Die Natur entfaltet sich frischer und freier, wie im allgemeinen bei Wolgemut, aber trotzdem lebt auch sie nicht aus sich selbst heraus, sondern ist vorsätzlich dem Gegenstand dienstbar gemacht — hieran wird offenbar, wie sorgsam Dürer den Aufbau durchdenkt, wodurch er zwar klarer gegliedert wird, dafür aber etwas von jener Unmittelbarkeit einbüßt, die Dürers reine Naturstudien stets besitzen. In der Komposition schwebt ihm bereits die italienische Klassik vor, die auch bei den Hauptdarstellern, wie genau sie sonst erfaßt sein mögen, anklingt; sie sind ungezwungener, ihre Gesichter gelöster im Ausdruck, freier im Sinne der humanistischen Persönlichkeit. Zwergenhaft klein bewegen sich vor ihnen die Stifter in anbetender Haltung als eigentlich unnötige, doch durch den Auftrag bedingte Zutaten.

Für unsere Schilderung wären noch manche Arbeiten von besonderem Interesse, in denen die nürnbergische Landschaft — teils ungeschminkt, teils kompositionell etwas „gehöht" — eine Rolle spielt. In der Radierung *„Die große Kanone"* ist der Höhenzug der Ehrenbürg, die Walburgishöhe bei Kirchehrenbach, so getreu wiedergegeben, wie sie sich bis heute unverändert auf der Straße von Forchheim her bietet; in der *„Maria mit der Meerkatze"* erkennen wir sogleich das bekannte Weiherhaus, in einigen Aquarellen die Kalchreuther Berge. Unsere Stadt selbst ist verhältnismäßig wenig behandelt, am eindringlichsten wohl in den Farbskizzen von der *„Drahtziehmühle"*, im Blick auf die Johanniskirche und besonders in der reizvollen Ansicht Nürnbergs von Westen, zwischen Plärrer und Hallertor, wo sie auch jetzt noch den Fremden gefangennimmt. Die Kaiserburg gibt den Hintergrund ab zu dem Kupferstich *„Maria an der Mauer"*. Doppelt ist der Wert dieser paar Blätter: Einmal erhalten wir Aufschluß über Nürnbergs Aussehen um 1500, wie ihn uns niemand zuvor gegeben hat, und dann liegt hierin auch ein prinzipiell neuartiges Bemühen, nämlich auf der

61. Berühmte Begräbnisstätten: Rochusfriedhof mit Imhofkapelle

62. *Kirche und Friedhof St. Johannis*

63. *Kennzeichnend für beide Friedhöfe sind die liegenden Grabsteine*

64. *„Quicquid Alberti Dvreri mortale fvit ...“ — Was an Albrecht Dürer sterblich war ...*

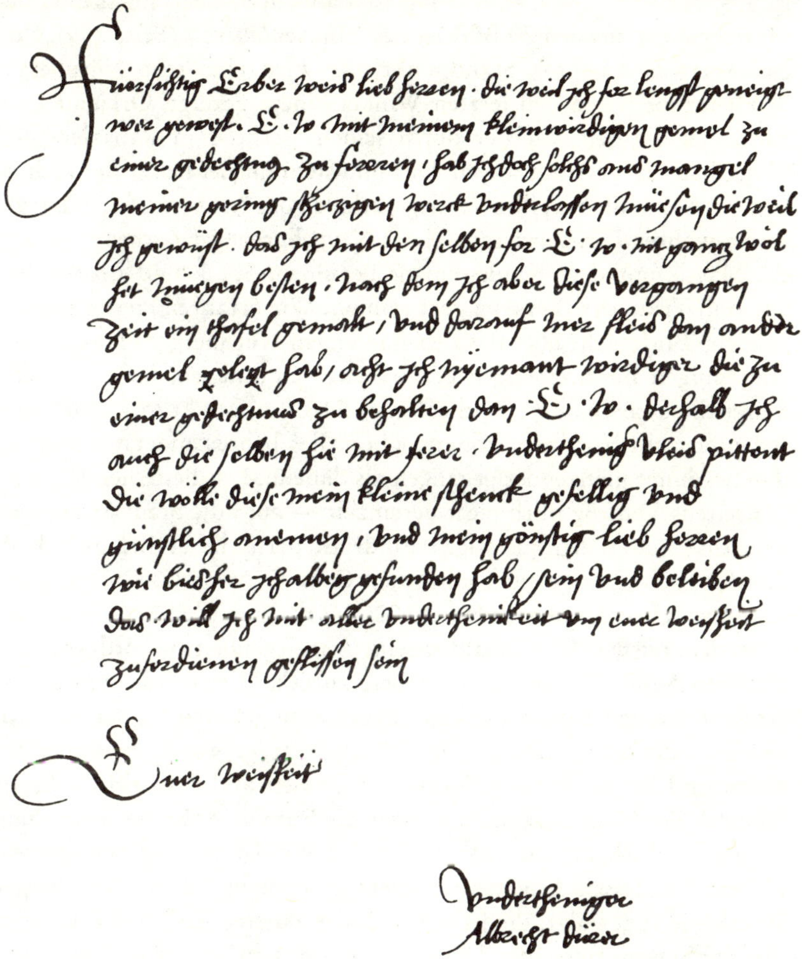
Fürsichtig Erber weis lieb herren. die weil ich for lengst geneigt
wer gewest. E. W. mit meinem kleinwirdigen gemel zu
einer gedechtnus zu fereren, hab ich doch solchs aus mangel
meiner geringen schlechtigen werck underlassen müssen die weil
Ich gewüst. das ich mit den selben for E. W. nit gantz wol
het mügen besten. Nach dem Ich aber diese vergangen
Zeit ein tafel gemalt, und darauf mer fleis dan ander
gemel gelegt hab, acht ich nyemant wirdiger die zu
einer gedechtnus zu behalten dan E. W. derhalb ich
auch die selben hie mit ferer. underthenigs fleis pittent
die wöll diese mein kleine schenk gefellig und
günstlich annemen, und mein gönstig lieb herren
wie bisher ich allweg gefunden hab, sein und beleiben
das will ich mit aller underthenikeit um eure weisheit
zu ferdienen geflissen sein

Euer weisheit

underthenigster
Albrecht Dürer

Brief Albrecht Dürers vom Oktober 1526 an den Rat der Stadt Nürnberg, worin er diesem die Bilder der „Vier Apostel" zum Geschenk macht: *„Nach dem ich aber diese vergangen Zeit ein Tafel gemalt, und darauf mehr Fleiß dann ander Gemäl gelegt hab, acht ich Niemand wirdiger, die zu einer Gedächtnuss zu behalten, dann Euer Weisheit. Derhalb ich auch dieselben hiemit verehr, unterthänigs Fleiss bittend, die wölle diese meine kleine Schenk gefällig und günstlich annehmen und mein gönstig lieb Herren, wie bis her ich all Weg gefunden hab, sein und beleiben."* (Staatsarchiv, Nürnberg)

Reise oder während eines Spazierganges ein paar Eindrücke mit wenigen Strichen festzuhalten.

Eine sprechende Lokalschilderung ist dann noch der Holzschnitt der Mariengeburt aus den 20 Bildern des *„Marienlebens“* (Seite 239). Von einem etwas erhöhten Standpunkt aus wird eine echt Nürnberger Wochenstube bis in den letzten Winkel hinein gezeigt, Ort und Vorgang, wie sie dem Meister durch seinen Verkehr in Patrizier- und Bürgerhäusern vertraut waren. Das Bild steht im Zeichen stiller Heiterkeit — Anna, die im Alkoven liegt, erhält vom Arzt eine Stärkung gereicht, während im Vordergrund das Neugeborene gewaschen wird und die Mägde mit dem Kindsschmaus beginnen. Speck und Brot stehen auf dem Tisch, der Bierkrug geht reihum. Wir erfahren hier mit einem einzigen Blick mehr über das Leben in einem Nürnberger Haus, als aus langatmigen Beschreibungen erzgescheiter Chronisten. Sicher ist, daß Dürer diese Heimat, die bald offen und bald versteckt in vielen seiner Arbeiten zum Vorschein kommt, über alles liebte; anderswo wäre es ihm bestimmt glänzender gegangen als daheim. Das bestechende Angebot seitens Venedig blieb nicht vereinzelt — auch die Stadt Antwerpen versuchte, unter dem günstigen Eindruck persönlicher Bekanntschaft, ihn durch die Zusage eines jährlichen Gehaltes von 300 Gulden (dem heutigen Lebensstand nach fast 20 000 Mark) zum Bleiben zu bewegen. Trotzdem reiste Dürer, sobald er seine Angelegenheiten geordnet hatte, mit Frau Agnes wieder nach Nürnberg zurück. Hier wurde er zwar mit großer Achtung behandelt, allein zu verdienen gab ihm der Rat herzlich wenig — die beiden einzigen offiziellen Aufträge waren die Bilder des ersten und letzten Kaisers, Karls des Großen und Friedrichs III., als Schmuck der Heiltumskammer, sowie die Entwürfe für die Ausmalung des großen Rathaussaales. Maximilian I. hat die Beträge, die er unserem Meister für dessen Arbeiten schuldete, großzügig auf die Nürnberger Stadtkasse abgewälzt, die jedoch nach des Fürsten Tod, 1519, sogleich die Zahlungen einstellte. Dürer beteuerte, daß ihm dies Geld auch weiterhin zustehe und er es zu seiner Notdurft unbedingt brauche; er bot sein eigenes Haus als Sicherheit an für den Fall, daß der neue Regent nicht zu den Verpflichtungen seines Vorgängers stehen wollte, aber auch dies half nichts. Er bekam keinen Heller mehr und mußte erst Karl V. in den Niederlanden aufsuchen, um bei ihm die Bestätigung seines guten Rechtes zu erwirken, eine Fahrt, die er freilich wegen ihrer vielseitigen Eindrücke nicht zu bereuen hatte. Trotzdem ihn nun die Stadtväter so kurz hielten, hat er ihnen in einem rührend bescheidenen Brief des Jahres 1526 zwei seiner besten Bilder geschenkt: Die *„Vier Apostel“*, in welchen die Neuzeit gerne die menschlichen Temperamente verkörpert sieht. Jetzt zeigte sich auch der Rat nicht kleinlich und verehrte ihm dafür einen Betrag von 100 guten rheinischen Gulden, dazu zwölf seiner Frau und zwei seinem Diener.

Als Dürer am 6. April 1528 verschieden war, standen noch viele kleinere Sterne am Himmel der Nürnberger Malerei und konnten, um im Vergleich zu bleiben, erst jetzt ihren eigenen Glanz so recht verbreiten. Da sind zunächst seine eigentlichen Schüler — als erster Albrechts Bruder Hans, der mindestens seit 1509 in seiner Werkstatt tätig war und am Gebetbuch für Kaiser Maximilian mitgearbeitet hat. Nach zweijährigem Aufenthalt in Breslau siedelte er um 1526 nach Krakau über, wo er an der Ausschmückung des damals erbauten Schlosses auf dem Wawel beteiligt war und 1538 als königlich polnischer Hofmarschall starb.

Ebenfalls für Krakau, das um diese Zeit manchen Nürnberger Künstler anlockte, arbeitete Hans Süß aus Kulmbach, von dessen Hand auch verschiedene handwerklich gute Altäre in und außerhalb von Nürnberg stammen. Unmittelbarer Schüler von Dürer war dann noch der gegen 1480 geborene Wolf Traut, Schöpfer des im Bayerischen Nationalmuseum zu München befindlichen Artelshofener Altars sowie einiger Werke in Nürnberger Kirchen, und ein gediegener Holzschneider in der Technik seines großen Vorbildes. Guten Klang hat auch Hans Schäufelein, späterer Stadtmaler von Nördlingen, der stilistisch zwischen Dürer und den schwäbischen Schulen steht. Rechnen wir noch die sogenannten Nürnberger Kleinmeister dazu, die Brüder Bartel und Hans Sebald Beham, sowie den als Porträtisten tüchtigen Georg Pencz, dann macht dies schon einen recht stattlichen Kreis aus. Dennoch können wir bei all diesen Namen nicht von einer schulmäßig gepflegten Dürer-Nachfolge sprechen. Was der Meister an Einsichten und an Fachwissen der Nachwelt überliefern wollte, damit sie es einmal leichter habe als er, das vertraute er wirksamer seinen theoretischen Schriften an, als daß er es vor der Staffelei erörterte. Außerdem waren ja auch jene Künstler lauter kleine Talente und schon daher nicht zu wirklichen Erben berufen; sie steckten sich die Ziele ihres Schaffens nicht selbst, sondern ließen sie ohne Ringen mit künstlerischen Problemen von ihren jeweiligen Aufträgen bestimmen.

Augustin Hirschvogel:
Selbstbildnis, 1549

Mit solchen waren jetzt all jene Maler reichlich bedacht, die ihr Können willig in den Dienst gefälliger Zeichnungen stellten, um den ungeheueren Bedarf des aufblühenden Buchdrucks an Abbildungen zu decken. Hierin ist in Nürnberg noch über 100 Jahre lang Beachtliches geleistet worden — bis der Holzschnitt von dem geschmeidigeren Kupferstich überflügelt wurde. Um sich vom Umfang der graphischen Gewerbe während der Dürerzeit einen ungefähren Begriff zu machen, sei an den Nürnberger Maler und Stecher Erhard Schoen erinnert, der als Buchillustrator über 1200 Holzschnitte schuf und also in seinem Fach eine Behendigkeit entwickelte, die sich mit der eines heutigen Pressephotographen vergleichen läßt. Denn es waren ja vorwiegend die Tagesereignisse, die man im Bild wiedergab, um die jeweilige Beschreibung wirksam zu unterstreichen. Ebenso fruchtbar war der 1539 in Zürich geborene Jost Ammann, der um 1561 als Mitarbeiter des vielbeschäftigten Virgil Solis nach Nürnberg kam und dann, als dieser plötzlich an der Pest starb, dessen Platz mit großem Fleiß einnahm. Ammann, der uns das Nürnberger Kulturleben des 16. Jahrhunderts so bunt wie kaum jemand geschildert hat, wurde von seinem Verleger Sigmund Feyerabend bis an die Grenze des Menschenmöglichen beansprucht und doch nur mäßig bezahlt. In einer Art Nachruf wird an ihm übertreibend gerühmt, er habe allein in vier Jahren so viel Zeichnungen angefertigt, wie sich kaum in einem Heuwagen hätten wegfahren lassen.

Daß damals ein Maler zugleich Stecher und Formschneider war, versteht sich wohl von selbst. Manch einer betätigte sich aber auch noch als Plastiker und Baumeister, wie Peter Flötner, oder widmete sich zusätzlich der exakten Wissenschaft, wie Augustin Hirschvogel, der wahrhaftig in allen Sätteln der Kunst gerecht war. Dieser hat sicher schon mancherlei Beschäftigung hinter sich, als er 1536 in Laibach und 1544 in Wien als Kartograph zu arbeiten beginnt. 1543 verfaßt er ein kleines Lehrbuch der Geometrie. Danach kehrt er für einige Zeit in seine Vaterstadt Nürnberg zurück, wo er sich als Radierer von hohem Rang erweist. Die über 300 erhaltenen Blätter zeigen ihn als feinsinnigen Naturbeobachter im Stile der Donauschule — seine Landschaften sind liebevoll im Erfassen der Einzelheiten und haben das Verträumte, Versponnene, wie es Wolf Huber unter dem Eindruck von Albrecht Altdorfer bevorzugt. Vielleicht hat sich Hirschvogel gerade in dieser Zeit auch als Kunsttöpfer betätigt — ein großer, buntlasierter Kachelofen auf der Nürnberger Burg wurde ihm fälschlich zugeschrieben und vor allem ist sein Name formelhaft mit all jenen farbschönen Majoliken, oder genauer gesagt Hafnerkeramiken, verknüpft, die als Hirschvogel-Krüge bis zur Gegenwart von allen Sammlern hoch geschätzt werden, in Wirklichkeit aber von der Familie Präunig stammen. Zieht man das Resultat dieses rastlosen Lebens, so muß man wohl die einzelnen Leistungen und den beweglichen Geist Hirschvogels bewundern, allein aufs Ganze gesehen wird man doch von dem Empfinden nicht frei, daß hier Kräfte auf viele Fertigkeiten und Sachen verwandt wurden, die besser einer einzigen und dafür großen Aufgabe zugute gekommen wären. Doch müssen wir bedenken, daß es sich hierbei um eine typische Erscheinung handelt — um jenen langsamen Abstieg von der Kunst zum Kunsthandwerk bis in die Ebene des Nur-Nützlichen oder gar Platten, wie er uns schon bei den Erfindern auffiel als Ergebnis jener rationalistischen Meinung, die seit der großen Stil- und Gedankenwende des 16. Jahrhunderts immer mehr von der Menschheit Besitz ergreift: Daß die schöpferischen Fähigkeiten durch den Willen gemehrt oder sogar ersetzt werden könnten.

Das Feld der Nürnberger Plastik sodann ist von vorneherein viel reicher bestellt als das der Malerei — zunächst, weil die mittelalterlichen Auftraggeber das Raumbild als Kirchenschmuck bevorzugten und dann wegen der größeren Haltbarkeit des Materials in Stein, Metall oder Holz. Auch heute, nachdem die Hauptkirchen wieder hergestellt sind, wird dieses Übergewicht sogleich wohltuend offenbar, denn Gemälde sind im wesentlichen eine Kunst des Innenraums, während für die Bildhauerei überall Platz ist bei dementsprechend repräsentativen Möglichkeiten. Schon allein das Äußere von Sankt Sebald und Lorenz sowie die dem Marktplatz zugewandte Schauseite der Frauenkirche und der (nach den verwitterten Originalen im Germanischen Nationalmuseum zu beurteilende) Schöne Brunnen tragen eine stattliche Schar von Figuren, und zwar lange vor der Zeit, als die ersten Künstlernamen bekannt sind. In der Sebalduskirche steht auf beinahe jedem Pfeiler eine lebensgroße Gestalt und manch eine davon prägt sich dem Besucher fest ein, gleich der Bekanntschaft mit einem Lebenden, wie etwa die herbe Anmut der auf Seite 217 erwähnten heiligen Katharina; ähnlich allgemein ansprechend wirkt die massige Erscheinung des Schlüsselfelderschen Christophorus an der Westfront, den man schon fast als barock empfindet, obwohl er laut Inschrift im Jahre 1442 entstand. In Sankt Lorenz gesellen sich zu den ebenfalls zahlreichen Freiplastiken aus Stein und Holz rund 15 verschieden gut erhaltene Andachtsschreine von künstlerischer oder kulturgeschichtlicher Bedeutung, wie etwa der an die Herriedener Affäre von 1316 erinnernde Deokarus-Altar (1436/37, siehe Seite 49), der nach einer gründlichen Überholung 1965/66 durch seine Schönheit überraschende Rochus-Altar (1483/4), der von einem Veit Stoß nahestehenden Schnitzer geschaffene Annen-Altar (1510/15) oder der große Martha-Altar von 1517, dessen Meister auch in verschiedenen anderen Orten westlich von Nürnberg tätig war (Wilhelm Funk).

All jene Bildwerke sind allerdings nicht gleich strahlend und seelisch aufgelockert wie etwa an den rheinischen Domen und Justus Bier hat daher mit Recht die Plastiken unserer Stadt mit dem Wesen des Nürnberger Menschen in Zusammenhang gebracht; der Ernst und die Schwere der bodenständigen Mentalität sind hier, gepaart mit einer protestantischen Nüchternheit lange vor der Reformation, leicht von Gestalten und Gesichtern abzulesen. Diese Grundhaltung hat aber nicht gehindert, daß dies Gebiet in fast noch höherem Maße bis zu einer begnadeten künstlerischen Reife gedieh als die Malerei; die Plastik kann hier der Baukunst verglichen werden als zeitloser Gradmesser für Nürnbergs einstige Bedeutung.

Von den anonymen Bildschnitzereien sind besonders zwei lebensgroße Marienbilder jedem einheimischen und fremden Kunstfreund ein fester Begriff: Die *„Madonna im Strahlenkranz"* in der Sebalduskirche aus der Zeit um 1420 als Anteil unserer Stadt an dem sogenannten „weichen Stil", und die sogenannte *„Nürnberger Madonna"* im Germanischen Museum, eine händeringende Frauenfigur in Nürnberger Tracht vom Anfang des 16. Jahrhunderts, die wohl ursprünglich Assistenzfigur einer Kreuzigungsgruppe war und die unter anderem Paulus, einem Sohn Peter Vischer des Älteren, zugeschrieben wird.

Sobald uns in der Plastik der erste Name eines großen Meisters begegnet, sind Werk und Lebensschicksal unzertrennlich ineinander verflochten — so sehr, daß man heute vermeint, eines sei ohne das andere überhaupt nicht mehr denkbar. Der uns zu einer solchen Auffassung

geradezu zwingt, ist der mit Ruhm ebenso wie mit Tragik beladene Veit Stoß, Höhepunkt und zugleich auch schmerzlicher Abschluß der spätgotischen Bildschnitzerei in Nürnberg.
Wenn man den Schwaben nachsagt, daß sie meist einen Schuß Zornmütigkeit im Blut hätten, so würde dies gut zu den Forschungsergebnissen des früh verstorbenen Adolf Jaeger passen, welcher nachwies, daß die Familie des Veit Stoß alemannischen Ursprunges ist: Seine Mutter stammt demnach aus Dinkelsbühl, dem fränkisch-schwäbischen Grenzgebiet, und sein Vater aus dem damals wegen seines regen Südhandels berühmten Ravensburg nahe dem Bodensee oder aus Horb am Neckar, in welchem sein Sohn Veit um 1445 geboren ist. Dieser war ein schwieriger Charakter und machte dem Rat Nürnbergs viel zu schaffen; derartige Choleriker sind unter den Künstlern unserer Stadt sonst kaum bekannt. Mehr aus politischen als aus kulturellen Gründen beansprucht Polen diesen rein fränkischen Künstler seit langem für sich. Dabei stehen die dafür vorgebrachten Argumente von jeher auf schwachen Füßen: Es ist wohl wahr, daß des Meisters Söhne Florian, Stanislaus und vielleicht auch Andreas in Krakau geboren sind, er selbst aber hat erst 1477 sein Nürnberger Bürgerrecht aufgegeben, um sich für eine Zeitlang in der polnischen Residenz niederzulassen, wohin er wohl durch einflußreiche Freunde empfohlen war. Noch im selben Jahr begann er dort am Marienaltar zu arbeiten, dem ersten seiner unsterblichen Werke, das ihn bis 1489 beschäftigen wird — eine lange Zeit für diesen einzigen, allerdings auch höchst umfangreichen Auftrag!
Krakau war im 14. Jahrhundert unter den Jagiellonen polnische Krönungs- und Hauptstadt geworden. Dank seiner günstigen Lage gewann es auch rasch an wirtschaftlicher Bedeutung und wurde ein wichtiger Umschlagplatz für materielle wie geistige Güter aus dem Westen; erinnern wir uns nur daran, daß der Nürnberger Jungkaufmann Paulus Behaim seine Lehrzeit in Krakau abdienen mußte, und daß Anton Koberger dort eine seiner größten Niederlagen für den Buchhandel unterhielt. Um die hier betrachtete Zeit bevorzugten die polnischen Fürsten zur Ausgestaltung ihrer Residenz fremde Fachkräfte aller Art, vorwiegend Deutsche und Italiener. Veit Stoß fand dort außerdem eine alte und starke Kolonie seiner Landsleute vor, die seine geniale Arbeit ebenso zu schätzen verstand, wie es die polnischen Hofkreise taten. Für diese schuf er unter anderem drei Grabplatten aus gesprenkeltem ungarischem Marmor und aus Erz (also aus Stoffen, die gar nicht in seinen

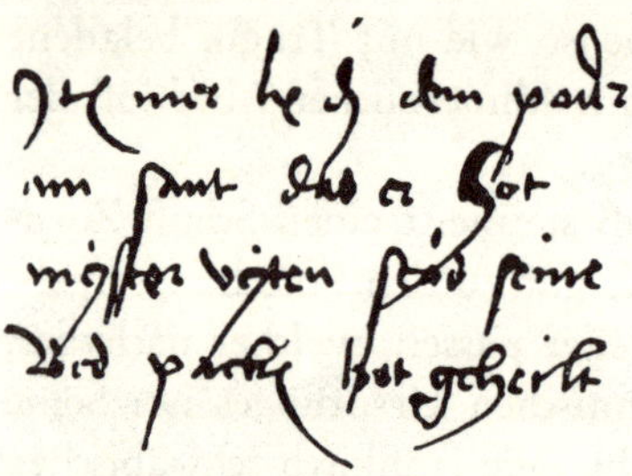

„item mer 60 Pfennig dem pader am Sant, das er hot meyster Veyten Stoss seine bed packen hot geheilt."

Rechnungsbeleg der Nürnberger Stadtkasse vom Jahre 1503. (Staatsarchiv, Nürnberg)

eigentlichen Handwerksbereich gehörten); eines dieser Epitaphien stellt sogar den 1492 verstorbenen König Kasimir IV. in lebensgetreuer Haltung dar. Die Kosten für jenen Altar aber, der hohe Betrag von 2808 Gulden, wurden ausschließlich aus der Opferfreudigkeit der deutschen Mariengemeinde bestritten; dies geht bereits aus der erhaltenen Abschrift der Stiftungsurkunde hervor.

Der Krakauer Altar ist mit seiner Gesamthöhe von 13 Metern und einer „Spannweite" von nahezu 11 Metern das größte deutsche Schnitzwerk seiner Zeit, ebenso in den Maßen wie in der Form und im geistigen Gehalt. In 18 halbplastischen, bemalten Bildern der Flügel und 13 weit überlebensgroßen Figuren des Schreines wird das bekannte Thema der sieben Freuden und Leiden Mariä behandelt, glänzender im Dekor und erhabener in der Auffassung als sonstwo. Ein Leitgedanke der christlichen Religion, der Glaube an das Wunderbare als der Sprache Gottes zu uns sündigen Menschen, wird hier dem Auge sinnfällig gemacht. Die Apostel in ihren goldenen Gewändern als Zeugen von Marias Tod sind nicht Sterbliche wie wir, sondern Gleichnisse ihrer biblischen Sendung, erfüllt von einer hehren Leidenschaftlichkeit, die der Meister deshalb so gut auszudrücken verstand, weil sie seinem eigenen Temperament entsprach. Wir wissen nichts darüber, wie Stoß vorher mit dem Stoff rang, bis er das Schnitzmesser in jener Vollendung beherrschte, wie vielleicht sonst nur noch ein oder zwei Künstler seiner Gattung im ganzen Reich — er steht mit dieser Arbeit voll ausgereift vor uns und alles, was er künftig noch schafft, wird sich auf gleicher Höhe bewegen. Im Januar 1496 ist er für immer nach Nürnberg zurückgekehrt, um wieder Bürger seiner Heimatstadt zu werden. Er verliert seine Frau, die ihm acht Kinder geboren hat, und verheiratet sich 1497 zum zweiten Male mit der Tochter eines Ratsschreibers. Alles steht nun zum besten, von nah und fern bekommt er zu tun: 1499 fertigt er das von Paulus Volkamer zu ewigem Gedächtnis gestiftete Passionsrelief in der Sebalduskirche, drei Sandsteinbilder, die in großartiger Ausnützung des knappen Raumes und in einer nunmehr volksnahen Sprache Abendmahl, Ölberg und Gefangennahme Christi behandeln. Stoß kauft sich in der Wunderburggasse ein schmukkes Haus, das er mit einem großen Madonnenbild verschönt.

Der Meister ist jetzt hoch angesehen, man zieht ihn mehrmals als Baufachmann zu Rate und er wird zusammen mit Michael Wolgemut und Hans Behaim, dem Schöpfer der Mauthalle, zum Schiedsrichter in fachlichen Fragen bestellt. Da bricht im gleichen Jahr 1503 jäh das Unglück über ihn herein, von seiner eigenen Hand auf ihn gelenkt. Stoß hatte dem Kaufmann Jakob Baner einen Betrag von etwa 1200 Gulden geliehen für die stille Teilhaberschaft an einer Tuchhandelsgesellschaft, die bald darauf abwirtschaftete. Baner, der diesen Bankrott voraussah, suchte sich aus der Schlinge zu ziehen, indem er den Zettel mit seiner Bürgschaft verschwinden ließ. Über diesen Betrug war Stoß derart empört, daß er im Vollgefühl seines Rechtes den vernichteten Schuldschein täuschend ähnlich nachmachte und ihn zur Grundlage einer Klage benützte. Doch wurde er nun schwankend in seiner Haltung — wohl im Bewußtsein der Tatsache, daß Urkundenfälschung damals durch die Todesstrafe gesühnt wurde. Das Gericht schöpft Verdacht, den Stoß durch die Flucht aus seinem Haus noch mehrt; nachdem er sich bei seinem Sohn Andreas im Karmeliterkloster verborgen gehalten und in ungeschickter Weise einen Vergleich mit Baner angestrebt hat, wird er auf offener Straße verhaftet und ins Lochgefängnis geworfen. Da er seine Tat eingesteht, erspart man ihm die Folter und der Rat behandelt ihn auch mit größtmöglicher Milde, allein um des Gesetzes willen kann er ihn nicht frei ausgehen lassen und so wird Stoß am 4. Dezember vor allem Volk vom Henker durch beide Backen gebrannt. Damit nicht genug. Der Verurteilte hatte diese Strafe als gerecht hingenommen, denn eigentlich wäre sein Leben verwirkt gewesen, doch daß der eigentliche Schuldige Baner hintennach noch 800 Gulden Schadenersatz fordert, bringt ihn erst vollends aus dem Gleichgewicht: Er wird noch einige Male rechtsbrüchig und verficht seine Ansprüche bis ins hohe Alter hinein mit derartigem Starrsinn, daß Freund und Feind ihn als einen *„irrigen und geschreyigen Mann“* meiden.

Unter solchen Umständen ist es geradezu ein Wunder, daß der Meister nach so viel Unheil das Selbstvertrauen aufbringt, in seiner Werkstatt weiter zu schaffen. Nach der öffentlichen Brandmarkung, deren Spuren ja bis zu seinem Tod unverwischbar blieben, wollte kein ehrbarer

Geselle mehr bei ihm arbeiten und auch sonst werden ihm Anfechtungen nicht erspart geblieben sein. Was er aber an Unrecht getan, das sühnt er tapfer durch die Werke seiner Reifezeit. Schon ein Jahr nach seinem tiefen Sturz ist er wieder tätig, jetzt sogar in einem benachbarten Kunstzweig, den er seit Krakau immer wieder einmal gepflegt hat: Zu Münnerstadt in Unterfranken bemalt er die Flügel eines von Tilman Riemenschneider gefertigten Altares mit Motiven aus der im Würzburger Land beliebten Kilianslegende. Auch daheim wollte man seine begnadete Hand nicht länger unbeschäftigt lassen, mochte man auch sonst mit ihm nicht zufrieden sein — es entsteht jetzt unter anderem die kraftvolle Figur eines heiligen Andreas für die Sebalduskirche, ein Paulus in Sandstein für Sankt Lorenz (der allerdings auch Veit Wirsberger zugeschrieben wird) und vor allem (1517/18) der später weltberühmte *„Englische Gruß“*, den wir Nachgeborenen als einen organischen Bestandteil des stimmungsvollen Raumes der Lorenzkirche empfinden. Umgeben von einem fast vier Meter hohen, medaillonartigen Rundbild, einem riesigen Rosenkranz, spielt sich die Begegnung zwischen Maria und dem Engel ab, der ihr die Kunde ihrer göttlichen Berufung übermittelt. Obwohl diese Lösung der gestellten Aufgabe aus dem Grundgedanken des damals viel gebräuchlichen Marienleuchters hervorgeht, der frei unterhalb der Decke schwebt, ist sie doch ebenso neuartig wie eindrucksvoll: Überlebensgroß wie am Krakauer Altar stehen sich der Himmelsbote und das Menschenkind gegenüber, befangen in einer Erregung, die bis in die letzten Falten des festlich reichen Kleides nachzittert. Beide sind sie von einem solch leiblichen Ebenmaß, daß man sie als ein herrliches, wie für einander geschaffenes Paar empfinden könnte, wenn nicht die Geste des Engels eine überirdische Gebärde in sich schlösse, auf die Maria antwortet, indem sie ihre Rechte erschreckend und grüßend zugleich an die Brust legt. Daß Maria ein frisch erblühtes Weib ist, wenn auch geadelt durch ihre Haltung, dies blieb schon den damaligen Betrachtern nicht verborgen — deshalb blickte der Hauptprediger Andreas Osiander nach der Reformation scheel auf ihre Wohlgestalt und ließ sie als *„güldene Grasmagd“* fortan mit jenem grauen Sack zudecken, der vorher die Gruppe nur an Werktagen verhüllte.

Der Mißton, der seither über dem Dasein dieses auserwählten Künstlers schwebt, will bis zu seinem Tod nicht von ihm weichen, obwohl er nochmals einen seinem Genie angemessenen Auftrag erhält, den letzten nunmehr. Sein gelehrter Sohn Andreas war 1520 Prior des Karmeliterklosters geworden; als dort im gleichen Jahr ein geschnitzter Altar gestiftet wird, ist es nur natürlich, daß er den Vater mit der Arbeit betraut. Stoß hat, zufolge der uns erhaltenen Vereinbarungen, das Werk ganz allein ausgeführt, und da es nach drei Jahren im wesentlichen abgeschlossen war, läßt sich leicht erkennen, wieviel Fleiß und Sorgfalt der Meister darauf verwandte. Der Schrein enthält eines der lieblichsten Weihnachtsbilder der deutschen Plastik. Maria, eine erblühte Frau von ernster Schönheit, ist von einigen Hirten und musizierenden Engeln umgeben, welche vollgültige Mitspieler in dieser Szene sind, teilweise heiter bis zum Schalkhaften. Obwohl die Gewänder noch nach den bewährten Gesetzen der Überlieferung fallen, haben sich doch schon hier und da neue Züge eingeschlichen: Die Säule, um die sich die Gruppe zwanglos ordnet, entstammt nicht mehr dem gotischen Formengut; der Rundbogen, in den das Bild eingespannt ist und die sonstigen schmückenden Zutaten, wie sie besonders die in Krakau aufbewahrte Entwurfszeichnung aufweist, gehen von der Vorstellung eines idealisierten Renaissance-Bauwerkes aus.

Ein Jahr nachdem Stoß die erste Zahlung auf das entstehende Werk erhalten hatte, wurde Nürnberg evangelisch; als der Altar abgeliefert werden sollte, schätzte man hier Verherrlichungen der göttlichen Jungfrau nicht mehr. Kurz darauf ging das Kloster in die Hände der Stadt über, die sich nunmehr weigerte, den an jenen Auftrag geknüpften Bedingungen nachzukommen. Stoß mußte sich in demütigender Weise wegen der Bezahlung seines wohlverdienten Lohnes herumstreiten und erlebte selbst kein günstiges Ergebnis mehr. Er starb 1533 völlig verbittert und obendrein des Augenlichtes beraubt: ein erloschener Vulkan. Erst seine Erben kamen zehn Jahre später zu dem, was ihm gebührt hätte — sie konnten das Streitobjekt, das am Ort der Entstehung niemand mehr haben wollte, nach dem katholisch gebliebenen Bamberg verkaufen.

Nicht weniger fruchtbar und gleich bedeutsam für die deutsche Kunst der Dürerzeit steht der um 1455 geborene Adam Kraft vor uns. Obwohl sein Feld der harte Stein war, den er mit starkem Arm in die gewünschte Form zwingen mußte, hatte ihn doch die Natur mit einem viel weicheren Gemüt als Veit Stoß bedacht und dieser Wesenszug teilte sich auch seinem gesamten Schaffen mit. Gemessen an den stets irgendwie erregten, in ihrem Zusammenspiel dramatischen Gestalten jenes großen Standesgenossen wirkt Adam Kraft geradezu lyrisch, hierin eher dem Würzburger Meister Till Riemenschneider als Stoß verwandt. Da die meisten seiner Plastiken mit einem Bauwerk verbunden sind, wird er selbst ein halber Architekt; außerdem eignet er sich eine zwar gehobene, doch allgemein verständliche Sprache an und eine virtuose Nutzung des gegebenen, oft engst begrenzten Raumes. Sein frühestes Werk, das Schreyersche Epitaph an der Sebalduskirche, scheint sich noch an die Gemälde der gleichzeitigen Niederländer anzulehnen, doch schon drei Jahre später, bei dem berühmten Sakramentshäuschen, geht er völlig eigene Wege.

Der Nürnberger Patrizier Hans Imhoff vermißte nach einem Gastmahl in seinem nahe der Lorenzkirche gelegenen Hause einen goldenen Becher. Ein alter Diener wird des Diebstahles bezichtigt und trotz aller Beteuerungen seiner Unschuld hingerichtet. Als Imhoff den Pokal nach kurzer Zeit unter seinem Bett wiederfindet, bemächtigt sich seiner tiefe Reue und er beschließt, das Andenken des armen Opfers durch eine kirchliche Sühne von bleibendem Wert zu ehren. So und ähnlich erzählte man sich in Nürnberg, wie das Sakramentshaus entstanden sei. Die Geschichte steckt in all ihren Fassungen voller Widersprüche, die ihr jeden Wahrscheinlichkeitsgehalt nehmen, doch entscheidend ist ja daran auch nur, wie wunderbar dies Kunstwerk dem Volke erschien, so daß es sich dazu nur einen ganz ungewöhnlichen Anlaß vorstellen konnte. Ähnlich verhielt man sich auch zu seinem Urheber: Von ihm wollte man wissen, er habe ein Geheimnis besessen, den Sandstein durch Zusatz einer Flüssigkeit knetbar wie Ton zu machen und ihm danach seine natürliche Härte zurückzugeben — anders sei es gar nicht möglich, daß Kraft die halmfeinen Verästelungen an den Fialen habe ausführen können. In Wirklichkeit sicherte er den dabei verwendeten Vacher Sandstein an den feinen Ornamenten durch Einführung von Kupferstiften vor dem Brechen, wie spätere Ausbesserungsarbeiten ergaben. Trotz dieser Enthüllung bleibt das Sakramentshäuschen ein Wunder seiner Gattung. Fast 20 Meter steigt es an einer Säule im Ostchor der Lorenzkirche bis unter das Gewölbe empor, halb Bauwerk und halb Zierat, oben in einem Bogen mündend, der an einen Bischofsstab erinnert. Bei allem Reichtum an Einzelfiguren, Gruppen und seltsamem Getier wirkt dies Tabernakel in keinem seiner Teile überladen, sondern besitzt die organische Lebensfülle etwa eines üppigen Gewächses. Am Sockel hat sich der Meister selbst unter die drei tragenden Gestal-

ten gemischt, und wer ihm einmal in sein feinsinniges Gesicht blickte, behält es in der Erinnerung wie die persönliche Begegnung mit einem von höherer Aufgabe erfüllten Menschen.
Man begreift ohne jede Erklärung die helle Begeisterung, die diese Schöpfung damals auslöste. Eine Reihe von Orten in Nürnbergs Nähe ließ sich ähnliche Sakramentshäuschen errichten — Kalchreuth und Ottensoos, Schwabach, Katzwang und das Kloster Heilsbronn; verzeihlicher Irrtum, daß man sie hintennach samt und sonders Adam Kraft zuschreiben wollte! Dem allgemeinen Lob gab der Humanist Eobanus Hessus formvollendeten Ausdruck in einem lateinischen Gedicht, worin es heißt:

Weiß steht es vor uns aus Marmor. Es dienet zur Stütze
Riesig ein Fuß, zu dem sich recken empor der Atlanten
Drei, als bräch' auf sie ein die Last, die stürzende, hielten
Sie ihr nicht stand.

Demnach allerdings hätte sich der gelehrte Dichter nicht die Mühe gemacht, den Gegenstand seiner Bewunderung auch näher anzusehen, denn von Marmor ist nun wirklich nichts an ihm.
Eine gefühlvolle Geschichte knüpft sich auch an ein anderes bekanntes Werk von Adam Kraft, an die sieben Kreuzwegstationen zwischen dem Tiergärtnertor und dem Johannisfriedhof. Der Nürnberger Großkaufmann Martin Ketzel, in dessen Familie Jerusalemfahrten geradezu erblich waren, machte um 1470 eine Pilgerreise ins Heilige Land und gelobte dort, daheim die Leidensstationen Christi würdig nachbilden zu lassen. Zu diesem Zwecke maß er genau die Entfernungen zwischen den einzelnen geschichtlichen Orten in Schritten; als er aber nach Nürnberg zurückkam, hatte er diese Zahlen verloren — bei einem Schiffbruch, wie man unter anderem sagte — und nun mußte er die beschwerliche Reise wiederholen, um sein Versprechen einlösen zu können. Entstanden sind aber diese (in den Originalen stark verwitterten) Stationen erst um 1508 als Stiftung des Bambergers Heinrich Marschalk von Ebneth und Raueneck; auch ihnen wohnt neben ihrer hohen örtlichen Bedeutung eine grundsätzliche in Hinblick auf die damalige deutsche Kunst inne. Christus bricht, auf dem bitteren Weg zur Richtstätte, siebenmal unter der Last des Kreuzes zusammen — mit wieviel harter Wirklichkeitsauffassung und sogar Freude an grausamen Einzelheiten hätte ein anderer diesen Stoff gestaltet! Kraft jedoch läßt sich nur von den rein menschlichen Zügen der neutestamentlichen Er-

zählung leiten; er geht mit des Herrn Schmerzen so behutsam um, als könne er sie durch sein Mit-Leiden mildern. Aus gleichem Geist kommt ein 1506 in die Sebalduskirche gestiftetes Kreuztragungsrelief; kein deutscher Bildhauer seit den großen unbekannten Steinmetzen am Naumburger Dom hat einen kleinen Raum so zu beseelen vermocht wie Adam Kraft. Die ebenfalls gleichsam inhaltspralle Waagszene erwähnten wir bereits (Seite 222); sie gehört zu all den Hausmarken, wie die köstliche Josuagruppe aus der Bindergasse (Germanisches Museum) und wie vor allem zu jenen Reliefs an Mauthalle, Kaiserstallung oder Unschlitthaus, die Kraft im Auftrag des Rates schuf.

Als Jugendfreund von Kraft, der um die Jahreswende 1508/09 in Schwabach starb, wird der Erzgießer Peter Vischer genannt, der dritte unter jenen Männern, welche als die größten Bildner unserer Stadt gelten. So viel Rührendes über ihn berichtet ist und so unmittelbar er in seinem Selbstbildnis am Sebaldusgrab mit dem groben Schurzfell und dem Hammer in der fleißigen Hand vor uns steht — seine Hinterlassenschaft bereitet teilweise die gleichen Schwierigkeiten wie die des Malers Michael Wolgemut und man verfährt daher am vorteilhaftesten, sie unter dem Gesichtswinkel seiner ganzen, zahlreichen Familie zu betrachten. Denn ähnlich wie bei Johann Sebastian Bach finden wir hier über drei Generationen hinweg eine blendende Begabung für die gleiche künstlerische Verrichtung und als Ergebnis daraus eine hervorragende Gesamtleistung. Die Vischersche Gießhütte, die angesehenste und vielleicht größte ihres Zeitalters im ganzen Reich, war mehr als ein Jahrhundert lang im Besitz dieser Familie und auch als sie danach in fremde Hände überging, kam aus ihr noch eine Reihe erstrangiger Arbeiten. Sie stellt daher den Höhepunkt des hochentwickelten Nürnberger Gußgewerbes dar, das, wie wir sahen, auch Anteil an vielen bodenständigen Erfindungen hat und das praktisch über Jakob Daniel Burgschmiet bis in die Gegenwart lebendig blieb. Die Zahl der von den Vischers auf uns gekommenen Werke ist erstaunlich groß. So führt das Künstlerlexikon von Thieme-Becker 115 erhaltene Werke an 76 Orten in Mitteleuropa auf, eine Zahl, der wohl mehr sinnbildliche als reale Bedeutung beizumessen ist, denn in manchen Fällen wird es sich um Zuschreibungen handeln.

Hermann Vischer der Ältere gilt als Begründer der Werkstatt. Sein Name erscheint nur einmal auf einem Taufbecken in Wittenberg (1457), und da er auch andere Aufträge dieser Art bis von Posen erhält, muß er sich bereits eines sehr guten Rufes erfreut haben. Die eigentliche Seele der Hütte wird aber dann sein Sohn Peter Vischer (der Ältere), wahrscheinlich, wie Heinz Stafski überzeugend dargetan hat, mehr durch sein virtuoses handwerkliches Können als durch künstlerische Eingebung. Nach 1500 genügt der Betrieb unten „am Sand", wo sich einst turnierfreudige Männer tummelten und die Waffenschmiede ihre Erzeugnisse feilboten, den vielseitigen Ansprüchen nicht mehr, und er richtet sich einen größeren am Katharinengraben ein, derjenigen Straße bei Sankt Lorenz, die seit dem vorigen Jahrhundert den Namen des Meisters führt. Er gelangt bald zu Wohlstand und Ansehen, bekleidet verschiedene Ehrenämter und immer, wenn ein hochstehender Gast nach Nürnberg kommt, wird er auch zu Vischer geführt, damit er dessen vielseitiges Schaffen bestaune. Da ja das Gießen zugleich der Kriegstechnik diente, spielte es damals eine ähnliche Rolle, wie etwa heutzutage Hochöfen und Dampfhämmer. Zu jenen Besuchern zählte darum auch Kaiser Maximilian I., der sich außer den jeweils gerade entstehenden Arbeiten auch ein paar hundert *„altfränkische Bild"* mit großem Wohlgefallen betrachtet, gotische Zeichnungen und vielleicht auch Schnitzereien, die Vischer aus beruflicher Leidenschaft sammelte. Der Fürst ersah ihn später dazu aus, an seinem Grabmal mitzuarbeiten, einer gewaltigen Schau von Standbildern seiner wirklichen und ideellen Vorfahren. Peter Vischer goß 1513 dazu die Gestalt des Königs Artus und des Theoderich, zwei Figuren in schwerer Brünne, deren lässig-edle Haltung durchaus dem Geist Maximilians als des „letzten Ritters" entsprechen mochte; jene einzigartige Galerie ziert heute, soweit sie vollendet wurde, die Hofkirche zu Innsbruck. Hauptmeister war dort der Nürnberger Stephan Godl, der wohl bei Vischer gelernt hat. Von ihm stammt auch eine minutiös gearbeitete Bronzemadonna in der Sebalduskirche.

Verantwortungsvoller aber war jener Auftrag gewesen, den Peter Vischer in seiner Vaterstadt erhielt, das Sebaldusgrab, zu welchem er bereits 1488 eine erste Skizze geliefert hatte. Erst 1507 konnte sich die Kirchengemeinde von Sankt Sebald dazu entschließen, ihn mit der Durchführung zu betrauen. Dies Werk, das dann die gewichtigste und großartigste Leistung nicht nur seiner Hütte, sondern des ganzen deutschen Erzgusses nach 1500 wurde, hat den Meister und seine Mitarbeiter 12 Jahre lang in Atem gehalten; erhebliche Schwierigkeiten hatte aber nicht nur er, sondern auch die Bestellerin zu überwinden, denn nur mit vieler Mühe konnten die Kosten von über 3000 Gulden aufgebracht werden.

Peter Vischer hat am Sebaldusgrab außer jenem Selbstbildnis, das diese Arbeit so volkstümlich machte, eine Inschrift angebracht, in der er sich zusammen mit einem Sohn als den Verfertiger nennt. Welcher von seinen fünf Buben damit gemeint ist, sagt er nicht, aber den stilistischen Merkmalen nach kann es nur Hermann sein, der älteste von ihnen, ein Feuerkopf als Künstler wie als Mann. Deshalb scheint zwischen den beiden trotz engster Zusammenarbeit kein allzu gutes Einvernehmen bestanden zu haben und der Vater mußte zu diesem Kummer den weiteren erleben, den tüchtigsten seiner Söhne ganz plötzlich durch einen Unfall zu verlieren: am Neujahrstag 1517 gerät Hermann bei einer Schlittenfahrt so unglücklich unter die Kufen, daß er an den erlittenen Verletzungen stirbt; danach arbeitet Peter der Jüngere entscheidend an dem großen Auftrag mit.

Auch ohne jeden Hinweis auf die gemeinsame Urheberschaft wird auf den ersten Blick deutlich, daß am Sebaldusgrab zweierlei Geist waltet, denn es ist ein typisches Kunstwerk zwischen den Zeiten: Gleich einem gotischen Bau steigt das in seinem Dach phantasievoll durchbrochene Gehäuse auf, das wie eine kleine Kapelle den Silbersarg mit den Gebeinen des Heiligen umschließt, doch Plastiken und Ausschmückung gehören bereits der Renaissance an — die zwölf Apostel mit ihren markigen, wohlgeformten Gesichtern und dem ruhigen Fluß der Gewänder bis herab zum Heer der allegorischen Figuren, die sich, teilweise die seltsamsten Musikgeräte in Händen, zwischen den Nischen des Sockels tummeln. Peter Vischer der Jüngere, dessen lebhafter Eingebung sie wohl entsprossen sind, hat sich die Anregungen dazu in Italien geholt, wie auch sein älterer Bruder Hermann den Süden mit nachwirkendem Gewinn kennenlernte; von jenem stammt die früheste deutsche Bronzemedaille, wie sie in Florenz und Rom seit längerem gepflegt wurde, eine Totenehrung für den unglücklich verstorbenen Hermann, sowie die Gedenkplatte für den Nürnberger Propst Dr. Anton Kreß in der Lorenzkirche von 1513. Diese Arbeit bedeutet den vollen Sieg des neuen Stils in unserer Stadt: Die Nische, in welcher der Geistliche vor einem Altärchen kniet, erweckt dank einiger Zierlinien die Illusion größerer räumlicher Tiefe und außerdem ist sie vollkommen, doch unaufdringlich mit feinem Ornament übersponnen; spielende Putten sitzen auf dem wohlausgewogenen Rundbogen.

65. Beobachtungen am Wege: Haus Winklerstraße 37 mit Königsadler

66. Der Ochse, der nie ein Kalb war ... (Fleischbrücke)

67. *Grabmal für Konrad Groß, den Stifter des Heiliggeist-Spitals*

68. Krellscher Altar in St. Lorenz, mit der ältesten gemalten Stadtansicht Nürnbergs

Ein vierter Sohn des Altmeisters, Hans, der unter anderem nach Entwürfen von Albrecht Dürer arbeitete, vollendete nach 1530 ein 250 Zentner schweres Prachtgitter für die Fuggerkapelle in Augsburg, welches der Vater noch kurz vor seinem Tode begonnen hatte. Mit dieser umfangreichen Arbeit ging es jetzt ähnlich wie vorher mit dem Bamberger Altar von Veit Stoß: Die Auftraggeber verweigerten die Abnahme und die Brüder Vischer verkauften sie schließlich an den Nürnberger Rat; die bereits fertigen Teile wurden ihm als Schrott überlassen und der Rest billigst nachgeliefert. Dies Gitter, das dann seinen praktischen Zweck als Gerichtsschranke im großen Rathaussaal erfüllte, erlitt 1806 ein übles Geschick: Der bayerische Staat verkaufte es trotz heftigen Einspruches von seiten der Einwohnerschaft als Altmetall nach Fürth, von wo aus es bald darauf nach Frankreich verschwand. Geringe Bruchstücke davon haben sich um 1913 im Schloß Montrottier bei Annecy wiedergefunden, so der schöne Rundgiebel mit dem Stadtwappen, umgeben von einer mythologischen Kampfszene, von nackten Männern, die auf hohen, wilden Pferden einander in den Fluten eines Wassers entgegenreiten.

Hans Vischer goß auch 1532 für die — übrigens heute noch oder genauer gesagt wieder bestehende — Vereinigung der Schnepperer, oder Armbrustschützen, den bekannten Apollobrunnen, dessen Modell Peter Flötner schnitzte. Das Bildwerk wurde zuerst im „Herrenschießgraben" am Sand und später im Hof des Essenweinschen Rathauses am Fünferplatz aufgestellt. Nunmehr ziert es den so maßvollen, freilich für eine derartige, von Wasser umspielte Bronzeplastik etwas lichtarmen Hof des Pellerhauses. Dieser bogenspannende Jüngling von untadeligen Leibesmaßen ist Deutschlands frühester vollplastischer Akt klassisch-antiken Geistes, wie ihn die Italiener ihrer Zeit schenkten, und behauptet schon deshalb bis heute eine Sonderstellung innerhalb seines Gebietes.

Mit dieser dritten Generation war die schöpferische Kraft der Familie Vischer am Verlöschen und da dieser gleiche Rhythmus auch anderweitig wahrzunehmen ist, wie etwa bei den Ulmer Bildschnitzern Syrlin, möchte man darin das Obwalten eines Naturgesetzes erkennen. Hermann der Ältere hatte den Grundstein gelegt, Peter das Haus zu Ende gebaut; seine Kinder erfüllten es mit geräuschvollem Leben — dann kommt der Abstieg. Jörgen, der Enkel des Altmeisters Peter, betrieb die Hütte noch bis zu seinem Tod im Jahre 1592, doch über-

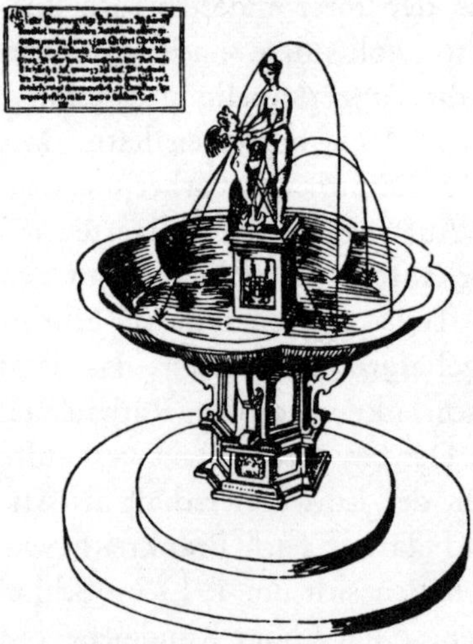

Benedikt Wurzelbauer:
Venusbrünnlein
für den Lobkowitzschen Park
in Prag, 1599

wog bei ihm bereits das rein Handwerkliche — einfache Grabplatten oder häuslicher Zierat, wie Tintenfässer und andere kleinere Dinge, dann wiederum vielfältig verzierte Geschützrohre, das waren jetzt die am meisten begehrten Artikel, und sie mochten überdies mehr einbringen als technisch schwer zu bewältigende Monumente.

Dennoch riß nach dem Aussterben der Familie Vischer die Tradition dieses Kunstzweiges nicht ab. Ihre Stelle nahmen jetzt die Labenwolfs ein, die wohl anfänglich eine Art Konkurrenzunternehmen am Sand betrieben hatten und nach 1550 die geistigen Erben der Vischers wurden. Pankraz Labenwolf (1492 bis 1563) wird noch in der Werkstatt von Altmeister Peter gearbeitet haben; das wenige, was von ihm erhalten blieb, macht seinem Namen alle Ehre — Bronzeplatten für Ansbach und Meßkirch sowie Mitarbeit am berühmten Silberaltar zu Krakau, das sich seit Veit Stoß immer wieder nürnbergischer Fachkräfte bedient*), sowie das elegante Brünnlein mit der großen Schale und dem wimpeltragenden Knaben im inneren Rathaushof. Außerdem wird ihm das berühmte „Gänsemännchen“ zugeschrieben, früher am Obstmarkt, nun hinter dem neuen Rathaus am Hauptmarkt aufgestellt, die dem Alltagsleben dieses Platzes abgelauschte Gestalt eines Nürnberger Bauern, der unter jedem Arm einen Martinsvogel trägt. Von seinem Sohn Georg (gestorben 1585) besitzen wir leider nichts mehr als den hübschen Minervabrunnen in der ehemaligen Nürnberger Universität Altdorf; er lieferte noch, über seine Beziehungen zu Prag, einen Springbrunnen für den Astronomen Tycho de Brahe in dessen dänische Heimat im Schloß Uranienborg.

Der Neffe des jüngeren Labenwolf war Benedikt Wurzelbauer (1548 bis 1620), dem wir noch eine Höchstleistung des einheimischen Erz-

*) Als eines aus vielen Beispielen sei dort nur die große Glocke auf der Wawelburg genannt, welche die Inschrift trägt: „1520, Hans Beham zu Nurmberg“.

gusses verdanken, den 1589 fertiggestellten Tugendbrunnen vor der Lorenzkirche. Hier vereint sich aufs glücklichste italienisches Formgefühl mit niederländischer Lebensfreude — der Künstler hat diesem Werk die Einsicht dienstbar gemacht, daß die Bronze körperhafter wirkt, wenn sie die Spitzlichter des feuchten Elementes erhält. Daher läßt er unzimperlich, wie es seine Zeit ist, aus den Brüsten jener Frauen, welche Liebe und Großmut, Tapferkeit und Hoffnung, Geduld und Glaube so kraftstrotzend versinnbildlichen, in vielfältig sich kreuzenden Strahlen das Wasser spritzen, das außerdem stetig vom Rund der oberen Schale auf all diese ehernen Leiber fällt und so bei schönem Wetter ein reizvolles Widerspiel von zitterndem Sonnenglanz und weichen Schatten schafft. Eine Art bescheidener Wiederholung dieses Monuments war ein Venusbrünnlein, das Wurzelbauer 1599 für den Lobkowitzschen Park in Prag lieferte. In guter Hand lag dann das Unternehmen noch bei seinem Sohn Johann, dessen trefflichste Arbeit ein großer Christus aus dem Jahre 1624 ist, der bis heute die Westseite der Sebalduskirche beherrscht. Er war allerdings nur zu geringem Teil ein selbständiger Entwurf, denn er wurde nach einem verwitterten Holzkruzifix des 15. Jahrhunderts gearbeitet; der Volksmund wollte von ihm wissen, er sei aus reinem Silber und im Dreißigjährigen Kriege von den vorsichtigen Bürgern mit einer dunklen Schutzfarbe versehen worden, wofür sie den Scherznamen *„Herrgottschwärzer"* erhalten hätten.

Es wäre reizvoll, die gerade Linie des Nürnberger Kunstgusses bis in die Gegenwart hinein, wo Christoph Lenz als Erbe der Burgschmietschen Hütte sein letzter Vertreter ist, aufzuzeigen — weniger vielleicht wegen seiner teilweise bescheidenen Früchte, als um der Beharrlichkeit willen, mit welcher geschickte Männer diese Tätigkeit ausüben, allein wir müssen uns mit ein paar abschließenden Beispielen begnügen. Da wäre vor allem nochmals der Osten: Als 1683 dem böhmischen Blutzeugen Johannes Nepomuk ein Standbild errichtet wurde, die später so berühmte Figur des Heiligen *„mit dem Sternenkränzel auf der Prager Bruck"*, ließ man sie bei Wolf Hieronymus Herold in Nürnberg ausführen, welcher auch den noch später zu würdigenden Neptunbrunnen goß.

Aber noch durch eine andere Tatsache als die hier skizzierte vielseitige Ausfuhr seiner Erzeugnisse ist der Bronzeguß ein bedeutsames Stück Nürnberger Geschichte, nämlich wegen der aberhundert Grabplatten auf dem Rochus- und besonders dem Johannisfriedhof. Beinahe alle

Namen, die seit dem 16. Jahrhundert Mitträger der Nürnberger Kultur waren, finden wir hier brüderlich im letzten Schlummer vereint: Albrecht Dürer, Veit Stoß und Hans Sachs sowie Wenzel Jamnitzer, den berühmten Goldschmied; Willibald Pirckheimer, Lazarus Spengler und Luthers Freund Wenzeslaus Linck, als vornehmste Vertreter von Humanismus und Reformation; den Maler Joachim von Sandrart, den Dichter Georg Philipp Harsdörffer und den Großkaufmann Bartholomäus Viatis als Repräsentanten des Nürnberger Barock — bis herauf etwa zu Johannes Scharrer, den Urheber und William Wilson, den Lokomotivführer der ersten deutschen Eisenbahn, bis ferner zu den beiden Feuerbachs, Ludwig, den Aufklärungsphilosophen, und Anselm, den deutsch-römischen Maler, oder Friedrich Klett, den ersten nordbayerischen Maschinenfabrikanten. Noch viel willkürlicher in der Reihenfolge, als wir sie hier nennen, liegen sie friedlich beieinander, umgeben gleichermaßen von namhaften Patriziern wie von einfachen Handwerksmeistern, die sich dank reichlicher Geldmittel den Vorzug einer solch schmucken und zugleich unverwüstlichen Grabstätte leisten konnten.

Auf dem Johannisfriedhof ist auch Peter Flötner (um 1485—1546) begraben, der wegen seiner Vielseitigkeit eine ähnliche Stellung unter den Bildnern unserer Stadt einnimmt, wie Augustin Hirschvogel unter den Graphikern. Flötner betätigte sich mit gleichgroßem Geschick als Plastiker und Steinschneider, Kunsttischler, Illustrator und Baumeister, vor allem war er als Dekorateur richtunggebend in Deutschland für das ganze 16. Jahrhundert. Er kam aus dem Schweizer Thurgau, arbeitete einige Jahre lang bei dem tüchtigen Augsburger Bildhauer Adolf Daucher und ließ sich 1522, nach einer Italienfahrt, in Nürnberg nieder, wo er ein Jahr später das Bürgerrecht erwarb. Er war zwar von unermüdlichem Fleiß und überschäumend an guten Einfällen, allein er verstand es nicht im geringsten, aus seinen Gaben Kapital zu schlagen: daher blieb er zeit seines Lebens ein armer Schlucker und Schulden verfolgten ihn bis in den Tod hinein. So war er auch bei seinen vielen Arbeiten nicht weiter auf die Wahrung seines Namens bedacht, er wurde überall kopiert und die Forschung unserer Tage hatte Mühe, ihm die schuldige Gerechtigkeit widerfahren zu lassen, nachdem man ihn früher bald überschätzte, bald als unbedeutend abtat.

An Plastiken ist für Flötner nur die Statuette eines unbekleideten Jünglings — wahrscheinlich ein David — gesichert, das Holzmodell eines tanzenden Knaben und das schon erwähnte Modell zum Apollobrunnen. Ferner stammen etwa 130 Erzplaketten von ihm, die eine launige Galerie geräuschvollsten Treibens nach antikem Muster bilden, bei sanfter Geißelung der menschlichen Schwächen, zu welchen aber auch er sich mit einer geradezu faunischen Daseinsfreude bekennt. Wohl werden darin die Tugenden geschildert, allein beinahe breiter noch die Hauptsünden und bekanntesten Laster. Wegen ihres mitunter recht pikanten Gehaltes und einer glänzenden Ausführung sind diese Schautäfelchen von jeher bei den Sammlern höchst geschätzt. Ähnlich verhält es sich teilweise mit seinen über hundert Holzschnitten, die unter anderem ziemlich verfängliche Gegenstände zeigen, wie die grotesk wirkende Unteransicht eines liegenden Mannes, Rüpelszenen auf den Spielkarten oder ein Alphabet aus menschlichen Leibern; doch gibt es bei ihm auch ansprechende Landschaften in der Art der Donauschule und den breitesten Raum nehmen dekorative Studien ein, Prunkbetten, Säulenhäupter, Vasen und allerlei schmückendes Geschlinge, das nichts weiter ausdrückt als pure Freude am Fabulieren. Endlich war Flötner der Schöpfer des berühmten Hirschvogelsaales in der Hirschelgasse, eines Gartenhauses von heiter beschwingter Festlichkeit. Da es zugleich der erste deutsche Innenraum in reinem Renaissancestil war, ist sein Verlust durch den letzten Krieg ganz besonders zu beklagen, wie auch Flötners Ausstattung des Tucherschen Landhauses in der gleichen Straße; immerhin hat sich von dort ein geschnitzter Fries erhalten, der sich nun im Altstadtmuseum befindet.

Auf Grund dieser Voraussetzungen darf Peter Flötner weniger nach Zahl und Beschaffenheit seiner Arbeiten als nach dem eingeschätzt werden, was er seiner Zeit zu geben hatte. Er studierte die antike Mythologie gründlich wie ein Humanist, aber unbeschwert von Gelehrsamkeit wie irgendein Mann des Volkes und erfüllte sie in seinen Kleinplastiken, Medaillen, Möbelentwürfen und Holzschnitten so sehr mit Fleisch und Blut, daß sie schier über Nacht allgemein verständlich wurden; man ist versucht, das moderne Wort „Schlager" hierauf anzuwenden, um diese unerhörte Eingängigkeit in ihrem vollen Umfang zu illustrieren. Er hat ferner mit demselben glücklichen Griff das römisch-klassische Ornament im Norden heimisch gemacht, angeregt durch die erste deutsche Ausgabe des noch von Goethe als großen Lehrmeister der Bau- und Zierkunst geschätzten Vitruv, die 1548 bei Petrejus in Nürnberg herausgekommen war, und an der Flötner wohl mit-

Peter Flötner:
Schellenvier aus einem Kartenspiel.
Nürnberg, um 1530

gearbeitet hat. Bezeichnend für ihn ist vor allem, daß er lange Zeit hindurch als der Erbauer des Heidelberger Schlosses galt, weil die von ihm volkstümlich gemachten Schmuckformen dort rückhaltlos angewandt wurden. Aber es ist nicht minder wichtig, daß einzig durch seine schöpferisch-feurige Virtuosität diese genußfreudige Welt des reinen Zierates und der vulgären Sage, der Vorliebe für Kleinstformate, für minutiöse Schnitzereien*), die der Kenner unter der Lupe genoß, noch echte Kunst blieb; sobald sich andere dieser Dinge bemächtigten, wurde reines Kunstgewerbe daraus, besonders auf den in Nürnberg so reich vertretenen Gebieten der Möbeltischlerei, des Zinngusses (Kaspar Enderlein) und besonders der Goldschmiedearbeiten.
Werfen wir zum Abschluß auch noch auf letztere einen Blick. Ihre Hauptvertreter stellte die — übrigens wieder in drei Generationen hervorragende — Familie Jamnitzer. Als der geschätzteste unter ihnen galt Meister Wenzel, den allein vier deutsche Kaiser zu ihrem Hofgoldschmied machten und der die ihm aus aller Welt zuströmenden Aufträge kaum bewältigen konnte. Er beherrschte außer dem Figürlichen alle vorkommenden Techniken der Edelmetallverarbeitung; was er und sein Bruder an *„Tierlein, Würmlein, Kräutlein und Schnecken von Silber gießen und die Gefäß damit zieren, das ist vorher nie erhört worden"*. Nicht minder gerühmt waren Ludwig Krug oder Melchior Bayer, welcher mit anderen Nürnberger Künstlern an dem großen

*) Hierüber berichtet schon Neudörfer recht anschaulich: *„Er machte aber und schnitt an einem Kühhorn 113 veränderliche Angesichter von Manns- und Weibspersonen, er schnitt auch an die Korallenzinken Tierlein und Müschelein, als wären sie daran gewachsen. Seine Lust aber in täglicher Arbeit war in weißem Stein zu schneiden, das waren nichts anders denn Historien, den Goldschmieden zum Treiben und Gießen. —"*

Silberaltar im Krakauer Dom mitarbeitete. An den zahllosen Pokalen und Tafelaufsätzen dieser Nürnberger Werkstätten, die sich lange mit den Augsburger messen konnten, drückt sich eine zunehmende Großmannssucht der Besteller aus, ihr Wille, sich mit Prunk um jeden Preis zu umgeben — so wird häufig fremdartiges Material wie Kokosnüsse oder große Meermuscheln (Nautilien) zur Umkleidung mit Gold und Silber gewählt; hier schlägt man also eine ähnliche Richtung zum rein Spielerischen und Kuriosen ein, wie sie uns schon bei den Nürnberger Erfindungen begegnete — und so nur ist auch das Entstehen verschiedener bis zu eineinhalb Meter hoher Pokale des Goldschmiedemeisters Hans Petzoldt (1551—1633) für die Moskauer Rüstkammer zu erklären, Gefäße, die angeblich der stärkste Mann nicht zu tragen vermochte, so daß sie mit Kranen auf die Festtafel trinkfester Herren gehoben werden mußten.

f) Dichtung und Musik

Nürnberg ist zwar die Wiege aller schönen Künste, weniger aber der Dichtung gewesen, eine Tatsache, die sich leicht aus der größeren Neigung seiner Bewohner zu Handfertigkeit und Auseinandersetzung mit Wirklichkeitsfragen als zur Niederschrift lyrischer Empfindungen oder zu gedanklicher Phantasie ableiten läßt. Dennoch bedeutet auch die Literatur unserer Stadt ein schätzenswertes Stück Kulturgeschichte, ohne welches das Bild des deutschen Geisteslebens im Wandel der Zeiten unvollständig bliebe.

Die frühesten Ansätze eines bodenständigen Schrifttumes finden sich um die Mitte des 14. Jahrhunderts als Widerhall der verschiedenen mystischen Bewegungen, die damals das gesamte Abendland ergriffen. Jetzt entstand ein Büchlein *„Von der Gnaden Überlast“*, als dessen Verfasserin die Patriziertochter Christina Ebner gilt, Nonne in dem zuerst geistlich und später auch politisch unter Nürnberger Botmäßigkeit stehenden Kloster Engelthal bei Hersbruck. Diese Schrift ist erfüllt von einer frommen Überschwenglichkeit, wie sie die heilige Elisabeth von Thüringen durch ihr eigenes Beispiel lehrte; in ihr schwingt eine für jene Zeit typische Grundstimmung, die man mit dem modernen Ausdruck *„Todeserotik“* belegt hat, da ja jene Menschen eigentlich nur leben, um zu sterben. Wie wir kochend heißes Wasser mit unseren Nerven plötzlich als eiskalt empfinden können, so vermag die religiös aufgelockerte Seele als Gefäß einer himmlischen Liebe den leiblichen Schmerz als höchste Freude zu verspüren. Es handelt sich um Erscheinungen, die einem jeden meditativ Veranlagten vertraut sind: Um eine Veränderung der Empfindungsskala zwischen Lust und Unlust, die eigenen Gesetzen untersteht. Insofern sind die zartsinnigen, für eine Nürnbergerin jener Zeit staunenswert farbigen Aufzeichnungen der Ebnerin über ihre inneren Gesichte mehr als nur ein Zeitdokument.

Etwas, das halbwegs den Namen einer eigenen Dichtung verdient, entwickelt sich dagegen erst, von völlig dinghaften Erfordernissen herkommend, um 1500, also als eine richtige Gebrauchskunst. So hat sich bis weit ins 19. Jahrhundert hinein die echt Nürnberger Gestalt des *„Spruchsprechers"* erhalten, eine Art amtlich bestallter Stegreifpoet, der in den Häusern der Geschlechter und Bürger bei Hochzeiten oder anderen Festlichkeiten mit heiter-anzüglichen Versen aufzuwarten hatte oder Gedichte der Teilnehmer schlagfertig erwidern mußte. Ähnlich sind hier die Voraussetzungen für ein anspruchsloses Schauspiel: der Wunsch, einen fröhlich-prunkvollen Aufzug wie den Schembartlauf durch Rede und Gegenrede zu illustrieren, ließ kurze Szenen entstehen, die den Keim zu Hans Sachsens einprägsamen Schwänken bilden. Dieser Weg ist durchaus keine nur örtliche Erscheinung; *„das gesamte weltliche Drama des 15. Jahrhunderts darf in Deutschland als Fastnachtsspiel bezeichnet werden"*, sagt schon Wilhelm Scherer, fügt aber bezüglich unserer Stadt hinzu: *„Mittelpunkt der Lustigkeit scheint Nürnberg gewesen zu sein."* Diese Ausgelassenheit bedeutete ja geradezu das Sicherheitsventil eines Bürgertums, das wir auf Grund des selbstherrlichen Ratsregimentes an anderer Stelle mit einem unter stetem Überdruck gehaltenen Dampfkessel verglichen.

Der erste jener Diener einer leicht geschürzten Muse, die ihre Sendung darin sahen, nichts als Sprachrohr des einfachen, lebensfrohen Volkes zu sein, ist der zwischen 1420 und 1460 tätige Gelbgießer und Armbrustmacher Hans Rosenplüt, nach letzterem Handwerk auch zweideutig *„Schnepperer"* genannt, was außer Bogenschütze soviel wie Schwätzer bedeutet. Er hat die unglücklichen Hussitenschlachten bei Mies und Taus miterlebt, die dem Nürnberger Haufen nur kampflose Flucht brachten, und gegen den verhaßten Ansbacher Markgrafen Albrecht Achilles in den Reihen der Streiter gestanden, unvergeßliche Eindrücke, die ihm Stoff zu verschiedenen kritischen Gedichten geben. Vor allem hat er, was niemand vor ihm tat, seiner Vaterstadt ein Loblied gesungen, in welchem er — etwas ungehobelt noch — einen Vergleich aus seiner Berufswelt anbringt:

O Nürnberg, du edler Fleck,
Dein Ehren-Bolzen steckt am Zweck.
Den hat die Weisheit dran geschossen —

Man spürt an diesen Zeilen förmlich, wie er sie sogleich nach der Niederschrift im Kreise der Schützengilde zum besten gibt und wie sie um des Bolzens willen, der aus der Weisheit Hand so gut ins Schwarze trifft, helle Begeisterung auslösen. Und als er dann fortfährt, den weisen Rat zu rühmen, der eine *„gehorsame Gemein und wohlerzogene Priesterschaft"* derart am Gängelband hält, daß niemand *„über die Schnur kann hauen mit Spiel, mit Unfug noch mit Frauen"* — da mag alles gejubelt haben über den heimlichen Spott, den heraushören konnte, wer Freude daran hatte und der sich dem Sprecher doch nicht ankreiden ließ. Rosenplüts Schwänke und andere Reime sind um keine Spur anspruchsvoller, ja, oft obendrein mit dem Schmutz der Gosse getränkt, um ihnen wenigstens ein wenig Würze zu geben, die sie sonst nicht hätten. Am gelungensten sind seine Trinksprüche, von denen mancher auch heute noch über einem weingebeizten Stammtisch hängen könnte, wie dieser:

Selig der Wirt, der das Schenken erdacht,
Selig der Topf, der dich hergebracht;
Selig der Mann, der dich eingeschenkt,
Unselig aber wer darauf gekommen,
Daß man das Maß so klein genommen.

Wenig nur unterscheidet sich von ihm der aus Worms gebürtige Hans Folz, der zwischen 1433 und 1515 lebte. Er ist der eigentliche Erneuerer des Meistergesanges, zu dem Richard Wagner in seinen *„Meistersingern von Nürnberg"* Hans Sachs macht. Folz setzt das Erfinden neuer Melodien durch, nachdem bisher nur das Singen in den Weisen der zwölf alten Meister zulässig war. Auch er ist eigentlich nur ein Liebhaber der Dichterei, denn er amtiert als Wundarzt und Bader, aber er betreibt jene Sache schon etwas einträglicher, indem er seine gereimten Erzeugnisse auf einer eigenen Presse druckt und im Selbstverlag vertreibt sowie seine Fastnachtsspiele persönlich inszeniert, wofern dieser Ausdruck nicht bereits zu hoch gegriffen ist. Da er viel gelesen hat, weiß er die Roheit der Schwänke durch gelehrte Brocken zu glätten; daß er aber ein Einäugiger unter Blinden war, geht aus Hans Sachs' Urteil hervor, welcher Folz als *„durchleuchtig teutschen Poeten"* bezeichnet.

Schon daraus ist zu schließen, daß sich Hans Sachs dessen kaum bewußt war, wie sehr er seine eigenen Wege ging, obschon er der Gattung all jener nur auf einfachste Ohren- und Augenweide bedachten Spiele und Gedichte treu blieb; denn er war es ja, der durch ein neuartiges Feingefühl für die Erfordernisse einer unterhaltsamen Bühne den Schwank überhaupt erst bei uns Deutschen literaturfähig machte, indem er erkannte, daß die Zote zwar die Leute zum Lachen bringen kann, aber jedem Kunstwerk, selbst dem bescheidensten, nur abträglich ist. Trotzdem geht es auch bei ihm noch derb genug zu; Ehebruch und grobe Tölpelei gehören zu seinen bevorzugten Gegenständen, die Dummheit der Bauern oder die Maulfrömmigkeit der Geistlichen. Doch ist dies alles bei ihm geläutert durch das Mittel eines bisher nicht üblichen Taktempfindens als Ausdruck seines rechtschaffenen, gütigen Herzens.
Daß er als rühriger Schuhmachermeister die Muße zu solch andersartiger Nebenbeschäftigung fand, ist erstaunlich, um so mehr, als er darin eine Fruchtbarkeit entfaltete, wie sie sonst nur noch dem spanischen Dramatiker Lope de Vega nachgerühmt werden kann: Hans Sachs hat über 4000 Gedichte und etwa 400 Bühnenstücke hinterlassen, insgesamt über 6200 Arbeiten mit über einer halben Million Versen, von denen allerdings die meisten Gelegenheitsgedichte waren; er scheint also jahraus und jahrein die Feder ebenso emsig wie die Ahle geführt zu haben. Mit seinen volkstümlichen Reimen machte er sich auch gelegentlich zum Sprachrohr politischer Auseinandersetzungen, ähnlich, wie es Walther von der Vogelweide getan hatte. 1522 begeisterte er sich für die Sache der Reformation in dem berühmt gewordenen Gedicht: „*Wacht auf, es nahet gen den Tag*" und 1527 schrieb er den Begleittext zu einem von Osiander redigierten Büchlein gegen das Papsttum, das ihm einen strengen Verweis des Rates eintrug.*)
Das Leben dieses Schuster-Poeten zeigt, daß er seine Doppelbegabung bereits frühzeitig pflegen konnte und schon deshalb kein gewöhnlicher Handwerker war. Er ist 1494 als Sohn eines Schneidermeisters geboren, besuchte eine der städtischen Schulen, in der er auch etwas Latein

*) Hierzu der aufschlußreiche Wortlaut des Erlasses: „*Item Hanns Sachsen Schuster ist gesagt, ob sey dieser tagen ein Püchlein außgegangen on Wißen und Willen eins Erbarn Rats, welches beßer unterwegens gelassen were, an solchen Püchlein hab er die Reymen zu den figuren gemacht. Nun sey solchs seines Amts nicht, gepüre Ime auch nicht, darum ains Raths ernster Bevehl, daß er seines Handwerks und schuhmachens warte, sich auch enthalte, ainig Püchlein oder Reymen hinfüro außgeen zu lassen, ein Erbar Rat werd sonst ir notturft gegen Ime handeln, und diese geübte Handlung wöll ein Rat die straff dießmal bei sich behalten, doch mit eyner offnen hanndt, die nach irer gelegenheit fürzunehmen.*"

Der Teuffel lest kein Lantzknecht mehr in die Helle faren.

Hans Sachs.

Titelblatt
eines Schwankes von Hans Sachs.
Nürnberg, 1525

lernte, das er jedoch nach seinen eigenen Worten später völlig vergaß. Mit 15 Jahren kam er in die Schuhmacherlehre, verspürte aber damals bereits Neigung zur *„Poesei, der löblich' Kunst"*, und erhielt durch den Leinenweber Lienhard Nunnenbeck die erste Unterweisung im Meistergesang. Als Geselle sodann durchwandert er fünf Jahre lang die deutschen Lande von Österreich bis an den Rhein und besucht mit Vorliebe die Singschulen der verschiedenen Städte. Wieder heimgekehrt, erwirbt er den Meisterbrief und gründet eine Familie, in 41-jähriger Ehe überlebt er erst seine sieben Kinder und dann die Frau. Danach findet er nochmals ein Glück, wie es in diesem Alter sicher selten ist: Als rüstiger Sechziger führt er eine zweite Gemahlin heim, die reichlich seine Tochter sein könnte, die schöne und wohlgeartete Barbara Harscher, an deren Seite ihm noch weitere vierzehn gute Jahre beschieden sind. Als er sich dann dem achten Jahrzehnt nähert, wird er taub und weltfremd; im Januar 1576 stirbt er. Sein begeisterter Schüler Adam Puschmann hat uns eine ergreifende Schilderung aus seiner letzten Zeit überliefert: Wie er als steinalter, weißbärtiger Mann noch bei den Zusammenkünften der Meistersinger gesessen habe und abwesend in einem großen, schönen Buch las; kam jemand in den Saal und grüßte ihn:

Den sah er an diesmal,
Sagt nichts, sondern tut neigen
Mit Schweigen
Gegen ihn sein Haupt nur schwach.

Auch Hans Sachs besaß nicht die Gabe einer tieferen inneren Schau, aber dafür das bewundernswerte Geschick, anekdotenhafte Stoffe der Alten und Neuen Welt von Homer bis zu Boccaccio und Till Eulenspiegel, dem Urbild eines deutschen Schelmen, mit ein paar Handgriffen bühnenwirksam zu machen. Ob Trauerspiel oder Schwank, überall wendet er die gleiche rohe Technik und den ungeschmeidigen Knittelvers an, so, wie er auch stets in der vorletzten Zeile ein Wort bringt, das sich auf seinen Namen reimt, um die Dichtung mit diesem zu schließen:

Daß Fried im Ehestand erwachs,
Dies wünscht mit guter Nacht Hans Sachs.

Seither hat das abendländische Schauspiel eine solche Entwicklung und Verfeinerung erfahren, daß Meister Sachsens lehrhafte Tragödien geradezu kindisch auf uns wirken müssen: Ein paar dürftige, in armselige Verse gekleidete Auftritte mit beklagenswertem Ende bedeuten uns noch nicht Drama oder Tragödie, sondern höchstens die Keimzelle dazu, weil ihnen das Gesetz der notwendigen Zuspitzung fehlt, das Reifen eines Geschehens zu einem Höhepunkt, unter dem sich der Zuschauer von den Schwingen des Schicksals gestreift fühlt. Anders dagegen verhält es sich beim Schwank, dieser knappsten Form eines Lustspieles, für das eine flüchtige Zeichnung der Handlung und ihrer Träger genügt, weil ja das Spiel durch nichts als seinen heiteren Fluß wirken soll; es ist gleichsam die Erhebung einer Anekdote oder eines guten Witzes in die dritte Dimension. Daher haben die Schwänke von Hans Sachs bis heute nichts von ihrer ursprünglichen Frische verloren und stets aufs neue werden junge Menschen herzhaft über den schlauen Roßdieb von Fünsing lachen oder über den einfältigen Bauern, der ein Kalb aus Käse brüten will oder über den fahrenden Schüler, der auf dem angeblichen Weg ins Paradies reiche Zehrung für die Seelen der Abgeschiedenen sammelt.

Ähnliches wie von den Tragödien des Hans Sachs läßt sich über den Nürnberger Dramatiker Jakob Ayrer sagen, der nur dadurch kulturgeschichtlich bemerkenswert geblieben ist, daß er als erster deutscher Bühnendichter flüchtige Berührung mit der Kunst Shakespeares verrät. Im Jahre 1549 spielte die erste italienische Komödiantengruppe in der

Nürnberger Marthakirche, 1593 ist eine englische Truppe unter Robert Browne hier aufgetreten, und fortan werden dessen Landsleute häufige, freilich vom Rat nicht immer gern gesehene Gäste in unserer Stadt. Jakob Ayrer ist um 1543 in Bamberg geboren; mit seiner schriftstellerischen Tätigkeit scheint er aber erst gegen Ende des Jahrhunderts begonnen zu haben, wo er seines evangelischen Glaubens halber als kaiserlicher Notar aus seiner Vaterstadt nach Nürnberg übersiedelt war. Es darf also angenommen werden, daß er hier den ersten Besuch der englischen Komödianten miterlebt hat und von ihnen Anregungen erhielt. Recht viel ist allerdings dabei nicht herausgekommen, außer etwa, daß er von jenen die lustige Person übernimmt, den ursprünglichen Jahn Bouset, der seit Ayrer als Narr, Pickelhering oder Hanswurst auf der deutschen Bühne heimisch wird, bezeichnenderweise in den lustigen Stücken ebenso wie in den todernsten, hier, um eine Art Gegengewicht zu bilden gegen das unerträgliche Maß des schauerlichen Zubehörs. Im allgemeinen verfährt Ayrer nicht anders als Hans Sachs, der auch sein bester Lehrmeister ist; wie dieser nimmt er seine Stoffe, wo er sie nur findet und würzt sie wahllos mit plattem Witz oder blutrünstigem Unheil. Wenn eines seiner 69 Stücke jemals aufgeführt worden ist, was bezweifelt werden muß, so hätte das Publikum darin sogar einen noch lebenden Darsteller am Galgen baumeln, einen frisch abgeschlagenen Menschenkopf auf einer Schüssel oder eine Art bethlehemitischen Kindermord von nicht zu überbietender Realität sehen können. Aber alles dies erhöht den Wert seiner Erzeugnisse ebensowenig wie die Ballung der Szenen zu riesigen und ermüdenden Zyklen. Allein neun Akte bei einem Aufwand von 72 Mitwirkenden hat die dramatisierte Darstellung Kaiser Heinrichs II., der ja den Bürgern von Bamberg ebenso wie denen von Nürnberg aus ihrer Stadtgeschichte einigermaßen bekannt war. Aber auch von diesem endlosen, unspielerischen Spiel fühlte sich schon damals kaum jemand angesprochen und es blieb davon nicht einmal so viel übrig, daß es sich mit der zartsinnigen Erzählung vom Ursprung der Kunigundenlinde hätte messen können. Die Leblosigkeit jenes Gebildes — halb staubige Ahnengalerie, halb Schreckenskammer — drückt ohne alle Erläuterung der schwulstige Titel aus: *„Tragedia und gantze Hystori von Erbauung und Ankunfft der Stadt und Stiffts Bamberg, gantze Regierung und Absterben Kayser Heinrici Secundi und seiner Gemahlin Künigunda, soviel derselben Geschichte aus glaubhaften Cronicis zu beweisen ist."*

Die Meistersinger am Werk:
Rechts der Vortragende eines neuen Liedes,
links die kritischen „Merker".
Holzschnitt nach einem alten Blatt
(Aus Genee: Hans Sachs und seine Zeit, 1894)

Hans Folz und Hans Sachs nehmen vor allem auch eine führende Stellung innerhalb des Meistergesanges ein, jener seit etwa 1450 für das deutsche Handwerkertum bezeichnenden Liebhaberei, die dann Richard Wagner so liebevoll verklärt hat. Hans Folz gilt als ihr Begründer in unserer Stadt, wo sich erstmalig ein Ratserlaß des Jahres 1504 mit ihr befaßte. Natürlich betrachteten die Stadtväter auch sie, genauso wie die auswärtigen Schauspieler, als ein notwendiges Übel und erschwerten oft ihr harmloses Auftreten.

Die Meistersinger nahmen sich selbst ungemein ernst; in einem ihrer Stammlieder berufen sie sich auf ihre Abkunft von den Minnesängern, was zwar nicht wörtlich, aber doch in übertragenem Sinne zutrifft: In ihnen wird ein Zweig der großen höfischen Kunst verbürgerlicht und verknöchert — ein Vorgang, der in dieser Beharrlichkeit kaum anderweitig zu beobachten ist*). Denn andere Bewegungen starben ab, als ihre Zeit um war, der Meistergesang aber erhielt sich bis ins 19. Jahrhundert hinein als eine Art geistiges Fossil; 1839 haben ihn in Ulm vier Handwerker anläßlich der Einweihung eines Schillerdenkmals mit allem altertümlichen Pomp zu Grabe getragen. Der letzte dieser Männer, der Totengräber Johann Jakob Best, starb 1876 und einer seiner Kollegen zu Memmingen noch später: sie haben also bezeichnenderweise noch Richard Wagners *„Meistersinger von Nürnberg"* erlebt, jene Oper, in welcher der mit ihnen erlöschende Stand vor der Welt Geschichte geworden war.

---

*) Was das Entstehen gerade dieser Liebhaberei betrifft, so gibt es allerdings gegen Ende des Mittelalters ähnliche Erscheinungen innerhalb des gesamten deutschen Bürgertums: Man fand besondere Freude daran, Rittertum zu spielen, indem man dessen Gepflogenheiten in den Turnieren nachahmte — denken wir nur an das Nürnberger Gesellenstechen von 1446 — oder bei besonderen Festen wie dem Schembartlauf sich seiner Trachten bediente; möglicherweise sind auch die erwähnten burgartigen Höfe mit ihren Galerien und Treppentürmen (s. S. 225) auf diese Vorliebe zurückzuführen.

Der Dichter Konrad von Würzburg hatte gesagt und gesungen, daß die Kunst nicht zu erlernen sei, sondern einzig durch göttliche Gnade verliehen werde: so sahen die Minnesänger ihre dichterische Sendung; zweihundert Jahre später laden die kunstbeflissenen Handwerker in den Städten jeden ihresgleichen, der Lust und Liebe dazu verspürt, zum Mitsingen nach ihren besonderen Bräuchen und Regeln ein: sie dichten also vorsätzlich. Diese Entwicklung führt nun begreiflicherweise vom Schöpferischen fort, besitzt aber durch die Biederkeit ihrer Träger gewissen Reiz: Einfache Männer, die tagsüber mit ihrer Hände Arbeit für des Bürgers Kleidung und Notdurft sorgen, vertun am Abend ihre Zeit nicht beim Bier, sondern pflegen einen edlen Wettstreit nach großen, wenn auch mißverstandenen Vorbildern — eine jener romantischen Neigungen, die gleichermaßen zu den Stärken wie zu den Schwächen des deutschen Menschen gehört.

Die Wiege der Meistersinger ist Westdeutschland (Mainz?), aber Nürnberg wird führend, weil es am regsamsten war. Josef Nadler hat darauf hingewiesen, daß die Bedeutung unserer Stadt auf diesem Gebiet in der „Machthoheit" beschlossen lag, die ihr die verschiedenen auswärtigen Singschulen, besonders die österreichischen, zuerkannt haben: *„Für den baierischen Osten war Nürnberg wie das ferne Rom"*. Als ein Beispiel hierfür sei nur das kleine Iglau in der deutschen Sprachinsel Mährens genannt, das noch im Jahre 1614 die Nürnberger Singschulordnung übernahm. Der Meistergesang muß also einem allgemein tiefen Bedürfnis zu kunstbeflissener Geselligkeit entsprochen haben, denn sonst hätte er nicht solchen Umfang gewinnen können, wie er es getan hat.

Nürnbergs maßgebende Stellung innerhalb dieser Bewegung ruht zum größten Teil auf dem Namen von Hans Sachs, weil sein volkstümliches Lebenswerk es bewies, daß selbst einem einfachen Schuhmacher der Eintritt in den Musentempel möglich sein kann. Dabei wirken wie alle sonstigen Meistergesänge auch die seinigen kalt und leer, besonders im Vergleich zu dem beseelten Volkslied des 16. Jahrhunderts, aber wie unter Blinden der Einäugige König ist, so war er immerhin der Wendigste unter all jenen Liebhaber-Reimschmieden; bei ihm spüren wir doch wenigstens noch einen Anflug persönlicher Eingebung, während die übrigen Dichter des Meistergesanges hoffnungslos in die Schablone ihrer vorgeschriebenen Regeln gepreßt sind und ihre Produkte so gleichmäßig ausfallen wie die Geldstücke eines Prägestockes. Jene

Regeln allerdings, die berüchtigte Tabulatur, erwecken den Anschein, als ob die Meistersinger ihre Künste doch schon mehr wie eine Art Gesellschaftsspiel denn als musische Betätigung aufgefaßt haben. Und dies spricht für sie, genauso wie die Tatsache, daß sie stets unter sich bleiben wollten und sich vor der großen Öffentlichkeit zurückhielten, wie sie auch den Abdruck ihrer Erzeugnisse verboten.

Die Tabulatur machte den Meistersang zu einem Garten, in dem es beinahe mehr Warnungstafeln als Blumen gab. Sie enthielt nicht weniger als 32 Hauptfehler, die der Sänger unbedingt vermeiden mußte, wenn er nicht der Rüge des *„Merkers"* verfallen wollte. Teils waren es wirkliche Verstöße gegen das innere Gesetz der Dichtung, oft aber auch nur Haarspaltereien, wie etwa die sogenannte *„Unredbarkeit"* eines Satzes, das heißt, die freie Umstellung von Worten, wie in dem als unstatthaft aufgeführten Vers: *„Der Vater mein ist fromm und fein, die Mutter gut mir gütlich tut."* Man berief sich darauf, daß man so in der Umgangssprache niemals sagen würde — und doch haben sich selbst große Dichter ohne Nachteil gerade dieser Freiheit bedient. Ein anderer Hemmschuh war, daß kein Vers mehr als 13 Silben haben durfte, womit es aber schon Hans Sachs nicht immer sehr genau nahm. Und bereits Adam Puschmann, der erste Meistersinger-Chronist, warnt vor allzu straffer Handhabung dieser Regeln.

Das Reimgedicht eines Meistergesanges wurde peinlich genau aus den Bestandteilen von Bar, Gesätz, Stollen und Abgesang aufgebaut, aus einer Metrik, durch welche sich diese Gebilde sogleich von den sonstigen Liedertexten jener Zeit abheben. Diesen Begrenzungen von Vers, Wort und Silben entsprachen wiederum die musikalischen Bedingungen des *„Meistertones"*, der vorgeschriebenen Melodie. Solcher Töne gab es anfangs nur vier, von besonders verehrten Altmeistern überliefert. Erst seit Hans Folz wurde es statthaft, neue hinzu zu erfinden, so daß ihre Zahl schließlich auf ein paar hundert anwuchs; Hans Sachs hat deren allein dreizehn beigesteuert. Auch ihnen allen fehlt die Frische und Ansprechbarkeit der damaligen Volksweisen, trotzdem sie sich diesen mitunter nähern. Teils psalmodieren sie wie die alten Kirchengesänge, teils bemühen sie sich um einen keckeren Vortrag, verziert mit den koloraturartigen Einschaltungen der *„Blumen"*, aber Saft und Kraft hat keiner von ihnen. Auch hier sagen uns bereits die Namen alles über ihren blutarmen Inhalt und die windschiefe Auffassung, aus der heraus sie entstanden — all jene wunderlichen Bezeichnungen der

69. Meister Adam Kraft: Selbstdarstellung am Sakramentshäuschen in St. Lorenz

70. Bezahlender Kaufmann, aus dem Waagrelief (Industrie- und Handelskammer)

71. *Trauernde Maria Magdalena, aus der Grablegung in der Holzschuherkapelle*

72. Christus unter dem Kreuz. Ausschnitt aus dem Schreyer-Landauerschen Epitaph an St. Sebald

gängigen Melodien, die auch Richard Wagner dem Lehrjungen David in den Mund legt, um Walter Stolzing mit den Bräuchen der Meistersinger bekannt zu machen:

Der kurze, lang und überlang Ton,
Die Schreibpapier-, Schwarztintenweis';
Der rote, blau und grüne Ton,
Die Hageblüh-, Strohhalm-, Fenchelweis';
Der zarte, der süße, der Rosen-Ton;
Der kurzen Liebe, der vergeßne Ton;
Die Rosmarin-, Gelbveiglein-Weis';
Die Regenbogen-, die Nachtigall-Weis';
Die englische Zinn-, die Zimtröhren-Weis',
Frisch Pomeranzen, grün Lindenblüh-Weis',
Die Frösch-, die Kälber-, die Stieglitz-Weis',
Die abgeschiedene Vielfraßweis',
Der Lerchen-, der Schnecken-, der Bellerton,
Die Melissenblümlein, die Majoranweis',
Gelblöwenhaut-, treu Pelikanweis' ...

Hans Sachs hat in einem solchen von ihm selbst erfundenen Ton, der sogenannten *„Spruchweise"*, auch einen Streich des berühmten Till Eulenspiegel besungen, dieses Urbildes deutscher Schalkhaftigkeit. Die Sage läßt den närrisch sich gebärdenden Schlaukopf auf seinen Wanderungen durch ganz Deutschland auch einmal nach Nürnberg kommen, wo er sich schnell 200 Gulden verdient durch die „wunderbare" Heilung der Kranken in dem überfüllten Heiliggeist-Spital: Er sagt jedem der Bettlägrigen heimlich, daß er den Hinfälligsten von ihnen verbrennen werde, um aus seiner Asche ein wirksam Tränklein für die übrigen zu brauen. Darauf suchen alle entsetzt das Weite — um sich einen Tag nach Eulenspiegels Weggang wieder vollzählig einzufinden. Es bleibt dabei fraglich, ob der pfiffige Till wirklich jemals in Nürnberg war; die Geschichte ist jedenfalls hübsch erfunden und bringt uns heute noch zum Schmunzeln. Was hätte Hans Sachs in seiner Eigenschaft als Schwankdichter daraus machen können! Als er aber eine Schnurre über den gleichen Mann unter der Aufsicht peinlicher Silbenstecher nacherzählt, erstarrt seine sonst so rege Erfindungsgabe und es wird nur ein ledern ungenießbares Ding daraus, wie dies hier:

Eulenspiegel vor Jahren,
In Schalkheit weit erfahren,
Einstmals gen Nürnberg zuge
Sich überall zuschluge,
Fliß sich in allen Dingen
Viel Schalkheit zu verbringen.
Eines Nachts er spähet aus,
Daß unter dem Rathaus
Schützen und Stadtknecht wachten;
Dem Ding werd' er nachtrachten.
Nahm in Schalkheit seine Wege
Hinauf zum Henkerstege.
Da brach er ab vier Tillen
Und schlich hinab im Stillen
Hin vor das Rathaus wieder,
Mit schwerem Auf und Nieder
Mit seiner alten Plotzen
Und ward gröltzen und kotzen
Und flucht so unbescheiden
Als ob er wär ein Heiden.

Probe der Meistersingerkunst:
Anfang eines Liedes im „Schwarzen Ton"
des Hans Vogel zu Nürnberg,
aus einer Handschrift des 16. Jahrhunderts (Jena)

Der Inhalt ist reichlich unklar, so daß man ihn halb und halb erraten muß: Eulenspiegel reißt ein paar Planken vom Henkersteg los, lockt des Nachts mit einem Höllenlärm die Stadtknechte vom Rathaus fort und läßt sie an der schadhaften Stelle ins Wasser purzeln. Die Darstellung stimmt uns allerdings heiter, aber einzig wegen ihrer harten Reime, die dahergepoltert kommen wie ein Nürnberger Planwagen auf den elenden Landstraßen jener Tage.

Der Meistergesang steht mit dem einen seiner Stelzfüße im Bereich der Dichtung und mit dem anderen in dem der Musik, ohne daß diese beiden Künste ihn wirklich zu beseelen vermocht hätten. Und dabei hat sich gerade Nürnberg die Pflege von Instrumentenspiel und Gesang seit alters sehr angelegen sein lassen. Erinnern wir uns nur aus den vorherigen Abschnitten an das Aufsehen, das die Orgel des Heinrich Traxdorf in der Sebalduskirche erregte, an die Beliebtheit der Nürnberger Lauten- und Posaunenmacher in der Fremde, von welch letzteren Hans Neuschel nach Rom berufen wurde, oder an wichtige Erfindungen auf musikalischem Gebiet, wie die der Klarinette von Hans Denner. Denken wir ferner an die bedeutsame Rolle der Nürnberger Stadtpfeifer, die alljährlich in jene Städte mitzogen, in welchen Nürnberg die gegenseitige Zollfreiheit zu erneuern pflegte. Diese Stadtmusikanten hatten bei allen festlichen Anlässen ihre Kunst zu zeigen, so auch bei Hochzeiten, wobei keine Spielleute auftreten durften, die nicht *„gemeiner Stadt Schild trugen"*. Später wirkten sie auch bei den geschilderten Umzügen der Handwerker mit oder umrahmten den Gottesdienst in der Frauenkirche mit frommen Weisen — eine Sitte, die noch bis zum Jahre 1810 bestanden hat.

Der Humanist Johannes Cochläus aus dem nahen Wendelstein, vorübergehend Rektor an der Lorenzer Schule, beschreibt im Jahre 1511 mit Genugtuung einen Sängerwettstreit am Katharinentage. Solche Wettstreite wurden wohl in der Stadt alljährlich abgehalten — eine Einrichtung, die übrigens nach dem Chaos von 1945 auf Anregen der damaligen Besatzungsmacht neubelebt wurde und manch bedeutendem Talent der Sangeskunst zum Aufstieg verhalf. Cochläus hebt rühmend sowohl die stattliche Zahl der Mitwirkenden hervor als ihre harmonischen Stimmen, *„weder Antwerpen noch irgendeine Stadt in Deutschland sei Nürnberg darin überlegen“* — ein Wort, das wohl etwas kühn ist, da Cochläus die großartige Musikübung in den flandrischen Städten nicht mit eigenen Augen gesehen hat. Tatsache aber bleibt, daß zu seiner Zeit Nürnberg auf diesem Gebiet schon Gutes leistete, nicht zuletzt, weil es auf eine lange Tradition zurückblicken konnte. So unterhielt die Heiliggeist-Kirche seit ihrer Gründung (1339) einen geschulten Chor von zwölf jugendlichen Sängern und die Hauptgemeinden der Stadt werden ihr darin kaum nachgestanden haben. Die erste Persönlichkeit von Namen dieser Musikpflege ist dann der um 1410 geborene Konrad Paumann, zugleich auch der erste deutsche Virtuose auf der Orgel und Verfasser einer Anleitung für die Vervollkommnung des Spieles auf diesem Instrument. Hans Rosenplüt, der uns aus dem Abschnitt über die Spruchdichtung bekannte Schnepperer, hielt große Stücke auf ihn, denn in seinem Gedicht über Nürnberg beschäftigt er sich länger als mit allen übrigen verdienstvollen Zeitgenossen mit ihm, von dem es unter anderem heißt:

Dem hat Gott solche Gnad' getan,
Daß er ein Meister ob allen Meistern ist.
Der trägt in seinen Sinnen Lüst
Zur Musika mit ihrem süßen Ton.
Sollt' man durch Kunst einen Meister lohnen,
Der trüg' wohl auf von Gold eine Kronen.

Außerdem hebt er hervor, daß Paumann blind gewesen sei und dies wird auch in allen damaligen Notizen immer wieder eigens vermerkt. Denn es mußte den Menschen einer Zeit, die für Körperbehinderungen jeder Art wenig Verständnis hatte und sie höchstens in den Bereich des Almosens verwies, verwunderlich scheinen, daß jemand trotz des ihm fehlenden Augenlichtes sich zu einem derart großen Künstler entwickeln konnte, als welcher jener allgemein gepriesen wird.

Konrad Paumann war armer Leute Kind. Erst durch die Förderung gütiger Freunde erhielt er eine seiner ungewöhnlichen Begabung entsprechende Ausbildung. Diesen Wohltätern, den Patriziern Ulrich und

Die älteste deutsche Orgelschule:
Erste Seite des Fundamentum organisandi
von Konrad Paumann, Nürnberg, 1452

Paulus Grundherr sowie dem Sebalder Pfarrer Heinrich Leubing, gelobte er in herzlicher Dankbarkeit, daß er ohne ihr Gutheißen niemals seine Vaterstadt verlassen wolle. Mit 36 Jahren, 1446, erhält er die Organistenstelle an Sankt Sebald, kurz darauf wird er Stadtorganist bei einem Jahresgehalt von zwölf Gulden und einem neuen Rock zu Fronleichnam. Um diese Zeit ist sein Ruf bereits nach auswärts gedrungen; die Fremde lockt und bald kann er ihr nicht länger widerstehen, so daß er seine Gönner und den Rat bitten muß, ihn des einst gegebenen Versprechens zu entbinden: Herzog Albrecht III. von Bayern-München, selbst ein hervorragender Musiker, beruft ihn an seine Residenz und so läßt man ihn nach einigem Zögern für immer ziehen; auf Fürsprache der Herzogin enthebt ihn die Stadt auch seiner Pflichten als Nürnberger Bürger. 1467 ist er Hoforganist bei Albrechts Nachfolger geworden und erhält jetzt etwa das Siebenfache bezahlt als vorher daheim — schon dies mag ein ungefährer Gradmesser seines Aufstieges sein. Mittlerweile hat ihn Kaiser Friedrich III. gehört und ihm den „*Gnadenpfennig*" für besondere Kunstleistungen verehrt, eine Schaumünze mit goldener Halskette, und unterdessen ist er auch einmal über die Alpen gezogen. Er spielt vor den Herzögen von Ferrara und Mantua, wird dafür mit Geschenken überhäuft und nach einem geradezu dramatischen Musik-Wettkampf mit dem berühmten Virtuosen Antonio Squarcialupi zum italienischen

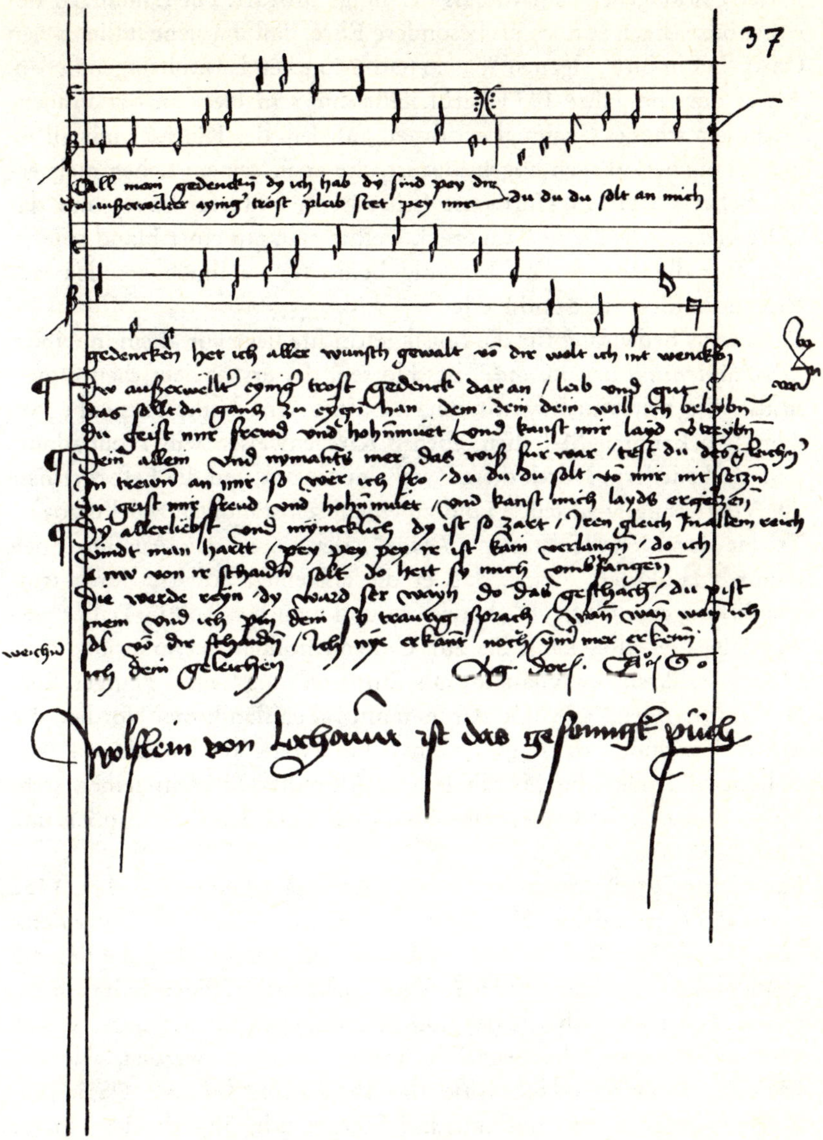

Seite 37 des Lochheimer Liederbuches mit dem heute wieder bekannten Lied:
„All mein Gedanken die ich hab, die sind bei dir."
Unten Besitzvermerk Wolflein von Lochheims. Geschrieben zwischen 1452 und 1456

Ritter geschlagen, wie nachmals der junge Mozart. Die damaligen Berichte bezeichnen es noch als besondere Ehre, daß ihn seine italienischen Gastgeber in ihren eigenen Wagen nach München zurückbringen ließen. Als er dort im Jahre 1473 stirbt, läßt ihm sein Herr an der Frauenkirche ein schönes Grabmal errichten, auf dem der Künstler mit all jenen Klangwerkzeugen abgebildet ist, die er in seinem Leben meisterlich beherrschte: An Harmonie-Instrumenten Harfe, Laute und das „*Organetto*", die kleine Tragorgel, welche man mit einer Hand spielte, während die andere den Blasbalg bediente; zu ihnen gesellen sich dann noch Blockflöte und Fiedel.

Paumanns Bedeutung für die Musikgeschichte liegt vor allem in seinem „*Fundamentum organisandi*" beschlossen, der ersten deutschen Orgelschule. Sie bietet in zweistimmigen Sätzen eine bunte Auswahl von damals bekannten Melodien, ebenso Kirchenweisen wie Troubadour- und Volksliedern. Durch diese Zweistimmigkeit und die Erfordernisse der Verzierung wird jede Hand zu einem selbständigen Spiel erzogen. Träger der Melodie ist der „*Tenor*", der durch den Ausführenden dadurch „koloriert" wird, daß er die einzelnen Schritte durch Ausschmückungen, „*läufflyn*", bereichert und manchen Ton in Triller verwandelt; dies alles kann bis zur Unkenntlichkeit der ursprünglichen Melodie führen — vielleicht als Entsprechung jenes Hanges zum Geheimnisvollen, wie ihn der gesamte abendländische Norden das Mittelalter hindurch zeigte, vom Schnitzwerk der Wikinger, dem „Flechtstil", über die Mystik bis zu Albrecht Dürer in seinen sechs Holzschnitten mit den irrgartenähnlichen Gebilden ihrer großen und kleinen Knoten.

Paumanns Orgelbüchlein hat sich als Anhang zu einer zwischen 1452 und 1456 entstandenen Handschrift erhalten, die um jene Zeit zuletzt dem Nürnberger Bürger Wolf von Lochheim gehörte und die deshalb heute als das „*Lochheimer Liederbuch*" bekannt ist. Sie enthält in ihrem ersten Teil eine Reihe mehr- und einstimmiger Lieder, unter diesen auch Volksweisen, die neuerlich wieder gesungen werden, wie das schöne „*All mein Gedanken die ich hab, die sind bei dir*". Das Manuskript war eine Art musikalisches Stammbuch, ähnlich dem später berühmten Notenbüchlein der Anna Magdalena Bach, nur daß es mehrmals den Besitzer wechselte, welcher dann jeweils seine Lieblingslieder eintrug. Entsprechend seinem Ursprung als reines Zufallsprodukt ist es auch unterschiedlich im Inhalt wie im Geschmack, für uns

aber dennoch von höchstem Wert, weil sich verschiedene Weisen und Sätze sonst nirgendwo als hier finden und weil sich — wenn auch bruchstückhaft — die ganze Fülle der Zeitmusik darin spiegelt. So ist es reizvoll, daß neben deutschem Singgut auch flämische und französische Lieder darin enthalten sind, letztere an ihren kecken und spritzigen Synkopen erkenntlich; die Verbindung Nürnbergs mit aller Welt findet also auch hier ihren Niederschlag. Aus der Notierung der kleinen Stücke wird auch die Art ihrer Ausführung deutlich. Die Lieder wurden mit Vorliebe von ein bis zwei Instrumenten, möglichst verschiedenen Klanges, begleitet, doch sang man, wenn Geige und Flöte zur Stelle waren, auch sonst nicht *„a capella“*, sondern pflegte die menschliche Stimme mit der eines Instrumentes zu untermalen, wie hier die zwischen die Strophenzeilen eingestreuten Zwischenspiele erkennen lassen; ebenso konnte der ganze, anspruchslose Satz auch rein instrumental vorgetragen werden. Durch diese Verbindung von Gesang und Spiel erhielt die damalige Musik eine Farbigkeit, die sie den großen Werken der Malerei durchaus ebenbürtig machte und für die nur wir modernen Menschen nicht mehr das Ohr besitzen.
Wenige Jahre später (1461—1467) ist dann in Nürnberg ein weiteres Musikerzeugnis dieser Art von Bedeutung entstanden, das ebenfalls als Stammbuch gedachte Liederbüchlein von Hartmann Schedel, dem uns bekannten Schöpfer der großen *„Weltchronik“*. Abgesehen davon, daß es nur eine einzige Hand verrät und daher wesentlich einheitlicher ausfiel als jenes, ist es auch technisch viel reifer; Schedel verstand von der Komposition mehr als die uns nicht weiter bekannten Mitglieder der Familie Lochheimer und besaß als Sammler ein viel feineres Urteil. Man glaubt, die Systematik des Arztes in diesem Werklein zu spüren und dann auch den Mann von Welt, denn seine Aufzeichnungen verraten eine noch engere Beziehung zum Westen — die 154 Stücke des Buches enthalten 18 lateinische, 2 italienische Texte mit Weisen und 20 französische Chansons; dazu kommen noch Instrumentalsätze der bekanntesten niederländischen Meister, wie Okeghem, Busnois und andere.
Dies waren zwei Proben Nürnberger Hausmusik der spätgotisch-bürgerlichen Kultur, wie sie uns ein freundlicher Zufall erhalten hat; sie erlauben uns auch den Rückschluß, daß damals Gesang und Instrumentenspiel als eng zusammengehörig allgemein gepflegt wurden. Eigentliche Träger des städtischen Musiklebens aber waren wie überall

Der Lautenmacher
führt sein Instrument vor.
Aus dem Ständebüchlein von Jost Ammann
mit Versen von Hans Sachs, 1568

so auch hier die fähigsten Vertreter von Kirche und Schule. Unter ihnen wäre als erster der 1498 geborene Sebald Heyden zu nennen, der an der Schule des Heiliggeist-Spitals und später bei Sankt Sebald als hochgeschätzter Lehrer amtierte; von ihm heißt es, daß sich damals dank seines Rufes die Zahl der Schüler in letzterer Anstalt bis auf 600 erhöht hätte, wobei allerdings auch Heydens Stellung im Dienste der Reformation ausschlaggebend war — er war es unter anderem, der die Kirchengesänge dem neuen Glauben anpaßte. Vor allem schrieb er einen Leitfaden der Musik und eine Gesangschule, die beide zu den wesentlichsten fachtheoretischen Schriften ihrer Zeit gerechnet werden. Ebenfalls der uns schon aus seinen Zitaten bekannte Luthergegner Johannes Cochläus hatte sich während seiner Nürnberger Zeit eingehend mit Musik befaßt und ein diesbezügliches Kompendium herausgegeben, das fast gleichzeitig mehrmals aufgelegte *„Tetrachordum musices"*. 1531 erschien von dem Magister Hans Singer *„eyn kurzer Auszug der Musik, den jungen, die singen und auff den Instrumenten lernen wollen, gantz nützlich"*. Ebenfalls als Lehrer war um 1570 der vielseitige Tiroler Tonsetzer Leonhard Lechner in Nürnberg tätig, der hier erstmalig weltliche Gesänge nach Art der italienischen ländlichen Lieder, der damals viel gesungenen *„Villanellen"*, in Druck gehen ließ und dem der Rat bei seinem Weggang das Urteil eines *„gewaltigen Komponisten und Musikus"* ausstellte. Ein Nürnberger Kantor Clemens Stephan, der um die Mitte des 16. Jahrhunderts lebte, ist als Komponist einer der ersten deutschen Matthäuspassionen bemerkenswert, die allerdings erst 1660 erschien. Stephan hat außerdem eine größere Anzahl von Kirchenliedern in Besetzungen bis zu zwölf Stimmen hinterlassen. Sozusagen als Verbindungsmänner zwischen der Kirchen- und Hausmusik dürfen die privaten Lautenvirtuosen gelten, deren es in der Dürerzeit viele gab, teilweise unter den Instrumentenmachern selbst wie den 1521 gestorbenen Konrad Gerle und dessen Sohn Hans; letzterer hat uns auch einige wichtige Anleitungen für das Lauten- und Geigenspiel hinterlassen. Berühmt waren vor allem die beiden aus Preßburg stammenden Lautenmacher und -schläger Hans und Melchior Neusiedler, deren damals veröffentlichte Tabulaturen von unschätzbarem Wert für die genaue Kenntnis dieses Musikzweiges sind — dies um so mehr, als solche Musikanten etwa nach Art unserer Klavierauszüge Werke, die ursprünglich für mehrere Sänger und Spieler bestimmt waren, auf die Laute in deren zwiefacher Eigenschaft als Harmonie- und Melodieinstrument übertrugen. Man kann daher sagen, die Laute war damals der Vermittler von dem, was in Kirchen und Klöstern musiziert und neu erdacht wurde, zu Volk und Straße.

Es war also eine enge Verquickung zwischen dem Bau und Spiel der Instrumente, eine Verbindung von Handwerk und Kunstübung, wie wir sie sonst nicht leicht wieder vorfinden und die wiederum in verschiedenster Richtung anregend wirkte. Sie mag mit ein Grund dafür gewesen sein, daß nun der musikalische Buchdruck in Nürnberg hundert Jahre lang für ganz Deutschland tonangebend wird und noch bis weit in das 18. Jahrhundert hinein blüht; ohne eine entsprechende Praxis wäre dies wohl kaum in solchem Maße möglich gewesen. Auf diese Weise sind aus unserer Stadt viele Veröffentlichungen hervor gegangen, die ein für die heutige Wissenschaft unentbehrliches Material darstellen. Um wieviel ärmer wären wir zum Beispiel in der Kenntnis des damaligen Volksliedes ohne die Sammlungen des aus Amberg stammenden Arztes Georg Forster, seinem *„Außbund kurtzweyliger frischer teutscher Liedlein“*, die besonders der Musik-Jugendbewegung um 1910 eine reiche Quelle versunkenen, aber leicht aufs neue zu belebenden Gutes wurde! Forster war wie ähnlich sein Berufskollege Hartmann Schedel ein großer Musikliebhaber, hatte das Lautenschlagen bei dem von seiner Zeit hochgeschätzten Lorenz Lemlin an der Heidelberger Hofkantorei erlernt und beschloß, nach langer Tätigkeit als Leibmedikus verschiedener hoher Herren, seinen Lebensabend in Nürnberg. Sein Beruf hat ihm viel Muße gelassen für das Komponieren und das Sammeln, eine Neigung, wie sie in dieser Zuverlässigkeit erst 300 Jahre später Achim von Arnim und Clemens von Brentano wieder entwickeln werden: Lieder des Volkes, die der Vergessenheit anheimzufallen drohten, für die Nachwelt aufzuzeichnen. Ähnlich ist es mit dem Spielgut der Neusiedler oder den zwei- und dreistimmigen Gesängen, den Bici-

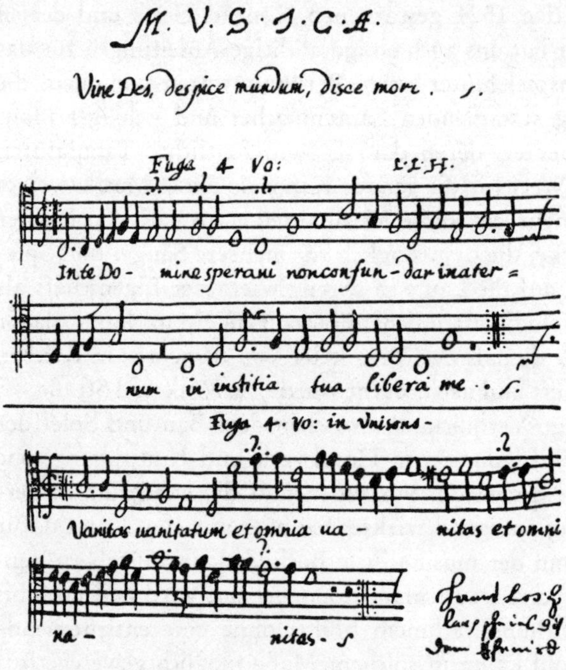

Hans Leo Haßler: Kanon für ein Stammbuch.
Eigenhändiger Eintrag, 1608

nien und Tricinien, des Rektors Kaspar Othmayr, die teilweise ebenfalls auf ältere Weisen und Texte zurückgehen. Von den uns aus dem Kapitel über den Nürnberger Buchdruck bekannten Typographen haben die meisten auch irgendwann musikalische Werke herausgebracht, wie Georg Stuchs, Hieronymus Hölzel, Friedrich Peypus, Johann Petrejus, der Formschneider Hans Guldenmund und all die übrigen bis herab zu den letzten Winkeldruckern — wenn es ein lohnendes Geschäft verhieß, so riß man sich um Kompositionen aller Art für Kirche und Haus. Berühmte Nürnberger Musikverleger waren der um 1550 tätige Hans Ott, ferner Ulrich und Valentin Neuber, Dietrich Gerlach und an erster Stelle der seines evangelischen Glaubens wegen aus Gent zugewanderte Kaspar von Berg, dessen Geschäft geradezu ein Monopol von Noten jeglicher Gattung darstellte. Einer der letzten Träger jener erwähnten Doppelneigung für Lautenspiel und Verbreitung der einschlägigen Literatur war dann der 1767 gestorbene Ulrich Haffner, der das Zupfinstrument virtuos beherrschte und zudem einen ausgedehnten Musikalienverlag und -vertrieb unterhielt, in welchem er unter anderem die Kompositionen des teilweise jetzt wieder gespielten Giovanni Platti herausbrachte, Kammermusiker der Grafen Schönborn in ihrem oberfränkischen Schloß Weißenstein ob Pommersfelden.

In das Ende des 16. Jahrhunderts fällt aber noch das Leben eines der größten Nürnberger und zugleich deutschen Musiker seiner Epoche, welcher auf seinem Schaffensgebiet eine ähnliche Stilwende einleitete wie Albrecht Dürer in der Malerei: Hans Leo Haßlers, von dem besonders seine Madrigale wegen ihrer Frische und Farbigkeit auch heute noch begeisterte Sänger und Zuhörer finden. Er ist 1564 geboren, im gleichen Jahre wie Galilei und Shakespeare, und mag als Jüngling Zeuge des Besuches von Orlando di Lasso gewesen sein, des berühmten, in allen damaligen Musikländern Europas heimischen Niederländers, als dieser um 1580 zum zweiten Male von München nach Nürnberg kam und hier vom Rat mit allen erdenklichen Ehren aufgenommen wurde. Haßlers erste Lehrer waren neben seinem Vater — der, obwohl von Beruf Edelsteinschneider, selbst ein trefflicher Musiker und Tonsetzer — vermutlich der erwähnte Etschtaler Leonhard Lechner und der Kantor der Egidienkirche, Friedrich Lindner. Beide waren leidenschaftliche Anhänger des neuen italienischen Stiles und mochten daher Anlaß dazu gegeben haben, daß Haßler mit zwanzig Jahren nach dem Süden wanderte, wo er in dem schönen Venedig Schüler des für die seinerzeitige Musik bahnbrechenden Andrea Gabrieli wurde, damaligen Musikleiters an der Markuskirche. 1585 erhält Haßler seine erste Berufung als Organist zu dem Grafen Oktavian Fugger nach Augsburg, dann weilt er kurze Zeit am Prager Hofe Kaiser Rudolfs II., um sich 1601 seiner Heimatstadt als Leiter und Lehrer der städtischen Kapelle sowie Organist an der Frauenkirche zu verpflichten; in letzterer wurden auch seine geistlichen Liedsätze erstmalig aufgeführt.

Schon bei der Anstellung hatte der Ratsherr Guido Volkamer über ihn das begeisterte Urteil gefällt, *„daß dieser Zeit seinesgleichen in Teutschland nit ist und auch unter den Teutschen bis auf diese Zeit kein solcher Komponist gefunden"*. Einen schon in jungen Jahren gefeierten Mann vermochte man in Nürnberg nicht für immer zu halten — 1608 nimmt er die Einladung des Dresdner Hofes als Kammerorganist und Verwalter der Musikbibliothek an. Vielleicht hat ihn Kurfürst Johann Georg mit Aufträgen über seine Kraft beansprucht, denn als er diesen 1612 zur Kaiserkrönung des Habsburgers Matthias nach Frankfurt begleitet, stirbt er dort an der Schwindsucht. Hans Leo Haßler ist der erste geniale Vertreter der deutschen Musik im Zeitalter der Spätrenaissance, einer Tondichtung der ungebrochenen Vitalität und einer neuartig drängenden Kraft. Die fließende, aus der Grego-

rianik erwachsene Linearität wird jetzt von einer stark artikulierten und dynamischen Musik abgelöst, die gleichsam in jeder einzelnen Note etwas Besonderes ausdrücken möchte und der sich Luther programmatisch im besten Sinne des Wortes bedient hatte. Aber obschon dieser Stil durchaus protestantisch war, übernahmen ihn alsbald Katholiken wie Lutheraner; ein Beweis dafür, daß er völlig dem Geist seiner Zeit entgegenkam. Wie vorher Ludwig Senfl, diente auch Haßler beiden Lagern, obgleich er zeitlebens evangelisch blieb, weil ihm die Musik über den Konfessionen stand: für seine eigene Kirche hat er zahlreiche Motetten geschrieben, für die römische einige klangschöne Messen. Von den Italienern aber ließ er sich wenig beeinflussen, indem er sich zwar an ihre verlockende Form, nicht aber an den Inhalt hielt. Was sich diese jetzt richtungweisend erarbeiteten, die Grundlagen einer neuzeitlichen Harmonik und einer großzügigen Anwendung der Chromatik, der Halbtonschritte, die den regelgebundenen Übergang von einer Tonart in die andere spielend leicht machen: dies alles geht an Haßler so gut wie spurlos vorüber, da er einem eigenen schöpferischen Ideal dient. So sind seine Madrigale mit ihrer Verherrlichung der Liebe, des Weines und der Freuden der Musik in guter Gesellschaft zwar südländisch lebhaft, zugleich aber innigst ihrem Text verbunden als Ausdruck deutscher Vorstellungen und Empfindungen; ebenso entspricht in seinen herrlich bewegten Kirchengesängen und Instrumentalwerken der venezianischen Prächtigkeit eine vornehme Zurückhaltung in der Wahl der Klangmittel, die man ihm nicht zum Schaden als echt evangelisch angerechnet hat. Für seine Erfindungsgabe spricht etwa folgende Tatsache: Die Melodie zu seinem fünfstimmigen Lied *„Mein Gmüt ist mir verwirret“* ging über den Weg der Kontrafaktur, der damals viel geübten Textvertauschung, nach geringen taktlichen Veränderungen in den durch Johann Seb. Bach berühmt gewordenen Choral *„O Haupt voll Blut und Wunden“* ein; ebenfalls hat ein katholisches Kirchenlied aus jener Weise seinen Ursprung genommen.
Auch mit Haßler und seinen fleißigen Brüdern Kaspar und Jakob bricht die Nürnberger Musikpflege nicht ab, sondern leitet zu der Kunst des Barock über, die uns an gegebener Stelle noch beschäftigen soll.

Die Reformation in Nürnberg. Anonymer Holzschnitt, 1558

7. KAPITEL

HUMANISMUS UND REFORMATION

Nurmberg leucht warlich inn ganz Deudsches Land wie eine sonne unter mon und sternen und gar krefftiglich andere Stedte bewegt, das daselbst im schwang gehet.
Martin Luther 1530 an Lazarus Spengler

An der Wende vom 15. zum 16. Jahrhundert ist ganz Deutschland erfüllt von dem sehnlichen Wunsch nach Erneuerung nicht allein des Glaubens, sondern verschiedenster Lebensgrundlagen, und dies Verlangen fand seinen Niederschlag in dem Begriffe der „*Reformation*". Nicht zufällig wurde in Nürnberg ebenso die Sache Martin Luthers wie die erste gedruckte Gesetzessammlung mit diesem Namen bezeichnet. Reformbedürftig aber war außer der Kirche an erster Stelle die Bildung: Die Wiedererweckung der klassisch-antiken Literatur durch die Italiener, für die sich im Reich schon Karl IV. begeistert hatte, setzt sich jetzt bei uns endgültig durch, nachdem man einsah, wie blutleer die bisherigen Unterrichtsmethoden der Schulen gewesen waren, weil man von der süßen Frucht griechischer und lateinischer Dichtungen nur die Schale und nicht den Kern gekannt hatte. Humanismus und Reformation werden die treibenden Kräfte in der weiteren geistigen Entwicklung des Abendlandes, aber sie gehen nicht immer im gleichen Schritt nebeneinander her, sondern ihr gegenseitiges Verhältnis ist wechselnd und gelegentlich auch von Spannungen erfüllt.

In Nürnberg legte man von jeher großen Wert auf Bildung, allein, wie auch heute noch vielfach üblich, man verstand darunter zuallererst ein umfassendes praktisches Wissen, mit dem man im beruflichen Leben gut vorankam: Die gesamte *„Kaufmannschaft"*, das heißt Handelskunde und Geographie, Kenntnis der vielen Münzen, Maße, Gewichte und einschlägigen Bräuche sowie den Umgang mit fremden Sprachen. Die Fähigkeit der Nürnberger, sich mit Ausländern gewandt in deren Muttersprache zu bewegen, wird damals öfter gerühmt, so von Conrad Celtis. Die nötigen Erfahrungen auf diesem weiten Gebiet machten auch eine Auslandspraxis empfehlenswert, und wir sahen ja bereits, wie die Söhne der Handelsherren für eine Zeitlang in ferne Städte geschickt wurden, um dort das zu lernen, was ihnen daheim nicht geboten werden konnte. Aber auch die Obrigkeit gewann frühzeitig ein lebhaftes Interesse daran, daß befähigte junge Leute aus dem Patriziat sich vorübergehend im Ausland aufhielten, um das Römische Recht zu studieren, welches der Stadt besonders für den schwierigen Verkehr mit den kaiserlichen Kanzleien mehr und mehr unentbehrlich wurde. Um 1365 wird erstmalig ein Stadtjurist erwähnt, der Magister Erhard, 1393 kommt ein Meister Gerselchus zur Klärung schwebender Rechtsfragen eigens aus Wien und im 15. Jahrhundert finden wir hier verschiedene gelehrte Ratsschreiber in jener Eigenschaft tätig, wie den vierfachen Doktor Konrad Künhofer, der sich später der Theologie zuwandte, den uns aus seinem unerschrockenen Kampf gegen Papst Pius II. schon bekannten Gregor von Heimburg oder den nachmaligen württembergischen Kanzler Niklas von Wyle, der sich auch als Übersetzer von Dichtungen aus dem Italienischen und Französischen einen Namen machte. Erst danach wurde es gebräuchlich, sich für diese Stellung einheimischer Männer zu bedienen, wie solche etwa Großvater und Vater Willibald Pirckheimer gewesen waren, und nun setzt ein großer Zustrom nürnbergischer Studenten nach denjenigen italienischen Hochschulen ein, die wie Bologna und Padua wegen ihrer Rechtslehrer berühmt waren. Aber einmal dort, hatte man natürlich auch ein offenes Ohr für das, was einem die übrigen Fakultäten boten und manch einer wäre lieber für ganz bei den *„guten Künsten"*, den humanistischen Fächern, geblieben, anstatt bei der trockenen Rechtswissenschaft

— so war ja Willibald Pirckheimer auch zeitlebens ein weitaus besserer Gelehrter als Jurist oder Verwaltungsmann und einem ähnlichen Empfinden gibt Sixt Tucher Ausdruck, wenn er 1502 seinem Freund Anton Kreß, der ihm von verschiedenen Übelständen an den italienischen Hochschulen berichtet hatte, schreibt: *„Du aber tust recht, alles andere außer acht zu lassen und nur die Berühmtheit der Lehrer ins Auge zu fassen, um derentwillen Du nach Italien, sozusagen als dem Stapelplatz der schönen Künste, gereist bist."*

Unter solchen Erscheinungen wird es verständlich, daß der Nürnberger Rat zunächst durchaus nicht so humanistenfreundlich war, wie es auswärtigen Gelehrten wie Regiomontanus und Ulrich von Hutten vorkommen mochte. Man erwartete sich von seinem in die Fremde geschickten Nachwuchs eine gründliche Kenntnis des gesamten Rechtes, alles andere war Privatsache, war eine angenehme, doch nicht erforderliche Zugabe und konnte gleichermaßen nach gefährlichem Fortschritt schmecken wie der leidige Zunftwille der Handwerker. Daher fand man auch hier einen dauerhaften Riegel für ein Tor, das zu unerwünschten Freiheiten führen konnte: Um Bürgerlichen den Weg über den Doktorhut, der eine adelsgleiche Stellung verlieh, zu versperren, verbot man etwa 1454, daß Inhaber akademischer Grade in den Rat gewählt wurden. Wer also maßgebender Politiker in seiner Vaterstadt werden wollte, mußte sich die ehrende Krönung seines Studiums versagen. So kam es, daß die Träger einer gediegenen Bildung bis gegen 1500 entweder Auswärtige waren oder in weniger wichtigen Stellungen saßen, wie der genannte Konrad Kunhofer, der 1429 die 1370 gegründete erste deutsche Stadtbibliothek durch Überschreibung seiner eigenen Bücherei wesentlich bereicherte*). Pirckheimer fand eine Zwischenlösung, indem er auf den Doktorgrad verzichtete, sich aber danach durch Beschäftigung mit den Humaniora schadlos hielt. Fremde Gelehrte, die für einige Zeit in der Stadt weilten, suchten einen Kreis Gleichgesinnter um sich zu scharen, wie etwa Regiomontanus auf dem Gebiet von Mathematik und Sternkunde oder der Unterfranke Albrecht von Eyb als Liebhaber des antiken Lustspieles, der in seinem dem Nürnberger Rat gewidmeten Ehebüchlein den Humanismus einer allgemeinen sittlichen Auffassung dienstbar zu machen sucht. So hat man andererseits die neue Geistesrichtung auch nicht gerade von Amtes

*) So, wie Prag die erste bürgerliche Universität Europas, war die Nürnberger Stadtbibliothek die erste nichtgeistliche Bücherei Deutschlands.

wegen bekämpft und sie konnte in Stille abwarten, bis ihre Zeit reif war. Während sie anderswo ihrer „heidnischen“ Gedanken wegen vielfach in Gegensatz zur Reformation geriet, war es in Nürnberg gerade der Glaubenswechsel, der ihr zum Durchbruch verhalf.

Der deutsche Humanismus konnte sich mit dem italienischen in keiner Weise messen; ihm fehlte dessen Vollblütigkeit und er blieb im wesentlichen rezeptiv, wo jener in höchstem Maße schöpferisch war. Wir haben ihm die Kenntnis der griechischen Sprache, des riesigen Gebietes der antiken Literatur und damit die Grundlagen eines neuartigen kritischen Apparates zu verdanken, aber ein Dante oder Petrarca ist uns daraus nicht erwachsen: Man bediente sich statt der Muttersprache des Lateinischen, das man nicht mit eigenen, sondern mit nachempfundenen Gedanken erfüllte. Man lauschte den Alten genau ihren Wortschatz und ihre Metrik ab, um damit eine erstaunliche Fertigkeit der formalen Nachahmung zu erreichen, aber am Wesen der Dichtung ging man vorüber; kaum einer dieser Millionen von Versen, der uns Herz und Gemüt seines Schreibers verraten möchte oder der etwas an Empfindungen auszusagen hätte, was vorher niemandem geglückt war. Wieder einmal wie so oft wurde der Menschheit das lehrreiche Beispiel geboten, daß Klugheit noch keine Künstler ausmache, aber wer wollte das schon wahrhaben! Eobanus Hessus schrieb gerade in Nürnberg eine Anleitung zum Dichten, die das Verseschmieden als eine reine Angelegenheit des Willens betrachtete; 200 Jahre später wird Georg Philipp Harsdörffer in seinem *„Nürnbergischen Trichter“* das gleiche lehren.

Zu alledem kam die innere Uneinigkeit Deutschlands mit dem Ergebnis einer materiellen und geistigen Kirchturmpolitik. Den vielen unnützen Kämpfen der Städte und Stände untereinander, der bürgerlichen Schranken aller gegen alle, entsprach jetzt der Streit darum, ob Reuchlins Nutzanwendung aus seinem Studium des Hebräischen Ketzerei sei oder nicht; er fand seinen Ausdruck in den berühmten *„Dunkelmännerbriefen“*, die zwar bis heute amüsant zu lesen, doch, gemessen an der universellen Schaffensfreude der Italiener, eigentlich nur ein witziges Gelehrtengezänk sind.

Sehen wir dagegen im deutschen Humanismus nicht seine augenblicklichen Ergebnisse, sondern seine wohltuende Wirkung für die Zukunft, so können wir ihm viel leichter gerecht werden. Um 1500 lagen ja das Alte und das Neue noch zu sehr im Kampf miteinander, als daß hieraus einheitliche Taten für ein schöpferisches deutsches Geistesleben

73. *Meister Veit Stoß: Engelsgruß in St. Lorenz*

74. Im Ausschnitt: Gabriel, der Engel der Verkündigung

75. Im Ausschnitt: die gläubig hörende Maria

76. Antlitz des Gekreuzigten (Wickelscher Kruzifixus in St. Sebald)

hätte erwachsen können; Ahnen und Wissen hielten einander die Waage und nur einzelne genial veranlagte Menschen schlugen ohne Zögern bisher unbekannte Wege ein, wie Dürer oder Paracelsus. Für diese eigenartige Lage haben wir auch in Nürnberg mancherlei Anzeichen. Betrachten wir nur unter diesem Gesichtswinkel nochmals die uns schon vertraute Weltchronik von Hartmann Schedel. Sie wird gern als eine Spitzenleistung des Nürnberger Humanismus bezeichnet, aber sie verkörpert mit dessen Stärken zugleich seine Schwächen. Ihr Verfasser war zwar fortschrittlich gesinnt in seiner das ganze Leben hindurch währenden Freude am Reisen und Sammeln; seine im Ausland erworbenen Erfahrungen hat er sicher auch mit großem Gewinn auf seinen ärztlichen Beruf angewandt und wir sahen auch bereits, welch hohen Geschmack er als Liebhaber der Musik entwickelte. Außerdem hinterließ er, wie zuvor sein Onkel Hermann Schedel, dem Rat seine gepflegte Bücherei, die sich zusammen mit dem von Konrad Künhofer gelegten Grundstock alsbald zu einer Stadtbibliothek von einer Vielseitigkeit entfaltete, wie sie damals in Deutschland noch selten war.
Auch seine Weltchronik ist in ihrem Ansatz durchaus fortschrittlich: Es schwebt ihm darin vor, die Geschichte der Menschheit von ihren Uranfängen bis zur Gegenwart zu erzählen und ihr dadurch eine kühne Perspektive zu verleihen, jenes Gerichtetsein auf ein Ziel, das in allem Gewesenen das Seiende erkennt. Aber es fehlte ihm dabei die methodische Folgerichtigkeit: So, wie die Holzschneider dieses Werkes unbedenklich Anleihen bei fremden Vorbildern machen und gleiche Druckstöcke schablonenhaft für die Darstellung verschiedenster Orte und Menschen verwenden, genauso schöpft Schedel in seinem Text größtenteils aus fremden Quellen, ohne von sich aus etwas dazu beizusteuern. Versteht man dies ohne weiteres bei zeitlich und örtlich weitab seines Gesichtsfeldes gelegenen Geschichtsabschnitten, so doch nicht bei seiner eigenen Vaterstadt: Ihr Schicksal hätte er selbst erfassen und neu gestalten müssen. Aber gerade das tut er nicht, sondern übernimmt das Kapitel über Nürnberg kritiklos von einem mäßigen italienischen Autor, anstatt es durch eigene Anschauung zu vertiefen oder sich zumindest Meisterlins nach damaligen Begriffen bestens unterbauter Stadtchronik zu bedienen, die er obendrein nachweisbar zur Beurteilung in Händen gehalten und auch höchlich gerühmt hat.
Es ist eben hier wie überall der gute Wille, dem zur Tat nichts weiter fehlt, als verbesserte Werkzeuge der geistigen Arbeit — die gleiche

Haltung, die Kopernikus mit dem ptolemäischen Sonnensystem und Paracelsus mit der galenischen Humoralpathologie brechen läßt, ohne noch den bündigen Beweis dafür liefern zu können, daß sie damit eine veraltete Welt aus den Angeln gehoben haben. Wie fortschrittlich man trotz all dieser zeitbedingten Unzulänglichkeiten auch im konservativen Nürnberg war, zeigten uns ja bereits seine verschiedensten handwerklichen und künstlerischen Sonderleistungen, dazu der Buchdruck und das Auftreten hervorragender Gäste, wie Regiomontan, Celtis, Albrecht von Eyb, Gregor von Heimburg und anderer, die sich allerdings hier — und dies ist wohl nicht minder bezeichnend — meist nur kurze Zeit halten konnten. Wählen wir aus den vielen übrigen Beispielen nur noch zwei von grundsätzlicher Bedeutung: 1501 veröffentlichte Conrad Celtis in Nürnberg die von ihm in Regensburg entdeckten Werke der Roswita von Gandersheim, der ersten deutschen (allerdings gleich den Humanisten lateinisch schreibenden) Dichterin, und verfaßte dazu im Hause Pirckheimers eine Vorrede, die ein neuartiges Bekenntnis zu einem nationalen Schrifttum darstellt und die bei vielen Zeitgenossen begeisterten Widerhall fand. Der Acker war also auf diesem Gebiet bestellt, aber noch fehlte ihm das Saatkorn, um für das ganze Volk Früchte zu tragen.

Ein anderes Werk, das uns die vielseitigen Bemühungen jener Zeit im Dienste einer neuen Wissenschaft gut veranschaulicht, ist das 1553 fertiggestellte, aber erst 1949 teilweise veröffentlichte Herbarium des Nürnberger Apothekers und Kaufmannes Georg Oellinger in der Universitätsbibliothek zu Erlangen. Man hat früher allgemein angenommen, daß Dürer in seinen Pflanzenstilleben — denen ja auch nicht irgendwelche besondere Absichten zugrunde lagen — keine direkten Nachfolger gehabt habe, und daß das Blumenmalen in unserer Stadt erst im Barock seit Maria Sibylla Merian heimisch geworden sei, während wir nun einen schönen Beweis dafür haben, daß auch die darstellende Botanik sich schon vorher auf einer beachtlichen Höhe befand. Oellinger hat auf 647 liebevoll kolorierten Tafeln alle ihm bekannten Pflanzen der Heimat wie auch fremder Länder zusammengetragen und mit jener Sorgfalt wiedergegeben, wie sie nur einem kultivierten Sammler möglich ist: Heilkräuter und Blumen, Gemüse und fruchttragende Sträucher, aber auch mancherlei Tiere, die ihm bemerkenswert schienen. Die Bilder überraschen durch ihre geschickte Verbindung von Wirklichkeitstreue und künstlerischer Auffassung. Alles rein Lehrhafte ist sorgsam vermieden, exakte Beobachtung der wesentlichen Eigenschaften und ein gemütvolles Verhältnis zu allem organischen Leben durchdringen einander. Daß Nürnberg nach seiner anfänglichen Zurückhaltung schließlich mit den verschiedenen Strömungen des deutschen Humanismus so eng verbunden ist, verdankt es außer seiner rasch sich vollziehenden religiösen Wandlung im wesentlichen einem Mann, der uns schon öfter begegnete, nämlich Willibald Pirckheimer.

Er ist 1470 geboren, also Altersgenosse von Albrecht Dürer, mit dem ihn ja auch stets eine Freundschaft verband, wie sie damals zwischen den Angehörigen verschiedener Gesellschaftsschichten noch zu den Ausnahmen zählte. Wie wir sahen, waren seine Vorfahren erfolgreiche Kaufleute gewesen, hatten sich aber in den letzten Generationen bereits der Gelehrsamkeit zugewandt; schon sein Großvater wird unter die führenden deutschen Frühhumanisten gerechnet. Als Willibald zur Welt kam, war sein Vater bischöflicher Rat zu Eichstätt, denn er fand seiner Doktorwürde halber auswärts ein besseres Auskommen als daheim, doch hat er Nürnberg durch seinen Anteil an der großen Gesetzessammlung der „*Reformation*" wertvolle Dienste geleistet. Der Knabe begleitet ihn auf seinen verschiedenen, anstrengenden Gesandtschaftsritten ins Ausland und erhält in Eichstätt eine ritterliche Ausbildung — so wird er frühzeitig zum Weltmann erzogen. Doch zum Studium in Italien muß ihn der Vater erst nachdrücklichst anhalten, dann allerdings bleibt er fast sieben Jahre dort, gefesselt von den Hochschulen zu Padua und Pavia; kein Wunder, daß er sich jetzt viel lieber zu den umgänglichen Italienern hält, als zu seinen Landsleuten mit ihren derben Sitten. Auch seine erste Herzensneigung gilt einer Südländerin namens Bernarda, deren rührender Abschiedsbrief vor einiger Zeit aufgefunden wurde; vielleicht hat sie ihn glücklicher gemacht als nachmals seine Gattin Creszentia Rieterin, denn die Ehe mit ihr scheint lau gewesen zu sein, und dies ist womöglich der Grund, daß er stets — wie etwa Dürer gegenüber — zu Junggesellenspäßen aufgelegt war. Als seine Frau an der Geburt ihres fünften Kindes starb, hat er sie zwar sehr betrauert, allein zu einer nochmaligen Bindung konnte er sich nicht mehr entschließen, denn fortan schienen ihm seine geliebten Bücher die besten Lebensgefährten. 1524 hat Dürer sein Löwenhaupt in dem bekannten Kupferstich festgehalten, dies zwar nicht schöne, aber gebieterische, leicht erregbare Antlitz mit den großen, forschenden Augen und dem genießerischen, schon von Enttäuschungen gezeichneten

Mund — unter dies Bild ließ er die Worte schreiben, denen er stets mit all seiner männlichen Leidenschaft anhing: *„Man lebt für die Kraft des Geistes, alles übrige ist dem Tode verfallen."* Es ist das gleiche ungestüme Verlangen nach der reinen Welt des Geistes, das so oft in seinen Briefen zum Ausdruck kommt, wie etwa in dem Satz: *„Wozu ist man denn da, wenn man nicht studieren kann?"* Pirckheimer schuldete es seinem Stande, ein öffentliches Amt zu bekleiden, doch mit Leib und Seele hat er es wohl niemals ausgefüllt, und dies bekamen denn auch seine Kollegen vom Rat öfters zu spüren; sie hielten ihn deshalb für unverträglich und gallig, woran allerdings auch ein Gichtleiden schuld war, das ihn mit zunehmendem Alter immer mehr plagte. Im Jahre 1511 beschwerte man sich darüber, daß er die ihm obliegenden Geschäfte vernachlässige sowie dem vortragenden Bürgermeister öfters grob und hochfahrend ins Wort falle. Bei seiner Rechtfertigung macht er auch gar kein Hehl daraus, wie sehr er sich bei den Sitzungen langweile, da er doch eigentlich zu nichts mehr gebraucht werde und steif wie ein Stock dasitzen müsse. Bald darauf gibt man ihn auf seinen eigenen Wunsch hin frei und er hat der Stadt im wesentlichen nur noch beratend gedient, nunmehr voll ausgefüllt von seinen Neigungen. Die Ratsherren versagten ihm ihren Dank nicht und er konnte von sich auch sagen, sein Bestes getan zu haben, soweit es ihm innerhalb des ständigen Zwiespaltes zwischen geistiger und praktischer Arbeit möglich gewesen war — hauptsächlich in diplomatischen Aufträgen, für die ihn seine glänzende Beredsamkeit von vorneherein sehr geeignet machte. Als Offizier freilich bewies er eine weniger glück-

Willibald Pirckheimer.
Aus dem Kupferstich von Albrecht Dürer.
1524

liche Hand, wie wir ja anläßlich der für Nürnberg so verhängnisvollen Schlacht am Walde gesehen haben.

Daß Pirckheimer unter die führenden Männer seines Jahrhunderts gezählt wird, beruht vor allem auf seiner unermüdlichen Begeisterungsfähigkeit für alles Schöne und Edle, auf einer Haltung, die zahllosen Menschen als vorbildlich gelten konnte. Sein scharfer, ausdauernder Verstand befähigte ihn zu einer staunenswerten Vielseitigkeit: Er ist ebenso feinfühlig im Übersetzen alter Autoren wie angriffslustig in der Polemik über Tagesfragen. Seine Fürsprache gilt neben Latein und Griechisch auch dem Deutschen, von dem er noch vor Luthers Bibelübersetzung findet, daß es gar nicht so ungeeignet zur Wiedergabe klassischer Inhalte sei, wenn man diese nur ihrem Sinn nach übertrage. Er beschäftigt sich mit den Naturwissenschaften, stellt Horoskope, und Freunde holen seinen Rat in medizinischen Fragen ein; meisterlich versteht er die Laute zu schlagen. Es gibt kaum ein Fachgebiet, das ihn nicht irgendwann einmal gefesselt hätte, denn sein Bildungsideal kennt noch kein abkapselndes Spezialistentum, sondern erstrebt die gleichmäßige Durchdringung aller Wissenschaften. Ebenso kritischer Kopf wie blendender Stilist, steht er mit vielen berühmten Männern seiner Zeit in Briefwechsel, mit ersten Gelehrten, wie Erasmus, Reuchlin oder Melanchthon, mit dem kämpferischen Ulrich von Hutten*), oder den verschiedenen Reformatoren, wie Zwingli, Spalatin und gelegentlich auch Martin Luther, der wohl 1518 erstmalig in seinem allezeit gastlichen Haus geweilt hat. Dieser umfangreiche Briefwechsel, dank Emil Reickes gewissenhaft erläuterter Ausgabe heute jedermann zugänglich, ist ein getreuer Querschnitt der Zeit seiner Entstehung mit ihren ganzen Nöten, Gärungen und inneren Kämpfen; alles aber, wofür und wogegen Pirckheimer stets leidenschaftlich Stellung nimmt, wiegt nicht jene paar köstlichen Sätze auf, die er im Sommer 1522 von Neunhof bei Lauf, wohin er der Pest halber geflohen war, an seinen Freund Bernhard Adelmann richtet — Sätze, die ihn einmal nicht allein als klugen, sondern auch als gemütstiefen Menschen kennzeichnen:

„Ich komme selten aus dem Schlosse, außer zum Besuch der Kirche. Auch dann bin ich beritten — nicht weil ich die Nähe des (mit Nürnberg in Fehde liegenden) *Rotenbergs fürchtete, sondern weil ich, wie Du weißt, schlecht zu Fuß bin. Doch fehlt es mir nicht an hinreichender Ergötzung. Des Morgens nach dem Gebet sehe ich mit Lust zwei Herden blökender Schafe auf die Weide ziehen. Große, zottige Hunde begleiten sie, der Wölfe wegen mit Stachelhalsbändern bewehrt. Rinderherden folgen,*

*) der an Pirckheimer in seinem Brief vom 25. 12. 1518 die nachmals berühmten Worte richtet: „O Jahrhundert, o Wissenschaften, es ist eine Lust zu leben!"

zuletzt erscheint auch das borstige Geschlecht der Schweine, die durch störrisches Wesen ihren Treibern unausgesetzt zu schaffen machen. Ist dies Schauspiel vorbei, so beschäftige ich mich einen großen Teil des Tages mit dem Lesen Platonischer Schriften; bin ich doch so glücklich, derzeit von meinen Amtsgeschäften frei zu sein. Dann esse ich Mittag und nun erfreut mich bald ein Blick ins Freie, bald lese ich Geschichten oder erheitere mich sonst irgendwie, zum Beispiel mit Musik. Auch meine nicht geringe Korrespondenz erledige ich am Nachmittage. Bisweilen kommen gute Freunde, Nachbarn mit Frauen und Kindern, die ich bei dem Überfluß des Landsitzes (seines Schwagers Geuder) *an Fleisch und Fischen prächtig zu bewirten vermag. Ist kein Besuch da, so lade ich mir wohl die Bauern zum Essen ein, namentlich an Feiertagen, und spreche dann mit ihnen über den Landbau und die Natur, ja ich beköstige zwischenhinein auch einmal sämtliche Bauern des Ortes mitsamt ihren Frauen, ihren Söhnen und den jungen Dirnen. Danach nehme ich wieder die Bücher zur Hand, geistliche oder auch heidnische, mit Vorliebe aber solche, die von der Herrlichkeit der Natur und von den Sitten der Menschen handeln. So bleibe ich oft bis in die Nacht hinein wach. Wenn es klar ist, beobachte ich mit meinen Instrumenten den Lauf der Wandelsterne, denn die drei oberen leuchten jetzt hoch am Himmel. Erst spät, aber immer ohne Abendessen, gehe ich zu Bett."*

Sicher ist diese Freude am ländlichen Leben in nicht geringem Maße von Vergils romantischen Lobgedichten auf den bäuerlichen Stand beeinflußt — dennoch steckt hinter jener schäferhaften Verkleidung des Städters, mit der jetzt zwei Jahrhunderte lang die Mode spielen wird, auch viel echtes Empfinden für die Schönheiten von Wald und Flur, über die man sich vorher wenig Gedanken gemacht hatte und mit deren Schilderung teilweise ebenfalls Dürer Neuland beschritt. Vielleicht aber hat Pirckheimer das Neunhofer Idyll auch deshalb so bewußt erlebt, weil sein sonstiges Dasein schon sehr von Sorgen umwölkt war: Immer öfter und peinigender suchte ihn jetzt die Gicht heim; außerdem war er darüber erbittert, daß sein freimütiges Eintreten für Luther einen ihm teuer erscheinenden Preis gekostet hatte: Der Ingolstädter Theologieprofessor Dr. Johann Eck, der schärfste Anwalt der reformfeindlichen Sache in Bayern, sah sicher nicht zu Unrecht in Pirckheimer den Verfasser einer bissig-satirischen Schrift mit dem ungefähren deutschen Titel *„Der enteckte Eck"*, worin diesem vermittels einer spaßhaft derben Prozedur nach Art der damals üblichen Studentenscherze alle ihm beigemessenen Untugenden und Fehler ausgetrieben werden. Eck rächte sich dafür alsbald, indem er persönlich beim Papst den Bannfluch gegen verschiedene ihm mißliebige Personen sozusagen in blanco erwirkte, darunter gegen Pirckheimer. Obwohl dieser in solchen Dingen als echter Humanist nicht kleinlich dachte und die ganze religionspolitische Entwicklung der zwanziger Jahre ihn darin bestärkte, wie bedingt doch solch eine Strafe für einen freien Geist war, so hat er sie dennoch als Last empfunden und viele ihm verdrießliche Mühe darauf verwandt, ihrer wieder ledig zu werden. Er erreichte aber eine Absolution schließlich nur dadurch, daß er sich seinem Gegner Eck unterwarf, und diese Demütigung, die ihm obendrein der Rat seiner Vaterstadt gleichsam vor Torschluß auferlegt hatte, konnte er niemals ganz verwinden. Auch als Nürnberg dann evangelisch wurde, schloß er sich dieser Wandlung nicht an, sondern blieb dem alten Bekenntnis treu — zumal er sah, daß auch das Neue nicht frei war von allzu irdischen Schwächen, sobald man es als Kampfruf auf die Fahnen von allerlei Fanatikern heftete. Die entfesselte Volkswut und die Grausamkeiten der Gegenpartei in den Bauernkriegen sowie Nürnbergs energisches Vorgehen beim Auflösen der Klöster ließen ihn in seinen alten Tagen sogar völlig zum Gegner seines ehemaligen Gastes Luther werden — mußte er doch mit ansehen, wie seine eigene Schwester, die gelehrte Caritas Pirckheimer, mit den letzten Nonnen von St. Klaren tapfer in ihren Zellen ausharrte, gleich der Besatzung einer belagerten Festung, und wie in all diesen Dingen der Eifer größer war als die christliche Gerechtigkeit, für die er sich immer eingesetzt hatte; er war leiblich und seelisch zerrüttet, als er, der letzte männliche Sproß seines Hauses, im Dezember 1530 starb.

Exlibris Willibald Pirckheimers. Holzschnitt von Albrecht Dürer, um 1500

Damit sind wir eigentlich schon mitten in jenen spannungsreichen Ereignissen, die im März 1525 zum Glaubenswechsel in Nürnberg führten. Es war sicher ein großer und mutiger Entschluß, der den Rat dazu bewog, innerhalb kurzer Zeit evangelisch zu werden und damit sogar in Gegensatz zu Kaiser und Reich zu geraten; es war eine Tat um Gottes und Christi willen, mit ehrlichster religiöser Überzeugung vollbracht — und dennoch haben dabei auch rein praktische Erwägungen eine wesentliche Rolle gespielt, auf die wohl erstmalig Hans von Schubert als einer der besten Kenner von Nürnbergs Reformationsgeschichte hingewiesen hat. Die Stadt, die jetzt ein Gebiet von der Größe eines kleinen Fürstentums ihr eigen nannte, empfand ihre Abhängigkeit zum Bistum von Bamberg, auch wenn sie im wesentlichen nur kirchenrechtlicher Art war, als drückend und versuchte, sie bei der ersten sich bietenden Gelegenheit zu lösen. Dieses Verlangen war um so begreiflicher, als Nürnberg schon seit langem auch in kirchlichen Dingen ein Mitbestimmungsrecht besaß, wie kaum eine andere deutsche Stadt: Es hatte wesentlichen Anteil an der Verwaltung des Kirchenvermögens, es gewährleistete ebenso das Zustandekommen großer Bauvorhaben nichtweltlicher Art wie eine würdige Ausschmückung der Gotteshäuser; es war an der Gestaltung der Gottesdienste beteiligt und nahm die Neubesetzung der Pfarrstellen vor. Beschwerden über Mißstände in den sieben Nürnberger Klöstern wurden seit etwa der Mitte des 15. Jahrhunderts nicht allein dem Bischof, sondern zugleich durch die dafür bestellten Pfleger dem Rat gemeldet, der sich dann auch seinerseits um entsprechende Abhilfe bemühte. Für diese kirchenrechtliche Sonderstellung Nürnbergs lange vor der Reformation ist noch ein anderes Beispiel sehr aufschlußreich: Als der uns schon bekannte Konrad Künhofer, später Propst von Sankt Lorenz, 1424 in seiner Eigenschaft als Rechtsberater der Stadt mit der Kurie wegen der Gewährung eines Sonderablasses bei den alljährlichen Schaustellungen der Reichskleinodien und Heiltümer, wegen der Kanonisation des Heiligen Sebald und anderer Kirchenfragen mit großer Zähigkeit verhandelte, da tat er dies als Beauftragter des Rates direkt und ohne daß das Bistum Bamberg darauf irgendwelchen Einfluß genommen hätte.

Unter all diesen Gesichtspunkten kann man daher ohne Übertreibung sagen, daß die Durchführung der Reformation nur die Krönung einer schon lange bestehenden Selbständigkeit bedeutete — mit den Ergebnissen völliger Kanzelfreiheit, Einziehung allen geistlichen Gutes bei Übernahme der laufenden Verpflichtungen, wie der Gehälter und Leibrenten, und einer Neugestaltung des Schul- und Fürsorgewesens. Entgegen der einstigen Auffassung, auf die wir anläßlich der Gründung des Heiliggeist-Spitals hinwiesen, daß alle soziale Hilfe nur seitens der Kirche und mildtätiger Privatpersonen zu leisten wäre, trat jetzt die Stadt auch als verantwortungsvolle Trägerin der Krankenpflege auf, eine Wandlung, die genauso politischen Motiven wie einem neuartigen Pflichtbewußtsein zugeschrieben werden darf, denn natürlich gingen die Zeitströmungen an den Vertretern des Rates nicht vorüber, wenn sie sich davon auch stets nur mit Maßen beeinflussen ließen. Diese Wandlung war nicht Ergebnis eines Augenblicks, sondern hatte sich schrittweise vollzogen mit Nürnbergs wachsender Macht: Es hatte schon vorher die Aufsicht geführt über Ärzte, Apotheken und Hebammen, das Bettel- und Almosenwesen geordnet und den Luxus der Kleidung bekämpft, es hatte nebst manch anderen gemeinnützigen Einrichtungen die Siechenhäuser betreut; nun aber erhielt dies alles eine bisher nicht gekannte Note dadurch, daß die Stadt zugleich auch kirchliche Behörde wurde.

Die sonstigen treibenden Kräfte der Reformation sind natürlich in Nürnberg die gleichen wie anderswo: Allgemeine Kritik am Bibelwort in seiner bisherigen Übersetzung und Auslegung, an der Äußerlichkeit der Gottesdienste, am weltlichen Lebenswandel der Geistlichen, an der Verquickung der Sündenvergebung mit üblen Geldgeschäften im Ablaß und endlich an den sozialen Verhältnissen. Wir sahen, wie schon in den Tagen des Johannes Hus über Nürnberg eine latente Bereitschaft zu religiösen Veränderungen aller Art lag, und seither hatte sich diese Neigung eher noch verstärkt, begünstigt durch das Gefühl, daß alles einer Entscheidung entgegendränge, die mit der Glaubensläuterung auch eine gerechtere Verteilung der irdischen Güter herbeiführen würde, begünstigt aber auch durch augenfällige Übelstände der örtlichen Kirche. So lag seit etwa 1400 die Zucht im Egidienkloster sehr darnieder — die Bauten waren völlig heruntergewirtschaftet, in der Bibliothek befanden sich nur noch zwei Bücher, und ein Abt namens Philipp hatte seine Meßgeräte an einen Juden versetzt. Wie es dort sonst um die geistliche Ordnung bestellt war, darüber gibt ein damaliges Sprichwort Auskunft, wonach jeder, der sein Weib vermisse, es nur im Schottenkloster suchen solle. 1418 wurde hier nach ein paar mißglückten Versuchen mit aller Strenge durchgegriffen, wobei man auch die fremden (irisch-schottischen) Mönche durch deutsche ersetzte. So kam dann alle paar Jahre ein anderes Kloster an die Reihe bis zu den fidelen Nonnen von Engelthal, die, als ihnen 1513 eine vom Rat entsandte Kommission zu Leibe rücken wollte, sich erst einmal energisch zur Wehr setzten, so daß man ihnen die Tore einschlagen mußte, bevor sie zur Vernunft gebracht werden konnten. Dank solchen Vorgehens wurden verschiedene Klöster gegen 1500 zu wirklichen Pflegstätten christlicher Kultur, an erster Stelle das der Augustiner, welches jetzt mit hervorragenden Predigern an die Öffentlichkeit trat und das sich den reformatorischen Gedanken aufgeschlossen zeigte, nicht zuletzt weil Martin Luther aus seinem Orden hervorgegangen war.

Dazu kam, daß von Nürnberg aus auch schon vor der Reformation wichtige Fäden nach Wittenberg liefen. So war Dr. Christoph Scheurl

— Sohn jenes Großkaufmannes am Burgberg, der Maximilian I. bewirtet hatte — fünf Jahre lang hochgeschätzter Rechtslehrer und Rektor der noch jungen Universität Wittenberg gewesen, bevor er in seine Vaterstadt zurückkehrte und hier die Stellung eines Ratskonsulenten einnahm. Er soll es auch gewesen sein, der 1517 als erster in Nürnberg die Nachricht von den Hammerschlägen an das Tor der Wittenberger Schloßkirche erhielt, Schlägen, die alsbald in der gesamten abendländischen Welt widerhallten. Aus geistlichen Kreisen waren es vor allem zwei Obere des Augustinerklosters, die sich den reformatorischen Strömungen sehr aufgeschlossen zeigten — der General-Vikar des Ordens, Johannes Staupitz, der als hervorragender Kanzelredner und trefflicher Charakter in Nürnberg stets willkommener Gast war, und der Prior des Klosters, Wolfgang Volprecht. Ferner wäre noch besonders Dr. Wenzeslaus Linck zu nennen, der Luther mit einer neuen Kutte ausstattete, als dieser 1518 auf der Durchreise nach Nürnberg kam, und ihn auch nach Augsburg begleitete, wo ihn der Kardinallegat Jacob Cajetan vernahm und ihn nur der Schutz des Kurfürsten von Sachsen vor dem Zugriff der Inquisition bewahrte. Cajetan übrigens besuchte noch zwei Jahre später unsere Stadt und wurde hier glänzend empfangen — ein Zeichen dafür, daß bisher niemand an ernsthafte Veränderungen dachte; obwohl die Anhänger Luthers jetzt schon zahlreich waren und sich unter dem Namen „Martinianer" als eine große Gemeinde fühlten, taten sie es doch als untadelige katholische Christen. Um diese Zeit war Christoph Scheurl, der freilich nicht zu den standhaftesten Männern der Nürnberger Reformation gehörte, noch mit Luther gleichermaßen wie mit Eck befreundet.
Zwei Jahre später allerdings begann sich das Bild rasch zu verändern. Luther hatte 1521 vor dem Reichstag zu Worms die Unwandelbarkeit seiner Überzeugung in dem bald durch alle Lande laufenden Wort bekundet, er stehe hier, er könne nicht anders und Gott möge ihm helfen. Maximilian I. hätte ihn in dieser Standhaftigkeit noch eher begriffen als jetzt sein Enkel Karl V., der ihm nach seinem Tode 1519 auf den Thron gefolgt war — halb Knabe noch mit weichem, mädchenhaftem und wie aus Verwunderung stets halbgeöffnetem Munde, aber durch seine Erziehung bereits ein Weltbürger, wie ihn das Reich seit dem Sizilianer Friedrich II. nicht mehr gesehen hatte. Die Sprache seiner Väter erschien ihm, wie er selber sagte, gerade für den Umgang mit Pferden gut genug und so konnte er auch für die innerdeutschen Ver-

hältnisse kein Verständnis aufbringen, um so mehr, als seine starre Frömmigkeit nach spanischem Zuschnitt ihn in religiösen Dingen völlig unduldsam machte. So war eine Verständigung, die den Glaubenskampf hätte verhindern können, unmöglich und Luthers Auftreten in Worms endete mit der Reichsacht, die ihn rechtloser machte, als es der letzte Bettler im Lande war. Daher ließ ihn auf dem Heimritt Kurfürst Friedrich der Weise von der Landstraße verschwinden, um ihn auf die Wartburg zu schaffen, wo er als „Junker Jörg" Schutz und Ruhe genoß wie sonst nirgendwo. Die Öffentlichkeit aber meinte, er sei von seinen Gegnern beseitigt worden und betrauerte ihn — so auch Albrecht Dürer auf seiner niederländischen Reise, welcher rührende Worte der Klage für ihn fand. Ohne daß es beabsichtigt worden wäre, hat gerade diese geheimnisvolle Rettung Luther über Nacht zu einer der volkstümlichsten Gestalten gemacht. Obwohl der Nürnberger Rat um jene Zeit in Glaubensfragen noch größte Zurückhaltung übte und manchen Fürsprecher Luthers in Wort oder Schrift ernsthaft rügte, vollzog sich doch alles weitere unaufhaltsam wie eine chemische Reaktion. Bürger und Handwerker sahen auf ihre Geistlichen mit vom Zweifel geschärften Augen; sie forderten ein geläutertes Christentum immer leidenschaftlicher, weil sie fühlten, daß sie jetzt oder nie dazu gelangen könnten. In den Wirtshäusern und Bädern, den wichtigsten Stätten allgemeiner Geselligkeit, wurden erregte Gespräche gewechselt, die Druckerpressen arbeiteten mit einem heiligen Eifer, als gälte es, falsches Geld unter die Leute zu bringen, und manches Kloster wurde durch höhnische Ständchen daran erinnert, daß seine Tage gezählt sein könnten. 1522 wußte man es bereits in Rom, wie sehr Nürnberg gefährdet war, denn jetzt sandte der Papst an den Rat ein Schreiben, in welchem er das *„unübertreffliche"* Regiment der Stadt zu wirksamer Bekämpfung der Ketzerei aufforderte mit dem Hinweis darauf, daß ihm anderenfalls die ewige Verdammnis sicher sei — auch dann, wenn die Herren des Rates die allerchristlichsten wären, weil es nicht genüge, selbst auf dem rechten Wege zu wandeln, sondern man auch

Kaiser Karl V. im Jahre 1521.
Aus einem Flugblatt

Allen liebhabern Ewangelischer warhait/
Wünsch ich Johannes Sachs Schůchmacher/
gnad vn̄ fryd in Christo Jesu vnserm herren.

Wacht auff es nahent gen dem tag
Ich hör singen im grünen hag
Ain wunnigkliche Nachtigall
Ir stym̃ durchklinget berg vnd tall
Die nacht naygt sich gen Occident
Der tag get auff von Orient
Die rotprüjnstige morgenröt
Her durch die trůben wolcken göt
Darauß die liechte Sun̄ thůt blicken

Hans Sachs:
Beginn des Lobliedes auf Martin Luther.
1525

den Nächsten mit aller Kraft dazu anhalten müsse.

Mittlerweile aber hatte man der Reformation schon so weit Vorschub geleistet, daß eine Umkehr kaum mehr möglich war, selbst wenn man sie ernstlich angestrebt hätte. Um den Schein zu wahren, wurden allzu kühne Streitschriften beschlagnahmt oder ihre Verfasser zurechtgewiesen, wie im Falle von Hans Sachs, doch Buchdrucker wie Autoren schienen zu wissen, wie es gemeint war. Freiwerdende Pfarrstellen wurden mit lutherisch gesinnten Geistlichen besetzt, wie an Sankt Lorenz mit Hektor Pömer und Georg Peßler, die beide soeben ihren Doktor in Wittenberg erworben hatten und nun vor Begeisterung für die neue Sache glühten. Kurz nach ihnen wurde auch der erst 24jährige Andreas Osiander, der sich vorher als Augustinermönch mit dem Unterricht im Hebräischen mühsam durchgeschlagen hatte, seiner glänzenden Redegaben wegen an die Lorenzkirche berufen, wo er dann später, nachdem er der Reformation zum Sieg verholfen hatte, das erste offizielle Amt eines evangelischen Hauptpredigers erhielt.

1523, als das Reichsregiment in Nürnberg tagte, war es soweit, daß der päpstliche Vertreter Francesco Chieregati den Rat beschuldigte, er würde die Ketzerei öffentlich begünstigen, und die Verhaftung der abtrünnigen Priester forderte. Es war eine stumme und doch beredte Antwort, daß man ihn sowohl wie die evangelisch gesinnten Geistlichen von Amtes wegen schützen ließ, damit ihnen durch die Gegenpartei kein Leides widerfuhr. Im übrigen formulierte man einige geschickte, ausweichende Antworten und hielt sich in bewunderswerter Weise alle unlauteren Elemente fern, die da meinten, jetzt im trüben fischen zu können: Liederliche Mönche und Nonnen, echte und falsche Schwarmgeister. Im April jenes Jahres 1523 wurden nochmals vom Schopperschen Hause am Hauptmarkt die Heiltümer dem Volke gezeigt, aber der Rat ließ durchblicken, daß er dies Fest als eine Abschiedsgeste betrachte an die *„Schwachen, die am Althergebrachten hingen und mit denen man Geduld haben müsse“*.

Zwischen 1522 und 1524 fanden in unserer Stadt drei kurze Reichstage statt — es waren nicht die ersten seit des neuen Kaisers Krönung, wie es das Vermächtnis Sigismunds forderte, denn 1521*), als Karl V. in Nürnberg einziehen sollte, hatte hier die Pest gewütet und so war man in Worms zusammengetreten, wo Luther in die Reichsacht erklärt wurde. Damit aber schien jenes Privileg ein für alle Male aufgehoben, denn kein Fürst hielt sich künftig mehr daran — nicht zuletzt, weil sich Nürnbergs Beziehung zum Reich des Glaubens wegen folgenschwer gelockert hatte. Auch auf diesen Reichstagen wurde, wie so oft, keine der brennendsten Fragen gelöst; vor allem schien den Beteiligten das Feilschen um Nürnbergs Seelenheil wichtiger als ein entschlossener Kampf gegen die Türken, die jetzt Belgrad eingenommen hatten und mit der Donauebene Wien bedrohten. Sang- und klanglos war diesmal ein päpstlicher Legat, Lorenzo Campeggio, in unserer Stadt eingezogen und seine Klagen, die er besonders an seinen ehemaligen Schüler Christoph Scheurl richtete, fanden wenig Widerhall: Der Rat suchte seine lutherfreundliche Gesinnung kaum mehr zu verbergen und schon nach kurzer Zeit, vor Ostern 1524, wurde in Nürnberg die Messe deutsch gelesen und das Abendmahl unter beiderlei Gestalt gereicht, weil Tausende von Menschen sehnlichst danach verlangten. Damit hatte die evangelische Sache von innen her gesiegt und dem Rat blieb nach einigem Zögern nichts weiter zu tun, als den allgemeinen Willen öffentlich zu befragen. So fand vom 3. März 1525 an im Rathaus ein großes Religionsgespräch über zwölf von Lazarus Spengler verlesene Punkte statt, bei dem sämtliche Amtsvertreter und 500 Bürger zugegen waren, während das Volk in großen Scharen draußen stand. Anwalt der Katholiken war neben dem Barfüßer-Guardian Michael Frieß der Karmeliterprior Andreas Stoß, Sohn des Bildschnitzers, von dem es hieß, daß seine Rede *„verdrießlich“* gewesen sei; namens der Lutheraner sprach Osiander. Zu allem Unglück für die Anhänger des alten Glaubens waren deren Wortführer an Wissen und Beredsamkeit ihren Gegnern weit unterlegen, so daß sie nach der fünften Sitzung verstummten und schließlich ganz das Feld räumten. Damit aber war ihr Schicksal besiegelt, auch wenn sie hintennach höhere Instanzen zu ihrer Verteidigung anriefen: Nürnberg nahm in aller Form und vor aller Welt den neuen Glauben an.

*) Der Rat hatte eigens zu diesem Anlaß eine große Gedenkmünze auf den jungen Fürsten von Albrecht Dürer entwerfen lassen, von der dann aber nur einige Probestücke geprägt wurden, so daß sie heute zu den größten Seltenheiten zählt.

Dieser Wechsel des Bekenntnisses war eine Tat mutiger Überzeugung, aus geistigen Ursachen und Erkenntnissen geboren. Dies hinderte aber nicht, daß sie sich alsbald sehr materiell auswirkte. Die Stadt übernahm mit einer Reihe neuartiger Pflichten das klingende Erbe der Kirchen und Klöster*); sie tat es, gemessen an den Lebensgewohnheiten jener Zeit, behutsam, doch ohne empfindliche Härten ging es trotzdem nicht ab. Schon 14 Tage nach dem großen Glaubensgespräch wurde den daran beteiligten Orden das Predigen und Beichtehören untersagt; Andreas Stoß mußte, da man seiner Aufsässigkeit von vorneherein sicher war, innerhalb dreier Tage die Stadt verlassen und der Barfüßer-Guardian Frieß folgte ihm in Kürze nach, weil er dem ihm auferlegten Gebot zuwidergehandelt und von der Kanzel aus seinem Zorn über das scharfe Vorgehen des Rates freien Lauf gelassen hatte. Die neue Gottesdienstordnung sollte fortan für alle innerhalb der Mauern lebenden Menschen gelten, selbst dann, wenn diese katholisch blieben — eine Forderung, die sich beim besten Willen nicht sinnvoll in die Tat umsetzen ließ. Ferner sollten alle Priester zu Bürgern der Stadt werden, nicht zuletzt, damit man sie steuermäßig erfassen konnte, während sie vorher abgabenfrei gewesen waren. All diesen Bestrebungen kam weitest der Umstand entgegen, daß von den Männerklöstern eines nach dem anderen aus eigenem Entschluß die Übergabe anbot, zuerst das der längst reformatorisch gesinnten Augustiner und bald darauf fast alle übrigen. Selbstverständlich wurden diese Angebote binnen kürzester Frist angenommen — unter Wahrung gewisser Vorsichtsmaßregeln im Falle späterer rechtlicher Anfechtungen, wie sie dann schon nach ein paar Jahren auch wirklich versucht wurden. Die verbleibenden andersgesinnten Mönche ließ man einfach aussterben, indem man ihnen die Aufnahme neuer Mitglieder verbot.

Weitaus größere Schwierigkeiten bereiteten von Anfang an verschiedene Frauenklöster, weil ihre Bindung an den alten Glauben inniger war und weil stärkere Persönlichkeiten ihn bis aufs letzte verteidigten. Dies gilt in erster Linie von Caritas Pirckheimer, einer Frau von Geist

---

*) Die Verwaltung der kirchlichen Güter und Gelder sowie frommen Stiftungen aller Art, der sogenannten Almosen, oblag einem eigenen, schon kurz vor der Reformation gegründeten Amt, einem der umfangreichsten Nürnbergs überhaupt. Es war in ein Stadt- und Landalmosen unterteilt; entsprechend der Weite des Hinterlandes kam auch letzterem große Bedeutung zu: Hier flossen die Einkünfte aus aberhundert Orten zusammen, es stellte also eine unerschöpfliche Geldquelle dar und wurde auch vom Stadtalmosen oft als solche behandelt — bis kurz vor 1800 hatte man ihm Beträge entnommen, die mit den Zinsen rund eine halbe Million Gulden betrugen und die dann einfach abgebucht wurden.

und Herz, dazu der einzigen ihres Geschlechts, der ein Platz unter den deutschen Humanisten eingeräumt werden kann. Dank ihrem kraftvollen Auftreten wurde zu Sankt Klaren am erfolgreichsten Widerstand geleistet. Natürlich konnte und wollte der Rat auch diese Nonnen nicht zwingen, über Nacht evangelisch zu werden, aber er wußte desto mehr, indirekten Zwang auf sie auszuüben: Sie sollten sich lutherische Beichtväter nehmen und den Predigten evangelischer Geistlicher beiwohnen, welch letztere es aber völlig an dem für eine solch heikle Lage erforderlichen Takt fehlen ließen; die Folge davon war, daß sich die Klosterfrauen nach dem Anhören solcher Standreden nur vor den Kopf gestoßen fühlten und nicht die mindeste Lust zum Übertritt verspürten. Kurze Zeit darauf setzte man ihnen schon wesentlich empfindlicher zu, indem man ihnen nun befahl, sich künftig wieder bürgerlich zu kleiden, weil ihre Ordenstrachten nur das Volk aufreizten, und sie außerdem ermunterte, in das bürgerliche Leben zurückzukehren. Da Caritas Pirckheimer und die Schar ihrer Getreuen fest blieb, kamen am 14. Juni 1525 einige Geschlechterfrauen mit Wagen und in Begleitung von Verwandten, umgeben von schaulustigem Volk, und holten ihre Töchter mit Gewalt nach Hause. Es spielten sich jetzt herzerschütternde Szenen ab — die Mädchen wehrten sich noch auf dem Heimweg derart, daß die Leute auf der Straße Mitleid mit ihnen bekamen und ihre Partei ergriffen, doch die Frauen blieben beharrlich; Katharine Ebner wurde von ihrer Mutter derart heftig auf den Mund geschlagen, daß das Blut über ihr Gesicht lief und den anderen muß es nicht viel besser ergangen sein. Später freilich haben sie fast alle geheiratet und wahrscheinlich sogar aus eigenem Entschluß. Nach jenen Übergriffen ging es den noch verbleibenden Klarissen glimpflicher, besonders durch die Verwendung des einsichtigen Melanchthon, aber ihr Untergang war damit nicht aufzuhalten: Die letzte Insassin dieses Klosters starb 1590 und eine Glaubensschwester von ihr in Sankt Katharinen überlebte sie noch um weitere sechs Jahre. Caritas Pirckheimer hatte bereits 1532 das Zeitliche gesegnet. Ihr Grab wurde 1959 an der Nordostecke der Klarakirche aufgefunden; die schlichte, nur mit einer Inschrift versehene Steinplatte befindet sich nun am östlichen Chorzugang des Gotteshauses, zu Füßen eines spätgotischen Marienbildes.

Damit hatte Nürnberg auch nach dieser Seite hin einen vollen Erfolg zu verzeichnen; nur bei einem seiner konfessionellen und zugleich politischen Gegner kam es niemals zum Ziele und dieser war der Deutsche

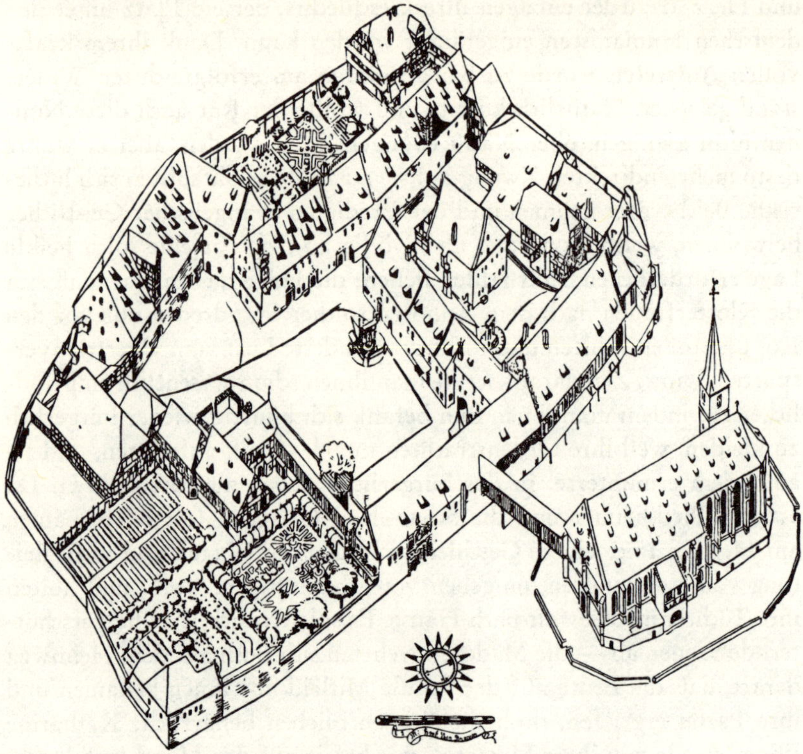

Der Komplex des Deutschen Ordens mit der Jakobskirche.
Nach dem Blatt von Hans Bien, 1625

Orden, einst zur Krankenpflege bei den Kreuzzügen gegründet und später im ganzen Reich einträgliche Besitztümer verwaltend. In Nürnberg unterhielt er seit dem 13. Jahrhundert seine *„Kommende"* außerhalb der zweiten Stadtmauer bei St. Jakob, zu beiden Seiten der heutigen Ludwigstraße vor dem Weißen Turm und an jener Stelle, wo nunmehr der erste Königshof als einer der Zellkerne von Nürnbergs Entstehung angenommen wird. Trotzdem die Deutschherren nach ihrer großen Niederlage bei Tannenberg, 1410, ihre einzigartige Vormachtstellung in Preußen eingebüßt hatten, blieben sie doch in Franken, wo sie ihren *„Ballei"* genannten Hauptsitz in Mergentheim und den nächsten Verwaltungsmittelpunkt, die Landkommende, in Ellingen bei Weißenburg hatten, noch immer stark genug, um auch einer Stadt wie der unseren mit Erfolg Widerpart zu halten.

77. *Maria, aus dem Bamberger Weihnachtsaltar von Veit Stoß*

78. Meister Peter Vischer — Sebaldusgrab

79. *Detail des Sebaldusgrabes mit Temperanita*

80. Apollo-Brunnen, nach Entwurf von Peter Flötner

Der Orden hatte von jeher seinen Grund und Boden zu mehren verstanden, wodurch er später seinen Angehörigen ein gutes, von Außenstehenden oft verspottetes Leben gewährleisten konnte. Seit etwa 1220 besaß er bei uns das schon erwähnte Elisabethspital, ihm gehörte ferner auf Grund kaiserlicher Schenkung die Margaretenkapelle auf der Burg. Er war Eigentümer verschiedener Mühlen, so der beiden Weidenmühlen auf der Hallerwiese sowie auf der anderen Pegnitzseite der heute noch nach ihm benannten Deutschherrnwiese. Schließlich hatte er einen festen Anteil an den Erträgnissen der Fleischbänke, den er sich allerdings schon 1317 von der Stadt abkaufen ließ. Im Reichswald durfte er abgabenfrei sein Bau- und Brennholz schlagen. Dadurch blieb der Orden selbst in seiner Verfallszeit ein gewisser Machtfaktor und bildete bis 1806 einen winzigen Staat in jenem kleinen Staate, wie ihn unsere Stadt innerhalb des Reichsgefüges darstellte. Er umzirkte seine Bauten mit einer festen Mauer, hinter der auch das Nürnberger Recht seine Geltung verlor. Denn wegen der religiösen Bedeutung des Ordens stand ihm ein gleiches Asylrecht zu wie den Kirchen, über die er auch teilweise Patronatsrechte ausübte. Bis weit in das 17. Jahrhundert hinein kam es daher immer wieder vor, daß Übeltäter, die aus dem Stadtgefängnis entsprungen waren, innerhalb des Ordensgebietes Zuflucht fanden, wenn nicht — was ebenfalls geschah — die Büttel hier mit Gewalt eindrangen und den Gesuchten herausschleppten. Gelang dies nicht, so konnte man selbst eines Mörders, wenn er mitsamt seiner Ketten aus dem Lochgefängnis entwichen war, niemals mehr habhaft werden und da halfen auch keine Beschwerden beim Ordenskomtur als der höchsten zuständigen Stelle. Auf diese Widersacherin konnte die Stadt zu ihrem größten Leidwesen niemals Einfluß gewinnen, auch nach der Reformation nicht. Das Deutsche Haus blieb selbst nach dem Dreißigjährigen Krieg katholisch, und so mußte man sich damit begnügen, einander durch kleine gegenseitige Schädigungen seine wirkliche oder eingebildete Macht kundzutun*).

Wieviel kulturellen Auftrieb unsere Stadt aus der Reformation erhielt, geht vor allem daraus hervor, daß sie, die vorher dem Humanismus gegenüber noch etwas zurückhaltend gewesen war, sich jetzt mit ihm verbündete und eine für damalige Begriffe hochmoderne Bildungs-

*) In der Zeit, als die Reibereien wegen des verschiedenen Glaubens immer größer wurden, hat man sogar die Jakobskirche mit dem übrigen „exterritorialen“ Bezirk des Ordens durch eine Galerie verbunden, damit auf dem Weg zu den Gottesdiensten niemand reichsstädtisches Gebiet zu betreten brauchte. Diesen Verbindungsbau zeigt auch das hier beigegebene Bild.

anstalt ins Leben rief, auf die darum auch ganz Deutschland voll Erwartung blickte: Das Gymnasium bei Sankt Egidien, das nachmals den Namen eines seiner Mitbegründer, Melanchthons, erhielt. Der Gedanke ging auf Luther zurück, der 1524 an alle Städte ein Sendschreiben gerichtet hatte und sie zur Errichtung solcher Lehranstalten, die mit dem Glauben einer vermehrten Kenntnis von Wissenschaften und Künsten dienten, ermunterte. Nicht zuletzt durch den konfessionellen Kampf war das gesamte deutsche Schulwesen in beängstigender Weise vernachlässigt worden und Luther hatte daher erkannt, daß es nun des zündenden Gedankens einer großen Idee bedurfte, um der Gelehrsamkeit neuen Auftrieb zu verleihen.

Schon bald nach Luthers Aufruf, im Oktober 1524, beschloß man, einen Gelehrten ersten Ranges für die Wahl und Berufung geeigneter Lehrkräfte zu gewinnen. Da der junge Ratsherr Hieronymus Paumgärtner kurz zuvor in Wittenberg studiert hatte und von dorther ebenso mit Luther bekannt wie mit Melanchthon befreundet war, sollte er versuchen, diesen als Leiter der neuen Schule zu verpflichten. Im Herbst 1525 trat man dann offiziell an ihn heran, aber Melanchthon wollte sich nicht von Wittenberg als dem Mittelpunkt des evangelischen Lebens trennen und lehnte daher das ehrenvolle Anerbieten ab. Dafür beteiligte er sich dann auf Wunsch des Rates mit Eifer und großer Umsicht an den erforderlichen Vorarbeiten. Und als am 23. Mai 1526 das Gymnasium vor einer großen Zahl von Zuhörern eröffnet wurde, hielt er die Festrede. In sorgsam gewählten Gesten und Ausdrücken nach antiker Art hob er darin hervor, wie sehr diese Stadt zu rühmen sei, daß sie in solch wilder Zeit den in der Verbannung lebenden Wissenschaften eine feste Heimstätte bieten wolle. Wie Florenz die aus ihrem Vaterland vertriebenen Griechen als Vermittler klassischen Kulturgutes gastlich aufnahm, so beschütze jetzt Nürnberg die schönen Künste, wobei es zugleich der Religion und dem Staat diene, denn beide könnten ja der Wissenschaft nicht entraten. Schon am nächsten Tag begann der Unterricht, in dem jetzt die Sprache Homers eine wichtige Rolle spielte und erstmalig für ganz Deutschland auch die Mathematik ein selbständiges, wichtiges Fach war.

Jeder dieser Männer, die nun in den Räumen von Sankt Egidien zu Nutz und Frommen der Jugend schalteten, war ein weithin bekannter Meister seines Faches und manch einer auch als Mensch höchst bemerkenswert. Joachim Camerarius aus Bamberg war in den Tagen seiner

Berufung erst 26 Jahre alt und galt doch schon als führend unter den deutschen Philologen. Johannes Schöner, der Mathematiker und Naturwissenschaftler, hatte soeben im Bambergischen eine kleine Stellung als Geistlicher durch den Bauernkrieg verloren und kam daher mit Vergnügen. Später, als ihm der Unterricht nicht mehr genügend eintrug, arbeitete er im Sinne Martin Behaims weiter und verfertigte die schon erwähnten Modelle von Globen, in die er nun erstmalig auch den neuen Erdteil Amerika einzeichnete. Die in jeder Hinsicht originellste Erscheinung unter den Professoren war aber Eobanus Hessus, ein ebenso liebenswerter wie unruhiger Geist, der durch stete Armut und dank des Kindes, das in seiner männlichen Brust wohnte, niemals den Zustand des fahrenden Schülers ganz überwand. Er besaß als Stegreifdichter im Lateinischen eine ähnlich staunenswerte Fertigkeit, wie später im Deutschen Paul Flemming, Martin Opitz oder Friedrich Rückert. Daher hatte er vorher als ungekrönter Dichterkönig eine führende Rolle an der kleinen Universität Erfurt gespielt; als dort der Glaubenskrieg heftige Unruhen mit sich brachte, vereinsamte er plötzlich und fristete ein elendes Dasein, bis ihn Melanchthon zu seiner überschwenglichen Freude nach Nürnberg dirigierte.

Anfangs ging ihm hier alles nach Wunsch. Hessus war begeistert von dieser wohlhabenden und gepflegten Stadt, die nicht zuletzt ihre Lehrer gut besoldete, und besang sie auch zweimal in den höchsten Tönen — 1527 in einer kürzeren Idylle, in welcher er unter anderem den Fleiß und die heilsame Nüchternheit der Bewohner hervorhob, und dann 1531 in einem dreißig Kapitel umfassenden Lobgedicht. Als echter Humanist suchte er dazu die schönen, wohllautenden Allegorien zusammen, wo immer er sie fand: Unsere Stadt steht an Pracht seiner Bauten noch über Korinth und Ephesus, sie stellt mit ihren vielen Türmen das hunderttorige Theben in Schatten und ihre Mauer ist länger als die des alten Jerusalem. „Zyklopisch" wird das Aufragen der Kaiserburg genannt, das Fließen der lieblichen Pegnitz zwischen fichtenbestandenen Hügeln den Lorbeerhainen des Peneus verglichen, während die Hallerwiese im Frühling ein rechtes Tal der Tempe sei, ein Stück sizilischer Naturpracht. Und so geht es weiter — jedes Bild ein nicht zu überbietender Vergleich mit hehren Stätten des geliebten Griechenland oder Rom. Wesentlich mehr Frische und Lebensechtheit spricht aus seiner Schilderung der Stadt selbst, wo er alle öffentlichen Bauten von den Zeughäusern bis zu den Getreidekammern, aber auch

Eobanus Hessus.
Zeitgenössischer Holzschnitt nach einer Zeichnung von Albrecht Dürer

die sein romantisches Gemüt entzückenden Anlagen durchstreift und die überall spürbare Sorge für das allgemeine Wohl hervorhebt. An erster Stelle fesselt ihn das Rathaus (*„ehrwürdiger Sitz des Senates, herrlicher als die Kurie des Cicero“*), dann der von bienen- und ameisenhafter Regsamkeit erfüllte Marktplatz mit dem Schönen Brunnen sowie das Sebaldusgrab und das Sakramentshäuschen, ersteres das *„schönste Denkmal der Welt“* und ein Wunderwerk, wie es kein antiker Künstler hätte schaffen können. Den stärksten Eindruck aber empfängt er von den vielen Zweigen des Nürnberger Handwerksfleißes, wie den Gießereien, Drahtziehermühlen und Schmieden, die ihn an die gewaltigen Werkstätten der Zyklopen unter dem Ätna erinnerten.

Wie damals unter seinesgleichen üblich, erwartete der Verfasser für seine Gedichte eine Anerkennung des Rates in Form von klingender Münze. Das erste Mal blieb diese aber völlig aus, und so bemerkt Hessus 1527 in einem Brief an Johannes Gröningen traurig, sein Poem habe ihm zwar viel Lob, doch kein Geld eingetragen. Man mochte amtlicherseits die Auffassung vertreten, daß eine Stadt wie Nürnberg keines bezahlten Lobes bedürfe. Beim zweiten Gedicht scheint man dann von vornherein auf seine sich zusehends verschlechternde Wirtschaftslage Rücksicht genommen zu haben, denn kaum daß das Werklein erschienen ist, im Februar 1532, wird beschlossen, daß ihm die Schulden seiner bisherigen Vorschüsse erlassen werden und er zudem ein Geschenk von 40 Gulden empfangen solle, worüber sich Hessus in der Tat hochbeglückt zeigte. Im übrigen aber waren er und die Stadtväter längst voneinander enttäuscht — der Lehrer brotloser Künste zeigte sich in seiner äußeren Erscheinung viel zu flackernd oder sagen wir gleich: zu unbürgerlich, als daß er die steifen, nüchternen Ratsherren auf die Dauer für sich hätte gewinnen können. Er schrieb Anfang 1532 in den gleichen Briefen, in denen er seiner Freude über das Honorar für sein Gedicht Ausdruck verleiht, er lebe nicht gern mit den Nürnberger Kaufleuten zusammen, die nur von Pfeffer und Safran träumten.

Einer von Hessus' wenigen Freunden unter den führenden Männern unserer Stadt war der stets unvoreingenommene Albrecht Dürer, dem er auch nach seinem frühen Tod einen von Herzen kommenden Nachruf widmete, doch schon Pirckheimer, der in der Wahl seines Umganges ebenfalls nicht kleinlich war, hielt ihn sich vom Leibe, wahrscheinlich auf Grund von Meinungsverschiedenheiten konfessioneller Art. Vor allem aber sahen die Nürnberger erst jetzt, welch ein geniales Sumpfhuhn dieser Hessus war, dem eine streng geregelte Arbeit nicht lag, sondern dessen Fleiß sich spontan äußerte — er liebte es von jeher, in heiterer Gesellschaft durch die Landschaft zu streifen und sich an der Natur zu begeistern, um den Ausflug in irgendeiner Winkelkneipe zu beschließen, wo ein guter Tropfen ausgeschenkt wurde, dem er dann im Übermaß zusprach. Einer seiner liebsten Begleiter bei solchen Unternehmungen war der Musiklehrer Wilhelm Breitengasser, ebenfalls bei Sankt Egidien angestellt, der ihn beim Becher viele schöne Lieder lehrte, wie *„Hat er dich gestochen?"* oder *„Unsere lieben Hühner"* und in kennzeichnender Trinkerrührung erinnert er sich später dieser feuchtfröhlichen Spaziergänge so, als seien sie die Höhepunkte seines Lebens gewesen — 1533 schreibt er von Erfurt aus an Wenzeslaus Linck, der wohl ebenfalls ein tüchtiger Zecher war: *„Was machen dort unsere Tröstungen: Wöhrd, Leonhard, die Hallerwiese, Mögeldorf, Weiß an der Mauer, Bernhard am Fischbach und die übrigen Absteigquartiere?"* Kein Wunder, daß er unter solchen Umständen sich trotz seiner verhältnismäßig guten Besoldung auch in Nürnberg bald nicht mehr vor Schulden zu retten wußte; als er 1533 nach Erfurt zurückberufen wurde, mußten dortige Freunde erst einmal seine geringe bewegliche Habe auslösen, damit er in Frieden aus der Noris ziehen konnte.

Der Hauptgrund dafür, daß Hessus und bald nach ihm auch Camerarius Nürnberg wieder verließen, war, daß die Schule die in sie gesetzten Erwartungen nicht erfüllte. Sie hatte schon vom ersten Jahr an einen spärlichen Besuch zu verzeichnen und danach wurde es nur immer schlechter. Die Ursachen dafür waren wohl verschiedener Art: Die Eltern ortsansässiger Schüler mochten, soweit sie nicht den Humanis-

Lehrer und Schüler.
Holzschnitt mit Gedicht von
Albrecht Dürer

mus überhaupt nur als eine Modeerscheinung ansahen, vielfach die Meinung vertreten, daß ein in der Fremde erworbenes Wissen wertvoller sei als eines, das daheim gleichsam auf der Straße lag; auswärts aber fürchtete man die Unruhen, in die Nürnberg nach 1525 immer wieder verwickelt war. Dabei geschah von seiten des Rates wirklich alles, um den Knaben den Besuch des Gymnasiums so schmackhaft wie möglich zu machen — der Unterricht war im allgemeinen gebührenfrei, immer wieder sann man auf seine Verbesserung und um das überall herrschende Scholarenelend wenigstens einzudämmen, erhielten jeweils zwölf begabte Schüler ein Stipendium. Dennoch schrieb bereits 1528 Erasmus an Camerarius als den Leiter der Anstalt: *„In Nürnberg, berichten mir dort wohnende Personen, seien fast keine Zuhörer da und die Professoren ebenso faul zum Lehren, als die Zuhörer zum Lernen, so daß es beinahe nottut, die Schüler gleich den Lehrern zu bezahlen.“* Es hat den Anschein, wie wenn Pirckheimer, der Visitator aller Nürnberger Schulen war und von einer Verquickung des Bildungswesens mit der lutherischen Sache nicht mehr allzuviel hielt, diese Kunde nach außen dringen ließ; der Vorwurf gegen die Lehrer war aber sicher nicht gerechtfertigt und Hessus wies ihn auch im Namen aller Kollegen in einem gepfefferten Brief zurück. Camerarius freilich führte den schlechten Schulbesuch darauf zurück, daß die Bürger ihre Söhne keine Hungerleider werden lassen wollten. Die Kinder vermögender Eltern aber bezogen viel früher, als es heute geschieht, die auswärtigen Universitäten, da damals an diesen Reifezeugnisse noch nicht verlangt wurden.

Als die Schule später immer mehr verfiel — schon 1540 sah man sie in katholischen Kreisen mit Genugtuung als mißglücktes Experiment an —, unternahm man 1552 nochmals einen redlichen Versuch zu ihrer Neubelebung: Melanchthon kam auf der Reise zum Tridentiner Konzil über Nürnberg und hielt jetzt 30 Vorlesungen an Sankt Egidien, die auch großen Zulauf hatten. Danach aber trat nicht die geringste Besserung ein. Darum machte Camerarius 1565 von Tübingen aus den Vorschlag, das Gymnasium nach dem Beispiel etwa des Stiftes Meißen auf das Land zu verlegen — dort könne man völlig unbehindert durch die Zeitläufte den Wissenschaften obliegen. Außerdem war wohl durch den räumlichen Abstand zu Nürnberg auch etwas mehr Autorität von der Anstalt zu erhoffen. Nach längerem Suchen fand man das stille, zum Nürnberger Landbezirk gehörende Altdorf für diesen Zweck geeignet und errichtete dort einen stattlichen Bau; 1575 konnte die verlegte Anstalt als „Landschule" ihrer Bestimmung übergeben werden. An ihrer Stelle blieb Sankt Egidien eine sogenannte Trivialschule, als welche sie vor 1526 schon bestanden hatte. Das Altdorfer Gymnasium aber vergrößerte sich bereits nach drei Jahren zu einer Akademie, das heißt, sie erhielt das Recht, den Titel eines Magister und Baccalaureus, nicht aber die Doktorwürde zu verleihen, und wurde schließlich eine reichsstädtische Universität, die wegen ihrer fortschrittlichen Bestrebungen auf dem Gebiet der Naturwissenschaften zu Ende des 18. Jahrhunderts abendländischen Ruf erlangte. Wir werden auf einige ihrer wichtigsten Leistungen noch zurückkommen.

Nürnberger Schulbetrieb nach 1500.
Holzschnitt aus einem „Donatus"
(Latein. Grammatik) von Hieronymus Hölzel

Peter Flötner: Fränkische Landschaft mit Reitern. Holzschnitt von 1534

8. KAPITEL

ERSTE BELASTUNGSPROBE / 1500—1553

Auch im goldenen Zeitalter Albrecht Dürers, dessen ganzen Reichtum wir in den vorigen Abschnitten an uns vorbeiziehen ließen, war Nürnberg niemals ein Frieden von Dauer gegönnt. Ja, man kann sogar ohne Übertreibung sagen, daß damals der Krieg der eigentliche Daseinszustand war und zwischen den verschiedenen Kampfhandlungen nur längere oder kürzere Pausen eingeschaltet wurden, damit die Parteien Atem holen konnten zu neuen Taten.

Schon der Neid der Umwelt ließ unsere Stadt nicht zur Ruhe kommen, solange sie herrlicher blühte als all die anderen, die ihr an Fleiß und Ehrgeiz kaum nachstanden. Wir haben eine Anzahl ihrer großen und kleinen Feinde kennengelernt, von den fürstlichen Herren bis herab zu den armen Buschkleppern, die alle mit Freuden jede sich bietende Gelegenheit wahrnahmen, den verhaßten Krämern ihren Gewinn abzujagen. Da ist vor allem nochmals Götz von Berlichingen, der nicht allein in den Reihen des Ansbacher Markgrafen gegen Nürnberg stritt, sondern überdies einen rein privaten Strauß ausfocht — freilich stets davon ausgehend, daß das Rittertum sich gegen die Großmannssucht der Städte wehren müsse. Im Mai 1512 wurden zusammen mit anderen Kaufleuten etwa 30 Nürnberger, die sich auf dem Weg zur Leipziger Messe befanden, vor Bamberg durch den Berlichinger überfallen, geplündert und längere Zeit in elender Haft gehalten. Einige Männer mißhandelte Götz sogar mit eigener Hand, um ein möglichst hohes Lösegeld von ihnen zu erpressen — er benahm sich also durchaus nicht als jener treuherzig-derbe Ehrenmann, als den Goethe in verewigt hat.

Götz von Berlichingen.
Nach seinem Grabstein im Kloster Schöntal, 1562

Trotz allgemeiner Empörung wegen dieser offenkundigen Missetat — eine Fehde wurde erst danach angesagt — und trotz der Reichsacht, die der Kaiser sogleich über den Ritter verhängte, ist dem Götz niemals ein Haar gekrümmt worden. Der nun beginnende Streit, an dem sich auch zahllose andere Staudenhechte beteiligten, zog sich jahrelang hin; einer der wenigen Erfolge, die Nürnberg dabei zu verzeichnen hatte, war, daß es den Ritter Hans Christoph von Absberg fing, ihn aber als „Tauschobjekt“ glimpflich behandelte und schließlich sogar freiließ. Ein Sohn von ihm, Hans Thomas von Absberg, hielt 10 Jahre später das ganze Frankenland in Atem, als er nicht allein die Kaufleute auf den Straßen beraubte, sondern vielen von ihnen beide Hände abhauen ließ. Nun riß den Städtern wirklich die Geduld — unter den Fahnen des Schwäbischen Bundes marschierten 10 000 Mann gegen das Raubrittertum auf und zerstörten 23 Schlösser im Raum zwischen der schwäbischen Grenze und der Oberpfalz.

Den Absberger aber fand man dabei nicht und er konnte noch acht Jahre lang sein Unwesen treiben, bis er in Böhmen von ein paar Hehlern ermordet wurde. Die nächste Welle der Unruhe, von der Nürnberg ergriffen wird, ist dann der Bauernkrieg von 1525, dieser große soziale Aufruhr, von dem teilweise auch andere Stände betroffen wurden. Dank der Aufmerksamkeit des Rates hat er vor den Toren der Stadt haltgemacht, aber an Aufregungen und Gefahren fehlte es dabei nicht, und mitunter hätte nur ein winziger Funke genügt, um den verheerenden Brand in die wohlgefüllten Speicher zu werfen. Nach dem vielgebrauchten Wort, die Bauern seien den Ochsen gleich, es fehlten nur die Hörner, wurden sie das ganze Mittelalter hindurch meistens ausgebeutet und mißbraucht. Als daher Luther die Freiheit des Christenmenschen verkündete, fühlten sie, unter denen es schon länger heimlich gärte, sich besonders von diesem Wort angesprochen und erstrebten es im buchstäblichen Sinne. Es unterliegt keinem Zweifel, daß die Erhebung des Landvolkes in jener Zeit als Tat der Verzweiflung ihre volle sittliche Berechtigung hatte, aber es ist wohl ebenso sicher, daß damals ganz Deutschland noch viel mehr düstere Tage bevorgestanden hätten im Falle eines Sieges der Bauern — weniger der religiösen als der politischen Verwirrung wegen, die sie dann angerichtet hätten. Daher auch bekämpfte Nürnberg in ihnen nicht die Aufrührer gegen unerträgliche Sklaverei, sondern das Prinzip der Anarchie. Dies war wohl auch einer der Gründe dafür, daß die Stadt dabei im großen ganzen eine durchaus gemäßigte Haltung einnahm. Der Ansbacher Markgraf sowohl als die Aufständischen bewarben sich ohne Erfolg um Nürnbergs Gunst, das im Falle einer eindeutigen Stellung nur zu gewinnen gehabt hätte. Der Rat bot zwar 270 Mann zu

Zwei Männer des Bauernkrieges.
Von dem „gottlosen Maler“
Hans Sebald Beham, 1544

einem Feldzug in Schwaben auf, doch er duldete es, wenn Bauern in die Stadt kamen, um hier Waffen und Lebensmittel in größeren Mengen einzukaufen. Nur einmal griff er streng durch, als ein junger Mann namens Hans und der Gastwirt Uberhan in Wöhrd den Leuten sagten, Bürger und Bauern müßten jetzt zusammenhalten, damit das Ungeld abgeschafft würde, die städtische Getränkesteuer — hier sah man seine Rechte bedroht und handelte demgemäß: Beide Sprecher wurden mit dem Schwert hingerichtet.

Im übrigen wollte man mit Vorsicht abwarten, wohin sich die Waage der Geschicke neigen würde. Natürlich hatten die Bauern wegen ihrer sozialen Bestrebungen viele Freunde unter den arbeitenden und stets straff am Zügel gehaltenen Ständen der Stadt, aber ein ernstes Einvernehmen wäre schon allein wegen der patrizischen Zusammensetzung des Rates unmöglich gewesen, der mit Nachdruck zu seiner Auffassung stand, daß man nunmehr den verwässerten Glauben gegen einen gereinigten eingetauscht habe und es damit in dieser Hinsicht genug sei. Man ließ von der Kanzel herunter aufklärende Predigten halten, daß die evangelische Freiheit Luthers im Geistigen beschlossen liege und daß sich wegen des Leibes Notdurft niemand Sorgen zu machen brauche, denn der gemeine Mann sitze doch in Nürnberg ebenso gut wie anderswo; die Armen hätten ihre Spitäler und erfreuten sich jetzt vermehrter Fürsorge in dem großen Almosen; sollten aber wieder einmal Mangel oder Teuerung eintreten, so würde der Rat wie immer auch diesmal mit Lebensmitteln jeder Art, die er für diesen Zweck gesammelt habe, helfen. Alles andere sei also von Übel — man erstickte daher alle, auch die verhältnismäßig harmlosen Bestrebungen von Wiedertäufern und Schwarmgeistern, im Keim. Thomas Münzer, der 1524 Anhänger im Volke für seinen christlichen Kommunismus hatte gewinnen wollen, war kurzerhand ausgewiesen worden; der junge und hochbegabte Rektor der Sebalder Schule, Johann Denk, fiel wegen seiner mystischen Auffassungen in Ungnade und mußte ebenfalls die Stadt verlassen, wie auch kurz zuvor die drei *„gottlosen Maler“*, die uns als Dürerschüler schon bekannten Nürnberger Kleinmeister Georg Pencz und die Brüder Hans Sebald und Bartel Beham. Der Prozeß, der diesen gemacht wurde, fiel noch in die letzten Monate vor der Reformation und erregte großes Aufsehen, weil die Angeklagten sich auf nichts als ihren gesunden Menschenverstand beriefen und daher das gesamte Christentum als mit den fünf Sinnen nicht wahrnehmbar ablehnten. Sie erklärten, keine Obrigkeit außer Gott anzuerkennen, von dem aber Pencz einschränkend sagte, er wisse nicht, für was er ihn nun eigentlich halten solle. Pencz und Hans Sebald Beham scheinen allerdings später von ihren freidenkerischen Meinungen Abstand genommen zu haben, denn sie durften sich wieder in Nürnberg aufhalten, und Beham starb hier sogar, im Jahre 1550.

Noch in jenem Mai 1525, als die Bauernscharen Nürnberg bedrohten und man unter ihrem Eindruck den reichsstädtischen Dörfern einen Teil ihrer drückenden Abgaben erließ — eine Vergünstigung, die freilich auf Betreiben des Ansbacher Markgrafen Kasimir bald wieder aufgehoben wurde —, verlor Thomas Münzer seine erste und letzte Schlacht bei Frankenhausen in Thüringen, und zwei Wochen später brach auch in Süddeutschland die Front der Aufständischen allerorten zusammen. Würzburg, das sie vorher erobert hatten, fiel am 7. Juni und die Sieger hielten eine blutige Ernte unter jeglichem Volk, das zu den Bauern gestanden hatte. Deren Geist aber war so rasch nicht auszurotten — noch 1527 wurde der Nürnberger Pfarrer zu Eltersdorf, Wolfgang Vogel, öffentlich enthauptet, weil er den Wiedertäufern sein Ohr geliehen und vor verschiedenen Gemeinden in aufreizenden Reden die Sache der Bauern für gerecht erklärt hatte.

Nicht weniger Sorgen als solche Händel aber bereitete unserer Stadt das Anliegen, ihr evangelisches Bekenntnis vor Kaiser und Reich zu verteidigen. Anfangs war sie darin begünstigt durch die außenpolitischen Verwicklungen Karls V. in Ost und West, doch sobald der Regent wieder etwas freiere Hand verspürte, machte er aus seiner Unduldsamkeit kein Hehl. 1526 war auf einem Reichstag zu Speyer entschieden worden, daß bis zum Zusammentreten eines künftigen Konzils alle Untertanen so in ihrer christlichen Anschauung leben sollten, wie sie es glaubten vor Gott und Kaiser verantworten zu können. Drei Jahre später erklärte der Fürst, gleichfalls in Speyer, jene großzügigen Richtlinien für ungültig und setzte an ihre Stelle Maßnahmen, die eine weitere Ausbreitung des neuen Glaubens ein für alle Male unterbunden hätten. Die evangelischen Stände antworteten darauf mit jenem entschiedenen Einspruch, der ihnen für alle künftigen Zeiten den Namen *„Protestanten“* eingetragen hat. Die Lage hätte sich wohl jetzt schon weiter zugespitzt, wenn nicht wieder einmal ein äußerer Feind stärker gewesen wäre als innere Zwietracht: Im Herbst 1529 belagerten die Türken erstmalig Wien; zu-

Der Nürnberger Patrizier und Kaufmann Hieronymus Paumgärtner
wird am 31. Mai 1544 durch den Raubritter Albrecht von Rosenberg bei Wimpfen am Neckar gefangengenommen.
Zeitgenössischer Kupferstich von Matthias Zündt

sammen mit den übrigen Städten leistete auch Nürnberg Hilfe, so gut es dies vermochte, indem es den 2000 Mann, die im Oktober nach Osten marschierten, ein stattliches Fähnlein beigab und einige hervorragende Büchsenmeister.

Die Gefahr wurde abgewandt und schon ein halbes Jahr später war alles wieder beim alten. Kaum daß im Juni 1530 ein neuer Reichstag zu Augsburg feierlich begonnen hatte, forderte Karl mit jähzornigem Gesicht die maßgeblichen Führer der Lutheraner auf, die Predigten einzustellen. Es ist die berühmte Szene, wo die Herren sich darauf berufen, daß das von ihnen verkündete Wort ja das gleiche und unverfälschte sei, wie es schon der Kirchenvater Augustinus gelehrt habe, und der Markgraf von Brandenburg dazu sagt, lieber ließe er sich den Kopf abschlagen, als von diesem Gotteswort abzustehen. Worauf der Kaiser doch erschrickt und in seinem gebrochenen Deutsch begütigend erwidert: *„Lieber Fürst, nit Köpf' ab."*

Im weiteren Verlauf dieses Reichstages verzeichnete man auf beiden Seiten peinlich genau jeden kleinen Positionsgewinn, so daß sich der Eindruck einer ungefähr gleichen Stärke ergibt: Trotz des Übergewichtes, das sich der Kaiser in seiner Eigenschaft als Reichsoberhaupt zu verschaffen wußte, haben sich die lutherischen Stände vor ihm behauptet. Am 25. Juni verlasen sie vor Karl mit mutiger Stimme ein langes Schriftstück, in dem die Wesenszüge ihres Bekenntnisses niedergelegt waren — die bekannte, von Melanchthon verfaßte *„Augsburgische Konfession"*, die später zur allgemeinen Richtschnur erhoben, damals aber nur von den Reichsstädten Nürnberg und Reutlingen unterzeichnet wurde. Obwohl sich die Evangelischen bestens hielten, fiel der Entscheid von Augsburg sehr ungünstig für sie aus; sie mußten sich auf verschärften Kampf gefaßt machen, zu dem sie sich unter anderem in dem berühmten Schmalkaldischen Bund von 1531 vorbereiteten. Dies Jahr 1531 erhielt aber sein besonderes, ernstes Gesicht dadurch, daß Sultan Suliman zu einem neuen Vorstoß gegen den Westen ansetzte; als wegen Verhandlungen über ungarische Fragen eine Gesandtschaft von König Ferdinand, Karls Bruder, vor den türkischen Fürsten trat, richtete dieser an die Deutschen die aufschlußreiche Frage, ob denn der Kaiser schon seinen Frieden mit Martin Luther gemacht habe.

Die Dinge standen jetzt genauso wie 1526: Angesichts der gefährlichen Lage schloß Karl V. mit seinen zähen Glaubensgegnern einen neuen Waffenstillstand, den Nürnberger Religionsfrieden von 1532, der wieder einmal den Lutheranern Duldung in allen schwebenden Fragen zusagte, bis man sich in Zukunft endgültig darüber auseinandersetzen würde. Auch die großen Prozesse, die der Kaiser in den evangelischen Städten wegen der Rückgabe von geistlichem Gut angestrengt hatte, wurden einstweilen eingestellt. Der Preis dieser neuerlichen Zugeständnisse war eine kräftige Waffenhilfe, wobei der Kaiser die Wahrnehmung machen konnte, daß hierin die Glaubensabtrünnigen gewissenhafter verfuhren als all seine Getreuen: Nürnberg rüstete diesmal zwei stattliche Fähnlein mit über 800 Landsknechten aus, die allerdings auch jetzt nicht zum Einsatz kamen, da der Sultan einer Entscheidung auswich und dennoch in Ungarn keinen Fußbreit Boden aufzugeben brauchte.

Während danach Karl V. in allen damals bekannten Erdteilen Kämpfe und Abenteuer zu bestehen hatte, ward dabei über zehn Jahre lang der innere Friede gewahrt, den die Evangelischen nicht ungenützt ließen. Ganz Württemberg war protestantisch geworden und in Norddeutschland ging eine Reihe von Städten zu Luther über, wobei allerdings das kurze Regiment der Wiedertäufer zu Münster, die ihren „Gottesstaat" als eine zügellose Despotenwirtschaft in die Tat umsetzten, vielfach als abschreckendes Beispiel auf alle etwa Reformfreundlichen wirkte.

Im Februar 1541 zog der Kaiser, zum Reichstag nach Regensburg unterwegs, erstmalig in unsere Stadt ein und sein schlichter schwarzer Anzug stach seltsam genug ab gegen all den Prunk, mit dem Nürnberg ihn zu ehren und zu erfreuen suchte. Auch konnten die gegenseitigen Beteuerungen der Hochachtung nicht darüber hinwegtäuschen, daß man auf Schritt und Tritt die konfessionelle Kluft verspürte; Karl hielt seine Gottesdienste in der Burgkapelle ab und der ihm in der Sebalduskirche reservierte Platz blieb stets leer.

1542 und 1543 wurden die letzten Reichstage in Nürnberg abgehalten, in Abwesenheit des Kaisers und ohne irgendeinen Erfolg zu zeitigen. Hier wie auch 1544 in Speyer ging es einzig um wirksamen Beistand beider Konfessionen gegen die Türken, die zwar im Augenblick aufzuhalten, doch nicht zu vertreiben waren. Damals kam die bei uns heute noch bestehende Sitte auf, jeden Mittag um 12 Uhr die Glokken der Hauptkirchen zu läuten — als Ermahnung an jeden Christen zum Gebet gegen den damals gefährlichsten Feind des Abendlandes.

Jener Reichstag von Speyer brachte unserer Stadt einen unangenehmen und für die damaligen Tage höchst bezeichnenden Handel: Der Nürnberger Gesandte Hieronymus Paumgärtner, der gleiche, der mit Melanchthon studiert hatte, wurde auf dem Heimritt am 31. Mai 1544 bei Wimpfen am Neckar von vermummten Bewaffneten überfallen, gefangengenommen und mit verbundenen Augen von einem Schloß zum anderen geschleppt, im übrigen aber leidlich behandelt. Er war in die Hände des schwäbischen Ritters Albrecht von Rosenberg geraten, der mit dieser Zufallsbeute ein gutes Geschäft zu machen hoffte — er verlangte auf dem nächsten Reichstag zu Worms, 1545, ganz offen 125 000 Gulden für den Gefangenen und für eine Burg seines Vetters, die Nürnberg unterdessen als Gegenmaßnahme zerstört hatte. Schließlich aber begnügte er sich mit weniger als dem zehnten Teil und kennzeichnend für den ganzen Vorfall ist eben die Tatsache, daß er dies Geld auch wirklich erhielt, anstatt daß er für seine verwerfliche Handlung von Reiches wegen abgeurteilt worden wäre. Erst im August jenes Jahres 1545 konnte Paumgärtner, dessen Familie sogar von Luther einen Trostbrief erhalten hatte, wieder heimkehren und obwohl er dies in aller Heimlichkeit zu tun gedachte, wurde er dennoch vor seinem Haus von einer großen Menschenmenge freudig begrüßt.
1546 hatte sich der außenpolitische Himmel im Osten und Westen wieder einmal soweit aufgehellt, daß Karl V. den Evangelischen zu Leibe rücken konnte, nunmehr energischer denn je — er begann den „Schmalkaldischen Krieg“, der mit dem Sieg des Kaisers bei Mühlberg über den Kurfürsten Johann Friedrich von Sachsen und Philipp den Großmütigen von Hessen endete (April 1547). Nürnberg konnte sich aus dieser Verwicklung freihalten; es stand zwar innerlich auf seiten der Schmalkaldener, die es auch heimlich mit größeren Beträgen unterstützte, allein es lieferte zugleich dem Kaiser alles, was er an Kriegsmaterial, wie Schießpulver, Büchsen und Harnische, einkaufen ließ. Diese doppelzüngige Haltung hat man dem Rat hier wie dort sehr verübelt, doch ist sie immerhin verständlich: Der Ausgang des Kampfes war zweifelhaft und empfindlichste Strafen hätten unsere Stadt im Falle einer Niederlage getroffen, wie sie ja dann auch zur Tatsache wurde. Trotz solcher Vorsicht brachte dieser Krieg Nürnberg mancherlei Nöte — immer wieder durchzogen kaiserliche Scharen Nürnberger Gebiet so, als wäre es feindliches; im März 1547 erschien sogar der gefürchtete Herzog von Alba, dessen spanische Soldaten

81. Mariä Verkündigung, aus dem Peringsdörfer Altar von Michael Wolgemut

82. *Der mittelalterliche Dürer: Heiliger Hieronymus*

83. *Der neuzeitliche Dürer: Ausschnitte aus dem „Sternenfall"*

84. Albrecht Dürer: Porträt seines Lehrers Wolgemut

auch in Mittelfranken reichliche Proben ihres gewalttätigen Auftretens lieferten. Kurz darauf kam Karl persönlich; gichtgeplagt, mürrisch und schlecht aussehend saß er in der Sänfte. Die Stadt mußte ihm ein Darlehen von hunderttausend Gulden gewähren und zum Zeichen ihrer Unterwürfigkeit eines der Haupttore öffnen, doch in den Dingen des Bekenntnisses blieb sie auch jetzt unerschütterlich fest: Als der Beichtvater des Kaisers darum nachsuchte, den letzten Nonnen von Sankt Katharinen eine Messe lesen zu dürfen, wurde ihm dies höflich, aber bestimmt abgeschlagen. Im Juli des gleichen Jahres wiederholte sich solch ein unerwünschter Besuch des Kaisers, der die Stadt wiederum eine große Anleihe kostete, wertvolle Geschenke nach allen Seiten — von den stürmischen Gästen im Vollgefühl einer nie wiederkehrenden Gelegenheit gefordert—, und immer wieder Aufregungen und Menschenopfer infolge von Übergriffen einer rohen Soldateska.

Die Folgen des kaiserlichen Sieges im Schmalkaldener Kriege ließen nicht auf sich warten — sie zeitigten das berüchtigte Interim von 1548 auf dem „geharnischten“ Reichstag zu Augsburg, ein Programm zu planmäßigem Abbau aller reformatorischen Errungenschaften, von denen mit knapper Not der Laienkelch und die Priesterehe bei Lutheranern geduldet werden sollten. Bei der augenblicklichen Lage der Dinge und der Schärfe, mit der die vorwiegend spanischen Beauftragten vorgingen, blieb auch dem Rat von Nürnberg nach anfänglicher Empörung nichts anderes übrig, als diese zum Reichsgesetz erhobenen Maßnahmen förmlich anzuerkennen und einige Änderungen in der neuen Kirchenordnung vorzunehmen. Dazu gehörte die Wiedereinführung einiger abgeschaffter Feiertage, die Einhaltung des Fastens und die Beichte nach katholischem Brauch. Doch wurde auch hier in allen Punkten mit größter Behutsamkeit verfahren, indem man die gebotenen Abwandlungen so gut lutheranisch, wie es nur gehen wollte, auffaßte und sich im übrigen auf weitere Zugeständnisse, wie die Wiederherstellung des Klosterwesens, unter keinen Umständen einließ. Dennoch waren die Geistlichen über diesen Rückfall derart bestürzt, daß verschiedene von ihnen die Stadt auf immer verließen, darunter Andreas Osiander als einer der ersten Reformatoren; infolge seines nicht eben verträglichen Wesens hat man gerade ihm am wenigsten nachgetrauert.

Indessen schlug der Pendel des Erfolges schon bald darauf völlig nach der entgegengesetzten Seite aus. Der Verräter der evangelischen Sache und daher wichtigste Verbündete des Kaisers im Schmalkaldischen Kriege, Kurfürst Moritz von Sachsen, ein äußerst geriebener Politiker, fiel von Karl ab, weil er das ihm versprochene Magdeburg nicht erhalten hatte. Er gründete jetzt ein protestantisches Fürstenbündnis gegen den Regenten und stärkte sich außerdem das Rückgrat dadurch, daß er im Vertrag von Chambord im Januar 1552 Frankreich die Grenzfestungen Metz, Toul und Verdun zusprach. Dann rüstet er in aller Heimlichkeit so geschickt, daß der zwei Monate später gewagte Angriff auf den Kaiser diesen vollkommen unerwartet trifft und er nur mit knapper Not aus Innsbruck fliehen kann. Nachdem Karl von den fürstlichen Truppen bis nach Kärnten gejagt worden ist, muß er klein beigeben — er unterzeichnet den Passauer Vertrag vom August 1552, der unter anderem den Lutheranern alle alte Freiheiten bis auf weiteres zubilligt, und muß sich drei Jahre später zu dem Augsburger Religionsfrieden bequemen, der das völlige Scheitern seiner deutschen Kirchenpolitik besiegelt. Bald darauf tritt Karl V. von der Weltbühne ab; er, in dessen Riesenreich die Sonne nicht unterging, stirbt 1558, noch nicht einmal 60 Jahre alt, doch verbittert und verbraucht von einer letzten Endes nur mühseligen Regierung, als der Einsiedler von San Juste, in einem entlegenen Kloster Spaniens.

Die fortan immer weiter zunehmende Glaubensspaltung in Deutschland, die wir um unserer Schilderung willen nur streifen konnten, hatte noch vor Karls Tod verderbliche Folgen für Nürnberg, nämlich den berüchtigten zweiten Markgrafenkrieg von 1552 bis 1553. Die traditionelle Feindschaft von seiten der Ansbacher war auch in den letzten Jahrzehnten immer wieder einmal aufgeflackert, wie etwa 1544, als die eleganten Basteien im Norden vor der Burg durch den italienischen Festungsbaumeister Fazuni angelegt worden waren und Markgraf Georg an den Rat ein zorniges Schreiben des Inhaltes richtete, daß er sich mit solchen Bauten außerhalb der Stadt in seinen landeshoheitlichen Rechten verletzt fühle. Die Verstärkung der Befestigungen wurde aber trotzdem gut und dauerhaft zu Ende geführt; ihretwegen gab es eine Kette von Plänkeleien, im Volksmund bezeichnenderweise der Rüben- oder Meisenkrieg genannt, ein Kinderspiel, gemessen an dem, was in Kürze eintreten sollte.

Der Mann, der jetzt das Feuer des Hasses gegen unsere Stadt so hoch auflodern ließ, wie wohl niemand vor ihm, hieß Albrecht der Jüngere und war der einzige Sohn jenes Markgrafen Kasimir, welcher damals

(1502) in Abwesenheit seines Vaters die denkwürdige Schlacht von Affalterbach geliefert hatte. Dieser Albrecht war, obwohl in lutherischem Geiste fromm erzogen, ein Landsknecht von reinstem Wasser, ein rücksichtsloser Haudegen, vor dem jeder italienische Condottiere achtungsvoll den Hut gezogen hätte. Er zeigte von klein auf keine Lust zum Lernen, sondern übte sich früh in Reiten und Streiten, Saufen und Raufen, so daß er seine an und für sich stählerne Gesundheit beizeiten untergrub. Vermutlich war es der Widerspruch zwischen einem hübschen Gesicht und lasterhaftem Lebenswandel, der ihn mit des Sokrates leichtfertigem Freund vergleichbar machte und ihm jenen Beinamen eintrug, unter dem er wenig ruhmvoll in die Geschichte eingegangen ist: Albrecht Alcibiades.

Markgraf Albrecht Alcibiades.
Aus einem wahrscheinlich porträtechten Kupferstich nach 1557

Albrecht konnte es als Jüngling kaum erwarten, in das große Leben der Ränke und Kämpfe einzutreten — mit 18 Jahren wurde er mündig und erhielt nun auf sein Begehren hin durch Los die kulmbachischen Lande zugesprochen, während Ansbach bei seinem Vetter Georg Friedrich verblieb. Die Einkünfte jener Gebiete reichten ihm für sein hochfahrendes Auftreten nicht im mindesten aus und so schloß er sich alsbald den kaiserlichen Heeren an; durch seinen gewissenlosen Ehrgeiz gefiel er Karl, der in ihm ein brauchbares Instrument seiner Machtpolitik erkannte. Obwohl doch selbst evangelisch, versuchte der junge Markgraf daheim das Interim durchzuführen, was allerdings am

Widerstand der Geistlichkeit scheiterte, und kämpfte mit einem Aufgebot von 3000 Reitern als Hauptmann gegen den Schmalkaldener Bund. Dabei wurde er 1547 auf einer Hochzeit durch schöne Frauen von der gegnerischen Seite übertölpelt und gefangengenommen. Sobald er nach der Schlacht von Mühlberg seine Freiheit wiedererlangt hatte, verlegte er, den dauernd riesige Schulden drückten, sich auf jene zweifelhafte Form des diplomatischen Dienstes, die jedem Herrn jeglichen Auftrag erledigt, wenn es nur hinreichenden Lohn abwirft. So ging er 1552 als Bevollmächtigter seines Freundes, des gewiegten Kurfürsten Moritz von Sachsen, unter dem Decknamen eines Hauptmannes von Biberbach nach Frankreich und vermittelte dort den erwähnten Vertrag von Chambord, der um den Preis dreier deutscher Grenzstädte den entscheidenden Schlag der protestantischen Fürsten gegen Karl V. ermöglichte.

Für einen Krieg Albrechts mit Nürnberg lag zu jener Zeit kein weiterer Anlaß vor, als daß er zusammen mit dem ihm verbündeten Herzog von Sachsen-Weimar unsere Stadt einzunehmen und seinem Gebiet einzuverleiben trachtete. Nürnberg, das dazumal auch unter dem Gesichtspunkt der Kriegskunst für eine der stärksten Städte Süddeutschlands gehalten wurde, war sicher schwer zu erobern, doch wiederum nicht gerade uneinnehmbar — denn welche Festung wäre bei entsprechender Zahl und Hartnäckigkeit des Feindes nicht auszuhungern gewesen? Der Markgraf hatte sich also ein hohes Ziel gesteckt, das zu erreichen außer großem Feldherrntalent auch politischen Weitblick erfordert hätte. Dies Zwiegespann der dabei notwendigen Gaben fehlte aber dem Ansbacher Sprößling trotz seiner Verwegenheit; er improvisierte geschickt, doch planmäßig vorzugehen verstand er nicht, und darin liegt die Ursache, daß er trotz anfänglich bester Erfolge schließlich in seinem Vorhaben scheiterte, nachdem er über Franken ein fluchwürdiges Maß von Verwirrung und Unheil ausgeschüttet hatte. Auch die eigentliche Absicht, Nürnberg zu vernichten, scheint Albrecht mehr zufällig als vorsätzlich gefaßt zu haben. Er stand im April 1552 als Gegner des Kaisers vor Ulm, das vergebens belagert wurde, und verlangte von seinen Verbündeten, daß man zur Entschädigung das gesamte dortige Hinterland dem Erdboden gleichmachen solle. Als die Fürsten dies mit dem Hinweis, daß man ja dabei nur die Unschuldigen treffen würde, zurückwiesen, brach er kurzerhand seine Zelte ab und begann auf eigene Rechnung Krieg zu führen: plündernd und sengend zog er nordwärts, seiner Heimat und dem verhaßten Nürnberg zu. Unsere Stadt hatte sich erst kurz vorher durch eine hohe Geldsumme von den Fürsten die Zusicherung erkauft, daß sie im Falle von militärischen Auseinandersetzungen als neutral geachtet werden solle. Albrecht jedoch kümmerte sich hierum nicht: Auf seinem Wege lag die nürnbergische Veste Lichtenau, die er sogleich überrannte und später mitsamt dem darunterliegenden Marktflecken in Flammen aufgehen ließ. Nach vollbrachter Tat suchte er dem Einspruch des Rates zuvorzukommen, indem er Boten nach Nürnberg abfertigte und in barschem Ton von der Stadt eine sofortige Entscheidung darüber forderte, ob sie Freund oder Feind der Fürsten sein wolle. Dies lag aber nicht im Sinne der zuvor für teueres Geld getroffenen Vereinbarung und so erwiderte man mit gemessener Zurückhaltung: Die bisher abgegebenen Erklärungen hätten sowohl den Fürsten als auch dem König von Frankreich ausgereicht und man hoffe, der Herr Markgraf werde nun nicht mit *„tätlicher Handlung und Gewalt“* fortfahren wollen. An Stelle einer weiteren Antwort ließ Albrecht, der unterdessen bis nach Stein vorgerückt war, dreizehn nürnbergische Ortschaften zwischen Schweinau und dem Kloster Pillenreuth niederbrennen sowie vierzehn gefangene Bauern aufhängen. Letzteres war offenbar im Rausch befohlen worden, denn der Markgraf bestimmte hintennach, man möge ihm künftig keine Gefangenen mehr vorführen, wenn er zuviel getrunken habe.

Trotzdem sich nun auch die Fürsten ins Mittel legten, war der Krieg sofort in vollem Gange — am 17. Mai fielen aus der Gegend des Rechenberg die ersten Kanonenkugeln in die östliche Stadt und bald erfolgte eine Beschießung nach der anderen. Die Spitze des Laufer Torturmes, der damals noch viereckig war, wurde vom Feind mit Vorliebe zum Ziel genommen; als die Belagerten dies merkten, trugen sie in einer einzigen Nacht den Helm, das Dach und das oberste Stockwerk des gefährdeten Gebäudes ab. Der Markgraf soll hierüber so wütend gewesen sein, daß er am nächsten Tag mit eigener Hand ein Geschütz abfeuerte, wobei ihm aber die zurückschlagende Flamme seinen roten Bart versengte.

Anfangs waren die angerichteten Schäden nur gering, denn natürlich hatte man sich sorgfältig auf die Verteidigung eingerichtet und im Schießen mit Kanonen erwies man sich sogar dem Gegner überlegen. Dafür aber war das weite und ergiebige Vorfeld der nürnbergischen

Städtchen und Dörfer völlig der Willkür des Ansbachers preisgegeben, der sich auch dieses Vorteiles mit boshafter Freude bediente. In Kürze waren rund 200 Orte, 94 Schlösser und Herrensitze sowie etwa 3000 Morgen Wald vernichtet, Tausende von Menschen obdachlos oder gar dem Hungertod preisgegeben. *„Man findet auch tote Bauern, welche das Gras noch in den Mäulern haben“*, schreibt ein Beobachter der Vorgänge, der auch des Markgrafen bereits ans Krankhafte grenzende Hartherzigkeit hervorhebt. Wenn schon der Herr so war — wie erst die Schar seiner Knechte! Die Schreckenskunde von verübten Grausamkeiten, die den türkischen Greueln in nichts nachstanden, durchlief das ganze Land. Nürnberg aber konnte alledem nicht Einhalt tun, es mußte froh sein, sich auf die Dauer seiner Haut wehren zu können. Es stand in diesem Kampfe völlig auf sich allein gestellt, denn auch andere Städte schwankten zwischen Kaiser und Fürsten, strikte Neutralität für das beste erachtend. Ein Gesandter des Rates an Karl V. drang gar nicht bis zu diesem vor, der durch den Vorstoß des Protestantischen Bundes selbst den festen Boden unter den Füßen verloren hatte. Zudem traf die entmutigende Nachricht ein, daß der Graf von Oldenburg zusammen mit einem Ritter von Dalbeck im Begriff sei, dem Markgrafen einen größeren Heerhaufen zuzuführen. So hoffte man auf einen Ausweg aus dieser Not, indem man sich auf Friedensverhandlungen in Augsburg einließ, die aber an Albrechts unverschämten Forderungen scheiterten: Außer einer Entschädigung von 600 000 Gulden verlangte der Ansbacher unter anderem, daß die Stadt alles Kriegsvolk entlassen und eine markgräfliche Besatzung aufnehmen solle. Da man jetzt des Gegners rohe Handschrift zur Genüge kannte, sah man voraus, was dies bedeuten würde und kämpfte weiter.

Mittlerweile jedoch rückte der Graf Christoph von Oldenburg tatsächlich mit über 9000 Mann heran und die Beschießungen fielen auch längst nicht mehr so harmlos aus wie am Anfang. Außerdem traf der Markgraf energische Anstalten, die Stadt zu stürmen, und die Bürger erlebten manche Schreckensnacht. Daher entschloß man sich schweren Herzens zur Unterzeichnung eines Friedensvertrages (15. 6. 1552), der zwar gegenüber dem ersten Entwurf wesentlich abgemildert war, aber für das stolze Nürnberg immer noch unsagbar hart und demütigend ausfiel. Die wesentlichen Bedingungen waren: Beitritt der Stadt zum Fürstenbund, Verzicht auf Schadenersatz für die vom Ansbacher angerichteten Verwüstungen, Zahlung von 200000 Gulden sowie Übergabe von sechs schweren Geschützen und 400 Zentner Pulver; als der einzige Pluspunkt für Nürnberg konnte gelten, daß es alle durch den Feind eingenommenen Orte wieder zurückerhielt — das Gebiet erlitt also keine Verminderung, aber in welch beklagenswertem Zustand nahm man es wieder in Empfang!

Es ist bezeichnend, daß die Truppen des Markgrafen zu meutern begannen, als sie von der Beendigung der Feindseligkeiten hörten, denn ihr Herr hatte ihnen reiche Beute aus den Häusern der Pfeffersäcke versprochen. Aber auch ohne diese letzte Erniedrigung war Nürnberg so schwer wie niemals bisher heimgesucht; wenn wir uns an das Mittel der diesbezüglichen Schätzungen halten, so belief sich der Gesamtschaden der Stadt auf rund zwei Millionen Gulden, ein für damalige Verhältnisse geradezu schwindelerregender Betrag, zu dem noch die verschiedenen mittelbaren Einbußen wie Verlust an Ansehen, Lähmung des Handels usw. kamen. Nach all den Jahrhunderten glückhaften Aufstieges war dieser Krieg Nürnbergs erste große Kraftprobe; es hat sie zwar bestanden, sich aber dabei den Keim seines späteren Verfalles zugezogen. Auch sollte die Feindschaft mit dem Markgrafen noch ein Nachspiel haben.

Nachdem Albrecht unsere Stadt derart auf die Knie gezwungen, rannte er mit der gleichen Heftigkeit gegen Bamberg und Würzburg an, die er ebenfalls schwer schatzte. Die Händel jenes Jahres 1552 brachten ihm insgesamt über dreiviertel Millionen Gulden ein, einen Betrag, mit dem selbst ein Mann seiner leichtfertigen Ansprüche sich für den Rest des Lebens um nichts mehr hätte zu sorgen brauchen. Aber er ließ sich an diesem Erfolg nicht genügen, denn er stritt ja nur aus Lust am Raufen und nicht, um seine Hausmacht nachhaltig zu vergrößern. So wandte er sich nunmehr mit seinen Söldnern dem Westen zu, mit zündender Fackel in die blühenden Rheinlande einfallend. Mainz und Worms, Speyer und Trier bekamen seine brutale Hand zu spüren; die Freundschaft mit Moritz von Sachsen ging darüber in die Brüche und Karl V. erklärte die von Nürnberg und anderen fränkischen Städten erpreßten Verträge als ungültig. Aber nach kaum zwei weiteren Monaten hatte Albrecht das Kunststück zuwege gebracht, daß ihn der Kaiser wieder in Gnaden aufnahm, ja, sogar den Nürnberg, Bamberg und Würzburg aufgezwungenen Frieden erneut in Kraft treten ließ; aus dem *„heillosen Landfriedensbrecher und Mord-*

Fränkische Landschaft zur Zeit des zweiten Markgrafenkrieges.
Holzschnitt von Virgil Solis, um 1550

brenner", wie ihn der Kaiser eben noch bezeichnet hatte, war nun ein tapferer Obrist geworden, der dem Reich das vorher durch ihn verschacherte Metz wieder zu gewinnen suchte, und alle von dieser plötzlichen Veränderung Betroffenen mußten sich zähneknirschend damit abfinden.

Wir könnten nun den Ansbacher bei seinen weiteren Raubzügen im Westen getrost aus dem Auge verlieren, hätte er sich nicht im Frühjahr 1553 erneut Franken zugewandt. Als er anrückte, sah Nürnberg am Beispiel anderer Städte, daß sie der Markgraf ohne jeden Anlaß überfiel, ob sie katholisch oder lutherisch waren; so erwartete man ihn gar nicht erst, sondern kam seiner Absicht mit Verwüstungen seiner Gebiete zuvor. Zu einer erfolgreichen Belagerung reichten Albrechts Truppen diesmal nicht aus, aber er rächte sich weidlich am Nürnberger Hinterland und so fand nun monatelang ein gleiches Plündern und Brennen auf Gegenseitigkeit statt, wie in den Tagen seines Vorfahren Albrecht Achilles. Besonderes Entsetzen erregte es, daß der Markgraf zu Pfingsten die beiden nürnbergischen Städtchen Lauf und Altdorf anzünden ließ, nachdem man zuvor viele wehrlose Menschen hineingetrieben und die Tore hinter ihnen verrammelt hatte. Das war aber dann die letzte große Heimsuchung, die Nürnberg durch den Ansbacher zu erdulden hatte. Da die ganzen Lande zwischen Main und Rhein unter ihm bluteten, bildeten seine Gegner eine starke Abwehrfront, die Nürnberg finanzierte; Albrecht wurde im Sommer 1553 in drei Schlachten besiegt und am 1. Dezember verhängte der Kaiser die Reichsacht über ihn. Es ist überliefert, daß er diese Nachricht in Schweinfurt bei fröhlichem Gelage erhalten und dabei ausgerufen habe: *„Acht und nochmals acht machen sechzehn. Wollen wir sie fröhlich miteinander vertrinken. Je mehr Feinde, je mehr Glück.“* Mit diesem kecken Wort sollte er aber nicht mehr recht behalten: in kürzester Zeit ging es mit ihm zu Ende, trotz verzweifelter Gegenwehr verlor er einen Stützpunkt nach dem anderen, schließlich sogar seinen als uneinnehmbar bekannten Stammsitz, die Kulmbacher Plassenburg. Er war noch keine 36 Jahre alt, als er 1557 bei seinem Schwager zu Pforzheim starb — in jeder Hinsicht eine abgewirtschaftete Existenz. Wie überall, wo man durch ihn harte Verluste an Geld, Gut und Leben erlitten hatte, so atmete man auch in Nürnberg auf und Hans Sachs widmete ihm einen gepfefferten Nachruf, in welchem er des Markgrafen Höllenfahrt schilderte. Aber der durch frühere Verweise gewitzigte Dichter wagte es nicht, dies „Traumgesicht“ zu veröffentlichen, und noch nach seinem Tode schien der Rat mögliche Weiterungen vom Hause Ansbach, das Albrechts Erbe angetreten hatte, zu befürchten, denn er beschlagnahmte jenes Gedicht. Da es zufälligerweise schon Abschriften davon gab, ist es dennoch auf uns gekommen.

Nürnberger Garten mit Orangerie. Aus den Volkamerschen „Hesperiden", 1708

9. KAPITEL

NACHBLÜTE IM ZEITALTER DER SPÄTRENAISSANCE UND DES BAROCK

Die traurigen Spuren des zweiten Markgrafenkrieges wurden rasch beseitigt, und wo er innere Schädigungen hervorgerufen hatte, da konnte es an der Öffentlichkeit nicht wahrgenommen werden. Die Schulden der Stadt hatten vorher rund 450 000 Gulden betragen, aber gegen Ende des 16. Jahrhunderts schnellten sie auf dreieinhalb Millionen hinauf, später überschritten sie sogar das Dreißigfache ersteren Betrages. Doch die Männer, die über den Stand des Stadtsäckels Rechenschaft abzulegen hatten, taten dies insgeheim, so daß die wahre Geldlage der Reichsstadt bis in die Mitte des 18. Jahrhunderts nur den obersten sieben Regenten, also nicht einmal dem ganzen Rat, geschweige denn der Öffentlichkeit bekannt war. Selbst diese maßgeblichen Männer schienen den mahnenden Anzeichen keine Bedeutung beizumessen. So erfreute sich Nürnberg vor der Welt auch weiterhin eines uneingeschränkten Kredites, als hielten sich bei ihm Soll und Haben bestens die Waage, und dem Bürgertum ward ein geruhsames Dasein beschert. Es folgten jetzt, obwohl die abendländische Bedrohung durch die Türken kaum geringer geworden war und auch sonst manche politische Erregungen das Reich durchzuckten, bei uns von etwa 1555—1620 Jahre tiefen Friedens, wie man ihn seit langem nicht mehr gekannt hatte und in dem sich Nürnbergs vielseitige Kräfte nochmals schöpferisch regten. Wenn auch diese Epoche nicht mehr die strahlende Kraft der Dürerzeit besitzt, so bedeutet sie doch eine reiche Nachblüte innerhalb der lebensfreudigen Kultur des deutschen Barock, die erst wir Heutigen wieder voll zu würdigen wissen. Diese Zeit künstlerischer und wissenschaftlicher Fruchtbarkeit hat hier zu nicht geringem Teil sogar dem lähmenden Anhauch des Dreißigjährigen Krieges widerstanden und so werden wir ihr wohl am ehesten gerecht, wenn wir sie jetzt geschlossen behandeln und ohne jenen tiefen Einschnitt, der um des christlichen Bekenntnisses willen unser Volk in zwei Lager der Todfeindschaft teilte und ihm schmerzlichste Wunden schlug.

Bezüglich der äußeren Geschehnisse können wir nunmehr unseren Schritt etwas beschleunigen gleich einem Wanderer, der den Gipfel eines Berges hinter sich gelassen hat. Die Thronnachfolger Karls V., Kaiser Ferdinand und Maximilian II. — in Fragen des Glaubens von weitaus versöhnlicherer Haltung —, kamen wohl gelegentlich nach Nürnberg, aber sozusagen als private Gäste und dies ist ein Zeichen dafür, daß das Reich seiner großen, freien Städte immer weniger zu bedürfen schien. Auch sonst hatte sich jetzt manches bei uns geändert. So war zum Beispiel die Zeit der adeligen Buschklepper ein für allemal vorüber: 1558 hatte man in Nürnberg die letzten beiden Raubritter eingebracht und hingerichtet, Michael von Hausen und Hessel von Grumbach, die auch keinen Nachwuchs in diesem Geschäft hinterließen, da es sich einfach nicht mehr lohnte und man einsah, daß zum Beispiel der Staatsdienst bessere Möglichkeiten bot. Fortan werden es meist nur noch ausgediente, „*gartende*" Landsknechte sein, die vom Elend getrieben den Handelsleuten auflauern — nach Art etwa des in unserer

Stadt gedruckten Volksliedes vom „*Armen Schwartenhals*", der schildert, wie es ihm als ungeschickten Zechpreller in einem Wirtshaus erging und sein bescheidenes Abenteuer mit den Worten schließt:

Ich hub mich auf und ging davon
Und macht mich auf die Straßen.
Mir kam eins reichen Kaufmanns Sohn:
Sein Tasch mußt er mir lassen.

Was die nachbarliche Feindschaft mit Ansbach betrifft, so wurde sie auch in dieser Zeit durch den Neffen und Erben Albrechts, den Markgrafen Georg Friedrich, geradezu traditionell fortgesetzt. An Stelle von Blut trug man sie jetzt mit Papier und Tinte aus in Form des sogenannten Großen Fraischprozesses, einem langwierigen Streit um das sattsam angefochtene Geleitsrecht und vor allem um die gerichtliche Zuständigkeit in den Landbezirken. Nürnberg verlor ihn in erster Instanz 1587, aber mit riesigem Aktenaufwand wurde er noch so lange weitergeführt, bis die Kanonen Tillys und Wallensteins auch diesen Zank übertönten.

Der Verstärkung von Mauern und Türmen sowie der Ausbesserung des ganzen Stadtbildes folgte dann eine allgemeine Belebung der gesamten Bautätigkeit, ein Gradmesser dafür, daß die Einwohnerschaft ihren alten Wohlstand bald wieder erreicht hatte. Wie man sich die nicht ungefährliche Beschießung des Markgrafen zur Lehre dienen ließ und gleich danach die vier Haupttürme der äußeren Umwallung mit runden Steinmänteln verkleidete, erwähnten wir bereits. Im übrigen hatte sich ja der Verteidigungsgürtel bewährt und wurde nur noch durch die Wöhrder Torbastei (1613/14 unter Jakob Wolff d. J.) ergänzt, die dann 1871/72 als einer der ersten Tribute an das Maschinenzeitalter fallen mußte. Dagegen entstanden um 1600 noch viele jener hohen, schmalgliedrigen Bürgerhäuser, wie sie später eine besondere Zierde Nürnbergs bildeten. Zu ihren kennzeichnenden Vertretern gehörte etwa das Toplerhaus von Jakob Wolff d. Ä. in der Unteren Söldnersgasse mit seinem durch drei Stockwerke laufenden Steinerker und dem von dünnen Halbsäulen durchbrochenen Dachgiebel, ein Bau, der wegen seiner vornehmen Wirkung seither allgemein das „Schlößlein auf dem Poners(Paniers)berg" hieß. Dazu gehört ferner das glücklicherweise erhaltene, nunmehr als Altstadtmuseum eingerichtete Fembohaus in der Burgstraße, das 1591 von dem Großkaufmann Philipp Oyerl aus Herzogenbusch erbaut worden war, einem der zahlreichen wegen ihres Glaubens vertriebenen Niederländer, die in Franken eine neue Heimat fanden. An diesem Hause, hinsichtlich seiner Schauseite und Innenausstattung wohl schönsten seiner Zeit, das uns verblieb, grüßt bereits von weitem die bekrönende Gestalt einer Glücksgöttin, zu beiden Seiten von Voluten umgeben, die dem hohen First gleich Meereswogen entgegenbranden.

Am meisten aber machte schon in den Tagen seiner Entstehung das prächtige Pellerhaus am Egidienberg (1602/05) von sich reden, weil hinter ihm der märchenhafte Reichtum eines Bartholomäus Viatis stand. Mit einer großartigen, von Protzentum nicht ganz freien Gebärde suchten seine materiellen Urheber, der alte Viatis und sein Schwiegersohn Martin Peller, den Wohnpalast Italiens bei uns heimisch zu machen: Sie bestellten sich ein stolzes Haus, dessen innere Geräumigkeit nicht wie sonst in Nürnberg möglichst verborgen blieb, sondern sich schon in der Fassade voll zeigen durfte — ein Wunsch, dem auch das hügelige Gelände entgegenkam, da es den Besucher zur Untersicht zwingt. Die Bauteile des Äußeren durchdrangen einander fest wie Fäden eines Stoffes, indem sie gleichermaßen die waagrechte wie die senkrechte Gliederung betonten; die Markierung der Quadern nach Art des Rustikawerkes verstärkte den festlichen Eindruck noch. Die Hofseite, von der wenigstens Bruchstücke erhalten sind, war in rosa Sandstein gehalten, der wegen seiner reichen Verarbeitung bei Sonnenschein einen marmornen Glanz ausstrahlte. Hier aber wiederholte sich, flankiert von einer durch zwei Stockwerke laufenden Arkadengalerie, auf eine sonst bei uns nicht gebräuchliche Weise das Prinzip der Schauseite mit verschwenderischem Giebelschmuck.

Architekt des Pellerhauses war Jakob Wolff der Ältere, der jetzt für das Nürnberger Bauschaffen eine ähnliche Bewährung durch zwei Generationen einleitet, wie es 100 Jahre vorher Hans Behaim tat. Der aus Bamberg stammende Wolff hatte sich beim Rat 1596/98 bestens eingeführt bei der Errichtung der Fleischbrücke, welche die erste repräsentative Verbindung der beiden Stadthälften geworden war. Vorher hatte hier bereits eine Brücke aus Stein bestanden, allein sie war 1595 durch ein großes Hochwasser zerstört worden und sogleich zog man Nutzen aus diesem Unfall, indem man das neue Werk wesentlich dauerhafter anlegte. Vier Jahre zuvor hatte Venedig eine große Marmorbrücke über den Canale grande erhalten, die wegen ihrer kühnen Steigung Rialto hieß; Nürnberger Kaufleute, die Zeugen ihres Entstehens gewesen waren, haben daheim mit Begeisterung diese ebenso schöne wie tragkräftige Brücke beschrieben und nun wandte man deren Prinzip hier an. Damit die Höhung des Bogens nicht zu jäh ausfiel, ließ man sie bereits ein Stück vorher auf der Straße beginnen — diese und andere Vorarbeiten, wie etwa das Versenken von über 2000 Pfählen, machten das Unternehmen zwar teuer, zugleich aber gediegen: Die Fleischbrücke hat ihren hohen Aufwand bis heute glänzend gerechtfertigt.

Jakob Wolff der Jüngere war dem Vater an Talent ebenbürtig, hat aber leider von ihm zugleich eine erhebliche Trinkfreudigkeit geerbt, die ihn frühzeitig ins Grab brachte. So durfte er die Vollendung seines eigentlichen Lebenswerkes, des Neuen Rathauses, nicht mehr erleben. Er fiel schon als Jüngling dem Rat durch seine zeichnerische Begabung auf und wurde in städtische Dienste genommen, noch bevor er den Meistertitel trug — im Zeitalter des engen Innungswesens sicher eine hohe Auszeichnung. Danach durfte er etwa drei Jahre lang auf Studienreisen gehen, für die er eine ansehnliche Beihilfe erhielt: Eine großzügige Haltung der Stadtväter, die ohne die Auswirkungen des Humanismus kaum denkbar wäre. 1613/14 legte Wolff die erste Probe seines Könnens ab durch den Bau der erwähnten Torbastei zwischen Laufer Tor und Pegnitz (in der Höhe der heutigen Cramer-Klett-Straße), die so gut ausfiel, daß sie ihm eine amtliche Belobigung eintrug. Diese ebenso formschöne wie zweckdienliche Anlage wurde leider gegen Ende des vorigen Jahrhunderts abgetragen, als man meinte, die Stadtmauer würde Nürnbergs weitere Entwicklung hemmen. Dagegen hat ein anderes Projekt von ihm sogar den Feuerregen des letzten Krieges überstanden: Das stattliche Baumeisterhaus im Peunthof zwischen Marien- und Königstor, ein blockhaft-schlichter Bau, wie ihn als Typ der große Augsburger Meister Elias Holl in Süddeutschland eingeführt hatte.

Das Neue Rathaus, das zwischen 1616 und 1622 mit erheblichem Aufwand gebaut wurde, sollte eine lange Zeit schöpferischen Friedens einleiten und wurde statt dessen der Abschied von ihr. Bei der Planung mußten verschiedene örtliche Gegebenheiten berücksichtigt werden. Wie wir an anderer Stelle sahen, war das Alte Rathaus im 14. Jahrhundert durch Zusammenfassung verschiedener engbrüstiger Bürgerhäuser entstanden. Als der Rat 1616 einen geräumigeren Neubau beabsichtigte, kaufte er zunächst die ihm gegen Norden noch fehlenden

Anwesen hinzu und ließ nun Entwürfe anfertigen für einen Komplex, der die älteren Teile wie den Hof und den Festsaal mit dem Tonnengewölbe in sich einbezog, ohne sie doch im wesentlichen anzutasten. Also gleichsam eine neue Umhüllung für das bereits Vorhandene. Jakob Wolff reichte eine Zeichnung ein, die erfreulicherweise erhalten ist. Sie zeigt, daß seine ursprüngliche Absicht künstlerisch stärker war, als das später vom Rat gebilligte Projekt: Er wollte einen Bau, der trotz stattlicher Maße immer noch den Grundgedanken des Wohnhauses in sich schloß und sich daher seiner Umgebung organisch anpaßte; außerdem sollte der hübsche gotische Treppengiebel des Alten Rathauses stehen bleiben. Seine Auftraggeberin aber bevorzugte eine weiter ausladende Fassade, die keine anderen Bestandteile neben sich duldete, eine Mauerflucht von kühl-repräsentativer Wirkung unter Zurückgreifen auf südländische Vorbilder: Die vielen Fenster der beiden Stockwerke betonen in kühner Perspektive die Waagrechte und zeigen zugleich an, daß es drinnen an Raum nicht mangelt. Drei blockig aufgesetzte Türme mit kupfernen Hauben und drei üppig geschmückte Portale untergliedern das Ganze, um die Fluchtlinien nicht allzu streng erscheinen zu lassen. Als das Werk vollendet war, stand es ziemlich fremdartig zwischen den aus bodenständigem Geist erwachsenen Häusern und so ist es bezeichnend, daß unter der Bevölkerung Stimmen des Unwillens laut wurden über diesen Koloß, der soviel Geld verschlang. Dennoch bleibt das Neue Rathaus eine großartige Leistung — es verrät den Mut aller Beteiligten, etwas Neues zu wagen: Nürnberg zeigte damals innerhalb dieses Kunstzweiges eine wahrhaft weltbürgerliche Gesinnung, indem es hier dem Formgesetz der italienischen Renaissance zwar spät, dafür aber in großem Stile Raum gab.
Schon bevor Jakob Wolff der Jüngere im Jahre 1620 starb, hatte man infolge seiner unregelmäßigen Lebens- und Arbeitsweise den Rathausbau erst zeitweilig und dann ganz seinem Bruder Hans übertragen müssen, dessen rechte Hand der Steinmetzmeister Nikolaus Teuffel wurde. Auch in dessen Familie finden wir eine überdurchschnittliche Begabung für den architektonischen Beruf erblich — sein um 1610 geborener Sohn Jürgen wurde 1662 in die baltische Stadt Narwa berufen, die seit alters als des Reiches östlichster Punkt galt; nach der großen Blüte, die sie in den Tagen der Hanse gehabt hatte, erlebte sie im 17. Jahrhundert durch ihre schwedischen und deutschen Kaufleute nochmals einen beachtlichen Aufschwung. Im Zeichen dieses allge-

meinen Wohlstandes baute Jürgen Teuffel dort das Rathaus sowie verschiedene freundlich und hell gehaltene Wohnhäuser, darunter das des damaligen Bürgermeisters Joh. Chr. Schwartz oder des Pastors J. Ulrich, Häuser, die er im Geschmack seiner süddeutschen Heimat mit Erkern versah, wie sie sonst in dieser Gegend nicht gebräuchlich waren. Jürgens Sohn blieb sowohl dem Bauberuf wie der Stadt Narwa treu.

Dem eigentlichen Kunstprinzip des 17. Jahrhunderts, dem Barock, hat Nürnberg in seinen Profanbauten nur in bescheidenem Umfang gehuldigt, wie etwa an dem heute verschwundenen Weizenbrauhaus von 1670, dem Egidiengymnasium oder dem nun wieder erstandenen Tucherpalais am Egidienberg; hinsichtlich der sakralen Kunst bot sich nur einmal eine günstige Gelegenheit, nämlich bei der Wiederherstellung der Egidienkirche. Das ursprünglich romanische Gotteshaus war mit dem ganzen Klosterbezirk im Juli 1696 Opfer eines verheerenden Brandes geworden und erst 1711 brachte man die Mittel zu einem Neubau auf, mit welchem der *„Obristlieutenant“* Gottlieb Trost (1672 bis 1728) betraut wurde. Dieser mußte bei seiner Planung ähnliche Rücksichten nehmen, wie einst Jakob Wolff beim Rathaus: Die noch bestehenden Teile wie Chor und Langhaus, ferner drei alte Kapellen in den Grundriß mit einzubeziehen. Auf diese Weise bestand von vorneherein keine rechte Möglichkeit, aus der neuen Egidienkirche ein wirklich einheitliches Gebilde zu machen, aber als Gesamtentwurf glückte sie dennoch gut: Das Äußere mit seinem kräftigen Turmpaar und der vornehmen Betonung des Portales durch seine Flankierung mit zwei hohen Halbsäulen; das Innere mit seiner geräumigen Vierungskuppel und dem reichen Stuckzierat der Decke, in welche die Fenster der oberen Empore als Stichkappen münden. Da die vielen Fenster in zwei Stockwerken gleichsam ausgespart sind aus Decke und Wand, wirkten sie von der Mitte aus wie die Ränge und Logen eines auf heiteren Ton gestimmten Theaters — hierin ging der Barock bereits in die spielerische Endform des Rokoko über. Leider brannte auch dieser für Nürnberg einzigartige Raum am 2. Januar 1945 völlig aus; von 1957 an wurde er, etwas vereinfacht, wiederhergestellt. So auch die Stuckdecke im Chor.

An Plastiken hat jene Zeit ebenfalls nur ein großzügig angelegtes Werk hervorgebracht, den Neptunbrunnen, um den früher das geschäftige Treiben des Hauptmarktes wogte. Nunmehr hat er einen reizvollen

85. Kirche St. Lorenz: der Hallenchor von 1477

86. Die einmalige Rosette in der Westfassade

87. Wand aus Pfeilern und Figuren, im Vordergrund Anbetung der Könige

88. Frei öffnet sich der Chor mit dem Engelsgruß

und hoffentlich endgültigen Platz im Stadtpark gefunden. Er wurde in den Jahren 1660/68 durch den tüchtigen Wolf Hieronymus Herold gegossen, den wir schon anläßlich des heiligen Nepomuk auf der Karlsbrücke zu Prag nannten. Die beiden künstlerischen Urheber der umfänglichen Figurengruppe, Christoph Ritter und Georg Schweigger, wurden vom Rat nach Italien geschickt, wo man auch in dieser Art von Denkmälern vorbildlich für das ganze Abendland war. Durch die im Süden empfangenen Anregungen wurde der Brunnen eine Variante zu jenem Standbild des Meergottes von Giovanni da Bologna, wie es heute noch einen der Hauptplätze in der Heimatstadt des Meisters ziert. Daß sich der Nürnberger Neptunbrunnen dennoch wesentlich von seinem Vorbild unterscheidet, liegt ebenso in einer anderen Geistesgesinnung begründet wie in der Zeitspanne, die beide voneinander trennt. In Bologna ist der Wassergott ein Athlet, eine altrömische Ringkämpferfigur, kraftstrotzend und ebenmäßig in einem, bei uns ein normaler, etwas hausbackener Akt. Hier ist der Aufbau wichtiger als die einzelne Figur und den wahren Reiz des Denkmals bildet das Zusammenspiel all der Najaden, Tritonen und Delphine, auf deren Bronzeleibern in breiten Strahlen das Wasser zerspritzt. Trotzdem das Nürnberger Werk bald allgemein als hohe Leistung anerkannt wurde, konnte es doch seiner eigentlichen Bestimmung zunächst überhaupt nicht und dann nur bedingt zugeführt werden: Erst wußte man nicht, wie man es hinreichend mit dem feuchten Element speisen sollte, da das Pumpwerk für die öffentlichen Brunnen nicht dafür ausreichte, und dann fehlten die Mittel zu seiner Aufstellung. Über ein Jahrhundert lang standen die Figuren auf dem Peunthof herum und wurden von Fremden bewundert, von denen sie auch manch einer gern erworben hätte. Lange widerstand der Rat einem solchen Verlangen; erst 1797, als Nürnbergs Geldnot ausweglos groß geworden war, verkaufte man den Neptunbrunnen an den russischen Zaren für dessen Sommerschloß Peterhof; 1902 wurde mit Unterstützung von Kunstfreunden die Nürnberger Kopie gegossen und aufgestellt.

Die Tradition der Nürnberger Malerei war auch in jener Zeit nicht erloschen. In der Mitte des 16. Jahrhunderts erhielt sie einen starken Impuls von außen her: Der wegen seines kalvinistischen Glaubens aus dem Hennegau zugewanderte Nicolas Neufchâtel (1527 bis um 1595) wurde ob seiner ebenso wahrheitsgetreuen wie virtuos angelegten Porträts bald eine Art Lieblingskünstler der Nürnberger Patrizier; seine

Schüler waren der ebenfalls aus Belgien stammende Nicolaus Juvenel d. Ä. sowie der besonders als Vedutenmaler tüchtige Lorenz Strauch (1554—1630). Aber die Barockmalerei ist auch noch gleichsam durch einen dünnen Faden mit der Dürerzeit verbunden: Der erste Lehrer von Joachim von Sandrart, der hervorragendsten Gestalt auf diesem Gebiet, war ein Schüler des fleißigen Kleinmeisters Jost Amman gewesen. Dieser Sandrart, der sich als alter Mann in unschuldiger Selbstüberschätzung als einen *„deutschen Apelles“* feiern ließ, ist als Künstler wie als Mensch derart mustergültig für sein ganzes Zeitalter, daß sein Lebenslauf und seine geistigen Ziele auf eine Reihe anderer bedeutender Männer paßten.

Sandrart wurde 1606 in Frankfurt am Main geboren; die Vermögenslage seiner Eltern erlaubte ihm, sich seinen Neigungen entsprechend zu bilden. Zunächst wollte er Kupferstecher werden und so treffen wir ihn erstmalig 1620 in Nürnberg bei Peter Isselburg, der jetzt in unserer Stadt die Tradition all jener handwerklich tüchtigen, aber als Künstler mittelmäßigen Graphiker einleitet, die damals dem Fremdenverkehr ähnliche Dienste leisteten wie heute die Hersteller von photographischen Postkarten: Sie verfertigten Einzelblätter und Alben mit gewissenhaft gestochenen Städteansichten, in denen der Reisende eine bleibende Erinnerung besuchter Orte gewinnen wollte. Da Sandrart in Kürze erkannte, daß ihn diese Tätigkeit niemals ganz ausfüllen würde, wandte er sich der Malerei zu und lernte bei verschiedenen namhaften Meistern — erst zog er in die Niederlande, wo er unter anderem mit Rubens bekannt wurde, den er zwei Wochen lang auf einer seiner diplomatischen Reisen begleitete. Z. von Harsany hat diese Begegnung in seinem großen Roman *„Das herrliche Leben“* verwertet und sie damit beginnen lassen, daß Rubens ein Bild des jungen Sandrart bei dessen Lehrer Honthorst gesehen und sich sehr darüber gefreut habe. Nach längeren Aufenthalten in Italien folgte Sandrart einem Ruf nach Nürnberg, wo er sich schließlich so wohl fühlte, daß er hier seinen Lebensabend verbrachte. Als er 1688 starb, erhielt er ein geradezu fürstliches Begräbnis, und noch viele Jahre danach bildete sein Haus eine Sehenswürdigkeit für schaulustige Fremde, denn einer der berühmtesten deutschen Künstler hatte darin gewohnt; außerdem war es vollgepfropft mit allerlei merkwürdigen Dingen.

Sandrarts Nürnberger Zeit läßt sich mit einigen seiner Leistungen erschöpfend umreißen. Als er 1649 die Stadt zum zweiten Male betrat, war gerade auf dem Rathaus eine Kommission beider christlicher Bekenntnisse versammelt, um dem Frieden von Münster und Osnabrück die letzte Glättung zu verleihen. Nach erfolgreichem Abschluß gab der Vertreter Schwedens, Pfalzgraf Karl Gustav, ein Gastmahl, das Sandrart in einem großen Gemälde festhielt, das eine etwas düstere Feierlichkeit ausstrahlt und dessen Hauptvorzug die porträtmäßige Treue ist, mit der die zahlreichen Teilnehmer des Banketts wiedergegeben sind. Das Bild wurde daher mehr ein geschichtliches Dokument als ein Kunstwerk von bleibendem Wert. Aber gerade so hatte man es haben wollen — dies beweisen die 2000 Gulden und die schwergoldene Kette, die der Künstler dafür erhielt. Als dann ein Jahr später ebenfalls in Nürnberg der *„Friedens-Exekutions-Hauptrezeß"* unterzeichnet wurde, ließ sich der kaiserliche Vertreter, der volkstümliche Feldherr Ottavio von Piccolomini, auch von Sandrart malen, der sich damals eines derartigen Zulaufs erfreute, daß er wochenlang täglich zwei Personenbilder bewältigen mußte.

Als sein eigentliches Lebenswerk aber empfand Sandrart ein sechsbändiges Werk, dem er den volltönigen Namen *„Teutsche Akademie"* gab und in dem er den ersten Versuch einer umfassenden deutschen Kunstgeschichte nach Art des Italieners Giorgio Vasari unternahm. Sandrart hat diese Arbeit so gefesselt, daß er über ihr zeitweilig das Malen ganz vernachlässigte: Der Theoretiker war in ihm ebenso stark wie der Praktiker. Er ging dabei von dem Gedanken aus, daß niemand als ein perfekter Maler das Recht habe, über die Malerei etwas zu schreiben — eine Auffassung, die damals sicher ihre Berechtigung hatte und erst dadurch überholt wurde, daß Gelehrte wie Jacob Burckhardt die Grundlagen zu einer historisch-wissenschaftlichen Kunstbetrachtung schufen. So bedeutet die *„Teutsche Akademie"* uns heute kaum mehr als den ersten Gehversuch auf einem Gebiet, das später eine derart staunenswerte Ausweitung erfahren hat.

Daß Sandrart nicht nur als der größte deutsche Maler seiner Generation galt, sondern es auch wirklich war, liegt natürlich in erster Linie daran, daß ihm nur wenige ebenbürtige Wettbewerber zur Seite standen. Weil er eine kraftvolle Persönlichkeit war, hatte er auch tatsächlich manches Neue auszusagen, wenn freilich in zeitbedingter Sprache. Als echter Barockmensch hielt er auf Standesbewußtsein: Nach seiner Auffassung mußte der Künstler ein großer Herr sein, was er selbst durch ein vornehmes und sittenstrenges Leben unter Beweis stellte, sowie dadurch, daß er sich seine Werke teuer bezahlen ließ. Daher blickte er mit Unwillen auf einen Mann wie Rembrandt, der keinen Berufsdünkel kannte und der malte, ohne viel darüber zu reden. Wie das Betonen der steifen Würde, die „Gravität“, zum Äußeren, so gehörte zum geistigen Bild des Barockmenschen das unbedingte Vertrauen in den Verstand, oft seltsam gepaart mit tief religiösem Empfinden. Diesen Menschen verkörpert Sandrart in Reinkultur. So erschien ihm die Malerei als durchaus erlernbar, wie einst Eobanus Hessus und jetzt wieder Georg Philipp Harsdörffer die Dichtung; sein höchstes Ideal war der Virtuose, der jede ihm gestellte Aufgabe ebenso rasch wie geschickt zu lösen versteht. Den Weg zu solcher Arbeit zu zeigen ist der Sinn seiner Schriften — ganz nahe neben dem Künstler wohnt der Schulmeister in seiner Brust. Den von ihm angestrebten Virtuosen fordert freilich seine Zeit: Wie die Pilze schießen neue Residenzen der deutschen Duodezfürsten aus dem Boden; hier liegt ein Riesenbedarf für Kunstwerke aller Art vor, die mit flotter Hand geschaffen werden müssen im Zeichen einer gefälligen, oberflächlichen Wirkung. Auch Sandrart hat Aberhunderte von solchen Bildern gemalt, in denen er geschickt mit seinem Pfund einer frühreifen, doch wenig entwicklungsfähigen Begabung — auch diese typisch für das Jahrhundert — zu wuchern verstand; ganz offen gab er es zu, daß ihm die Form wichtiger war als der Inhalt. Sandrarts Neffe Jakob war der geistige Urheber einer Nürnberger Malerakademie, die 1662 gegründet wurde. Mit dieser Schule war zunächst nicht die methodische Unterweisung befähigten Nachwuchses beabsichtigt, sondern sie sollte Leuten vom Fach die Möglichkeit bieten, sich in der Technik des Zeichnens zu vervollkommnen und besonders das Aktstudium zu betreiben, das sonst für manch einen zu kostspielig gewesen wäre. Das Unternehmen erfreute sich auch lange Zeit hindurch regen Zuspruches und darf als die Keimzelle der späteren Nürnberger Kunstschule gelten, die heute wieder und mit mehr Recht den Namen einer Akademie führt.

In den Tagen der Sandrarts erlebte auch das hiesige Kunsthandwerk eine beachtliche Nachblüte, besonders bei den Goldschmieden, wie Christoph Ritter (gest. 1679) oder dem schon aufgeführten Hans Petzold, dann aber auch in der Glasmalerei. Ihre Hauptträger sind der aus Hamburg stammende Johann Schaper (1611—1670) und der bereits als Erfinder genannte Abraham Helmhack, beide ebenso gewandte Künstler wie gründliche Handwerker. Ihre mit Schwarzlot oder Emailfarben geschmückten Trink- und Ziergläser, Deckelbecher und Fayencegefäße, meist mit bunten Städteansichten versehen, waren lange Zeit hindurch in ganz Deutschland sehr gefragt und werden heute noch in Sammlerkreisen hoch geschätzt. Noch kostbarer sind die subtilen Erzeugnisse des Glasschnittes auf Trinkgefäßen aller Art, der damals in Nürnberg zu hohem Ansehen gelangte. Georg Schwanhardt (1601—1667) hatte diese Kunst in Prag erlernt, um sie bald darauf in seiner Vaterstadt heimisch zu machen; bekannt war sie hier schon vorher gewesen. Sein Sohn Heinrich erfand später, wie erwähnt, das Verfahren der Glasätzung durch Fluorsäure, was die Arbeit an diesem Material wesentlich erleichterte.

Als ein letztes, vom Zufallswind hergetragenes Saatkorn auf dem nun schon müden Boden der alten Nürnberger Malerschule kann man den aus dem Preßburgischen stammenden Johann Kupetzky bezeichnen, einen Künstler von höchsten Qualitäten, von dessen Bildern gerühmt wird, sie seien meist dunkel und schwer in der Farbe, ernst und gemessen in der Zeichnung, aber in der Regel ohne den theatralischen Aufbau der Szenerie, die gerade minderbegabten Malern unerläßlich schien und der sich auch Sandrart gern bediente. Seine große Zeit erlebte Kupetzky allerdings in Wien, wo er unter anderem den Prinzen Eugen mehrmals porträtierte. Später fiel er wegen seiner Zugehörigkeit zur Böhmischen Brüdergemeinde in Ungnade und schien auch von seiten seiner neidischen Berufskollegen Verfolgungen zu befürchten, denn 1723 nahm er plötzlich in Nürnberg Zuflucht bei seinem Freunde Blendinger am Paniersplatz, der ihm ein sorgsamer Gastfreund war. Auch hierher war ihm sein Ruhm sogleich gefolgt und er erhielt zahlreiche Aufträge. Von den in Nürnberg entstandenen Arbeiten ist leider das meiste verschollen; sicher war er bis zuletzt der gleiche geschätzte Bildnismaler, als der er bei Hofe gegolten hatte, ein unbestechlicher Diener der Wahrheit, weil er das menschliche Antlitz in seiner ganzen persönlichen Eigenart und ohne alle Rücksicht auf etwaige Schönheitsfehler darstellte. Als er 1740 im 74. Lebensjahr in unserer Stadt starb, hinterließ er gegen 1500 Gemälde, von denen aber nur knapp der vierte Teil auf die Gegenwart gekommen ist. Nürnberg besitzt in der Sammlung des Germanischen Nationalmuseums sein sprechendes Bild eines Querflötenbläsers.

Wenn auch aus Sandrarts Malerakademie sonst keine Künstler mehr hervorgingen, die sich mit dem Fremdling Kupetzky in einem Atemzug nennen ließen, so dafür doch die bedeutendsten Stecher nürnbergischer Ansichten, deren Blättern alle künftigen Zeiten das beste und reichhaltigste Material zur Veranschaulichung erhaltener oder verschwundener Bauwerke inmitten des damaligen Lebens verdanken. Da steht als erster der 1637 geborene Johann Andreas Graff vor uns, Gatte der noch zu würdigenden Maria Sibylla Merian, gleich Sandrart ein Mann von Welt. Seine Kupferstiche zeichnen sich durch große topographische Treue und gediegene Technik aus bei allerdings ziemlich zurückhaltendem Temperament. Seine Darstellungen etwa des nunmehrigen Maxplatzes, der Fleischbrücke oder des Egidienberges sind Kabinettstücke ihrer Art. Nach ihm kommt Georg Christoph Eimmart, Leiter der Akademie und als Graphiker ebenso geschätzt wie als Begründer der damals viel bewunderten Sternwarte auf der Burg, deren Entstehen vielleicht durch die reiche astronomische Hinterlassenschaft des Regiomontanus-Schülers Bernhard Walther begünstigt worden war. Eimmart wird Lehrer des fruchtbarsten Nürnberger Stechers, Johann Adam Delsenbachs, der aus kleinsten Verhältnissen kam. Dieser wurde 1687 als Sohn eines Geleitreiters geboren, eines Mannes, der den Nürnberger Warentransporten als Schutzperson beigegeben wurde. Nach dem unter Opfern ermöglichten Studium bei Eimmart galt auch Delsenbach als frühreifes Talent; er holte sich die ihm noch fehlenden Anregungen bei dem berühmten Wiener Baumeister Johann Bernhard Fischer von Erlach, für den er eine Anzahl sauberer Kupfer ausarbeitete, bis ihn die Pest aus der österreichischen Residenz vertrieb und er nach Nürnberg zurückkehrte. Er hat später noch verschiedene Reisen unternommen, so 1733 eine Studienfahrt durch Holland, die ihm die Bekanntschaft einer Reihe namhafter niederländischer Künstler und wertvolle Erfahrungen eintrug.

Delsenbachs 110 Nürnberger Prospekte sind eines der umfangreichsten Werke ihrer Gattung — nicht alle gleich glücklich in der Ausformung, aber in ihrer Gesamtheit von wahrhaft herzgewinnender Anschaulichkeit und von einzigartigem Wert für jeden, der sich irgendwann mit der Geschichte der Stadt beschäftigen will. In jener bunten Dinghaftigkeit, wie sie den alten Guckkasten-Bildern zu eigen ist, zieht das Nürnberg des 18. Jahrhunderts am Betrachter vorbei inmitten eines Lebens, das uns Heutigen verspielt und verträumt erscheinen mag und das doch nicht minder von seiner Wichtigkeit überzeugt war als das unsere. Ein Teil dieser Stiche wirkt etwas uneinheitlich, weil den Künstler die baulichen Gegebenheiten (um die es aber doch dem kauflustigen Fremden zuallererst ging) oft recht kühl lassen und er sie mitunter nur wie eine notwendige Kulisse behandelt. Er arbeitet mit dem „Weitwinkel" rasch sich verjüngender Fluchtlinien, die selbst den bescheidensten Gassen etwas Imposantes verleihen; vor allem aber übersetzt er gewisse architektonische Einzelheiten vergangener Jahrhunderte unbedenklich in den Stil seiner Zeit — so etwa an der Lorenzkirche, deren charakteristisches Portal er in einen Kielbogen verwandelt, und deren Türmen er eine Gedrungenheit verleiht, die sie in Wirklichkeit nicht besitzen. Doch nimmt man dies gerne hin, dem sonstigen, stets köstlichen Zubehör seiner Blätter zuliebe: in der Schilderung typischer Szenen des großen und kleinen Volkes ist er ein liebenswerter Meister. Hier sind ein paar russische Soldaten durch die Stadt gezogen, dort bilden Patrizier einen langen, düsteren Leichenzug rund um die Sebalduskirche; eine vornehme Karosse hat einen Radbruch erlitten, anderswo scheuen die Pferde oder ein störrisches Rind wird zum Metzger geschleift — solche an und für sich unscheinbare Zufallsereignisse läßt er sich niemals entgehen, weil er weiß, daß gerade sie die Unmittelbarkeit des Eindruckes vermehren. Dazu kommt sein stets aufmerksames Auge für Trachten und Sitten sowie für die verschiedensten Tätigkeiten der Handwerker oder den unablässigen Verkehr des Nürnberger Handels auf Straßen und Plätzen.

Beinahe wie ein Dilettant wirkt neben diesem unermüdlichen Erzähler ein ebenso fleißiger Ortsgraphiker, obwohl er sich in den Niederlanden geschult hat und seine Hinterlassenschaft noch umfangreicher ist als diejenige Delsenbachs: Johann Alexander Böner. Er besitzt keine große Phantasie, ist dürftig bis in die Strichführung hinein und mitunter sogar schrullig in seiner Art des Sehens. Doch da um 1700 die Nachfrage nach solchen Erzeugnissen eher noch zu- als abgenommen hat, findet auch er sein gutes Auskommen und bleibt für uns höchst aufschlußreich, weil er an Nürnberger Gegebenheiten vieles längst Entschwundene festhielt, das anderen der Schilderung nicht wert erschien. Ein weiterer bemerkenswerter Zweig der bodenständigen Graphik im Zeitalter des Barock mündete in ein vielseitiges und fruchtbares Bemühen auf dem weiten Feld der Naturwissenschaften. Wir haben an dem Kräuterbuch des Nürnberger Apothekers Georg Oellinger gesehen, daß diese Gebrauchskunst schon in der Mitte des 16. Jahrhunderts eine erstaunliche, weil früher stark unterschätzte Höhe erreicht hatte; jetzt

Maria Sibylla Merian:
Bildnis aus ihrem letzten Lebensjahr, 1717.
Kupferstich von Jacob Houbraken
nach Georg Gsell

aber wird sie durch eine Mode gefördert, die sich gleichsam der Natur in die Arme wirft und teilweise geradezu krankhafte Ausmaße annimmt — in Holland bricht jene närrische Liebe für die Blumenzucht aus, die den aufschlußreichen Namen *„Tulpomanie"* erhalten hat, und in Nürnberg betrachteten es Patrizier wie Großkaufleute als standesgemäß, sich stattliche Gärten und Orangerien anzulegen; hierbei gelingt es ihnen im gewissen Sinne, die klimatische Rauheit Mittelfrankens aufzuheben — sie bringen es zustande, die spröde Aloe blühen oder seltene Früchte reifen zu lassen, auf die man selbst in Oberitalien hätte stolz sein dürfen.

Gerade damals wurde eine Frau für 17 Jahre nach Nürnberg verschlagen, die als erste deutsche Naturforscherin bis heute einen Ehrenplatz in der Fachwelt behauptet: Maria Sibylla Merian, Lieblingstochter des rührigen Frankfurter Kupferstechers und Verlegers Matthäus Merian d. Ä. 1670 siedelte sie im Alter von 23 Jahren mit ihrem Gatten, dem uns schon bekannten Johann Andreas Graff, in unsere Stadt über, angelockt von der Sandrartschen Malerakademie, die ihnen bessere Verdienstmöglichkeiten verhieß. Sie zog in eine Landschaft, die sie in einem ersten Brief als *„schön und eben"* bezeichnet und wo ihr bereits bei der Ankunft die Lusthäuser der Bürger angenehm auffallen. Sibylla und ihr Mann haben damals beruflich eng zusammengearbeitet, aber bald folgte jeder von ihnen dem Gesetz der persönlichen Eigenart; Graff widmete sich seinen Veduten und die junge Frau betrieb die Blumenmalerei mit einer Gewissenhaftigkeit und Kunstfertigkeit, die überall allgemeines Entzücken hervorrief. Dabei war ihr Erkenntnisdrang außergewöhnlich — ihr ging es niemals nur um die äußere Darstellbarkeit einer Pflanze, sondern um ihr ganzes Wesen, um ihre Seele. Sie führte eine Reihe von Versuchen fort, die sie schon in Frankfurt begonnen und aus denen sie die Einsicht gewann, daß die *„Sommervöglein"*, die Falter, nicht wie man bisher geglaubt hatte aufs ungefähre aus dem Kehricht entstünden, sondern aus Eiern und Raupen, über deren *„Wunderbare Verwandlung und Blumennahrung"* sie 1679 ein aufsehenerregendes Büchlein veröffentlichte. Genauso neuartig wie der hierbei gewonnene Einblick in die Werkstatt der Natur war die geschickte Verbindung verschiedener Techniken in den beigefügten Bildern, wobei Maria Sibylla *„einen Grad stecherischer Illusionskunst erreichte, der in der Geschichte des Kupferstiches einzig darsteht"*. Später hat sie, wohl weil ihre fast männliche Selbständigkeit die von ihr geforderte Unterordnung nicht mehr vertrug, Graff für immer verlassen und ist zusammen mit ihrer ältesten Tochter nach einem Aufenthalt in Friesland und Amsterdam in die damals noch völlig unerforschte holländische Kolonie Guayana gefahren, um dort in aufreibender Arbeit das Material zu ihrem umfangreichen Werk über die Surinamschen Blumen und Insekten zusammenzutragen, das bis in die Gegenwart von allen Kennern und Naturfreunden ungemein geschätzt wird.

Aber auch unsere Stadt selbst brachte auf diesem Gebiet verschiedene Forscher von abendländischem Ruf hervor, so Wolf Albrecht Stromer von Reichenbach, welcher das erste Standardwerk der einheimischen Gartenflora, die *„Edle Gartenwissenschaft"*, unter Berücksichtigung der bodenständigen Zuchtversuche schrieb (1671). In der nicht patrizischen Familie Volkamer wurde die Hortologie ein ganzes Jahrhundert hindurch gepflegt, ihr bekanntester Vertreter ist Johann Christoph Volkamer, von Beruf Großkaufmann, der als erster ein Pomeranzenhaus baute und überhaupt seinen Garten mit den seltensten Gewächsen bepflanzte. Als Frucht seiner Bemühungen veröffentlichte er 1708 das Buch der *„Hesperiden"*, in welchem er alle bekannten Spielarten der Agrumi, der Zitronenfrüchte, beschreibt. Sein Bruder Johann Georg war ebenfalls von der Botanik derart besessen, daß er, obwohl ein tüchtiger und von weither besuchter Arzt, in seiner knapp bemessenen Freizeit ein gründliches Gesamtwerk der Nürnberger Flora verfaßte. Angesichts dieser Regsamkeit, die sich hier nur skizzieren läßt, ist es kein Zufall, daß gerade in Nürnberg die 27 Bände umfassende deutsche Übersetzung von Linnés bahnbrechendem Pflanzenwerk erschien. An die liebevolle Art der Naturbetrachtung, wie sie bei Maria Sibylla Merian neu war, knüpften später Susanna Maria Sandrart, die Geschwister Dietzsch und vor allem August Johann Rösel von Rosenhof an, der sich einen guten Stab von Mitarbeitern halten konnte und dessen künstlerische Kupfer über Insekten und Frösche ebenfalls bis auf unsere Tage nichts von ihrer Lebensfrische eingebüßt haben.

Daß die Blumenliebhabereien der ehrbaren Familien und bürgerlichen Großkaufleute sich zu ihrer Zeit im ganzen Reich einer wahrhaft sprichwörtlichen Beachtung erfreuten, dafür gibt es sogar in der schönen Literatur einen Beweis: Musäus legt in seinem 1786 gedruckten Märchen *„Melechsala"*, wo freilich die kindliche Fabel in altklugem Ballast erstickt, anläßlich eines botanischen Redewettstreites jemandem die Worte in den Mund: *„In Welschland aber und in den deutschen Gärten der Nürnberger reifen keine Datteln."* Diese Gärten umgaben als ein köstlich grüner Gürtel die mittelalterliche Stadt in erheblicher Breite und wurden von ihren Besitzern mit beispiellosem Aufwand gepflegt. Meist standen sie den patrizischen Herrensitzen und Wasserschlössern nicht nach, denn solid gebaute Steinhäuser als Blickmittelpunkte von Baumfluchten und Terrassen luden zum längeren Wohnen ein; hier hielt man während der schönen Jahreszeit fröhliche Gesellschaften ab oder führte Schäferspiele auf. Bei alledem wurde schon vor dem 17. Jahrhundert ein derartiger Luxus entfaltet, daß der Rat immer wieder einmal dagegen einschritt, um so mehr, als man auch für den Bestand des an und für sich schon übermäßig beanspruchten Reichswaldes fürchten mußte. Im zweiten Markgrafenkrieg wurden diese Gärten arg zerzaust — viele Häuser und kostbare Bäume mußten fallen, um den Verteidigern der Stadt freie Sicht und Schußfeld nicht zu beeinträchtigen, aber danach baute man alles wieder desto prächtiger auf und schien nur für seine Vorstadtgärten zu leben. Wie weit diese Ausstattung bei Leuten, deren Geschmack unsere Zeit nicht mehr teilt, gehen konnte, zeigt der Schmausengarten, der ausgedehnte Park eines reichen Bierbrauers mit Namen Schmaus, der die Gärten der Patrizier an galantem Zierat noch übertreffen wollte, indem er sich ein merkwürdiges Mittelding zwischen Lusthain, Menagerie und Museum einrichtete. Michael Truckenbrodt hat zu Ende des 18. Jahrhunderts den Schmausengarten, an den heute nur mehr eine Straße beim Maxfeld erinnert, noch gekannt, allerdings schon in recht verwildertem Zustand; seine Schilderung zeigt uns eine vormals reiche und schöpferische Kultur auf der letzten Stufe des Verfalls:

„Schmaus bot seine ganze Einbildungskraft auf, um recht viel Mannigfaltigkeit in diesen Garten zu bringen. Alleen, grüne Gänge, eine Einsiedelei (aber auch ein Amphitheater und ein Heiliges Grab)*, ein kleines Labyrinth, schöne Statuen und abscheuliche Karikaturen, ein kleiner Teich, in welchem Schwanen schwammen, ein Vogelherd, einsame Hüttchen und kleine Grottenwerke, Gemälde von verschiedenem Gehalte und Spielereien aller Art waren in diesem Garten zu finden. Er unterhielt auch ein paar Affen darin* (sowie seltenes Geflügel und anderes Getier). *Besonders war er ein Liebhaber von springendem Wasser und ließ verschiedene Fontainen in seinem Garten anlegen, welche aber meist so eingerichtet waren, daß diejenigen, die sie betrachteten, mitten in ihrer Aufmerksamkeit durch einen Wasserstrahl gestört wurden, der aus einem Ort, wo sie es am wenigsten vermuteten, hervorkam und sie reichlich benetzte. So war unter anderem eine solche Fontaine in Gestalt einer kleinen Festung von vier steinernen Bastionen angelegt, aus welchen unvermutet das Wasser emporstieg und sich schräg nach allen Seiten durchkreuzte, so daß man in ziemlicher Entfernung davon stehen mußte, um nicht besprengt zu werden. In der Gegend des Vogelherdes war eine weibliche Figur von Holz so vorgestellt, als ob sie zum Fenster heraussähe. Unter ihr war eine Türe und neben selbiger ein Glockenzug zum Anschellen, wie in den meisten Häusern in Nürnberg. Wenn nun eine Anzahl Zuschauer sich dieser Figur gegenüberstellte und ihre Betrachtungen darüber machte, schlich sich einer, der Bescheid wußte, an die Türe und zog die Schelle, worauf sie sogleich durch einen Wasserstrahl von ihrem Posten vertrieben wurden.“*

Denken wir an die degenerierten Niedlichkeiten der Nürnberger Erfindungen um die gleiche Zeit zurück, so erscheint uns das Sammelsurium des Schmausengarten nur als eine Abart davon. Aber man darf an alles dies keinen allzu strengen Maßstab legen, denn es war nur eine Seite des damaligen, ebenso spielerischen wie grüblerischen Lebens und in den gleichen Jahren, als das Schmaussche Anwesen bereits ein Opfer der Parzellierung wurde und auch die übrigen Gärten *„hinter der Vesten“* zusammenschmolzen, hat es noch Leute in Nürnberg gegeben, denen es mit der Hortologie durchaus ernst war — so etwa den tüchtigen Botaniker und Stecher Jakob Sturm (1771—1848), der einige tausend Tafeln mit vortrefflichen Darstellungen aus dem Tier- und Pflanzenreich geschaffen hat. Daß aber jene Liebhabereien immer wieder einmal wertvolle Ergebnisse zeitigten und Widerhall in ganz Deutschland fanden, rührt nicht zuletzt daher, daß sie in exakte wissenschaftliche Arbeit mündeten, für welche Nürnberg eine bedeutende Pflegestätte in seiner Altdorfer Universität besaß.

Wie erwähnt, war diese Hochschule — die einzige, die in solchem Umfang von einer Reichsstadt unterhalten wurde — aus dem Gymnasium am Egidienberg hervorgegangen: 1575 erfolgte die Gründung durch Verlegung des Gymnasiums, welches schon drei Jahre später zur Akademie und 1622 zur Universität erhoben wurde. Diese konnte aber zunächst nur in der Philosophie, den Rechten und in der Medizin den Doktorgrad verleihen, erst von 1697 an auch in der Theologie. Es hatte allen Anschein, als ob der Rat von vorneherein eine solche Vollanstalt anstrebte, denn sie entsprach seinem Geltungswillen und schloß auch mancherlei Nutzen in sich: Das Ansehen, das man durch den Mißerfolg der Melanchthonschen Schule verloren hatte, ließ sich wiedergewinnen; außerdem kamen, wenn man gute Lehrkräfte anstellte, junge Menschen aus allen Ländern, was kultur- und handelspolitisch von Tragweite war. Natürlich zeigte der Kaiser wenig Lust, eine solche Pflanzstätte evangelischer Gelehrsamkeit zu fördern und desto beachtlicher ist es daher, daß Nürnberg trotzdem nach und nach alle gewünschten Privilegien bei Hofe durchsetzte.

Die Altdorfer Universität, von deren vielseitigem Wirken heute noch der stattliche, zweiflügelige Bau ihrer Gründungszeit zeugt, hat in ihren Lehrsälen viele Leuchten der Wissenschaft und nachmals berühmte Studenten gesehen, deren Zahl in guten Jahren bis auf 400 anstieg. Die Hochschule machte unter anderem durch ein vorbildlich eingerichtetes anatomisches Theater, den größten botanischen Garten Deutschlands und eine Sternwarte von sich reden. Zu ihren angesehensten Lehrern gehörte der Mathematik- und Physikprofessor Johann Prätorius, der 1590 den Meßtisch erfand, das grundsätzlich heute noch gebräuchliche Gerät für zeichnerische Geländeaufnahme. Der Mediziner Moritz Hofmann aus Fürstenwalde hatte einige Jahre vor seiner Berufung die Bauchspeicheldrüse an einem Truthahn entdeckt; er bereicherte die Altdorfer Universität durch den genannten Anatomiesaal und die Gründung eines großen chemischen Laboratoriums. Ein Allround-Gelehrter war der Polyhistor Daniel Schwenter (1585—1636), der selbst im Zeitalter der Universalbildung Aufsehen erregte, denn er lehrte nicht allein Mathematik und Erdvermessung, sondern war zugleich Doktor der hebräischen, chaldäischen und syrischen Sprache. Unter den vielen von ihm gemachten Erfindungen kommt auch schon das Prinzip des neuzeitlichen Füllfederhalters vor. Einer seiner Nachfolger, Adam Nietzky (1714—1780), darf den Ruhm für sich in An-

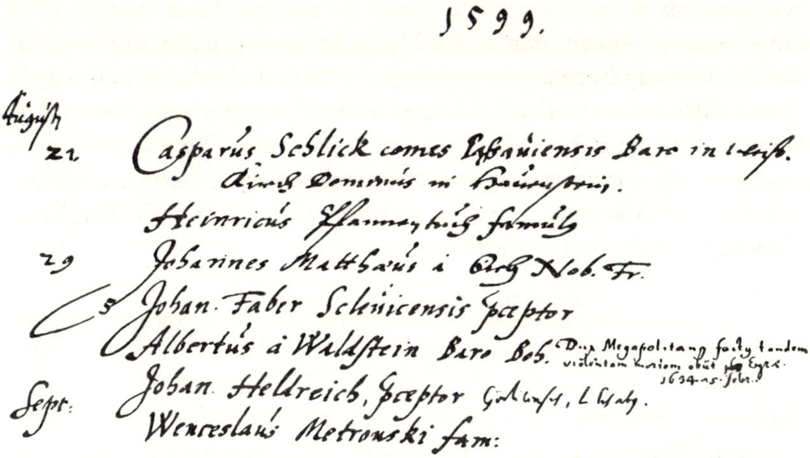

1599.

21 Casparus Seblick comes

29 Johannes Matthæus

Johan. Faber

Albertus à Waldstein Baro Boh.

Sept. Johan Helldreich

Wenceslaus Metrowski fam:

Matrikel der reichsstädtischen Universität Altdorf mit dem Eintrag Wallensteins und seiner beiden Begleiter vom 29. August 1599 (Universität Erlangen)

spruch nehmen, als erster die Mathematik der Chemie dienstbar gemacht zu haben, wodurch sie von ihrer spukhaften Verwandtschaft zur Alchemie befreit wurde. Andere Professoren suchten nach neuen Erkenntnissen auf den Gebieten der Zoologie und Mineralogie; Johann Heinrich Schulze entdeckte um 1740 die Lichtempfindlichkeit des Silbersalzes und schuf damit eine der wesentlichsten Voraussetzungen für die späteren Erfindungen auf dem weiten Feld der Photographie. Daneben freilich fehlte es auch nicht an verschrobenen und verkommenen Gestalten, die den Schulpflegern des Rates, den Scholarchen, kaum weniger zu schaffen machten, als die stets trink- und rauffreudigen Studenten.

Unter die namhaften Schüler der Anstalt zählen Friedrich von Logau, der spätere Verfasser jener geistreichen zweizeiligen Reimsprüche, wie einen davon Gottfried Keller als Leitmotiv zu seinem *„Sinngedicht“* verwendet hat, Goethes Großvater, und vor allem der Philosoph Gottfried Wilhelm Leibniz, der im Jahre 1666 nach Altdorf kam — allerdings nur deshalb, weil man ihn seiner Jugend wegen daheim in Leipzig nicht hatte promovieren lassen. Er bestand sein Doktorexamen so glänzend, daß ihm danach von den prüfenden Herren eine Professur angetragen wurde, die er aber ausschlug. Niemand jedoch ist dort derart volkstümlich geworden wie Albrecht von Wallenstein, der nachmals so gestrenge Friedländer. Er erschien Ende August 1599 mit seinem Leibdiener und einem Hofmeister in Altdorf; anstatt dann den Studien zu obliegen, verbummelte er Tage und Nächte und wurde zum Urheber verschiedener blutiger Händel, so daß man ihn in den Karzer legte und ihm schließlich empfahl, seine Studien an einem anderen Orte fortzusetzen. Auf dies unrühmliche Gastspiel beziehen sich Schillers bekannte Verse in *„Wallensteins Lager"*, wo der Erste Jäger von seinem Generalissimus sagt:

Denn in Altdorf im Studentenkragen
Trieb er's, mit Permiß zu sagen,
Ein wenig locker und burschikos,
Hätt seinen Famulus bald erschlagen. —

Schüler der Altdorfer Universität war auch Georg Philipp Harsdörffer gewesen, Wortführer der Nürnberger Dichtung um die Mitte des 17. Jahrhunderts. Er ist 1607 geboren, im gleichen Jahr wie der Liederdichter Paul Gerhardt. Seine Vorfahren stammten aus Böhmen, waren aber seit Ende des 14. Jahrhunderts in unserer Stadt ansässig und zählten bald unter die ratsfähigen Familien. Sein Werdegang und Wesen zeigen viele gemeinsame Züge mit Joachim Sandrart: Auch Harsdörffer zieht, wohlausgestattet mit den erforderlichen Mitteln, frühzeitig in die Welt hinaus und lernt in fünf Reisejahren mit großem Gewinn die Niederlande, Frankreich, England und Italien kennen, überall Begegnung mit den führenden Persönlichkeiten des öffentlichen und künstlerischen Lebens suchend. Gleich Sandrart gilt ihm der Verstand mehr als das Empfinden und er ist keine wirklich schöpferische Begabung, sondern der Dichter wird bei ihm immer wieder durch den Lehrer überschattet — *„mit Nutzen erfreulich"*, lautet sein aufschlußreicher Wahlspruch, dem er stets mit großem Eifer treu bleibt: allein 50 Bände hat er nach seinem frühen Tod, 1658, hinterlassen, eine stattliche Bibliothek von der Hand eines einzigen Mannes, der wohl als Stadtgerichtsassessor und später als Ratsherr nicht allzusehr beansprucht war. Wie Sandrart das Malen, bereitet ihm das Schreiben nicht die geringste Mühe, doch er ist mehr Virtuose als daß er eigene, durchblutete Gedanken in eine edle Form zu pressen verstünde. Gemeinsam hat er mit Sandrart aber auch das würdevolle Auftreten und daß er ein reines, frommes Leben führt in einer Zeit, deren Sitten durch den größten aller abendländischen Kriege heftig erschüttert werden. Doch als lebhafter, gütiger und welterfahrener Mensch zeigt er sich hierin nicht starr, sondern vertritt trotz seines verharrenden Charakters manchen erstaunlich fortschrittlichen Standpunkt, so etwa wenn er den Frauen ein gleiches Anrecht auf Bildung zuerkennt wie den Männern oder daß er findet, der Geburtsadel müsse erst im Gesinnungsadel seine Berechtigung erweisen.

Als Schriftsteller ist Harsdörffer ähnlich einzuschätzen wie das geistige Sprachrohr seiner Epoche, der Schlesier Martin Opitz: Er hat die Dichtkunst nicht zu bereichern vermocht, ihr aber durch seine Bemühungen um die deutsche Sprache den Weg ebnen helfen für eine spätere Zeit genialen Schaffens. Seine eigenen Verse ermüden uns durch die Dürftigkeit ihres Inhaltes und ihr einförmiges Reimgeklingel. Um die Lautwirkung noch zu erhöhen, begnügt er sich oft nicht mit dem Gleichklang der Endsilben, sondern bringt ihn auch innerhalb derselben Zeile an. Dieser gesuchte Effekt geht nochmals auf Kosten des Gehaltes und macht ein Gedicht zu einer ähnlichen Kulisse, wie ein zwar geschickt, aber ohne inneren Anteil gemaltes Bild, deren es bei Sandrart mehr als genug gab. In diese Manier werden bald alle *„Pegnitzschäfer“* verfallen, was dann zu solchen Unerträglichkeiten führt, wie das nachmals viel verspottete Lenzlied von Harsdörffers Ordensbruder Johann Klaj:

Im Lenzen da glänzen die blümigen Auen,
Die Auen, die Bauen, die perlenen Thauen,
Die Nymphen in Sümpfen ihr Antlitz beschauen.
Es schmilzet der Schnee, man segelt zur See,
Bricht güldenen Klee.
Die Erlen den Schmerlen den Schatten versüßen,
Sie streichen, sie laichen in blaulichten Flüssen.

Man fühlt sich bei diesen eines jeden Stimmungsgehaltes baren Aufzählungen sogleich an die meist ebenso blut- und seelenarmen Erzeugnisse der Meistersinger erinnert, an deren Tradition sie auch tatsächlich anknüpfen; außerdem haben sie beide gemein, daß sie nicht mehr als bescheidene, kurzfristige Gäste der Musen sein wollen. Denn daß man sich dieser Unzulänglichkeit von vorneherein bewußt war, dafür gibt es genügend Anzeichen — so im ganzen Auftreten des 1644 von Harsdörffer gegründeten und heute noch bestehenden *„Pegnesischen Blumenordens“*, eines geselligen Vereines, der poetische Veranstaltungen auf einer Pegnitzhalbinsel unterhalb der Weidenmühle abhielt, bis er im Jahre 1676 in den reizenden *„Irrhain“* nahe Kraftshof zog. Nach dem Geschmack der Zeit wählte sich für diese Feste jedes Ordensmitglied einen Hirtennamen und versuchte sich als Dichter, weil man dem Grundsatz huldigte, daß man die Künste leichter verstünde, sobald man sich einmal selbst darin geübt habe, gleichviel mit welchem Ergebnis. Diese galanten Aufführungen des Blumenordens waren trotz der programmatischen Bedingtheit glanzvolle Höhepunkte Nürnberger Barocklebens. Und daß jene Liebe zur Kunst sozusagen nur platonisch gemeint war, drückt auf ansprechende Weise Sigmund von Birken aus, Harsdörffers Nachfolger in der Leitung der Nürnberger Schäferpoeten:

Das Herz ist weit von dem, was eine Feder schreibet,
Wir dichten ein Gedicht, daß man die Zeit vertreibet;
In uns flammt keine Brunst, wenn auch die Blätter brennen
Vor liebender Begier. Es ist ein bloßes Nennen.

Die Verdienste jener gelehrten Reimschmiede liegen dafür anderswo. Die deutsche Sprache war damals auf eine für uns heutige Menschen unerträgliche Weise durchsetzt mit französischen, spanischen und italienischen Brocken, mit rauhen Redensarten all jener Völkerschaften, von denen Abenteurer in den Söldnerheeren des Reiches kämpften. Versuche, die Sprache von diesen Zutaten zu befreien, gingen jetzt von verschiedenen Kreisen aus, so besonders von der *„Fruchtbringenden Gesellschaft"* des Fürsten von Anhalt, der auch Harsdörffer angehörte, und durch die seine schriftstellerische Tätigkeit erst richtig verständlich wird. Man muß hier vor allem die vielen guten Ansätze sehen und darf keine abgerundeten Ergebnisse erwarten. So war man zum Beispiel in dem philologischen Irrtum befangen, das Hebräische für engstens verwandt mit dem Deutschen zu halten, so daß man ernsthaft die Möglichkeit erörterte, Adam könnte sich mit Eva im Paradies auch auf Deutsch unterhalten haben. Dieser Irrtum wirkt aber eher rührend als lächerlich, wenn man berücksichtigt, daß damals überhaupt die ersten Versuche einer modernen Sprachwissenschaft unternommen wurden, die nicht besser ausfallen konnten, weil man sich noch nicht das erforderliche Rüstzeug kritischer Voraussetzungen geschaffen hatte. Daß man sich aber auf dem rechten Wege befand, zeigen nicht zuletzt Harsdörffers Bemühungen um die Eindeutschung von Fremdwörtern, von denen einige seiner Vorschläge so trefflich sind, daß sie sich längst durchgesetzt haben und nicht mehr aus unserem Sprachgebrauch fortgedacht werden können, wie: *Briefwechsel* und *Rechtschreibung, Schauspieler* und *Verfasser, Ebenmaß* und *Widerhall.*

89. St. Sebald: der Westchor verweist auf die romanische Bauphase

90. *Blick in das Langhaus, nördliche Seite*

91. *Weltgerichtsportal an der Südfassade der Sebalduskirche*

92. *Ungewöhnliches Baudenkmal für Nürnberg: die klassizistische Elisabethkirche*

Von Harsdörffers Werken sind wenigstens zwei dem Namen nach bis heute bekannt geblieben: Die *„Frauenzimmer-Gesprächsspiele“* und der *„Poetische Trichter“*. Die Gesprächsspiele sind eine Art Familienzeitschrift mit fraulicher Tendenz, behandeln aber mit geradezu lexikalischer Genauigkeit alles, was dem Menschen des 17. Jahrhunderts wissenswert erschien, und zwar in Form einer fortlaufenden Unterhaltung zwischen drei Paaren, welche die drei Lebensalter und verschiedene gesellschaftliche Stände verkörpern sollen, um die Meinungen über die erörterten Fragen von vorneherein gegeneinander abzuheben. Gesellige Spiele, Rätsel und Anekdoten, Eigentümlichkeiten der Natur- und Erdkunde, unterschiedliche Beleuchtung von Anstand und Sitte, Liebe und Ehre, Beispiele aus Kunst und Musik und endlich geistlicher Zuspruch — dies alles wird in raschem Wechsel durchgesprochen und soll den Leser dazu anregen, die Themen im Freundeskreis mit eigenen Gedanken weiterzuführen. Dies Verfahren in acht Bänden strikt und für damalige Begriffe fesselnd durchzuhalten, ist ohne Zweifel eine beachtliche Leistung; dennoch muß das Spiel, da sein Verfasser mehr Sammler als Gestalter ist, auf die Dauer ermüdend wirken, besonders auf den Gegenwartsmenschen, der weitaus konkretere Anforderungen an Bildung wie an Unterhaltung stellt. Die Bücher haben aber, da sie dem Zeitgeschmack als eine Art Lexikon dienten, damals großen Anklang gefunden und im Laufe der Zeit mehrere Auflagen erlebt. Einen ähnlich unterhaltsam-lehrhaften Zweck verfolgt der Poetische Trichter (1647), vermittels dessen man *„die Teutsche*

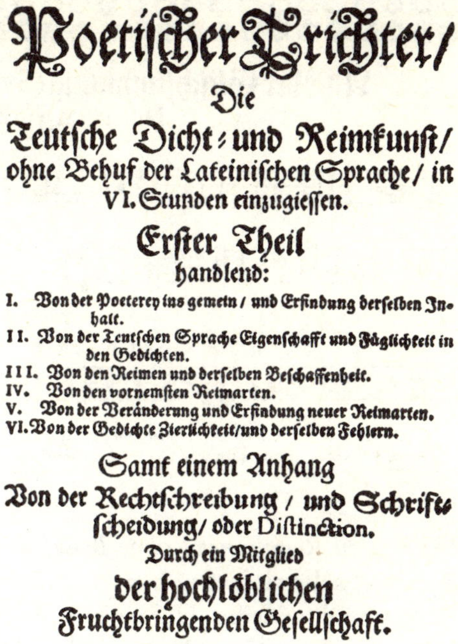

Poetischer Trichter/
Die
Teutsche Dicht- und Reimkunst/
ohne Behuf der Lateinischen Sprache/ in
VI. Stunden einzugiessen.
Erster Theil
handlend:
I. Von der Poeterey ins gemein / und Erfindung derselben Inhalt.
II. Von der Teutschen Sprache Eigenschafft und Füglichkeit in den Gedichten.
III. Von den Reimen und derselben Beschaffenheit.
IV. Von den vornemsten Reimarten.
V. Von der Veränderung und Erfindung neuer Reimarten.
VI. Von der Gedichte Zierlichkeit/und derselben Fehlern.
Samt einem Anhang
Von der Rechtschreibung / und Schriftscheidung/ oder Distinction.
Durch ein Mitglied
der hochlöblichen
Fruchtbringenden Gesellschaft.

Ursprung des „Nürnberger Trichters“:
Titel der Poetischen Lehranweisung
von Georg Phil. Harsdörffer, Nürnberg, 1647

An-oder Gleichstimmung (Symphonia) mit Geigen hinter dem Fürhang.

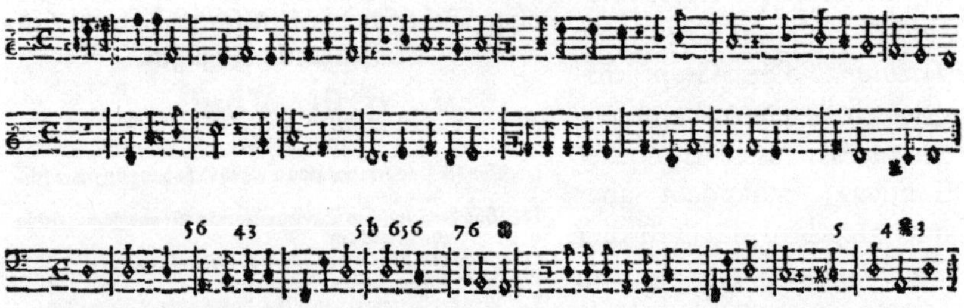

„Ouvertüre“ der ersten erhaltenen Oper Deutschlands, des *„Seelewig“* von Theophil Staden. Gedruckt in den *„Frauenzimmer-Gesprächsspielen“* von Georg Phil. Harsdörffer, Nürnberg, 1645

Dicht- und Reimkunst / ohne Behuf der Lateinischen Sprache / in VI Stunden“ solle eingießen können. Hierbei wird wie schon bei Eobanus Hessus und anderen Humanisten vorausgesetzt, daß grundsätzlich jedermann brauchbare Verse machen könne, wenn er nur den Willen und die rechte Anleitung dazu habe. Von dieser einseitigen Bewertung der Verstandesarbeit abgesehen, enthält das Bändchen viel brauchbare Anregungen — immer von dem ehrlichen Wunsch ausgehend, der Muttersprache zu größerer Reinheit und damit Schönheit zu verhelfen. Die Vorstellung des Trichters, der das fehlende Wissen gleich einer Flüssigkeit mühelos in das menschliche Gehirn schüttet, ist überaus glücklich gewählt — so sehr, daß der Volksmund hieraus den berühmten Nürnberger Trichter machte, mit dessen Hilfe man den Einfältigen die Klugheit wie Wasser könne einlaufen lassen.

Der vierte Teil von Harsdörffers Gesprächsspielen enthält unter anderem ein von kleinem Orchester begleitetes Singspiel mit Namen *„Seelewig“*, das von dem Nürnberger Komponisten Theophil Staden herrührt und das — da ein ähnliches Werk *„Daphne“* von Heinrich Schütz verlorenging — als die erste deutsche Oper gelten darf und das in dieser Würdigung am 11. August 1952 im Nürnberger Opernhaus uraufgeführt wurde. In einer musikalischen Allegoriendichtung, wo viele hochtrabende Worte gewechselt werden, stehen Tugenden und Laster einander gegenüber und, wie es sich von selbst versteht, trägt das Gute den Sieg davon. Die Ouvertüre, die auf gut Deutsch *„An- oder Gleichstimmung“* heißt (um das griechische Wort „Symphonie“ zu ersetzen), wird von drei Streichern hinter dem *„Fürhang“* gespielt und die Moral der Geschicht verkündet zu Ende die leibhaftige Malkunst mit der echt komödiantenhaften Ermahnung: *„Saget uns gute Nacht und schlaget in die Hände“*. Die Handlung verläuft genauso blaß wie es die Melodien sind — das Ganze darf nur kulturgeschichtlich gewertet werden und ist außerdem ein Unterpfand dafür, daß seit den Tagen von Hans Leo Haßler die Musikpflege in Nürnberg nicht nachgelassen hat, ja daß sie unter allen Künsten diejenige war, welcher der Dreißigjährige Krieg am wenigsten anzuhaben vermochte. Einer der großen Musiker des Frühbarocks, der 1573 geborene Melchior Franck, hielt sich nur vorübergehend in unserer Stadt auf, hat aber hier dazu beigetragen, einem neuen Stil zum Sieg zu verhelfen: Dem Anstreben einer bisher nicht gekannten Bildhaftigkeit in der Tonkunst bei verschwenderischer Anwendung der Halbtöne, der Chromatik. In dieser Zeit hat die deutsche Musik ihre unbefangene Leichtigkeit der Spätrenaissance endgültig verloren; ihr Ideal ist die uns schon von den anderen Künsten vertraute „Gravität“, die stets gewahrte Würde der äußeren Haltung, und ein wenig unzufriedenes Suchen nach neuen Ausdrucksmitteln, ein gewisses Bohren als Zeichen dessen, daß nunmehr die vom Verstand unterbaute Metaphysik das gesamte, also auch das heiter gesellige Leben beherrscht. Gleichzeitig erstrebt man jetzt eine bisher nicht gekannte Anschaulichkeit, die dem in allen Disziplinen und Künsten spürbaren Willen entspricht, jedes Ding in letztmöglicher; naturwahrer Klarheit zu sehen und zu schildern. Doch wird diese Absicht wiederum nicht in voller Konsequenz verwirklicht, sondern führt zu einem merkwürdigen Helldunkel der Geisteshaltung: Der eng abgrenzenden Vernunft steht ein schier uferloses Gefühl gegenüber — Rationalismus und Spekulation wollen die Welt bis in ihre kleinsten Bestandteile zergliedern, die Mystik als Glaube an die schöpferische Herrschaft des Unbewußten und Unfaßbaren möchte die gleiche Welt sozusagen nur mit geschlossenen Augen ertasten. Diesen Zwiespalt nimmt besonders die deutsche Musik nach 1600 in sich auf — man könnte sagen, weil sie mehr als jede andere Kunst glanzvolle Form mit unkontrollierbarem Inhalt verbindet.

Von etwas bescheidenerem Zuschnitt als Melchior Franck, aber dennoch gewandt und tüchtig in seinem Fach ist der Vater jenes *„Seel-*

ewig"-Vertoners, Johann Staden, der seine Laufbahn 1604 als kurfürstlich brandenburgischer Hoforganist in Kulmbach begann, 1616 an der Nürnberger Heiliggeist-Kirche und kurz darauf an Sankt Sebald amtierte, bis ihn 1634 die Pest dahinraffte. Stadens eigentliches Feld ist die lutherische Schulmusik, doch gleichzeitig hat er ein offenes Ohr für alle modernen Strömungen — so beteiligt er sich als Komponist mit Erfolg an jenem Wettstreit einer Singstimme mit einem oder mehr Instrumenten, den man heute als monodischen Stil bezeichnet; er pflegt aber ebenso die immer noch beliebten Villanellen, den ein- oder mehrstimmigen Gesangsatz italienischer Art mit heiterem oder derbem Inhalt. Der frühvollendete Erasmus Kindermann (1616/55), weiland Organist an der Egidienkirche, ist dann der eigentliche Typus des protestantischen Kantors zur Zeit des Dreißigjährigen Krieges — ebenso virtuoser Beherrscher seines Instrumentes wie aller gängigen Kompositionsformen. Wie der Pfarrer in seiner Predigt, so hat er als Kantor Sonntag für Sonntag das Gotteswort musikalisch auszulegen, denn die Gemeinde will stets etwas Neues hören. Auch sonst hält er seine Leier jederzeit gestimmt, um sie auf Wunsch sogleich ertönen zu lassen. So, wie der Nürnberger Neptunbrunnen das Ende des langen Glaubenskampfes verherrlichen soll, verfolgt Kindermann die gleiche Absicht in den mehrstimmigen geistlichen Gesängen seiner „*Musikalischen Friedensfreude*".
Die Brücke zur nächsten schöpferischen Generation bildet Georg Kaspar Wecker (1632/95) als ausgezeichneter Orgelspieler, Schüler von Kindermann und dessen Nachfolger an Sankt Egidien, zugleich aber Lehrer zweier großer Nürnberger Tonsetzer, nämlich von Johann Philipp Krieger und von Johann Pachelbel.

Von den Brüdern Krieger war Johann Philipp mit Abstand der bedeutendere — einer der vielen hochbegabten Söhne unserer Stadt, die sie frühzeitig an die Fremde abgeben mußte: glänzend als Erscheinung, virtuos im Können und von unbeirrbarer Schaffenskraft, so daß man auch ihn ebenso mit Sandrart wie mit Harsdörffer vergleichen kann. Krieger aber wird das typische Musikerschicksal der damaligen Zeit zuteil: Da es für seinesgleichen keinen kulturpolitischen Mittelpunkt gab, keinen musikalischen Nationalstaat, mußte er erst seine Lehrer und dann seine Gönner suchen, wo er sie gerade fand. So war Krieger viele Jahre zwischen Italien und Kopenhagen unterwegs, bis er eine bleibende Statt in dem mitteldeutschen Weißenfels fand, das unter ihm eine einmalige künstlerische Blüte erlebte. Krieger hat allein fünfzig Opern (allerdings nicht im heute üblichen Umfang) und gegen zweitausend Werke der Kirchenmusik geschaffen, von denen aber nur ein geringer Teil auf uns gekommen ist. Sein ebenfalls in Nürnberg geborener Bruder Johann, nach seinen Wanderjahren Musikdirektor im sächsischen Zittau, wurde von Händel, der damals noch in Deutschland wirkte, für den besten Orgelkomponisten seiner Zeit gehalten.

Johann Pachelbel (1653/1706) erhielt seine Fachausbildung in Altdorf und in Regensburg, bekleidete Organistenstellen in Wien, Eisenach, Erfurt und Gotha, bis er 1695 ein festes Amt an der Sebalduskirche seiner Vaterstadt fand. Pachelbel ist der südlichste der großen lutherischen Kirchenmusiker, wie sie in solcher Universalität sonst nur Norddeutschland hervorgebracht hat. Seine Stärke auf der Orgel liegt in der wogenden Vielstimmigkeit, der Polyphonie, die Frescobaldi und Sweelinck wegweisend entwickelt hatten; seinem Vorbild aber folgte Johann Sebastian Bach, für den er das entscheidende Jugenderlebnis war, besonders durch seine gewissermaßen hausbackene Großartigkeit, mit welcher er die mittlerweile klassisch gewordenen Orgelformen der Toccata, Fuge und der Suite gestaltete. Denn Pachelbel vereinigt und verarbeitet die verschiedenen Stilrichtungen seiner Zeit mit einer gewissen heilsamen Nüchternheit, wie sie nun einmal für den Nürnberger Menschen bezeichnend ist; man könnte ihn mit Wolgemut vergleichen, wenn man Bachs strahlende Vielseitigkeit derjenigen Albrecht Dürers gegenüberstellen wollte.

Zeitgenosse Pachelbels ist auch Johann Löhner (1645/1705), ein unverfälschter Vertreter der deutschen Barockmusik — nämlich von niemals versiegender Schaffensfreude und von einer Unruhe erfüllt, die ihn zu einem abenteuerlichen Wanderer macht. Nach großen Opernerfolgen in Frankreich geht er in die Heimat zurück und endet schließlich als behäbiger Weinwirt in Memmingen. Eine Oper mit tragischem Stoff ist alles, was von seinen zahlreichen Werken erhalten blieb, sowie die Arien zu einem *„Theseus“*. Adolf Sandberger hat diesem sonst wenig bekannten Sohn unserer Stadt in seinem Aufsatz über die Nürnberger Oper ein liebevolles Denkmal gesetzt.

Noch einen anderen Nürnberger Tonsetzer finden wir, der sich wie Löhner erfolgreich mit der großen Oper befaßt und dem gleich Pachelbel echt mittelfränkisches Beharrungsvermögen eigen ist, eine Zurückhaltung, die ihn zu seinem Nutzen davor bewahrt, in fremdem Milieu hoffnungslos dem Zauber einer galanten Welt zu verfallen: Johann

Démophon
OPERA LYRIQUE
En trois Actes
Représenté pour la Premiere fois
Par l'Académie Royale de Musique
le Mardi 15. Septembre 1789.
Paroles de M. Derraux
Musique de Vogel
Prix 30 ₶
Gravé par Richomme
A PARIS
Chez le Sr. Sieber Musicien, Rue S. Honoré entre celle des Vielles Etuves et celle d'Orléans chez l'Apothicaire N° 92

Ein Nürnberger Komponist in Paris: Titel der Oper „Demophon" von Joh. Christoph Vogel, 1789

Christoph Vogel, dem erst Forscher unserer Tage die ihm gebührende Gerechtigkeit zuteil werden lassen. Von diesem wirklich genialen Komponisten, dessen Werke über 150 Jahre verschollen waren, schrieb kein Geringerer als Gluck, er finde seine Arbeiten der Lobeserhebungen würdig, die sie ihm in Paris eingetragen hätten: „*Die dramatische Begabung überstrahlt alle anderen Vorzüge und dazu beglückwünsche ich Sie von ganzem Herzen.*" Eine Anerkennung, die im übrigen so gut fundiert ist, daß sie in keiner Weise als Redensart gewertet zu werden braucht; zu einer solchen lag bei einem derart strengen und gediegenen Beurteiler wie Gluck auch nicht die geringste Veranlassung vor.

Johann Christoph Vogel ist 1756 als Sohn eines Nürnberger Lauten- und Geigenmachers auf der Sebalder Seite geboren — entstammt also jener Verbindung zwischen Handwerker- und Musikantentum, die sich hier seit dem 16. Jahrhundert so oft als fruchtbar erwiesen hatte. Nach seiner Ausbildung in der Vaterstadt und in Regensburg bei der vielgerühmten Kapelle des Fürsten Thurn und Taxis, suchte sich Vogel in Paris sein Wirkungsfeld. Dort, wo damals der Kampf zwischen der deutschen und italienischen Oper wogte, deren Träger Gluck und Piccini waren, schlug er sich als Kammermusiker und Lehrer kümmerlich durchs Leben, von unablässiger Armut bis zu seinem frühen Tod verfolgt. Bald machte er durch seine Tonschöpfungen von sich reden — er schrieb Konzerte für verschiedene Instrumente sowie Kammermusiken, drei Symphonien, ein Oratorium und vor allem eine Oper „*Das Goldene Vlies*", die 1786 am Königlichen Theater aufgeführt und dortselbst noch achtmal wiederholt wurde. Auf dieses Werk beziehen sich auch die erwähnten Lobesworte von Gluck, der sich wegen jenes Kampfes über den Erfolg eines blutjungen Landsmannes besonders freuen mochte. Bereits 1788 war eine weitere Oper *„Demophon“* vollendet, die in dem schicksalsschweren Jahr des Bastillesturmes in großer Ausstattung über die Bühne ging und alsbald fünfzehn Aufführungen erlebte. Schon bei der ersten Vorstellung riß die Ouvertüre das Publikum derart hin, daß sie einen ungeheuren Beifallssturm auslöste und sofort wiederholt werden mußte, ein Fall, der in der Pariser Oper noch nicht vorgekommen war. Jenes Vorspiel erfreute sich noch lange Zeit großer Beliebtheit und wurde geradezu eine musikalische Parole während der Jahre der Französischen Revolution — so intonierte man es 1791 bei einer Trauerfeier in Nancy mit 1200 Blasinstrumenten, was nach der Äußerung eines Ohrenzeugen eine einzigartige Wirkung auf die Anwesenden ausgeübt haben soll. Der riesige Erfolg des *„Demophon“* ist insofern besonders bemerkenswert, als dieser ein gleichnamiges Werk von Cherubini aus dem Feld schlug, das ein Jahr vorher herausgekommen war.

Vogel selbst allerdings hatte an alledem keinen Anteil mehr: Schon im Juni 1788 war er einem bösartigen Gallenfieber erlegen, einer Krankheit, an der er wohl infolge seiner übergroßen Liebe zum Wein nicht ganz schuldlos war. Als er einmal von Freunden wegen dieser Neigung gerügt wurde, sagte er: *„Ja, glaubt ihr denn, daß man eine Ouvertüre wie die zum Demophon mit Limonade schreiben könne?“* Vogels Musik ist prägnant und lieblich zugleich; sie steht etwa zwischen Mozart und Beethoven. Daß er sie so schrieb, wie es sein Herz ihm eingab und nicht, wie die launische Pariser Mode wollte, war ein Grund dafür, daß sie die Zuhörer aufhorchen ließ — schon deshalb hat ihr Schöpfer es verdient, der Vergangenheit entrissen zu werden: Der *„Demophon“* erlebte eine Neuaufführung bei den Festspielen in Epinal im Jahre 1955.

Kaiser Matthias zieht 1612 in Nürnberg ein. Zeitgenössischer Holzschnitt

10. KAPITEL

DIE ZEIT DES NIEDERGANGS / UM 1610—1830

Es entspricht allem organischen Werden, daß, wie unsere Stadt jahrhundertelang bis zu ihrer eigentlichen Blüte gebraucht hatte, sich auch ihr Abstieg langsam und anfangs für die Zeitgenossen nicht wahrnehmbar vollzog, wofür die insgeheim ins Riesenhafte anwachsende Schuldenlast Nürnbergs symbolisch ist. Schon in der Dürerzeit waren gelegentlich schwarze Schatten auf das sonst so goldene Handwerk gefallen, wie etwa 1542, wo trotz der strengen Hand von Rat und Rugsamt die gesamten Blechschmiede-Gesellen in Streik traten und schließlich abwanderten, weil gewisse auswärtige Hammerwerke durch vereinfachte Herstellungsverfahren billiger als sie gearbeitet und ihnen damit die Existenzgrundlage genommen hatten. Gegen Ende des 16. Jahrhunderts macht sich eine allseitige Lockerung der öffentlichen Disziplin und eine Zunahme von Gewalttaten aller Art bemerkbar, die katholische Beurteiler, wie Johannes Janssen, mit dem Glaubenswechsel in Zusammenhang bringen wollen und von der auch immer wieder einmal das Handwerk befallen wurde. So kam der Nürnberger Rat 1563 darauf, daß die Glasermeister vielfach schlechtes böhmisches Scheibenglas für gute venezianische Ware ausgaben und es sich auch so bezahlen ließen; die Schreiner verklebten wurmstichiges Holz mit bemaltem Papier und versuchten so *„eine neue Arbeit betrüglich zierlich zu machen"*.*) Um etwa die gleiche Zeit mußte man gegen die Entartung des sogenannten blauen Montags einschreiten, weil die Gesellen da fast *„nichts anderes denn Füllerei, Unzucht, Verwundungen und andere Laster geübt"* und diesen freien Montag noch auf die halbe Woche ausgedehnt hatten. Außerdem wurden die schon bestehenden Verbote über die Putzsucht mehrmals erneuert.

Natürlich beschränkten sich all diese Symptome nicht auf Nürnberg allein, sondern sie sind Zeichen der Zeit, wie zum Beispiel auch die gegen Ende des 16. Jahrhunderts stetig zunehmende Verschlechterung des umlaufenden Silbergeldes, eine Art Inflation, deren Ursache die massenweise Einfuhr amerikanischen Edelmetalles durch die Spanier nach Europa war und die ihren üblen Höhepunkt mit den sogenannten *„Kippern und Wippern"* in den Tagen des Dreißigjährigen Krieges erreichte. Sie machte auch unserer Stadt erheblich zu schaffen. Schon 1540 wollte man zu Nürnberg einen jungen Krämer aus der Waaggasse namens Fridl hinrichten, weil er *„Müntz geschwächt und unehrliche Handel getrieben"*; auf inständiges Bitten seiner Eltern begnügte man sich damit, ihn auspeitschen und von dannen jagen zu lassen. Von 1569 an wurde aus den führenden Handelsstädten Süddeutschlands soviel Silber nach Venedig verschoben, daß — wie der schwäbische Landvogt Ilsung an den Kaiser berichtet — zu Nürnberg und in Augsburg *„ein solcher Mangel an Geld erscheint, daß alle Handlungen untereins stocken, kein Kaufmann mit dem andern mehr handeln*

*) Es ist dabei, wie wenn die gesunden beruflichen Instinkte als Garanten des Wohlstandes plötzlich nachgelassen hätten, wofür Steinhausen eine Entsprechung aus dem Gebiet des Handels anführt: Der Agent Christoph Kurz teilt seiner Heimatfirma, der Tucherschen Handlung in Nürnberg, einmal aus Antwerpen mit, er habe eine Art astrologisches System gefunden, mit Hilfe dessen er das Steigen und Fallen der Preise teuerer Gewürze jeweils 14 Tage im voraus bestimmen könne. Es bleibt dahingestellt, ob solche Spekulationen dem Kaufmann wirklich genützt haben, aber jedenfalls verliehen sie dem Handel einen neuen, teilweise gefährlichen Wesenszug.

Das „Alamodische“ im Nürnberger Kleinbürgertum: Die Gattin eines Bürstenbinders als große Dame. Kupferstich von M. Engelbrecht, 18. Jahrhundert

noch zu Geld kommen kann“. Im Jahre 1607 machte der Reichspfennigmeister Zacharias Geizkofler die gleiche fatale Wahrnehmung, daß man in Augsburg und Nürnberg gutes Silbergeld in andere Gegenstände wie sogar Badewannen umschmolz, um sie nach Polen zu verschicken, wo sie dann wieder zu vollwertigen Münzen geschlagen wurden. Und 1617 wurde sogar ein Münzfälscher in unserer Stadt öffentlich verbrannt. Seit dem Ende des 16. Jahrhunderts hat der Nürnberger Handel auch sonst manch harten Schlag erlitten und verwunden. Mit zunehmender Erschließung der Neuen Welt hatte sich der Schwerpunkt der abendländischen Güterausfuhr von Venedig nach der iberischen Halbinsel verlagert, doch waren die Kaufleute unserer Stadt bald ebenso am Ebro und Tejo heimisch geworden, wie sie es bisher im Canale grande gewesen, wo im übrigen der Levantehandel immer noch lohnend blieb. Als aber nach dem Aussterben des portugiesischen Herrscherhauses im Jahre 1580 Spanien dessen Nachfolge auf dem Thron beanspruchte und das ganze Land eroberte, war die wirtschaftliche Blüte Lissabons endgültig gebrochen. Um etwa die gleiche Zeit hatte der blutige Kampf spanischer Truppen gegen die aufständischen Niederlande zu der Einnahme von Antwerpen geführt, bisher einer der reichsten Häfen im Nordseebereich — es hatte unter anderem das portugiesische Pfeffermonopol innegehabt —, der nun in der wirtschaftlichen Vormacht von verschiedenen holländischen Städten abgelöst wurde. Auch hierdurch erlitt der süddeutsche Warenverkehr schwerste Schädigungen. Zu alledem kam eine kurzsichtige, teilweise geradezu dilettantische Handelspolitik aller abendländischen und deutschen Kleinstaaten, die sich vor allem im Anwachsen beschwerlicher Zölle kundtat und den gedeihlichen Güteraustausch langsam, doch sicher hemmte.

Schon aus diesen wenigen Beispielen geht hervor, daß der Dreißigjährige Krieg nicht der einzige Faktor für Nürnbergs nun einsetzenden Niedergang war, aber einer der gewichtigsten ist er unbestreitbar gewesen. Dabei hatte das 17. Jahrhundert für unsere Stadt nicht gerade aussichtslos begonnen. 1611 sah sie eine glänzende Versammlung der Kurfürsten, bei welcher die Wahl des Kaisers Matthias beschlossen wurde, der ein Jahr darauf Nürnberg zwei Besuche abstattete. Der Ruf seiner Prunkliebe war ihm vorausgegangen und so trug man ihr in erheblichem Umfang Rechnung. Von 1616 an erbaute man das Neue Rathaus mit einem Aufwand, der unterblieben wäre, hätte man nur eine geringste Ahnung der kommenden Ereignisse gehabt. Der Plan, auch die Ostseite umzubauen, mußte freilich aufgegeben werden; dieser Tatsache verdanken wir es, daß wenigstens ein Teil der gotischen Rathausfassade erhalten blieb.

Auch im Wirtschaftsleben gab es mancherlei erfreuliche Anzeichen. Aus der Ordnung des *„Herrenmarktes"*, der Nürnberger Börse, hatte sich das sogenannte Bankoamt entwickelt, eine dem Rugsamt vergleichbare Einrichtung zur Steuerung des Geldwesens; diese Behörde schlichtete schwebende Streitigkeiten in Münz- und Währungsfragen derart mustergültig, daß bald von nah und fern Bitten um Gutachten einliefen, die dann auch in großer Zahl abgegeben wurden — ein ähnlicher Vorgang also, wie er uns bei der Verbreitung und „Ausleihe" des Nürnberger Rechtes begegnete. Noch 1621 wurde eine Giro- und Depositenbank gegründet, die das allgemeine Vertrauen in die Zahlungskraft Nürnbergs weiter erhöhte — und dies, als der blutige Kampf bereits im dritten Jahre tobte.

Nun hat ja jener Krieg nicht dreißig Jahre lang gleichmäßig und überall zugleich gewütet, sondern er setzte sich bekanntlich aus einer freilich alle Beteiligten zermürbenden Folge von Händeln und Feldzügen zusammen, wobei die Kernfrage, ob katholisch oder lutherisch, oft nur ein Vorwand für untergeordnete Ansprüche war. Daher konnte es Gaue und Orte des Reiches geben, die vom Kanonendonner ziemlich lange verschont blieben und dies war anfänglich auch bei Nürnberg der Fall. Schon 1608 traf man in beiden Lagern ernsthafte Zurüstungen, als die freie evangelische Reichsstadt Donauwörth wegen der Störung einer Prozession in die Reichsacht erklärt und dann kurzerhand vom Bayernherzog Maximilian I. kassiert worden war. Die Protestanten gründeten eine *„Union"*, die Katholiken nannten ihr entsprechendes Bündnis *„Liga"*. 1618 folgte dann der berühmte Fenstersturz von Prag, der zweite unserer Schilderung, den diesmal Kaiser Matthias durch seine undiplomatische Haltung den evangelischen Ständen Böhmens gegenüber ausgelöst hatte und nach dem es für die ligistische Sache zunächst gar nicht rosig aussah, da man kein Geld in den Kassen und wenig Zuneigung beim Volke hatte. Matthias entzog sich sozusagen den heraufbeschworenen Verwicklungen durch einen plötzlichen Tod; seine Stelle nahm Ferdinand II. ein, der längere Zeit gelehriger Schüler der Jesuiten gewesen war und ein unbeugsamer Verfechter der Gegenreformation zu werden versprach. Ihm gegenüber stand Friedrich V. von der Pfalz, da ihn die Böhmen in Abwesenheit Ferdinands zum König gewählt hatten. Als solcher kam er 1619 zu einem *„Korrespondenztag"* nach Nürnberg, wo die lutherische Union zum ersten Male ihre Lebensfähigkeit beweisen sollte, statt dessen aber kläglich versagte: Friedrich brauchte, um gegen den Kaiser stehen zu können, Geld, Truppen und tragfähige ausländische Verbindungen — und von alledem erhielt er so gut wie nichts. Die Folge davon war, daß er seinen einzigen großen Waffengang, die Schlacht am Weißen Berg im November 1620, verlor und damit sein „Winterkönigtum" ein Ende fand. Im Verfolg eines grausam geführten Gegenstoßes dauerte es keine zehn Jahre, bis Böhmen wieder katholisch war, mehr als es dies je zuvor gewesen. Die Union zerfiel und Nürnberg konnte nichts anderes tun, als vorsichtig von seiner ehemaligen Haltung abzurücken; dies gelang ihm zunächst auch so glaubhaft, daß ihm Ferdinand erst alle Privilegien bestätigte und dann auch der erwähnten Erhebung Altdorfs von einer Akademie zur Universität zustimmte.

Mittlerweile hatte die Stadt die Kriegsgeißel schon am eigenen Leib verspürt. 1621 zog Graf Mansfeld, welcher den nach Holland geflohenen Winterkönig verteidigte, durch Nürnberger Gebiet, und als er von Tilly verfolgt wurde, hausten dessen Truppen zehn Tage auf das schlimmste in Nähe der Stadt, von der ihr Anführer außerdem vergebens eine runde Million Gulden zu erpressen suchte. Nunmehr rissen die Heimsuchungen nicht mehr ab. 1625 kaufte sich Nürnberg von einer bedrohlichen Nähe Wallensteins durch 100 000 Gulden frei, was indessen den Friedländer nicht hinderte, kurz darauf zwei seiner Regimenter auf Nürnberger Gebiet zu verweisen, weil es für die Anlage von *„Musterplätzen"* besonders geeignet sei. 1627 wollten die Kaiserlichen das reichsstädtische Velden in der Fränkischen Schweiz mit Gewalt nehmen, aber Burg und Ort hielten sich derart wacker, daß der Feind mit blutiger Nase abziehen mußte. Doch verließen jene Truppen erst dann Mittelfranken endgültig, als Nürnberg ihnen nochmals 100 000 Gulden geopfert hatte.

Darauf verzieht sich das Unwetter fürs nächste — der Krieg breitet sich verheerend in Mittel- und Norddeutschland aus, wo bis auf das beharrliche Stralsund niemand den Wallensteinern ernstlich Widerstand zu leisten wagt. Die Partie scheint gewonnen und so spielt Kaiser Ferdinand einen seiner stärksten Trümpfe aus: Er erläßt im Mai 1629, ohne einen Reichstag darüber befragt zu haben, das sogenannte *„Restitutionsedikt"*, nach welchem die Zugeständnisse des Passauer Vertrages von 1552 an die Evangelischen aufgehoben und alle ehemaligen Besitzungen der katholischen Kirche zurückgegeben werden sollten. Für Nürnberg hätte dies vor allem die Wiederherstellung der Klöster bedeutet. Aber in Kürze zeigte es sich, daß man verfrüht gehandelt hatte: Kaum war Wallenstein wegen seines anmaßenden Auftretens und seiner selbstherrlichen Heerführung abgesetzt, landete im Juni 1630 der schwedische König Gustav Adolf an der pommerschen Küste. Der *„nordische Löwe"*, wie ihn die Evangelischen begeistert nannten, setzte alsbald den kaiserlichen Truppen empfindlich zu und suchte eine Reihe von Städten für sich zu gewinnen, noch bevor er ihren Boden betreten. So hatte er schon vor seinen ersten Operationen in Norddeutschland einen Geheimsekretär nach Nürnberg gesandt, wo man sich aber in der herkömmlichen Weise zurückhaltend äußerte. Es blieben ja auch die Rückschläge nicht aus: Im Mai 1631 fiel das belagerte Magdeburg in die Hände Tillys, und selbst nach dem ersten entscheidenden Sieg Gustav Adolfs bei Breitenfeld im September jenes Jahres saßen die Kaiserlichen noch in Süddeutschland so fest, daß die evangelischen Städte gute Miene zum bösen Spiel machen mußten. Und das loyale Nürnberg hätte überdies dem Reichsherrn mit Freuden gehuldigt, wäre dieser nicht in den Fragen des Glaubens ein solch unbeirrbarer Gegner gewesen und geblieben.

Unserer Stadt aber wurde jetzt von zwei Seiten eingeheizt: Man konnte der Gnade des Kaisers nicht völlig entraten, doch der immer näher rückende Gustav Adolf warb nicht mehr um Nürnbergs Gunst, sondern nahm eine mehr und mehr drohende Haltung ein, ja, er erklärte schließlich, er würde, wenn er erst einmal zur Stelle wäre, die Neutralen für Abtrünnige halten und *„ärger als den Feind traktieren"*. Da ließ man beim König durchblicken, es wäre der gemeinsamen Sache dienlich, wenn er gegen die Stadt *„mit etwas Gewalt vorgehe"*, weil man sich dann eben fügen müßte und es vor dem Reich nicht so aussähe, als wäre man mit fliegenden Fahnen übergelaufen. Nachdem die solcherart nachgerade bestellten Drohbriefe Gustav Adolfs prompt eingetroffen waren, schloß man mit ihm ein Abkommen (Würzburg, Oktober 1631), wobei dem schwedischen Heer ein Verpflegungszuschuß von 72 Monaten, das waren 10 560 Gulden, in Ratenzahlungen geleistet und ein Sonderbündnis im Verlauf der nächsten zwei Monate zugesichert wurde.

Trotzdem Nürnberg und andere evangelische Städte wie Bayreuth diese Abkommen in aller Heimlichkeit trafen, blieben sie weder dem Kaiser noch dem Bayernherzog verborgen; die Treuebeteuerungen des Rates seinem Reichsoberhaupt gegenüber fielen jetzt auch fadenscheinig genug aus. Die Folge davon war, daß Tilly, der sich von seiner Niederlage bei Breitenfeld wieder halbwegs erholt hatte, über Mittelfranken die Zuchtrute schwang. An Nürnberg richtete er eine Reihe scharfer Forderungen, wie Übergabe der gesamten Streitkräfte, reichliche Versorgung seines Heeres, aber die Stadt war derart gut gerüstet, daß sie sich eine Ablehnung leisten konnte — Verpflegung stand hinlänglich zu Gebote, 5000 Mann fremde Soldaten sowie die gesamte männliche Bevölkerung über 18 Jahre waren zur Verteidigung bereit, und so hielt Tilly eine Belagerung nicht für ratsam. Er zog erst einmal nach Schwaben weiter und zum Jahresende nach Böhmen; auf den verschiedenen Durchzügen hatte das Nürnberger Hinterland schwerste Leiden auszustehen — es gab keine Greuel, die nicht irgendwann von den rohen Söldnern verübt wurden, und wenn auch die Stadt selbst davon verschont blieb, so bedeutete das alles außer erheblichem Schaden eine

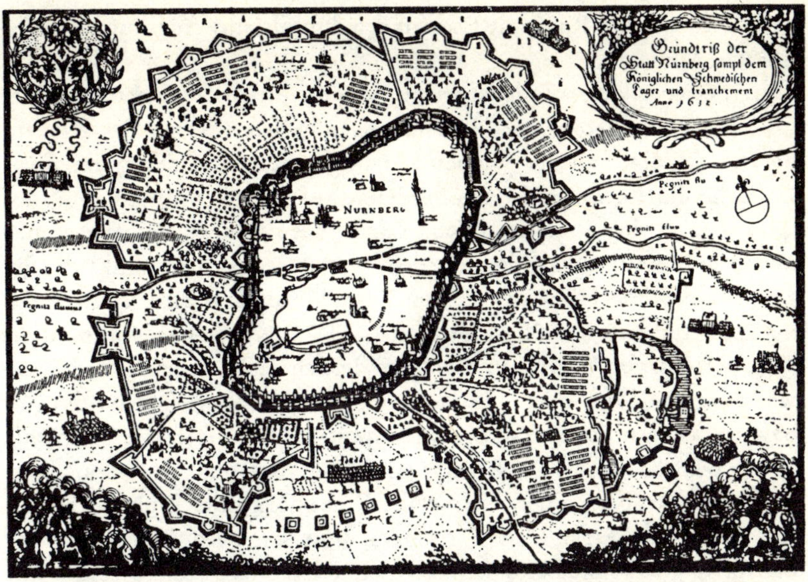

Karte von Nürnberg und Umgebung mit den schwedischen Befestigungen. 1632

Bedrohung ihrer Lebenskraft für den Fall, daß es zum Dauerzustand werden würde. Die Geldquellen flossen ohnedies spärlich genug und man mußte um jene Zeit eine Sondersteuer einführen, zu der nicht allein die gesamte Bürgerschaft, sondern auch deren Dienstboten und Handlungsgehilfen sowie Fremde herangezogen wurden.

Als zu Beginn des Jahres 1632 Wallenstein die Gunst des Kaisers wiedererlangt hatte und Tilly Franken erneut bedrängte, mußte sich Nürnberg endgültig für Gustav Adolf entscheiden. Der König zog am 31. März in die Stadt ein und wurde von Rat und Bürgerschaft als Retter aus schwerster Not begrüßt — man bereitete ihm einen solch begeisterten Empfang, wie er ihn nach eigener Aussage bisher niemals erlebt hatte. Sein Quartier nahm er im Imhoffschen Hause am Egidienberg (neben dem Pellerhaus), nachdem er zwei gewaltige Silberpokale und andere wertvolle Geschenke überreicht erhalten hatte. Bei dem am nächsten Tag stattfindenden Festmahl legten ihm die Ratsherren persönlich Speise und Trank vor. In seiner Dankrede ermahnte der König die Stadt zum Ausharren und gelobte, dem evangelischen Glauben ein unverbrüchlicher Beschützer zu bleiben. Für einen längeren Aufenthalt war keine Zeit — Gustav Adolf eilte südwärts, traf Tilly tödlich in einer Schlacht bei Rain am Lech und nahm alsbald Augsburg, Landshut und München ein.

Unterdessen rückte Wallenstein mit einem starken Aufgebot von der Oberpfalz aus heran, nachdem er sich mit den Scharen des Bayernherzogs Maximilian bei Weiden vereinigt hatte, und bezog ein festes Lager bei Fürth, wo er sich in aller Ruhe auf einen Kampfgang mit den Schweden vorbereitete. In diesem Lager, das sich über eine Wegstunde zwischen Stein und Zirndorf ausdehnte und dessen Kernpunkt die gut zu verteidigende Höhe der „Alten Veste" bildete, brachte er nach damaligen Angaben 60 000 Mann und 13 000 Pferde unter, während die Truppen Gustav Adolfs nur etwa den dritten Teil betrugen. Auch sonst war dessen Stellung nicht allzu vorteilhaft. Die Kaiserlichen hatten eine bessere Lebensmittelzufuhr — ihnen stand hierfür die ganze Oberpfalz offen, während der König vorwiegend auf das ohnehin schon übervölkerte Nürnberg angewiesen war. Eine moralische Einbuße bedeutete es, daß die starke Veste Lichtenau, ohne einen Schuß abgegeben zu haben, in die Hände des Feindes fiel. Dieser hatte die Absicht, die Schweden nicht von sich aus anzugreifen, sondern sie durch Hunger zu schwächen und zur Offensive auf die eigene günstige Stellung zu zwingen. Dies ist ihm auch im wesentlichen gelungen. Bei monatelanger Wartezeit, die nur von ein paar Geplänkeln unterbrochen wurde, trat bei den königlichen Truppen erheblicher Proviantmangel ein, besonders, nachdem sie durch Verstärkung bis auf 40 000 Mann angewachsen waren. Außerdem fehlte es an Futtermitteln und die Pferde starben massenweise dahin. So entschloß sich Gustav Adolf endlich zu einem zentralen Vorstoß auf das kaiserliche Lager. Entgegen anderen Ratschlägen seiner Offiziere ließ der König am 3. September einen Generalangriff auf die Alte Veste von Süden her unternehmen, allein so zäh seine Soldaten auch kämpften, sie wurden immer wieder unter blutigen Verlusten zurückgeschlagen. Wallenstein hatte seine 80 Geschütze bestens plaziert, den Schweden aber waren die von vorherigem Regen aufgeweichten Wege verhängnisvoll, so daß sie selbst eine schon gewonnene Anhöhe nicht halten konnten, weil es unmöglich war, Artillerie heraufzuschaffen. Nach zehnstündiger heißer Schlacht erkannte der König die Aussichtslosigkeit seines Unternehmens und zog sich im Schutz der mittlerweile eingebrochenen Dunkelheit zurück.

Es war das erste Mal, daß Gustav Adolf das Siegesglück verließ, seit er deutschen Boden betreten, und diese Tatsache hat dem Gegner star-

93. *Reiche Überlieferung an Mariendarstellungen: die „Nürnberger Madonna“*

94. „Strahlenmadonna" in St. Sebald

95. Madonna am Wohnhaus von Veit Stoß

96. *Marienkrönung, Epitaph von Adam Kraft in der Frauenkirche*

ken Auftrieb verliehen. Noch zwei weitere Wochen lag man einander untätig gegenüber und bei den Schweden nahmen jetzt Hunger und Krankheiten gefährliche Formen an; es fielen ihnen mehr Menschen zum Opfer, als man vorher auf der Walstatt verloren hatte. Auch in Nürnbergs Mauern sah es übel aus und zudem befürchtete man eine Überrumpelung durch Wallenstein, gegen die man längst nicht mehr so gut geschützt war wie noch drei Monate vorher. Daher empfand man es als eine große Erleichterung, daß Mitte September Freund und Feind abzogen, um ihre Klingen an anderen Orten zu kreuzen.

Am 17. Oktober jenes schweren Jahres 1632 betrat Gustav Adolf nochmals unsere Stadt; einige Wochen später, am 6. November, fiel er in der Schlacht bei Lützen und mit ihm sein Nürnberger Page August Leubelfing. Damit trat im Großen Krieg ein völliger Umschwung ein. Wohl war dem König in seinem Kanzler Axel Oxenstierna ein kluger und umsichtiger Nachfolger erwachsen, allein er hatte Mühe, das Steuer der eigenen Regierung für Gustavs unmündige Tochter fest in der Hand zu halten und mußte darüber nach und nach die deutschen Pläne aufgeben; bei anderem Ausgang hätten sie wohl in einer Vormachtstellung Schwedens gegipfelt, wie sie dann Karl XII. im Baltikum erstrebte. Schwaben und Franken bekamen diese Wendung der Geschicke zuerst in aller Härte zu spüren — bei der schwedischen Truppe, die nun durch rohe Söldner aller Art verwässert wurde, trat eine nachmals sprichwörtliche Verrohung ein; wo dies Mischvolk hinkam, hauste es nicht minder als die Kaiserlichen. Nach anfänglichen Erfolgen und der für die evangelische Sache verheißungsvollen Ermordung Wallensteins zu Eger erlitt das schwedische Heer im August 1634 eine völlige Niederlage bei Nördlingen, womit der Kampf in Süddeutschland praktisch beendet war. Unsere Stadt hatte um jene Zeit ihre Verteidigung dem allgemein geschätzten schwedischen Obersten Klaus Hastver anvertraut, der aber bei einem Ausfall tödlich verwundet wurde; Nürnberg hielt sich immerhin noch bis Anfang 1635 — jetzt war längst kein Verbündeter mehr im Lande und so strebte der Rat, der in den vorangegangenen Tagen bitterster Not größte Umsicht und Besonnenheit bewiesen hatte, nach dem Beispiel anderer Städte einen Sonderfrieden an, was ihm auch nach einigen Monaten glückte: Am 24. Juni verkündeten Trompeter die freudige Nachricht vom Rathaus; Glockengeläute, Kanonendonner und Jubel aus vieltausend Menschenkehlen trugen sie weiter. Verhandlungspartner war jetzt Ferdi-

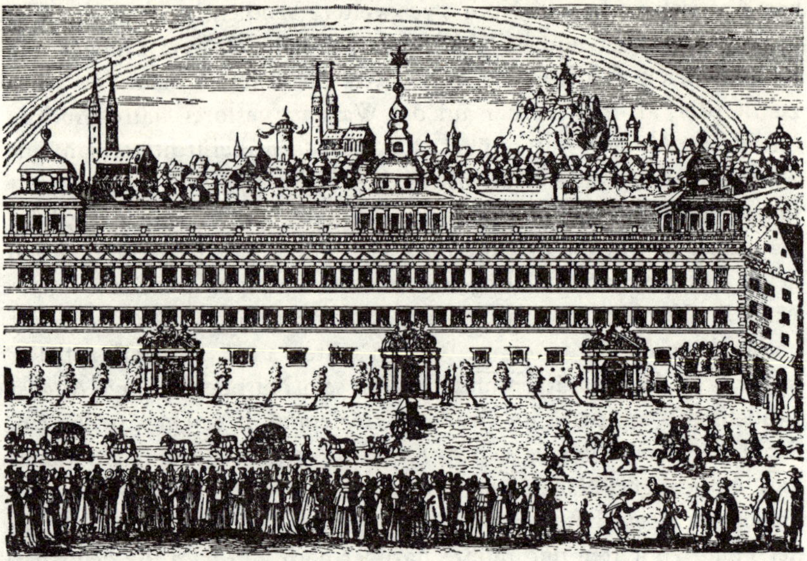

Freudenfest beim Friedensschluß. Kupferstich von 1650.
Vorn das Rathaus, dahinter — idealisiert — das Stadtbild

nand III., der viel mehr Tatsachensinn bewies als sein Vater. Daher wurde es, gemessen an der vorher so erbitterten Feindschaft, ein glimpflicher Friede: Nürnberg mußte 180 000 Gulden in sechs Raten zahlen und das Deutschordenshaus, das ihm Gustav Adolf zum Geschenk gemacht hatte, mit allen dazugehörigen Besitzungen wieder herausgeben; die in der Stadt liegende schwedische Truppe erhielt freien Abzug. Irgendwelche Beschneidung des Nürnberger Gebietes fand, trotz der Ansprüche des Bayernherzogs, nicht statt.

Wenn es auch noch 13 Jahre währte, bis der Große Krieg zu Ende ging, so hat ihn Nürnberg wenigstens nicht mehr am eigenen Leib verspüren müssen. Die Stadt war ohnehin bis zum äußersten erschöpft — Freund und Feind hatten sie ein kleines Menschenalter lang ausgeplündert, das Hinterland war ausgesogen und verwüstet und im Herbst 1634 hatte nach verschiedenen anderen Epidemien eine pestartige Seuche die Reihen der Bürger gelichtet. Der einzige Traum aller Menschen war der endgültige Friede für das ganze Reich und so wurde er mit überschwenglicher Freude gefeiert, als er zur Tatsache wurde: Im September 1649 kam auf dem nunmehrigen Tucherschloß (in der Elbinger Straße) ein Interimsvertrag zustande und am 16. Juni 1650 schloß man den *„Friedens-Exekutions-Hauptrezeß"* ab, der — um seine Bedeutung zu unterstreichen — auf der Kaiserburg unterzeichnet wurde. Die lange Wartezeit zwischen beiden Abkommen war mit Belustigungen aller Art ausgefüllt. Das große Festmahl, das Pfalzgraf Karl Gustav als Vertreter Schwedens bei ersterer Gelegenheit veranstaltete, erwähnten wir bereits im Zusammenhang mit dem Echo, das es in der Kunst fand. Es bestand aus 600 Speisen in 6 Gängen und außerdem floß aus einem Löwenrachen von einem Fenster des Rathauses zweierlei Wein auf die Straße, wo sich eine begeisterte Menge um den guten Tropfen balgte. Anläßlich des Endvertrages fand dann unter anderem noch ein Riesenfeuerwerk statt, das der kaiserliche Abgesandte, Herzog Ottavio Piccolomini, zum besten gab; dieser leutselige Herr hat auch sonst manches zur Erhöhung der allgemeinen Lustbarkeit beigesteuert — so trug ihm folgender Vorfall viel Volkstümlichkeit ein: An einem Sonntagmorgen versammelte sich eine Schar von Schulknaben vor seinem Haus am Weinmarkt und führte eine Art Parade auf ihren Steckenpferden auf. Als Piccolomini nach dem Grund dieses Ständchens fragte, erfuhr er, daß irgendein Spaßvogel die Kinder herbestellt hatte mit dem Versprechen, der Herzog werde jedem von ihnen eine Silbermünze schenken. Der General ging auf diesen Scherz ein und forderte die Buben auf, eine Woche später wieder zu kommen, was sie dann in hellen Haufen taten. Jeder von ihnen erhielt eine viereckige Münze, deren Vorderseite das Bild eines Steckenpferdreiters neben der Jahreszahl 1650 trug.

Wie damals nach dem zweiten Markgrafenkrieg, versuchte man auch jetzt, die lebenstötenden Spuren des Kampfes so rasch wie möglich zu verwischen und zu vergessen, aber obwohl man es sich einredete, ließ sich der gedeihliche Zustand von ehedem nicht wiedergewinnen. Die Schuldenlast Nürnbergs war nach 1636 bis zur schwindelnden Höhe von siebeneinhalb Millionen Gulden angestiegen und der Rat machte immer noch keine Anstalten, irgendwelche Lehren daraus zu ziehen: Bei den Abgaben an das Reich zeigte er sich aus Prestigegründen niemals kleinlich und wenn bedeutsame Gäste kamen, so streute man Geld und Geschenke mit vollen Händen aus. Dieser Krebsschaden wurde erst 1696 etwas bekannt, als der Oberste Losunger Paul Albrecht Rieter dringlich darauf hinwies und, weil man seine Vorschläge zur Behebung des Übels unberücksichtigt ließ, sein Amt niederlegte. Da der Rat auch jetzt der Öffentlichkeit niemals irgendwelche Rechenschaft über den städtischen Haushalt gab, die Steuern aber ins Unerträgliche stiegen, sagte im Jahre 1730 der Nürnberger Kaufmann Zacharias Buck sein Bürgerrecht auf und verklagte, als man ihn noch nachträglich besteuern wollte, die Stadt beim Reichshofrat. Mit dieser Klage schlossen sich ihm über 80 Kaufleute an und die Folge davon war, daß man eine *„Reichshofkommission"* zur Überprüfung der Stadtfinanzen einsetzte, aber in Wien statt in Nürnberg und so schwerfällig arbeitend, daß dem Rat nichts als weitere Scherereien und Kosten daraus erwuchsen. Auch als eine derartige Abordnung 1797 an Ort und Stelle eingesetzt wurde, richtete sie nichts aus — und dies verbürgte eigentlich schon ihr Name: *„Kaiserliche Subdelegations-Kommission"*. Die einzige Folge dieser Untersuchungen war, daß nunmehr die ganze Welt erfuhr, wie ungefähr es um Nürnbergs Geldverhältnisse stand und scharfäugige Beobachter wie der Franzose Blainville ließen sich auch entsprechend darüber aus. Geholfen hat es freilich nicht — man fuhr bis zum letzten Atemzug fort, in aller Umständlichkeit seine überalterte Würde zu wahren und immer ein Schuldenloch mit einem anderen zu stopfen. Eine weitere Erscheinung war, daß die Nürnberger Geschlechter nach dem Dreißigjährigen Krieg aufhörten, Träger des ortsansässigen Handels zu sein, der die Stadt einst so berühmt gemacht hatte. Man zog sich im Laufe dieses Jahrhunderts immer mehr von den kaufmännischen Geschäften zurück — denen jetzt gewandte Bürger und Fremde wie Bartholomäus Viatis desto eifriger oblagen —, erstrebte eine gesellschaftliche Stellung wie der Landadel und widmete sich der edlen Gartenbaukunst, bis man vor dem Ruin stand. Seiner früher so einträglichen Tätigkeit begann man sich nachgerade zu schämen, ja, zum Teil leugnete man glattweg ab, sie jemals ausgeübt zu haben.

Aber auch der Handel selbst war nicht mehr der gleiche wie ehedem. Verschiedene Kriege, wie der langwierige um die Erbfolge des letzten spanischen Habsburgers, Karl II. (1701/14), und die noch lange nicht abwendbaren Bedrohungen des Ostens durch die Türken, erschütterten ihn immer wieder; vor allem führte Frankreich unter Ludwig XIV. jene wirtschaftslähmenden Schutzzölle ein, die nun als das berüchtigte *„Merkantilsystem"* bald von den meisten Staaten Europas, ja, sogar des Reiches, nachgeahmt wurden. Während die früheren Zölle nur deshalb geschaffen worden waren, um dem jeweiligen Herrn einen zusätzlichen Gewinn zu sichern, erstrebte man jetzt damit eine wirtschaftliche Autarkie, das heißt, man wollte alles, was man zum Leben brauchte, so weit wie möglich im eigenen Lande herstellen. Erzeuger und Kaufleute wehrten sich verzweifelt gegen diese Maßnahmen und haben sie auch teilweise durch hervorragende Arbeiten immer wieder durchbrechen können — so galt im 18. Jahrhundert das Wort, daß alles, was gut sein sollte, aus Nürnberg verschrieben werden müsse.*) Aber selbst das fleißige Handwerk litt an verschiedenen Krankheiten, die ihm nach und nach den Tod bringen sollten, und eine davon war das sogenannte Verlagssystem: Der Kaufmann streckte einem Handwerker, der keine eigenen Mittel besaß, Geld und Rohwaren vor, die er gegen einen Anteil in Fertigerzeugnisse verwandelte. Da der Konkurrenzkampf mit abnehmenden Aufträgen immer schärfer wurde und der Besteller die Verdienstspanne seines Handwerkers nach Möglichkeit drückte, war ein ausreichender Lohn oft nur durch entsprechend rasches Arbeiten zu erzielen, was sich unvorteilhaft auf die Güte der Ware auswirkte und dem Proletariat der Heimarbeiter den Boden bereitete. Dazu kam endlich eine immer stärkere Verknöcherung des gesamten Handwerkswesens, was manch tüchtigen Berufszweig zur Abwanderung zwang, wie einen Teil der Spielzeugindustrie, der Goldschläger und andere, die dadurch dem benachbarten Fürth mit zum Aufstieg verhalfen. Darum heißt es in einer Schrift des Jahres 1759: *„Man hatte sich in Nürnberg so sehr an den Gedanken gewöhnt, daß das Nürnberger Gewerbe das erste der Welt sei, daß man es gar nicht für notwendig erachtete, auf den Geist der neuen Zeit und seine Fingerzeige zu sehen.“*

Eine Sache, der Kriege und Schutzzölle offenbar wenig anhaben konnten, war der Kaffee. Nach der letzten Belagerung Wiens hatten die Türken dort etwa 500 Säcke Mokkabohnen zurückgelassen, eine „Erbmasse“, mit der Franz Kolschützky 1683 das erste Kaffeehaus gründete. Es war allerdings nicht das erste in den Landen deutscher Zunge, denn bereits 1677 hat in Hamburg ein „English Coffee House“ bestanden. Wenige Jahre später gab es auch bereits in Nürnberg eine Kaffeestube, die hinter dem Rathaus lag.

*) Unter diesem Motto schrieb F. F. Roth im Jahre 1800: *„Papier, Glas und Spiegel; Messing und Mennige; Schusser, Drahtwaren, Kupfergeschirr usw. werden in großen, durchs Wasser getriebenen Fabriken gefertigt. Eine einzige Fabrik von Nähnadeln unterhält jahraus, jahrein 137 Werkstätten in Arbeit und damit eine Menschenzahl von 669 Köpfen in Lohn und Brot.“* Er führt 1581 selbständige Meister-Werkstätten oder kleine Fabriken auf. Die zahlreichen Nürnberger Erzeugnisse seien *„so schlicht und wohlfeil, daß viele von ihnen im Auslande nicht einmal soviel kosten, als dort der Wert des Metalls oder der Arbeitslohn ausmacht“*.

Die äußeren Ereignisse bis zum Erlöschen der Reichsunmittelbarkeit unserer Stadt sind rasch erzählt. Nürnberg erhielt zwar nach dem Dreißigjährigen Krieg im Verfolg des Partikularismus, der endlosen Kleinstaaterei, größere politische Rechte eingeräumt, als es solche formal vorher besaß, aber es wußte sie nicht mehr zu nützen und verfiel statt dessen immer mehr in eine allgemeine Tatenlosigkeit. Es hat noch manchen Fürsten in seinen Mauern gesehen, doch die Zeiten der glänzenden Aufzüge bei wichtigen Entscheidungen waren vorüber. 1658 kam Leopold I. von der Kaiserkrönung aus Frankfurt über Nürnberg und es interessierten ihn hier in erster Linie die Merkwürdigkeiten. Daß er sich in der Stadtbibliothek mit dem Gelehrten Johann M. Dilherr angeregt unterhielt, wird besonders hervorgehoben, denn es sei das erste Gespräch gewesen, dessen er einen lutherischen Geistlichen gewürdigt habe. Im September 1704 erwarb sich Joseph I. durch eine großherzige Geste besondere Beliebtheit bei den Nürnbergern: Als man ihm bei seinem Einzug unter dem Frauentor die Stadtschlüssel überreichen wollte, verzichtete er darauf mit dem Hinweis, man hätte hier allezeit gut hausgehalten und würde es sicher auch fürderhin tun.
Einen Widerschein früherer Empfänge bot dann der einzige Besuch Karls VI. im Januar 1712. Die Stadt war ihm zu Ehren prächtig beleuchtet und der Kaiser erhielt auf einer reingoldenen Schale das für jene Zeit zunehmender Verarmung ansehnliche Geschenk von tausend Dukaten. 1728 wurde diesem allgemein geschätzten Fürsten zu Ehren eine neue steinerne Brücke über die Pegnitz benannt und trägt heute noch seinen Namen. 1730 besuchte Friedrich Wilhelm, der Soldatenkönig, die Stadt, als er zu seiner Tochter nach Ansbach fuhr, um dort nach dem Rechten zu sehen. In seiner Begleitung befand sich der Kronprinz Friedrich, der sich jetzt schon mit Plänen zu jener Flucht tragen mochte, die er bald darauf unternahm und deren unglückliches Opfer dann Friedrichs Freund, Hans Hermann Katte, wurde. 1745 kamen auch Franz I. und seine Gemahlin Maria Theresia auf dem Weg zur Kaiserkrönung nach Nürnberg, und wenn man einer zeitgenössischen Schmähschrift glauben darf, scheint besonders die Königin von der Bevölkerung mit sehr gemischten Gefühlen aufgenommen worden zu sein.
Jenes verhältnismäßig ruhige Jahrhundert wird nur gelegentlich untermalt von kleinen Ausbrüchen der uralten Feindschaft zwischen Ansbach und Nürnberg. Ein Markgraf versuchte gelegentlich, einen Hirschen

in die Gostenhofer Verschanzung zu treiben, um ihn dann mit Genuß auf reichsstädtischem Gebiet zu erlegen, was ihm aber mißlang. Ein anderes Mal ließ er einen Affen in die Tracht der Nürnberger Ratsherren kleiden, um diese zu verspotten. Sein Nachfolger, Markgraf Georg Wilhelm, erläuterte den Nürnbergern im Jahr 1717 sein beanspruchtes Jagdrecht dadurch sinnfällig, daß er in Säcken eine Menge Hasen mitbrachte, diese vor den Toren loszulassen befahl und dann eine lustige Schießerei veranstaltete, bei welcher die Felder arg verwüstet wurden. Auf entsprechende Beschwerde hin verurteilte ihn der Kaiser zu Schadenersatz und einer Strafe von 50 Mark lötigen Goldes. Ernste Unruhen brachten dann wieder die österreichischen Erbfolgestreitigkeiten von 1740 bis 1748 und vor allem der Siebenjährige Krieg Preußens gegen Österreich (1756/63). 1759 kamen 1500 Mann preußischer Truppen in die Nähe Nürnbergs, um von der Stadt Neutralität und einen höheren Geldbetrag zu fordern. Man schwankte zwischen der Treue zum Kaiser und der Neigung, Friedrich als dem Träger des eigenen evangelischen Bekenntnisses zu huldigen. Dann kam man, obwohl sich in der Stadt 3000 Soldaten befanden, der Aufforderung nach, erhielt aber, als die Preußen abgezogen waren, wegen dieser Kleinmütigkeit von Wien einen groben Rüffel. Einige Jahre später lieferte der Rat eine noch schlimmere Probe seiner Mutlosigkeit: Als im November 1762 der preußische General von Kleist vor Nürnberg erschien und die Kapitulation forderte, wagte man nicht den geringsten Widerstand — gegen die Zusicherung, alles reichsstädtische Eigentum zu schützen (die aber dann nur teilweise eingehalten wurde), öffnete man den preußischen Husaren die Tore und erklärte sich damit zum ersten Male kampflos besiegt. Als Kleist Nürnberg wieder verließ, nahm er daraus eine größere Menge Waffen mit, eine halbe Million Geld in bar und in Wechseln sowie vier Ratsherren als Geiseln.
Die folgenden Jahre standen unter dem Unstern von Mißwachs und Teuerung; selbst nach ihrem Abklingen, wie 1786, mußte man zu der ohnehin schon seit längerem verdoppelten Kopfsteuer, der Losung, neue drückende Umlagen erheben. Bereits 1730 hatte die Kaufmannschaft einen Prozeß gegen den Rat wegen seiner Mißwirtschaft erfolglos angestrengt; 1785 protestierte sie gegen die erhöhten Auflagen. 1790 verschlimmerte sich die Finanzlage der Stadt weiter, als Bayern die nürnbergischen Besitzungen innerhalb seines Gebietes beschlagnahmte. 1792 gab es neue Aufregungen, nachdem der letzte Markgraf

Nürnberg gegen Ende seiner Reichsfreiheit, bei Sankt Jakob (heute Ludwigstraße). Werbebild für den Gasthof „Fränkischer Hof" von Schmidt jun.

von Ansbach und Bayreuth, Karl Alexander, regierungsmüde geworden war und seine Lande an Brandenburg abtrat, was soviel bedeutete, daß fortan Nürnberg und Preußen Gebietsnachbarn sein sollten. Der nachmals berühmte Minister von Hardenberg ließ eine diesbezügliche Bekanntmachung in den Vororten und an den Toren der Stadt anschlagen und die Plakate militärisch bewachen, als sie auf Veranlassung des Rates wieder abgerissen worden waren. 1796 teilte Hardenberg dem Rat mit, der König von Preußen wolle nunmehr die ihm bis an Nürnbergs Pforten zustehende Landeshoheit in Besitz nehmen; am 4. Juli traf preußisches Militär ein, jagte die Nürnberger Wachtposten in den Vororten fort und ließ, wo immer es ihm gefiel, den preußischen Adler an die Tore heften. Doch schon einen Monat später traf die Stadt eine viel schlimmere Heimsuchung, die sich teilweise so auswirkte, als seien die Tage des Dreißigjährigen Krieges wiedergekehrt: Die Maasarmee des französischen Generals Jourdan, die in Süddeutschland wenig Widerstand durch den kaiserlichen Feldherrn, Erzherzog Karl, fand, rückte in Franken ein und verbreitete durch ihr Auftreten überall lähmendes Entsetzen. Nürnberg hatte, wie auch manche Nachbarstadt, eine Abordnung zu Jourdans Stellvertreter nach Würzburg entsandt, um ihm eine erhebliche Leistung von Material und Geld anzubieten gegen die Zusicherung, daß das französische Heer strenge Manneszucht halten und das Eigentum von Stadt und Bürgerschaft unangetastet bleiben solle. General Ernouf nahm diesen Vorschlag an, vorbehaltlich der Bestätigung seines Chefs, die aber im gegebenen Augenblick ausblieb. Als am 9. August die ersten Franzosen und danach reguläre Truppen vor die Stadt kamen, ließ man sie gutgläubig ein, um alsbald die bitterste Enttäuschung zu erleben: Sie beschlagnahmten nach Herzenslust, entwaffneten die Bürgerwehr und stellten Geldforderungen von schwindelnder Höhe. Die Einwohnerschaft zeigte einen rührenden Opfermut, um die verlangten Beträge in aller Eile aufzubringen und manch einfacher Mann gab ohne Zögern seine letzten Ersparnisse her, manche Frau ihr letztes Schmuckstück. Da die Summe dennoch nicht zu erreichen war — es handelte sich außer den hohen Naturalleistungen um zweieinhalb Millionen französische Pfund —, nahmen die Franzosen siebzehn der angesehensten Bürger als Geiseln mit, die zwar anständig behandelt wurden, aber erst nach einem Jahr wieder heimkehren durften. Als die Not am größten erschien, schlug plötzlich die Stunde der Befreiung — am 24. August vertrieben die Kaiserlichen den Feind und Nürnberg konnte wieder, wenigstens für kurze Zeit, aufatmen. Obwohl die Besatzung nur knapp drei Wochen gedauert hatte, kostete sie die Stadt insgesamt rund eineinhalb Millionen Gulden.

Diesen Zwischenfall benützte alsbald Hardenberg geschickt, um Rat und Einwohnerschaft davon zu überzeugen, daß sie ohne einen starken Schutz nicht länger bestehen könnten und daß diesen niemand so vorteilhaft biete wie Preußen. Dieses verhieß wegen des Basler Friedens 1795 Neutralität im Kriege gegen Frankreich; deshalb sollte sich Nürnberg dem König von Preußen unterwerfen. Von dort her ließ man durchblicken, daß die Franzosen erneut zu erwarten seien, hob hervor, wie im benachbarten preußischen Gebiet der Handel blühe, während er in Nürnberg darniederliege, und verwies endlich auf die Schulden der Stadt, die mittlerweile auf vierzehn Millionen Gulden veranschlagt wurden und bei denen man nie mehr an Verzinsung, geschweige denn an eine Rückzahlung denken könne. Durch solche Vorstellungen wurde erreicht, daß sich das zaghaft gewordene Nürnberg am 28. August des gleichen Jahres 1795 durch eine Abstimmung zum Anschluß an Preußen bereit erklärte. Sogleich rückte ein Bataillon ein und besetzte alle wichtigen Posten. Doch dauerte die preußische Herrschaft nur einen knappen Monat — den König schreckten, wie es hieß, jene vierzehn Millionen, deren Last dann auf ihn gefallen wäre, und womöglich befürchtete er nachträgliche Verwicklungen mit Wien. So verzichtete er auf das zweifelhafte Geschenk seines klugen Ministers; Nürnberg aber schleppte, wie ein Historiker sagte, sein reichsstädtisches Dasein noch durch ein Jahrzehnt weiter.

Es war auch in jener trübseligen Zeit, daß man aus Not den Neptunbrunnen auf dem Peunthof an Rußland verkaufte und es wären sicher noch andere Kunstwerke den gleichen Weg gegangen, hätte man nur entsprechende Abnehmer dafür gefunden. Auch die verbleibende Gnadenfrist war nur eine Zeit der Unruhe. 1797—99 erfolgten einige preußische Übergriffe auf Nürnberger Gebiet; im Dezember 1800 zogen nochmals Franzosen ein, die den Österreichern im Hinterland bis nach Wöhrd verschiedene Gefechte lieferten und sie schließlich vertrieben. Immerhin hatte Nürnberg diesmal das Glück, in dem General Barbou und seinem Stab mustergültige Soldaten zu finden — was freilich nicht hinderte, daß dieser Besuch die Stadt nochmals 700 000 Gulden kostete; außerdem erregte es öffentlichen Unwillen, daß die Nürnberger Damenwelt gegenüber den *„Neufranken"*, wie die Besatzung von franzosenfeindlicher Seite genannt wurde, nicht genügend Zurückhaltung bewies.

Die etwa verbleibende Unabhängigkeit Nürnbergs und aller übrigen freien Städte in Süddeutschland ging praktisch schon im Jahre 1801 verloren, als im Frieden von Lunéville das linke Rheinufer an Frankreich fiel, wofür man die deutschen Fürsten durch „inneren Zuwachs" entschädigte: Ihnen sollte die reiche Besitzesmasse der säkularisierten Bistümer und mediatisierten Reichsstädte zugute kommen. Der bestürzte Rat sandte im gleichen Jahr eine Abordnung an Minister Talleyrand, den großen Meister der hinhaltenden Verhandlungskunst, und erhielt auch, mündlich wie schriftlich, die Zusicherung, daß Nürnbergs Freiheit unangetastet bleiben solle. Was aber nicht aufhielt, daß rasch ein Stück um das andere vom verbleibenden Rest abbröckelte — 1805 gab es einen Zwischenfall mit dem in Ansbach liegenden Regiment des Generals Tauentzien wegen eines aus preußischem Kriegsdienst entlaufenen Nürnbergers; einige Monate darauf wurden die Vororte Gostenhof und Wöhrd von bayerischen Truppen besetzt und Anfang 1806 ließ man der Stadt keinerlei Zweifel mehr darüber, daß sie gemäß Artikel 17 der Rheinbundakte, hinter der Napoleons unbeugsamer Herrscherwille stand, endgültig dem König von Bayern zugesprochen war. Während noch der Rat die letzten Verzweiflungsschritte zur Wahrung seiner Unabhängigkeit unternahm, erschienen am

15. September je ein französischer und bayerischer Generalkommissär, um am nächsten Tag die Übergabe zu vollziehen. Man hätte wohl mehr Neigung gehabt, diesen Akt als Begräbnisfeier zu gestalten, allein man bewahrte gute Haltung und so sah dann das Ganze wirklich wie ein Freudenfest aus — unter Kanonendonner und Glockengeläute, unter Vivatrufen und Trinksprüchen auf den neuen Herrn zog Nürnberg den Schlußstrich unter ein halbes Jahrtausend ruhmreicher Geschichte.

Was die Bevölkerung zu alledem dachte und wie sie die Herrschaft Napoleons empfand, das drückte sich in einer anonymen Flugschrift aus, die der Inhaber der (heute noch bestehenden) Steinschen Buchhandlung, Johann Philipp Palm, 1806 unter dem nachmals berühmten Titel *„Deutschland in seiner tiefsten Erniedrigung“* verbreitete. Daß Bonaparte den Urheber ausfindig machen und in Braunau am Inn erschießen ließ, hat in ganz Deutschland Erbitterung ausgelöst und wurde zu einer der geistigen Voraussetzungen der Befreiungskriege.

Die erste deutsche Eisenbahn auf dem Weg von Nürnberg nach Fürth.
Zeitgenössischer Stich im Besitz des Nürnberger Verkehrsmuseums

11. KAPITEL

DAS MASCHINENZEITALTER

Als Nürnberg an die Krone Bayerns überging, haben sich in der Stadtkasse etwas über 700 Gulden befunden, eine Zahl, die gleichnishaft ist für seinen nicht zu überbietenden Tiefstand. Denn in den Augen vieler Beurteiler hatte die alte Reichsstadt mit ihrem vorher fürstlichen Territorium und als einst erfolgreiche Widersacherin manch mächtiger Herren restlos abgewirtschaftet. Der bayerische Staat behandelte sie auch dementsprechend — er vereinfachte Nürnbergs so eigentümlichen Magistrat, wozu freilich am meisten Berechtigung bestand, und legte der gesamten Verwaltung ein neues Zaumzeug an. Er verkaufte die wertvollen Gitter der Vischerschen Gußhütte im großen Rathaussaal und am Tugendbrunnen und ersetzte die massive Kette, an welcher der *„Englische Gruß"* von Veit Stoß hing, durch ein Hanfseil, so daß das schwere Schnitzwerk im Jahre 1817 herunterfiel und zerschellte. Selbst von diesen Trümmern hat man, bevor man sie auf Betreiben kunstliebender Bürger wieder zusammensetzte, einiges veräußert. Vorher schon war der städtische Silberschatz versteigert worden, zu dem auch Wenzel Jamnitzers kostbarer und bisher sorgsam gehüteter Tafelaufsatz gehört hatte. Man nahm Veränderungen am Stadtbild vor, die diesem nicht gerade zur Zierde gereichten, indem man den größten Teil der alten Brunnen — es hatte ihrer bisher noch über hundert gegeben — verschwinden oder die *„Alte Schau"* bei der

Sebalduskirche, einen schönen spätgotischen Bau mit Treppengiebel, abbrechen ließ, um an seine Stelle eine klassizistische Hauptwache zu setzen. Bis 1815 folgten noch verschiedene uralte Bauten nach; schließlich sollte sogar der Laufer Schlagturm an die Reihe kommen, der bereits an zwei Steinmetzen auf Abbruch verkauft war und den dann im letzten Augenblick ein empörter Einspruch der Bevölkerung in München rettete. Aber ein offizielles Recht, sich dagegen zu wehren, besaß man nicht; man mußte froh sein, daß die schier astronomische Zahl der Schuldensumme auf den Staat übergegangen war, mußte zusehen, sich wieder einen Namen zu machen.

Und jene Zeit ist für Nürnberg auch wirklich kein Ende gewesen, sondern nur Ruhepause zu einer neuen, ungeahnten Entwicklung innerhalb soeben erschlossener Möglichkeiten, denen die junge Technik Raum gab; sein einst sprichwörtlicher Fleiß hat sich nochmals glänzend bewährt und wir wollen keinen ursächlichen Zusammenhang suchen zwischen den hoffnungsvollen Tagen des Jahres 1835, als Nürnberg die erste Eisenbahn Deutschlands eröffnete, und dem erschütternden Ende der geschichtlichen Altstadt im Januar 1945, denn das hieße, uns heutigen Menschen einen großen Teil des Lebensinhaltes rauben.

Nürnbergs Zustand nach 1800 ist durch Georg Wolfgang Lochner eingehend geschildert worden, allerdings in der Absicht, damit den Anschluß an Bayern etwas zu verherrlichen. Schon die Zufahrtsstraßen seien unsäglich verwahrlost gewesen, die Umgebung der Stadt ein wüstes Sandfeld, angefüllt mit Bauschutt und Steinen. 1806 stürzte ein Teil der Ringmauer zwischen Laufer und Vestnertor ein und die anliegenden Straßen mußten für einige Zeit gesperrt werden. Die öffentlichen Gebäude waren verwahrlost, wie aus den Blättern des Stechers Christoph Wilder hervorgeht. Überall in der Stadt gab es, trotz vieler Verbote, Dunghaufen, Hühner und Schweine. *„Auf dem Rathaus, in Kirche und Schule, im Handel und Wandel, überall stand das Leben still.“* Die Gewerbe waren ohne allen Unternehmungsgeist, die Einwohner beängstigend in den zwiefachen Ring ihrer Standesvorurteile und der Stadtmauer eingezwängt. In geistiger Beziehung sah es nicht viel besser aus. Die reichsstädtische Universität wurde 1809 sang- und klanglos aufgelöst und ihre Hinterlassenschaft ging an das nahe Erlangen über. Als ein Jahr vorher der Philosoph Georg Wilhelm Hegel als Leiter an das Egidiengymnasium berufen worden war, hatte er hier wie auch in den beiden Trivialschulen die Unterrichtsräume völlig verkommen vorgefunden und sich danach in einem Brief beklagt, wie sehr er gegen das altfränkische, „*norische*“ Wesen ankämpfen müsse. Dennoch machte er seine Sache nicht halb — er verstand es, das Vertrauen von Mitarbeitern und Schülern zu gewinnen und seine Lehrweise war derart frisch, daß er alle Zuhörer hinriß. Als er 1816 die Stadt wieder verließ, um eine Professur in Heidelberg zu übernehmen, war in Nürnberg durch ihn, wie einer seiner ehemaligen Schüler es ausdrückte, der Humanismus zu neuem Leben erweckt worden.

Kunst und noch mehr Literatur haben damals nur ganz vereinzelte, schier zufällige Blüten getrieben. Die Gebrüder Wilder nahmen als Graphiker nach 1800 eine ähnliche Stellung ein, wie zuvor Johann Adam Delsenbach: Gewissenhaft und in sauberer Technik schildern sie die Stadt und ihre Menschen. Obwohl es nach der Gründung einer Zeichenschule wieder so etwas wie eine Malertradition in Nürnberg gab, gewann doch auf diesem Gebiet nur ein Mann auswärtigen Ruf: Der hervorragende Stecher Johann Adam Klein (1792—1875), der schon im Alter von acht Jahren durch außerordentliche zeichnerische Begabung auffiel und sich dann auf ausgedehnten Reisen fortbildete. Zu seinen Gönnern gehörten unter anderem Fürst Metternich und König Maximilian von Bayern. Im Gegensatz zu der damals herrschenden pathetischen Richtung war ihm eine natürliche, lebensechte Art des Sehens und eine schlichte Komposition zu eigen. Ländliche Szenen, bei denen es Pferde und andere Haustiere gibt, waren seine besondere Stärke.

Auch an Persönlichkeiten, die den Namen Dichter verdienen, hat Nürnberg seit den Tagen des Barock nur einige hervorgebracht, deren Reigen der Stadtflaschner und schlichte Musenfreund Konrad Grübel (1736—1809) einleitet. Wie Fritz Reuter später das mecklenburgische Platt, so verstand Grübel es durch seine gefällige Art, Tatsachensinn und Humor miteinander zu verbinden, den spröden Nürnberger Dialekt in bescheidenem Maße literaturfähig zu machen. Schiller hat ihn geschätzt, Goethe seine Mundartgedichte in zwei ausführlichen Besprechungen gewürdigt, wie man es heute nicht besser tun könnte, und an ihm als besonderes Verdienst gerühmt, daß er nicht mehr sein wolle, als ein Nürnberger Philister. Manche seiner Anekdoten sind damals durch ganz Deutschland gewandert und heute noch bekannt, wie die von dem Schlossergesellen, der eine Betrachtung anstellt zwischen dem Mißverhältnis der überlangen Arbeitszeit und der zu kurz bemessenen

Frist bei den Mahlzeiten. Ein anderes Gedicht erscheint wegen seiner heiteren Lebensphilosophie wie eine Vorwegnahme von Wilhelm Buschs versöhnlicher Art der Weltbetrachtung: Das Idyll des Käfers, der sich vergebens abzappelt, um einen Grashalm emporzuklettern, schließlich aber seine Flügel ausbreitet und davonfliegt. So sei es auch mit dem Menschen — wenn er lange genug nutzlos herumgekrochen ist in dem Kraut des Daseins, wird er ebenfalls seine Flügel entfalten und *„nouch Sorg'n, Möih und Streit, fortflöign in die Ewigkeit"*.

Grübel ebenbürtig, an Reichtum der Einfälle wohl noch überlegen war Johann Wolfgang Weikert (1778—1856), der ebenfalls aus dem Handwerkerstand kam, aber der klassischen Bildung huldigte, um sie schließlich durch das Medium der Volkssprache zu parodieren. Für seine Gründlichkeit zeugt, daß er seinen Gedichten eine eigene Grammatik des Nürnberger Dialektes beigibt. Die Geschichte vom pfiffigen Apfeldieb, breit angelegte Bauernszenen oder der Jugendschwank *„Die Ritterburg"* gehören zum festen Bestand unserer Mundartdichtung, der es bis heute nicht an Nachwuchs fehlt. Aus der letzten Generation seien Paul Rieß, seines Zeichens Amtmann, oder der Drechslermeister Johann Greulein, von den Lebenden der in allen Sätteln des Dialektpegasus gerechte Franz Bauer (geb. 1901) genannt.

Aber gerade in jenen Tagen eines bescheidenen und von vielen Fremden sogar als unzureichend empfundenen Lebens hat Nürnberg begonnen, sich einer neuartigen Wertschätzung zu erfreuen. Der Abschluß eines jeden Zeitalters wird daran erkenntlich, daß die Menschen, die vorher eng in ihrem Gegenwartswirken befangen waren, plötzlich zu nachdenklicher Rückschau neigen. Dies Bestreben begegnet uns in der Renaissance und jetzt sind es die Romantiker, die ihm Ausdruck verleihen, jene Künstler, deren Wollen meist zu ihrem Vollbringen in Gegensatz steht, deren Vorzug es aber bleibt, daß ihr Gesichtsfeld gar nicht weit genug sein konnte und ihr Blick das ganze Weltall umspannen wollte. Die Romantiker waren es auch, die das deutsche Mittelalter neu entdeckt haben — wie man sagen kann als Ausgleich gegen andere Zeitgenossen, die in den alten Städten letzten Endes nichts sahen als Schutthaufen der Zivilisation. Eine solche Schau ist aber nicht allein der Ausdruck von zunehmendem Materialismus, sondern hat teilweise ihren Ursprung in einem neuartigen Raumgefühl, von dem schon der junge Mozart erfüllt gewesen sein muß, als er im September 1790 zur Krönung Leopolds II. nach Frankfurt am Main fuhr und nach Hause schrieb: *„In Nürnberg haben wir gefrühstückt — eine häßliche Stadt“*. Im gleichen Jahre urteilte ein ungenannter Reisender wie folgt: *„Nürnberg macht einen widrigen Eindruck, selbst bei schönem Wetter. Die Häuser sind alle so ineinander und durcheinander gebaut, daß das Ganze einem unordentlichen Steinklumpen gleicht. Ein Spaziergang durch die Stadt ist mit körperlicher und geistiger Beschwerde verbunden.“* Und der bekannte Kunsthistoriker Johann Georg Sulzer hatte bereits 1771 gestanden, es sei ihm in Nürnberg nichts Merkwürdiges aufgefallen. Wie mag daher mancher Eingesessener erfreut gewesen sein, als er von dieser herzlichen Zuneigung der Romantiker zu der sonst so gering geschätzten Heimat von Albrecht Dürer und Hans Sachs erfuhr! Seit Jean Paul und Eichendorff, Adalbert Stifter und Ludwig Richter, dem Märchenmaler, wird kein gemütvoller Künstler Nürnberg betreten, ohne seiner hintennach in Liebe zu gedenken. Urheber dieser Begeisterung aber ist Wilhelm Heinrich Wackenroder, dessen natürliche Beziehung zu allem Versonnenen, Versponnenen mittelalterlicher Orte das gesamte geistige Leben seiner Zeit beeinflußt hat und schließlich zur Mode wurde. Auch Goethe ist zeitweilig von dieser Bewegung erfaßt worden, die überhaupt erst jene Wiedergeburt der mittelalterlichen Kunst eingeleitet hat, durch die sie danach der Menschheit vertraut und kostbar wurde. Es sei in dieser Hinsicht nur an das Urteil eines Nürnberger Kalenders von 1808 über Veit Stoß erinnert, das besagt: *„Als Antike hat dieser Englische Gruß mehr Wert, denn als Kunstwerk.“* Seither sind aber Hunderttausende von Fremden gekommen, um gerade jenes liebliche Marienbild und den Ort seiner Entstehung zu sehen!

Wackenroder hatte 1793 in Erlangen studiert und damals ist ihm das nahe Nürnberg zum Inbegriff einer ehr- und denkwürdigen Stätte geworden, die er schon in seinen Reisebriefen mit Begeisterung schilderte und später in den *„Herzensergießungen eines kunstliebenden Klosterbruder“* mit den so bekanntgewordenen Worten bedenkt: *„Nürnberg, du vormals weltberühmte Stadt! Wie gern durchwanderte ich deine krummen Gassen, mit welcher kindlichen Liebe betrachtete ich deine altväterlichen Häuser und Kirchen!“* Also gerade das, was nüchterne Reisende als dunkel und dem Verfall preisgegeben empfinden, zieht ihn so mächtig an, weil er nach dem schöpferischen Geist sucht, der diese Bauten einst erfüllte. Aber es währt nicht lange und man nimmt die Form nur noch für den Inhalt: In der gleichen Zeit um die Mitte

97. Nürnberg vor dem 2. Weltkrieg: Karolinenstraße um 1930

98. *Die Weißgerbergasse um 1935*

99. Der Hauptmarkt, Aufnahme von 1940

100. Königstraße mit Hotel „Roter Hahn", um die Jahrhundertwende

des vorigen Jahrhunderts, da man in Deutschland Fabriken großen Stiles baut und den Industrieanlagen rücksichtslos die mittelalterlichen Kulissen opfert, wo beide aufeinander prallen, wird jene Vorliebe für das Alte durch Fürsprache aus Künstlerkreisen guter Ton bei dem aufstrebenden Bürgertum, aber nicht mehr lauter und echt, wie bei Wackenroder oder Tieck, sondern versüßlicht und verweichlicht. Es ist jenes Mißverhältnis zwischen Schein und Sein, in dessen Zeichen man den Kindern die Märchen der Brüder Grimm erzählt und glaubhaft macht, zugleich aber wünscht, daß sie bald tüchtige Leute werden möchten, das heißt, ebenfalls Besitzer leistungsfähiger Fabriken. Daraus entsteht auch die Instinktlosigkeit, daß man billige Häuser für die beängstigend anwachsende Bevölkerung der Großstädte baut, aber nicht an die Zweckmäßigkeit dieser Wohnungen denkt, sondern sie außen mit Söllern, Türmchen und gotischen Spitzbogen beklebt. Es ist eine Auffassung, die mit Anspielung auf Nürnberger Gegebenheiten den Namen *„Butzenscheibenromantik“* erhielt, und die bis über die Jahrhundertwende hinaus mit den radikalsten Nützlichkeitsbestrebungen Schritt hält.

Zwei für jene Haltung typische Ereignisse zeitigte das Jahr 1828 in Nürnberg. Erstlich wurde Albrecht Dürers 300. Todestag festlich begangen. Kurz vorher hatte die Stadt das Wohnhaus ihres großen Sohnes am Tiergärtnertor erworben — eine Tat, die ebenfalls ohne die Romantik nicht denkbar wäre —, und nun lud man Künstler und Gelehrte aus aller Welt ein, darunter auch Wolfgang von Goethe, der unsere Stadt 1797 besucht und in einem Brief an Schiller gelobt hatte, sich aber nun infolge seines hohen Alters mit einem freundlichen Gruß entschuldigte. Mit einer Trunkenheit ohnegleichen versenkten sich jetzt die zahlreichen Gäste in jene Zeit, da Kunst und Handwerk so fruchtbar miteinander verschwistert waren; auch König Ludwig I., ein Romantiker von reinstem Wasser, der die Stadt seit seiner Jugend verehrte, stimmte mit einem Gedicht in den Chor ein — mit einem Poem allerdings, das ebenso bescheiden war wie alles übrige, was bei jener Gelegenheit zusammengereimt wurde.

Das andere Geschehen war, daß am 26. Mai, als die Bürger ihren Pfingstspaziergang machten, auf dem Unschlittplatz ein seltsamer Fremdling auftauchte, ein hübscher Jüngling von etwa 17 Jahren, aber bäuerisch-plump gekleidet und mit dem Benehmen eines Geistesschwachen. Er nannte sich Kaspar Hauser und vermochte nichts weiter zu sagen, als daß er wolle *„ein solcher Reiter werden, wie sein Vater gewesen"*. In der Hand hielt er einen an den Rittmeister Wessenig gerichteten Brief, worin dem Empfänger in dummdreistem Ton nahegelegt wurde, sich des Knaben anzunehmen; wolle er ihn nicht behalten, so möge er ihn *„erschlagen und in den Rauchfang hängen"*. Wie es sich herausstellte, war der junge Mann seit seiner Kindheit in einem halbdunklen, stallartigen Verlies gehalten und mit Wasser und Brot ernährt worden; er mußte daher erst langsam mit anderen Speisen vertraut gemacht und an ein Leben in menschlicher Gesellschaft gewöhnt werden. Nachdem man ihn eine Zeitlang auf dem Luginsland gehalten hatte, wo er von der Menge wie ein Wundertier bestaunt wurde, nahmen sich verschiedene Persönlichkeiten seiner an, wie der zu einer eigenartigen Mystik neigende Professor Georg Friedrich Daumer. Hausers Beschützer erkannten, daß man es hier mit einem Naturkind seltener Art zu tun hatte, an dem sich nun die wohltuende Wirkung der Gesittung und Bildung in Reinkultur erproben ließe. Aber dieses Experiment ist im wesentlichen mißglückt — der Jüngling fühlte sich nicht wohl dabei, besonders weil man ihn mit einer ihm nicht gemäßen Bildung überlastete, und das Geheimnis, das ihn umwitterte, wurde ihm zum tragischen Schicksal: Im Dezember 1833 wurde er im Ansbacher Hofgarten von einem Unbekannten erstochen; nach anderer Auffassung freilich soll es ein Selbstmordversuch gewesen sein, um das Interesse der Umwelt auf sich zu lenken. Sein kurzes Leben und frühes Ende haben die Gemüter der Zeitgenossen fieberhaft erhitzt; allein 49 Foliobände betragen die Akten über ihn im Münchener Staatsarchiv, von der Unmenge freundlicher und feindlicher Veröffentlichungen ganz zu schweigen.

In jenen zwanziger Jahren regten sich in unserer Stadt bereits ganz andere Kräfte — oder vielmehr, sie hatten bisher nur geschlummert, wie die Glut unter der Asche. Denn auch in den Tagen des traurigsten Tiefstandes war der Nürnberger Gewerbefleiß durchaus nicht erloschen. Dafür sei nochmals der so kritische Friedrich Nicolai angeführt, der von den Hammerwerken an der Pegnitz berichtet, wo durch kluge Arbeitsteilung größere Verbilligung der Erzeugnisse angestrebt würde. Und als Ernst Moritz Arndt 1798 eine Reise von Thüringen nach Bayreuth beschreibt, bedauert er zwar den Niedergang der alten Reichsstadt, fügt aber sogleich hinzu: *„Und doch ist Nürnberg noch immer eine der ersten Fabrik- und Handelsstädte Deutschlands, welche* *manchen Artikel noch allein hat, und in manchen noch immer mit anderen Städten wetteifert.*" Ähnlich urteilt 1819 der bekannte Volkswirtschaftler Friedrich List, der damals als Konsulent des Deutschen Handelsvereins mehrmals in Nürnberg weilte und an seine Frau schrieb, daß hier in der Kaufmannschaft kein gemeiner Geist sei.

Nürnberg hatte allerdings zu Beginn des Maschinenzeitalters eine schwere Krisis zu überwinden: Trotz der betriebsamen Pochhämmer war die Wasserkraft der Pegnitz nicht ausreichend, um eine Fabrikation großen Stiles aufnehmen zu können, wie sie jene Zeit erforderte und wie sie zum Beispiel in Augsburg durch die vielen Arme des Lech ohne weiteres möglich war. Als sich aber dann die Dampfkraft durchsetzte, wußte Nürnberg dieses neue Instrument in Kürze derart geschickt und ausdauernd zu nützen, daß es mit seinen Fabriken viele andere und namhafte Städte überflügeln konnte.

Der Sieg dieser Dampfkraft wurde eingeleitet durch die Eröffnung der ersten deutschen Eisenbahn zwischen Nürnberg und Fürth im Dezember 1835, die im übrigen leicht die erste Europas hätte werden können. Denn schon lange bevor ein fester Schienenweg von London nach Liverpool lief, war bei uns die Schaffung von „*Dampfwagen*" zur Beförderung von Gütern und Menschen erwogen worden und Ende 1813 wurde auch schon ein derartiges Versuchsfahrzeug für die oberschlesische Königshütte gebaut, aber fast ein Menschenalter mußte noch vergehen, bis dieser Plan allgemeingültig verwirklicht werden konnte. Einer der Vorkämpfer dieses Gedankens, Joseph von Baader, hatte bereits 1815 Privilegien auf eine Eisenbahn zwischen Nürnberg und seiner Nachbarstadt erwirkt, dabei jedoch nicht das volle Vertrauen seines Königs gefunden, dem vor allem der Bau eines großen Kanals, der Main und Donau miteinander verbinden sollte, am Herzen lag.

Nürnberg war durch den außerordentlich regen Pendelverkehr mit dem 6 Kilometer weit entfernten Fürth ganz besonders für die Verwendung eines solchen Beförderungsmittels geeignet, begünstigt noch durch ein völlig ebenes Gelände und das Bestehen einer Polytechnischen Anstalt, an der seit 1833 der große Physiker Simon Ohm wirkte. Alles übrige war dann das Werk einiger entschlossener Männer, welche die Tragweite des Planes erkannten: des Bürgermeisters Johannes Scharrer, der in gediegener Weise die Forderungen der neuen Zeit mit der Ehrfurcht vor der kulturellen Vergangenheit in

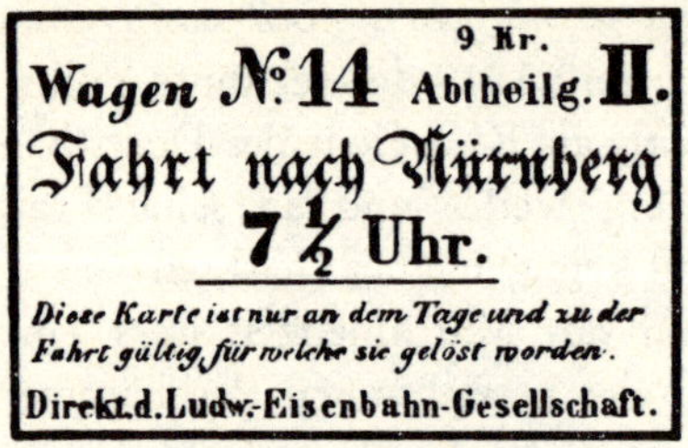
9 Kr.
Wagen №14 Abtheilg. II.
Fahrt nach Nürnberg
7 ½ Uhr.
Diese Karte ist nur an dem Tage und zu der Fahrt gültig, für welche sie gelöst worden.
Direkt. d. Ludw.-Eisenbahn-Gesellschaft.

Fahrkarte aus der Gründungszeit der Ludwigs-Eisenbahn (Verkehrsmuseum, Nürnberg)

Einklang zu bringen wußte, des Kaufmannes Zacharias Platner und des Ingenieurs Paul Denis.

Es ist kulturgeschichtlich reizvoll zu sehen, mit welchen Schwierigkeiten ein derartiges, doch offenkundig dem menschlichen Wohl dienendes Projekt zu kämpfen hatte. Mühselig war es zunächst, alle erforderlichen Genehmigungen zu erhalten, wobei dem König der Plan so nahegelegt werden mußte, als sei er sein geistiger Vater. Sodann galt es, den hohen Betrag von 180 000 Gulden völlig aus privaten Mitteln aufzubringen, einen Betrag, den sogar ein Mann wie Graf Max von Montgelas noch 1835 als hinausgeworfen erachtete, so daß es wohl auf ihn zurückzuführen ist, wenn die bayerische Regierung bei der Subskription zwei ganze Aktien zu je 100 Gulden zeichnete. Nicht weniger schwer war es, die notwendigen Grundstücke zu erwerben und vor allem die vielen Vorurteile zu brechen, die sich von überallher erhoben. In einer Gegenschrift heißt es, daß die Pferde beim Anblick der Bahn scheuen und die an und für sich schon teure Kohle unerschwinglich werden würde, daß die Bahndämme im Nürnberger Sand nicht halten und die Schienen sich rasch verschleißen würden. Besondere Feinde des Unternehmens waren die Droschkenkutscher und Fuhrhalter, da sie fürchteten, samt und sonders brotlos zu werden. Nach Treitschke soll ein medizinisches Kollegium König Ludwig I. vorgestellt haben, daß die hohe Geschwindigkeit der Dampfwagen unfehlbar schwere Gehirnerschütterungen sowohl bei den Reisenden wie den Zuschauern hervorrufen müßte. Es wurde daher eine Siegesfahrt in jeder Hinsicht, als am 7. Dezember 1835 die erste Lokomotive *„Adler"*, die der englische Maschinenmeister William Wilson in Frack und Zylinder führte, jene nußschalengroßen Wäglein hinter sich her zog, durch welche in Kürze die Welt kleiner und die Beziehung der Menschen untereinander größer werden sollte.

Ein Jahr später begann der Bau eines anderen Verkehrsmittels, von dem man sich ebensoviel Segen und Nutzen versprach, des nach seinem diesmal tatsächlichen geistigen Urheber benannten Ludwigs-Kanals. Die Befürchtung des Königs, die Eisenbahn könnte diesem

Werk Abtrag tun, hat sich seit 1860/70 erfüllt, schon deshalb war ihm kein Erfolg beschieden. Vor allem hatte man es zu klein angelegt; außerdem waren Main und Donau nicht so zu regulieren, daß Transporte ohne zeitraubendes Umladen möglich gewesen wären.

Für den Beginn des Maschinenzeitalters in unserer Stadt sei einer Zufälligkeit gedacht, in der man eine gewisse grundsätzliche Bedeutung erkennen kann: Als im Jahre 1877 das Kaiserliche Patentamt in Berlin eröffnet wurde, erhielt die erste Urkunde zum Schutz einer Erfindung die 1838 gegründete Nürnberger Farbenfabrik Johann Zeltner ausgestellt für das von Justin Wunder neuartig entwickelte Ultramarinrot. Die Firma galt als eines der bedeutendsten Industriewerke Bayerns zu ihrer Zeit; die Erzeugnisse der Fabrik wurden durch Reisende bis in die Türkei vertrieben und der Reingewinn betrug allein im Jahre 1845 die für damalige Verhältnisse ungeheure Summe von 227 000 Gulden. Überhaupt war in den vierziger Jahren trotz Revolution, die auch bei uns ihre Opfer forderte, der allgemeine wirtschaftliche Tiefstand der Stadt überwunden — schon 1842 erwies es sich als notwendig, hier eine Handelskammer ins Leben zu rufen. Um die gleiche Zeit schafft sich der Nürnberger Erzgießer Daniel Burgschmiet, der sich vom einfachen Drechslergesellen zu einem formsicheren Bildhauer weitergebildet hatte, durch die hervorragende Ausführung von Großplastiken einen Namen. Das Dürerdenkmal von 1840 auf dem Albrecht-Dürer-Platz nach Entwurf des berühmten Chr. Daniel Rauch, ein Werk, das damals den kunstliebenden Kreisen Deutschlands von grundsätzlicher Bedeutung war, fand solchen Anklang, daß seinem Verfertiger darauf die Ausführung des Beethovenstandbildes in Bonn, zu dem die ganze in- und ausländische Musikwelt beigesteuert hatte, anvertraut wird sowie die mächtige Bronzefigur Kaiser Karls IV. in der Prager Altstadt — eine letzte Erinnerung an die einstige Beziehung dieses Herrschers zu unserer Stadt. Auch das 1826 errichtete Steindenkmal für Philipp Melanchthon auf dem Egidienberg kommt aus seiner Hand.

Wie vordem der Nürnberger Tand in allen Landen bekannt war, werden gegen Ende des Jahrhunderts gewisse Nürnberger Industriezweige überall zu einem festen Begriff, Fabriken, die sich in kurzer Zeit von bescheidenen Betrieben zu Großunternehmen entwickeln; ihre Produkte waren von da an vom Weltmarkt nicht mehr wegzudenken. Da steht an erster Stelle der 1778 geborene Johann Friedrich Klett, der sich noch vor Ende der reichsstädtischen Herrlichkeit in Nürnberg als Kaufmann niederließ und zunächst eine Schafwoll-Spinnerei betrieb, die er aber später nach Augsburg verlegte, um an ihrer Stelle 1841 auf einem eigenen Anwesen in den Gärten bei Wöhrd eine Maschinenfabrik und Eisengießerei zu gründen. Schon eine Woche nachdem er ein entsprechendes Gesuch an den Magistrat gerichtet hatte, erhoben zwei seiner Nachbarn, die Familien Tucher und von Haller, Einspruch gegen dieses Projekt, das zahlreichen in der Nähe wohnenden Bürgern ein *„Gegenstand des Abscheus"* zu werden versprach. Besondere Furcht empfand man vor der *„tobenden Wirksamkeit"* eines Dampfkessels, einer Dampfmaschine, mit welcher Klett erstmalig die bisherige Wasserkraft ersetzte und damit der künftigen Industrie einen ganz neuen Weg wies. Allen Protesten zum Trotz erhielt er bald darauf die Zulassung; weitere Schwierigkeiten bereitete sodann das Auffinden geeigneter Fachkräfte, weshalb Klett schließlich zwei Techniker aus England kommen ließ, wo man im Maschinenwesen schon reichere Erfahrung besaß. Die beiden Fremden wurden als Teilhaber aufgenommen und einer von ihnen, James Earnshaw, machte sich nach der später erfolgten Trennung mit einer erst nach dem letzten Krieg eingegangenen Eisengießerei selbständig. Die Fabrik von Klett & Co. empfahl sich für die gewissenhafte Herstellung von Wasserrädern, Wellen, Walzen, Kranen und Maschinenteilen jeder Art und gewann auch rasch das Vertrauen ihrer Auftraggeber. Schon 1845, im dritten Geschäftsjahr, wurde ein Reingewinn von 200 000 Gulden erzielt sowie das Betriebskapital verdreifacht. Nach einigen Rückschlägen gewann Klett ein Jahr vor seinem Tod für das Werk den jungen, energischen Journalisten Theodor Cramer, der dann mit zu der ungeahnten Entwicklung beitrug, die das Unternehmen im Verlauf des nächsten Menschenalters nahm; ein weiterer genialer Mitarbeiter erwuchs ihm in Ludwig Werder, der 1854 innerhalb von 100 Tagen den Glaspalast in München erbaute, der 1931 mit einer Anzahl Romantiker-Gemälde von unersetzlichem Wert in einem Riesenbrand zugrunde ging. Andere vorbildliche Arbeiten des Werkes waren: 1857 die Großhesseloher Eisenbahnbrücke und 1859—61 eine gleiche Verbindung beider Rheinufer bei Mainz. Aus jenem Betrieb aber entstand im Verlauf von zwei Menschenaltern die auf den Gebieten des Wagen- und Motorenbaues sowie der Errichtung von Riesenkranen berühmt gewordene MAN, die Maschinenfabrik Augs-

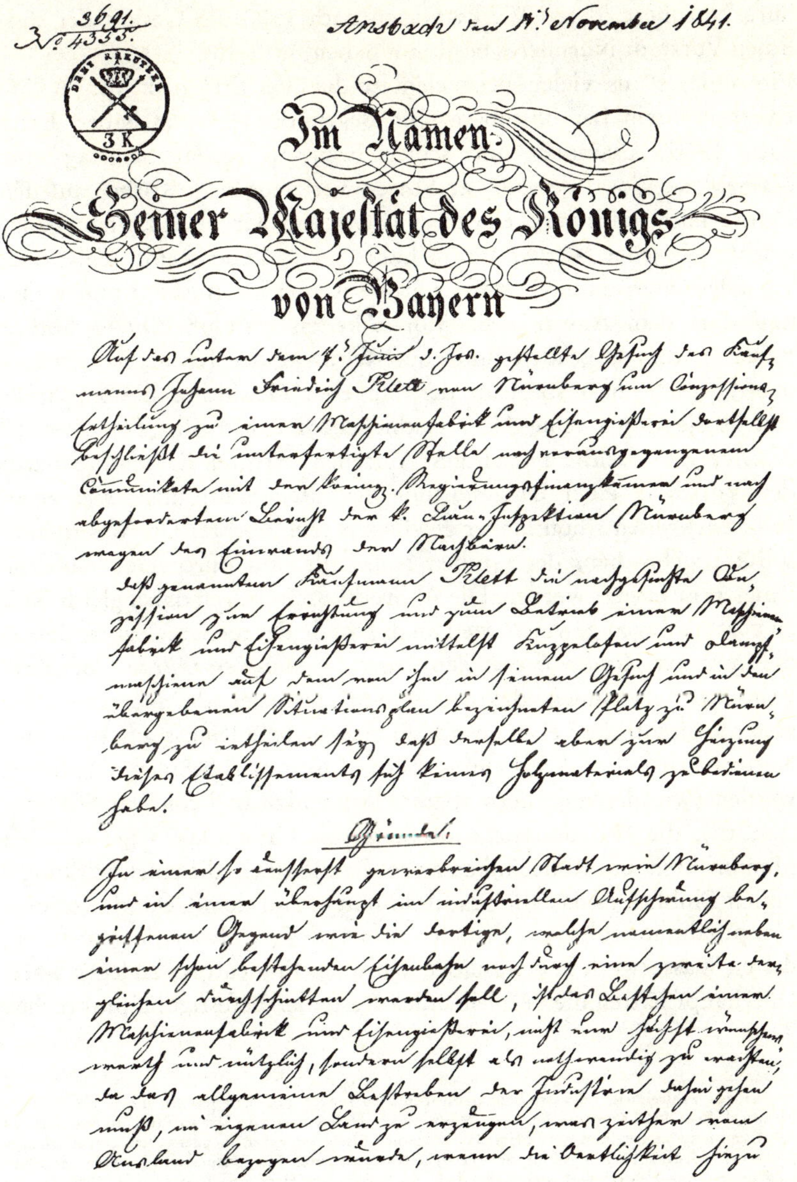

No 4335.
3691.

Ansbach den 14. November 1841.

Im Namen Seiner Majestät des Königs von Bayern

Auf das unterm dem 5. Juni d. Js. gestellte Gesuch des Kaufmanns Johann Friedrich Klett von Nürnberg um Concessionsertheilung zu einer Maschinenfabrik und Eisengießerei daselbst beschließt die unterfertigte Stelle nach vorausgegangenem Communikate mit der königl. Regierungsfinanzkammer und nach abgeforderten Gutachten der k. Bau-Inspektion Nürnberg wegen des Einwands der Nachbarn.

daß genanntem Kaufmanne Klett die nachgesuchte Concession zur Errichtung und zum Betrieb einer Maschinenfabrik und Eisengießerei mittelst Kupolofen und Dampfmaschinen auf dem von ihm in seinem Gesuche und in den übergebenen Situationsplan bezeichneten Platz zu Nürnberg zu ertheilen sey, daß derselbe aber zur Heizung dieses Etablissements sich keines Holzmaterials zu bedienen habe.

Gründe.

In einer so äußerst gewerbreichen Stadt wie Nürnberg, und in einer überhaupt im industriellen Aufschwung begriffenen Gegend wie die dortige, welche namentlich neben einer schon bestehenden Eisenbahn noch durch eine zweite dergleichen durchschnitten werden soll, ist das Bestehen einer Maschinenfabrik und Eisengießerei, nicht nur höchst wünschenswerth und nützlich, sondern selbst als nothwendig zu erachten, da das allgemeine Bestreben der Industrie dahin gehen muß, im eigenen Lande zu erzeugen, was bisher vom Auslande bezogen wurde, wenn die Örtlichkeit hiezu

Der erste Schritt zur Industrialisierung Nürnbergs: Genehmigung der kgl. Regierung von Mittelfranken an Joh. Friedrich Klett vom 14. 11. 1841 zur Errichtung einer Maschinenfabrik, der späteren Weltfirma MAN burg-Nürnberg, deren Werksanlagen nach 1900 das Gesicht der südlichen Vorstadt Nürnbergs bestimmt haben*).

Ein anderes aus vielen Beispielen ist die Bleistiftfabrik von A. W. Faber in Stein bei Nürnberg. Ihr Begründer, Kaspar Faber, hatte nach 1760 zusammen mit seiner Frau an jedem Samstag eine bescheidene Wochenleistung an Schreibwerkzeugen in Körben auf den Markt nach Nürnberg tragen müssen; sein Urenkel Lothar Faber machte aus jener Werkstätte im Laufe seines Lebens eine Weltfirma, vor allem auch dadurch, daß er große Reisen ins Ausland unternahm und dort dem Absatz neue Möglichkeiten erschloß. Dieser Lothar Faber, nachmals geadelt und zum Reichsrat der Krone Bayerns ernannt, spielt auch sonst in der jüngeren Geschichte unserer Stadt eine Rolle durch seine 1879 erschienene Denkschrift *„Die Zukunft Nürnbergs"*, welche gewaltiges Aufsehen erregte. Er machte darin den Vorschlag einer Umgestaltung des alten Stadtbildes, wie sie in Industriekreisen schon länger gewünscht sein mochte: Die Wehrmauer sollte abgebrochen, der Graben eingefüllt und durch eine moderne Ringstraße ersetzt werden. Die Abbruchkosten wären dabei gleich Null zu veranschlagen gewesen, weil an der Stelle der niedergelegten Mauer, die *„wie ein Alpdruck von den Gassen genommen würde"*, begehrte Bauplätze entstünden, das neue Geschäftsviertel, dazu berufen, das gesamte öffentliche Leben an sich zu ziehen. Jene Ringstraße sollte mit Kulturbauten aller Art, hauptsächlich Museen und Schulen, durchsetzt werden (wie deren ja auch später dort einige in lieblosem Stil entstanden), die gegenüberliegende Seite mit Grünanlagen geziert, mit Monumenten und Ruhebänken an solchen Plätzen, die einen wirkungsvollen Einblick in das alte Stadtbild böten. Auf dem Gelände vor dem Hauptbahnhof sollte ein Brunnen *„einzigartiger Ausmaße"* entstehen, dessen Wasserwerk in den runden Turm des Frauentores zu legen wäre. Überhaupt hätten die verbleibenden Reste der Befestigung praktischen

---

*) Aus den zahlreichen, teilweise bahnbrechenden Neuerungen und Erfindungen dieser Fabrik seien hervorgehoben: 1846 Konstruktion einer Maschine zur Herstellung von Drahtstiften, die vormals mit der Hand geschmiedet, nun aber beim Bau hölzerner Eisenbahnwagen in unerwartet großen Mengen gebraucht wurden. 1852 Maschine zur Festigkeitsprüfung von Eisenbahnmaterial. 1867 Verschlußmechanismus für Hinterladergewehre, der bald im bayerischen Heer eingeführt wurde. 1867 Bau des ersten (Dampf-)Triebwagens in Deutschland. 1902 Erste Großgasmaschine zur wirtschaftlichen Auswertung von Hochofengasen: „Nürnberger Gasmaschine". 1910 Konstruktion des ersten Großdieselmotors der Welt (mit insgesamt 12 000 PS Leistung) für Schiffsantrieb. 1954 Bau des Meurer-Fahrzeugmotors, der in richtungweisender Form das bisher harte Verbrennungsgeräusch beseitigt und die Möglichkeit bietet, verschiedene Treibstoffarten durcheinander zu gebrauchen.

Zwecken dienen müssen, so etwa durch Aufnahme des Post- und Telegraphenamtes. Einen besonderen Glanzpunkt sollte die Stelle unterhalb der Burg abgeben — sie war dazu ausersehen, einen mit Gewächslauben durchsetzten Park samt einem Teich zu zieren, in dessen klarem Wasser sich die *„ehrwürdige Zollernveste zauberisch spiegeln"* könne.

Wie man sieht, war das Fabersche Projekt aus jener Mischung zwischen bedenkenloser Nützlichkeit und verspielter Romantik geboren, die vielerorten für die wilhelminischen „Gründerjahre" kennzeichnend ist. Die Aussichten zur Verwirklichung des Planes waren durchaus nicht schlecht, denn seit den geschilderten ersten Fällen, die auf Initiative der bayerischen Regierung zurückgingen, hatte man auch an Ort und Stelle begonnen, in der Altstadt „aufzuräumen": Der Ludwigs-Eisenbahn war das westliche Stadttor (am heutigen Plärrer) zum Opfer gefallen, und als 1845/46 der Bahnhof vor dem Frauentor gebaut wurde, mußte auch dieses abgerissen werden. Durch die Klettsche Fabrik bei Wöhrd wuchs der Durchgangsverkehr auf dieser Stadtseite mit der zunehmenden Belegschaft ungeheuer an und außerdem sollte im Falle eines Streikes die Garnison von der Hauptwache beim Rathaus sogleich ungehindert dorthin ausrücken können — die Folge davon war, daß auch hier eine empfindliche Bresche in die Mauer geschlagen wurde und die schöne Torbastei von Jakob Wolff dem Jüngeren verschwand. 1865, bezeichnenderweise im gleichen Jahr, als Richard Wagners *„Meistersinger von Nürnberg"* entstanden, entbrannte in den Nürnberger Zeitungen ein heftiger Streit wegen Einlegung der Mauer an der Sterngasse, 1871 war die Genehmigung zum Abbruch des künstlerisch wertvollen Augustinerklosters erteilt worden, dessen Kirche schon 1816 verschwunden war; 1877 forderten verschiedene Bewohner des Hübnersplatzes, daß ein Teil dieses Platzes abgerissen werden sollte. Dies wurde aber mit der Begründung verweigert, daß die Stadt bald das Bild einer Ruine bieten würde, wenn derartige Ansuchen überhand nähmen — was indessen nicht hinderte, die Spitzhacke an anderer Stelle nochmals empfindlich wüten zu lassen: 1895 mußte der die angrenzenden Häuser eigenartig überragende Tetzelturm, der zu den ältesten Patrizierburgen der Sebalder Stadtseite gehörte, fallen, damit an seiner Stelle ein farbloses Postgebäude entstehen konnte. Außerdem hatten die bayerischen Ministerien in den Tagen des Faberschen Projektes — ob als Folge davon, ist uns nicht bekannt — bereits die Genehmigung zur Einlegung der gesamten Stadtmauer mit Ausnahme des Stückes zwischen Kaiserstallung und Maxtor erteilt, so daß also ihr Todesurteil bereits gesprochen war und nur die Schergen mit seiner Vollstreckung so lange säumten, bis es wieder aufgehoben wurde.

Gegen diese gewaltsamen Eingriffe in das alte Nürnberg führte ein kleines Häuflein einen tapferen Kampf: der eingesessene Adel, verschiedene namhafte Künstler und besonders der Kreis um das Germanische Nationalmuseum. Dieses war 1852 auf Betreiben des Freiherrn Hans von und zu Aufseß, der mit seiner reichen Sammlung von Altertümern und Kunstwerken den Grundstock legte, ins Leben gerufen worden und hat im Laufe seiner Entwicklung immer mehr dazu beigetragen, in ganz Deutschland das Verständnis für die wahren Werte der Vergangenheit zu wecken und zu veranschaulichen. Schon die Wahl des Ortes, des im 14. Jahrhundert gebauten Kartäuserklosters, das vielleicht sonst den Weg der übrigen mittelalterlichen Ordensbauten gegangen wäre, war für einen solchen Zweck außerordentlich glücklich; später kam eine ganze Flucht von Neubauten hinzu, um all jene Gegenstände und Kunstwerke von einzigartiger Vielfältigkeit aufzunehmen, die einen idealen Querschnitt durch die deutsche Kulturgeschichte aller Zeiten vermitteln. Die Räume des Museums sind zwar durch den letzten Krieg schwer in Mitleidenschaft gezogen worden, aber dank einer besonders umsichtigen Verlagerung haben sich über 90 Prozent des wertvollen Bestandes erhalten lassen und auch die Arbeiten des Wiederaufbaues konnten bis 1966 im wesentlichen abgeschlossen werden.

Nach der Mitte des vorigen Jahrhunderts und besonders seit dem Ende des deutsch-französischen Krieges von 1870/71, der nach seinem günstigen Ausgang der deutschen Volkswirtschaft schier mehr Geld zuführte, als sie zu ihrem Nutzen verarbeiten konnte, genügte die Altstadt der rasch und beständig zunehmenden Bevölkerung nicht mehr — Nürnberg ergoß sich nun, hauptsächlich gegen Süden, weit über jene Ringmauer hinaus, die über 400 Jahre lang seine natürliche Grenze gewesen war. In den Tagen des Niederganges um 1800 war die Einwohnerzahl, die vorher über 40 000 betragen hatte, auf die Hälfte zusammengeschmolzen und hatte damit einen Stand wie um 1500 erreicht. Jetzt aber stieg diese Ziffer schnell an, überschritt vor 1890 das erste, vor 1900 das zweite und nach 1910 das dritte Hunderttausend.

Erst nach dem ersten Weltkrieg wurde die aufsteigende Tendenz für kurze Zeit unterbrochen, um dann 1942 mit einer Bevölkerungszahl von 429 000 Menschen ihren bisherigen Höhepunkt zu erreichen. Diese Einwohner, meist aus zugewanderten Arbeitern bestehend, haben auch das innere Gesicht Nürnbergs völlig gewandelt — es war eine Arbeiterstadt geworden, was immer wieder all jenen zahlreichen Fremden auffallen mußte, die das historische Nürnberg besuchen kamen.

An der Ausweitung der Südstadt hat vor allem ein Mann Anteil, der zum Begründer eines weiteren Weltunternehmens und eines neuen Industriezweiges wurde: der Elektromechaniker Siegmund Schuckert. Er ist 1846 in Nürnberg geboren; als er seine Lehrzeit bei Friedrich Heller beendet hatte, ging er noch wie ein richtiger Handwerker, der er auch zeit seines Lebens bleiben wollte, auf die Wanderschaft. Aber bezeichnend für ihn war, daß ihm dabei Deutschland nicht mehr genügte — es verschlug ihn bis nach Amerika und 1873 besuchte er eine Fachausstellung in Wien, wo er die Anregung erhielt, sich mit Starkstrom zu beschäftigen. 1878 gründet er mitten in der Altstadt, in der Schwabenmühle am Fischbach, eine kleine mechanische Werkstätte, in welcher er alle anfallenden Aufträge zuverlässig ausführt und sich nebenher mit verschiedenen Erfindungen befaßt, deren eine später die gesamte elektrotechnische Industrie, die ja damals noch in den Kinderschuhen steckte, in neue Bahnen lenken wird: Als im September 1875 am Köpfleinsberg ein Denkmal für gefallene Krieger enthüllt werden soll, legt Schuckert von seinem nahen Betrieb aus eine Stromleitung dorthin und illuminiert die Feier durch eine Bogenlampe mit Reflektorspiegel; ihr helles, klares Licht setzt alle Anwesenden in Erstaunen, denn bisher kannte man nur die Gasbeleuchtung, die Nürnberg im Jahre 1847 als erste bayerische Stadt eingeführt hatte. Schuckert hat 1880 seine Erfindung schon so weit verbessert, daß er mit ihr eine versuchsweise Beleuchtung des ganzen Hauptmarktes und eines Volksfestgeländes am Maxfeld wagen kann. Da mittlerweile die Zahl seiner Gesellen auf zwölf gestiegen war, hatte er seine Werkstätte in die Schloßäckerstraße verlegt, wo sich jetzt die Umstellung vom Handwerks- zum Fabrikbetrieb vollzog. Damals wurde man im In- und Ausland auf Schuckert aufmerksam. Darum genügten bald auch jene Räumlichkeiten den steigenden Anforderungen nicht mehr und man begann mit dem Bau der Fabrikanlage in der Landgrabenstraße, die das Entstehen eines neuen großen Stadtteiles zur Folge hatte. Das Nürnberger Werk,

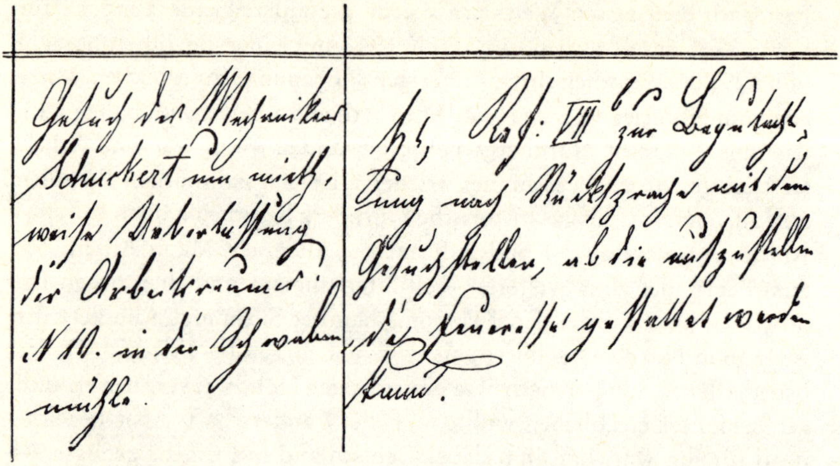

Gesuch des Mechanikers Schuckert um miethweise Ueberlassung der Arbeitsräume Nr. 10. in der Schwabenmühle.	Z., Ref: VII b zur Begutachtung und Rücksprache mit dem Gesuchsteller, ob die aufzustellenden Feuerstätte gestattet werden kann.

Siegmund Schuckert erhält auf sein Gesuch vom 7. 4. 1878 die Erlaubnis, in der Schwabenmühle eine mechanische Werkstätte zu errichten. Aus dem Sitzungsprotokoll des Nürnberger Stadtrates

dessen Besonderheit die Herstellung von Elektromaschinen wurde, sowie der Zähler- und Scheinwerferbau, hat in seinen besten Jahren (zum Beispiel 1927) genau das Tausendfache an Belegschaft gezählt, wie in jenen Tagen, da Siegmund Schuckert zum Fabrikanten geworden war — was ihn nicht davon abhielt, bis zu seinem frühen Tod (1895) ein schlichter Meister zu bleiben, dem die werkgerechte Arbeit über alles ging, und sich als „Vater" seiner Belegschaft zu betrachten.

Damit hat unsere Darstellung unversehens die Gegenwart erreicht, jene Zeit, aus deren Stoff auch wir geformt sind. Das heißt unter anderem, daß viele Dinge, die zwar schon abgeschlossen hinter uns liegen, trotzdem noch nicht die feste und unwandelbare Form des Geschichtlichen angenommen haben. Was uns an der Vergangenheit durch den trennenden Raum so verkürzt erscheint, daß es sich dem Auge in großen und übersichtlichen Lagen darbietet, das löst sich auf die Gegenwart zu immer mehr in Einzelschichten und -züge auf. Darum sind in den Stadtgeschichten viele Schilderungen jüngster Ereignisse vorwiegend Aufzählungen, die den Leser nicht weiter ansprechen — etwa, wie viele echte und falsche Kulturbauten innerhalb weniger Jahre erstellt wurden, wie das Leben in der immerfort anwachsenden Ansiedlung nervös pulsiert und welche Faktoren es bestimmen. Ein Verfahren also, in welchem oft die Statistik die Stelle des zusammenhängenden Berichtes einnehmen muß. Wir wollen versuchen, uns dieser Verlegenheit zu entziehen, indem wir ein paar Wesenszüge vor Nürnbergs letzter Schicksalswende herausgreifen.

Eines darf dabei nicht verschwiegen werden: Obwohl Nürnberg, das gleich vielen anderen abendländischen Städten, die den Fleiß ihrer Einwohner den gewaltigen Bedürfnissen der Zeit anpaßten, nochmals einen Aufschwung erlebte, der demjenigen in Dürers Generation ähnlich erscheint, werden wir doch vergebens nach jener fruchtbaren Durchdringung von Wirtschaft und Künsten suchen, die sich einstmals in guten Tagen einzustellen pflegte. Man möchte meinen, der Gelderwerb sei im Jahrhundert der Großindustrie zum Selbstzweck geworden, denn in ihm treten die schöpferischen Kräfte mehr und mehr zurück; zwar können sie wie ehedem des Wohlstandes nicht entraten, allein sie sind kein organischer Bestandteil mehr von ihm. Wo wäre ein öffentliches Denkmal unserer Tage, Brunnen oder Standbild, das wir mit bestem Gewissen dem Urteil der Zukunft anheimstellen könnten? Und wo der Maler, von dem sich sagen ließe, er sei völlig geistiger Ausdruck seiner Stadt? Finden wir irgendwo eine großartige Leistung, so erscheint sie meist wenig beeindruckt vom Ort ihrer Herkunft, denn in den übervölkerten Städten ist aus einem gemeinschaftlichen Leben ein kollektives geworden und der genius loci wirkt meist nur noch im verborgenen.

Ein etwas klareres Bild bietet sich auf dem Gebiet der Architektur, denn die Fülle der Aufträge wie der täglich neu zu lösenden Aufgaben hat bedeutsame Wandlungen zur Folge gehabt. Der verlogene Zierat des vorigen Jahrhunderts ist wie Zunder von den Fassaden abgefallen, denn der Zweck bestimmt das Bauen; Fabriken und Speicher, Bahnhöfe, Straßen und Brücken sind es, die das Gesicht einer jeden Stadt neu prägen. Je reicher ihre künstlerische Vergangenheit ist, desto schwerer wird es ihr gemacht, Altes und Neues nebeneinanderzustellen, während sich draußen vor den Toren, wo die kommunale Eingemeindung ein weites Vorfeld geschaffen hat, das zeitgemäße Bauen frei entfalten kann: Es entsteht hier ein neuer Typ des schlichten Wohnhauses in Serien, die Siedlung, wie sie bei uns von etwa 1920 an große Flächen in Loher Moos und Buchenbühl, am Nord- und Nordostbahnhof oder im weiteren Bereich des Südfriedhofes einnimmt; letztere, die 1910 entstandene Werderau, galt in den Tagen ihrer Entstehung als vorbildlich für ganz Bayern. Diese Form der Siedlung erhebt keine falschen Ansprüche, ihr Aussehen wird vom künftigen Mietpreis diktiert, der unbedingt niedrig sein muß; sie will ihren Bewohnern auf geringem Raum ein gesundes, sonniges Wohnen und im Hausgärtchen einen Ausgleich gegen die Fabrikarbeit bieten, sonst nichts. Gesellen sich Kirche und Schule dazu, so tragen auch sie die gleichen, wohltuend sachlichen Züge.

All diese Nöte und Forderungen teilen sich naturgemäß auch der Dichtung mit. Zwar verfügt sie von allen Kunstgattungen über die reichsten Ausdrucksmittel und ist frei von den Fesseln des Auftrages, aber desto feinfühliger registriert sie die vielen Strömungen ihrer Zeit. Nürnberg hat auf die Gegenwart zu neben einer Reihe guter Heimatschriftsteller und den schon gewürdigten Dialektdichtern einige Autoren von Ruf hervorgebracht, die sich aber bezeichnenderweise nicht leicht auf einen gemeinsamen Nenner bringen lassen. Am meisten Kind seiner Stadt war von ihnen Karl Bröger, der Arbeiterdichter. Er ist 1886 unterhalb des Rechenbergs geboren, ein kleines Stück entfernt von jener Stelle, wo einst der Philosoph Ludwig Feuerbach in Einsamkeit und Armut sein Leben beschloß. Und in Armut wuchs auch Bröger auf — sein Vater war Maurer, seine Mutter saß zwei Menschenalter hindurch als Spinnerin von leonischem Draht in der Fabrik; in dieser Verrichtung hat sie der Schreiber dieses Buches noch gesehen, krumm gezogen vom hohen Alter und scharf herausgearbeitet jene eigenwillig-herben Züge, die sie auch dem Sohn vererbte. Die Eltern konnten erst so spät heiraten, daß der Knabe an ihrer dürftigen Hochzeit teilnahm. Die etwas bessere Laufbahn, die ihm Gönner zudachten, war zunächst gefährdet; zweimal geriet er durch jugendliche Verfehlungen ins Gefängnis, bis die dichterische Begabung in ihm zu glühen begann und er durch sie schließlich den erlösenden Weg ins Freie fand.

So ungefähr hat uns Bröger die Zeit seiner inneren Entwicklung in dem erschütternd aufrichtigen Selbstbekenntnis *„Der Held im Schatten“* erzählt — in einer sachlichen, leicht humorvoll gefärbten Sprache, die ihm den nötigen Abstand von teilweise peinigenden Erinnerungen verlieh. Dieses Buch stellte seine Leser vor die damals neuartige Tatsache, daß auch aus der sozialen Niederung des Proletariats ein Weg in die Welt der Literatur möglich ist und daß der deutsche Arbeiter kein Massenmensch zu sein braucht. Dies mag mit die Ursache davon gewesen sein, daß sich Bröger immer wieder von heimatlichen Stoffen angezogen fühlte — so behandelte er unter anderen das Leben des hei-

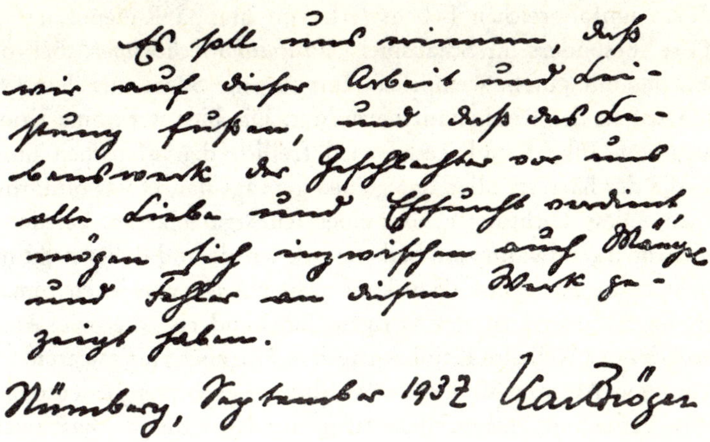

Es soll uns erinnern, daß wir auf dieser Arbeit und Leistung fußen, und daß das Lebenswerk der Geschlechter vor uns alle Liebe und Ehrfurcht verdient, mögen sich inzwischen auch Mängel und Fehler an diesem Werk gezeigt haben.

Nürnberg, September 1937 Karl Bröger

Schriftprobe von Karl Bröger aus dem Vorwort zu seinem Roman „Licht auf Lindenfeld", 1937

ligen Sebald und des Eppeleins von Gailingen, des so volkstümlichen Raubritters, oder ließ einen Nürnberger Landsknecht in der erwähnten Geschichte *„Guldenschuh"* durch die Welt ziehen. In dem Roman *„Licht auf Lindenfeld"* hat er einem aus einfachsten Verhältnissen kommenden Erfinder vom Schlage Siegmund Schuckerts ein Denkmal gesetzt; die ergreifende Erzählung vom Untergang des *„Bunkers 17"* zeichnet das Schicksal zweier Nürnberger Soldaten im ersten Weltkrieg. Aber auch ein richtiges Nürnberg-Buch stammt von ihm, eine lebendig geschriebene Chronik, zu der ihm allerdings durch die Zeitverhältnisse ein störender Rahmen aufgezwungen wurde. All diese Arbeiten sind viel zu gut gestaltet, als daß sie „Heimatkunde" im Sinne einer Kirchturmpolitik wären — Bröger wollte mit ihnen die Besonderheiten seiner Stadt dem ganzen Volk zu eigen geben, demselben Deutschland, dem er einst die schönen Worte zurief, es möge nicht vergessen, *„daß in den Tagen größter Gefahr sein ärmster Sohn auch sein getreuester war"*.

Ebenso streng als Kulturkritiker wie feinsinnig als Lyriker war Wilhelm Kunze (1902/39); seine mit 20 Jahren geschriebene Erzählung *„Der Tod des Dietrich Grabbe"* trug ihm die Freundschaft des Schwaben Hermann Hesse ein, dem er in seinen schwermütigen Gedichten nacheiferte.

Aus dem umfangreichen Lebenswerk von Hanna Rademacher (geb. 1881) sei besonders ihr Schauspiel „*Wilibald Pirckheimer*" hervorgehoben, das mit gutem weiblichem Impuls eine Szene aus dem Glaubenskampf in der Reichsstadt beleuchtet. Die hier wirksame Koordinierung von Pflicht und Recht wird freilich den Menschen unserer Tage, die der härteste aller Kriege neu geprägt hat, etwas blutarm erscheinen. Diese Dichtung gehört einer Kunstgattung an, bei der das Historische irgendwann zum Selbstzweck wurde und daher nicht mehr überzeugt; die Anregung dazu kam nicht zuletzt von jenen romantischen Geschichtsmalern des vorigen Jahrhunderts, die wie Anselm Feuerbach oder Wilhelm Kaulbach auch in Nürnberg tätig waren.

Die anderen Autoren sind reine Weltbürger in bester Bedeutung des Wortes. Peter Supf, genau gleichaltrig mit Karl Bröger, hat zwar in empfindsamen Versen seine Kindheit in Nürnberg besungen, aber sein ureigenes Gebiet wurde dann etwas völlig anderes: das Flugerlebnis, das er als erster Abendländer dichterisch gestaltete und in Form von Erzählungen, lyrischen Beiträgen oder eindringlichen Beschreibungen immer wieder in den Brennpunkt seiner Betrachtung rückte. Schon die Art, wie er eine Anzahl von Märchen herausgab, die sich mit der uralten und heute erfüllten Sehnsucht des Menschen beschäftigten, frei in den Lüften schweben zu können, zeugt davon, daß ihm dieser Gegenstand zur Daseinsaufgabe geworden ist. Für dies Bemühen erhielt er 1928 als erster Passagier einen lebenslänglichen Freiflugschein der „Deutschen Lufthansa", ein köstliches Geschenk für einen Menschen unserer Tage, das er dann mit dem 1933/35 geschriebenen „*Buch der Deutschen Fluggeschichte*" quittierte.

Eine dramatische Begabung, wie sie in dieser ursprünglichen Kraft Nürnberg vordem nicht hervorgebracht hat, war der leider zu früh verstorbene Eugen Ortner aus Gleißhammer (1890/1947). In seinen zahlreichen Schauspielen übt er scharfe, doch gerechte Kritik an der bürgerlichen Gesellschaft unserer Zeit: „*Sturz der Fassaden*" behandelt den (ja auch von uns soeben notwendigerweise unterstrichenen) Konflikt zwischen altem und neuem Bauen in der Gegenwartsstadt, „*Insulinde*" geißelt die unhaltbaren Zustände in den holländischen Kolonien. „*Anna Glaser*" ist eine auf sehr herben Ton gestimmte Ehetragödie. Tiefen Eindruck hinterließ bei den ersten Aufführungen — so in Nürnberg 1926 — sein Volksstück „*Michael Hundertpfund*", die Geschichte eines Matrosen, der aus unerfüllter Sehnsucht nach einem

101. 1945: Kaiserstallung und Fünfeckiger Turm in Ruinen

102. Vorhalle der Frauenkirche, inmitten der Zerstörung

103. Erstes Leben zwischen den Trümmern um den Hauptmarkt

104. Öde Flächen zwischen verschont gebliebenen Häusern, hier der Maxplatz

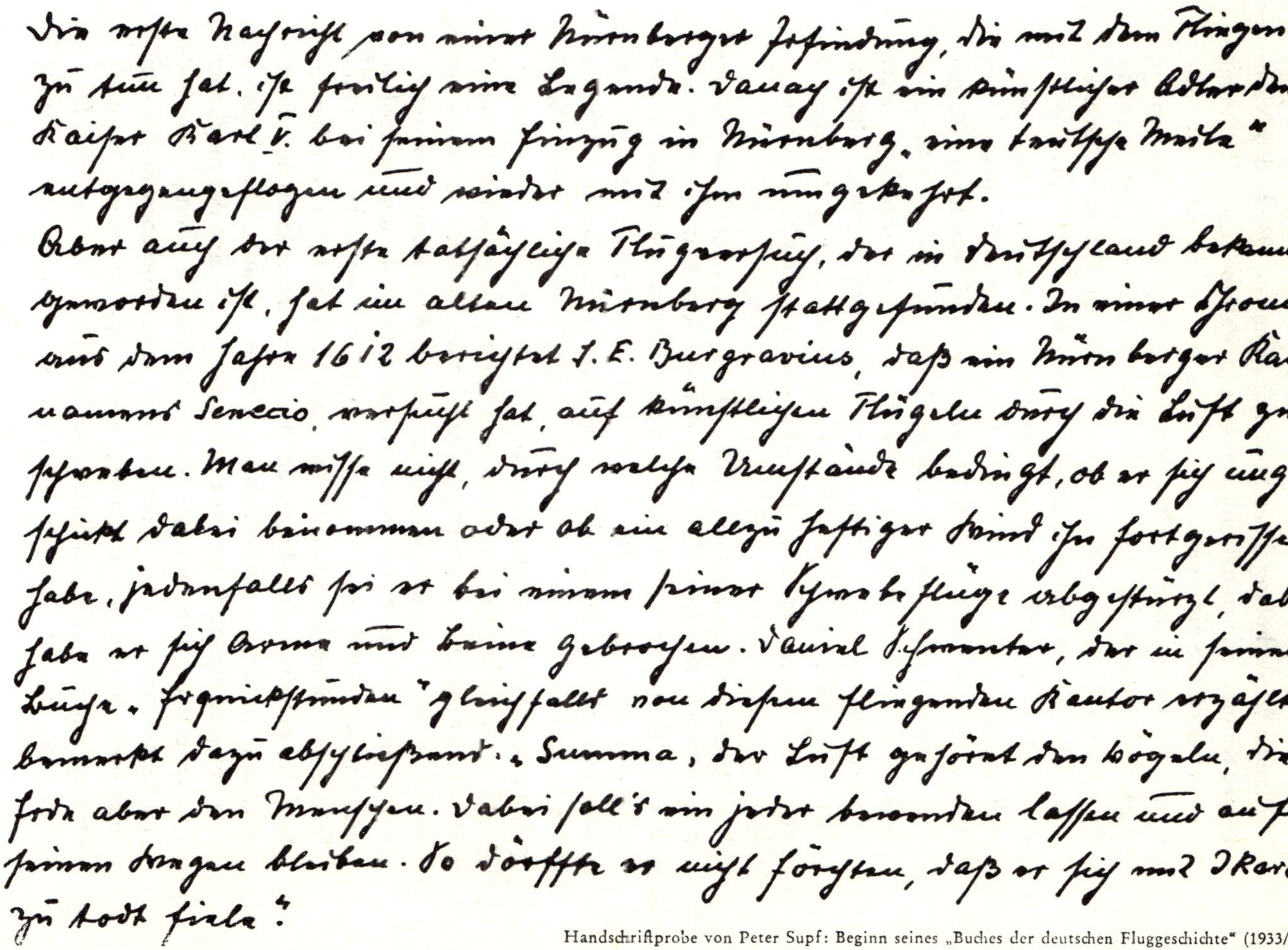
Die erste Nachricht von einer Nürnberger Erfindung, die mit dem Fliegen zu tun hat, ist freilich eine Legende. Danach ist ein künstlicher Adler dem Kaiser Karl V. bei seinem Einzug in Nürnberg, eine teutsche Meile“ entgegengeflogen und wieder mit ihm umgekehrt.

Aber auch der erste tatsächliche Flugversuch, der in Deutschland bekannt geworden ist, hat im alten Nürnberg stattgefunden. In einer Chronik aus dem Jahre 1612 berichtet J. E. Burgravius, daß ein Nürnberger Kantor, namens Senecio, versucht hat, auf künstlichen Flügeln durch die Luft zu schweben. Man wisse nicht, durch welche Umstände bedingt, ob er sich ungeschickt dabei benommen oder ob ein allzu heftiger Wind ihn fortgerissen habe, jedenfalls sei er bei einem seiner Versuchsflüge abgestürzt, dabei habe er sich Arme und Beine gebrochen. Daniel Schwenter, der in seinem Buche „Erquickstunden“ gleichfalls von diesem fliegenden Kantor erzählt, bemerkt dazu abschließend: „Summa, die Luft gehört den Vögeln, die Erde aber den Menschen. Dabei soll's ein jeder bewenden lassen und auf seinen Beinen bleiben. So dürfte er nicht fürchten, daß er sich mit Ikaro zu todt fiele.“

Handschriftprobe von Peter Supf: Beginn seines „Buches der deutschen Fluggeschichte“ (1933/35)

Fleckchen eigener Scholle zum Mörder an einem alten Köhlerpaar wird; eine Wiederholung dieses Stückes im Sommer 1949 in den Nürnberger Kammerspielen hat indessen gezeigt, daß die frische Zeichnung der Gestalten sich nicht mehr gegen die zu sehr an die Jahre nach dem ersten Weltkrieg gebundene Problemstellung behaupten kann. Zeitlos stark und packend dagegen ist *„Europa tötet Alexei“*, eine tragische Auseinandersetzung zwischen dem vitalen Zaren, Peter dem Großen, und seinem aus zu feinem Stoff geformten Sohn, ein Zwiespalt, der in den größeren Konflikt zwischen östlicher und westlicher Gedankenwelt mündet. Als Ortner unter dem Nationalsozialismus keinen Widerhall mehr mit solchen Bühnenwerken fand, wandte er sich mit gutem Erfolg dem kulturgeschichtlichen Roman zu und gestaltete unter anderem die Lebensläufe von Albrecht Dürer und den Augsburger Fuggern oder, in einer umfangreichen Barock-Trilogie, von Balthasar Neumann, Georg Friedrich Händel und Johann Christian Günther sowie des oberbayerischen Pfarrers und Heilkundigen Sebastian Kneipp.

Wie Ortner in seinen Dramen, so ist auch der 1900 in der Breiten Gasse aufgewachsene Hermann Kesten ein strenger Richter der bürgerlichen, dem Verfall oder einer grundlegenden Wandlung unterworfenen Gesellschaftsordnung, aber bei viel nervöserem Temperament und getragen von einer scharfen Ironie, die ihn mitunter bis zur Selbstaufgabe zu führen scheint: Er löst unsere geistige Existenz durch witziges Philosophieren über alles und nichts in einer Weise auf, die einem wie Spiegelfechterei erscheinen mag, wenn man selbst nicht ganz fest im Sattel der eigenen Anschauungen sitzt. Denn Kesten ist zwar ein brillanter Schilderer dieser wie eine Seifenblase bunten Welt, allein er nimmt sie nicht mehr ernst, er ist nur noch ein Zuschauer in ihr und so wird sie unter seiner Hand zu einer Art Panoptikum, wo Liebe und Haß, Schuld und Sühne im Schnelltempo eines Varietés an uns vorüberziehen; daß es herber Weltschmerz ist, der ihn zu dieser Haltung drängt, wird selten und dann nur zwischen den Zeilen offenbar. Diese Technik ist nicht jedermanns Sache, aber man muß sie als eine der möglichen Formen gelten lassen, mit der Wirrnis unserer Zeit fertigzuwerden. Aus Kestens vielen, meist in der Emigration geschriebenen Büchern sei eines seiner letzten hervorgehoben, weil es teilweise unsere Stadt als Hintergrund hat: *„Die Zwillinge von Nürnberg“*, das als tollen Jahrmarkt der Eitelkeit und menschlichen Verfehlungen das politische

Schicksal Deutschlands zwischen den beiden letzten Kriegen am Beispiel von zwei Zwillingspaaren gestaltet, die einander als Verkörperung feindlicher Welten gegenüberstehen, als des demokratischen und des diktatorischen Prinzips. Die übrige vielseitige Produktion Kestens, wie seine verschiedenen in Spanien spielenden Romane, verrät keinerlei Beziehung mehr zu der Stadt seiner Kindheit.

Endlich wäre da noch eine jüngere Kosmopolitin aus Nürnbergs Mauern: die 1937 geborene Gisela Elsner, die mit ihrer ersten, preisgekrönten und in zwölf Sprachen übersetzten Erzählung *„Die Riesenzwerge"* (1964) erheblich Staub aufwirbelte. In einer Technik, die an den ebenso viel gelesenen wie kritisierten Günther Grass aus Danzig erinnert, werden spießbürgerliche Menschen ihrer eingebildeten Größe entkleidet, werden auf die Maße jener Gipszwerge reduziert, wie sie heute als typisch für manche deutsche Gärten gelten. Die Mittel dieser schonungslosen Gesellschaftskritik sind die Verbindung von minutiösen Schilderungen unangenehmer Eigenschaften und Handlungen mit surrealistischen Überblendungen, die im Leser den Eindruck erwecken, ein psychologisches Wachsfigurenkabinett zu durchschreiten. So erscheint der einzige Gewinn eines derartigen Buches, einer virtuosen Spielerei beigewohnt zu haben, die von der Verfasserin ein wirklich wertvolles Schaffen erst erhoffen läßt.

Unter Kestens Zwiespalt litt auch der 1908 geborene Komponist Hugo Distler, ein spätes, kurzlebiges Reis am Stamme der einst so vielseitigen Musikübung Nürnbergs. Distler versuchte, unsere metaphysisch zerbrochene Welt in ein großes musikalisches Sinnbild zu bannen, bis auch er an dieser Welt irre wurde und 1942 Selbstmord beging. Mit seinen Werken *„Choralpassion"* und *„Mörike-Chorliederbuch"* wirkte er richtungweisend auf das moderne Chor- und Orgelschaffen.

Ein bedeutender Sohn unserer Stadt war ferner Rudolf Koch (1876 bis 1934), welcher aus der mit der Feder geschriebenen Zierschrift eine klare, formschöne Drucktype entwickelte, die allen Fachleuten wohlbekannte Koch-Fraktur. Mit der allgemeinen Bevorzugung der Antiqua in letzter Zeit ist freilich seine Lebensarbeit in den Schatten gestellt worden, doch bleiben uns darüber hinaus seine Aufsätze, in denen er auf rührend bescheidene Weise als Deutscher und Christ ein besinnliches Menschentum anstrebt.

Nürnberg 1945, Federskizze von Hans Feldkirchner

„... alles dies schien bereit, zu sterben, bereit, in Staub zu fallen, sehnsüchtig nach Einsturz und Untergang ..."

Hermann Hesse, „Die Nürnberger Reise", 1926

12. KAPITEL

DAS ENDE DES ALTEN NÜRNBERGS

Nach dem ersten Weltkrieg von 1914 bis 1918, dem allein achttausend Söhne unserer Stadt zum Opfer fielen, trat ein gefährlicher wirtschaftlicher Rückschlag ein — als mahnendes Zeichen dessen, daß von nun an Handel und Wandel aller Erdteile ineinander verzahnt sind wie die Räder eines Uhrwerkes. Die große Geldentwertung von 1923 machte zwar dem Spuk der Schieber- und Scheinexistenzen ein Ende, aber das deutsche Volk mußte dafür mit seinen letzten Sparpfennigen bezahlen. In jenen Jahren war Dr. Hermann Luppe Oberbürgermeister unserer Stadt geworden, ein tüchtiger, einfallsreicher Verwaltungsmann, der mit zäher Entschlossenheit die aus dem Geldschwund und dem allgemein geringen Wirtschaftsauftrieb hervorgegangene Arbeitslosigkeit zu beheben suchte. Wenn ihm dies trotzdem nicht ganz gelungen ist, so rührt es daher, daß ja ganz Deutschland von jener Krise befallen war, die sich daher nicht auf die Dauer an einem einzigen Ort überwinden ließ, bevor nicht allgemein gesündere Verhältnisse eingetreten waren. Aber Luppes Bestrebungen haben sich für Nürn-

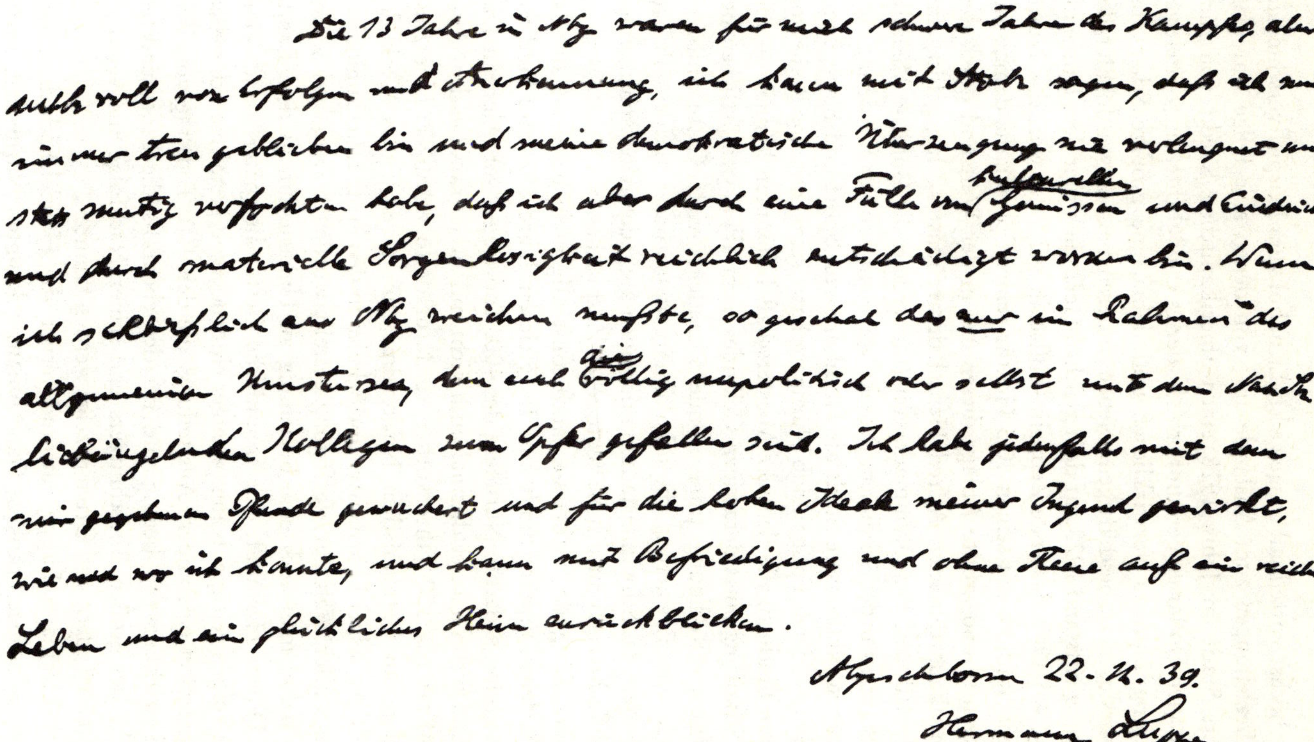
Die 13 Jahre in Nbg waren für mich schwere Jahre des Kampfes, aber auch voll von Erfolgen und Anerkennung, ich kann mit Stolz sagen, daß ich mir immer treu geblieben bin und meine demokratische Überzeugung nie verleugnet und stets mutig verfochten habe, daß ich aber durch eine Fülle von erfreulichen Ereignissen und Eindrücken und durch materielle Sorgenlosigkeit reichlich entschädigt worden bin. Wenn ich schließlich aus Nbg weichen mußte, so geschah das nur im Rahmen des allgemeinen Umsturzes, dem auch die völlig unpolitischen oder selbst unter den Nach-bürgerlichen Kollegen zum Opfer gefallen sind. Ich habe jedenfalls mit dem mir gegebenen Pfunde gewuchert und für die hohen Ideale meiner Jugend gewirkt, wie und wo ich konnte, und kann mit Befriedigung und ohne Reue auf ein reiches Leben und ein glückliches Heim zurückblicken.

[illegible] 22. 11. 39.

Hermann Luppe

Eigenhändige Niederschrift von Dr. Hermann Luppe aus den Erinnerungen an seine Tätigkeit als Oberbürgermeister Nürnbergs vor 1933

berg höchst vorteilhaft ausgewirkt. Er nahm zum Beispiel verschiedenste Beziehungen zum Auslande auf, von denen eine Folge war, daß unsere Stadt im Jahre 1928 einen amerikanischen Kredit von fünf Millionen Dollar eingeräumt erhielt, der es ermöglichte, ein vielseitiges Bauprogramm zu verwirklichen und dabei eine größere Schar von Arbeitslosen zu beschäftigen. Neben anderen Bauten von lokaler Bedeutung entstand 1928 auf dem gleichen Gelände hinter dem Dutzendteich, wo 1909 das erste Zeppelin-Luftschiff gelandet war, das Nürnberger Stadion, mit seinen 40,5 Hektar reiner Sportfläche damals die modernste und größte Anlage dieser Art in der Welt und durch den Gartenbauarchitekten Alfred Hensel derart mustergültig gelöst, daß ihm dafür auf der Olympiade von Amsterdam die Goldene Medaille zuerkannt wurde. Bei diesem Projekt war man von der Erwägung ausgegangen, daß unsere Stadt als Hochburg von Sport und Bewegungsspielen — der 1. Fußballclub Nürnberg hatte seinerzeit eine Reihe von Jahren hindurch die deutsche Meisterschaft behaupten können — mit der Schaffung eines derartigen Geländes nicht allein den örtlichen Bedürfnissen Rechnung trage, sondern zugleich viele Gäste anlocken würde, eine Erwartung, die sich dann im wesentlichen auch erfüllt hat. Besonders das Schwimmstadion mit seinen ausgedehnten, wohltuenden Grünflächen erfreut sich bis heute regen Zuspruches.
Luppes Tätigkeit wirkte sich auch sonst allgemein belebend auf das Kulturleben unserer Stadt aus. Im gleichen Jahre 1928 der Stadioneinweihung gedachte Nürnberg des 400. Todestages von Albrecht Dürer und wenn man es diesmal auch nicht mit soviel rauschendem Aufwand tat wie 100 Jahre vorher, so dafür desto würdiger: Eine Ausstellung im Germanischen Nationalmuseum vereinte das Werk des Künstlers, seiner Lehrmeister und Schüler in den kostbaren Originalen, die aus aller Welt zur Verfügung gestellt worden waren, und besonders nahm man auch eine Beziehung zu Ungarn auf als dem Lande von Dürers Herkunft, eine freundliche Geste, die später manch günstige Folgen zeitigte. Kaum weniger eindrucksvoll gestaltete sich sieben Jahre später eine andere Ausstellung, die den 400. Todestag von Veit Stoß wirkungsvoll beging und bei der ebenfalls die bedeutendsten Werke des großen Bildschnitzers und seiner Nachfolge aus verschiedensten Ländern und Orten gezeigt werden konnten.
Unter Hermann Luppe entstand ferner die Handelshochschule mit ihrem bald über Frankens Gaue hinaus bekannten Nürnberger Insti-

tut für Wirtschaftsbeobachtung (Wilhelm Vershofen), die Volkshochschule als eine allen geistigen Zeitströmungen besonders aufgeschlossene Bildungsstätte, eine kleine, doch gut eingerichtete Sternwarte auf dem Rechenberg und vorher schon (1927) ein Zeiss-Planetarium am Laufer Torgraben von Otto E. Schweitzer, ein schöner Kuppelbau mit schlichter Klinkerfassade, in dem mit Hilfe eines lichtstarken Projektors Wiedergaben des gesamten Firmamentes gezeigt und erläutert werden konnten. Derartige Planetarien wurden damals in verschiedensten europäischen Großstädten gebaut — deshalb war das unsere, das siebente der Welt, als volkstümliche Schule der Sternkunde trotz der verhältnismäßig hohen Kosten von 200 000 Reichsmark von der sozialdemokratischen Stadtratsfraktion durchgesetzt worden. Aber diese Empfehlung sollte ihm später zum Verhängnis werden: So sei der Himmel beschaffen, den die Sozialdemokraten ihren Wählern auf Erden versprochen hätten, spotteten die Nationalsozialisten darüber, denen nach der Machtergreifung jener stattliche Bau immer noch ein Dorn im Auge blieb — deshalb mußte er, der freilich am Stadtgraben etwas unglücklich plaziert war, 1934 auf Befehl des Gauleiters Julius Streicher abgetragen werden mit der Begründung, er sei eine *„politisch-astronomische Bastille"* gewesen.

Über die nun folgende Zeit des *„Dritten Reiches"* hat die Welt bereits zu Gericht gesessen — geistig sowohl als real in den *„Nürnberger Prozessen"* von 1946 — und wird es die Geschichte weiterhin tun. Wir haben daher nur herauszustellen, wie sich diese Zeit für unsere Stadt auswirkte. Zunächst, dank gewisser örtlicher Umstände, gut: Es setzte eine jener Scheinkonjunkturen ein, wie sie großen historischen Katastrophen so oft vorausgehen und deren Preis dann zwölf Jahre später zu allem anderen namenlosen Unglück die Zerstörung des größten Teiles der geschichtlichen Altstadt war.

1933 ist Nürnberg durch Adolf Hitler zur *„Stadt der Reichsparteitage"* erhoben worden, zur Riesenschaubühne jener alljährlichen Massenversammlungen, auf denen jeweils ein neues politisches Programm verkündet und der Welt die zunehmende Macht Deutschlands vor Augen geführt wurde. Millionen von Menschen haben sie besucht, darunter auch die Gesamtheit der ausländischen Diplomaten — 1937 zum Beispiel mit 49 Nationen aller Welt vertreten —, welche sich auf diesen prunkvollen Paraden der deutschen Wiederaufrüstung ernste Gedanken machen mußten über die zu erwartenden Folgen, die sie zwar voraussehen, aber nicht aufhalten konnten. Eines der Wesensmerkmale des *„Dritten Reiches“* war es, daß man die deutsche Geschichte so zu sehen begann, als münde sie von allen Seiten her zwangsläufig in den Nationalsozialismus, und aus dieser Haltung heraus wurde Nürnberg in Erinnerung an seine einstigen Beziehungen zu Karl IV. zum *„Sinnbild des Reiches“* erklärt.

Unter diesen Voraussetzungen erfuhr die Stadt eine unerhörte, doch völlig einseitige Förderung. Der Fremdenverkehr hatte glänzende Tage, Verleger und Händler setzten Milliarden von Ansichtspostkarten ab, Nürnberger Spezialitäten aller Art waren stark gefragt und außerdem war eine Reihe von Industrien ausschließlich für die Überholung und Erweiterung des Stadtbildes beschäftigt. Historische Bauten wurden durch Fachleute von Ruf neu instand gesetzt, wie die Mauthalle, das Heiliggeist-Spital und vor allem die Kaiserburg, die man von störenden Zutaten des vorigen Jahrhunderts befreite, um dafür das alte Fachwerk in den Höfen wirkungsvoll freizulegen. Auch an der Ringmauer wurden wesentliche Ausbesserungen vorgenommen. Die Besucher aus aller Welt konnten für ein paar Jahre nochmals Nürnberg in vollem Glanz erstrahlen sehen, bevor es in Schutt und Asche sank.

Auch den Forderungen der Zeit trug man in besonderem Maße Rechnung: Nürnberg wurde dem Weltflugverkehr und dem Netz der Reichsautobahnen angeschlossen, wozu auch gehörte, daß man die Ausfallstraßen der Stadt verbreiterte (1937). Daneben lief ein Riesenprojekt zu einer allen modernen Anforderungen entsprechenden Verbindung zwischen Rhein, Main und Donau als einer künftigen *„Großschiffahrtsstraße“*. Dieser Plan besteht schon so lange, wie der Raum um Nürnberg kultur- und wirtschaftsgeschichtlich eine Rolle spielt und war ja auch — allerdings mit unzureichenden Mitteln — im vorigen Jahrhundert bei der Schaffung des Ludwigs-Kanals erstmalig gelöst worden.

Bestimmend aber für ein künftiges Aussehen Nürnbergs sollten vor allem die Reichsparteitags-Bauten im Süden der Stadt werden, deren Zellkern das Henselsche Stadion bildete und in denen ihren Erbauern eine ähnlich zentral gegliederte Riesenanlage vorschweben mochte, wie einst Ludwig XIV. bei dem Schloßkomplex von Versailles. In diese Projekte wurden Unsummen von Geld hineingesteckt, Beträge, von denen behauptet wurde, die statt auf dem Goldvorrat auf der deutschen Arbeitskraft ruhende Währung trage sie ohne weiteres, während sie in Wirklichkeit — zumindest von einem gewissen Zeitpunkt an — Wechsel auf einen künftigen, zu gewinnenden Krieg darstellten. Begonnen wurde mit dem Aufmarschgelände auf dem Zeppelinfeld, einer großen, von Pfeilern durchbrochenen Tribüne für 70 000 Zuschauer, die einen Platz mit einem Fassungsvermögen von 250 000 Personen einrahmte. In diesen Bau war von vorneherein die Menge mit einbezogen, die ihn bevölkern sollte — ohne diese wirkte er kalt und leer: steingewordene Verkörperung eines neuartigen Kollektivismus. Von ähnlich maßlosen Dimensionen sollten die übrigen Bestandteile des Planes werden: die Luitpold-Arena (150 000 Personen), die umgebaute Luitpold-Halle (30 000 Personen), das von 24 jeweils 38 Meter hohen Türmen flankierte Märzfeld (250 000 Personen), das Deutsche Stadion, in welchem auf einer etwa 80 Meter hohen Tribüne 405 000 Personen hätten sitzen können, und vor allem der 1936 begonnene Bau der Kongreßhalle am Dutzendteich, die bei einer Länge von 275 Metern und Höhe von 68 Metern 50 000 Sitzplätze vorsah, das heißt ungefähr das Zwölffache vom Fassungsvermögen eines modernen Theaters, wie etwa der Metropolitan-Opera in New York. Aber gerade dies Projekt bot von vorneherein die größten technischen Schwierigkeiten, denn das Gelände, auf dem es stehen sollte, war sumpfig und so mußte erst in monatelanger, kostspieliger Arbeit eine etwa drei Meter starke Grundlage aus Beton und Schotter geschaffen werden, bis mit dem eigentlichen Fundament angefangen werden konnte. Nicht weniger beschwerlich wäre — um nur ein Beispiel zu nennen — die Erstellung des riesigen Glasdaches geworden, das unten aus Facetten zusammengesetzt und dann mit hydraulischen Vorrichtungen auf seinen Standort gehoben werden sollte. Doch von diesem wahnwitzig großen Programm ist nur ein geringer Teil vollendet worden. Das kilometerweite Gelände bot bis vor kurzem in seinem unfertigen Zustand mit den abertausend herumliegenden Steinblöcken und Erdaufschüttungen einen trostlosen Anblick: so, wie es zuletzt aussah, machte es sowohl das Entstehen von Siedlungen als die Anlage von Industriebauten unmöglich — es ist zu einer Wüstenei unnützen menschlichen Fleißes geworden. Die Kongreßhalle steht heute als ein Torso vor uns, die Baugrube zum Deutschen Stadion hat nach dem Krieg teilweise den Schutt des zerstörten Nürnbergs aufnehmen müssen und die granitenen Türme des Märzfeldes wurden 1966 gesprengt. So gestaltete sich dies alles zum Gleichnis eines Reiches, das tausend Jahre für sich forderte und dem das Schicksal nur einen winzigen Bruchteil davon zubilligte.

Nürnberg hat nach 1933 viele festliche Aufzüge und Gäste aus aller Welt gesehen, aber innerhalb der Mauern zu leben, fiel bei solchen Anlässen den Einheimischen nicht gerade leicht, denn die Stadt war ja von vorneherein schon zu eng und nunmehr auch übervölkert, also für jeden Massenverkehr ungeeignet. Ein anderer Faktor war, daß sich das örtliche Parteioberhaupt, Gauleiter Julius Streicher, aus eigener Machtvollkommenheit zum *„Frankenführer"* erklärt hatte, was soviel hieß, daß er sich als der wahre Regent über Nürnberg und sein Hinterland fühlte. Streicher, ehemaliger Volksschullehrer, war einer jener krankhaft einseitigen Fanatiker, die sich zwar als Trommler für gewisse Ideologien eignen — in diesem Falle für den organisierten Judenhaß, dessen gefährliches Instrument die Wochenschrift *„Der Stürmer"* war —, die aber nicht das mindeste Fingerspitzengefühl für die Behandlung öffentlicher Angelegenheiten oder für das allgemeine Stimmungsbarometer besitzen. Er hat durch sein maßloses Auftreten der Nürnberger Skandalchronik reiches Material zugeführt und damit bewirkt, daß ihn viele Menschen fürchteten, aber kaum jemand ernst nahm, weshalb er seine Anhänger mit Vorliebe unter dem „schlichten Volk" suchte, auf den Dörfern etwa, wo man seine Worte nicht so sehr auf die Waagschale legte. Wieviel äußere Macht er für sich beanspruchte, geht zum Beispiel daraus hervor, daß er rangmäßigen Vortritt vor hohen Offizieren hatte und daß vor dem Kriege ein Generalleutnant aus der deutschen Wehrmacht entlassen wurde, weil er sich einmal in der Luitpold-Arena beim Herannahen Streichers lässig von seinem Sitz erhoben hatte.

Streicher besaß die Gabe eines ungehemmten Redeflusses — er sprach zu allen Schichten der Bevölkerung und, wenn es sein mußte, an jedem Tag des Jahres; er sprach zu Männern, Frauen und Halbwüchsigen, zu Sportlern, Bäckermeistern, Offizieren und Künstlern. Er sprach vor Ausländern, die ihn als mehr oder weniger gefährliches Wundertier besichtigten, er wandte sich auch an Professoren und Studenten verschiedener Hochschulen, etwa an Mediziner und Psychologen, denen er seine Ansichten über die Heilung der Krebsgeschwulst auseinandersetzte, über die Vererbungslehre oder über die *„Imprägnations-Theorie"*, die besagte, daß jede Frau nach intimem Umgang mit einem Juden zeitlebens jüdische Mischlinge gebären würde. Bei solchem Anlaß muß

gelegentlich die stumme Ablehnung seiner Zuhörer besonders groß gewesen sein, denn Streicher hat sich mehrmals unwillig über die mangelnde Aufmerksamkeit geäußert. Sein geistiger Trabant Karl Holz wiederum nannte sich anläßlich des von der Partei mit Anrufung niedrigster Instinkte geführten Kirchenkampfes *„Frankenbischof"* und hoffte damit, der Geistlichkeit beider christlicher Bekenntnisse den Wind aus den Segeln nehmen zu können.
Streichers Gegenspieler waren damals der Nürnberger Polizeipräsident Benno Martin und Oberbürgermeister Willi Liebel, der zwar ein treuer Anhänger Hitlers war, zugleich aber seine Vaterstadt aufrichtig liebte. Nach Aussagen verschiedener seiner ehemaligen Mitarbeiter hätten ihn diese beiden Neigungen auf die Dauer in einen unlösbaren Konflikt gedrängt, da es ihm klargeworden sei, daß Deutschland gegen eine Welt selbstgeschaffener Feinde den Krieg nicht gewinnen könne. Liebel hat, wie er auch sonst beschaffen gewesen sei, seine Überzeugung mit dem Tod bezahlt — bei Nürnbergs Verteidigung beging er am 20. April 1945 im Bunker des *„Palmenhofes"* Selbstmord, da er fürchtete, als Oberbürgermeister der *„Stadt der Reichsparteitage"* von den Siegern in einem Schauprozeß abgeurteilt zu werden. Auch Karl Holz endete an jenem Tag, wohl ebenfalls durch eigene Hand. Streicher aber war schon lange zuvor gestürzt worden, und zwar weniger wegen seines ausschweifenden Lebens, das ihm Hitler als einem seiner ältesten Mitkämpfer immer wieder nachsah, sondern wegen einer unvorsichtigen Äußerung bei einer Rede, einer Bemerkung, die einem Landesverrat gleichkam. Im Februar 1940 wurde ein internes Verfahren gegen ihn eingeleitet mit einem nunmehr erdrückenden Belastungsmaterial. Streicher versuchte bei seiner Vernehmung, die Spuren jenes gefährlichen Zitates zu verwischen, was ihm auch um ein Haar gelungen wäre. Zufälligerweise fand es sich dann in den Aufzeichnungen eines ahnungslosen Stenografen wieder und damit war der Beweis erbracht. Streichers einstweilige Strafe war, daß er Stadtverweis erhielt, das heißt, bis zum Kriegsende sein Gut bei Cadolzburg nicht mehr verlassen durfte. Das letzte Urteil über ihn sprach dann allerdings nicht, wie vorgesehen, Hitler, sondern ein internationales Militärgericht.
Mittlerweile hatten gerade über Nürnberg immer wieder einmal schwere politische Schlagschatten gelegen. Auf dem Reichsparteitag von 1935 waren die berüchtigten *„Nürnberger Gesetze zum Schutz*

des deutschen Blutes" erlassen worden, welche den Juden jede eheliche und sonstige Verbindung mit deutschen Personen verboten und die den Beginn bildeten zu der später planmäßigen Ausrottung aller „*Nichtarier*" im ganzen Reich sowie in den von deutschen Truppen besetzten Gebieten. Viele Juden erfaßten auch diese Gesetze sogleich in ihrer ganzen Tragweite und verließen damals, solange es noch möglich war, Deutschland für immer. Im August 1938 wurde zufolge eines Stadtratsbeschlusses die Synagoge auf dem Spitalplatz abgebrochen, wozu Streicher das Zeichen des Beginns gab, drei Monate später das noch verbliebene israelitische Bethaus in der Essenweinstraße in Brand gesteckt anläßlich der sogenannten „*Kristallnacht*", einer als „*spontane Volksäußerung*" deklarierten Parteimaßnahme, bei der alle jüdischen Wohnungen demoliert wurden.

Im gleichen Jahr 1938 war auf dem Reichsparteitag eine Vorführung der Luftwaffe zu sehen gewesen, die begeisterte Zuschauer den „*Lichtdom*" nannten: Ein Flugzeug wurde am nächtlichen Himmel von den Strahlen verschiedener Scheinwerfer gesucht, deren Kegel sich schließlich von allen Seiten her bei der verfolgten Maschine vereinigten. Wenige mochten ahnen, daß dies sich so wirkungsvoll ausnehmende Manöver schon ein Jahr später bitterer Ernst werden sollte. Am 1. September 1939, als noch die Straßen den Flaggenschmuck zu einem „*Reichsparteitag des Friedens*" trugen, wurde die Stadt am Abend erstmalig kriegsmäßig verdunkelt, das heißt, die öffentliche Beleuchtung erlosch für die qualvolle Dauer von über fünf Jahren.

Mit der Besetzung Polens hatte sich Deutschland in einen Weltkrieg verwickelt, der an Ausmaß und schmerzlichen Wirkungen den vorigen weit übertraf, denn mittlerweile hatten alle Völker gelernt, ihre Waffen härter und verderblicher zu schmieden. Aber es dauerte geraume Zeit, bis sich dieser Kampf zu seiner vollen und beispiellosen Stärke entwickelte — darum bekam auch Nürnberg, ähnlich wie zur Zeit Wallensteins, seine Geißel erst verhältnismäßig spät zu spüren. Feindliche Flugzeuge berührten die Stadt oft, aber da sie zunächst keinen Schaden anrichteten, wurde von ihnen durch leichtgläubige Menschen gesagt, sie könnten Nürnberg nicht finden. Von 1942 an wurde die Einwohnerschaft eines anderen belehrt. In der Nacht vom 28. zum 29. August erlebte die Stadt ihren ersten größeren Bombenhagel, bei dem auch bereits die Burg, wohl weil sie eine Abwehrstation war, einen Treffer erhielt. Am 8. März 1943 wurden Teile der Altstadt, das Tiergärtner- und Neutor sowie die Mauthalle beschädigt und die befestigte Kirche des nahen Kraftshof, Sitz der Familie Kreß von Kressenstein, zerstört. In der Nacht vom 10. auf 11. August 1943 erfolgte der schwerste bisherige Angriff, bei welchem die gesamte Vorstadt Wöhrd dem Erdboden gleichgemacht wurde; am 3. Oktober des Jahres 1944 erhielt die Sebalduskirche schwere Treffer, die Moritzkapelle mit dem berühmten *„Bratwurstglöckle“* verschwand und die neue Friedenskirche in Sankt Johannis brannte aus. Frühere Angriffe hatten die Gegend um die Bindergasse zermalmt sowie Fabrikanlagen und Häuserblocks vernichtet, hatten dem Stadtbild eine Einbuße zugefügt, welche die finstersten Ahnungen übertraf. Tausende von Menschen waren in den Flammen umgekommen oder unter den Trümmern begraben; Hunderte von Vor- und Vollalarmen hatten die Lebenden erschreckt und, oft vielmals an ein und demselben Tag, in die Keller getrieben, wo sich bei Luftschutzgepäck, hastig bereiteten Mahlzeiten und behelfsmäßigen Liegestätten eine bisher unbekannte Notform des Lebens entwickelt hatte. Menschen, die den unablässigen Aufregungen nicht gewachsen waren, starben in diesen Unterständen, andere wurden dort geboren; am ehesten gewöhnten sich die Kinder an den kärglichen Zustand, während die Erwachsenen nicht aufhörten darunter zu leiden und dachten, daß es nun, nach mittlerweile fünf Jahren der Heimsuchung, damit endlich genug sein müßte. Sie konnten nicht ahnen, daß ihnen das Schwerste noch bevorstand.

Am Spätnachmittag des 2. Januar 1945 lag, nach einer Reihe ruhiger Nächte, erhöhte Alarmbereitschaft über ganz Mittelfranken und besonders über Nürnberg. Um 18 Uhr 43 Minuten war ein unheilverkündend großer Verband feindlicher Flugzeuge in das Stadtgebiet eingeflogen und hatte an verschiedenen Stellen seine *„Christbäume“* aufgehängt, an Fallschirmen befestigte Leuchtkörper, die ein Gelände minutenlang taghell erleuchteten und eine gute Orientierung aus der Luft her ermöglichten. Im Südosten fiel mit betäubender Detonation eine Tausend-Kilo-Mine als Auftakt eines Generalangriffes, der nun von allen Seiten her mit mörderischer Wucht einsetzte und der die Zerstörung Nürnbergs, an die man hier niemals recht hatte glauben wollen, beabsichtigte. Dies Ziel ist nun auch im wesentlichen innerhalb der Rekordzeit von 53 Minuten erreicht worden — dank der vollkommensten Waffen, welche die Menschheit jetzt entwickelt hatte, genügte eine knappe Stunde, um eine Stadt mit über achthundert Jahren reichster Geschichte, die nun mehr als 400 000 Einwohnern Heimat war, zu vernichten!

In dieser knappen Stunde, die den Betroffenen wie eine höllische Ewigkeit erschien, wurden rund eine Million Stab- und Phosphorbomben sowie etwa 6000 andere Wurfgeschosse schwersten Gewichtes über Nürnberg abgeworfen — diese Zahlen verdienen festgehalten zu werden, denn sie schließen Werkzeuge nie gekannter Art in sich und zeigen, daß der moderne Krieg wahrhaft kosmische Dimensionen angenommen hat, bei denen das einzelne Geschöpf so gut wie keine Rolle mehr spielt, wenn es auch diese Waffen gebrauchen oder abwehren soll. In dieser Stunde des Unheils sind 4640 Wohnhäuser, das heißt, über 10 000 Wohnungen, völlig zerstört und etwa die gleiche Anzahl mehr oder weniger schwer beschädigt worden, wodurch über 100 000 Personen obdachlos wurden. Bei diesen Ziffern erscheint es wie ein Wunder, daß in jener Nacht nicht mehr als 2000 Menschen ums Leben gekommen sind, was wohl zum größeren Teil einer hohen allgemeinen Disziplin zugute gehalten werden darf. Überhaupt waren die Gesamtverluste an Menschenleben wie an geborgenem Kunstgut verhältnismäßig gering, wenn man sich etwa vor Augen hält, daß in Hamburg allein in einer Schreckensnacht über 100 000 Personen in den Flammen erstickten. In Nürnberg wurden insgesamt 6115 Menschen getötet, davon etwa 825 Ausländer. Dies ist nicht zuletzt auf die Umsicht zurückzuführen, mit der Bunker und Unterstände angelegt worden waren.

Was haben die Überlebenden in jener Nacht noch alles auszustehen gehabt! Als um 21.40 Uhr der Alarm beendet war und die Menschen mit todesbangen Gesichtern aus stickigen Kellern und Bunkern ins Freie quollen, stand Nürnberg hoffnungslos in Flammen. Aus der Hitze des brennenden Raumes und der Kälte der Winternacht entstand ein Sturmwind, der die Feuergarben durch die Gassen fegte und über die Dächer ausschüttete; viele wertvolle Gebäude fingen erst im Laufe der nächsten Stunden zu brennen an und wären noch zu löschen gewesen, hätte nicht ein völliger Mangel an Wasser und teilweise auch an helfenden Händen bestanden. Ein Teil der Bevölkerung konnte in seine übel zugerichteten, aber immerhin erhaltenen Wohnungen zurückkehren; eine endlose Schar mußte sich über rauchende Trümmer den Weg ins Freie bahnen, der sie ins Ungewisse führte. Der Widerschein des brennenden Nürnbergs war fast 200 Kilometer im Umkreis zu sehen — als Schreckensmal des sich seinem Ende nähernden Kampfes. Aber noch mußte auch unsere schwerstgeprüfte Stadt verschiedene weitere Angriffe erleiden, noch mußten Ströme unschuldigen Blutes fließen, bis es soweit war.

Mitte April hatte die Front den Raum um Nürnberg erreicht. Die zunehmende Lautstärke krepierender Geschosse aller Größen belehrte die Bevölkerung über das, was ihr von Amts wegen verschwiegen wurde. Die letzten verfügbaren Männer, meist schon mehrfach ausgemustert oder halbe Knaben noch, wurden in Uniformen gesteckt, mangelhaft oder überhaupt nicht bewaffnet. Das übrige Leben spielte sich mehr denn je in den Kellern ab. Am 16. April wurden die ersten feindlichen Panzer, von Behringersdorf her kommend, in der Nähe des Platnersberges gesichtet, am nächsten Tag, nachdem Fürth schon gefallen war, wurde die Stadt von Osten her mit Artillerie beschossen, wodurch noch manch einer, der sein Haus über alle Luftangriffe gerettet hatte, das Dach über dem Kopf verlor. Auch Tote gab es noch. Am 20. April — dem Geburtstag Hitlers, von den paar verbliebenen Zeitungen Frankens mit armseligem Aufwand herausgestellt — wurde Nürnberg von Panzereinheiten der 3. und 7. amerikanischen Armee unter Generalmajor W. O. Daniel besetzt. Damit hatte zwar der Krieg ein Ende, nicht aber die Not, die für viele erst eigentlich begann.

In unserer so wachen Zeit, die für alles Geschehen fest umreißende Worte und Maßstäbe besitzt, ließ sich auch nach dem Ausklingen des wie eine Naturkatastrophe heftigen Ringens der tatsächliche, räumliche Schaden Nürnbergs errechnen — er betrug nämlich über zwölf Millionen Kubikmeter Schutt, eine Menge unbrauchbar gewordener Lebensschalen, die ausreichen würde, einen zweiten babylonischen Turm auf den Trümmern dessen zu errichten, was einst als des *„Heiligen Römischen Reiches Schatzkästlein“* berühmt gewesen war.

13. KAPITEL

UNTERWEGS ZUR BÜRGERSTADT

Der dunkle Qualmwolkenvorhang hebt sich nur langsam über den rauchenden Ruinen Nürnbergs. Das untergegangene Terrorregime hat einen Berg von Problemen zurückgelassen, der höher ist als der Trümmerhaufen, der bis vor kurzem noch eine Stadt genannt werden durfte. Die 178 000 Überlebenden, die bleich, aber erlöst, aus den Kellern kriechen, leiden Hunger — aber Nahrung ist nirgends. Sie dürsten — doch die Wasserversorgung ist zerstört. Sie suchen ein Dach, das sie schützt — freilich die Hälfte aller Wohnungen ist Schutt und Schrott. Sie brauchen Licht für die Nacht — indes: die Stromversorgung ist unterbrochen.

Sie vermissen Verwandte — aber ihre Heimat gleicht einer namenlosen apokalyptischen Mondlandschaft ohne Straßenbahn und Bus, in der selbst kurze Fußmärsche zu verwegenen Klettertouren wachsen. Wenn sie sich aufmachen, trotzdem, finden sie Flüchtlinge, fremde und deutsche, die, von den Wogen des Hitlerkriegs herbeigespült, ihrerseits auf der Suche sind — nicht nach der Heimat, nur nach Schutz und Friede. Wenn sie sich aufmachen, trotzdem, begegnen sie den Besatzungssol-

105. Wiederaufbau: Stadtbibliothek anstelle des zerstörten Pellerhauses

106. Weitgehend wiederhergestellt wurde das Nassauer Haus

107. Ebenfalls wieder aufgebaut: die Mauthalle

108. Giebel der Mauthalle, seit 1952 in früherer Schönheit

daten – Sieger einerseits, Befreier zum anderen. Die Nürnberger sind, kaum einer bedauert es, die Nazityrannei los, aber sie sind auch, und darin liegt das Leid aller, arbeitslos und obdachlos und häufig hoffnungslos. Die Not trägt tausend Namen.

Die Uhren sind stehengeblieben oder zerstört. Aber die Zeit tickt weiter. Es ist keine Zeit der Zeitlosigkeit. Es gibt keine Stunde Null. Nichts belegt dies deutlicher als das, was am Freitag, dem 20. April 1945, im „Zentrum" geschieht. Im Morgengrauen erscheinen US-Truppen im Schulgebäude am Bielingplatz, das als eine Art Ersatz-Rathaus dient, in dem freilich niemand mehr so recht Rat weiß. Gegen Mittag werden die Bediensteten aufgefordert, bis 16 Uhr zu verschwinden, allerdings – bitte schön! – am Montag, dem 23., wieder zum Dienst zu erscheinen. Die Nürnberger Beamtenehre ist an diesem Tag dann auch, pünktlich, wie es sich gebührt, versammelt und erfährt, daß der bisherige Personalreferent Julius Rühm ab sofort als kommissarischer Oberbürgermeister gelte.

Während die Bürger die Splitter in ihren Behausungen beseitigen, richtet der vorläufige Rühm eine ebenso provisorische Polizei ein – gebildet aus 250 stromlosen Straßenbahnern: Ordnung muß sein.

Das von den abgetretenen Usurpatoren einem ganzen Volk hinterlassene Chaos ist, das weiß jeder, zunächst nur durch Improvisation zu überwinden. Freilich, dessen sind sich nicht nur die im Moment Verantwortlichen bewußt, darf über Provisorien die utopisch anmutende Perfektion späterer Zeit nicht aus dem Auge verloren werden. Daher wird, um die Not zu wenden, das Notwendige zuerst getan, der Blick aber über den Trümmerhaufen hinweg auf den Problemberg geworfen.

Der Hunger ist zu bannen, Wohnraum zu besorgen, die Verwaltung nicht allein zu organisieren, sondern auch der in einer freiheitlich verfaßten Gesellschaft gebotenen Kontrolle durch Parteien zu unterwerfen; die Wirtschaft ist nicht nur in Gang zu bringen, sondern auch mit wirksamen Vertretungen der Beschäftigten in Gestalt der Gewerkschaften zu konfrontieren, der Besatzungsmacht ist nicht nur Rechenschaft zu zollen, sondern den Siegern gegenüber darf auch nicht ein zweites Mal kapituliert werden; den Naziverbrechern ist der Einfluß zu nehmen, ohne unterschiedslos bloß mäßige Mitläufer zu Märtyrern zu machen – und das alles ist ausnahmslos gleichzeitig zu meistern. Die Schilderung läßt ahnen: nicht alles ist zu schaffen.

Am Anfang regiert nicht der Oberbürgermeister, sondern der Selbstbehauptungswille des einzelnen: Es gibt keinen Nagel und keinen Leim, keinen Hammer und keine Zange — doch Nürnbergs Notbehelfe in Ruinen wachsen zusammen. Irgendwie erhält jedes zerborstene Fenster zumindest eine Verkleidung aus Pappe, jede einigermaßen erhaltene Bleibe ein Dach aus ähnlichem Material. Braucht man Holz für stützende Balken, hilft der eigenmächtige Kahlschlag in Parks und Gärten. Die Obrigkeit organisiert das Leben. Vier Wochen nach der Abschaffung der Nazis sind die meisten Stadtgebiete mit Wasser versorgt, nach zwei Monaten, am 20. Juni 1945, liefert das Fränkische Überlandwerk wieder Strom in die Wüste.

Hoffnung glimmt auf, Geflohene finden zurück. Die Stadt, bei Kriegsanfang von 420 000 Nürnbergern bewohnt, beherbergt 1946 schon 296 000 Einwohner — wie im letzten Jahrzehnt des 19. Jahrhunderts. Fast drei Viertel der Bürger von 1939 haben sich ihr Überleben wieder eingerichtet. Zwei Jahre später werden so viele in der alten Reichsstadt zu Hause sein wie 1918, nämlich 350 000. Ein schweres Geschick freilich hat die jüdischen Mitbürger betroffen. Ihre Zahl belief sich 1932 auf 9400. Die meisten von ihnen, etwa 7200, verließen Deutschland nach Verkündung der „Nürnberger Gesetze" (1935) und nach der Reichskristallnacht (1938). Überlebt haben die Verfolgung nur 573 Juden. Als Opfer des Nazi-Rassenwahns fanden 1627 den Tod.

Gegen Hunger helfen nicht Rationen. Denn 800 Gramm Fleisch, ein Pfund Fett, vier Kilo Brot und ein Viertel Pfund Zucker für vier Wochen sind — ein damals häufiger Sprachgebrauch — „zuwenig, um zu überleben, und zuviel, um zu sterben". Außerdem ist das, worauf der Bürger Anspruch hat, nur nach stundenlangem Warten in endlosen „Schlangen" zu erhalten, und da die verfügbare Nahrung nicht ausreicht, werden die Zuteilungen auch amtlich ständig gekürzt. Die Tränen der leer ausgegangenen Hausfrauen sättigen Kinder nicht und nicht die vom Aufräumen heimkehrenden Männer. Die Not trägt tausend Tragödien in die Häuser.

Die öffentliche Ordnung über den Trümmern krankt nicht nur an materiellen Mängeln, sondern auch daran, daß die Besatzungsmacht nicht weiß, ob sie mehr Sieger sei oder eher Befreier. Also lösen widerspruchsvolle Anordnungen einander ab. Am 26. Juni 1945 wird Julius Rühm entlassen. An seiner Stelle ernennt die Militärregierung den Sozialdemokraten Martin Treu zum Oberbürgermeister. Aber auch er bleibt nur gut vier Monate an der Spitze der Stadtverwaltung. Bei Beginn des er-

sten Hungerwinters wird er durch seinen Parteifreund Hans Ziegler ersetzt. Offiziell gibt es die Parteien noch nicht, doch die Vorbereitungen für ihre Gründung beginnen früh.
Irgendwo in dürftigen Buden haben sie sich gefunden. Am 4. Mai 1945 treffen etwa zehn Sozialdemokraten in einer Sommerlaube am Marienberg zusammen. Jetzt bereits bilden sich zwei Flügel – der eine um August Meier und Julius Loßmann, frühere Funktionäre, der andere mit dem 80jährigen Josef Simon als Vertreter einstiger Mandatsträger. Im Haus von Martin Treu finden beide Gruppen am 22. August zueinander. Kaum drei Wochen danach ist das Ganze schon organisiert mit Obleuten und Parteiausschuß.
Bei der CSU geht der Anstoß von katholischer Seite aus. Emanuel Deggendorfer, früher Stadtrat der Bayerischen Volkspartei, und Wilhelm Arnold vom Arbeitsamt, Oberinspektor der erste, promovierter Regierungsrat der andere, denken bei ersten Gesprächen im Frühsommer 1945 über eine christliche Partei nach, die allerdings überkonfessionell sein soll. Durch Vermittlung des evangelischen Dekans Julius Schieder kommt Kontakt zustande mit Paul Nerreter, einem Rechtsanwalt, und Alfred Euerl, einem Ex-Synodalen. Am 13. Oktober 1945 setzt man sich bei der Industrie- und Handelskammer zur Gründungsversammlung zusammen.
Auch hier demonstrieren Dispute Demokratie: Euerl befürchtet die Benachteiligung der Protestanten, ein anderer die der Arbeitnehmer. Aber Arnold und Deggendorfer beschwichtigen beide Seiten mit Zugeständnissen.
Am Samstag, 3. November 1945, wird, was da vorbereitet wurde, schließlich legal: Im Saal der „Nürnberger Militärregierung“ überreicht deren Chef, der US-Oberst Charles J. Andrews, den Vertretern der Parteien Genehmigungsurkunden. Emanuel Deggendorfer (CSU), Hermann Schirmer (KPD), der frühere Reichtagsabgeordnete Josef Simon (SPD) und Fritz Linnert für die „Liberaldemokratische Partei“ finden in kurzen Erklärungen übereinstimmend zu dem Wort „Zusammenarbeit“. Tags darauf versammelt sich die KPD im Opernhaus zu ihrer Gründungsversammlung, in deren Verlauf Hermann Schirmer einräumt, daß die KPD ihren Teil an der Gesamtschuld des deutschen Volkes nicht bestreite.
Auch die Arbeitnehmer beginnen sich zu organisieren. In den Fabriken sammeln sich schon Ende Mai 1945 ehemalige Arbeiterfunktionäre.

Bei MAN finden, wie Otto Kraus, später langjähriger Vorsitzender der IG-Metall in Nürnberg, zu berichten weiß, bereits am 19. August 1945 Betriebsratswahlen unter 3000 Arbeitern statt — ähnlich den Parteien funktionieren auch die betrieblichen Arbeitnehmervertretungen bereits vor der offiziellen Lizenzierung. Am 28. September genehmigt die Militärregierung einen „Allgemeinen Deutschen Gewerkschaftsbund" (ADGB), macht seine Gründung jedoch von 10 000 Unterschriften abhängig. Binnen weniger Tage wird diese Zahl weit übertroffen. Als die ersten Mitarbeiter das alte Gewerkschaftshaus in der Vorderen Kartäusergasse beziehen, stellen sie fest, daß die Nazis von der Deutschen Arbeitsfront (DAF) den Schlüssel zum dicken Kassenschrank „aus Versehen" mitgenommen haben. Doch dies gilt nicht einmal als Panne. Am 12. Dezember 1945, gut einen Monat nach den Parteien, existiert auch der ADGB offiziell. Die Gründungsfeier im Opernhaus steht unter dem pathetischen Motto „Wir tragen das Land".
Trotz der meist wenig festlichen, vielen Versammlungen, alle mit dem kärglichen Attribut „Gründung" dekoriert, tragen ganz andere Momente das Land und diese Stadt: das dauernde Darben, daß heißt der Hunger, das Damoklesschwert der Demokratiefeinde, also der Nazis, und die demoralisierenden Demontagen von Fabriken, die manchen Arbeitsplatz, den die Bomben nicht zerstört hatten, nachträglich vernichten. Zwischen den Betrieben entwickelt sich, da die Reichsmark als Währung kaum noch taugt, ein reger Tausch der Erzeugnisse (Bohrer gegen Lederriemen) — entsprechend den Usancen des plötzlich entstandenen „schwarzen Marktes", auf dem die Sachwertbesitzer irgendwo in den Trümmern Seife gegen Sandalen, Butter gegen Bilder, Kaffee gegen Konserven wechseln. Doch die Mehrzahl der Betroffenen hat nichts, was sie auf dem „Markt" oder bei „Hamsterfahrten" in den Dörfern umzusetzen vermag (Stichwort: Teppich für den Kuhstall). Hilflos hungernd greifen Gewerkschafter im Namen der Notleitenden zum Protest. Am 9. Januar 1948 kommt es im Trafowerk zu kurzfristigen Arbeitsniederlegungen wegen der Kürzung der Rationen. Eine Woche später demonstrieren 3000 Nürnberger im Holzmüllerbau gegen den Hunger. Am 20. Januar schreibt Otto Kraus an Oberbürgermeister Ziegler, die Betriebsräte sähen sich „außerstande, die Ruhe und Ordnung in ihren Betrieben von sich aus sicherzustellen". Drei Tage danach wird der Hunger auf dem Hauptmarkt, wo sich 80 000 Arbeiter versammeln, in einem bayerischen Generalstreik manifest. Der Beitrag der Besatzungs-

macht zur Beseitigung der Not besteht in der Bereitstellung eines größeren Aufgebots von Truppen — zur Verhütung von Unruhen und Übergriffen.
Amerika hat noch andere Sorgen — und sie werden von den meisten Bürgern geteilt: In Nürnberg, das auch architektonisch von den braunen Machthabern, vor allen im Südosten, so verunstaltet wurde, daß Generationen daran zu tragen haben werden, sollen Nazis nichts mehr zu sagen haben: Mit ihnen ist kein Staat zu machen — nicht einmal eine Stadt.
Wichtig für die Verwirklichung solcher Ziele und für dieses demokratische Gemeinwesen Nürnberg, das vorerst nur aus guten Absichten und Trümmern besteht, ist neben dem Notwendigsten für den Körper Nahrung für den Geist — Information. Nach monatelangen Verhandlungen findet sich die Militärregierung bereit, ab Mittwoch, 10. Oktober 1945, den Druck einer Zeitung zu erlauben: Im Versammlungssaal der Militärregierung übergibt Oberst McMahon an Joseph E. Drexel jene Lizenz, die dem von Streicher erbarmungslos Verfolgten, in Mauthausen und Flossenbürg Geschundenen gestattet, die „Nürnberger Nachrichten" herauszugeben. Die Versammlung von Deutschen und Amerikanern begibt sich anschließend nach Zirndorf in die Nürnberger Straße, wo das Blatt vier Jahre lang, zunächst nur an wenigen Wochentagen, gedruckt wird. Als Oberst McMahon durch Knopfdruck die Rotation in Gang setzt, liest er im Andruck der ersten Ausgabe eine Aufmacher-Überschrift, die auch für die mißbrauchte, leidende Stadt Bedeutung besitzt: „Keine Nazis in leitenden Stellungen".
Die Verwaltung zählt bei Kriegsende etwas mehr als 10 000 Beamte, Angestellte und Arbeiter. Von ihnen gehörten 2700 der NSDAP an. Alle müssen sich den deutschen „Spruchkammern" stellen; sie werden durch das „Gesetz zur Befreiung von Nationalsozialismus und Militarismus" vom 5. März 1946 eingerichtet, in dessen Artikel 1, Absatz 1, steht: „Wer verantwortlich ist, wird zur Rechenschaft gezogen. Zugleich wird jedem Gelegenheit zur Rechtfertigung gegeben." Zwei Jahre später hat die Verwaltung etwas mehr als 8000 Beschäftigte. Von ihnen sind 7000 als „Nichtbetroffene" eingestuft, 1000 gelten als „rehabilitiert". Außerdem arbeiten bei der Stadt 140 Verfolgte des NS-Regimes. Die Ziffern zeigen, was später herrschende Meinung wird: Der mit deutscher Gründlichkeit unternommene Versuch einer Entnazifizierung wird ein Fehlschlag.

Währenddessen bemühen sich die vier Besatzungsmächte im Justizgebäude in der Fürther Straße um etwas Ähnliches auf höherer Ebene. Vor dem Internationalen Militärtribunal verhandeln sie vom 20. November 1945 an gegen 21 überlebende Nachlaßverwalter des Nazireichs. Dabei werden Untaten, die das Regime an Deutschen beging, nicht berücksichtigt. Von den — von Ausnahmen abgesehen — arroganten Angeklagten werden am 1. Oktober 1946 elf zum Tode verurteilt, mehrere zu Freiheitsstrafen, drei erhalten Freisprüche. Einer von ihnen ist Hans Fritzsche, der Reichsrundfunkkommentator mit der Goebbels-ähnlichen Stimme, der sich anschließend im Norden der Stadt einem Verfahren vor einer der vier Spruchkammern unterwerfen muß.

Neben Versorgungsproblemen und Vergangenheit hat Nürnberg noch etwas zu bewältigen — die Demontagen. Wieder zeigt sich, daß die Besatzungsmacht, die gelegentlich gern als Befreier gelten will, auch den Sieger hervorkehren kann. Am Anfang steht eine Bestandsaufnahme. Von den Industrieanlagen ist die Hälfte vernichtet. Zwar werden von den Fertigungsstätten, wie Johann Sebastian Geer, der frühere Wirtschaftsreferent der Stadt, berichtet, viele — fast unter freiem Himmel — noch betrieben. Drei Viertel sind nur wenig beschädigt oder zumindest reparabel, acht Prozent unversehrt. Doch Handwerk und Einzelhandel, zumeist in der Innenstadt angesiedelt, haben fast alles verloren. Ihnen freilich gilt auch nicht die „Demontageliste“, die im Herbst 1947 von den alliierten Besatzungsoffizieren überreicht wird, sondern den etwas größeren Firmen. Verzweifelte Verhandlungen folgen. Von zehn benannten Betrieben werden fünf völlig abgebaut; bei drei Unternehmen kann das Vorhaben auf eine Teildemontage begrenzt werden, zwei werden, wie vorgesehen, nur zur Hälfte als Reparation beansprucht. Die Schlußbilanz: Vier Firmen existieren fürderhin nicht mehr, ein Betrieb muß ein Vergleichsverfahren anmelden.

Trotz solcher Widrigkeiten gehen die Nürnberger mutig zur Demokratie über. Nach der Errichtung einer vorläufigen Verwaltung beruft die Militärregierung am 9. Januar 1946 einen 30köpfigen Beirat, dessen Mitglieder von den zwei Monate zuvor zugelassenen Parteien und vom Oberbürgermeister vorgeschlagen wurden. Am 26. Mai schließlich entscheiden 182 000 Wahlberechtigte zum erstenmal nach 13 Jahren frei über die Zusammensetzung eines neuen Stadtrats. Die SPD erringt 19 Sitze, die CSU 15, die KPD vier, die Vorläuferin der FDP, die

„deutsch-demokratische Partei“, zwei und die einige Jahre später in der politischen Versenkung verschwindende „Wirtschaftliche Aufbauvereinigung“ (WAV) des wirren Alfred Loritz († 1979) einen Sitz. Das Gremium wählt Hans Ziegler zum Oberbürgermeister.

Zwei Jahre später schon gehen die Nürnberger wieder zur Stadtratswahl. Am 30. Mai 1948 werden 20 Mandate an die SPD vergeben, jeweils sieben an die CSU, die KPD und die inzwischen offiziell so genannte FDP; Parteilose erringen zwei Plätze, die WAV, die Bayernpartei und die Fliegergeschädigten je einen Sitz. Als neuen OB wählt das Plenum Otto Ziebill (SPD).

Nun endlich können die legitimierten Vertreter des Stadtvolkes an die Planung für den Aufbau gehen. Angesichts der Größe des Auftrags beschließt man im Oktober 1946 die Ausschreibung eines unbeschränkten Wettbewerbs deutscher Architekten für die Gestaltung Nürnbergs: „Wir ... wissen ..., daß die großen Kirchen, die Burg, der Hauptmarkt, der Pegnitzlauf immer auch Richtpunkte für das kommende Nürnberg sein werden ... Aber ... die neue Architektur kann nicht mehr in der Tradition vergangener Tage wurzeln, sondern muß den Ausdruck ihrer Zeit finden.“ Im Dezember ergänzt man ganz im Sinne des neu gewonnenen Verständnisses von Demokratie, das die Beteiligung des Bürgers am Geschick der Gesellschaft bedeutet, das Vorhaben durch einen für alle Einwohner gedachten Ideenwettbewerb „Tausend Gedanken zum Wiederaufbau und Neuaufbau“. Der Versuch erweist sich als Fehlschlag: Die Vorschläge sind zu skurril (U-Bahn im Stadtgraben) oder dem versunkenen Gigantomanismus verhaftet (Windkraftwerk mit fünf Rädern von 100 Metern Durchmesser auf einem 300 Meter hohen Turm am Schmausenbuck).

Unter dem Eindruck der Verwüstungen wird, wie der erste Baureferent nach dem Kriege, Heinz Schmeißner, berichtet, vorgeschlagen, „die Altstadt nicht mehr aufzubauen, sondern das Ruinenfeld als eine Art Mahnmal zu belassen“. Andere Beiträge sprechen von einem historisch getreuen „Alt-Nürnberg“. Drittens wird eine „Tabula rasa“ propagiert: eine „Wolkenkratzerburg“ auf der Lorenzer Seite, dabei ein rasterförmiges Straßennetz mit Geschäftshäusern und Wohnzeilen – ohne Rücksicht auf Straßenzüge, intakte Versorgungsleitungen und Kanäle. Doch dieses „Metropolis“ bleibt Utopia.

In den Jahren 1946/47, notabene in der Not, sieht die Wirklichkeit anders aus. Es gilt zunächst, die Trümmerberge zu beseitigen. Zu die-

sem Zweck werden Gleise für eine Schuttbahn in die Straßen eingelassen. Auf ihnen verschwindet das Geröll endgültig verlorener Bauten, darunter manche der Bürger- und Patrizierhäuser mit ihren kunstvollen Galeriehöfen. Ende 1947 sind 1,1 Millionen Kubikmeter Schutt beseitigt, 280 Straßen geräumt. „Trümmerfrauen" bergen bis dahin 29,7 Millionen wieder verwertbare Backsteine. Insgesamt stehen für diese Arbeiten 1267 Bürger zur Verfügung — mit der Kraft ihrer Hände. Nur 16 Bagger schaufeln den Schutt in die Loren, die von zehn Dampf- und etwa 30 Diesellok gezogen werden. Ihr Ziel ist ein Gebiet im Nazi-Parteitagsgelände. Hinter der „braunen" Baugrube, heute die Idylle „Silbersee", häuft man die Hinterlassenschaft zu einem kleinen „Gebirge" auf. Der traurige Rest trägt inzwischen den glitzernden Namen „Silberbuck". Gleichzeitig mit dem Räumen der vernichteten und dem Ausbessern bloß beschädigter Bauten beginnt zögernd der Neubau.
Schneller als die Wohnungen entstehen freilich erstaunlicherweise Industrie- und Geschäftsbauten. Ende 1947 kann auf drei Vierteln der Produktionsfläche wieder gearbeitet werden, aber von den erhaltenswerten Wohnungen ist erst die Hälfte benutzbar. Das hat verschiedene Gründe. Zum einen liegt die Industrie mehr in den Außenbezirken, die nicht so stark zerstört wurden. Zum zweiten arbeiten die Nürnberger wie besessen an ihrer Arbeitsstätte, die ihr Brot sichern soll. Sie schuften, wie der heutige Wirtschafts- und Planungsreferent, Wilhelm Doni, feststellt, täglich zweimal ziemlich hart — tags im Betrieb und nach Dienstschluß an ihren Unterkünften. Zur 48-Stunden-Woche kommen nochmals sechs Stunden nach Feierabend.
Die entscheidende Weichenstellung wird die Währungsreform am 20. Juni 1948, als jeder Deutsche mit 40 Mark Kopfgeld „gleich arm und gleich reich" zu sein scheint. Für die Stadt freilich beginnt zunächst eine Zeit großer Sorgen. Der sozialdemokratische Vorsitzende Otto Bärnreuther berichtet seiner Fraktion, der Geldschnitt habe sich katastrophal auf die städtischen Finanzen ausgewirkt. Ausgerechnet jetzt, da mehr Geld nötig wäre, ist man zu strengem Sparen verpflichtet. Trotzdem ist manches zu erreichen. Zwischen Schweinau und Mühlhof wird ein Oberleitungsbus-Betrieb eingerichtet, der indes nach einiger Zeit wieder aufgegeben wird. Am 8. August 1948 jubeln jung und alt an den Radiolautsprechern: In Köln besiegt der 1. FC Nürnberg vor 75 000 Zuschauern den 1. FC Kaiserslautern 2:1 und wird zum siebtenmal deutscher Fußballmeister.

Das Jahr 1949 bringt Nürnberg noch einmal schwere Prüfungen. Die Wirtschaft kommt nur mühsam in Gang. Das liegt nicht nur am allgemeinen Kapitalmangel, sondern vor allem daran, daß Nürnbergs „natürlichem“ Markt, der sich zuvor zu mehr als einem Drittel in Preußen und Sachsen, der Tschechoslowakei und Österreich befand, durch die politische Trennung des Kontinents ein großer Teil der Grundlage entzogen ist. Neue Absatzgebiete sind angesichts der „Revierferne“ und noch unzureichender Verkehrswege schwer zu erschließen. So ist besonders unter den Jugendlichen die Arbeitslosigkeit groß. Bei der „Deutschen Bau-Ausstellung“ auf einem 400 000 Quadratmeter großen Gelände am Dutzendteich wird im September die schwierige Lage der Bauwirtschaft beschworen. Die an einen internationalen Architektenkongreß gekoppelte Messe mit vielen aus dem Ausland angebotenen Konstruktionen endet aber in der allgemeinen Erwartung „einer entscheidenden Wendung zu großzügigem Bauen“ im folgenden Jahr.

Die Hoffnung wird wahr. 1950 kommen zahllose Aussteller und Einkäufer zur ersten Deutschen Spielwarenmesse — noch in die alten Hallen an der Äußeren Bayreuther Straße. Im Juli feiert Nürnberg sein 900jähriges Bestehen mit erstmals nachts angestrahlten Kunstdenkmälern, mit einer Ausstellung in der Kongreßhalle, in der blitzende Autos besondere Aufmerksamkeit erregen, und mit einem Festzug, der für ein Spalier von 150 000 Zuschauern die Geschichte der Stadt lebendig werden läßt. Und in den folgenden Monaten beginnt eine regelrechte Bauwut.

Im Jahr 1951 werden die neue Bayerische Staatsbank und das restaurierte Rathaus am Fünferplatz bezogen, wird die Errichtung der Bundesanstalt für Arbeitsvermittlung und Arbeitslosenfürsorge durch Bundesgesetz vorbereitet. Im Mai 1952 nimmt sie ihre Tätigkeit unter Präsident Julius Schäuble am Frauentorgraben auf. 16 Jahre später wird für sie, als Anton Sabel der Chef ist, ein 50 000 m^2 großes Areal an der Regensburger Straße besorgt. Und im Mai 1973, unter Josef Stingl, beziehen etwa 1800 Beschäftigte der Behörde, die seit 1969 schlicht „Bundesanstalt für Arbeit“ heißt und ab April 1984 von Heinrich Franke geleitet wird, jenes 150-Millionen-Mark-Haus, das mit seinem neumodischen 70er-Verkleidungsstil dem Auge manches Nürnbergers nur mühsam gefallen kann.

In den frühen Fünfzigern freilich, als die Möbelindustrie jenen Nierentisch kreiert, der später zum erst belächelten, dann nostalgisch bestaunten Synonym einer ganzen Epoche der Innenausstattung wird, und als die Stadt- und Hausarchitekten viel mit glattem Putz, Bonbonfarben und Messing-Irrtümern arbeiten, gilt es nahezu alle zwölf Monate, einen neuen Hochbau zu bewundern oder zumindest zu feiern — unbewegliche Zeitzeugen einer Bürgerstadt, die nichts kennt als Arbeit. Der Aufbauboom gleicht einem roten Teppich, den die Stadt, ihren Bürgern zu Ehren, immer wieder ausrollt; er hat viele Fransen — und an jeder hängen gleich mehrere Erfolgsmeldungen. Sie gelten Wohnungsbau und Wirtschaft, Kulturellem und Kommunalem.

Nürnberg baut pausenlos — und dabei, mit Verlaub, manchmal Mist. Doch es sind läßliche Bausünden, aus der Not geboren. Im Jahr 1956 ist bereits so viel geschafft, daß die Stadt mit 420 000 Einwohnern wieder den Vorkriegsstand erreicht. Als die Altstadt ziemlich abgefüllt ist und auch die Wölckernstraße als große Ost-West-Magistrale ihr heutiges Gesicht erhalten hat, wird schon das Jahr 1963 geschrieben. Bis dahin sind 90 000 Wohnungen in der Stadt entstanden. Ein Jahr danach, am 21. November 1964, wird die hunderttausendste Nürnberger Neubauwohnung bezogen.

Auch die Wirtschaft floriert. Im Jahr 1955 wird der neue Flughafen eingeweiht — für Industrie und Handel ein erster Meilenstein auf dem Weg heraus aus der Randlagenisolation. Stadt und Firmen haben vorgearbeitet, Arbeit lohnt sich wieder. „MAN“ und „Siemens“ arbeiten zunächst in ihren herkömmlichen Strukturen, „Diehl“ orientiert sich in seiner Friedensproduktion an der Messing- und Halbzeugfabrikation, konzentriert sich auf Armaturen; die Erfahrungen bei der Zünderherstellung führen zur Übernahme der Uhrenfirma „Junghans“. Neugründungen beschleunigen den Aufschwung der Stadt: „Quelle“ mit dem Schwerpunkt auf dem früheren Volksfestplatz, „Foto-Porst“ und „Grundig“. Die Auftragsnachfrage erfordert viel Rationalisierung; das Fließband gewinnt Gewicht, die Arbeitsteilung wird verfeinert. Ende der 50er Jahre herrscht in Nürnberg Vollbeschäftigung bei einer Arbeitslosenquote von 1,2 Prozent.

Kultur, in Notzeiten als entbehrlicher Luxus geltend, kommt wieder zur Geltung. Die großen Kirchen, die so sehr gelitten haben, gewinnen Glanz. Im Jahr 1953 ist die Reparatur der Frauenkirche mit ihrem historischen „Männleinlaufen“ abgeschlossen. Ein Jahr früher fertig ist die Lorenzkirche; es soll freilich noch bis November 1966 dauern, ehe der berühmte Rochusaltar restauriert ist; und erst im August 1971 hängt

— nach 19monatiger Arbeit von 15 Experten aus drei Ländern — der „Englische Gruß" von Veit Stoß wieder unter dem Chorbogen. Am 1. Januar 1957 geben die Amerikaner ihr Kino am Frauentorgraben frei; hier wird zwei Jahre später nach umfangreicher Renovierung das neue Nürnberger Schauspielhaus eröffnet. Kinos erleben eine Renaissance: „Admiral" und „Delphi", „Rio-Palast" und „Universum" eröffnen in den Jahren 1955 bis 1957.

Im Bildungsbereich wird ebenfalls Wegweisendes geschaffen. Die Akademie der Bildenden Künste, 1662 gegründet und damit Deutschlands älteste, 1943 schwer beschädigt und seither in das Schloß Ellingen evakuiert, bezieht nach fünfjähriger Bauzeit 1954 im Waldgebiet am Tiergarten ein Pavillonsystem. Es entstand nach den Plänen des hier unterrichtenden Architekturlehrers Sepp Ruf, der auch sämtliche Nachkriegsbauten des Germanischen Museums (1952 feiert es sein 100jähriges Bestehen) entworfen hat. Das Gebäude des Konservatoriums wird 1957 fertig. Und am vorletzten Februartag 1958 wird in der Gibitzenhofstraße als Höhere Schule für Mädchen das Sigena-Gymnasium eingeweiht.

Die Verwaltung gelangt unterdessen an einen Wendepunkt. Stolz kann sie zwar 1955 den Rathaus-Neubau an der Nordseite des Hauptmarkts als Element der Konsolidierung einweihen und als wenn auch nicht sonderlich geglücktes, so doch markantes Wahrzeichen städtischen Wiederaufbauwillens präsentieren. Politisch jedoch kündigt sich ein Wandel an, der mehr als eine städtebauliche Weichenstellung bedeutet. Erstmals entscheiden die Nürnberger in direkter Wahl über den Oberbürgermeister. Sie wählen am 30. April 1952 den Sozialdemokraten Otto Bärnreuther in das Amt. Bei den vorangegangenen Stadtratswahlen im März gewann seine Partei 24 von 50 Mandaten und konnte ihre Stellung damit stärken. Nur fünf Jahre später freilich, am 21. September 1957, stirbt der Stadtregent überraschend im Alter von 49 Jahren. Zwei Monate danach, am 17. November, entscheidet sich die Bevölkerung mit 57,5 Prozent Mehrheit für Andreas Urschlechter als Nachfolger.

Seit 1940 promovierter Jurist, nach 1945 Wiederaufbaureferent der Stadt und ab 1952 Mitglied der SPD, ist Urschlechter im Alter von 38 Jahren der jüngste Oberbürgermeister im geteilten Deutschland. Drei Jahrzehnte lang lenkt er die Geschicke dieser Stadt. Denn regelmäßig — im Abstand von jeweils sechs Jahren — wird er wiedergewählt: am 27. Oktober 1963 erringt er dabei 60,4, am 28. September

1969 sogar 67,4 Prozent, am 12. Oktober 1975 noch 56,9, im Oktober 1981, als er mit 62 Jahren zum letztenmal antritt, freilich „bloß" 53,7 Prozent Stimmen. Dann ist er zeitweise umstritten — vor allem, weil er neun Monate nach dem Wahlsieg von 1981 den Sozialdemokraten sein Parteibuch hinwirft, die er in Nürnberg für „klassenkämpferisch" hält. Am Ende aber wird er von allen Seiten geachtet und geehrt als Dienstältester seiner „Zunft", als Person, die eine Persönlichkeit ist, als Mann einer Epoche, der — selber eine wegweisende Gestalt — Nürnberg Gestalt gibt. Äußerer Ausdruck dafür ist die Ernennung zum Ehrenbürger der Stadt bei seinem Ausscheiden aus dem Amt 1987.

Urschlechter könnte, was er leistet, nicht vollbringen, stünde ihm nicht über die Jahrzehnte hin ein zwar zuweilen eigenwilliger und streitbarer, aber auch kooperativer Stadtrat zur Seite. Dem OB gilt in den ersten beiden Aufbau- und Wohlstandsjahrzehnten die Suche nach einem breit angelegten, einvernehmlich zu verabschiedenden Kompromiß mehr als eine mit knapper Not durchgepeitschte Mehrheitsentscheidung. Sie gewinnt Gewicht erst in den letzten zwei von mancher Krise gezeichneten Jahrzehnten.

Die maßgebende politische Kraft im Nachkriegs-Nürnberg ist von Anfang an die Sozialdemokratie. Ihre höchste Sympathierate erreicht sie 1960, 1966 und 1972 mit zunächst 51,8, dann 51,4 und schließlich 55,1 Prozent der Stimmen. Seither freilich — seit bald zwei Jahrzehnten — ist ihr Anteil rückläufig: Er liegt 1978 bei 46,8 und 1984 bei 46,1 Prozent — und der nächste Stadtrat wird 1990 gewählt. Dabei kann es die SPD nicht trösten, daß sie mit den letzten Ergebnissen immer noch besser dastehe als im ersten Jahrzehnt nach Hitler: mit 45,8 Prozent 1946, dann 38,3 Prozent 1948 und 45,5 Prozent im Jahre 1952.

Ihre bürgerliche Konkurrenz (die CSU) geht den entgegengesetzten Erfolgsweg. Nach einem Anfangssturz von 35,6 Prozent aus dem Jahr 1946 auf 13,7 zwei Jahre später — damals hat die CSU mit sieben Stadträten genauso viele wie KPD und FDP — erzielt sie 1952 schon 16,9 und 1956 dann 26 Prozent. Einer kurzen Stagnation 1960 (mit 25,6) folgt später eine Periode wachsender Erfolge. Im Jahr 1966 beträgt der CSU-Anteil 28,1 Prozent, 1972 schon 34,3 und 1978 kommt sie bei 45,4 Prozent an und damit in der „Nachbarschaft" der SPD. Welche Bedeutung der Abschwung von 1984 (41,4 Prozent) besitzt, läßt sich noch nicht sagen. Gewiß hingegen erscheint, daß die Union mit den beiden Fraktionsvorsitzenden Oscar Schneider (der 1969 in den Bundestag

nach Bonn geht) und dessen Nachfolger Georg Holzbauer Persönlichkeiten aufbietet, die in Nürnberg Anerkennung finden und Anhänger.
Doch zurück zu Urschlechter. Der geistig vielfach beschlagene und körperlich recht robuste Glücksfall für die Stadt findet schnell zu neuen Ufern. Waren die späten 40er und die meisten der 50er Jahre Zeiten des Hochbaus und der Hochstimmung, gilt es nun, in den Niederungen des Netzes der Verkehrswege, also beim Tiefbau, im doppelten Wortsinn Wegweisendes zu wagen: nach den Häusern die Straßen oder, fachlicher formuliert, zur bestehenden Bausubstanz die Infrastruktur. Urschlechter unterstützt, was schon begonnen ist, und führt es fort: Am 15. November 1956 wird die neue Nopitschstraße freigegeben — ein wichtiges, angesichts der wachsenden Verkehrsflut nötiges erstes Teilstück eines zu schaffenden „Mittleren Rings". Knapp neun Jahre danach, am 14. Oktober 1965, folgt dazu die Gustav-Adolf-Brücke in Schweinau über die Bahnlinie nach Stuttgart. Weiter nördlich wird am 30. Juli 1969 schließlich am Westfriedhof mit der Errichtung der Maximilianbrücke begonnen, die später nach dem ersten Bundespräsidenten, Theodor Heuss (FDP), benannt wird.
Im zweiten Nachkriegsjahrzehnt freilich, zwischen 1955 und 1965, dominieren noch bescheidenere Schritte. So beginnt am 2. September 1957 — bezeichnenderweise bereits mit einem ersten Abbruch — der Umbau des Plärrers, dessen erster Teil am 11. Juni 1965 fertig ist. So wird am 22. Oktober 1962 die neue „Steubenbrücke" vollendet am Zusammenfluß von Gleißbühlstraße und Marientorgraben. Im übrigen übergibt man jetzt die großen Parkhochhäuser dem motorisierten Nürnberg: am 26. Oktober 1962 das erste in der Frauengasse, am 21. Juni 1963 das nächste am Sterntor, am 30. September 1964 das dritte an der Adlerstraße und später noch ein viertes in der Katharinengasse. Immer wieder muß beim Baggern und Bauen Alarm gegeben werden: Bombenfunde behindern die Arbeiten fast jeden Monat.
Aber nicht nur für den „ruhenden Verkehr" — ein neues Wort — werden Hochbauten bereitgestellt. Am 4. April 1957 hat die Post ihr großes Gebäude am Bahnhof vollendet. Am 7. September 1963 finden das kulturelle und das gesellschaftliche Leben der Stadt eine neue Heimstatt in der vielfach nutzbaren Meistersingerhalle, im gleichen Jahr werden die wiedererstandenen Rathäuser von Jakob Wolff d. J. bezogen.
Außerdem sucht die Verwaltung nun nach neuem Baugebiet. Langwasser gerät ins Blickfeld. Am 11. Mai 1956 wird ein Ideenwettbewerb für

eine Trabantenstadt ausgeschrieben. Fünf Monate danach erwirbt die Stadt vom Land Bayern für die damals immense Summe von 1,2 Millionen Mark das Parteitagsgelände. Dazu gehören das „Kongreß-Kolosseum", das Zeppelinfeld mit der 350 Meter langen Haupttribüne, das „alte" Stadion, das in den Jahren 1923 bis 1928 errichtet worden war, dazu das Arsenal eines geplanten „Deutschen" Stadions, das „Märzfeld", die „Große Straße" und viel freies, teilweise bewaldetes Gebiet. Hier hat die Stadt 300 Hektar Platz für neues Leben.

Am 29. März 1957 wird der Grundstein gelegt. Man denkt an 13 000 Wohnungen für etwa 60 000 Bürger, als am 20. Dezember 1957 die ersten beiden Blöcke fertig sind. Ein Vierteljahrhundert später zeigt sich, daß die Leute nicht mehr so eng beieinander leben möchten: in den fertigen 13 000 Wohnungen finden sich nur 31 000 Nürnberger. Und trotz weiterer Wohnlandschaften, von denen noch zu reden sein wird, rechnet man „im Endausbau" mit 37 000 Menschen.

Reich entfaltet sich im zweiten Nachkriegsjahrzehnt auch das kulturelle Leben. Ende 1957 freuen sich Musikfreunde über das erste der Arsnova-Konzerte, deren avantgardistisches Konzept in den folgenden Jahren nicht an Faszination verliert. Ähnlich prägende Funktion kommt Hans Gierster zu, der im März 1964 Generalmusikdirektor wird — umstritten zuweilen, aber auch dadurch von Gewicht. Zwischen beide Daten fällt der 28. Juli 1962 mit der Eröffnung der Kammerspiele, fällt der 28. September 1962, als der Ostchor der Egidienkirche in seiner barocken Gestalt wiedererstanden ist; eine Neugründung ist am 10. Mai 1964 die katholische St.-Bonifaz-Kirche im Stadtteil Leonhard.

Erstmals in seiner Geschichte wird Nürnberg in diesen Jahren auch Universitätsstadt. Ausgangspunkt der Entwicklung ist schon 1957 ein Gespräch mit dem Ministerpräsidenten in München, bei dem der fränkische Oberbürgermeister vorschlägt, im Anschluß an die seit 1919 bestehende Hochschule für Wirtschafts- und Sozialwissenschaften (Wiso) eine TH zu gründen. Dem steht allerdings bereits ein Beschluß der naturwissenschaftlichen Fakultät in Erlangen entgegen, die für die Markgrafenstadt eine ergänzende Disziplin für Maschinenbau und Elektrotechnik gesichert wissen will. Nach jahrelangen Verhandlungen wird schließlich 1961 die Nürnberger „Wiso" als sechste Fakultät mit der Erlanger Anstalt verbunden, die fortan „Friedrich-Alexander-Universität Erlangen-Nürnberg" heißt. Zwei Jahre später wird in der Nachbarstadt auch eine (siebente) Technische Fakultät gegründet, die 1972 ihre

Einrichtungen in einem weiten Neubaukomplex im Süden bezieht. Zu jener Zeit — am 3. August 1972 — wird auch die Pädagogische Hochschule Nürnberg als Erziehungswissenschaftliche Fakultät in die Universität eingegliedert, die schließlich 1974 durch Gesetz neu geordnet und in zwölf Fachbereiche aufgeteilt wird.

Ein neuer anspruchsvoller Name taucht ab 1965 auch auf dem Gebiet der wissenschaftlichen Weiterbildung für Erwachsene auf: das Bildungszentrum (BZ). Es steht auf zwei Beinen. Das eine bildet das zuvor zur Berufsoberschule gehörende Spracheninstitut, das in seiner Identität erhalten bleibt; das andere ist die gute alte Volkshochschule, die — bei allem Eifer der Dozenten und trotz seiner Wichtigkeit für Berufstätige — etwas an Reputation verloren hat angesichts der häufig von der Lebenshilfe zu bloßen Beschäftigungsabenden degenerierenden Kurse. Durch ein neues, breitgefächertes Programmangebot, in dem auch die Zeitgeschichte Gewicht gewinnt und das reine Dozieren gegenüber dem Diskutieren in den Hintergrund tritt, das gemeinsame Erarbeiten dafür mehr Bedeutung erhält, erringt das BZ bald einen neuen Ruf: An die Stelle von „Häkeln für Fortgeschrittene" tritt „Bewußtseinsbildung für Anfänger". Das bedeutet, wie Kulturreferent Hermann Glaser feststellt, „daß Erwachsenenbildung eine wesentliche Ausprägung von Kultur-Ökologie darstellt: hervorragendes Medium, das Verhältnis von Mensch, Kultur und Umwelt in ein ausgewogenes Verhältnis zu bringen".

Das Wirtschaftsleben Nürnbergs in der zweiten Nachkriegsdekade (1956 bis 1965) ist gekennzeichnet durch einen ungebremsten Aufschwung, bei dem sich nur am Ende erste Anzeichen möglicher Einbrüche andeuten. Nicht ohne Bedeutung für die Erfolge sind der Ausbau der Infrastruktur der Stadt und die Verbesserung der Verkehrswege in die Ferne. Die von Bund, Bayern und Stadt getragene Flughafen-Nürnberg GmbH zählt 1956, im ersten vollen Betriebsjahr, 5000 Starts, zwölf Jahre danach bereits 11 000; die Zahl der Passagiere steigt von 43 000 auf 380 000, das Frachtgut von 1000 auf 46 000 Tonnen. Auch das Flugnetz kann erweitert werden. Am 13. Juni 1962 wird der erste Nonstopflug nach New York verzeichnet, am 1. April 1963 eine Linie nach Stuttgart eingerichtet, am 1. Juni 1964 eine Direktverbindung nach Dänemark und Finnland, einen Monat später eine ins neue Wirtschaftszentrum Düsseldorf. Während die Bundesbahn schon früh (1962) die Strecke nach Frankfurt elektrifiziert und so auch dafür sorgt, daß Nürnberger Güter schneller ans Ziel gelangen, bringt 1964 die Fertigstellung der Autobahnverbindung in die Rhein-Main-Metropole den endgültigen Ausbruch aus der „Revierferne". Nürnbergs engere und weitere Innenstadt wird nun Ziel neuer Niederlassungen. Am 27. Oktober 1956 eröffnet Hertie sein Kaufhaus, am 11. November 1957 hält die Sparkasse Einzug am Lorenzer Platz; Quelle bietet Waren in einem Kaufhaus an der Allersberger Straße ab 28. Februar 1958 — eine Filiale, die bis 1987 erhalten bleibt. Die Auto-Union findet am 30. Mai 1963 — ebenfalls für mehr als zwei Jahrzehnte — Platz an der Nopitschstraße. Immer mehr beachtet die Wirtschaft der Welt diese Stadt: Die am 22. Februar 1958 eröffnete neunte Spielwarenmesse ist zum erstenmal international beschickt.

Nürnbergs Name als Zentrum der Zweiradindustrie mit Marken wie Mars und Victoria, Hercules, Triumph und Zündapp ist zu jener Zeit ebenfalls in aller Munde. Indes, die fortschreitende Fabrikation von Autos, der Sehnsucht der Käufer nach dem schützenden Dach folgend, bereitet diesem Wirtschaftszweig von Anfang an Probleme. Zündapp zum Beispiel, 1917 als „Zünder- und Apparatebau GmbH" in Nürnberg gegründet, entwickelt nach dem Krieg neue Motorräder. Anfang der 60er Jahre zieht das Unternehmen nach München, strafft die Angebotspalette, findet noch Anschluß an die Moped- und Mofawelle, geht aber 1984 in Konkurs — das Inventar wird vom Konkursverwalter für 16 Millionen nach China verkauft. Auch Mars, Triumph und Victoria existieren nicht mehr. Einziger Überlebender ist Hercules, seit 1963 zur Schweinfurter Fichtel & Sachs-Gruppe gehörend. Als das Unternehmen 1986 seinen 100. Geburtstag feiert, sind von 1400 Mitarbeitern des Jahres 1978 noch 700 in Arbeit und Brot.

Im Alltag hat der Bürger der nicht nur reparierten und geflickten, sondern auch glückhaft gewachsenen und zunehmend ihr eigenes Flair gewinnenden Stadt manche Freude zu erleben. Für seine — wachsende — Freizeit wird vieles getan. Am 7. Januar 1957 beginnt der Ausbau des Volksparks am Marienberg. Zehn Jahre danach ist die „Parkwohnanlage West" an der Rothenburger Straße — ein neues Viertel für Behaglichkeit und Bewegung zugleich — vollendet. Seit 15. Juli 1966 ist in der Nähe das Freibad West fertig für Freizeit und Flirt — und auch zum Schwimmen. Der Tiergarten, zunehmend Ort des Staunens, öffnet am 15. Januar 1964 sein Giraffenhaus.

Auch der Fußball verheißt Freude. Am 24. Juni 1961 erringt der 1. FCN

109. Das neue Nürnberg: Hauptgebäude der Bundesanstalt für Arbeit

111. Trabantenstadt Langwasser, Nachbarschaft „Paula"

in Hannover durch einen 3:0-Sieg über Borussia Dortmund zum achtenmal den Titel eines Fußballmeisters. Ein Jahr danach, als der „Club" im Meisterschaftsendspiel gegen den 1. FC Köln 0:4 unterliegt, wird die Elf um Max Morlock am 29. August, wieder in Hannover, zum dritten- und bisher letztenmal Pokalgewinner durch ein 2:1 nach Verlängerung gegen Fortuna Düsseldorf. Die Stadt honoriert die Verdienste des — wie er meist ehrfurchtsvoll, aber oft etwas ironisch genannt wird — „Ruhmreichen" durch einen Empfang in der ebenfalls inzwischen zur Nürnberger Kommunalgeschichte gehörenden Teestube im Hochhaus am Plärrer und dadurch, daß sie — angesichts der bevorstehenden Einführung der Bundesliga — am 6. Juli 1963 im Stadion eine Flutlichtanlage einrichtet. Aber nur einmal, erst in der Saison 1967/68, erreicht das Team Titel und Würde wieder eines Meisters — danach versinkt die Mannschaft für fast ein Jahrzehnt in der Zweitklassigkeit. Die anschließenden Stationen: 1978 Aufstieg, 1979 Abstieg, 1980 nochmals erstklassig, vier Jahre später erneut für eine Saison in der Zweiten Liga, seit 1985 stets im Kreis der 18 besten bundesdeutschen Fußballvereine.
Zu den Freuden fügt sich Schrecken. Am Vormittag des 17. Januar 1962 steht plötzlich das Ringkaufhaus am Frauentorgraben 61 in Flammen — ein dreistöckiges Bauwerk des Kaufhofs in der Nähe des heutigen AOK-Gebäudes. Das Feuer frißt sich vom Keller schnell nach oben, wo fast 50 Frauen und Mädchen in Panik geraten. Verzweifelt versuchen viele, Rettung zu finden durch einen Sprung in die Tiefe, ehe die Feuerwehr auftritt. Die Bilanz: 22 Tote, 27 Verletzte und — eineinhalb Jahre später — drei verhaltene Urteile gegen Angestellte. Ein Arbeiter, der im Papierlager trotz Verbots geraucht hat, wird mangels Beweises freigesprochen.
Ebenfalls in einem Kaufhaus endet — drei Jahre später — eine unheimliche Serie von Bluttaten, die Nürnberg und Nordbayern seit fünf Jahren in Atem hält. Am 1. Juni 1965 gegen 17 Uhr entreißt ein junger Mann im ersten Stock des Bekleidungshauses C & A Brenninkmeyer — damals noch in der Breiten Gasse — einer Bäuerin die Handtasche und schießt sich den Fluchtweg frei: Ein Kunde im Haus, ein Gastwirt auf der Straße werden verletzt, der Pförtner wird durch zwei Schüsse getötet; als der Schütze gegen zwei Polizisten abdrückt, hat seine Waffe Ladehemmung. Nach der Festnahme stellt sich heraus, daß es sich um den lange gesuchten „Mittagsmörder" handelt: Klaus Dieter Goßmann, als zweiter Sohn eines Offiziers in Frankfurt geboren, bei seiner bald ver-

witweten Mutter in Hersbruck aufgewachsen, im April als Offiziersanwärter aus der Bundeswehr in München desertiert. Seit 22. April 1960 hat er bei sechs Raubüberfällen — davon vier um 12 Uhr mittags — sieben Menschen umgebracht, darunter zwei Frauen. Angesichts der ihm vorgelegten Indizien legt er nach vier Wochen ein Geständnis ab. Als seinen Lieblingsautor bezeichnet er Friedrich Nietzsche; in seinen Aufzeichnungen mit dem Titel „Zielpolitik" hält er sich für die „schöne wilde Bestie" des Philosophen: „Ich bin der einsame nordische Adler." Auch in einem Romanentwurf klingt das Vokabular des Dritten Reiches an. Zwei Jahre später, im Juli 1967, wird er zu einer lebenslangen Freiheitsstrafe verurteilt.

Damit finden wir uns bereits im dritten Nachkriegsjahrzehnt. Dieser Abschnitt — etwa von 1966 bis 1975 — ist durch zwei Elemente gekennzeichnet, denen wir immer wieder begegnen. Erstens wird jetzt besonders klar, wie sehr die Entwicklung einer Stadt in vielerlei Hinsicht einen Reflex politischer und gesellschaftlicher Tendenzen darstellt. Dies zeigt sich angesichts der beiden Konjunktureinbrüche 1966/67 und 1973, die Verwaltung, Wirtschaft und Bürger zu oft schmerzvoller Neuorientierung nötigen; die Abhängigkeit wird auch manifest in dem etwa ab 1970 wachsenden Bürgerbewußtsein, das bald nicht nur im kommunalpolitischen Alltag, sondern auch im Stadtbild deutlich wird. Zum zweiten geben dieser Epoche der großen Umbrüche auch mehrere Großprojekte Profil, die zugleich für Konfliktstoff sorgen: die Untergrundbahn, der Rhein-Main-Donau-Kanal, der Frankenschnellweg, der Autobahnbau im Osten und Süden der Stadt und die Südwesttangente. Den Grundsatzbeschluß über die U-Bahn faßt der Stadtrat bereits am 24. November 1965. Aber als knapp eineinhalb Jahre später, am 20. März 1967, in Anwesenheit von Bundesverkehrsminister Georg Leber (SPD) der Grundstein gelegt wird, hat inzwischen der Stadtrat auf Vorschlag Urschlechters am 2. September 1966 ein drastisches Sparprogramm gutgeheißen. Da Neubauten „nur bei dringendem Bedarf" genehmigt werden sollen, muß auch das Konzept für den Gang des öffentlichen Nürnberger Nahverkehrs in den Untergrund „gestreckt" werden. In der Bilanz liest sich die Entwicklung trotzdem recht zügig: Am 1. Juni 1970 stimmt der Stadtrat dem Bau der ersten 1270 Meter von der Bauernfeindstraße zum Hasenbuck zu, ein halbes Jahr danach findet schon die erste Probefahrt statt. Im Mai 1971 beginnt der Versuchsbetrieb in Richtung Langwasser, am 1. März 1972 wird das fertige

erste Teilstück Langwasser-Süd—Bauernfeindstraße dem Volk der Benutzer übergeben. Der früh erdachte Name „Pegnitz-Pfeil“ für die roten Renner aber will weder jetzt populär werden noch nach dem 23. August 1973, als die Nürnberger über den Baubeginn vom Aufseßplatz zum Hauptbahnhof lesen, nicht am 18. Juni 1974, als die „U 1“ erstmals von Langwasser bis zur Frankenstraße fährt, und auch nicht am 23. September 1975, als die flotte Verbindung ein neues Stück Stadt — die Strecke Frankenstraße—Aufseßplatz — bedient und als der Schacht für den Weiterbau bis in die Nähe des Weißen Turms vorangetrieben wird.
Das Großprojekt Nummer zwei, die „Großschiffahrtsstraße“, wird von den Nürnbergern ebenso flach, wie er wird, und unbeteiligt, wie sie sich wähnen, schlicht „der Kanal“ genannt, obwohl man ihm längst — da von Holland bis Rumänien führen sollend — den ebenso hochtrabend wie wegweisenden Orden „Europa-Kanal“ umgehängt hat. In der Zeit zwischen 1962, als der Hafen Bamberg eröffnet wird, dem Jahr 1968, da die Schiffe bis zur Lände Forchheim frei fahren dürfen, und dem 31. Oktober 1970, als der Verkehr bis zur Schleuse Kriegenbrunn möglich wird, werden „Wasserweichen“ gestellt, „Wasserzeichen“ gesetzt auch für Bayerns zweitgrößte Stadt.
Schon bevor alles amtlich ist, am 29. September 1965, wird für den erhofften Nürnberger Hafen ein Haus an der Maiacher Straße abgerissen. In einem feierlichen Akt unterzeichnen dann am 16. September 1966 in Duisburg Bundesverkehrsminister Christoph Seebohm (CDU), Bundesfinanzminister Rolf Dahlgrün (FDP) und Münchens Ministerpräsident Alfons Goppel (CSU) einen Vertrag über den Weiterbau des Kanals von Nürnberg bis Vilshofen. Zwei Monate später, am 11. September, wird Nürnberg durch eine ähnliche Vereinbarung, im Rathaus unterschrieben, „Hafenstadt“. Gebaut wird die Anlage als Staatshafen des Bundeslandes Bayern — unter Mitwirkung Nürnbergs. Am 5. Juli 1968 beginnen die Arbeiten; am 4. Oktober wird mit einer Kanalschleuse am Rüsternweg angefangen. Der Hafen ist 1969 „trocken“, d. h. an die Bundesbahn, 1971 „naß“, also an den Europakanal angeschlossen. Am 24. September 1972 wird die Anlage feierlich eröffnet. Damit ist Nürnberg, wie Johann Sebastian Geer feststellt, „erstmals ... mit einem leistungsfähigen Massenverkehrsband unmittelbar mit der Nordsee verbunden“. Stolz meldet die Statistik nach eineinviertel Jahren, am 1. Januar 1974: „Das tausendste Schiff läuft den Staatshafen an.“ Skeptische Nürnberger freilich, die die Wasserstraße meist öd und unbewegt an-

treffen, „erfinden" spöttisch den „Unterschied" zwischen dem Hamburger und dem Nürnberger Hafen, den der Kabarettist Dieter Hildebrandt in seinem Fernsehprogramm „Scheibenwischer" am 14. Januar 1982 bundesweit bekannt macht: In Hamburg heiße es, wenn eines auslaufe: „Schiff ahoi!", in Nürnberg rufe man, wenn eines ankomme: „Hoi, a Schiff?"

Das dritte Verkehrswegenetz — ein ganzes System von vier- und später teilweise achtspurigen Autostraßen — hat, ob nun die Stadt umgehend oder sie durchschneidend, angesichts der steil ansteigenden Motorisierungskurve den Zweck, die bestehenden, zum Teil an der Grenze ihrer Kapazität angelangten Straßen zu entlasten, was freilich nicht gelingen kann, oder doch zumindest funktionstüchtig zu erhalten, was man immerhin — von den frühen Morgen- und den späten Nachmittagsstunden abgesehen — zu erreichen vermag.

Als erstes ist hier der „Frankenschnellweg" zu nennen, der von Erlangen über Fürth herangeführt wird: Am 13. Juli 1967 wird der Abschnitt zwischen Kurgartenstraße und Jansenbrücke, also am Anschluß des westlichen Mittleren Rings, für den Verkehr frei — angelegt auf dem Bett des alten Ludwig-Donau-Main-Kanals. Während diese Autobahn im Norden über Erlangen hinausführt und Anfang der 80er Jahre bis vor die Tore von Bamberg reicht, wird sie in Nürnberg bis zu den Rampen und danach in einem Knick nach Süden gebaut, um etwa ab der Dianastraße bis zum Hafen wieder das alte Kanalbett zu erreichen.

Eine andere Verbindung stellt die Südwesttangente dar, die ebenfalls abschnittweise in den 70er Jahren frei wird, nachdem zuvor große Brükkenbauten für kreuzende, aus der Stadt herausführende Straßen geschaffen worden sind (wie etwa die am 20. Oktober 1970 freigegebene an der Hohen Marter). Der Bau erweist sich als weitblickend. Im Jahr 1987 benutzen die „Tangente" täglich 60 000 Fahrzeuge, die sonst die Stadt belasteten. Ähnlich aktiv sind die Autobahnbauämter im Süden und Osten. Sie beginnen 1969 mit der Verlängerung des „Stumpfs" bei Schwabach in Richtung Ansbach. Zwei Jahre später werden die Verbindungen nach Amberg und nach Regensburg fertig — gebaut ebenso wie die neue Anbindung der Frankfurter an die Autobahn München—Berlin unter Opferung großer Flächen des Reichswalds.

Im Stadtgebiet werden neue Akzente im Nordosten gesetzt. Vom 30. Juli 1969 bis 5. August 1970 baut man den Rathenauplatz so um, daß der Verkehr sechsspurig fließen kann. Gleichzeitig trifft die Verwaltung Vorbereitungen für ein neues Erholungsgebiet. In der Senke zwischen Kressengarten- und Bartholomäusstraße legt sie den Wöhrder See an. Am 14. Oktober 1969 erhält er das erste Wasser. Nordwestlich davon wird am 8. April 1970 die Neue Talstraße fertig, während an der Südseite die Wohnanlage Noricus, für die der Grundstein am 13. Mai 1968 gelegt worden ist, Gestalt gewinnt.

In manchen Stadtteilen entstehen allerdings auch Bauten, bei denen entweder die Zweckdienlichkeit oder die Ästhetik der Architektur oder beides angezweifelt wird. Das gilt gewiß für die „Mülloper“ an der Schwabacher Straße (Richtfest am 20. Juni 1967) und den Neubau der Allgemeinen Ortskrankenkasse (AOK) am Frauentorgraben auf dem Areal des früheren Kulturvereinshauses; der Verwaltungsbunker wird, nachdem in gut zweijähriger Arbeit 32 Millionen Mark verbaut sind, am 1. November 1971 bezogen. Eine städtebauliche Ohrfeige stellt auch die am 13. November 1970 fertiggestellte Hochbrücke für die Straßenbahn an der Fürther Straße dar — so dauerhaft und stabil gestaltet, daß wenige Jahre später auch die U-Bahn zum Bahnhof Fürth darüberrollt. Der flache Klotz der Oberpostdirektion am Rathenauplatz, der ab 26. September 1972 gewichtigen Beamtenarbeitseifer beherbergt, hat immerhin den Vorteil, sich bescheiden zur Seite zu drängen und die stumme Schönheit des Laufer Torturms nicht zu beschädigen.

Auch viele neue medizinische Einrichtungen entstehen — zum Teil auf privater Basis. Am 14. September 1971 wird im Städtischen Krankenhaus an der Flurstraße der Bau 14 fertiggestellt, in dem die Zweite Chirurgische und die Augenklinik unterkommen. Zwei Wochen später wird die private Birkenwaldklinik eingeweiht. Am 8. November 1972 steht als neues Privatspital die Klinik des Wohnstifts am Tiergarten bereit und am 5. Dezember 1973 eine neue Wochenstation in dem von den Niederbronner Schwestern geleiteten Theresienkrankenhaus in der Mommsenstraße. Am 27. September 1975 schließlich übernimmt die Diakonissen-Anstalt Neuendettelsau als Trägerin des Krankenhauses Hallerwiese auch die Cnopf'sche Kinderklinik.

In Erwartung von neuen Aufgaben — der Vervollständigung des Konzepts Langwasser und der Vergrößerung des Stadtgebiets — trifft die Verwaltung im Jahre 1970 zwei wichtige Entscheidungen zur Versorgung. Am 27. Juli wird mit dem Bau einer 80 Kilometer langen Leitung begonnen, die aus dem Donau-Lech-Gebiet Wasser nach Nürnberg liefern soll; am 25. Juni 1973 wird sie in Betrieb genommen, am 26. August 1975 ist die Umstellung aller Haushalte abgeschlossen. Im Hochhaus am Plärrer wird am 1. Oktober 1970 ein Vertrag über die Lieferung von Erdgas aus der Sowjetunion unterzeichnet; das erste strömt am 27. November 1972 in die Küchenherde.

Zweimal kann Nürnberg in dieser Zeit „wachsen". Am 1. Januar 1967 und am gleichen Tag des folgenden Jahres werden Teile des Eibacher Forstes eingemeindet. Sie sollen — in der Nähe des Hafens — Platz bieten für die Ansiedlung von Betrieben, die den Wasserweg für ihre Produkte und Lieferpartner zu nutzen wissen. Das 650 Hektar große Gebiet im Südwesten steht aber auch anderen Unternehmen offen und gilt als der für die nächsten Jahrzehnte entscheidende gewerbliche und industrielle Wachstumsbereich. Noch viel mehr Zukunft verheißt freilich eine bayerische Gebietsreform. Acht bis dahin selbständige Dörfer werden am 1. Juli 1972 Nürnberg einverleibt: Boxdorf, Großgründlach und Neunhof im Norden, Fischbach und Brunn im Osten, Katzwang, Kornburg und Worzeldorf im Süden. Dazu kommen Teile von Schwaig im Osten und Wolkersdorf im Westen. Die Einwohnerzahl Nürnbergs erreicht damit ihren bisher höchsten Stand: 514 000. In der Folge freilich sinkt diese Zahl ständig und beträgt 1985 nur noch 465 000: viele Nürnberger bauen sich ihr Haus auf dem Land und verstopfen als „Pendler" mit ihren Autos die Straßen.

Das Konzept Langwasser wird — unabhängig von den gewachsenen Aufgaben — vervollständigt: Die Trabantenstadt, die bald diesen Titel als diskriminierend ablegt, wächst weiter zusammen. Am 30. Juni 1966 wird in der „Nachbarschaft L" Richtfest gefeiert. Knapp ein halbes Jahr später, zehn Tage vor Weihnachten, sind in der „Nachbarschaft I" 166 Familienheime und 48 Mietwohnungen des Evangelischen Siedlungswerks bezugsbereit. Bald ist der Stadtteil auch besser versorgt: Am 7. Oktober 1968 eröffnet ein Ladenzentrum zwischen Striegauer und Ratiborer Straße, am 28. November das Gemeinschaftshaus — in Zukunft Ort oft kluger Kongresse. Im folgenden Frühjahr wird eine Busverbindung nach Langwasser geschaffen. Am 7. Mai 1972 folgt die Weihe einer katholischen Kirche.

Ein wesentlicher Begriff, den Nürnberger heute mit Langwasser verbinden, ist die Gesamtschule. In jenen Jahren muß die Stadt angesichts wachsender Geburtenziffern — vor dem Pillenknick, der erst 1965 beginnt — viel bauen: Am 28. November 1966 wird die Volksschule am Hummelsteiner Weg eingeweiht; ein Jahr später führt man zur Behebung der Raumnot „transportable Klassenzimmer“ ein und übergibt am Neptunweg eine neue Schule. Ende 1968 steht im Westen etwas anderes bereit: der erste Abschnitt der Ossietzky-Schule an der Berta-von-Suttner-Straße. Sechs Jahre danach — ab 15. August 1974 — hat man in der Tetzelgasse die Erweiterung des Johannes-Scharrer-Gymnasiums zur Verfügung, deren eigenwilliger Gestaltung nach den Vorstellungen des Architekten Gerhard Kleinlein auch von Kritikern zumindest ein Vorzug eingeräumt wird — der nämlich, einige Zeit Diskussionsgegenstand gebildet zu haben.

Für die Gesamtschule Nürnberg-Langwasser (GNL) jedoch ist weniger Raumnot und schon gar nicht der Schönheitssinn eines Architekten ausschlaggebend, sondern ein neues Verständnis von Schule. Das auch von Harald Straube mit entwickelte Konzept präsentiert Kulturreferent Hermann Glaser am 24. Oktober 1969 der Öffentlichkeit. In der Peter-Vischer-Schule am Bielingplatz, jenem Baukomplex, in dem die Amerikaner am 20. April 1945 für den Neuanfang einer befreiten Verwaltung gesorgt hatten, beginnt jetzt der Weg zu einer befreiten Bildung. Hier hat sich, wie Otto Barthelt schreibt, eine Zusammenarbeit von Gymnasium und Realschule gut eingespielt.

Nun entschließt sich Nürnberg, einen Schritt weiterzugehen. Am 11. September 1975 beginnt die „kooperative“ Gesamtschule Langwasser in Baracken an der Zugspitzstraße mit dem Unterricht. Das Lernen wird vereinfacht, vertieft und aufgefächert. Teamarbeit der Lehrer findet seine Entsprechung bei den Kindern. Es gibt Förder- und Eignungsgruppen, viele Fachräume und Assistenten, Ganztagsbetrieb und statt Hausaufgaben Arbeitsunterricht, Einzelstudium und Lernmaschinen, „horizontale Durchlässigkeit“ und eine ganze Portion Demokratie. Am 15. September 1975 wird der Grundstein für einen Neubau an der Bertolt-Brecht-Straße gelegt, der zwei Jahre später, am 25. September 1977, bezogen werden kann.

Nach zehn Jahren unter dem Direktorat von Paul Roller sieht die Bilanz positiv aus. Die bunte, verwirrende Vielfalt der Innenarchitektur des Neubaus mit Straßennamen für Gänge und Hallen verärgert zwar noch immer manchen der 140 Pädagogen, doch den etwa 1400 Schülern gefällt größtenteils die Landschaft der Nischen; von beiden Seiten, also allgemein, akzeptiert ist hingegen die der Pädagogik: In der ebenso lange wie vergeblich als „rote Kaderschmiede“ denunzierten Anstalt lohnt sich Leistung wieder.

Das belegt der Erfolg des Prinzips, wonach — wie Studiendirektor Hubertus Fritzsching schreibt — an die Stelle der „Sanktion“ (des Hinausprüfens) die „Gratifikation“ tritt (also die Möglichkeit repressionsfreier Selbstbestimmung und individueller Entfaltung). Die Leistung der Lehrer ist vielschichtige Wirklichkeit geworden. Dies beweisen die Ergebnisse. Im Jahre 1985 bestehen die ersten Abiturienten ihr Examen. Jetzt ergibt sich: In allen drei Stufen der GNL erreichen mehr Schüler einen qualifizierenden Abschluß als an anderen vergleichbaren Anstalten — und dies, obwohl die meisten Schüler aus relativ bildungsfernen Schichten, von Aussiedlern und Ausländern, kommen. Auch ihr zielstrebig ermutigter Leistungswille hat Erfolg. Das wird durch das wachsende Elterninteresse bestätigt: Für die GNL, die den Namen „Bertolt-Brecht-Schule“ erhalten hat, interessieren sich inzwischen Mütter und Väter aus allen Stadtteilen. Lange Wartelisten zeugen davon.

Auch sonst werden im Kulturleben der Stadt neue Akzente deutlich. Ihr Name: Besinnung. Sie gilt der Vergangenheit, um Perspektiven für die Zukunft zu gewinnen. So begegnet im April 1965 eine Auschwitz-Ausstellung allgemeiner Aufmerksamkeit, in der das Schicksal der jüdischen Mitbürger der Stadt der Nürnberger Gesetze dokumentiert wird. Auf das Interesse der kunstinteressierten Welt stößt 1971 das „Dürer-Jahr“. Zur Eröffnung am 5. Dezember 1970 finden sich nicht nur Münchens Ministerpräsident Alfons Goppel (CSU) ein und Bundestagsvizepräsident Carlo Schmid (SPD), sondern auch der Grafiker HAP Grieshaber, der den Dürerpreis der Stadt erhält. Am 2. April 1971 werden die Multi-Media-Schau „Noricama“ auf der Burg und das restaurierte Dürerhaus etwas darunter der Öffentlichkeit unterbreitet. Sechs Wochen später — zum 500. Geburtstag des Malers am 21. Mai — wird auch eine Festausstellung, mit 700 Werken des Nürnbergers aus aller Welt zusammengerufen, von Bundespräsident Gustav Heinemann (SPD) eröffnet. Doch das Festliche des Jahres 1971 zeigt auch eine Schmuddelseite. Mit überholt geglaubten Methoden wird in der Stadt eine Auseinandersetzung über das „Symposium Urbanum“ ausgetragen, jene Veranstaltung Nürnbergs zum Dürerjahr, die das Ziel verficht, moderne Kunst aus der Isolation der Museen, aus der Einsamkeit der Zirkel auf die Straße und damit ins Volk zu tragen. Von 700 Künstlern werden Vorschläge unterbreitet, 29 schließlich eingeladen, Objekte abzuliefern, die das Straßenbild bald bereichern. Finanziert wird das Unternehmen von der einheimischen Wirtschaft, die Patenschaften in Höhe von jeweils 25 000 Mark übernimmt. Die Stadt trägt nur für fünf Beispiele etwas bei.

Dann ist es soweit: In der Pfannenschmiedsgasse wird „Das Steinerne Rad“ des polnischen Künstlers Marian Bogusz aufgestellt, vor dem Rathaus „Der schwarze Stein“ von Karl Prantl; bei Sandoz auf der Deutschherrnwiese errichten Arbeiter mit Hilfe eines Krans eine 22 Meter hohe Stahlnadel, am Sterntor wecken in Stahlnetze gebettete Metallinsen Aufmerksamkeit. Spektakulärstes Objekt ist der aufgeblasene, riesige Zeigefinger der „Haus Rucker-Co“ am Flughafen, der nach Nürnberg und in die Zukunft weist.

Rasch erhebt sich Protest. Eine zum Nachdenken bereite Minderheit vermißt beim Symposium ein schlüssiges Gesamtkonzept und findet bei einzelnen Stücken keinen Zugang zum Kunstwerk. Lauter vernehmlich aber ist das Lärmen einer wütenden Mehrheit. Mit dem Schlagwort „Scharlatanerie“, das den in Verruf geratenen Ausdruck „Entartet“ nur mühsam kaschiert, zeigt sie an, daß ihr die ganze Richtung nicht paßt. Zunächst versucht man es mit der Lancierung einer Unwahrheit: die Stadt finanziere das Ganze mit einer Million, die andernorts fehle. In Wahrheit gibt Nürnberg nur 125 000 Mark aus. Schließlich dient als letztes „Argument“ — schon wieder — die nackte Gewalt. Unbekannte zerstören den „Zeigefinger“. Als mit Hilfe von Spenden für 25 000 Mark ein zweites Exemplar angeschafft ist, zeigen erneut Aktivisten, die sich anders nicht zu artikulieren vermögen, daß sie gegenüber Neuem nur eines kennen: das Dreinschlagen. Der mahnend erhobene Zeigefinger wird wieder abgestochen. Nürnberg, begriffen als Volk einer Stadt und Rat einer Stadt, bleibt stumm angesichts der Vernichtung einer freien Meinungsäußerung. Es wirkt auf viele bedrükkend: Ein Kunstwerk geht verloren, doch die tolerante Gesellschaft reagiert auf die Gewalt mit Resignation. Manche meinen Schlimmes zu ahnen, doch sie schweigen um des lieben Friedens willen, den sie durch ihr Verstummen herbeireden.

In dem neuen Verständnis von Schule und der wachsenden Bereitschaft, über die jüngere und auch die weiter zurückliegende Vergangenheit kritisch nachzudenken, offenbart sich ein oben bereits erwähntes, erstarkendes Bürgerbewußtsein, das überall in der Bundesrepublik Ende der 60er, Anfang der 70er Jahre zutage tritt. Es hat viele Wurzeln. Und es wird zum einflußreichen Merkmal der Entwicklung in den folgenden beiden Jahrzehnten auch in Nürnberg.

Den Anfang bildet ein allgemeines Unbehagen. So schön die Motorisierung war — sie hat viele Straßen der Stadt nahezu unbewohnbar gemacht. So Faszinierendes der Bauboom der 50er und 60er Jahre schuf — er brachte auch Betonburgen und Schlafzentren, und er tötete oft das Nachbarschaftsgefühl. So sorgsam die Verwaltung auch plante — manchen Verkehrsweg und manchen Abriß, manchen Neubau und manchen Kahlschlag hätten sich viele anders oder gar nicht gewünscht. Was zunächst — dies wird eine ebenso beliebte wie charakteristische Redewendung — „ein ungutes Gefühl" weckt, führt bald zu einem breiten Bewußtseinswandel. Man sucht nach Alternativen — auch dieses Wort erhält ein bisher nie gekanntes Gewicht. „Alternativ" will mancher nicht nur wohnen in anheimelnden, vor dem Abriß bewahrten Buden, und nicht nur sich kleiden (mit Gammellook statt Schick). Alternativ möchte man überhaupt leben (mit Hilfe von Bioläden voller Müsli und Körner), will man auch lesen (in Stadtteilblättern voll boshaftem Spott), alternativ sogar Kultur erleben und in Turnschuhen statt Pumps in die Oper gehen.

All dies an Ideen und Verhaltensweisen findet in Nürnberg seinen vielfältigen Ausdruck, wird aber natürlich nicht hier geboren. Die Anstöße kommen von außerhalb; die Anlässe bieten Alltag und Nachbarschaft der Stadt. In ganz Westeuropa (und darüber hinaus) treffen wir auf eine starke Zeitströmung, eine „neue Innerlichkeit", die unter Deutschen bald zu einer viel diskutierten „Gefühlskultur" gerinnt oder aufgemotzt wird. In Nürnberg setzt sich das um und fort in konkreten Schritten der Bewohner.

Bürgerinitiativen bilden sich in vielen Stadtteilen mit dem Ziel, das eine Vorhaben zu fördern (Beispiel: „Entschwefelt Sandreuth!") oder das andere zu verhindern (Beispiel: „Keine B2 neu!"). Das Wort „Basisdemokratie" macht die Runde, obwohl von den beiden Säulen der Demokratie — möglichst viel Freiheit vom Staat und zugleich möglichst viel Beteiligung des einzelnen am Staat — eigentlich nur die zweite jetzt etwas tragfähiger wird. In Nürnberg zeigt sich das zunächst im Städtebild, bald aber auch im kulturellen, weniger freilich im wirtschaftlichen Leben.

Am belastendsten sind Fahrzeuglärm und Abgase. Der Protest dagegen und der Ruf um Abhilfe lassen die Verwaltung handeln. Am 20. Oktober 1966 wird den Bürgern mit der Breiten und der Pfannenschmiedsgasse und der Südseite der Karolinenstraße der erste nur für Passanten zu Fuß offene Verkehrsbereich übergeben. Sechs Jahre später, ab 17. Oktober 1972, gibt es einen zweiten Bummel-Boulevard zwischen Lorenzkirche und Hauptmarkt, und nochmals zwei Jahre danach, am 17. Dezember 1974, hat auch der Süden eine Fußgängerzone — am Kopernikusplatz zwischen Wölckern- und Körnerstraße. Im folgenden Jahr werden Autos dann aus der Kaiserstraße verbannt. Später kommen immer mehr Straßenzüge dazu.

Bald macht auch die Bürgerinitiative von sich reden, die sich gar nicht so nennt — der Verein der „Altstadtfreunde", eine Bezeichnung, die noch zwei Jahrzehnte früher, in der Zeit des Abreißens der Trümmer und des Aufbauens, keine Furore gemacht hätte; denn „alt" galt als zu sehr mit „altmodisch" verwandt. Jetzt aber ist die Gefühlslage eine andere. Am 15. November 1973 stellt der Verein der Öffentlichkeit erstmals ein denkmalsgerecht erneuertes Haus vor — das Gebäude Weißgerbergasse 23 — und stößt auf herzliche Begeisterung. Im Jahr darauf beginnt die Organisation mit einer weitgefächerten „Öffentlichkeitsarbeit".

Das erste Hauptaugenmerk: Nach alten Zeugnissen werden typische Nürnberger Fassadenverzierungen, die sogenannten „Chörlein", restauriert oder neu konzipiert. Im Gegensatz etwa zu „Erkern", die aus dem gleichen Material wie die Wände geschaffen werden und aus Frontpartien herausgewachsen sind, setzt man die „Chörlein", schmucke Schnitzarbeit aus Holz, zur Zierde auf die Mauern drauf: ein absichtlicher Akzent. Außerdem veranstalten die Altstadtfreunde, sommersonntags, Führungen für Interessierte durch die neu erstandene Stadtkultur. Doch in dieser durchaus ehrenwerten Bemühung steckt auch eine „Subkultur" mit Schlips und Kragen, ein bißchen Revolte nach Vorschrift, ein steriles Hüsteln angesichts der „Erkältung" weiterer Stadtteile. In der Gegend beispielsweise westlich des Plärrers, in Gostenhof, findet sich ergänzende und brutalere Antwort. In diesem Viertel, das 1806 an Bayern fiel und 1825 an Nürnberg, das 1850 erstmals Juden in der Stadt Heimat gab, 1970 nicht nur über besonders viele abbruchreife Häuser verfügt, sondern auch — worüber noch zu handeln sein wird — über den höchsten Anteil an Arbeitslosen und Ausländern in der Stadt, stoßen die Widersprüche besonders hart aufeinander.

Wer immer hier etwas tut, macht es falsch. Nehmen wir die Sanierung durch die Stadt. Sie vernichtet Lebensräume der Ratten und die der gewachsenen nachbarschaftlichen Freundschaften, beseitigt den Schmutz und schafft Schmerz im Gefühlsleben. Und doch wird das „durchgehalten“, der Ärger der Bürger schwindet allmählich vor der „normativen Kraft des Faktischen“, wie der Rechtslehrer Robert Jellinek die Macht der Tatsachen schon vor einem halben Jahrhundert genannt hat. Oder nehmen wir das Engagement des einzelnen. In der Austraße 70, am Rande Gostenhofs, entwickelt sich etwas, was bald den ebenso unbestimmten wie vielerorts angesehenen inoffiziellen Titel „kulturökologische Nische“ erhält: das „Gostner Hoftheater“ — ein Ort für theatralischen Eifer und kulturelle Naivität. Kein Wegweiser, aber ein Standpunkt. Eine unbürgerliche „Bürgerinitiative“, die — bei wechselndem Publikum — über mehr als ein Jahrzehnt Bestand gewinnt.

Noch weiß niemand, welchen Namen die neue Stadtkultur tragen oder sich anmaßen wird — doch die Verwaltung der Stadt Nürnberg will nicht allein als bremsende dastehen. Kulturreferent Hermann Glaser, als Wissenschaftler inzwischen in der ganzen Republik respektiert, sorgt sich, daß der — seiner selbst bewußt gewordene — Bürger Wege zur Kultur findet.

Im Jahre 1973, als der wirtschaftliche Zweig des vielfächrigen neuen Bürgerbewußtseins auch zur Einrichtung eines Verbraucherzentrums in Nürnberg führt, zum ersten Beratungsinstitut dieser Art in der Bundesrepublik überhaupt, entdeckt man beim Blick auf die Kultur wegweisende Akzente. Die Stadt des Schusters Hans Sachs, dem man die Fähigkeit des „Dichtens“ nachzurühmen nicht aufhört, veranstaltet das erste „Bardentreffen“ — die musikalische Begegnung junger Menschen, für die eine Gitarre ein Mittelding ist zwischen Musikinstrument und Weltanschauung. Ein Jahr danach, am 4. Januar 1974, wird am südlichen Eingangstor des — den Prophezeiungen von 1945 zum Trotz — wiedererstandenen „Schatzkästleins“ im Künstlerhaus an der Königstraße das „Kommunikationszentrum“ eröffnet mit dem appellativen Kürzel „KOMM“.

Im übrigen zeigt die Verwaltung Initiativen in den Stadtvierteln, wobei der gern hochgestochen dozierende Hermann Glaser seine Sympathie für den schlichteren Bürger besonders belegt: In der Absicht, dem gering Gebildeten die Schwellenangst vor Kulturpalästen wie Oper und Schauspielhaus, Kunsthalle und „Germanischem“ zu nehmen, trägt er „Kultur“ in die Stadtteile: Am 2. Dezember 1975 wird der „Kulturladen Süd“ in der Rothenburger Straße eröffnet — ein „Begegnungszentrum neuen Typus“. Denn hier geht es nicht darum, daß der einzelne nur zuhören und zuschauen, nur etwas anderes (geistig) konsumieren, rezipieren kann, sondern daß er — auch ein werdendes Modewort — kreativ werde, daß er etwas entwerfe, also „selber was macht".

Die wirtschaftliche Entwicklung der Stadt und in der Stadt von 1966 bis 1975, also in diesem „Jahrzehnt der Verinnerlichung", das in Umrissen vielleicht sichtbar geworden ist, zeichnet sich durch zwei deutliche Brüche aus. Im ersten Fall handelt es sich um die fortschreitende Expansion der Betriebe einerseits und um die gleichzeitige, durch zunehmenden Automatisierung verursachte Entfremdung des einzelnen von seiner Arbeit andererseits. Die zweite widerspruchsvolle Entwicklung ist der — durch wachsende Personalnot der Firmen — verursachte Zustrom von Ausländern vor allem aus Südeuropa, der zusammenfällt mit zwei ersten Rezessionen im Jahre 1967 und — nach rascher Erholung — als „Ölschock" 1973, die beide zu einem Überfluß an Arbeitskräften führen.

Halten wir uns zunächst einige wichtige Daten vor, die die Aufwärtsentwicklung, aber auch die Brüche belegen. Am 13. April 1966 liefert Siemens-Schuckert den bisher größten Trafo der Franken AG für das Großkraftwerk Frauenaurach; am 5. Oktober 1967 bezieht Quelle einen neuen Kaufhaustrakt, kurz vor Weihnachten wird in der Münchener Straße das Esso Motor Hotel fertig. Dann wirkt sich das Konjunkturtal auf den städtischen Erfolgskalender aus: Er verzeichnet für 1968 nicht ein einziges bedeutsames Bauwerk. Anders die folgenden Jahre. Nach siebenmonatigem Umbau präsentiert sich der Kaufhof am 4. September 1969 als das modernste Warenhaus Nordbayerns. Auch als Messeplatz — Stichworte: Spielzeug, Consumenta, Erfinder — wird Nürnberg aufnahmebereiter. Am 15. September 1970 beschließt der Stadtrat die Errichtung eines neuen Messegeländes an der Karl-Schönleben-Straße. Nach gut einem Jahr, am 6. Dezember 1971, wird auf dem Areal zwischen Neuselsbrunn und dem Volkspark am Dutzendteich der Grundstein gelegt, am 9. Juni 1972 Richtfest gefeiert und 1973 das vielgestaltige Bauwerk eingeweiht.

Dazwischen liegen immer wieder Erfolgsmeldungen aus einzelnen Wirtschaftszweigen. Am 20. Juli 1971 feiert die Trafo-Union Richtfest für ein neues Großtransformatorenwerk; am 6. Juni 1972 setzt „Datev", die auf dem Gelände der ehemaligen Schraubenfabrik entstandene Datenverarbeitungsorganisation der Steuerberater, einen der größten Elektronenrechner der Welt in Betrieb — damit einer technologischen Ent-

wicklung Rechnung tragend, die in den kommenden Jahrzehnten zu einem stürmischen, zeitweise gar revolutionären Wandel unseres Wirtschafts- und Lebensalltags führen wird.
Im Krisenjahr 1973 wird nur noch in Langwasser Richtfest gefeiert für das Großlabor von Foto-Quelle. Im übrigen stagniert die Wirtschaft auch im nächsten Jahr. Erst am 22. Februar 1975 bezieht die Sparkasse einen nach Osten angegliederten Erweiterungsbau in der Lorenzer Straße mit einem Brückenpassagegang über die Theatergasse; am 1. November 1975 hat Hertie seine Tiefgarage unter dem Kornmarkt fertig, die eine wichtige verkehrspolitische Aufgabe erfüllt. Die Sandoz AG, die ein Jahrzehnt danach, 1986, wegen der Verseuchung des Rheins beim Mutterunternehmen in Basel ins Gerede kommen wird, errichtet am 2. Dezember 1975 im Hafengelände einen Betrieb für Immunbiologie und sorgt damit in doppelter Hinsicht für Aufmerksamkeit: Die Firma erweist sich — mit ihrer Nürnberger Dependance — als Bayerns wichtigster Pharmaproduzent und belegt mit der Wahl des Orts die Richtigkeit der Entscheidung der Stadt, das Hafengebiet für Industrieinitiativen bereitzustellen.
Daß in Zeiten von Schwierigkeiten auch das regulierende Eingreifen des Wirtschaftsreferenten einer Stadtverwaltung das Ausufern der Probleme bremsen kann, läßt sich am Beispiel Nürnberg gut ablesen. Wilhelm Doni erkennt schon früh den Wandel in der Arbeitswelt. Den Bedeutungsverlust der traditionellen Facharbeitertätigkeit und den Einzug der Automaten, den Übergang also vom blauen zum weißen Mantel oder von der Maschinenbedienung zum Warten auf den Störfall, überdenkt er ebenso wie einen Änderungsprozeß in der Gefühlswelt des all dem unterworfenen Menschen. Seine innere und äußerliche Entfernung vom Produkt, die zu Unzufriedenheit und fortschreitendem Jobdenken führt, aber auch zum Reputationsverlust für „Made in Germany“ und zur Gründung von „alternativen“ Produktions- und Dienstleistungsbetrieben, ist auf örtlicher Ebene nicht zu steuern. Aber infrastrukturelle Stützen zur Vermenschlichung der Arbeitswelt kann sie anbieten. Dies geschieht nicht ohne Erfolg.
Das eine Stichwort heißt „Konzentration der Kräfte“. Datev übernimmt in der 70er Jahren die renommierte Firma „Schuco“. Im Trafobereich fusionieren Siemens und AEG. Sie wollten ursprünglich am Neckar bauen, können aber davon überzeugt werden, daß der an den Kanal gebundene Hafen einen günstigen Standort für Schwerstgüter bietet. So

entsteht hier die größte Trafo-Prüfstation. Auch MAN „hängt“ an dem, was man eine „Schwerstguttrasse“ nennt.
Aber es gibt auch entgegengesetzte Tendenzen. Negativ für Nürnberg verläuft die Neugliederung des Siemenskonzerns. Schuckert fällt der Konzeptionsänderung zum Opfer, und die Stadt ist von nun an lediglich Werksstandort. Im November 1973, dem Jahr der radikalen Erhöhung der Weltölpreise, zeigen sich erste große Probleme in herkömmlichen Industriestrukturen. Beim Zählerwerk Siemens und anderen traditionellen Betrieben stagniert das Wachstum. Die Zahl der Beschäftigten in Nürnberg sinkt, die Arbeitslosenquote, 1973 zunächst auf drei bis vier Prozent gestiegen und danach vorübergehend etwas gesunken, erreicht in der zweiten Hälfte der 70er Jahre bedenkliche Höhen.
Dies führt zu besonderen Problemen bei den ausländischen Arbeitnehmern und ihren Familienangehörigen, die auch in Nürnberg Zukunft suchen und bisher auch finden. Die Anfänge der Massenwanderung liegen bereits Ende der 50er Jahre. Als der Arbeitskräftemangel steigt und die Quote der Brotlosen unter ein Prozent sinkt, als — wie sich Wilhelm Doni erinnert — die Industrie- und Handelskammer die in Nürnberg herrschenden großen Bedenken gegen neue Industrieansiedlungen äußert, weil es keine Menschen dafür mehr gebe und weitere Gründungen den Kampf um die vorhandenen Kräfte verschärfen müßten, erscheint den Verantwortlichen das Hereinholen von Südeuropäern als beste Lösung. Über die Anfänge und das Anschwellen des Zustroms in den 60er Jahren gibt es für Nürnberg verläßliche Ziffern nicht. Für die Bundesrepublik wird, wie das Jahrbuch der Bundesrepublik ausweist, ein Anstieg von 110 000 im Jahre 1957 auf 1,3 Millionen Ende Juni 1966 verzeichnet und 1970 ein weiteres Anwachsen auf drei Millionen registriert. Aus den seit 1968 im zweijährigen Abstand dem Stadtrat zu erstattenden Wirtschaftsberichten geht hervor, daß Ende März 1971 in Nürnberg 23 969 Ausländer gemeldet sind; Ende Januar 1973 sind es schon 48 215. Der Wirtschaftsbericht vermerkt: „Dies dürfte auf verstärktes Nachziehen der Familien mit nicht erwerbstätigen Angehörigen zurückzuführen sein.“ In einer Gesamteinwohnerzahl von 501 323 am 31. August 1975 sind 49 763 Fremde enthalten: „Der Ausländeranteil beträgt demnach rund zehn Prozent“, sagt das Wirtschaftsreferat dazu.
Die Umgangssprache findet für diesen Kreis von Ausländern den Ausdruck „Gastarbeiter“ — ein etwas irreführender Terminus. Denn Gäste

beherbergt und bewirtet man gewöhnlich gerne, und sie pflegen sich nach einiger Zeit wieder zu verabschieden. Manche aber von den Fremden finden außer Arbeit in Nürnberg auch ihr „Lebensumfeld" mit Wohnung und Freunden, Vereinen und Lebenspartnern. Sie sprechen — vor allem, wenn sie jung sind — bald gewandter fränkisch als anatolisch, schlagen hier Wurzeln, neigen zum Verweilen, zumal ihre „Heimat" ihnen kein Auskommen verheißen kann, während sie hier — von der Rezession aus dem Arbeitsverhältnis vertrieben — immer noch einen Gemüseladen oder ein Restaurant, ein Elektrogeschäft oder Reisebüro eröffnen können.

Durch diese Entwicklung wandelt sich Nürnberg. Wie die große Halle des Hauptbahnhofs, die in allen Großstädten zum Ort der Begegnung, zu einer Art „Marktplatz im Exil" wird, ändert ein Stadtteil, der über besonders viele alte, also billige Mietkasernen verfügt, sein Antlitz: Gostenhof. Hier liegt der Ausländeranteil bald, wie eine Untersuchung behauptet, bei 26 Prozent, oder gar, wie andere Quellen besagen, bei 37 Prozent: ähnlich viele Menschen fremder Zunge beherbergen nur noch Gibitzenhof und Schweinau. Ernst Kulcsar belegt ein Jahrzehnt später die Bedeutung dieser Entwicklung in einer Broschüre des Centrums Industriekultur am Beispiel der Fürther Straße. Von den im Jahre 1985 amtlich gemeldeten 3317 Einwohnern sind 860 Ausländer; von den 111 Geschäften werden zwölf von Zuwanderern — meist von Griechen — geführt; in neun der 24 Gaststätten kann der Gast Genüsse aus der Ferne, vor allem aus Italien, zu sich nehmen.

Dieser Wandel in einigen Gegenden Nürnbergs bringt für die Stadt in ihrer Gänze eine Fülle neuer Probleme und eine Vielzahl bisher unbekannter Konflikte. Neben der verständlichen Reserviertheit älterer Nürnberger, die freilich nur gelegentlich zu ausländerfeindlichen Exzessen ausartet und darum das Grundklima der Toleranz der einst Freien Reichsstadt nicht anzurühren vermag, drohen auch Gefahren des Mißverständnisses innerhalb der verschiedenen Ausländergruppen. Früh bemüht man sich daher darum, die Fremden zusammenzuführen. Schon 1961 wird in Nürnberg ein Verein zur Freizeitgestaltung der hier lebenden 2500 Spanier gegründet, das „Centro Espagnol". Auch das religiöse Bekenntnis kann Bindung bieten. Daher pachtet zum Beispiel 1970 die griechisch-orthodoxe Kirche, zu der in Nürnberg 7500 Gläubige zählen, von der evangelischen Epiphanias-Christi-Kirche eine im Hinterhof des Grundstückes Fürther Straße 166 gelegene kleine Kirche

113. Neue Schaltstelle des Handels: der Staatshafen

114. Das andere Langwasser: Reihe von Wohntürmen

115. Innerstädtische Idylle in der Königstraße

116. Norisring-Rennen auf dem ehemaligen Parteitagsgelände

mit 200 Plätzen. Der Stadtrat ergänzt diese Initiativen durch eine Entscheidung, die Harmonie durch Behebung der Widersprüche zum Gegenstand hat: Am 25. April 1973 wird für Nürnberg als erster Stadt der Bundesrepublik ein Ausländerbeirat geschaffen, dem beratende Funktion zukommen soll.

Das Jahrzehnt von 1966 bis 1975 bringt den Nürnbergern auch Berührungen mit politischem Fanatismus, mit ganz gewöhnlicher Kriminalität und — trotz all dem — freilich auch mit einigem das Gemüt Erfreuenden. Die damals neueste Erpressungsmethode ist die Flugzeugentführung. Am 12. Juni 1970 folgen diesem kriminellen Modetrend acht Tschechoslowaken, die eine Maschine zur Landung auf dem Flugplatz im Knoblauchsland nötigen und hier um Asyl bitten. Ein Vierteljahr später, am 16. September, werden sie zu Freiheitsentzug bis zu $2^1/_2$ Jahren verurteilt.

Politischen Fanatismus offenbart seit Anfang der 70er Jahre die „Wehrsport“-Bande des 1937 in Nürnberg geborenen Karl-Heinz Hoffmann. Der in Thüringen aufgewachsene Sohn eines Wehrmachtoffiziers zieht mit einer Gruppe aufgelesener, uniformierter Jugendlicher durch Frankens Felder, drillt den Trupp militärisch und indoktriniert ihn auf raffiniert-verdeckte Weise mit neofaschistischen „Ideen“. Im Januar 1974 wird die 13köpfige Gruppe aus Unbelehrten und Unbelehrbaren bei einem Privatmanöver mit ihrem Boß eingesammelt. Doch anderthalb Jahre später — Anfang Juli 1975 — spricht ein Nürnberger Schöffengericht den — wie Hitler in frühen Jahren als Anstreicher oder Schildermaler aktiven — politischen Fanatiker frei: Uniformtragen sei nur verboten, wenn die Angeklagten eine gemeinsame Gesinnung eine; und diese Gemeinsamkeit im Geist konnte die Justiz nicht finden.

Der Erfolg vor Gericht gibt Hoffmann Mut. Er ärgert sich darum auch nicht lange, als ihm die Stadt den Mietvertrag für Schloß Almoshof kündigt, sondern macht Schloß Ermreuth bei Neunkirchen am Brand zu seiner Zentrale. Um neue Anhänger und damit Ansehen und Macht zu gewinnen, lenkt er die Aufmerksamkeit der internationalen Presse auf die „Geländespiele“ seiner Mitläufer in SS-ähnlichen Uniformen. Einer deutschen Wochenzeitung sagt er 1974: „Für den Gang zur Wahl sind mir die Schuhsohlen zu schade“; der italienischen Illustrierten „Oggi“ versichert er 1977: „Eine Demokratie ist impotent; eine Diktatur, die den richtigen Mann an der Spitze hat, kann für ein Volk alles tun.“

Als immer deutlicher wird, daß sich Hoffmann selbst für diesen „richti-

gen Mann" hält, der Pläne für Anschläge auf US-Einheiten und Ölraffinerien entwickelt und für den Umsturz durch Unterwanderung der Bundeswehr, verbietet Bundesinnenminister Gerhart Baum am 30. Januar 1980 die „Wehrsportgruppe (WSG) Hoffmann". Der Trupp taucht in die Illegalität ab und wird — als „WSG Ausland" — in den Libanon geschleust. Hier errichtet Hoffmann im Lager Bir Hassan bei Beirut ein Terrorregime mit drakonischem Drill, quälenden Schikanen und brutalen Prügeleien. Sein Freund und Vertreter Uwe Behrendt erschießt am 19. Dezember 1980 in Erlangen den jüdischen Verleger Schlomo Lewin und dessen Freundin Frida Poeschke. Hoffmann verbrennt die Kleider des Mörders und verhilft ihm zur Flucht in den Libanon. Dort beginnen geschundene Bandenmitglieder zu revoltieren. Als Geflohene erste Einzelheiten über die Grausamkeiten berichten, greift sich die Polizei Hoffmann am 16. Juni 1981 auf dem Flughafen Frankfurt.
Nach dreijährigen Ermittlungen wird ihm vom 12. September 1984 bis zum 30. Juni 1986 vor dem Nürnberger Schwurgericht der Prozeß gemacht. In der fast zweijährigen Verhandlung kann dem mittlerweile 48jährigen am Ende nicht nachgewiesen werden, daß er Behrendt den Erlanger Mord befahl. Wegen der Folterungen aber, die für einen seiner unbedarften Freiwilligen tödlich, für einen anderen mit geistiger Verwirrung enden, erhält der fanatische Neofaschist neuneinhalb Jahre Freiheitsstrafe.
Der Tiergarten steht in jenen Jahren ebenfalls wieder im Blickpunkt. Nachdem am 28. Juli 1966 ein neues Gehege für Wisente eingerichtet wurde, ist die Anlage zu Füßen des Schmausenbucks im August 1971 um eine ungewöhnliche Attraktion reicher: Nach knapp eineinhalbjähriger Bauzeit wird zwischen Affen- und Nilpferdhaus das für drei Millionen Mark errichtete Delphinarium der Bevölkerung übergeben. Seither bieten Berichte über Nachwuchs oder Todesfälle unter den schnellen Meeresgeschöpfen immer wieder Gesprächsstoff für die tierliebenden Nürnberger.
Nach dieser Dekade des politisch-kulturellen Umbruchs mit der Entwicklung einer neuen Bürgermentalität erlebt die Stadt im vierten Nachkriegsabschnitt, also den anderthalb Jahrzehnten von 1975 bis Ende 1989, ein Phase ernsthafter Prüfungen. Die neuen soziologischen Strukturen etablieren sich neben den bestehenden, und es entsteht ein gesellschaftlicher Dualismus in Nürnberg, der viel Spannung in die Stadt bringt, aber auch Fruchtbares. Da auf die „neuen Fragen" jetzt

auch „neue Antworten" erteilt werden, kann man am Ende des erwähnten Abschnitts von einer Phase der Konsolidierung sprechen, einer beginnenden Symbiose verschiedener Interessen und von einem neu gewonnenen Frieden. Um die Bedeutung dieser Jahre zu erkennen und ihr wegweisendes Maß, muß nur an die kommunalpolitischen Eckpositionen erinnert werden.

Den Anfang bildet das neue Bewußtsein einer signifikanten Zahl von Bürgern. Aber bis sich daraus eine politische Kraft formiert, vergehen Jahre. Die erste Fußgängerzone, Symbol des manifest gewordenen Umweltbewußtseins, entsteht 1966; die Partei der „Grünen", das politische Organisationsschema jener Bürger, für die Umweltschutz wichtiger ist als alle anderen Fragen, findet sich in Nürnberg aber erst im Oktober 1979 zusammen — und auch dann liegt noch keine Satzung vor, kommen die Gründer aus rechten, linken und unpolitischen Bünden. Im Stadtrat sind sie jahrelang durch eine Frau und zwei Männer vertreten, von denen der eine aus der FDP kommt, als die Partei dem sozialliberalen Kurs in Bonn abschwört, und der andere aus der SPD, deren Linie der Betroffene nicht mehr folgen will.

Gegen Ende dieser kommunalpolitischen Epoche steht im Herbst 1987 die Entscheidung über den Nachfolger Andreas Urschlechters als Oberbürgermeister. In der Stichwahl zwischen Günther Beckstein (CSU) und Peter Schönlein (SPD) siegt am 8. November der 48jährige Altphilologe. Schönlein, der die Fraktion seiner Partei seit 1978 leitet und eint, gewinnt das Rennen um den Platz auf dem Chefsessel im Rathaus, da sich von 236 931 Nürnberger Wählern für ihn 135 841 entscheiden — also 57,6 Prozent. Beim ersten Wahlgang, drei Wochen zuvor, hat der sozialdemokratische Oberstudienrat „nur" 49,8 Prozent der Bürger für sich gewinnen können — 391 Nürnberger zu wenig, um die Stadt auf Anhieb für sich zu „erobern". Außer dem Rechtsanwalt Beckstein, einem 44jährigen Landtagsabgeordneten von der CSU, sind — obwohl von Anfang an chancenlos — fünf weitere Konkurrenten pro forma angetreten. Sophie Rieger (von den Grünen) verbucht 3,2 Prozent für sich, Utz Ulrich (FDP) 1,2, Franz Fischer (Republikaner) 1,7 von 100. Für einen bürgerlichen Ökologen und eine Kommunistin wollen sich nicht einmal ein halbes Prozent entscheiden.

Zu den Prüfungen Nürnbergs gehört es, daß die Stadt ihr „Image" neu konzipieren und schließlich fortschreiben muß. In Zeiten der Massengesellschaft können Butzenscheibenromantik und Christkindlesmarkt,

Bratwurst und Lebkuchen allein keine prägenden Elemente mehr sein; sie geraten eher in die Gefahr, zu Klischees zu degenerieren. Nürnberg lernt, seine Gemütlichkeit mit Zurückhaltung zu tragen.
Das Hauptproblem wird zur täglichen Aufgabe: Die vollmotorisierte Stadt ringt nach Luft. Also wird dem individuellen Autoverkehr zwar noch Raum verschafft, dem Massentransporter U-Bahn aber Vorfahrt eingeräumt. Mit großer Energie wird sie weiter unter Nürnberg hindurchgetrieben. Am 22. Juli 1976 ist der Stollen von der Lorenzkirche zum Weißen Turm durchgestochen, zwei Wochen danach beginnt der Weiterbau der U 1 vom Plärrer nach Fürth, am 27. August 1977 der für die U 2 vom Plärrer zur Hohen Marter.
Wieder ein Jahr danach ist manches fertig. Am 28. Januar 1978 wird der Verkehr der U 1 vom Aufseßplatz über den Hauptbahnhof zum Weißen Turm freigegeben, im Sommer sind Mittelhalle und Kuppel des Hauptbahnhofs vollendet, ist auch die Wasserorgel im U-Bahnhof Lorenzkirche zu bestaunen. Für die Stammlinie 1 erreicht der Tunnelbau 1979 Eberhardshof; ab 1980 fahren die roten Schienenflitzer bis Bärenschanze, 1982 bis zur Fürther Jakobinenstraße, 1984 auf der U 2 bis zur Rothenburger Straße.
Doch in den folgenden Jahren, da die schnelle Verbindung im Westen bis zum Fürther Hauptbahnhof, im Südwesten bis zur Hohen Marter reicht und die U 2 nach Norden über den Rathenauplatz hinaus begonnen wird, wachsen Widerstände. Im Jahre 1987, als auch schon eine große U 3 von Thon über den Plärrer zum Dutzendteich und nach Zerzabelshof projektiert wird, gilt die U-Bahn manchen als zu aufwendig im Bau (Beispiel: Bahnhof Prinzregentenufer) und als zu unbequem wegen der weit voneinander entfernten Stationen. Doch die Stadtverwaltung setzt unbeirrt weiter auf das umweltfreundliche Konzept.
Dies erweist sich auch darum als richtig, weil die einzige Alternative dazu — die Erweiterung des vorhandenen Netzes öffentlicher Verkehrswege — allmählich an ihre Grenzen stößt. Viel Mühe macht man sich mit dem Mittleren Ring, der im Süden bereits von der Bayern- und Franken-, der Ulmen- und der Nopitschstraße gebildet wird und im Westen über Gustav-Adolf- und Von-der-Tann- bis zur Maximilianstraße reicht. Am 1. Oktober 1976 wird im Nordosten für die große Entlastungsstrecke ein städtebaulicher Akzent gesetzt: Zwischen Ostend- und Äußerer Sulzbacher Straße ist die Gustav-Heinemann-Brücke über einen Ausläufer des Wöhrder Sees fertig. Eine Woche danach ergänzt

man das Konzept im Nordwesten durch die Freigabe einer ersten Fahrbahn zwischen Lerchenbühl und Vogelherdstraße. Am 16. Dezember 1978 schließlich wird das Konzept vorerst abgeschlossen durch Vollendung des Nordrings zwischen Bucher und Schopenhauerstraße. Ein ungelöstes Problem bleibt für den Ring nur noch das Konzept der Ben-Gurion-Straße im Osten.

Die letzten größeren Straßenbauvorhaben sind die Südwesttangente und der Frankenschnellweg. Für beide wird der 5. November 1976 zum entscheidenden Datum. An diesem Tag wird nicht nur das Tangententeilstück von der Rothenburger zur Hügelstraße dem Verkehr überlassen, sondern dem Frankenschnellweg, der von Erlangen herangeführt wird, die Öffnung nach Süden ermöglicht durch Fertigstellung einer vierspurigen Verbindung von den „Rampen" bis zur Hafenstraße und Finkenbrunn.

Noch nach einem Jahrzehnt freilich streitet man sich im Stadtrat, ob es hilfreich wäre, die Kreuzungen dieser Nord-Süd-Stadtautobahn mit der Rothenburger und der Schwabacher Straße zu überbrücken. Entscheidende Verbesserungen wären davon wohl nur bedingt zu erwarten, da das gesamte Nürnberger Straßennetz inzwischen an der Grenze seiner Aufnahmefähigkeit angelangt ist. Erstmals deutlich demonstriert wird das am Nachmittag des 4. Mai 1987, als es — wegen verschiedener Baustellen — vier Stunden lang auf allen Altstadt- und Einfallstraßen zu einem totalen Verkehrsstillstand kommt.

Im übrigen wird die Stadtentwicklung in diesen anderthalb Jahrzehnten (1975 bis Ende 1989) gekennzeichnet durch eine Vielzahl kleiner und einiger weniger großer Hochbaumaßnahmen. Am 17. November 1976 wird mit dem Wiederaufbau des Katharinenklosters begonnen. Im folgenden Jahr fängt man mit dem Ausbau der Fußgängerzone am Ludwigsplatz an; in dem schon fertigen Bereich in der Kaiserstraße wird am 18. Juni 1977 ein von dem Erlanger Helmut Lederer angefertigter kupferner „Schalenkaskadenbrunnen" aufgestellt — von den Nürnbergern in fränkischer Verknappung bald „Schüsselasbrunnen" genannt. Ein anderer ist im Jahre 1984 monatelang Gegenstand bitterer öffentlicher Dispute: der monumentale Brunnen des Braunschweiger Professors Jürgen Weber mit dem Titel „Das Ehekarussell". Die figurenreiche Darstellung nach einem Gedicht des „Schusterpoeten" Hans Sachs, dessen 400. Todestag man 1976 allenthalben feiert, findet ihren Platz östlich vom „Weißen Turm". Am 12. Juli 1976 wird an der Hansastraße im Südwesten der Grundstein für Bayerns höchstes Bauwerk gelegt — für den Fernmeldeturm, dessen Drehrestaurant in luftiger Höhe freilich wegen der ungünstigen Lage kaum erfolgreich bewirtschaftet werden kann.

Eine städtebauliche Meisterleistung von wegweisender Kraft gelang der Verwaltung Anfang der 80er mit der „Nachbarschaft Paula" im Norden Langwassers. Der anheimelnde Altstadtstil Nürnbergs mit nachbarschaftlicher Nähe und vertrauten Winkeln wird kombiniert mit den Möglichkeiten des Wohnens im Grünen. Was hier etwa 3000 Bürger als Alltag erleben und Delegationen von Stadtarchitekten zu bestaunen und zu rühmen nicht müde werden, ist das Resultat vielfachen Nachdenkens. Wie in der Innenstadt wohnt man hier, ohne lange Wege gehen zu müssen zum Einkaufen; außer Sonderfahrzeugen stört kein Verkehr die Wohnstraßen, über die hinweg die Bürger einander leicht begegnen, wenn sie wollen, in denen aber Nischen auch vor Kontakt bewahren, wenn man ihn meiden möchte. Lästigem Lärm von Autos ist man kaum ausgesetzt, doch der Weg zum Zentrum über die U-Bahn ist nahe. Die Fassaden sind in den Rot-Braun-Tönen des Nürnberger Sandsteins gehalten; Müllbehälter und Freizeiteinrichtungen sind unauffällig in den oft überdachten Fußgängerwegen untergebracht, und wer zu ebener Erde wohnt, lebt über Terrassen im Grünen: Nach fast zehn Jahren zeigen sich die Bewohner über die Maßen glücklich.

Probleme hingegen hat die Stadt mit überkommenen Bauten einige Kilometer weiter nördlich. Der Kongreßhallentorso, ein hufeisenförmiges, unvollendetes Relikt des Hitlerismus am Dutzendteich, ist nach den dutzend Jahren des Nazireichs immer wieder Gegenstand städtischer Verlegenheiten. Von einem Versandhaus und vom Land Bayern kassiert die Stadt Miete, in einem Flügel proben — schallgeschützt — die Symphoniker, doch was aus dem im Innern über 400 Meter langen Rundbau endgültig werden wird, weiß niemand. Den Ideen von einigen Geschäftsleuten, den gigantomanischen Komplex flott herzurichten zu einem Freizeit- und Konsumzentrum von distinguiertem Format, stehen Bedenken geschichtsbewußter Bürger entgegen, die im systematischen Verfall der von Stacheldraht eingesäumten Kolossalbauten und im Liegenlassen eines einzigen Trümmerhaufens einen über das Symbolische des Anblicks hinausreichenden Sinn sähen.

Die maßgebenden Kräfte des Wirtschaftslebens orientieren sich freilich in diesen von der nur schwer schwindenden Rezession geprägten anderthalb Jahrzehnten an anderen Aufgaben. Das große Thema heißt: Umstrukturierung der Wirtschaft. Wer die städtischen Statistiken studiert, findet freilich in der zweiten Hälfte der 70er Jahre einige Erfolge vor allem im Bereich des Handels verzeichnet, die die allgemeinen Schwierigkeiten jener Zeit eher verschleiern. Am 1. April 1976 stellt die Eisfabrik Linde in Langwasser ein modernes Kühlhaus vor; der Unternehmer E. W. Schmidt eröffnet nach seinem Supermarkt in Schweinau am 7. April 1976 einen ähnlichen Einkaufsplatz in Mögeldorf und bezieht einige Jahre danach seine zentrale Filiale „Kaufmarkt“ am Plärrer. Am 5. Oktober 1978 eröffnet Karstadt, bisher nur im Einkaufszentrum Langwasser vertreten, seine geschmackvolle Glitzerwelt in einem ebenso vielgestaltigen wie harmonisch dem Stadtbild eingefügten großen Haus gegenüber der Lorenzkirche. Daß das Bauwerk mit Nürnbergs U-Bahn-System verflochten ist, hat über das Funktionale hinaus symbolische Bedeutung; daß das Unternehmen zugleich eine zweite zentrale Tiefgarage auf der Insel Schütt schafft, ermöglicht eine Neugestaltung der dortigen Freizeitlandschaft. Am 26. September 1979 erweitert das Frankenzentrum Langwasser seinen „Großbazar“ mit 100 Fachgeschäften.

Im Bereich des Handwerks allerdings sieht es in der zweiten Hälfte der 70er Jahre gar nicht günstig aus. Der Wirtschaftsbericht der Stadt für 1977 besagt, daß die Zahl der Betriebe in den letzten beiden Jahren um 4,2 Prozent auf 4389 sank. Die Zahl der Beschäftigten stieg jedoch — ein Beleg für die starken Konzentrationstendenzen auch in diesem Bereich. Im Wirtschaftsbericht wird das mit dem Hinweis auf die „besonders auffallend ... hohe Zahl von Filialgründungen“ eher verharmlost als beschrieben.

Ähnliches gilt für die Industrie. MAN leidet Not, stellt ganze Fertigungszweige ein. Auch AEG, wo man einen tiefen Einbruch hinnehmen und Vergleich anmelden muß, hat schwere Zeiten zu überstehen. In den Jahren 1982 und 1983 liegt die Arbeitslosenquote in Nürnberg über zehn Prozent. Die — nach München abgewanderten — Zündappwerke fahren 1984 geradewegs in den Konkurs; bei Hercules, dem einzigen „Zweirad-Überlebenden“, sinkt der Umsatz von 153 Millionen 1983 auf 124 Millionen im folgenden Jahr. Während man früher optimistisch „auf Halde“ fabrizierte, gilt jetzt der Grundsatz der Auftragsproduktion.

Ganz allmählich scheint sich in den Jahren 1986/87 nach Überzeugung des städtischen Planungsreferenten Wilhelm Doni ein Wandel anzubahnen: „Es hat sich ein neues Bild der Wirtschafts- und Industriestruktur herausgebildet, das günstige Aspekte verspricht." Als Beispiele bietet Doni Datev mit beachtlichem Wachstum, Siemens mit dem Unternehmensstandort in Moorenbrunn und Grundig mit der Fertigungskonzentration auf Langwasser, einer erweiterten Produktpalette und dem Wiederaufstieg in die Gewinnzone.

Als Ursachen nennt er erstens den Verzicht auf „Dinge, die überholt sind", zweitens die Orientierung auf alles, was mit der Mikroelektronik zu tun hat und drittens eine neue Form des Wirtschaftens, die alle technischen Möglichkeiten inkorporiert und vor allem das Verhältnis zur Umwelt ändert. Eine junge Managergeneration beginnt nach neuen Wegen zu suchen — mehr mit der Natur und ihren Kräften als gegen sie. Die Hinwendung zu sanfteren technischen Strukturen auf elektronischer Basis und Umstellungen bei der Stoffwahl mit dem Ziel, weniger Abwasser und weniger Müll zu verursachen, hat handfeste marktwirtschaftliche Gründe: Alles andere würde zu teuer. Doni: „Aber die Reifezeit für einen Wandel ist lang. Das wissen die Grünen nicht."

Ein gemeinsam mit der Landesgewerbeanstalt 1984 entwickeltes Projekt „Primärer Umweltschutz" gibt der Stadtverwaltung die Möglichkeit, durch Zuschüsse für Betriebsverlagerungen oder Neukonzeptionen das Niveau der Nürnberger Wirtschaft zu heben und zugleich für gesündere Lebens- und Arbeitsmöglichkeiten zu sorgen. Als Beispiele aus einer reichen Liste von Unternehmen nennt Doni eine in der Nopitschstraße angesiedelte Firma (Alka) mit Anlagen zur Vermeidung oder zur Wiederverwendung von Schadstoffen und die „Gesellschaft für Elektrometallurgie" in der Höfener Straße, Europas größter Hersteller von Zusätzen für Edelstahl — als eine Art „High-Tech-Spezialhütte".

Zur Illustration der Situation können uns die Indikatoren dienen, die mit der Wirtschaft mehr oder minder unmittelbar zu tun haben: das neue Messezentrum als der Markt der Produkte und Nürnbergs Hafen als der Umschlagplatz aller Hoffnungen.

Als Messeplatz wird Nürnberg immer beliebter und erlangt damit zunehmend an Bedeutung. Am 20. September 1979 eröffnet hier erstmals die „Eltek", eine Fachmesse für Elektrotechnik — und solche „Novellen" gibt es trotz der schwierigen Wirtschaftslage jetzt fast jedes Jahr. Für die Nürnberger Messe- und Ausstellungsgesellschaft (NMA) bezeichnet deren Aufsichtsratsvorsitzender Andreas Urschlechter im Ja-

nuar 1987 ein bei der Gründung vor 13 Jahren entworfenes Konzept als „Grundstein für heutige Erfolge". Die jüngste Bilanz in Stichworten: 30 Millionen Jahresumsatz, eine Million Besucher, zwölf Hallen mit 86 000 m^2 Ausstellungsfläche, 10 000 Parkplätze, eigener U-Bahnhof, 120 bis 140 Veranstaltungen pro Jahr, als Messeplatz in der Bedeutung fünfter hinter den Spitzenreitern, gleichrangig mit Hamburg, Berlin und Stuttgart; neu für 1987 „dentechnica", der Welt größte Messe für das Zahnlabor, und FIBO, die Internationale Verkaufsschau für Fitneß, Sport und Bodybuilding; Premieren 1988 „Sensor", eine High-Tech-Anwendungsveranstaltung, und die „Interzoo", die Internationale sozusagen für angewandte Tierliebe.
Auch die „Hafenstadt Nürnberg" gewinnt — „Schiff ahoi" nun auch hier — an Profil, und die Bereitstellung des Bereiches im Süden erweist sich als wegweisend für das seinem Ende entgegengehende Jahrtausend. Wilhelm Doni erläutert, wie er als Chef der Nürnberger Zukunft bei scheinbar einspurigen Pfaden breitgefächerte Routen zu roden weiß: „Die Eröffnung des Hafens im September 1972 darf nicht verwechselt werden mit der Bereitstellung eines Wasserumschlagplatzes. Hier im Süden entstand eine zentrale Anlage für alle ‚Landverkehrsträger'. Hier ist Raum für Speditionen und für Lager, für den Handel und für Produktion. Vergessen Sie nicht: Heute werden ... jährlich zwischen fünf und sechs Millionen Tonnen umgeschlagen, und zwar mit wachsender Tendenz — aber davon entfallen nur 900 000 Tonnen auf den reinen Wasserverkehr, die Hälfte mehr indes auf die Eisenbahn und mehr als das Dreifache, also drei Millionen Tonnen, auf die Lastwagen. Das bedeutet: Der Nürnberger Hafen ist eines der bedeutendsten Speditions- und Lagerzentren in Süddeutschland. Hier beginnen Verbindungen nach dem Nahen Osten und nach Nordafrika; täglich fahren Lkw bis nach Persien ab. Der Hafen war eine Chance. Wir konnten in großem Maße Betriebe aus engsten Lagen umsetzen. In Hafenrandgebieten laden Speditionen auch nachts. Die traditionell gewachsenen Viertel haben wieder Ruhe."
In den „Beiträgen zum Nürnberg-Plan" berichtet Ralf-Jürgen Thurn vom Amt für Wirtschaft und Verkehr im September 1983 über eine Recherche unter 23 Betrieben, von denen 17 aus dem Stadtinneren „in den Hafen" umgezogen sind, wo es Platz gibt, sich auszudehnen. Die Firmen können um die Hälfte mehr Arbeitskräfte einstellen. Arbeitsplätze und Umweltschutz — das sind die beiden Stichworte, die die

öffentliche Diskussion dieser Epoche beherrschen und die bei allen wirtschaftlichen Vorhaben in Rechnung gestellt werden. Nach Ralf-Jürgen Thurn gilt für die Verwaltung die Faustregel, der Bau einer Wohnung sichere zwei Arbeitsplätze für ein Jahr.

In diese Zeit neu gestellter sozialer Fragen platzt nun eine dritte Ausländerwelle — nach der amerikanischen Besatzung 1945, seit dem 5. 5. 1955 nur mehr Stationierungsstreitkraft einer verbündeten Macht, und den Gastarbeitern aus Südeuropa um 1970 nun der Zustrom der Asylbewerber aus Übersee, vor allem aus der Dritten Welt. Als 1980 zwanzigmal soviele Fremde wie in früheren Jahren in die Bundesrepublik strömen, führt Bonn für Ankömmlinge aus sechs Ländern die Visumpflicht ein, erläßt für alle ein Arbeitsverbot von einem Jahr, das später auf zwei Jahre ausgedehnt wird, und setzt ein Asylverfahrensgesetz in Kraft, das vom 1. August 1982 an für die Aufnahme enge Grenzen zieht; die Anerkennungsquote sinkt dann auch — trotz der ungeheuer gestiegenen Zahl der Gesuche — binnen weniger Jahre von 77 auf 15 Prozent.

In Nürnberg entstehen 1985 verschiedene Unterkünfte für ausländische Flüchtlinge, weil das Bundessammellager im benachbarten Zirndorf überfüllt ist. In der Gerberstraße im Stadtteil Hasenbuck richtet die Regierung im Januar ein Heim für 200 Tamilen aus Sri Lanka (früher Ceylon) ein — für Männer, Frauen und Kinder, insgesamt 21 Familien. Wenig später wird in ehemaligen Werkswohnungen von „kabelmetall" an der Schafhof- und der Neumeyerstraße in Ziegelstein Platz geschaffen für 110 tamilische Männer. Ein drittes Lager entsteht im Sommer 1985 in der Schloßstraße für 130 Äthiopier und Ceylonesen. Die Fremden, in engen Räumen zusammengefaßt und zur Untätigkeit verurteilt, werden sich wieder und wieder selbst zum Problem. Vor allem in der Neumeyerstraße, wo zeitweise 580 Ausländer, darunter 230 Kinder leben müssen, kommt es zwischen verschiedenen Volksgruppen zu Schlägereien, so daß die Polizei schlichten und der Oberbürgermeister den Regierungspräsidenten aufmerksam machen muß.

Nürnberger Privatinitiativen sorgen sich um einen Brückenschlag zu Ausländern. Erfahrungen sammelt man zuerst mit den Fremden aus Südeuropa. Im Jahre 1978 wird in Gostenhof „Degrin — Deutsche und Ausländer gemeinsam" gegründet, eine Gruppierung, die sich zuerst um Griechen sorgte, aber rasch erkennt, daß die Bemühungen weitere Ziele haben müssen. Degrin müht sich um das Überwinden der Elementarschwelle: Sprachschwierigkeiten bei Kindern. Um jungen Türken aus der Isolation zu verhelfen mit Lesungen und Liedern, Gesprächen und Geselligkeit, mühen sich eine „Friedensbühne", ein „Türkisches Theater Nürnberg-Fürth", ein deutsch-türkischer Literaturkreis, im Kulturladen Süd an der Rothenburger Straße das im November 1984 gegründete Cayhaus – und auch eine Behörde, die, weil bei uns ja alles, auch das Einfachste, „organisiert" werden muß, den typisch deutschen Titel trägt „Amt für kulturelle Freizeitgestaltung" mit der angeblich lustigen Abkürzung „KuF". Um die Asylanten wiederum sorgt sich neben Vertretern von amnesty international vor allem die Luther-Gemeinde am Hasenbuck mit Sprachlehrern und Gemüse, Gottesdienst und gemeinsamen Abenden, was freilich bei manchen Nürnbergern auf bittere Kritik stößt.

Eher etwas angestrengt, aber doch mit viel gutem Willen müht sich Nürnberg auf andere Weise um Verständigung mit Ausländern. In der Zeit von 1954 bis 1986 schließt die Stadt nicht weniger als sechs offizielle Partnerschaftsverträge. Den Auftakt bilden 1954 das französische Nizza und das schottische Glasgow; ein Vierteljahrhundert später, 1979, folgen das jugoslawische Skopje und – am 2. Oktober – das polnische Krakau. Den vorläufigen Schluß bilden am 15. November 1985 das kleine San Carlos in Nicaragua und am 12. Januar 1986 das israelische Hadera; eine Partnerschaft mit dem thüringischen Gera wird im März 1988 vorbereitet, gerät aus politischen Gründen im April ins Stocken, wird aber am 7. Dezember 1988 doch noch in Nürnberg besiegelt. Freilich, sonderlich mit Leben erfüllt ist keine dieser Verbindungen, die sich vor allem auf Besuche von mehr oder minder offiziösen Delegationen, also auf reinen Rathaustourismus beschränken. Denn sie sind alle nicht von unten gewachsen und mithin volkstümlich, sondern fußen auf einer gewissermaßen auf dem Reißbrett konstruierten Herzlichkeit – Städteliebe nach Verordnung. Wenn die Kontakte zu Krakau in den letzten Jahren zeitweise lebhafter waren, dann wohl vor allem angesichts der politischen Tragödien Polens und seiner elementaren Not, die Hilfsbereitschaft weckt und spontane Unterstützung. In das Kapitel „Kuriosa" wird man die am 23. November 1988 bekanntgewordene Anregung des Landtagsabgeordneten Karl-Heinz Hiersemann (SPD) einzuordnen haben, Nürnberg solle mit dem chinesischen Qingdao am Gelben Meer eine Partnerschaft abschließen, das als Tsingtau nach der Besetzung durch deutsche Truppen 1897 für anderthalb Jahrzehnte zum Kaiserreich zählte.

Auch bundesdeutsche Innenpolitik prägt in diesen Jahren manches Geschehen in der Stadt. An dem blinden Aktionismus der „linken" Terrororganisation „Rote-Armee-Fraktion" (RAF) beteiligt sich zwar kein Nürnberger, doch zweimal ist die Stadt Schauplatz von Zwischenfällen. Im Frühjahr 1979 überfällt ein Kommando die Schmidt-Bank und erbeutet über 210 000 Mark; das Fluchtfahrzeug wird auf der Insel Schütt gefunden. Als eine Nürnbergerin der Polizei den Tip gibt, doch einmal ein Appartement im ersten Stock des Hauses Stephanstraße 40 im Stadtteil St. Peter unter die Lupe zu nehmen, entdecken hier Sonderbeamte eines Nachts Fingerabdrücke und Kleidung von Leuten, die mitwirkten, als Arbeitgeberpräsident Hanns Martin Schleyer am 5. September 1977 gekidnappt und am 18. Oktober umgebracht wurde. Sonderbeamte beobachten die Wohnung wochenlang. Am 4. Mai 1979, abends kurz vor zehn, erschießen sie beim Betreten des Appartements die 28jährige Elisabeth van Dyck, eine Arzthelferin aus Enkenbach-Alsenborn, die früher bei einer Mennonitensekte wirkte, dann im Heidelberger „Sozialistischen Patientenkollektiv" und schließlich im Anwaltsbüro Croissant, bevor sie im Untergrund logistische Aufgaben übernahm. Sechs Jahre später taucht ihr Name in Frankreich auf. Am 25. Januar tötet ein „Kommando Elisabeth van Dyck" den General René Audran — im Pariser Verteidigungsministerium zuständig für Rüstungsexporte.
Zwei Mißstände bedrücken in jenen Jahren auch in Nürnberg viele: auf der einen Seite eine konstant hohe Zahl von Arbeitslosen, denen es zunehmend schwerer fällt, ihren Lebensunterhalt zu bestreiten und beispielsweise den Mietzins zu begleichen, auf der anderen Seite Verfall und anschließender Abriß billiger Miethäuser und statt dessen der rechtlich durchaus statthafte, sozialpolitisch aber bedenkliche Neubau kostspieliger Eigentumsanlagen.
Eine geringe Zahl zorniger Ratloser kennt als Antwort nur das Bombenwerfen und das blinde Anwenden anderer Gewalt; die überwiegende Mehrheit aber sieht in den Gegebenheiten Herausforderungen, die durch Diskussion und Demonstration friedfertig und demokratisch zu meistern sind; daneben gibt es eine Zwischenposition, deren Verfechter Streitgespräche immerhin zeitweise durch Steinwürfe ergänzen. Für alle drei Haltungen bietet Nürnberg Belege.
Erster Fall: Am Abend des 6. Januar 1980, einem Sonntag, wird mit Hilfe eines Weckers vor der Bundesanstalt für Arbeit in der Regensburger Straße 104 ein Sprengsatz gezündet. Ein riesiger Krater, zerborstene

Scheiben, zerstörte Einrichtungen, ein Schaden von einer Million Mark — das sind die Resultate des Aufbruchs in eine unbekannte „Freiheit" der Gewalt. Aber die meint eine „Revolutionäre Arbeitslosen-Zelle" offenbar auch gar nicht, die in einem Flugblatt prahlt, die „Bastion des modernen Sklavenhandels . . . zum Beben gebracht" zu haben; denn bei der Bundesanstalt werden ja immerhin Arbeitsbeschaffungsmaßnahmen (zur Linderung der Not) in die Wege geleitet.

Zweiter Fall: Ein Jahr danach, im Januar 1981, wächst die Zahl massiver, aber friedfertiger Demonstrationen gegen Wohnungsnot, oft verbunden mit dem Vorwurf der Bodenspekulation. Franz Josef Strauß, Regierungschef, mahnt in München Gerold Tandler, Innenminister, der Bewegung der Hausbesetzer wegen ihrer angeblichen Nähe zu den Terroristen seine „ganze Aufmerksamkeit zu widmen". Am Samstag, 20. Februar, geht in der Königstraße in Nürnberg bei einem neuen Umzug die Scheibe des Schaukastens einer Bank zu Bruch. Ein Staatsanwalt damals: „Das nächste Mal packen wir sie." Er soll recht behalten.

Im Anschluß an die Aufführung eines Films über Hausbesetzungen in Holland formiert sich Freitag, 5. März, vom KOMM ausgehend eine neue Demonstration durch die Innenstadt. Unterwegs werden Schaufensterscheiben zertrümmert. Der Zug kehrt schließlich ins KOMM zurück — vermutlich komplett bis auf die Gewalttäter. Jetzt tritt Tandlers beim Busbahnhof am Marienplatz und in der Umgebung gesammelte Aufmerksamkeit auf den Plan. Bereitschaftspolizei umzingelt das Jugendzentrum: niemand darf hinein, keiner heraus — auch nicht wer, eher unpolitisch, bei Schach oder Tee saß und nun feststellt, daß die Politik ihn eingeholt hat.

Die folgende Nacht macht Geschichte in der Bundesrepublik. Zur Feststellung der Personalien werden 172 junge Leute festgenommen und abtransportiert. Mit Hilfe hektografierter Haftbefehle setzen dann Nürnberger Ermittlungsrichter 141 Mädchen und Jungen fest. Gefängnisse in Kronach und Würzburg, Crailsheim und Bayreuth, Straubing und Aichach, Regensburg und München dienen zur Unterbringung, weil Nürnberg auf so viele „Rechtsbrecher" nicht eingerichtet ist: Es wird die größte Massenverhaftung seit Hitler und bietet darum Schlagzeilen über die Grenzen hinweg. Nahezu einhellig kritisieren die Medien, auch konservative Blätter, die Überreaktion des Freistaats. Die Nürnberger Justiz verteidigt sich öffentlich verzweifelt; doch ihre Kollegen aus der gesamten Republik melden empörten Protest an. Unter

den Nürnbergern beginnt eine Zeit permanenter Dispute. Private Freundschaften und Liebesbande zerbrechen, in Familien hebt Streit an oder man befehdet gemeinsam andere; konservative Eltern sehen ihr Weltbild zerbrochen, verbünden sich mit ihren aufbegehrenden Kindern; auch im politischen Leben der Stadt ist die Atmosphäre vergiftet und allenthalben Verbitterung zu hören. Erst nach mehr als einem Jahr klingt der Streit ab.
Dazu trägt auch die juristische Bewältigung des Problems bei. Daß das Vorgehen in keinem Verhältnis zum Geschehen stand, wird selbst der Staatsanwaltschaft bald klar. Im Juli erhebt sie Anklage wegen Landfriedensbruchs, aber nur mehr gegen 66 der 141 Verhafteten, die inzwischen alle wieder freigelassen sind. Anders als unter Hitler findet schließlich ein unabhängiges Gericht zu einer souveränen, wenn auch in der juristischen Lehre bis heute umstrittenen Lösung. Die 13. Strafkammer des Landgerichts, die am 1. September in einem Eröffnungsbeschluß den Termin für die Hauptverhandlung gegen bloß noch 17 Beschuldigte auf den 3. November festlegt und in den folgenden Verhandlungen das Verschwinden von Akten mit den Aussagen von 56 Beamten registrieren muß, setzt der Anklagebehörde im Dezember 1981 eine Nachermittlungsfrist und beendet, da keine ausreichenden Schuldbeweise vorgelegt werden können, ein Jahr später, am 22. Dezember 1982, durch Aufhebung des Eröffnungsbeschlusses das Verfahren: In der KOMM-Affäre hat der Rechtsstaat über den Freistaat gesiegt.
Dritter Fall: In der Roritzer Straße im Osten des Stadtteils Johannis steht drei Jahre lang das Haus auf dem Grundstück Nummer 5 leer; es verfällt zusehends. Nach langen Diskussionen nehmen Anfang 1981 junge Leute das Gebäude „in Besitz", um gegen Spekulationen mit dem knappen Gut Wohnraum zu demonstrieren, wie ihnen ein Gericht später bescheinigen wird. Zeitweise nächtigen in dem brüchigen Bau mal zehn, mal achtzig Jugendliche, die in Telefonaten mit einem Stadtrat, einem Geistlichen und dem Kanzleramt in Bonn den Sinn ihres Engagements zu erläutern suchen. Als Polizei in den frühen Morgenstunden des 6. April 1981 ans Räumen geht, wird sie von einem Hagel von Wurfgeschossen aus der verbarrikadierten Bruchbude empfangen. Nach über einem halben Jahr in U-Haft werden in zwei Prozessen insgesamt 15 Angeklagte zu Freiheitsstrafen zwischen vier Wochen und drei Jahren verurteilt. Als am 27. November 1981 der letzte Richterspruch gefällt wird, ist das Haus von Bulldozern längst dem Erdboden

gleichgemacht. Zu dieser Zeit sind in Nürnberg 16 000 Wohnungssuchende registriert. Aber die Wohnungsbaugenossenschaft, der die Villa gehört, hat bis heute keinen Neubau errichtet.
Auf der anderen Seite des politischen Spektrums schreibt sich nur für einen kurzen Moment, dafür aber um so brutaler und beängstigender ein wirrer Neonazi in die jüngste Nürnberger Geschichte ein. In der Nacht vom 24. auf den 25. Juni 1982 erschießt der 26jährige in einer Diskothek in der Königstraße zwei farbige Amerikaner und einen Ägypter und verletzt eine Koreanerin, einen Türken und einen Libyer, bevor er sich, von Polizei in der Klaragasse gestellt, selbst richtet. Der Täter ist der Dachdecker Helmut Oxner, ein fanatischer Antisemit, der zwei Jahre zuvor Juden, darunter wahrscheinlich auch den Vorsitzenden der Israelitischen Kultusgemeinde, Arno Hamburger (SPD), telefonisch terrorisiert hat („Deine Gaskammer ist schon offen"), der sich gegenüber drei Bereitschaftspolizisten in Zivil, die ihn stellen, als Ausländerhasser bezeichnet („Ich schieße nur auf Türken") und in dessen Wohnung in Röthenbach bei Schweinau Aufkleber gefunden werden mit Parolen wie „NSDAP jetzt" und „Kampf den Judenparteien".
Neben diesen unerfreulichen, von der Politik beeinflußten Zeugnissen des Zeitgeschehens bieten die Jahre von 1976 bis 1988 eine besonders reiche Palette namhafter kultureller Ereignisse in Nürnberg — an erster Stelle viele zum Feiern und Reden Anlaß gebende Gedenktage. Im Jahre 1976 erinnert sich Nürnberg des vierhundertsten Todestages von Hans Sachs am 19. Januar; die Stadtverwaltung widmet ihm eine Festschrift. Der „Meistersinger", den Schuster für einen großen Poeten hielten und Dichter für einen großartigen Schuhmacher, bis Goethe den Deutschen solch spöttische Aufteilung der Person verbot, wird ab 22. Juni 1976 in einem dreitägigen Hans-Sachs-Festival von Laien in der Altstadt gefeiert. Im Jahr darauf, 1977, besteht das Germanische Nationalmuseum 125 Jahre — ebenfalls Grund genug, ihm Veranstaltungen und Ruhmreden zu widmen. Das Jahr 1978 ist dann Anlaß, den 600. Todestag Karls IV. mit einer Ausstellung zu würdigen.
Zwei Ereignisse freilich gewinnen Gewicht über jene Jahre hinaus. Das eine ist der 18. Deutsche Evangelische Kirchentag, der Mitte Juni 1979 etwa 80 000 Gäste nach Nürnberg führt, darunter Bundespräsident Walter Scheel. Die zahlreichen Veranstaltungen auf dem Messegelände und in der Innenstadt bezeugen, obwohl oder gerade weil oft hoffnungslos überfüllt, den Willen der Teilnehmer, die Herausforderungen

der Zeit – von der Unterdrückung der Frau bis zur Zerstörung der Umwelt – auf der Basis des gemeinsamen Glaubens zu meistern. Und das andere Ereignis ist – nachdem 1983, wie andernorts, auch in Nürnberg des fünfhundertsten Geburtstags des Reformators Martin Luther gedacht wird – die hundertfünfzigste Wiederkehr des 7. Dezembers 1835, als die erste deutsche Eisenbahn von Nürnberg nach Fürth fuhr. Was einst ein Meilenstein der Technik und der Auftakt des Massenverkehrs war, wird jetzt in der Stadt auf vielfache Weise als kulturelles Ereignis mit der gebührenden Sentimentalität gefeiert.

Ein weiteres Kennzeichen dieser Jahre ist, daß die Kultur auf die Straße geht. Das ist ganz wörtlich, aber auch im übertragenen Sinn zu verstehen. Beispiele für Straßenkultur bilden Plastiken im Stadtbild – wie das „Double" von Heinz Heiber, am 11. März 1976 vor der Stadtsparkasse aufgestellt, oder die von Henry Moore in der Karolinenstraße als Spende von Karstadt, seit dem 5. November 1979 dort stehend. Beispiele sind aber auch die ab August 1976 alljährlich stattfindenden Bardentreffen, die sich einige Jahre lang – in der Nachfolge der naiven Kunst des Hans Sachs – durch ihre unbegrenzte Öffentlichkeit auszeichnen, bald freilich wegen konjunkturell bedingter Zuschußkürzungen immer schmaler ausfallen müssen. Ein wenig ist in dieser „Straßenkultur" auch etwas von der Philosophie des Hermann Glaser zu erkennen, der ein breitgefächertes Gedankengebäude um eine Basiskultur entwickelt. Deren erste Phase sieht er schon in der Nachkriegszeit, als es zerstörte traditionelle Einrichtungen aufzubauen galt wie etwa das Stadttheater, das anfangs ein Jahr lang eine kommerziell organisierte GmbH war. Glaser wörtlich: „Als zweite Phase setzte sich ab Ende der 60er Jahre jene Auffassung durch, daß Kultur die Aufgabe habe, Lebensqualität zu schaffen; die Städte veröden, wenn wir die Kultur nicht zum Bürger bringen."

Eine wichtige Funktion bei dieser kulturellen Zielsetzung kommt den modernen Massenmedien zu, die in vier Jahrzehnten das Bild der Stadt mitbestimmt und beschrieben haben. Unter den Zeitungen behaupten die von Joseph E. Drexel gegründeten „Nürnberger Nachrichten" ihre führende Position; der Verlag Nürnberger Presse, der das Blatt herausgibt, schließt am 1. Juli 1959 mit sechs Verlegern von Heimatzeitungen in Franken Kooperationsverträge ab und trifft in späteren Jahren mit nochmals sechs ähnliche Vereinbarungen, die beiden Seiten Vorteile bringen.

117. Fußgängerzonen verändern die Einkaufsstraßen

C&A

119. Neue Unterrichtsformen werden in der Gesamtschule erprobt

Als Publizist zu großem Ansehen gelangt, widmet sich Verleger Joseph E. Drexel, der ohne großes Aufheben auch als aufmerksamer Mäzen wirkt, nicht nur mit großer Fürsorglichkeit und sozialem Engagement seinen Redakteuren, sondern auch der Unterstützung von Autoren. Um die literarische und politische Reputation dieser Journalisten zu fördern, stiftet der Verlag Nürnberger Presse 1956 aus Anlaß von Drexels 60. Geburtstag einen nach ihm benannten alljährlich zu vergebenden Preis. Unter den zahllosen Preisträgern finden wir früh Robert Jungk und Walter Fabian, bald Marion Gräfin Dönhoff, die Herausgeberin der Wochenzeitung „DIE ZEIT", und Eugen Kusch, den Autor der maßgebenden ersten zwölf Kapitel dieses Buches, später die auch im Radio bekannt gewordenen Publizisten Axel Eggebrecht und Eugen Kogon, schließlich die oft angefeindeten Fernsehmoderatoren Franz Alt und Klaus Bednarz.

Auch die Öffentlichkeit erweist Drexel ihre Reverenz. Am 19. März 1976 trägt ihm die Stadt Nürnberg die Würde eines Ehrenbürgers an. Am 2. April verleiht ihm die Humboldt-Universität in Ostberlin den Titel eines Ehrendoktors, den er in einer bewegenden Feierstunde entgegennimmt. Doch elf Tage später, am 13. April 1976, stirbt Drexel — ein Vierteljahr vor seinem 80. Geburtstag. Aus seinem Erbe wird am 22. Juni 1977 mit einem der Stadt testamentarisch vermachten Vermögen von einer Million Mark eine „Kunst- und Kulturstiftung Dr. Joseph Drexel" ins Leben gerufen, die zum Ankauf wertvoller Gemälde beiträgt. Dazu gehören neben Michael Prechtls „Hermann Kesten im Café" vor allem Richard Lindners Bild „Telefon" ebenso wie eine Reihe von Zeichnungen, darunter eine Folge von Studien, die zu dem Doppelportrait „König Ludwig II." geführt haben.

Bei den elektronischen Medien vollzieht sich Mitte der 80er Jahre ebenfalls ein Wandel: Neben dem öffentlich-rechtlich organisierten Bayerischen Rundfunk, der in der Wallensteinstraße ein Radio- und Fernsehstudio hat, tritt der private. Im Kabelnetz der Bundespost beginnen am 3. Februar 1986 zwei Sender. Als am 3. Dezember 1986 auch der terrestrische Empfang möglich ist, arbeiten fünf Stationen in Nürnberg und Erlangen. Allen Privatstationen eigen sind eine leichte Unterhaltungsmusik, vorwiegend für jüngere Bürger, und eine betont auf Nürnberg und Franken zugeschnittene Information.

Schließlich gibt es in diesem Zeitabschnitt vier oder fünf Geschehnisse, die das Gemüt der Nürnberger beschäftigen. Wieder weiß der Tiergarten mit Sehenswertem aufzuwarten: am 28. Mai 1977 eröffnet er sein neues Tropenhaus. Zwei Jahre später besitzt er ein Seekuh-Pärchen — als einziger deutscher Zoo. Und am 15. September 1979 stellt man stolz „Flughunde" vor, eine Fledermausart, und ein „Streichelgehege", in dem Kinder Tieren auf den Pelz rücken dürfen. Als der Deutschen größter Zoo feiert der „Tiergarten neu" 1989 sein 50jähriges Bestehen.

Als der Tag der schlimmsten Katastrophe der ersten vier Nachkriegsjahre gilt den Nürnbergern der 26. März 1979. Am Nachmittag bricht im Stadtteil Katzwang auf einer Breite von 15 Metern der Damm des bis dahin an dieser Stelle nur zur Hälfte gefüllten Rhein-Main-Donau-Kanals. Vier Stunden lang schießen 800 000 Kubikmeter Wasser, eine zwei Meter hohe Welle vor sich herschiebend, bergab in eine Eigenheimsiedlung und in Bauerngehöfte im Bereich von Greuther, Hugo-Wolf- und Johannes-Brahms-Straße. Ein zwölfjähriges Mädchen auf einem Balkon streckt sich verzweifelt nach Halteleinen, die Feuerwehrleute, die gegen die Wucht des Wassers ankämpfen, dem Kind entgegenhalten — da stürzt das Haus zusammen. Der Vater kann die Schülerin nicht festhalten; sie wird weggespült und ertrinkt. Erst zwei Stunden nach der Unterrichtung der Feuerwache am Hafen wird Katastrophenalarm ausgelöst. Jetzt versorgt das Rote Kreuz auf einem provisorischen Verbandsplatz Verletzte, dämmt Bundeswehr mit Sandsäcken den Kanal ab, sichert man die geborstenen Häuser ab. Zwei Tage lang werden über 100 Einwohner vermißt und mehr Opfer befürchtet, doch zwei Suchstellen schaffen Klarheit und finden die vermißten Obdachlosen; zwei Wochen lang wird von 1300 Helfern das Chaos gesichtet und gelichtet — dann Bilanz gezogen: Der Schaden beläuft sich auf 20 Millionen Mark. Als Ausgangspunkt für das Unglück gilt schon bald die Kreuzung der Fernwasserleitung nach Fürth mit dem Kanal.

Nach zwei Jahren nennt eine Expertenkommission in einem siebenbändigen Gutachten Vorgänge im Boden im Kreuzungsbereich als Ursache. Die Staatsanwaltschaft, die ein Ermittlungsverfahren eingeleitet hat, schließt ihre Akten, weil weder Planern noch Bauherren ein Verschulden nachzuweisen ist. Die Kanalgesellschaft aber entschließt sich zur Verlegung der Wasserleitung und ihrer Einbettung in einen begehbaren Stahlbetonstollen, zur Verstärkung des Damms, zum Einbau von Feuchtigkeitsmeßinstrumenten in Bett und Damm und zu laufenden Kontrollen. Im Jahre 1982 endlich sind die 20 Millionen Mark Schaden an 572 Betroffene beglichen. Und der Kanal selbst wird häufig sorgsam inspiziert. Im Jahre 1984 läßt man das Wasser in einem Teilbereich auf Fürther Stadtgebiet ab und untersucht das Kanalbett, 1987 wird die Trasse bis zur Rothenburger Straße in Nürnberg auf die gleiche Weise behandelt.

Am Ende nun des viereinhalb Jahrzehnte umfassenden Abschnitts der Nürnberger Zeitgeschichte und angesichts der nahen Jahrtausendwende bieten Bilanz und Ausblick zwiespältige Eindrücke. Die hier vorgestellten Fakten der jüngsten Vergangenheit zeigen Erfreuliches ebenso wie Ärgernisse. Für die Zukunft gibt manches zu Befürchtungen Anlaß, aber auch zu Hoffnungen. Versuchen wir uns in dieser Bilanz:

Zu den Ärgernissen zählt zweifellos die widerspruchsvolle Entwicklung der Innenstadt. Nürnberg nach Ladenschluß — das ist einerseits in den enorm ausgeweiteten Fußgängerzonen eine stumme Ödnis, in der alles Leben auch in heißen Sommerwochen zu erfrieren scheint, und das ist andererseits ein Schauplatz ungezügelten Genießens — handle es sich nun um das butzenscheibengerecht restaurierte Burgviertel mit der bezaubernd-berühmten Weißgerbergasse, wo Kneipenvielfalt Touristen lockt, aber auch Nachtlärm Nürnberger verschreckt, oder handle es sich um die zur Gosse verkommene Lustzone um die Luitpoldstraße, wo eine verlogene Glitzerwelt zum Gegenteil des eigentlichen Nürnbergs gerinnt. Zu Ärgernissen der Stadt zählt zweitens die Unbewohnbarkeit einiger Gegenden. An der Spitze stehen da die großen Verkehrsadern — die Schwabacher und die Leonhardstraße im Süden, die Bucher im Norden, die Rothenburger im Westen und die Ostendstraße im Osten. Diese „Unbehaustheit“ hat viele Nürnberger veranlaßt, der Stadt den Rücken zu kehren, sich auf dem Dorf niederzulassen und zur Arbeit mit dem Auto in die Stadt zu fahren, wodurch sie freilich den Lärm und die Abgasinvasion noch verstärken ...

Zum Erfreulichen der Nürnberger Gegenwart indes gehört, daß sich die Bürger der Stadt und ihre Regenten dieser Fehlentwicklungen bewußt sind und sich ihnen entgegenstemmen. Mit der geradezu beispielhaften Neugestaltung der Fürther Straße beweisen die Architekten des Innenlebens Nürnbergs, daß Autos zwar nicht ausgewiesen, aber in ihrem Herrschaftsanspruch gebremst werden können: Der Kurvenreichtum gibt nicht nur der Magistrale Format und Luft, sondern verschafft den dort Wohnenden auch eine gewisse Freiheit von Lärm und Luftverpestung. Mit der Zurückhaltung bei Konzessionen soll die Ausweitung des Vergnügungs- und des Kneipenviertels im Süden der Altstadt ebenso gebremst werden wie unterhalb der Burg. Die seit Jahren diskutierte Sperrung der Theresienstraße bringt in einer ersten Probezeit 1988/89 weniger Abgase ins Zentrum — weniger Gefahren für Bürger und Bauten, vielleicht auch weniger Kunden für Geschäfte.

Aber die Leere des Innenstadtpflasters nach Dienst- und Ladenschluß wird ein Problem bleiben. Ob der Trend, daß die Musik der Großstadt gegen Abend rasch verstummt, umgekehrt werden kann, ist fraglich — auch wenn mehr Biergärten, mehr Kinos oder gar Geschäfte, die abends geöffnet bleiben, für ein belebtes Straßenbild sorgen könnten. Denn das tote Zentrum ist auch anderen Städten eigen. Daß man der Tendenz entfliehen kann, beweist Berlin, das — so die Eigenreklame — durchgehend geöffnet hat. Immerhin zeigt Nürnberg beispielsweise mit seinem U-Bahn-Konzept, daß es diejenigen, die in die Nachbarschaft der Kuhställe geflohen sind, weiter an die Stadt binden will. Hier geht es sehr energisch voran: Auf der Strecke vom Plärrer zum Hauptbahnhof, mit der im März 1986 begonnen wird, erlebt man schon im Dezember 1987 erste Probefahrten — so schnell wurde zuvor keine Verbindung fertig. Im Frühjahr 1987 beginnt man mit dem Bau des Bahnhofs Wöhrder Wiese; im November 1987 wird unterirdisch von hier aus der Vortrieb eines Stollens Richtung Hauptbahnhof angefangen, der im Sommer 1988 erreicht ist; vom September 1988 bis Mai 1989 dauert dann das gleiche Verfahren für die Röhre zum Rathenauplatz.

Einen anderen Schritt mit der Absicht, den Nürnbergern und den Nachbarn Fahrten in Stadt und Land zu erleichtern, stellt der Verkehrsverbund Großraum Nürnberg (VGN) dar. Beauftragte von Bund und Bahn, Staat und Bezirk, Kreisen und Städten gründen 1971 eine „Arbeits- und Planungsgemeinschaft für den öffentlichen Nahverkehr". Ziel ist es, für U- und S-Bahnen, Züge und Busse einheitliche Fahrkarten und abgestimmte Fahrpläne zu gestalten. Im Dezember jenes Jahres gibt sich Andreas Urschlechters Baureferent Otto Peter Görl überzeugt, das System werde binnen zwei Jahren vom Reißbrettmodell zur fahrenden Wirklichkeit reifen. Doch das Ziel aller Verhandlungspartner, sich nicht auf die Kompetenzen treten zu lassen und vor allem finanziell gut abzuschneiden, führt zu einem zähen Ringen, das erst nach eineinhalb Jahrzehnten zum Ziel führt. Am 19. Dezember 1986 wird im Rathaussaal von Bundesverkehrsminister Werner Dollinger, Bayerns Wirtschaftsminister Anton Jaumann, fünf Oberbürgermeistern und zehn Landräten der „Grundvertrag“ unterzeichnet, der dank der angestrengten Kompromißsuche des Regierungspräsidenten Heinrich von Mosch ausgehandelt werden konnte. Das Papier bildet die Grundlage eines einheitlichen Verkehrsnetzes für 1,3 Millionen Menschen auf einer Fläche von 2330 Quadratkilometern zwischen Schlüsselfeld und Greding, zwischen Neustadt und Neumarkt. Am 27. September 1987 wird der Verbund Wirklichkeit mit der Eröffnung der ersten S-Bahn-Linie nach Lauf durch Bayerns Ministerpräsidenten Franz Josef Strauß. In einigen Jahren soll das Verkehrsangebot verbessert werden durch Ausbau der U-Bahn von der Hohen Marter bis Stein und durch Einrichtung von S-Bahn-Linien zwischen Nürnberg, Fürth und Erlangen und zwischen Fürth und Siegelsdorf.

Ein letztes großen Vorhaben bildet der Ausbau des Stadions am Dutzendteich. Die städtische — jahrzehntelang namenlose — Anlage, 1928 entstanden und mit einer die Architektur lobenden Goldmedaille ausgezeichnet, hat die Nazizeit ziemlich heil überstanden, aber Anfang der 70er Jahre den Ruf erlangt, den Erfordernissen moderner Massenbequemlichkeit nicht mehr zu genügen — weshalb Nürnberg bei der Fußballweltmeisterschaft 1974 in der Bundesrepublik, da im „Abseits“, nicht berücksichtigt wird. Mitte der 80er Jahre erweist sich das Tribünendach als brüchig; teure Reparaturen drohen. Da kommt den Sportfans der örtliche Wahlkalender entgegen. Er gestattet keiner Partei, die siegen will, ein Zurückstehen. Darum findet der Stadtrat 1987/88 zu einer großen Lösung: Ausbau mit dem Ziel, Platz für 60 400 Zuschauer zu bieten. Alle sollen ein Dach über dem Kopf haben, 25 000 sitzen können. Von den zuletzt veranschlagten 51 Millionen Mark trägt Bayern die Hälfte. Im Jahre 1988 wird mit dem Abbruch veralteter Teile, 1989 mit kühnen Neukonstruktionen begonnen. Bis 1990 oder 1991 könnte die betonierte Pracht schrittweise fertig werden. Sie soll nach einem Beschluß des Stadtrats vom Frühjahr 1989 „Frankenstadion“ heißen.

Jetzt sind wir schon dabei, einen vorsichtigen Blick in Nürnbergs Zukunft zu werfen. Für die wirtschaftliche Entwicklung halten die Futurologen aus dem Rathaus düstere Vorhersagen bereit. Die Stadt wird immer mehr ältere Menschen beherbergen, heißt es im Rahmenplan „Arbeiten und Wirtschaft“ vom September 1983: „Für Nürnberg weist die Bevölkerungsprognose für die Deutschen aus, daß der Anteil der über 60jährigen allein zwischen 1985 und 2000 von 26 auf 27 Prozent steigt und der Anteil der unter 25jährigen von 26 auf 24 Prozent fällt." Die neuen Technologien wirkten sich „auch auf das Wanderungsverhalten hochqualifizierter Arbeitskräfte aus ... So verliert Nürnberg qualifiziertes Erwerbspotential an München. Mit einem deutlichen Absinken wird „ab Mitte der 90er Jahre" gerechnet. Schließlich heißt es: „Die Zahl der Arbeitsplätze wird sich ... verringern ... Es liegen Schätzungen vor, wonach bis zu 30 Prozent der ... Büroarbeitsplätze gefährdet sind."

Das gesamte Wirtschaftsleben wird, so Ralf-Jürgen Thurn weiter, durch die Rationalisierung geteilt; neben den „formellen Arbeitssektor" trete ein informeller. Hierzu rechnet er die Do-it-yourself-Bewegung als Folge wachsender Freizeit, die Schwarzarbeit aus dem gleichen Anlaß und im Gefolge der Arbeitslosigkeit sowie schließlich die „Aussteiger". Dazu heißt es bei Thurn: „Im Bereich alternativen Wirtschaftens wird teilweise versucht, die traditionell getrennten Lebensbereiche Arbeit und Freizeit zusammenzuführen." Dabei gehe es den Teilnehmern um andere Ziele als bei der Marktwirtschaft, nämlich um „Produktion in Koppelung mit sozialem Engagement oder Umweltschutzaspekten." Diese Schattenwirtschaft werde „sich noch erweitern".

Kirchliche Sozialeinrichtungen der beiden großen Konfessionen sehen die Situation noch ernster. Danach werden Entlassungen in großem Stil bei Grundig, MAN und anderen Großunternehmen erwartet. Eine Regionalstudie der bayerischen Regierung besagt, daß in Mittelfranken bis zur Jahrtausendwende 15 000 Arbeitsplätze überflüssig werden; das bedeutet für Nürnberg etwa 8000 Arbeitslose mehr.

Diese seit langem veröffentlichten pessimistischen Prognosen gewinnen allgemeine Aufmerksamkeit erst am 29. Juni 1988, als — erstmals durch einen Bericht der „Nürnberger Nachrichten" — ein vertrauliches Gutachten für das Landesentwicklungsministerium bekannt wird, das die Münchner Beratungsfirma Dorsch Consult vorlegt. Danach gibt es in Nürnberg zu wenig Forschung in der Industrie und zu viele altbackene Produktionsweisen in den Betrieben, fehlt es in Schlüsselunternehmen an Anpassungsbereitschaft und bei Beschäftigten an hohen Qualifikationen: Lethargie als mittelfränkisches Übel. Im Dienstleistungswesen werden ständig mehr Nürnberger beschäftigt, doch reicht das nicht, alle in der Produktion durch Umstrukturierung brotlos Gewordenen unterzubringen. Am 2. Dezember 1988 verlangt das Referat Doni darum — im Wirtschaftsbericht 1986/87 — Maßnahmen, die das Abwandern zukunftsträchtige Produktionen verhindern. Man will die Infrastruktur verbessert, den „Freizeitwert“ der Stadt erhöht wissen. Diesem Konzept entspricht wenig eine kurz zuvor beschlossene Gewerbesteuererhöhung. Aber Nürnberg blieb keine andere Wahl — angesichts etwa der Belastungen durch die Sozialhilfe für Menschen, die immer zahlreicher und immer länger ohne Beschäftigung im Berufsleben bleiben.

Wenn trotz dieser pessimistischen Wegweisung, die Leid und Probleme in vielen Familien bedeutet, Nürnberg als Gemeinwesen nicht ohne Hoffnung ist, so deshalb, weil die Stadt in vier Nachkriegsjahrzehnten ein eigenes Flair entwickelt hat, eine für sie typische Atmosphäre, die sich dem Fremden bei einem nur flüchtigen Besuch freilich kaum mitteilen wird. Hier ist es bis zu einem gewissen Grad gelungen, die Ausländer der ersten, zweiten und dritten Welle zu integrieren oder zumindest das Problem einzugrenzen. Hier ist es möglich geworden, den Konflikt der Generationen auf der Suche nach neuen Lebensformen zu einer Symbiose zu führen, Junges und Überkommenes nebeneinander bestehen zu lassen. Hier ist erreicht worden, daß aus den Trümmern mehr als nur eine idyllisch verbrämte Fassade des Mittelalters entsteht und daß die gewachsene Stadt sich harmonisch weiter entwickelt. Hier hat es weder eine „Globallösung“, eine „Tabula rasa“, wie 1945 erwogen, gegeben, noch eine „Detailrenovierung“ des „Schatzkästleins“, sondern einen Kompromiß, der trotz manch früherer Bausünden — zur Wiedergeburt einer Stadt geführt hat, die dem Menschen Heimat bietet: Anheimelndes vielleicht, Heim ganz gewiß, Atemluft auch, eine — wie es neudeutsch heißt — urbane Landschaft also. Hier konnte sogar ein Wort, dem gelegentlich auch negativer Sinn zukommt, vorwiegend positive Geltung erhalten — der Begriff „Straße“ nämlich. Von ihr spricht man verächtlich, wenn von der „Herrschaft der Straße“ die Rede ist; im Nürnberg von heute verbündet sich der Ausdruck „Straße“ mit viel Gefühl: mit Straßenfest, Straßencafé, Straßentheater. Altstadtfest und Trempelmarkt sind Beispiele dieses neuen „Straßengefühls“, das Herzensnähe begreift und Gemütlichkeit, eine ganze Portion Gemeinsinn auch und Nachbarlichkeit.

Nürnberg heute — das ist eine Welt der Toleranz und der Aufgeschlossenheit, das ist ein Ort, in dem noch der notorische Nörgler friedfertig ist, in dem auch der elementare Egoist Züge von Liberalität aufweist; Nürnberg heute, das ist auch eine Geisteshaltung, die dem Fortschritt Chancen gibt, wenn er sinnvoll ist. Nürnberg heute und morgen — das ist eine bunte Gemeinschaft, die unterwegs ist zur Bürgerstadt.

Quellen-Verzeichnis

Ameln, Konrad: Lochheimer Liederbuch und Fundamentum organisandi des Konrad Paumann, 1925

Bange, E. F.: Peter Flötner, 1926.

Barge, Hermann: Geschichte der Buchdruckerkunst, 1940.

Beckh, Max: Deutschlands erste Eisenbahn Nürnberg-Fürth, 1935.

Bier, Justus: Delsenbachs Nürnbergische Ansichten, 1928.

Bock, Friedrich: Johann Konrad Grübel, 1936.

Bogeng, Gustav Adolf Erich: Geschichte der Buchdruckerkunst, 1930.

Büchner, Fritz: Hundert Jahre Geschichte der M.A.N., 1940.

Bühler, Julius: Die Kultur des Mittelalters, 1931.

Cohen, Paul: Die Nürnberger Musikdrucker im 16. Jahrhundert, 1927.

Dettling, Käthe: Der Metallhandel Nürnbergs im 16. Jahrhundert, 1928. (In den Mitteilungen des Vereins für Geschichte der Stadt Nürnberg.)

Dietz, Max: Geschichte des musikalischen Dramas in Frankreich (1787 bis 1795), 1886. Festzeitung für das 8. Deutsche Sängerbundes-Fest, Nürnberg 1912.

Fischer, Otto: Karl IV., 1941.

Haebler, Konrad: Die deutschen Buchdrucker des 15. Jahrhunderts im Auslande, 1924.

Hampe, Theodor und Lutze, Eberhard: Nürnberg, 1934.

Hartmann, Bernhard: Kulturbilder aus Altdorfs akademischer Vergangenheit, 1886.

Hofmann, Hanns Hubert: Die Anfänge der Besiedlung in und um Nürnberg (Nürnberger Hefte 10/11, 1949).

Hofmann, Hanns Hubert: Herzogenaurach, Geschichte eines Grenzraumes in Franken, 1949.

Hofmann, Hanns Hubert: Gründung und Frühgeschichte der Stadt Nürnberg, 1950.

Jacques, Norbert: Martin Behaim, 1942.

Kohlhaussen, Heinrich: Die Reichskleinodien, 1939.

Kraft, Wilhelm: Der Nürnberger Königshof, 1928.

Krause, Carl: Helius Eobanus Hessus, 1879.

Kreppel, Othmar: Die Schlacht im Nürnberger Walde, 1905.

Kriegbaum, Friedrich: Nürnberg, 1939 (5. A. 1961).

Krüger, Herbert: Ein Jubiläum Nürnberger Kartographie, 1944.

Kusch, Eugen: Unvergängliches Nürnberg, 1953.

Kutter, Paul: Joachim von Sandrart, 1907.

Lochner, Georg Wolfgang Karl: Die Stadt Nürnberg im Ausgang ihrer Reichsfreiheit, 1858.

Lutze, Eberhard: Herbarium des Georg Oellinger Anno 1553 zu Nürnberg, 1949.

Lutze, Eberhard: Die Nürnberger Pfarrkirchen Sankt Sebald und Sankt Lorenz, 1939.

Lutze, Eberhard: Veit Stoß, 1938.

Mey, Curt: Der Meistergesang in Geschichte und Kunst, 1901.

Meyer, Wilhelm: Nürnberger Faustgeschichten, 1895.

Meyer-Heisig, Erich: Der Nürnberger Glasschnitt des 17. Jahrhunderts, 1963.

Müller, Johannes: Der Umfang und die Hauptrouten des Nürnberger Handelsgebietes im Mittelalter, 1908.

Mulzer, Erich: Vor den Mauern Nürnbergs. Kunst und Geschichte der Vorstädte, 1961.

Mummenhoff, Ernst: Der deutsche Handwerker. (2.), 1924.

Nadler, Josef: Literaturgeschichte des Deutschen Volkes, 1938/41.

Nordmann, Claus: Nürnberger Großhändler im spätmittelalterlichen Lübeck, 1933.

Otremba, Erich: Nürnberg, die alte Reichsstadt auf dem Wege zur Industriestadt, 1950.

Panzer, Georg Wolfgang: Älteste Buchdruckergeschichte Nürnbergs 1789.

Pilz, Karl: Das Handwerk in Nürnberg und Mittelfranken. Eine kulturgeschichtliche Darstellung, 1954.

Pilz, Karl: Nürnberg, seine Kunst und seine Künstler 1050—1950, 1956.

Potthoff, O. D.: Kulturgeschichte des deutschen Handwerks, 1938.

Reicke, Emil: Geschichte der Reichsstadt Nürnberg, 1896.

Reicke, Emil: Willibald Pirckheimer, 1930.

Rösel, Ludwig: Alt-Nürnberg. Geschichte einer deutschen Stadt, 1895.

Röthel, Hans Konrad: Das Sakramentshaus von Adam Kraft, 1946.

Roth, J. F.: Geschichte des Nürnberger Handels, 4 Bände, 1800.

Scheurl, Siegfried Freiherr von: Die theologische Fakultät Altdorf, 1949.

Schuh, von: Die Stadt Nürnberg im Jubiläumsjahre 1906.

Schultheiß, Werner: Die Einwirkung Nürnberger Stadtrechtes auf Deutschland, 1936.

Schultheiß, Werner und Eichhorn Ernst: Nürnberg, die alte deutsche Stadt. Schatzkästlein der Deutschen (2), 1961.

Schulz, Fritz Traugott: Michael Wolgemut (in: Thieme-Beckers Künstler-Lexikon, letzter Band, 1947).

Schulz, Fritz Traugott: Der Stadt Nürnberg Ursprung und Werdegang, 1949.

Schwemmer, Wilhelm: Kirchen in Nürnberg, 1953.

Schwemmer, Wilhelm: Adam Kraft, 1958.

Schwemmer, Wilhelm: Die Bürgerhäuser der Nürnberger Altstadt aus reichsstädtischer Zeit. Erhaltener Bestand der Sebalder Seite, 1961.

S c h w e m m e r , Wilhelm: Das Nürnberger Wohnhaus, 1944 (Führer zu großen Baudenkmälern, Heft 45).

S t a f s k i , Heinz: Der jüngere Peter Vischer, 1962.

S t e i g e r , Hugo: Hegel als Rektor des Melanchthon-Gymnasiums (Zeitwende 1931/32).

S t e i g e r , Hugo: Das Melanchthon-Gymnasium in Nürnberg, 1926.

S t e i n h a u s e n , Georg: Der Kaufmann in der deutschen Vergangenheit, 1912.

T r e u e , Wilhelm und Hildegard: Maria Sibylla (Merian), 1942.

T u n k , Walter: Der Nürnberger Rathausbau des Jakob Wolff d. J. (Zeitschrift des Vereins für Kunstwissenschaft, 1942/1—2.)

V e i t , Ludwig: Handel und Wandel mit aller Welt. Aus Nürnbergs großer Zeit, 1960.

V i s c h e r , Melchior: Jan Hus und seine Zeit, 1940.

W a e t z o l d t , Wilhelm: Albrecht Dürer und seine Zeit, 1940.

W e i c h s e l g ä r t n e r , Arpad: Geschichte im Widerschein der Reichskleinodien, 1938.

Z i m m e r m a n n , Walter: Entwicklungsgeschichte des Nürnberger „Friedens- und Kriegskuriers“, 1930.

Literatur zum Schlußkapitel

Barthel, Otto: Wolfgang Konrad Schultheiß — Erzieher, Historiker. Schule im Spannungsfeld zwischen Gestern und Morgen. Nürnberg 1970.

Bößenecker, Hermann: Der lange Marsch nach Peking — Die Produktionsanlagen von Zündapp in China, in DIE ZEIT vom 23. 11. 84.

Friedrich, Jörg und Wollenberg, Jörg (Hrsg.): Licht in den Schatten der Vergangenheit. Zur Enttabuisierung der Nürnberger Kriegsverbrecherprozesse, Ullstein Zeitgeschichte 33 088, Berlin 1987.

Fritzsching, Hubertus: Neun Jahre Gesamtschule Nürnberg-Langwasser — trotz allem eine pädogogische Chance. In: GNL 84, Jahresbericht der Gesamtschule, Nürnberg 1984.

Geer, Johann Sebastian: Nürnbergs Wirtschaft nach den Weltkriegen. In: Nürnberg — Geschichte einer europäischen Stadt, herausgeg. von Gerhard Pfeiffer, München 1971, Seiten 502 ff.

Glaser, Hermann und Stahl, Karl Heinz: Bürgerrecht Kultur. Ullstein Sachbuch 34 133. Frankfurt 1983.

Glaser, Hermann: Kulturgeschichte der Bundesrepublik Deutschland. Zwischen Kapitulation und Währungsreform. Band 1: 1945 bis 1948. München 1985.

Glaser, Hermann: Das Verschwinden der Arbeit. Die Chancen der neuen Tätigkeitsgesellschaft, Düsseldorf 1988.

Glaser, Hermann (Hrsg.): Die Nürnberger Massenverhaftung, Dokumente und Analysen, rororo aktuell 4054, Hamburg 1981.

Häußler, Helmut: Das Reichsparteitagsgelände der NSDAP in Nürnberg, Dokumentation des Stadtarchivs, 1973.

Häußler, Helmut: Auszüge aus der Chronik der Stadt Nürnberg, 1956 bis 1958 und 1962 bis 1979. Als Manuskript vervielfältigt. Nürnberg 1985.

Hübner, Emil und Rohlfs, Horst-Hennek: Jahrbuch der Bundesrepublik Deutschland 1985/86, dtv Taschenbuch 5250, München 1985.

Kempf, E., Maeffert, U., Ehrig, Hans-Joachim und andere: Der KOMM-Prozeß. Von der Massenverhaftung bis zur Einstellung. Eine Dokumentation der Bürgerinitiative 5. März, Nürnberg 1983.

Kraus, Otto: Geschichte erzählt. Politische Arbeiterbiographien, hrsg. v. Peter Alheit, Gerd Lobodda, Jörg Wollenberg, Fischerhude 1987.

Kulcsar, Ernst: Die Fürther Straße. Ein Gang durch ihre Geschichte. In Schriften des Centrums Initiative Kultur, Nürnberg 1979.

Kuster, Fritz: Fachkunde für den Dienst beim Arbeitsamt, Bücherei für Arbeitsvermittlung und Arbeitslosenversicherung. Herausgeber Präsident Anton Sabel, Mainz 1968.

Müller, Arnd: Geschichte der Juden in Nürnberg. Band 12 der Beiträge zur Geschichte und Kultur der Stadt. Nürnberg 1968.

Rossmeissl, Dieter (Hrsg.): Demokratie von außen. Amerikanische Militärregierung in Nürnberg 1945—1949, dtv-Dokumente 2958, München 1988.

Rusam, Hermann: Zum Beispiel Gostenhof, in: Industriekultur in Nürnberg — eine deutsche Stadt im Maschinenzeitalter. Hrsgg. von Hermann Glaser und anderen, München.
Heinz Schmeißer 80 Jahre; Dokumentation, hrsgg. v. d. Dt. Akademie für Städtebau und Landesplanung, Landesgruppe Bayern; München 1985.

Scholz, Manfred: Die Zeit des Wiederaufbaus (1945 bis 1956), in: 75 Jahre SPD-Stadtratsfraktion, Nürnberg.

Schwab, Dieter: Die U-Bahn Nürnberg. Hrsgg. von der Stadt Nürnberg, September 1986.

Thurn, Jürgen (Bearb.): „Arbeiten und Wirtschaften", Heft 8 der Reihe G (Verkehr, Versorgung, Wirtschaftsförderung) des „Nürnberg Plans", Stand September 1973.
— Dazu: Hearing Arbeit in Nürnberg. Dokumentation einer öffentlichen Veranstaltung des Stadtrats am 7. und 8. März 1986 (Materialien zum Rahmenplan Arbeiten und Wirtschaft, Reihe G, Heft 10).

Volz, Helmut: Die Vorgeschichte der Technischen Fakultät, in: Festschrift der Friedrich-Alexander-Universität Erlangen-Nürnberg, Erlangen 1986.

Wnuck, Bernd und Gabriele: Das Viertel als Lebensraum, Beispiel Gostenhof, in: Notizen, Band 11, Stadtkulturlandschaft, Recherchen zu Kultur und Kulturpolitik im Ballungsraum Nürnberg, hrsgg. v. Institut für Kulturanthropologie an der Universität Frankfurt.
Nürnberg, Langwasser — Stadtteil im Grünen. Herausgeg. v. d. Stadt Nürnberg (ohne Jahresangabe).

Sachregister

Die *kursiv* gedruckten Zahlen verweisen auf Abbildungen im Text.

Bildnachweis

Eugen Kusch: 5., 6., 7., 8., 9., 11., 13., 14., 15., 16., 21., 22., 23., 24., 29., 33., 34., 35., 41., 42., 43., 44., 45., 46., 47., 48., 49., 50., 51., 52., 53., 54., 57., 59., 60., 61., 62., 63., 64., 65., 66., 67., 68., 69., 70., 71., 72., 73., 74., 75., 76., 77., 78., 79., 80., 81., 84., 85., 86., 87., 89., 90., 91., 92., 93., 94., 95., 96., 99., 103., 104., 105., 106., 108.

Michael Matejka: 32., 56., 109., 110., 111., 112., 113., 114., 115., 116., 117., 118., 119., 120.

Archiv der Nürnberger Nachrichten: 1., 2., 3., 4., 10., 12., 17., 19., 20., 25., 26., 27., 28., 30., 36., 37., 38., 39., 40., 58., 88., 97., 98., 100., 101., 102., 107.